张一兵 著

回到福柯

暴力性构序与生命治安的话语构境

（第二版）

上海人民出版社

将此书献给我的小姐姐——张沙沙

不戴面具地进行写作。

——福柯

faire voir ce qu'on ne voyait pas. [*]

——Michel Foucault

在我看来,是你第一次告诉我们这样一个基本道理:以别人的名义说话是可耻的。

——德勒兹

---

* 让人们看见原先看不见的东西。

目　录

第一编　认识型文化构式中的词对物的历史铭刻
——青年福柯《词与物》中的历史构序话语

第二编　话语塑形场转换中的谱系
——《认知考古学》中的方法论话语

第三编　自拘性的规训社会
——《规训与惩罚》中的权力哲学话语

第四编　部署生命:从外部强制到微观权力在身体中布展的转换

——福柯的生命政治话语

Contents

Part I Words' Historical Inscription of Things in the Cultural Configuration of Episteme: The Historical Ordering Discourse of Young Foucault's *The Order of Things*

Chapter One   Violent Ordering: Ontological Naming of the Object   73

Chapter Two   From Resemblance to Representation: Towards A Capitalized Ordering   99

Part III   Self-enslaving Society of Discipline: Philosophical Discourse of Power in Foucault's *Discipline and Punishment*

Attachment V: Critique and the Dialectic of Enlightenment: From Not Being Controlled to Helping to Slave: Interpreting Foucault's "What is Critique?" and "What is Enlightenment?"   398

Part IV   Life in Apparatus: Transition From External Enforcement to Micropower Expanded in Body: Biopolitical Discourse in Foucault's "College of France Lectures"

Chapter Twelve   The New Power Apparatus in Capitalist Civil Society   418

第二版序
忘不了的福柯

　　《回到福柯》要出第二版了,这说明它有一定的阅读需求。对于作者来说,这当然是一件令人开心的事情。这本书是我"回到系列"中的第三本。与前面的《回到马克思》和《回到列宁》不同,它不再讨论一种离我们有些距离的历史上的文本,《回到福柯》讨论的就是发生在我们身边的事情。很特别的是,这本书的主人翁法国哲学家福柯让我们看到的当下世界,并非为正常眼光和通常价值取向所构序起来的存在样态,它是被这个**正常**理性社会规矩排斥和压制的一种异质性目光注视下的**另类情境**。

　　我与福柯的学术关联,凸显于近二十年前我在《回到马克思》中对传统苏联教条主义解读模式的突破,即打碎**同质性和连续性**的思想史构架。在这种思维构式中,马克思变成了一个**字字皆真**的圣人,从《马克思恩格斯全集》的第一卷第一个字到最后一卷最后一个字,都是真理。而福柯在《认知考古学》中提出的思想考古学和谱系学分析,则使我获得了一种关注**非连续性**的方法,也就是将马克思、列宁的每一个重要文本,都现象学式地还原于产生它的历史语境,这大大改变了我对文本学研究的基本看法。当然,这一次系统地研究福柯哲学,不再是因为解读文本方法论的思考,而直接就是对当代欧洲激进左翼的**生命政治**理论的溯源。当我面对阿甘本的赤裸生命和紧急状态等观念的时候,不断会发现其背后闪动着福柯晚期生命政治批判的影子,再加上朗西埃、奈格里等人对生命政治学的不同发挥,追寻福柯激进批判话语就成了我这本书的主要任务。

　　在面对福柯的思想的时候,我可以想到的关键词有四个:**疯狂、同性恋、诗性、革命**。第一个概念是疯狂,我们都知道福柯的第一本书《古典时代疯狂史》的内容是疯狂史研究。实际上,福柯在上大学期间就已经精神分裂了。这有两个原因:第一个因素就是他的性取向,这也引出第二个概念:同性恋。第二个原因按照他男友的说法,是福柯认为自己长得不够漂亮。福柯是同性恋者,他的学术和存在状态是直接相关的,他观察这个世界的视角和我们不同就缘起于此。我们都知道如果一个人不是异性恋,不管在家庭环境还是在社会环境中,在20世纪三四十年代的欧洲都是被边缘化和被否定的。福柯发疯的主要原因,就是他**无人可以倾诉**的同性恋的压抑。

在中国,如果一个人得了精神病的话,就得送脑科医院,而在欧洲的学术界和艺术界,像尼采、福柯、阿尔托和凡·高这样患有精神疾病的大师,却能继续进行在他们的学术研究和艺术创作中的伟大实践。这是需要我们反省的。福柯做本科生的时候,他的辅导老师是阿尔都塞,而阿尔都塞在福柯之前就已经得过精神病了。阿尔都塞精神病的成因更复杂。在他后来发疯把自己的太太掐死以后,写了一个自传,他说他自己这个人的存在本身是一个"替代"。什么意思?他的名字是路易·阿尔都塞,而路易并不是他的名字,路易是他妈妈前男友的名字。这个故事讲的是什么?就是他妈妈实际上爱上的是他的叔叔路易,然后在他的叔叔和阿尔都塞后来的父亲参加第一次世界大战的时候,路易战死没回来,然后他妈妈嫁给了他现在的父亲,阿尔都塞一出生,他妈妈就用他死去的情人的名字为他命名。阿尔都塞说,我活着从一开始就不是我自己。这是诱导阿尔都塞发疯的很重要的一个因素。我们会发现,在这些大师的根基之处,他们所遭遇的一些事情会让人思考的一个问题,就是**正常和不正常**。我们是在一个前人留下的传统和文化知识过程中生活的,社会生活中的所有的教化和知识让我们过正常的生活,但是从福柯懂事时开始,他的同性恋倾向就会使自己生活在一个被我们判定为不正常的状态当中,这会导致他在观察这个世界的时候产生一种新的视角,这个视角是很少有"正常人"能够去体知的。在很长一个时期中,整个社会将这些人宣判为是不正常的。我认为,福柯给我们的启示,是让我们意识到从"不正常"的角度重新看世界,他所看到的所有的世界现象和我们是完全不一样的。他所诉诸的学术、激愤、情感来自他后来所称的**异托邦**,乌托邦是没有现实存在的,是完全的乌有之乡,异托邦是真实存在的,但却在抵抗现实存在的文化。

我觉得,如果说福柯会给我们带来很大的冲击,还有一个重要的方法论层面,就是他试图引导我们去观察在直观中看不见的东西,或者说用一句他自己的话叫作"黑暗考古学"。就是说,我们通常的知识,所有的文化是建立在可直观的基础上的,从感官体验然后到抽象知识,特别是现代实证主义观念出现以后,一切都需要面对事实,有关涉对象。福柯讲的,却是在现实中存在的**看不见的不公正**。

第三个概念是诗学。福柯跟尼采、海德格尔一样,他们根子上都有浪漫主义情怀,而且会不屈地与社会现实抗争。第四个概念是革命,之所以我后来下决心写福柯,也是因为福柯与马克思思想有一段曲折的关系。他的老师阿尔都塞是马克思主义者,福柯20世纪50年代加入了法共,后来坚决退出,好几位法国思想家都是如此,特别是斯大林去世以后。福柯前期在显性意识中是完全拒斥马克思主义的,会把马克思主义当作那个时代的一个可以抛弃的东西。1968年以后,福柯的思想有个重大的变化,就是急剧向左转,但是他并没有表明自己是马克思主义者,用他一句原话说就是:我这个人是"不打引号的马克思主义者"。他在公开著作里面从来不引述马克思的原文,但是却**在方法论上**运用了马克思观念。

还应该说明,我在《回到福柯》一书中选取福柯文本的时候,跟传统福柯研究有点不太一致,我没有选择大家已经充分关注的《疯狂史》和《性史》。《回到福柯》这本书分成四个板块,基本上依从了我所选择的福柯的四个文本:第一个是《词与物》,就是英译本的《物的秩序》,这本书是福柯用认识型的理论来解释西方近代文化史的专著。第二本书是在《词与物》出版以后,针对所受到的批评、质疑,包括他的老师康吉莱姆的疑问,福柯做了一个回答,写了一本新的小册子《认知考古学》。这本书,我认为是福柯最具有学术性的哲学著作,在这本书里面他弱化了非常著名的认识型的理论。第三个板块选的是福柯非常著名的《规训与惩罚》,也即1968年红色五月风暴之后福柯思想急剧向左转的最重要的著作。1970年福柯已经到了法兰西学院,然后从1970年开始他每年做一个讲座,这本书是在1974年、1975年前后写就,但是代表了福柯非常重要的当代资本主义批判理论的第一阶段,或者也把它称为规训权力的最重要的阶段。第四部分主要讨论了福柯在"法兰西演讲"的后半段,或者当中这一段所提出的最重要的观点,也即生命政治理论,这也成为今天阿甘本、朗西埃这批激进思想家的当代资本主义批判最重要的理论基础。下面,我尽可能通俗一些对此先做一个概要的介绍。

首先,在《词与物》这本书里面,福柯到底要说什么。在我的解读当中,福柯跟他的老师阿尔都塞同样受到法国科学认识论的重要的学术影响,在这个影响里,巴什拉和康吉莱姆科学思想史研究中很核心的部分,就是与传统的科学史理论的进化论划了一个断裂式分界。这个观点与美国科学历史哲学认识论是有关联性的,我们所知道的托马斯·库恩的范式说指的就是科学的进步不再是量的知识积累,而是展现为科学范式的结构性的断裂,他称之为科学革命。后来福柯特别不喜欢托马斯·库恩,他认为库恩偷偷地抄袭了他的老师康吉莱姆。当然,这个官司是没有定论的,康吉莱姆跟巴什拉都讲过和库恩相接近的观点。巴什拉讲的是什么?科学的产生有一个断裂,这个断裂是经验常识的断裂。

我可以举例子说明这句话。比如每个人都看到太阳从东边升起,到西方落下,这是我们直观生活经验的常识,和这个经验常识相关的是地心说,即地球是宇宙的中心,所以我们在托勒密的天体图上可以看到以地球为中心的九重天,上帝在这个九天之外,这个理论和经验常识是一致的。而哥白尼的日心说与日常经验是断裂的,他发现,被假设为宇宙中心的地球不过是绕太阳旋转的一颗行星而已。巴什拉和康吉莱姆的观点,是科学理论出现在常识经验的断裂之处,这就是**认识论断裂**,而且他们还形成了一个重要观点,制约科学理论布展的决定性力量是科学自身的**逻辑结构**。首先,他的学生阿尔都塞把这个科学认知的结构微观化到一个作者。阿尔都塞的理论是什么?很多人都说他是结构主义,其实他更多的是受巴什拉和康吉莱姆的法国科学认识论的影响,他把上述巴什拉这个观点运用到了马克思身上。过去,我们在讨论马克思思想的时候认为,马克思思想是一个平滑的过渡,总是一个不断创新的连续过程。而阿尔都塞说,我们观察作者的时候不是要观察他所说出的话和他的结论,而是要学会发现马克思如何提问的方式,以及决定了马克思如何写下不同文本的内在结构——问题式。所以我们发现,阿尔都塞是把他老师的认知科学结构放到一个作者和文本的关系上。这是巴什拉认识论断裂说的**微观化**的走向。

其次,阿尔都塞的学生福柯的做法是什么?与前者的方向相反,福柯把巴什拉的科学的结构放大到宏观的文化史观察中去了。《词与物》这本书讨论的是什么，是文艺复兴以后整个欧洲**文化史的基本结构**。他把巴什拉的科学结构置换成一个新的概念，即**认识型**。福柯在研究从文艺复兴到现代性文明复兴的资产阶级文化的时候，明确指认资产阶级的文化不是一个同质性的连续体。福柯将近代西方资产阶级文化史依不同的认识型分为四个阶段：文艺复兴时期，然后是16、17世纪的前古典时期，第三个阶段是18世纪开始的古典时期，最后一个阶段是19世纪末到今天的现代性时期。他发现欧洲的文化历史是四种认知型的更迭史。认识型是一种独特的知识(词)的结构，这种有序的结构就导致了我们可以看到外部自然界、社会和文化的完全不同的图景。前古典时期，他称之为以相似性为基础的认知型，而在古典时期，就是18世纪以后，他认为知识和话语的结构性的东西是表象。欧洲的表象和东方的表象不一样在什么地方？中国的汉语文字是表意文字，"月""日"和我们可直观的月亮和太阳是直接相关的，而西方的字母拼写文字中第一次出现了对原始语境的根本性脱离，拼写文字是什么？26个字母，包括由字母拼写所凸显的词义，这一切都与对象没有任何关系，这也就是说，字母拼起来之后发生的意思，就是凸显的各种话语的意思与对象没有关联性，但是它却精确地表象了现实。福柯说，这就是词对物(存在)的命名。词与物关系中最根基的部分是什么？一部文化走向现代的历史，是人通过词、话语强暴物的过程。这是"物的秩序"的含义。福柯看到的是不同认识型之间的断裂，每一个新的认识型出现的时候，西方文化就被重写一次，因此，在走向19世纪、20世纪的现代性的认识型时，这就是主体性的人开始创造的新世界。由此，福柯得出了他最著名的观点，人实际上是一个晚近被发明的事件，人的产生不足三百年。更重要的是，如果再有一个新的认识型出现，今天我们看到的这个人将像海滩上的人脸一样，被海水抹掉。所以，当时巴黎的所有的评论里都认为福柯提出了"人的死亡"的观点。这个观点构成了后面的那个"作者的死亡"，"主体的死亡"，也是后现代思潮中出现的一系列的"死亡"论的最重要的前提性基础。

其次，当《词与物》这本书出版以后，一批激进的年轻人，当时在巴黎成立了一个认识论研究小组，那个时候，他们在法国的认识论讨论中影响巨大。这里面有谁？比如巴迪欧和拉康后来的女婿米勒，他们写了很长的一封信，给福柯提了个批评意见，里面有很尖锐的一些问题。其中，还专门引述了福柯的老师康吉莱姆对他的批评。他们提出的最重要的问题就是：你的《词与物》认识型断裂说看起来很深刻，但在科学史和文化史上根本没有相关的史实对应。福柯 1969 年写了一篇文章《科学考古学》，试图回答老师和学生们提出的问题。在这篇文章中，我们发现福柯的思想发生了重要的改变，这个改变当然最终体现在 1969 年的《认知考古学》，这也是我在《回到福柯》第二篇里面讨论的对象。

《认知考古学》里面发生了什么，福柯向自己扔了手榴弹！我发现，认识型的概念到这个阶段就开始弱化了，在这里，福柯给了我们最重要的几个要点或者理论观点。第一个观点是一种全新的史学观，福柯的这本书提出反对一切总体性的、目的论的历史描述。这个观点是什么？我在最近十年一直跟中国学术界交流这个新史学观。尽管我也常常被批评，我写了很多东西都被批判。上一次受批判是 2007 年在"哲学与历史的对话"研讨会。这个对话会上，我当时就提了个观点，叫**历史建构论**，我的观点是，我们的作为历史研究对象的史实记载，实际上是被建构的（那时候我还没很好地精读福柯的这本书）。有位历史学家当我的面给我提意见，就说一兵你回答我的问题，我是我爸爸生的这个事情是不是被建构出来的？我当时还没回答，我的那帮哲学教授朋友就开始与历史学教授们争论起来。实际上，讲这个问题的时候，如果是硬要去跟他辩的话，在人类历史上还真有一个没有父亲的时代，大家想一下母系氏族，那时候所有的人都没有爸爸，只有妈妈。所以，父亲这个概念是一定文化制度建构的结果。

面对记载下来的所有的历史文献，福柯让我们注意的是什么？过去历史学的一个假设就是我们看了一本书，看到一个文献，看到一个历史遗迹，我们根据这个客观事实来对过去发生的事情进行推论和判断，似乎这样，我们就能看到历史某一个真实的过程。但福柯则提醒我们，是不是忘记了什么？福柯告诉我们的是，请注意是**谁选择了记载**。实际上，中国和西方的大部分历史记载本身一定是统治者希望被记载下来的东西。所以在这个意义上，传统的史学观，我们可以称之为**辉煌史**。福柯让我们知道，这可能是带着一种目的论色彩的东西，把历史打扮成一个连续的平滑的历史观必然会是对历史的阉割。所以，他让我们去关注考古学的目的，不是让我们简单地去考察一个两百年前的遗物，而是当我们面对的一切历史记载和文献的时候都要去问，它是**如何被建构起来的**。这让我们想到什么？过去在反映论中，我们去看一个杯子，直观到的对象就是一个杯子，而胡塞尔让我们知道这个杯子是在我们意识中**如何显现**的。胡塞尔让我们思考，为什么说，我们看一张桌子永远只能看到正面，因为你到反面去看的时候还是正面。与胡塞尔的现象学一致，福柯在这里告诉我们的第一件事就是历史是断裂的，而不是平滑连接的，平滑的东西都是被制造的。后现代史学观中很多观点是从福柯这儿来的，后来甚至有一帮人把福柯的认知考古学的观点贯彻到历史研究当中去。还有一点变化，是福柯已经意识到认识型仍然带有结构的刚性色彩，所以他在此书中提出的一个非常重要的观点是向马克思致敬，他用的新概念是**话语实践**。

福柯曾经在法国哲学学会的一个演讲中一上来就问："是我在演说吗？"这看起来是一件非常荒唐的事情。福柯是想让我们知道，看起来是我在演说，但并不是真的是我在说，而是我所背负的一个我们看不见的知识系统在**让我说**。大家一定记住，这是后现代文本观里讲的一个问题，即究竟是**我在说话还是话在说我**。福柯这里的历史观到底进步在什么地方？我觉得，他已经意识到，认识型是外部的刚性构架，这里，他的观点已经转变为制约主体的**话语本身的功能性的实践运作**。

现在，我们再看来福柯的考古学是什么。当我们面对史料的时候，如果史料是死的，那它什么都不是，而一个人激活它，和我们在场的生活情境发生关联的时候，这是我们在话语实践中阅读，重构思想情境。所以，话语实践的概念使他的整个思想发生了重大的推进。在史学观里面，我们可以看出他是跟着尼采往后走，他写了一篇文章，就是"尼采与谱系学"，他说，什么是谱系学，就是在我们研究过去历史发生的事情的时候，要找到**没有本质的那个特殊**！这是一个倒转的逻辑。过去我们看到任何事情，这是桌子，那是板凳，这是男人，那是女人，这是一个好人，那是一个坏人，首先有一个质性观念和本质，然后再以此来观察现象，然后再开始哲学的评价。福柯说，谱系学最本质的就是那个没有找到被归类的特殊，他把谱系学称为"知识中的造反"。顺便说一下，在法文中把 Savoir 这个词翻译成知识是不准确的，法文中有 connaissance（知识）一词，我认为二者是不一样的，应该把 Savoir 翻为在场性的认知更好，它是个活动。下面我们要讲的权力也是一样，权力不是可见的压迫,权力是看不见的,它是功能性的一个支配关系。

其三,本书的第三个主题是规训。1968 年巴黎发生"红色五月风暴"的时候,福柯在突尼斯非常积极地投身于反抗运动,在这个现实反抗中,他体悟了一种完全异质的革命性。这个革命本身是没有目标的,为什么要起来造反?五月风暴中学生们写的标语是"我越谈恋爱就越想造反"。对造反学生来说,他并不是要打倒什么,他就是不高兴了,革命本身没有目的。"五月风暴"不是要打倒资本主义社会,所以,它被称为蔷薇花革命。这种奇怪的革命观和福柯本人的被压抑的同性恋存在是一致的。很长一个时期中,福柯编辑的一些非常重要的文献集都是不被常人看好的东西。比如《声名狼藉的人》,这个文献集收集了巴士底狱中一些罪犯的记录,这些人能够被记载的一个瞬间是和权力相关的,是他犯了小偷小摸,犯了流氓罪、盗窃罪被抓到这里。这些"声名狼藉的人"第一次被记载和权力相关,权力的光线照亮一处黑暗,这是福柯给我们的一种在黑暗中发光的新视觉。在后现代语境里,这被称为**卑微史**。福柯是想说,历史学如果反映的是一个真实的历史,那么它就不能全是统治阶级所需要记载的历史。后来,我们可以发现这个观点影响了电影。我记得好莱坞有一部片子叫《告别拉斯维加斯》,写的是一个醉鬼和一个妓女的故事,就是这种卑微史,你关注的不再是高大上的爱情和生存,影片所讲的是社会最底层,最为人所不齿的人。令人感动的问题是,他们的生命中会有可贵的东西吗?所以,在这场新的革命当中,福柯的思想发生急剧的变化,并且他急剧转向马克思主义。

《规训与惩罚》这本书的开头是什么?是一幅非常感性的图景,这个图景就是在中世纪结束之后,欧洲的一个处死人的场景。这个现场我们在哪里可以看到?中国的电视剧《芈月传》中就有一个商鞅被皇帝五马分尸的镜头。福柯就是从这种画面开始,从用五马分尸的方式来处决人的画面开始。福柯想说,传统暴力的政治权力和压榨是可见的,而且所有的杀戮是公示性和表演性的,这是专制。福柯让我们注意的是什么?我们要看到资产阶级政治权力已经开始转变为**不可见的力量**。在这本书里,他第一次描述了最重要的两个观点:首先,第一个观点是,压迫出现了一个新的依托体,就是**资本主义生产过程**本身。这里,我们可以与马克思做个对比,马克思在批评资本主义的时候已经是非常深刻的了,因为他讨论剩余价值的时候,剩余价值的获取是建立在市场经济的平等交换基础上的，市场经济是所有人自愿平等交易。马克思发现，开始的时候交易是平等的，一个小姑娘到劳动市场里**自愿签一个工作合同**，没人强迫你，但是你要**不出卖自己的劳动力你就会饿死**。马克思说，这个皮鞭和奴隶主的皮鞭是不一样的，它是无形的饥饿的皮鞭。所以，这种不平等并不发生在交易和流通过程，而是发生在交易之后资本家对工人劳动力使用价值之外的多余劳动的占有。马克思很深刻，而且他关注的这种剥削是资本主义生产关系中的问题，而马克思有一个我称之为**生产无罪论**的假设，这在传统教科书中是没有的。什么意思？即追问**发展生产力是否会导致奴役**？福柯的进展在哪里？他追问了生产本身的内在规制。他当然不是第一个，第一个是青年卢卡奇《历史与阶级意识》中对流水线上发生的技术物化的批判，第二个重要的发现就是福柯这里的**生产规训**。在他看来，纪律和规训是与资本主义大工业生产过程同步发生的，所以福柯的《规训与惩罚》里最核心的发现，是资本主义生产的**技术布展**过程对人的纪律约束，而且所有这种约束都不是强迫的。在这里，他还引申出一个重要的观点，资产阶级现代性权力的根本性基础不是可见的强迫，而是**微观的不可见的支配和控制**，他用了一个词叫**毛细血管般的权力力量**，他用的是力量关系这样的词，这个权力技术渗透到存在的每一个细节中，它是发散的，是对每个人生活细节的控制。福柯说权力在哪里，权力在这儿，权力不在上层建筑的国家中，今天资本主义真正有效的对人的奴役来自看不见的细节当中。这本书最核心的部分在这儿。

其次，第二个重要观点是，他对规训权力分析附带的另一个重要判断就是**全景监控主义**。现在不少公司的办公室都是大通间，所有的职员在一个透明的大通间里面，经理可以从他的屋子里看到全部的职员。这正是福柯第一次在这本书里面详细从哲学上论证过的，在这本书里，他描述的最有趣的一个问题就是边沁的全景监狱。这个监狱是环形的，中间是一个监视塔。福柯有一个非常重要的比较，在过去的巴士底狱里面，监狱最大的一个特征是不见光，巴士底狱是没有窗户的。而资产阶级的现代监狱已经有了全新的特点。第一，它是全透亮的，中间的监视者可以看见所有的人。第二，这种监视是单向的，管理者能看到你，你看不到管理者。我们今天的现代工厂和现代公司里面的全部管理模型，就是基于这个全景监控模型。当然，福柯没有想到,今天全球的电视监视系统形成无处不在的万眼全景监视,今天不再用一个一个通透的房间了,因为所有的人随时随地都在被监视过程当中。

最后,是福柯的**生命政治批判理论**。从1970年开始,福柯入选法兰西学院院士,并每年在那里演讲。法兰西学院演讲很有意思,法国一些大师在法兰西学院演讲的时候,他们的听众是社会公众,而不是大学生和老师。法兰西学院要求每个思想家每一年的讲课必须是新的,你不能重复。我们知道,福柯前面关注的是规训权力,到了70年代末期,他自己突然发生一个重大的断裂。有一天福柯突然宣布,我的思想有一点改变,他说自己发现当代资产阶级的政治统治出现了一个新的变化,他把这个变化称为**生命权力或生命政治**(后来在阿甘本以后,我们就将其概括为生命政治批判理论,阿甘本的观点有新的变化,他有很多新的发明,但是原初雏形都在福柯这儿)。福柯这里所谓生命政治的含义是什么?福柯说,资产阶级走到当代,统治社会的权力发生的最核心部分,用一句话来描述就是:**让生活变得更美好**。也就是所有人都去开心地追逐财富。依福柯的理解,资产阶级的生命权力并不排斥规训权力,而是包容原先的规训权力技术的,这两种权力技术处于支配生命存在的不同的等级层次中。如果说,规训权力将人分解成可直接监控的对象,从肉体上塑形和监控,而生命权力则是在更大的尺度上支配整体的生命(人口),由此,在资本主义社会中诞生了不同于规训——"肉体的政治解剖学"的"人类的'生命政治学'"(biopolitique)。

那么,什么是生命的权力?生命权力的本质是**幸福的自我奴役**。我们知道,规训是外部的一个机械的过程对我们的约束,那已经是自我规训了。德勒兹提出过一个问题,即:现在还有什么东西在奴役我?后现代思潮中思考权力控制的最核心的一个概念描述,我把它称为**自拘性**,就是我们对自己的拘役。从谁开始?康德。这个起点是什么?康德的那篇著名的《什么是启蒙?》。所以,福柯为此也写了同一个标题的文章,但他却批评了康德的启蒙论,因为在他看来,**启蒙的理性是自我奴役的开端**。这里,福柯做了一个重要的连接,就是认知和权力的同谋性。因为,在健康的生活中,在我们所有人追逐财富的过程中,唯一坚信不疑的东西就是科学理性,而科学理性本身是**无脸**的权威。这是我们所有人无力反抗的东西,我们可以骂任何东西,但绝不会去骂知识是坏蛋。今天在广告上最有说服力的是什么?是穿白大裤的人,他的隐喻是什么?是科学专家。因为此处的隐性假定是有知识的专家绝不会骗人!到了20世纪六七十年代,左翼社会批判思想家讲的一句最有名的话,是弗洛姆说的"今天我们站起来根本不知道向谁开枪"!过去的工人和被压迫阶级站起来开枪,是知道向谁开枪的,农民站起来打地主,工人站起来枪毙资本家。可是,今天感觉到焦虑的人站起来却没有反抗对象。因为今天最重要的权力是科学。

对今天的资本主义社会统治技术,福柯通过重新改写一个词——治安(police)来表达。这个法文词和英文词、德文词都是一样的,福柯的重新解释是这个治安不再是警察可见的暴力,而是让人能过得更好。因为,治安在理性知识的训导下,**牧领**我们追逐健康生活的过程。知识让我们拷问和征服自然,知识让我们形成科学的管理社会。实际上,在法兰克福学派中后期,霍克海默和阿多诺讨论的也是这个问题,就是"启蒙辩证法",即启蒙的公共理性为什么最后走向奴役,它的假设前提是什么?人对自然的征服是天经地义的,这个观念是从哪里来的?是从《圣经》中来的,人被认为是这个星球的次主人,然后背对苍天,面对黄土,通过劳作我们整治自然(海德格尔对这个问题做过非常精深的描述,特别在晚期,描写了占有性的存在史)。阿多诺提的问题和福柯很接近,当我们把奴役自然的更改权力挪移到社会管理当中,会出现什么?对人的科学管理!当工具理性和形式理性转化为控制社会的时候,就会出现以知识的方式、工具的方式、合法性的方式奴役人。也是在这里,福柯第一次改写了培根那句著名的话,Knowledge is power(知识就是力量),只能翻译成知识就是权力!而这个权力**永远不在犯罪现场**,永远是没脸的。相比之传统权力作用的直接性,资产阶级将自己的权力动作通通削除了直接显现和直接作用的特征,转而采取了曲线式的隐蔽作用和控制机制。杀人不见血、打人不见拳,且永远不在犯罪现场,资产阶级的生命治安是一次对人的**完美的谋杀**(鲍德里亚语)。

福柯"不正常"的想法是在追问:在我们的生命过程中,我们如何变得听话,也即教化的过程。我给博士生上课的时候讲过一句话,我说,尼采认为人当了博士,包括我在内,包括像教授这样的人,已经成了"虫人"。学生一开始特别不能理解这句话。怎么像中国文化大革命时期讲过的"知识越多越反动",这句话和尼采的话很接近。我们可以有意识地做一个"反打"。

反打是电影评论中的一个重要术语。我说过一句玩笑：人在看电影的时候是一头驴子，写作的时候就假装自己不是驴子。我们看《阿凡达》那样的片子，看好电影的时候你总是会沉浸其中去看故事。但反打什么意思？在电影放映的过程中的某一个瞬间你突然回头看放映机，你会突然发现这个影像是由一个巨大的幻象建构起来的，那么"驴子性"的一切都会中断。就像海德格尔在"本有哲学"中告诉我们的那"另一条道路"，他是跳出来的。

现在，我就提醒读者以一个实验，来结束这一关于《回到福柯》的概说。就是为什么我们会离我们那个真实的**生命原我**越来越远？就是写下秘密文献的海德格尔所指认的**本有**为什么离我们而去？这个实验就是你回到家以后，当你和家人吃饭时，然后你最好是吃饭吃到一半的时候，你有意识地做一个反打的反思，你会发现你的说话状态，也即说你所说的每一句话，甚至每一个表情，你的每一个手势和你坐的那个样式，都被塑形成一个有文化的人。尼采也好，福柯也好，他告诉我们的，就是走向现代性，我们要去体知很多我们不能够直观看到的东西，在我们正在追逐欲望的对象的过程当中，恰恰在那些看不到的奴役中，我们会失去生命的真。

本书第一版的日文版于 2019 年由日本情况出版社出版。我的老朋友中野先生担任从中文到日文翻译的重任，为了能够更好地完成这一任务，中野先生还专门从东京书店购买了作为此书解读对象的福柯的《词与物》《认知考古学》《规训与惩罚》和"法兰西演讲系列"中几本关键性文本的日文版。并且，我还开心地发现，这一次，中野与我讨论文本翻译中的术语或观点的次数，相比之先前的《回到马克思》和《回到列宁》日文版翻译时的讨论，显然大大减少了，这说明我们之间的相互理解已经在悄然发生变化。但令人痛心和万分遗憾的是，中野先生在 2021 年不幸因病去世。在这时，我想再一次向中野先生表达自己的深深谢意和深切缅怀。

此次第二版的修订，没有对书的结构和内容做大的改动，只是依自己手头上的文献做了少量补充。凡是改动的地方，均用第二版注释的方式标识出来。

感谢上海人民出版社的于力平老师，没有他和出版社编辑们的辛苦工作，本书的第二版不可能有如此高质量和精美的重新出场。

张一兵

2023 年 2 月 2 日于南京

序

通常,为自己的新书作序会是一件很开心的事——那是在无数次思想构境[1]突现与破碎之后,一种重新平静下来的神性欢乐之境。可是,这一次提笔作序,我的心情却有几分沉重,因之于本书的研究对象——学术大师福柯[2]对撰写序言本身的几近毒咒的一番奇论。他在成名作《古典时代疯狂史》(*Histoire de la folie à l'âge classique*, 1961。以下简称《疯狂史》)[3]第二版的序言中这样写道:书的序言是"建立作者王权体制(*monarchie de l'auteur*)的第一文书(*acte premier*)、专制暴政(*tyrannie*)的宣言:我的意图应该是你们的箴言,你们要使你们的阅读、分析、批评,屈从我的意愿"[4]。这就是福柯!他总在人们认为正常的存在样态中,深刻地透视到某种直观中**不在场的不正常**!或者说,在常人建构起的思考情境中再重构一种更深的批判性**隐境**。通常情境下,福柯会彻底颠覆"正常"与"不正常"的思之构境标准,让你我这样的寻常人等早已习以为常的思想情境瞬间破碎。此处,福柯像是用非常性的冰水把我们从头到脚浇个透湿:人人都可能是无处不在的生活细节中某种隐性构境意义上的**强制性构序**[5]的暴君。好吧,既避无可避,那我就再强装糊涂地做一回幻象与伪境中的暴君。

在显性语境中,福柯与福柯之思对我的研究来说并不是新人、新观念。十多年以前,我在《回到马克思》一书的第一版序言中就自承:福柯那种断裂式的思想史解读模式对我的学术构境方法论有着深刻的影响。[6]无论是非连续性地观察马克思的思想史,还是某种跨界思考和对传统思想史"正常"结论的大胆僭越之举,多少都可以从福柯这里看到异质性思想构境的因果原型。当然,彼时的我尚无法精细区分青年福柯的早期思想探索和他之后多次思想裂变、他面向黑暗生存深处的历史研判中历时性发生的认知考古学与谱系研究之差异,认知话语构序权力、微观规训权力和生命政治治理权力的复杂勾连,或毋宁说,那时的我根本没能真正融入到福柯真实思想构境中的各种奇异的话语裂变和学术构序的转换之中去。最近,因为研究后马克思思潮[7]中的意大利哲学家阿甘本[8],我"被迫"再一次重读福柯。这轮重读原本只是为了深入理解被阿甘本作为哲学方法论前提的"考古学"、"谱系学"、"范式"和"部署"等一类概念的构境背景,了解阿甘本、朗西埃[9]、巴迪欧[10]和齐泽克[11]等后马克思思潮代表人物一直在热议的"生命政治"话语在福柯那里缘起的奇异性语境。可是,这一读就又无法挽回地陷了进去。回想起来,在此番阅读福柯的一路上,我似乎也总在告诫自己,不要"再写成一本书"![可是,话语实践塑形[12]的自然行走、思想构境的不断意料之外的异质突现,意外的书写又出乎意料地突现了。本想着,从海德格尔魔鬼之境中暂时逃离出来会是一种休息,然而无意中又闯入了福柯那淌着鲜血的思之"魔爪"!恐怕这是命。

事实上,在福柯去世后的30年间,福柯研究在国际学界已经成为一个学术劳动密集型的产业。许多国家和地区都形成了译介和研究福柯的各种语言交织而成的学术群落,不同大学、不同系科都涌现了一些福柯专家;哲学、历史学、文学、政治学、社会学等不同门类的学科中,也都有了福柯研究这一方向和相应的必读参考书,研究福柯的论著和论文已难以计数,打开网上的搜索引擎,都会有令你无法下手的内、外爆式的数字化资源。国内的福柯研究虽然还不至于这么夸张,但人们也已习惯于在不同视角中,轻松自在地谈论福柯,以至于一位朋友得知我在写这本书时,脱口而出对我说:"做福柯?已经过时啦!"福柯真的过时了吗?今天各种各样的福柯学术诠释产品的批量生产真的具有合法性吗?他所精心炮制的无数隐性思想构境层真的被我们所深度理解和有意义地重构了吗?至少,被福柯那深渊般思想构境和不屈的喋血斗志镇住的我不这样看。

原本,我的想法只是看一看,这挟裹着明确的功利性目的:大致晓得福柯对阿甘本和朗西埃等人的思想影响后,坚决撤出阵地(我还惦记着没有完成的广松涉、海德格尔后续的写作和插空开始的朗西埃、阿甘本、斯蒂格勒[13]和斯洛特戴克[14])。不承想,当我细细地将福柯的主要文献精读了一遍之后,我却在自己呈现的全新解读构境里被吓坏了。我突然醒悟到,自己这些年来对学生说过的最错误的一句话就是:**福柯在原创性哲学学理上**

是不值得认真对待的(也因此,好几位学生得知我着手写福柯之后,促狭地踩脚笑骂)。回想起来,自己对福柯得出那么武断的错误判断,盖因十年前我在浏览过的一些福柯文本中,建构了一种福柯哲学并不深奥的感性伪境,以为他的思想中虽然不乏某些先锋的敏锐和深刻的机智,但在一浪所谓后现代思潮的激进话语中,他同样也只是一个深刻的"破坏者"罢了。

然而,就在这次重读中我才发现,在中文编译重构的文本世界里读到的福柯,在某种程度上已是一种在语言翻译构序的转换中无意识地被严重遮蔽的他性表象;其次,在此之前我也从未意识到,福柯与马克思竟然有着如此之深的内在关联,前者的晚期思想情境竟然就是当代后马克思思潮的当代资本主义社会批判和政治哲学塑形的全新起点;更重要的是,福柯的思想构境层竟然会建构一种打破可见生存常识和现成全部人类文化教化构架的**异托邦飞地**。所以,在这一轮的重读中,我认真地反思和自省到:福柯之思固然或许真的缺乏思辨哲学那种专业性的深邃;也无须掩饰,唯心主义和主观主义的病灶在青年福柯的早期思想中俯拾皆是;福柯的史学构序大体都是基于欧洲中心论(甚至是法国中心论)的——但这些都无碍于我坦承,原先的我确实曾经极大地误读了福柯;福柯值得我们重新校译、重新审读、重新复构其非常性的隐性思境。

我想,误读福柯的肯定不止我一个人。拉康[15]说,真理总是在误读的伪构式[16]中到达的。早在1970年,福柯的亲密战友德勒兹[17]亦曾列举,活着的福柯在其时就被视作"技术或结构化的技术官僚的新代理"、"希特勒的走狗"。[18]前者指控他是结构主义的同谋,后者则因为他竟公然宣称了"人的死亡"。还有人戏称福柯是"一个非历史的历史学家,一个反人本主义的人文科学家,一个反结构主义的结构主义者"[19],在我看来,这只是故作玄虚地讲一番并没有实质内容的怪话。我以为,倒是瞧出了晚期福柯思想变化一些门道来的巴里巴尔[20]的判断有些意思,他说:福柯的话语策略在某种程度上可以被当作"后马克思主义"来分析。[21]然而,他的断言却缺少精细的文本分析作为支援背景。不过,也有些显然是居心不良的家伙"坏坏地"要我们忘掉过时的福柯。[22]

首先,对我们这些正常人来讲,无法入境[23]福柯其实是一种**存在论上的构境宿命**,因为我们的生存本就没有处在一个被判定为**不正常**的"同志"

情境中。[24]正因为深深处于与所谓的正常人不同的基本生存塑形和情境之中,福柯才会从个人的异样本欲中,建构出我们无法触及的那部分真实生活存在场域和没有光亮的异质性思境。他说过,"我写的书,每一本都是(至少部分的是)某种直接的个人体验的产物",这是福柯从来不公开言说的一个很痛的构序—构境起点。故而,我们这些从来不曾真正身处黑暗之**隐在**里的人,看不到或者是误读福柯所看见的他性有序世界中的风险倒真是十分**正常**的。布尔迪厄[25]说,福柯的"智力筹划构成"(constitution de son projet intellectuel)中,除去出身布尔乔亚(bourgeoisie)家庭和哲学家身份之外,很重要的一个异质点就是**同性恋**(homosexuel)。[26]这是对的。其实,这仅仅是福柯"不正常"生存场景的一个塑形存在的外部支点,按福柯的好友德勒兹的说法,福柯之所以会"感到生活在社会边缘",还因为他同时兼得"癫狂浪漫主义、违法浪漫主义、反常浪漫主义、麻醉品浪漫主义"![27]疯狂、违禁、不正常和毒品,这都不是我们这些所谓正常人的生存构序点,可它们却是福柯存在的生活塑形和构境的隐秘支撑点,以至于那位本身就很疯狂的德勒兹也感叹道,福柯"诸如此类的浪漫主义使我越来越不能容忍"。反"自然"的性生活、做常人不敢做的跨越边界的事情,与福柯自己喜欢的尼采的出世不同,他就是在现实正常存在中的**入世反存在**,这恰恰是福柯之思的僭越塑形和奇思突现的现实基础。所以,福柯之思是我们不能用正常逻各斯构式重新将"再疆域化"(德勒兹语)的。有时候,看着一些人用一本正经的理性学术套路来编织所谓的福柯哲学,心里真觉得有些好笑。当然,这也一定包括了原来那个简单判定福柯没有哲学原创贡献的有些自以为是的我自己。

其次,福柯思想构境具有的独特**跨界**性质。作为一个哲学家,福柯从来不在哲学研究传统划定的边界内规范地活动。所以,我们在已有的思辨构境层都找不到福柯所悄悄发动的学术革命之入境激活点。传统形而上学的概念和方法,丝毫没有引起福柯的热情,反倒是在形而下的狭窄的专业科学中的种种具象领域,如性、犯罪、绘画、认知、权力等成了福柯思想构境舞台上的主角。无怪乎有人评论说,"福柯无视法定的对象等级以及哲学与历史科学之间的神圣界限,他不断地致力于扩大哲学的传统定义,让原样的世界进入哲学,并由此让无声望的或被排斥的各种各样的对象如疯狂、监禁(enfermement)、权力等进入哲学,这些对象每次都通过地点和时间明确的具体案例以及详尽的档案(dossiers circonstanciés)得到把握"[28]。正因如此,在各种刚性的学科边界中游刃有余地穿越而显得"不正常"的哲学家福柯,一生不断游弋在心理学、精神病学、医学、历史学、哲学、美术学、社会学、政治学和伦理学之间,他从来不是狭义学术语境中任何一个研究领域的专业人士,可又确实在所有他进入的学术思想空间里,都发现了人们在"正常"**栅栏式**思考中无法企及的隐性构境盲区。所以,对于长期囚禁在专业学术圈层中的学者而言,无法进入福柯完整的他性思想构序倒也是正常的。在这一点上,我基本赞同塞多:"被分类为一个地点和资格的囚徒,坐当局的牢房,引诱忠诚的人正式进入知识和地位等级领域里被分类的一个学科之内,最后获得'稳定'的地位——对福柯来说,这是死亡的象征。"[29]事实是,死在专业囚牢中的我们,看不见真率活着的福柯。

其三,福柯思想构境的**原创性**。纵观福柯一生的思想历程,我们会发现,从现象学和其他科学方法中生成的"塑形"、"构序"、"构式"、"考古"、"谱系"等方法被他逐一重构为一个个全新的方法格式塔场景;再就是,虽然福柯不像海德格尔[30]那样利用德语的复杂性生造出一批怪异的概念和词组,但他也根据具体的不同思想构境域创造了诸如"认识型"、"话语实践"、"话语事件场"、"规训权力"、"微观权力关系"、"权力力量线"、"治理"和"生命政治"等一些原创性的新范畴场。这足以呈现福柯作为原创性思想大师的独特风范。然而遗憾的是,这些重要的全新话语塑形档案却在汉译转换中丢失了。不同语言系统中翻译转换与重新构境中的空无本体之咒语,让新呈现的汉语外衣下的福柯成为一个没有出场的隐身人。这可能也是本书试图认真辨识的一个复杂构境层。

其四,福柯思想构境的**非连续性**。福柯将反对起源论、连续性、目的论的总体历史观视为自己面对思想史的颠覆性构境的否定性前提,并在这一点上毫不含糊地身体力行自己的主张。"福柯总是在发展变化中!"[31]他声称,自己的所有论著均"没有连续而系统的理论'背景'"或同一性塑形和构序规则。以至于,自己的思想构境叠现是"工具箱",甚至坦承每一个建构性的历史文本都是扔向自己原来构境的手榴弹。因而,福柯"会随时根据后来的环境和预设重新解释其早期的研究,而且他还十分乐意重构和重新定位他的分析视角"[32]，他十分善于也惯于发现自己已有学术构序的错误边界，善于从根本上更新自己的观念构架，善于将自己的每一个思想构境都视为下一次解构和革命的异轨准备。依德勒兹的说法，"像所有伟大的思想家一样，他的思想总是在危机和动荡（crise et secousses）中得到发展"[33]。由此，当你依惯性将福柯视为**一个同质性的不变体**去阅读时，与他擦肩而过自是必然。

在这样一种不断迭现和重构的动态思境中，一切传统线性和同质性的解读模式都会从开始遭遇福柯文本和更深的隐性话语塑形中就迷失方向。倒真不是因为福柯的"过时"而故意去"忘掉"，而是在缘起处发生的海德格尔构境中的**存在论遗忘**（oubli）！因为，人们手中只有死去文本中词语的**存在者**。在福柯那里，没有被重新激活的档案即是死物。故而，必须**回到福柯**！

1926—1984年，福柯的生命之旅只走了58年；1961—1984年，他在学术史上真正登场到退场，实际上也只持续了短短的20余年。[34]面对这短暂而异常丰富的20余年，我从大的构境断面将1970年福柯当选法兰西学院院士作为一个思想分水岭，此前是**青年福柯的话语哲学探索之路**，此后则是他对资本主义现实进行批判的生命政治哲学。[35]前期，青年福柯的思想努力是以考古学和谱系学的方式批判性地揭示支配布尔乔亚世界的话语**认识型的多重断裂谱系**；后期，他则通过认知（权力）的话语实践批判，将全部思考重心集中于发生在资本主义统治形式内部的深刻变形——**生命政治治理**。本书试图有选择性地集中复建福柯这两个重要的激进话语塑形建构起来的思想构境面。[36]

在本书中，我没有再拟构一个总体性构境的导言，而是沿袭了《回到海德格尔》导言中让"海德格尔说海德格尔"的思境线索，当然，这一次的言说者是福柯。与狡猾的"老狐狸"（阿伦特语）海德格尔不同，福柯生前留下了大量十分坦白的访谈和专题性的自我学术回顾，所以在本书这一部分的内容当中，我基本上按着他的访谈和一些零散文本中自我评说的思路往下走，力图建构一个**让福柯自己说福柯的拟构情境**，也就是由福柯自己来介绍自己的学术背景和基本学术构序线索。我想，这样铺排，读者也比较容易在支援背景里非中介地看到康吉莱姆、尼采、阿尔都塞等人对他的影响，他和马克思的隐秘关系,以及他自己的自我评判和小结等等。必须指出,福柯属于20世纪中叶那个辉煌的法兰西思想时代,可他并没有非主体地淹没在任何**他性镜像**之中,所有支撑福柯不断爆发思想革新的学术资源,都是被他断裂式地重新构序过的。这是大师福柯原创性思想的真正基础。也是在这一点上,他有些像海德格尔思想构境深渊中的**反他性**立场。

还应该说明的是,在本书中不断生成的我的主观构境意向中,福柯和马克思的关系是本书一条比较重要的隐性推进线索。我的基本判断是:前期,青年福柯非常自觉地**拒绝马克思**,当然,福柯后来也自承,彼时自己所拒绝的马克思实际上是斯大林式的马克思之传统解释视域;1968年之后,福柯的思想发生了根本性变化:他开始重新**回到马克思**。我推测,福柯这一次重要的思想构境转换与在法国发生的红色"五月风暴"[37]直接相关。五月风暴对福柯的影响无疑是巨大的,他的政治立场因之发生了根本性的变化。如果说,青年福柯在《词与物》里明确地把马克思的东西看成一种反面的脚注,那么到了1969年的《认知考古学》中,马克思和尼采却开始变成他正面引述的方法论变革的导引了。特别是在1970年进入法兰西学院之后,福柯开始对现实资本主义展开全面的政治批判,就是在此处,我第一次做出推断,即福柯这种批判的真正方法论基础是**马克思历史唯物主义中的生产基始论和政治经济学批判中的商品—市场运作机制的透视**!具体而言,福柯后期最重要的两个文本群——《规训与惩罚》和"法兰西学院演讲"——系列中的生命政治论完全是依据了马克思的方法论构境背景。这两个文本群也是福柯政治哲学中两个重要的专题:前一个专题是依据了马克思的现代性生产方式论,即从资本主义工业的**生产过程出发构式出规训政治存在论**;法兰西学院演讲中的生命政治学则完全是斯密—黑格尔—马克思的经济学研究场境中的**市场—自然秩序论**。[38]巴里巴尔也发现,福柯晚期的全部东西都巧妙地暗中运用了马克思思想,其中最主要的是马克思的经济学。当然,最重要的还是福柯自己也曾多次承认这一点。故而,他才称自己后来已是一个"不打引号的"马克思思想的引述者。也是据此,我判定从这里开始,晚期福柯正式进入了**后马克思思潮**。应当说,这个判断也是促使我最终下决心写作这本《回到福柯》的主要原因之一。

面对患有"思想多动症"的福柯,我只有一个笨办法可以用,那也是谢里登指认的研究福柯的路径:"如果有人想写一本关于福柯所有著作的书,那么他只得按照编年顺序一部一部书地评述。在一定的意义上,福柯的每一部书都是一个崭新的起点而达到的一个全新的境界:必须重塑方法论,必须构筑新概念。"[39] 当然,我也并没有真的去一本接一本地解读福柯的全部论著,我只选择了自己认为可以认真追问的部分文本——我自己心目中能借以进入福柯哲学学术话语构序以及更深思想构境层的最重要的文本群。实际上,福柯给我们留下的文本是多样的,学术专著、论文与大量的访谈和课程演讲。台湾学者杨凯麟博士曾经形象地将这三类文本比喻为"查拉图斯特拉式的骆驼、狮子与婴儿"[40]:书是阶段性的成果,这会是福柯特有的疯狂奔跑的思想骆驼;而论文和访谈则是时代和特定议题激发起来的思想火花,它像是怒吼于学术之林中的狮子;而课堂和讲台上的演讲,则是思想产房中现场分娩的孩子,娇小却可爱。在本书中,我始终注视的主要对象只是几匹重要的骆驼和少量婴儿,而到处奔走吼叫的狮子们,则是用侧目余光留意的。

　　这样,围绕上述我所构制的福柯前后期两个重要的思想构境面,本书选择了四个专题:分别是青年福柯的《词与物——人文科学考古学》(1966,以下简称《词与物》)、《认知考古学》(1969)和《规训与惩罚》(1975)三个经典文本解读和有关"生命政治论"演讲的专题讨论。除此之外,在文本梳理过程中,我还发现不少十分重要的福柯的单篇论文和演讲[41],我只是精选了其中自己认为最重要的几篇作为相近思想塑形和写作构式的外部文本支撑点,以附文的形式分别附在这四个专题之后。其他文献中相关的关键论点,则部分集中于本书的导论并散杂于我的整个构述过程之中。附文中的第一篇是关于《科学考古学》(1968)的细读,第二篇是基于《什么是作者?》(1969)的研究,第三篇是从《话语的构序》(1970)生发的内省,第四篇是对著名的《尼采·谱系学·历史学》(1971)的思考,最后一篇附文则是针对《什么是批判?》(1978)和《何为启蒙?》(1984)两篇文章的整合式解读。附文中的解读之境,通常是对主文本构序的一个**话语斜视**。它们的激活与呈现,往往使主构序话语的成境变得有力和边界清晰。

　　在第一编中,我主要讨论了青年福柯于1966年写下的《词与物》一书。在这一文本中,青年福柯的思想构境实际上是依据了晚期海德格尔的说法——**存在**本身是人对其他事物的一种**暴力性的构序**(用马克思的话讲,即是人通过实践——物质生活条件的直接生产与再生产——改造和征服自然的过程),不过在这当中,青年福柯依循海德格尔的存在论从传统形而上学认识论转向了认识型投射构式论:不是人们反映性地认知已经客观存在的自然和社会对象(存在者),而是西方资本主义每个时代中的文化结构(认识型)怎么**向自然立法**(构序)和制造世界图景(构式)。其实,只有在**客观唯心主义**的逻辑构境中,这种认知构式论同时就是**隐性的**存在论。在这里,福柯是将海德格尔的存在论差异直接对象化透视了。由此,青年福柯讲述了近代以来资产阶级世界四个认识型中**词对物**的构序——图绘故事:文艺复兴到 16 世纪的认识型、16 世纪魔法中以相似性联结起来的物相塑形的认识型、17—18 世纪由表象绘制的世界图表的古典认识型,以及 19 世纪至今认知建构的主体性意识形态的现代性认识型。福柯宣称,自资产阶级启蒙现代主体性以来,在创造性工业生产和现代商品——市场经济王国中,根本没有所谓的面向客观实在的哲学唯物主义的自然之镜和追逐外部法则的科学真理,实际发生的只是"词"(资产阶级不同的认识型)对事物的直接构序和塑形。我们能够看到,在这部书中他其实讨论了后三个认识型,而被他在书中直接命名并重点讨论的又只是后两个。后来,福柯自己提到,"这是我写的最难懂、最令人厌烦的一本书"。可依我的看法,这是福柯第一本真正具有哲学意味的书。这也是我以它为福柯学术思想史重新构述起点的原因。

第二编是围绕福柯 1969 年写下的《认知考古学》所展开的讨论。我觉得,这是福柯写得最好的一本哲学书。其实,早在 1968 年那篇为了回答"认识论小组"的提问而写下的《科学考古学》一文中,我们已约略看到他在《认知考古学》将要提出的某种**系统话语升级**。青年福柯开始根本摆脱巴什拉—康吉莱姆科学认识论的他性镜像,更复杂地生成和展开自己的一些新的原创性构境层,具体说,略显生硬的认识型构架即将被软化为**功能性的话语事件场**了。在这篇文章里,青年福柯提出了科学考古学的基本任务,即杀死认知主体,消除起源和目的论,解构各种有意图的建构活动;意识到我们所谓的面对历史事实,只不过是匿名的科学认知在社会历史场中遭遇各种已经僵硬的历史档案,必须通过重新激活其中沉睡的话语事件,寻找到话语**塑形**和曾经发生的话语构序的场境之实效。这种观点很快在不久之后的

《什么是作者?》一文中得到了内爆式的深化。

在《认知考古学》一书中,青年福柯宣称,20世纪中叶的学术思想史研究里已经出现了某种新的转向,基于法国科学认识论语境中突现的新方法论,人们已开始关注历史中的断裂和中断。这是他向老师们(巴什拉、康吉莱姆和阿尔都塞)的致意。福柯断言,这已经发生了一场非常重要的历史观革命,其根本特征就是拒绝历史研究中存在的**目的论、起源论、总体性和连续性**。究其依据,正是青年福柯在思想史研究中所发现的当下建构和解构的**话语实践运行场**,而导致**话语事件**改变的却是更深一层的话语**塑形场**转换。无疑,此亦青年福柯思想中原先居支配地位的唯心主义观念破产的时刻,由此他开始逐渐向马克思的**实践唯物主义**靠拢,也开始以认知考古学为桥,真正反思那种看不见的现实历史对象。**考古学**方法,显然不是传统历史研究中面对物性遗迹时就古代历史所作的考证,而是一种全新的基于话语档案**活化**(重新构述)基础之上的观念考古方法。进而,这种考古学方法与后来被福柯重新认同的尼采的**谱系学**共同构成了他独特的历史构式方式。根据青年福柯自己的指认,写作此书的初衷,是想对前期完成的疯狂史、临床医学的诞生史和词对物的构序史的研究作一方法论小结,以说明自己已完成的这些不同领域中的研究成果相互之间的"整体联结"。不料,这种内省式的小结本身却是一新的方法论革命。

本书第三编的讨论聚焦于《规训与惩罚》。过去,这是福柯在政治学和社会学中影响很大的文本。虽然此书的完稿时间距福柯成为法兰西学院院士的1970年已有五年,但它却直接映现了福柯思想中最重要的一次转向:**从认知话语结构的批判到对资产阶级政治现实中的权力批判!** 这一转变的现实基础,是法国"五月风暴"对福柯的战斗洗礼。这一转向内含着双重变换:在方法论上,福柯实现了**从唯心史观向社会唯物主义**[42]**的转变**;而在政治立场上,**他第一次公开站到了马克思主义对资本主义世界的批判阵营中来**。我们可以看到,在这一重要文本中,福柯开始全神贯注于有关新生的资产阶级权力场对人的生命肉体的**微观支配**的思考上。他不再过多使用词对物的**主观性**构序和塑形概念,也不再频繁引用认识型和考古学的理论范式。此时的福柯,试图呈现一种传统马克思主义并没有注意到的资产阶级新型政治权力与"人"之间的统治关系,即在认知(工具理性)布展中对政治肉体的隐性**规训**支配。同时，福柯也没有依从传统西方政治学研究的基本路径，没有抽象地讨论诸如民主、公正和法权一类的宏大概念，而是在西方民主社会所标榜的一般社会运行模式背后，透视出一种并不直接存在于传统政治领域的看不见的新型奴役，并且，它恰恰是作为传统专制暴政的替代物"民主"与"科学"的形象而出场的。福柯断言：正是在以照亮黑暗专制的真理性认知（启蒙）控制和支配下的资产阶级那种看起来平等、自由和博爱的**隐性权力线**之下，资本主义民主政治建构了有史以来最精巧的**微观权力物理学**，也建成了人类文明中第一座现代灵魂的全景规训式的牢狱。由此，构成了欧洲激进话语和后马克思思潮中全新的政治哲学构境基础。

第四编是关于福柯在 1974—1979 年之间的法兰西学院的系列演讲里的一个重要主题，即**生命政治**在当代资本主义社会治理中的历史诞生。除去 1977 年休假以外，在这五年中，福柯分别讨论了资本主义社会控制的诸种新形式：1.社会治理中存在的杀人不见血的真理刀：资产阶级通过制造以科学真理为构式本质的规范性权力话语，建构了正常与不正常生存的界线。这个新型权力就是我们今天称为科学"管理学"的东西，在这里，福柯把它命名为"治理的艺术"或治理技艺。而从 19 世纪开始，以认知为权力部署的规训就开始在西方资本主义整个社会布展开来。权力的规训——治理技术，在最微细的层面上开始控制资产阶级世界中人的肉体和灵魂（《不正常的人》）。2.资产阶级的权力部署和认知谱系学：认知谱系学就是要反对启蒙的**进步**话语，相对于传统的专制，资产阶级看起来美好的认知话语发生的历史不是阳光与黑夜的关系，不是从野蛮走向文明的进步历程，而是一部新型的资产阶级**认知——权力关系**布展的历史。所有追逐剩余价值的资本家是最早洞悉**知识等于财富、知识就是权力**奥秘的人，所以，通常独占的认知（技术）会被资本家们策略性地投入使用和机会主义地秘密隐藏起来，谁手中握有认知，就会在生产、经济、政治和文化存在中真正享有决定新世界主导地位的权力。这是福柯发现的资产阶级新世界中的秘密（《必须保卫社会》）。3.生命权力问题：与传统专制权力中那种面向死亡的消极而悲惨的生存情境不同，也与机器般运转的规训构序不同，现代资本主义社会的统治权力支配方式中的确发生了某种重要深层改变，即生命权力不再直接面对死亡（甚至很多国家直接取消死刑）和肉体塑形，转而关注让人"**怎样**"（*comment*）活着。用资产阶级的话语来说,就是摆脱专制,民主、自由和博爱地活着。可是,人们没有想到的事情是,资产阶级的生命权力就在这个"开心地活着"的场境层面上对人的生命存在进行干预和控制,表面看起来,这种干预和控制是为了提高生命的意义和价值,实则却是让生命在更深的存在构境层中**生不如死**。这就是资产阶级实际操作的**生命政治**(《安全、领土与人口》)。4. 资本主义市场与生命政治学:资本主义社会治理实践的现实基础是18世纪以来生成的政治经济学,而后者的真正对象是在经济自发活动中生成的由治理实践建构起来的**自然性**。自然性,其实就是指商品—市场经济中的生产—流通中的自发性调节。资本主义市场经济中那种无人的自发活动无意间生成了一种新的客观的真实性,它所自发建构的**真言化场所**是资产阶级社会生命政治治理的现实基础。福柯认为,正是在经济人和无主体的公民社会的双重假定中,产生出资产阶级自由主义的社会治理技艺(《生命政治的诞生》)等重要政治哲学专题。其实,福柯的《规训与惩罚》(1975)和《性史》(第1卷,1976)两本书也是在法兰西学院演讲的早期完成的,但从《规训与惩罚》到生命政治论之间,福柯关于资产阶级社会统治的批判性反思存在着一个**从规训到治理**的内省构序中的重心移转。具体说,在《性史》第1卷的最后一章里,福柯首次提出了**生命政治学**的全新批判理论构境;而在《必须保卫社会》演讲接近尾声的时候,他突然高调地宣称:自己有一个新发现,即自18世纪下半叶以来,资产阶级发明了一种异质于规训的权力新技术——直接干预和构序生存的**生命权力**。依福柯之见,生命控制技术实施的对象是人的生物学存在,即作为生命权力的关联物和认知对象的人口。正是在对人口的平日治理中,当代资本主义社会统治中的全新的治理术——**治安**宣告诞生,这是资产阶级将政治经济学的法则引入政治权力操作中的结果。治安,亦即社会治理场中的依从**"自然"构序**的经济学,它同样不是人为的强制,而是让社会生活在自然性上自行运转和自发调节;而现代治理术的本质,正是作用于复杂塑形情境中的微观权力支配。这正是今天欧洲激进话语中,阿甘本、朗西埃、巴迪欧和齐泽克热炒的生命政治批判的直接学理基础。

本书继续保留了我独立创造的学术文本词频统计方法,这对于在福柯的一些重要的文本历史转换中,把握福柯话语实践中原初概念、范畴和范式的**历史性出场和缺席**,有着极为关键的实证数据支持。[43]

不过在这里,我想特别交代的一个文本事件是阅读权力的**复权**问题。读者可以看到,在本书的写作中,我尽可能多地提供了福柯文本中重要学术关键词的法文原词及一定的词频统计数据,主要因为在传统的学术翻译文本中,当译者提供了依自己有限的学识构境背景选定的相应中译文和概念后,如果他不提供译文原文,他就武断地关闭了通向原初文本语境的大门,这实际上遮蔽了读者任何**重构**译境和证伪转译合法性的可能性空间,我觉得这是一种对读者阅读权利的粗暴剥夺。在我看来,人们大可不必动辄指证别人译错了,拿这种小巧当饭吃就更是"作"和蠢得要死,因为翻译本身就是翻译者个体凭借自己有限的他性语言技能和学识重新**构述之结晶物**,而非简单的还原式**逼真**。所以,让读者看到转译构境的细节是十分必要的。我的这种做法最早出现在《回到马克思》的第三版修订(2012)中,继而坚持于《回到海德格尔》(2013)。显然,我是在试图夺回阅读和重构的权利。更希望,以后的译著能够响应这种重要的阅读复权诉求。[44]

由此,在这次我的关于福柯的重构式解读中,也就开显了一个在汉译解蔽中遮蔽起来的较新的话语入境层,初想了一下,可以先在这里概括如下几条线索:

第一,最重要的构境论质变,是一开始青年福柯依从胡塞尔—海德格尔的现象学开显方式,实现了方法论基始层面构境中从对象—存在者式的**什么**(*qu'est-ce*)→关涉性的存在本身**怎样**(*comment*)的突变。comment 几乎是福柯所有文本的较高频词。[45]自然,这是很难进入的一个思考构境域。我已经说过,在海德格尔的意义域中,只有关涉性的"怎样"(Wie),而没有对象性的"什么"(Was)。这是海德格尔真正实现从基始性本原的本体论(Ontologie)向**关涉存在论**的转变,从主、客二分的对象化的认识论向关系式的**内居论**的转换的关键。[46]青年福柯思境的最初秘密入口也在这里,从他的第一本哲学论著《词与物》开始,我们就可以发现一系列重要的转换:在方法(méthode)和方法论(méthodologique)上,依从巴什拉—康吉莱姆科学认知结构在阿尔都塞的**问题式**(*problèmatique*)中的变形,他比较顺利地从主—客体二分的传统对象性**认识论**(*épistémologie*)转向了内在结构化总体支配的文化**认识型**(*épistémè*)理论,其中,没有了外部对象的逼真性反映,而出现了话语对存在的反向构序(词对物的组织化构序),这已经是**关涉性**存在论(ontologie)的构境场域,所以,随着史料本体论的根本解构,在《认知考古学》之后,实证式的历史研究则转换为**活化和复构话语档案**的**考古学**(archéologie)和**谱系学**(généalogie),更晚一些,在规训权力和生命权力的批判性构境中,神性的**决定论**(déterminisme)则转换为双重权力(规训与生命)部署的**策略学**(stratégie)。从词频统计上看,认识型范式,以及作为方法论的考古学、谱系学和策略学在本书重点解读复构的七个文本中的出场和持续状态是不同的,其词频图如下:

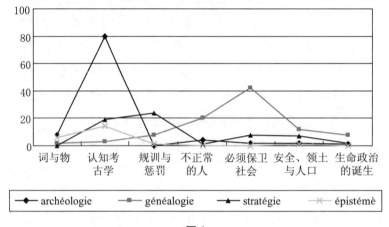

图1

由此可以看出,认识型范式在这七个文本中的词频为6/14/1/0/0/1/0,它从《词与物》一书中出场(6次)后,在《认知考古学》一书中达到它的最高频次(14次),随即开始趋零,这可被视作思想构境中的**支点弃用**。这是青年福柯思想构境中巴什拉—康吉莱姆—阿尔都塞那种**刚性**认知结构论影响的最后消失。而在总体方法论上,跨领域挪用而来的考古学(8/80/0/4/2/2/1)是福柯最先采用的历史研究方法,它在《认知考古学》一书中达及最高点,之后逐渐让位于改造自尼采学术镜像中的谱系学(2/3/8/20/42/12/8)和原创的策略学(0/19/24/1/8/7/2)。这一词频统计可以为我们对福柯方法论的构式演变断代和话语交错构境情况作出准确判断提供一定的客观依据。

第二,随着上述方法论中不可见的**关系存在论**的突现在场,在福柯的思想构境中,具象式的**物**(*chose*)和**对象**(*objet*)开始转向非实体(*incorporel*)的**存在**(*être*,这个 *être* 就是海德格尔在德文中使用的那个 Sein,在法文中,它也是系动词"是"。青年福柯在《词与物》一书中专门讨论过这个**动词性**)。[47]所以我们会发现,从一开始,福柯关注的所有东西和事情都不是直观中可见的物、对象和现成概念,也不是结构化的**装置**(*appareil*)和器械(*instrument*),而是关系式、活动性的生活存在**场**(*champ*)和**认知场**(*champ de savoir*)。[48] champ 一词是贯穿福柯学术思想全程的次高频词(53/160/42/99/77/84/40)。其词频曲线如下图:

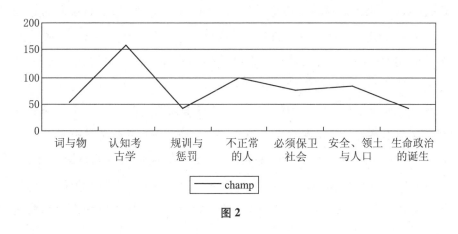

图 2

请注意,正在发生的活动性的**认知**(*savoir*),不同于概念化的**知识**(*connaissance*),用海德格尔的存在论差异(即对存在者与存在的界划)来比,石化的知识是**存在者**,而认知则是容易被遗忘的 *être* 本身。[49]这也就是说,从知识**复归于认知**,是福柯的一种存在论的努力。可遗憾的是,在 savoir 汉译为知识的重构中,此深层构境则被遮蔽。并且,在《认知考古学》中,青年福柯将这种功能性的场境思考进一步提升为**事件**(*événement*)[50],如果说,场存在还是更多表征了一种从外部状况出发的功能性关联总体,而事件则突出了这种场境**与生命本身的关涉**。所以,在面对现实世界时,我们可以看到福柯大量使用了这样一些词组:实在场(champ de réalités)、客体场(champ d'objets)、社会场(champ social)、政治场(champ politique)、经济场(champ économique)、历史场(champ d'historicité);而在面对主观情境时,则使用了另外一批词组:哲学场(champ philosophique)、感知场(champ de perception)、记忆场（champ d'une mémoire）、语义场（les champs sémantiques）、认识论场（champ épistémologique）、话语场（champ de discours）、话语事件场（champ des événements discours）、话语实践场（champ de pratiques non discursives）、力量联系场（champ relationnel de forces）、力量竞争场（champ concurrentiel de forces）等等。在1970年福柯的法兰西学院就职演讲《话语的构序》中，他干脆将自己的思想构境直接指认为发生着的**事件哲学**（*philosophie de l'événement*）。

第三，在福柯话语实践的更深的一个思想构境层中，我们还可发现这样基于存在论转换之上的一种重要思想**场境的多重换构**：即从凝固化的现成**形式**（*forme*）概念向建构性的**塑形**（*formation*）范式的转换；从框架式的**结构**（*structure*）概念向突现的功能**构式**（*configuration*）范式的转换；从确定事物质性的**类型**（*type*）概念向建构组织性的**构序**（*ordre*）范式的转换。这样，在每一个时代作为**历史的先验**（*priori historique*）出现的东西，就不再是凝固化的社会制度和可见的物性构架，而是一种当下被建构和活化起来的场境突现。这些重要的构境层在中文译境中，基本上都被无意识掩盖起来了。我以为，塑形、构式和构序三个概念的使用，贯穿着福柯思想构境的全程，其中，构序（及其祛序，désordre）是高频词（322/76/126/90/100/145/66），塑形是次高频词，构式概念在《词与物》之后，频次略低。[51] 三个概念的词频图如下：

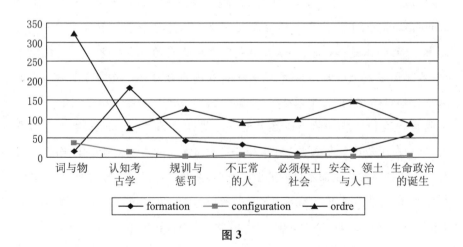

图3

首先，我们都知道，自20世纪初俄国形式主义思潮中得以上位的形式概念,在整个欧洲思想学术界的影响一度达及最高点,可以说,这也是青年福柯进入思考的一个构境基点,可是,我觉得福柯对形式概念的**功能性活化**是特别值得我们关注的,这可能是进入青年福柯思境的另一个秘密入口。其实,在胡塞尔—海德格尔的现象学研究中,就已经有着对观念**赋形**(*Ausformung*)的思考,相比于**外在地给予一个形式**的赋形概念,海德格尔后来的存在论构境中,它直接转换为生活实践的**塑形**(*Formgebung*)。我还注意到,拉康在 1957 年开讲的研讨班之主题就是《无意识的塑形》(*Les formations de l'inconscient*,1957—1958)。我无法考证,福柯是否直接受到这些大师们深层次思想构境的影响,但他的实际思考却承载了这一重要线索。在福柯思想发展变化的全程中,塑形范式几乎是始终在场的。我们可以看到的相关词组有:客体与主体的塑形(formation des objets et sujets)、话语的塑形(formation disursive)、真理的塑形机制(mécanisme de formation de vérité)、策略塑形(formation des stratégies)、塑形规律(règles de formation)、塑形系统(système de formation)等。[52]显然,我们可以看出福柯在使用上述词组时的特定构境意味,即在一种建构活动中生成动态的功能方式。其次,到 20 世纪中叶,由于自然科学中复杂性科学的进展和语言学结构主义的凸显,结构、组织(organisation)、体制(régime)、格局(schéma)和框架(encadrement)一类概念得以在人文社会科学中泛化,并且,功能性的能动建构(constituer)概念也慢慢地被人们所接受,于是,我们也可以看到福柯思想构境中将结构概念本身活化和整合(intégrés)起来的构式(configuration)范式的出现。依我的了解,在海德格尔的德文语境中,表征结构性活化的最高范式是**格式塔**(*Gestalt*),而在法文中,构式(configuration)可能会是接近格式塔那种**突现式整体场境**的概念。[53]其三,过去,表征一个事物或者现象的不同质性,通常会用质或者类型(type)概念加以区隔,而福柯的存在论推进则是启用功能性有序性和组织化的构序(ordre)范式。将 ordre 一词翻译为**现成的秩序**,实际上是将活化的有序建构重新石化成存在者状态。建构性的构序概念在海德格尔哲学中已经有了比较深入的构境分层,他在不同层级上使用了构序(Ordung、Zuordnung)、**入序**(*Einordnung*)、**有序性**(*ordentlichkeit*)和**等级排序**(*Stufenordnung*)等概念和词组。而在福柯的思想构境中还相近地出现了**祛序**(*désordre*)和**赋序**(*ordonne*)等概念。福柯文本中出现的相关词组有：物的构序(l'ordre des choses)、社会构序(ordre social)、安全的构序(l'ordre de la sécurité)，以及话语的构序(l'ordre du discours)、精神构序(l'ordre de l'esprit)等等。应该指出的是，塑形、构式和构序概念，当福柯在面对词对物的"立法"或让其存在的支配关系中，它们表现为直接的暴力；而在从规训权力到生命权力对社会生活的微观治理的思考构境中，它们都同时显现为**无脸无形的软性强制**。后者对物与人的支配是极其精妙和温柔的，这需要我们从书本中走到微观日常生活中去细细体知。

第四，按照这个思考构境层的逐步打开，我们就不难进入福柯的一个全新的表征话语系统：首先，在原来传统认识论和理论逻辑多用词语、表象(*représentation*)、图表(*tableau*)的地方，福柯更愿意使用**网**(*réseau*)、**脉络**(*nervure*)、**网格**(*quadrillage*)、**栅格**(*grille*)这样的表征。这是由于存在论的本质是关涉性，所以，福柯构境的高频词当然会有**关系**(*rapport*)和**联系**(*relation*)，但是，福柯更喜欢讨论多重关联性的规定，在马克思、狄尔泰和海德格尔那里，德文中有 Zusammenhang(关联与境)，而法文的相近概念为 corrélation，福柯则多用有如复式关系(rapports multiples)、联系网(réseau de relations)和关系束(faisceau de rapports)之类的词组。这是福柯网状概念群出场的基础构境背景。我以为，福柯语境中的这种网状系统不是多重结绳式的实体网络，比如福柯所指认的认知—权力网络(nexus de savoir-pouvoir)，这是发生在当代资本主义社会认知场和政治生活中无形的、不可见的构序拓扑效用和力量博弈关系状态；而栅格则是网络系统中的强制性区隔、过滤和筛选力量，比如话语实践的暴力性栅栏(grille de ces pratiques)、规训中的强制性网格分区控制(quadrillage)等。其次，在语言学结构主义常用的现成的语言系统与使用语言的言说活动二元结构分立之间，福柯在《认知考古学》一书中提出了特殊的**陈述**(*énoncés*)—**话语**(*discours*)—**档案**(*archives*)范式。其中，陈述与档案二词都是临时启用的重构性概念，只是为了说明特殊的话语范式，之后，福柯很快弃用了二词。其清晰的词频曲线如下：

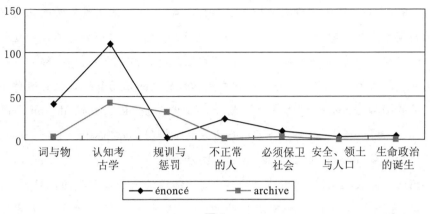

图4

在福柯这里,话语不是被说出来的词语,而是认知活动中特定的**有序构式**。陈述构式成话语,**话语说我!** 于是有了这样一些词组:显白话语(discours manifeste)、话语层次(niveau discursif)、话语组(groupe de discours)、话语群(conatellation discursive)、话语社团(sociétés de discours)、真理话语(discours de vérité),等等。当下建构的话语的历史存在者即是被福柯重构过的档案,档案不是文献史实,而只是激活曾经存在的话语实践场和话语事件的物性遗物。在福柯的考古学和谱系学中,被激活的档案**不直接等**于原初的历史事实,而是复构的话语再生结果。

应该指出,rapport 和 discours 都是贯穿福柯思想构境全程的高频词,discours 一词在《必须保卫社会》之后使用频次明显减少。其词频图如下:

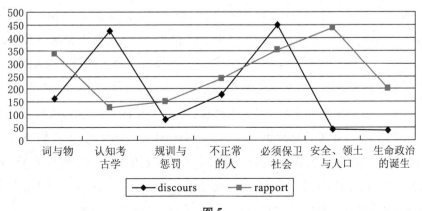

图5

第五,在更深的哲学思考中出现的构境层,是福柯依从尼采所建构起来的新型权力和**力量关系**(*rapports de force*)范式。首先,这个力量不是物理学中的直接作用力,有如传统专制体制下皮鞭抽打在肉身上的力量,福柯发现的新型权力关系是在资产阶级科学中建构性的认知活动和规训权力运作中凸显的**匿名**(*anonymat*)力量关系场境和功能系统(le système de son fonctionnement)。所以,福柯才会多用如力量的编排(La composition des forces)、力量的布展(déploiement de la force)、权力的施展(l'exercice du pouvoir)一类词组。依我之见,这是对葛兰西[54]软性**霸权**统治论最重要的微观剖解。其次,也因为这种新型的政治权力更加细微地支配了生活中的**小事物**(*petites choses*)和**小事情**(*vétilles*),福柯也将其指认为异质于传统宏观经济与政治压迫的**微观权力**(*micropouvoir*),并探究其发生作用的微观机制(micromécanique)。这能让我联想到的是列斐伏尔《日常生活批判》中的"小事情异化"说,与其相比,福柯的微观考古更显实证一些。其三,也是在这一点上,福柯大胆挪用了其他自然科学中的概念的诸多范畴,如权力技术学(la technologie du pouvoir)、权力力学(mécanique du pouvoir)、权力经济学(économie de pouvoir)、权力技术谱系学(généalogie des technologies de pouvoir)、微观权力物理学(microphysique du pouvoir),还有诸如权力机制(mécanismes de pouvoir)、权力系统(système de pouvoir)、权力情境(situation de pouvoir)、微分权力(pouvoir infinitésimal)、权力机器(mécanique de pouvoir)。更具体的描述还有,机制和程序的集合(ensemble de mécanismes et de procédures)、微缩模型(modèles réduits)、工具符码化(codage instrumental)、训练(dresser)、程序(procédure)、层级监视(surveillances hiérarchisées),甚至生物学中的毛细血管(capillaire)也用来比喻规训权力的微观控制。显然,这些术语的跨学科挪用并非仅仅是外在的简单移植,而是精确地对应于发生在整个当代资本主义社会存在的新型**软暴政**布展中。

第六,在福柯走进资产阶级当代隐性社会权力分析之后,他的政治哲学有过两次突变:一是**规范化权力**(*pouvoir de normalisation*)批判,二是**生命权力**(*bio-pouvoir*)批判。表层思想构境层中,我们可以直接看到描写规训权力的政治解剖学(anatomie politique)和肉体政治学(politique des corps),以及表征生命权力的**生命政治学**(*bio-politique*),权力与真理同谋的真理政治学(la politique de la vérité)。应该特别指出,以生命权力批判为构境中轴的生命政治学是在《必须保卫社会》的讲座中凸显的,这一点从词频统计上可以清楚地看出来:

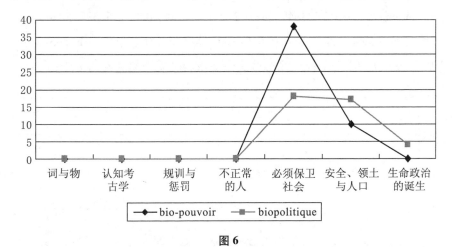

图6

而在更深一层政治哲学批判构境中,则发生着另一幕无声剧:首先,肉体政治学中起关键作用的是**规训**(discipline),后面跟着的是惩罚(punition)、意指机器(machinerie signifiante)、强制系统(système de contraintes)和全景敞视主义(panoptisme)的监控。而生命政治学中起关键作用的是**调节**(régularisation)和**安全**(sécurité)。对生命的调节是从牧领权力(pouvoir pastoral)开始的,而在对**治安**(police)概念的转喻重构中,过去外在的军队、警察式的国家暴力(violence)软化为对日常安全的**治理**(gouvernement),这里凸显出一种全新的社会治安装置(l'appareil de police)和牧领支配的弥散的系统(systèmes de dispersion),治安的目标是通过安全技术(technologie de sécurité)实现所谓的安全社会(société de sécurité)。与此相关的概念群中还有,布置(aménager)、治理术(art de gouverner)、治理实践(la pratique gouvernementale)、对人的治理(gouvernement des hommes)、对事物的整治(administration des choses)、自我治理(se gouverner soi-même)、对活人的治理(gouvernement des vivants)。其次,在深层构境层里发生的另一种改变,是从静态的政治**模式**(modes)向无形布展中的微观权力**部署**(dispositif)范式的转换。[55]这个以部署范式凸显的重要的转换是从《规训与惩罚》一书开始的,并贯穿这之后的所有文本:dispositif(0/0/43/10/7/67/9)。我注意到,与此共同凸显的话语概念群还有：安全（sécurité，0/1/2/1/8/353/56）、牧领（pastoral，0/0/0/18/1/210/1）、治安（police，0/0/65/10/6/329/57）、治理（gouvernement，0/3/7/23/49/568/627，gouverner，0/0/1/5/3/245/148）、治理术（gouvernementalité，0/0/0/0/0/105/114）和治理艺术（art de gouverner，0/0/1/0/120/70）等。构成这个转变的凸显构境断面的词频图如下：

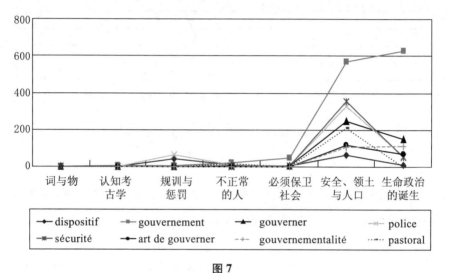

图7

从此图中，我们可以发现部署范式在《词与物》和《认知考古学》中的频次为零，所以它凸显于《规训与惩罚》前后的构境中，并在《安全、领土与人口》的讲座中达到它的最高值。与这个状态相近，安全、牧领、治安和治理范式在前两个文本中也基本趋零，在《规训与惩罚》中开始生成，而凸显于最后两个文本，最后，治理性以及治理术词组仅仅在场于最后两个文本。我这里的词频统计，对于那种将福柯后期的新质性话语范式任性地同质化到他的思想全程的主观随意性将是一个釜底抽薪式的回击。

在这一思考构境域中，开始时，福柯还是采用我们已经熟悉的学科交叉式的概念挪用，如政治链（chaîne politique）和军事战争学研究中搬来的战术（tactiques）、策略（stratégie）、策略情境（situation stratégique）、局部战术（tactiques locales）和整体策略（stratégies globales），而后来，传统描述整体结构的权力模式（modes）则逐步地为弥散型的功能作用——部署（dispositif）范式所取代。福柯在后期经常使用的生命政治支配的词组有安全部署

（dispositifs de sécurité）、部署网络（réseau de dispositifs）等。

最后，福柯喜欢使用的有个性的重要概念群还有很多，例如表达自己方法论激进特征的：造反（insurrection）、交叉（entrecroisement）、游戏（jeu）、异质性（hétérogène）、差异性（différences）等；表示自己思想构境本质的：重构（reconstituter）、大写的返回（Retour）、回到（revenir）、重新发现（redécouverte）、重新发明（réinvention）和再活化（réactivation）等，其中，我觉得最重要的是réactivation，因为它是考古学和谱系学的基根；表示空无存在论意味的：空无（vide）、不在场（absence）、空心（creux）、空隙（manque）、空穴（lacunes）等，其中vide是核心关键词；表示空无存在发生的：消失（disparaître）、不可见（invisible）、痕迹（trace）、褶痕（pli）等；表达构境突现状态的：突现（émergence）、涌现（surgissement）、共爆（irruption）；表达构境断裂性的：突变（mutation）、颠倒（renversement）、断裂（rupture）、中断（rompues）、阻断（interruption）、斩断（trancher）、转换（transformation）和间断性（discontinuité，不连续性），其中rupture是从巴什拉—康吉莱姆—阿尔都塞那里来的关键词，他自己最重要的规定则是discontinuité；表达点状构境构件的：衍射点（points de diffraction）、抵抗点（points de résistance）、没影点（point de sa disparition）、胚胎点（point embryonnaire）、拐点（point d'inflexion），其中，points de résistance是新型权力布展的重要支撑；作为否定对象出场的总体历史观的：同一性（identité）、同质性（homogène）、总体性（totalité）、起源学（genèse）、目的论（téléologie）、光荣经（doxologie），以及大写的起源（l'Origine）、等级（hiérarchie）、线性（linéaire）和逼真（vraisemblable）等。除此之外，思想史资源中的挪用概念有：来自布朗肖的外部（dehors），来自巴塔耶的僭越（transgression），来自拉康的不可能（impossible）、真实（réel）和他者（autre），来自尼采的权力（pouvoir）。不同学科中挪用的概念有：来自语言学的共时性（simultanéité）、历时性（successif）、纵向性（verricalité）、横向性（horizontalité）、语境关系（rapport contextuel）、代码（code）、同构性（isomorphisme）、符号（signe）；来自精神分析学的征候（symptôme）、投射（projection）、幻象（illusion）、面具（masque）；来自地质学的地层（couche）、遗迹（monument）、断层（faille）、裂缝（déchirure），等等。福柯使用的十分冷僻的词有：齿构（engrenage）、轴线

(axe)、聚合(regroupement)、姿势(gestes)、歧义(ambiguë)、烙印(marqué)、铭刻(inscrire)、嵌入(encastrement)、视角性(perspective)。福柯自己独立创造的概念有：不正常的人(Les anormaux)、异托邦(hétérotopie)、似自然性(quasi naturel)、主体的构境(situation du sujet)等。

通过研究福柯文本中重要学术关键词的法文原词及其词频统计数据，我们首先可以在一种全新的实证数据的基础上接近福柯思想构境在法文原文中的语境，以消除从法文到中文转译中出现的变形和遮蔽。其次，我们还可以从他的学术关键词的历史性出场、使用频率的强弱曲线和最终的弃用，直接观察到他话语实践的细微重构。最后，最重要的是，通过原文关键词的词频统计，我们也能直接体知福柯自己标榜的话语实践的非连续性。

总的说，此番文本细读下来，我能感觉得到，福柯之思的确不具备海德格尔那种可以颠覆全部形而上学思想史的不可测的深邃，可是，我们能够在福柯的每一次文本暴动中感受到一股喷涌而出的炽烈的生命激情，我们能够听到他在为这个世界中看似平常的那些存在中隐含的不公平而摇旗呐喊。从内心深处，福柯让我萌生不多有的真的感动。马舍雷曾充溢深情地写道："对我来说，康吉莱姆、福柯以及其他人，都是尚未完成、永远**活着**(vivante)的思想的代表人物。在这种思想中，真理的力量开辟出了一条复杂无比的道路。因为在它前进的途中，它永远不会直接向目标迈去，它永远不会成功而是不断追寻着新的方向，所以它必须创新、必须重塑。"[56] 对此，我感同身受。

由是，我坚持认为，在当代布尔乔亚生命政治支配大获全胜的今天，我们不是要忘掉存在者福柯(鲍德里亚语)，而恰恰是要**回到福柯**！归基于那个你根本没有真正照过面的福柯之存在！"不要让人告诉我们，在那之后，随着福柯的逝去，他的事业和他的一般价值都烟消云散了。"[57] 只要这个世界上还存在黑暗中的奴役和看起来正常的不正常，幽灵般的福柯就一定在场。

2014年6月12日晚上，我在面向南京大学本科同学的题为"忘不掉的福柯——纪念福柯逝世三十周年"的讲座中说："如果福柯站在今天的讲台上对你们讲话，他最可能讲的一段话会是：我不是一本圣经，而是一个范式工具箱，更奇怪的是，这个工具箱却会幻化为一个个不断扔向自己的手榴弹。"

张一兵

2013 年 7 月 20 日于韩国庆尚大学

2014 年 6 月 12 日第二稿于南京大学仙林校区哲学楼

2015 年 4 月 10 日第三稿于南京龙江

注释

[1] 构境（situating）是我在 2007 年提出的核心哲学范式，它最初是在寄居于《回到列宁——关于"哲学笔记"的一种后文本学解读》一书的方法描述中出场。在我这里，构境概念被表述为关于人的历史存在论的一个**东方式**的总体看法，它不涉及传统基础本体论的终极本原问题，而只是讨论人的历史性存在的最高构成层级和高峰体验状态。我区分了社会生活空间中的**物性塑形、关系构式、创序驱动和功能性的筑模**之上的人的不同生存层级，以及与这些不同生存状态和意识体认可能达及的不同生活情境，我将主体存在的最高层级界定为**自由的存在性生活构境**。很显然，在当代思想的形而上学内省和焦虑中，人们因为担心存在变成石化的在者、概念变成死亡的逻各斯本质，于是做作地在存在和概念的文字上打叉（海德格尔的"删除"和德里达的"涂抹"），而构境之存在就是当下同体发生的建构与解构性。情境之在不存留，只是每每辛苦地重建。当然，在现实历史事实中，构境存在通常是与**他性镜像与伪构境**（幻象）同体共在的。

[2] 米歇尔·福柯（Michel Foucault, 1926—1984），法国当代著名哲学家、历史学家。1926 年 10 月 26 日出生于法国维艾纳省省会普瓦捷（Poitiers），父亲是一位外科医生，母亲也是外科医生的女儿。福柯在普瓦捷完成了小学和中学教育，1945 年，他离开家乡前往巴黎就读于亨利四世高中，准备参加法国高等师范学校入学考试，也是在那里，他遇到了伊波利特。福柯于 1946 年顺利进入高师学习哲学。1950 年，福柯毕业于巴黎高等师范学校。1951 年，与"无调式"（勋柏格之后十二音阶音乐）音乐家彼埃尔·布列结识，并与另一位音乐家巴拉盖相识并成为恋人。福柯声称，从布列和无调音乐中，自己"发现了一个观察 20 世纪的陌生角度"。1951 年，福柯通过了大中学教师资格会考，随后在梯也尔基金会（Fondation Thiers）资助下做了一年研究工作；1952 年，受聘为里尔大学助教。其间，福柯时常受阿尔都塞之邀往返巴黎，在高师兼任心理学和哲学教师；为了教好心理学，福柯坚持参加拉康的研讨班。1953 年，福柯与贾克琳·维克多共同翻译瑞士精神病学家宾斯万格（Ludwig Bindwanger）的《梦与存在》一书，写下长篇导言。1955 年 8 月，在著名神话学家乔治·杜梅泽尔（Georges Dumezil）的大力推荐下，福柯被瑞典乌普萨拉大学聘为法语教师。1958 年，他被法国外交部任命为设在华沙大

学内的法国文化中心主任,之后,他又任职于德国汉堡的法国学院。从 1955 年开始,福柯开始博士论文的写作,在康吉莱姆的指导下,历经多年努力,完成了长达 943 页的题为"古典时代疯狂史"的博士论文。1961 年 5 月 20 日,福柯顺利通过答辩,获得文学博士学位。1960 年 10 月,福柯就任克莱蒙—费朗大学代理教授;1962 年 5 月 1 日,升任哲学系正教授。曾于 1969 年任巴黎第八大学哲学系主任;1970 年,被任命为法国最具权威的学术体系——法兰西学院的思想体系史专业的教授。1984 年 6 月 25 日,福柯因艾滋病在巴黎萨勒贝蒂尔医院病逝,终年 58 岁。主要代表作:《古典时代疯狂史》(1961)、《临床医学的诞生》(1963)、《词与物——人文科学考古学》(1966)、《认知考古学》(1969)、《规训与惩罚》(1975)、《性经验史》(1976—1984)、《生命政治的诞生》(1978—1979)等。

[3] Michel Foucault, *Histoire de la folie à l'âge classique*, Paris, Gallimard, 1972.

[4] [法]福柯:《古典时代疯狂史》,林志明译,生活·读书·新知三联书店 2005 年版,"序言",第 3 页。

[5] 构序(ordering,创序),是我在 1991 年提出的一个概念,在复杂性科学中,构序即负熵。构序与马克思历史唯物主义中的物质生产力同义,是指"**人类通过具体的实践历史地构成特定物质存在层系的人的社会存在的带矢量的有序性**"。2009 年,我在构境论的基础上再一次确认了这一概念。"与主体性的劳动塑形活动和客观的主体活动关系、塑形物的链接构式不同,生产创序是整个社会生产过程中活生生表现出来的特定组织编码和功能有序性,或者叫保持社会存在消除其内部时刻发生的坠回到自然存在无序性熵增力量的有序性**负熵源**。社会历史存在中的创序能力是由劳动塑形为主导的整合性的社会创造能力,这种创序能力随着社会生产的日益复杂化而丰富起来。"参见拙文:《实践构序》,载《福建论坛》1991 年第 1 期;《劳动塑形、关系构式、生产创序与结构筑模》,载《哲学研究》2009 年第 11 期。在此次研究中我惊奇地发现,构序竟然也是福柯哲学的重要的范式。

[6] 参见拙著:《回到马克思——经济学语境中的哲学话语》,江苏人民出版社 2013 年第 3 版,"序言"。

[7] 后马克思(Post-Marx)思潮系指欧洲 1968 年红色五月风暴之后出现的一种激进社会批判理论,主要代表人物为齐泽克、朗西埃、阿甘本和巴迪欧等人。他们从根本上否定了马克思主义哲学中最关键的理论基础,同时又在方法论和基本立场上深刻地承袭了马克思的批判传统;他们截取了一些新的社会文化断面,激烈批判当代资本主义,但又小心地与马克思主义保持着一定的距离。

[8] 吉奥乔·阿甘本(Giorgio Agamben, 1942—),当代意大利著名思想家,欧洲后马克思思潮主要代表人物。现为欧洲研究生院(EGS)巴鲁赫·德·斯宾诺莎教授,意大利维罗拉大学美学教授,同时在巴黎国际哲学学院教授哲学。阿甘本毕业于意大利罗马大学,以西蒙娜·韦伊思想研究的论文获得博士学位。在博士后阶段,阿甘本先后于 1966 年和 1968 年参与了在普罗旺斯的勒托尔举行的,由马丁·海德格尔主持的关于赫拉克利特和黑格尔的研讨会。阿甘本还曾主持瓦尔特·本雅明著作意大利译本的

翻译工作。主要著作:《诗节:西方文化中的文字与幻觉》(1992)、《将来的共同体》(1993)、《牲人》(1998)、《无目的的手段》(2000)、《奥斯维辛的残余:证词与档案》(2002)、《例外状态》(2003)等。

[9]朗西埃(Jacques Rancière,台译洪席耶,1940—),法国当代著名思想家,欧洲后马克思思潮的代表人物。1940年出生于阿尔及尔,曾经为阿尔都塞的学生,参与写作《读资本论》。曾任法国巴黎八大哲学系主任,现为该校荣誉哲学教授。主要著作:《阿尔都塞的教训》(1974)、《劳动者之夜:十九世纪法国劳工的幻想》(1981)、《哲学家及其贫乏》(1983)、《歧义:政治与哲学》(1995)、《美学的政治:可感性的分配》(2000)等。

[10]阿兰·巴迪欧(Alain Badiou,1937—),当代法国著名思想家,欧洲后马克思思潮的代表人物。巴黎第八大学哲学教授。1937年,巴迪欧出生于摩洛哥的拉巴特;1956年,巴迪欧考入著名的巴黎高师;1964年,获得索邦大学的教师资格;1967年,巴迪欧被阿尔都塞邀请去参与了他所主持的"科学家的哲学课堂"。主要著作:《模式的概念》(1972)、《主体理论》(1982)、《存在与事件》(第1卷,1988)、《元政治学概述》(1998)、《世界的逻辑:存在与事件》(第2卷,2006)、《第一哲学宣言》(1989)、《第二哲学宣言》(2009)等。

[11]斯拉沃依·齐泽克(Slavoj Zizek,1949—),当代斯洛文尼亚著名思想家,欧洲后马克思思潮主要代表人物。1949年3月21日生于斯洛文尼亚的卢布尔雅那市,当时,该市还是前南斯拉夫西北部的一个城市。1971年在卢布尔雅那大学文学院哲学系获文科(哲学和社会学)学士,1975年在该系获文科(哲学)硕士,1981年在该系获文科(哲学)博士。1985年在巴黎第八大学获文科(精神分析学)博士。从1979年起,在卢布尔雅那大学社会学和哲学研究所任研究员(该所从1992年开始更名为卢布尔雅那大学社会科学院社会科学研究所)。主要著作:《意识形态的崇高对象》(1998)、《斜视》(1991)、《快感大转移》(1994)、《易碎的绝对》(2000)、《回到列宁》(2002)等。

[12]塑形(formating)是我于2009年在汉语学界独立提出的概念,当时我将其英译为shaping。在马克思晚期的经济学—哲学语境中,它表征了"人类劳动活动为我性地改变物性对象存在形式的生产和再生产过程。物质是不能创造的,但劳动生产却不断地改变物质存在的社会历史形式。**人的劳动在生产中并不创造物质本身,而是使自然物获得某种为我性(一定的社会历史需要)的社会存在形式**"。参见拙文:《劳动塑形、关系构式、生产创序与结构筑模》,载《哲学研究》2009年第11期。在不久前完成的关于海德格尔的研究和此次福柯研究中,我发现塑形概念是现象学和福柯等一批欧洲思想家普遍使用的研究范式。这令我大受鼓舞。

[13]贝尔纳·斯蒂格勒(Bernard Stiegler,1952—2020),当代法国哲学家。解构理论大师德里达的学生。早年曾因持械行劫而入狱,后来在狱中自学哲学。斯蒂格勒得到了德里达的赏识,1992年在德里达指导下于社会科学高级研究院获博士学位,其博士论文即《技术与时间》第一卷。2006年开始担任蓬皮杜中心文化发展部主任。主要代表作:《技术与时间》(第1—3卷,1994—2001);《象征性的贫困》(第1—2卷,2004—2005);《新政治经济学批判》(2009)等。2015年3月7日,斯蒂格勒访问了南京大学,他

发表了"逃离人类纪"（Escaping The Anthropocene）的演讲，并出席了在中国大陆举行的第一个关于他的学术研讨会："技术与反思：超工业社会中我们该如何思考"。与会期间，我与他进行了广泛而深入的讨论，并一同制定了下一步译介、研究与合作计划。

［14］斯洛特戴克（Peter Sloterdjk，1947—　），德国当代著名哲学家。1968 年至1974 年，就读于德国慕尼黑大学，1975 年在汉堡大学获得博士学位。1988 年曾任法兰克福大学客座讲师。2001 年，任卡尔斯鲁厄艺术与设计高等学校校长。代表作有：《犬儒理性批判》（1983）、《球面学》（1—3 卷，1998—2004）、《资本的内部》（2005）、《愤怒与时间》（2007）等。

［15］拉康（Jaques Marie Émile Lacan，1901—1981），法国著名后结构主义精神分析学家、哲学家。主要论著有：《论妄想症精神病人格的关系》（1932）；《超越现实的原则》（1936）；《精神分析中的言说与语言的功能和领域》（1953）；《关于"被窃的信"的研讨会报告》（1955）；《无意识的构成》（1958）；《拉康文集》（1966）等。关于拉康的哲学思想，可参见拙著：《不可能的存在之真——拉康哲学映像》，商务印书馆 2006 年版。

［16］构式（configurating）系我在 2009 年从建筑学研究领域中的"空间句法（Space Syntax）理论"中挪用来的概念。我当时是想用其指认"指人与物、人与人主体际的客观关系系列及其重构（再生产），这是人类生存超拔出动物生存最重要的**场境关系**存在论基础"。与有目的、有意图的主体性的劳动塑形不同，关系构式往往是呈现为一种受动性的结构化的客观结果。它既是社会生活的场存在形式，又是社会空间的建构。参见拙文：《劳动塑形、关系构式、生产创序与结构筑模》，《哲学研究》2009 年第 11 期。在此次福柯研究中，我竟然发现构式一词竟然也是法国科学认识论研究之后一批重要学者使用的范式。

［17］德勒兹（Gilles Louis Réné Deleuze，1925—1995），法国著名后现代哲学家。1925 年 1 月 18 日出生于巴黎，1944 年中学毕业，报考巴黎高师未果，进入巴黎索邦大学哲学系学习。1947 年，在康吉莱姆的指导下完成高等研究论文。1948 年通过哲学高等教师资格考；1955—1957 年任教于巴黎市拉丁区的大路易中学。1957—1960 年至索邦大学任哲学史助教；1960—1964 年进入法国国家科学院研究；1964 年在里昂大学任教。应福柯之邀，1970 年起任职于万森纳（Vincennes）大学，在那里工作至 1987 年退休。1995 年 11 月 4 日，德勒兹在巴黎十七区寓所跳窗自杀，享年 70 岁。代表作：《经验主义与主体性》（1953）、《尼采与哲学》（1962）、《重复与差异》（1968）、《知识的考掘》（1970）、《反俄狄浦斯》（1972）、《千高原》（1980）、《什么是哲学？》（1991）、《批评与诊所》（1993）等。德勒兹是福柯真正的学术知己和亲密朋友。自 1962 年二人初次见面后即成好友；1964 年，二人共同主持法文版《尼采全集》的编译工作。德勒兹曾发表多篇评论福柯思想的论文，后辑为《德勒兹论福柯》一书。20 世纪 70 年代后期，二人思想渐生裂痕，最终分道扬镳。

［18］［法］德勒兹：《德勒兹论福柯》，杨凯麟译，江苏教育出版社 2006 年版，第 3 页。

［19］这是 1978 年美国人类学家吉尔茨（Clifford Geertz）在《纽约书评》上介绍福柯

的《规训与惩罚》英译本时的说法。转引自刘北成:《福柯思想肖像》,北京师范大学出版社1995年版,"序言",第7页。

［20］巴里巴尔(Etienne Balibar,1942—),当代法国著名哲学家。1965年曾与阿尔都塞共同撰写《读〈资本论〉》一书,现为巴黎第一大学哲学系和美国加州大学教授。主要著作有:《历史唯物主义的五种设置》(1974)、《论无产阶级专政》(1977)、《斯宾诺莎与政治》(1985)、《为阿尔都塞的写作》(1991)等。

［21］［法］巴里巴尔:《福柯与马克思:唯名论的问题》,《福柯的面孔》,汪民安等主编,李增译,文化艺术出版社2001年版,第460页。

［22］鲍德里亚(Jean Baudrillard,1929—2007),法国著名思想家。其代表性论著有:《物体系》(1968)、《消费社会》(1970)、《符号政治经济学批判》(1972)、《生产之镜》(1973)、《象征交换与死亡》(1976)、《论诱惑》(1979)、《拟真与拟像》(1981)、《他者自述》(1987)、《冷记忆》(五卷,1986—2004)、《终结的幻想》(1991)、《罪恶的透明》(1993)等。参见［法］鲍德里亚:《忘掉福柯》,《福柯的面孔》,汪民安等主编,马海良译,文化艺术出版社2001年版,第512—537页。

［23］我的构境论概念,指通过文本等遗存重新进入作者的突现构境思考之中。入境从来都是重构。

［24］在我们很年轻的时代,同性恋现象被简单地视作犯罪,而在今天的中国,这方面的环境开始变得宽松和柔软起来。

［25］皮埃尔·布尔迪厄(Pierre Bourdieu,1930—2002),社会学家,当代法国最具国际性影响的思想大师。曾任巴黎高等研究学校教授,法兰西学院院士。主要代表作:《再生:谈论一种关于教育体系的理论》(1970)、《一种关于实践的理论》(1972)、《区隔:品味判断的社会批判》(1979)、《实践的意义》(1980)、《学术人》(1984)、《马丁·海德格尔的政治本体论》(1988)、《帕斯卡式的沉思》(1997)等。

［26］Pierre Bourdieu, *Esquisse pour une auto-analyse*, Editions RAISONS D'AGIR, Paris, 2004, p.103.中译文参见［法］布尔迪厄:《自我分析纲要》,刘晖译,中国人民大学出版社2012年版,第95页。

［27］［法］德勒兹:《欲望与快感》,于奇智译,载《哲学译丛》2005年第1期,第25页。

［28］Pierre Bourdieu, *Esquisse pour une auto-analyse*, Editions RAISONS D'AGIR, Paris, 2004, p.104.k.中译文参见［法］布尔迪厄:《自我分析纲要》,刘晖译,中国人民大学出版社2012年版,第96页。

［29］［法］塞多:《米歇尔·福柯的笑》,载《福柯的面孔》,汪民安等主编,陈永国译,文化艺术出版社2001年版,第36页。

［30］马丁·海德格尔(Martin Heidegger,1889—1976),德国著名哲学家。出生于德国西南巴登邦(Baden)弗赖堡附近的梅斯基尔希(Messkirch)的天主教家庭,逝于德国梅斯基尔希。代表作为:《那托普报告》(1922)、《存在与时间》(1927)、《哲学论稿——自本有而来》(1936—1938)等。关于我对海德格尔的研究可参见拙著:《回到海德格

尔——本有与构境》(第一卷,走向存在之途),商务印书馆 2014 年版。

[31][法]布朗肖:《我想象中的米歇尔·福柯》,载《福柯/布朗肖》,肖莎等译,河南大学出版社 2014 年版,第 2 页。

[32][美]斯马特:《福柯》,载《布莱克维尔社会理论家指南》,王晓修译,江苏人民出版社 2012 年版,第 634 页。

[33][法]德勒兹:《哲学与权力的谈判》,刘汉全译,商务印书馆 2000 年版,第 97 页。

[34] 当然,在 1961 年以前,福柯也出版过一些论著,比如 1954 年完成的《精神病与人格》与《康德〈实用人类学〉导论》,但那都不是福柯自己的自主思想,依他的说法,即还没有采用"伟大的尼采式的写作",这种写作是从 1961 年出版《古典时代疯狂史》开始的。

[35] 应该特别指出的是,在为申请法兰西学院院士而提交的候选报告中福柯仍然延续着《认知考古学》的思考,并且,他在其中所提出的研究规划的三个方面也都与认知话语相关,而他第一年度的演讲"认知的意志"(1970—1971)确实实也是以认知对象化的**话语实践**为核心的现实历史分析。但必须看到,正是在这一篇演讲的最后,福柯开始提出要关注现实社会中发生着的政治斗争。这是他向政治哲学话语转型的起始。

[36] 我没有讨论青年福柯在疯狂史和临床医学诞生方面的专题研究,也没有过多关注晚期福柯关于性和主体自我技术的思考构境层。因此,必须说,我对福柯的研究只是一种有选择的重新复构之境。

[37] "五月风暴"(French Revolution of May)指 1968 年由学生运动导引的法国巴黎所爆发的全国社会运动。整个过程由学生运动开始,继而演变成整个社会的危机,最后甚至导致政治危机。1968 年 3 月 22 日,因与学校的矛盾,巴黎农泰尔文学院(现为巴黎第十大学)学生占领了学校。骚动很快波及整个巴黎大学。5 月 3 日警察进驻巴黎大学,驱赶集会学生,封闭学校。5 月 6 日,6 000 多名学生示威,与警察发生冲突,结果 600 多人受伤,422 人被捕。外省城市也发生骚动。5 月 10 日深夜,学生在拉丁区巴黎索邦大学与向街垒冲锋的警察又发生大规模冲突,360 余人受伤,500 多人被捕,100 多辆汽车被焚毁。骚动很快波及外省城市。随着冲突的扩大,法国工会与左派政治人物开始声援并且加入学生运动[例如后来的法国总统密特朗(Francois Maurice Marie Mitterrand),法国第四共和国的总理皮埃尔·孟戴斯-弗朗斯(Pierre Mendès France)],到 5 月 13 日就达到大约 20 万人。而 5 月 14 日起,法国整个社会则陷入瘫痪状态,900 万人响应进行罢工,并且占领工厂。至此,"五月风暴"已经演变为一场涉及全社会的政治危机。更重要的是,这场激进的学生运动迅速波及整个欧美地区,形成了特有的"革命的 60 年代"。

[38] 我留意到,在福柯的思想构境中,经济学似乎始终占着非常大的比重。譬如在前期《词与物》里,青年福柯就主要讨论了斯密和李嘉图:他把斯密看成是古典认识型的重要话语之一,即后者的财富与交换价值;而在现代认识型中,经济学话语的主角则换成了李嘉图的生产论。

[39] [英]谢里登:《求真意志——米歇尔·福柯的心路历程》,尚志英等译,上海人民出版社1997年版,第266页。

[40] 杨凯麟:《分裂分析福柯:越界、褶曲与布置》,南京大学出版社2011年版,第21页。

[41] 这些单篇文献主要集中于丹尼尔·德菲尔等人编辑的两卷本的《言与文》(Michel Foucault, *Dits et écrits*, 1954—1975, Paris, Gallimard, 1994, *Dits et écrits*, 1976—1988, Paris, Gallimard, 1994)之中。德菲尔自己说:"这两部书不是按照写作顺序而是按照出版日期编辑的。可以将它看作福柯的一部自传,人们可以从中了解他所有的思想转变以及他对其他作者的援引文献。阅读这两卷书,能帮助人们理解福柯的思想起源。"参见汪民安、丹尼尔·德菲尔:《友爱、哲学和政治:关于福柯的访谈》,《读书》2008年第1期。

[42] 社会唯物主义是我在《回到马克思》(1998)一书首先提出的概念,它是指资产阶级早期政治经济学特别是古典经济学的隐性哲学前提,即在工业生产所创造的新型社会生活中承认物质生产的基础地位并抽象出客观社会关系和经济规律的**唯物主义立场**。参见拙著:《回到马克思——经济学语境中的哲学话语》(第三版),江苏人民出版社2014年版,第1章第1节。

[43] 依本书对福柯文本的解读线索,进入词频统计的文本主要有:《词与物》、《认知考古学》、《规训与惩罚》、《不正常的人》、《必须保卫社会》、《安全、领土与人口》和《生命政治的诞生》。

[44] 由我主编的"当代学术棱镜译丛"和"欧洲激进思想家译丛"等南京大学出版社的翻译书系中,我已经开始要求译者保留文本中的一些重要的原文关键词。

[45] 此词在福柯上述七个主要文本中的频次统计为:114/130/58/115/165/207/182。

[46] 参见拙著:《回到海德格尔——本有与构境》(第一卷,走向存在之途),商务印书馆2014年版,导论。

[47] 参见 Michel Foucault, *Les mots et les choses*, *Une archéologie des sciences humaines*, Paris, Gallimard, 1966, p.107.

[48] 场(champ)的概念在后来成为布尔迪厄社会学研究中的核心关键词。依布尔迪厄的解释,场即是斗争和博弈的力量关系存在。

[49] 在大多数译本中,作为 être 在场的 savoir 被误译成存在者意义上的可传递的知识。

[50] **事件**(événement)这一重要的观念后来在巴迪欧的《存在与事件》中得到系统讨论。

[51] 这是本书写作中令我最激动的事情之一。2009年,我发表《劳动塑形、关系构式、生产构序与结构筑模》(《哲学研究》2009年第11期)时,我只是在自己的思想构境讨论和深化历史唯物主义研究中阐述这几个范畴的内容和意义域,当时分别给出的英译词为 Labor shaping(劳动塑形)、Relation Configuring(关系构式)、Production Ordering

(生产构序)和 Structure Modeling(结构筑模)。在我对海德格尔的研究中,我已经发现关于这些重要概念很深的思考线索,而在此,再一次看到福柯作为这一重要思想构境层的"同路人"。这当然令我十分受鼓舞。

[52] 有意思的是,据杨乔喻博士的考证,阿尔都塞还刻意使用了一个与 formation 相对应的概念,即 deformation,她将其译作否定构形,而我倾向于将 deformation 译作祛形。杨乔喻的观点参见其博士论文:《形式断裂中的逻辑延续——阿尔都塞与阿尔都塞主义研究》(存南京大学档案馆)。

[53] 我注意到,塑形与构式两个概念的使用贯穿福柯学术的全程,其中构式的使用在《认知考古学》之后有所减少。

[54] 安东尼奥·葛兰西(Antonio Gramsci, 1891—1937):意大利哲学家,西方马克思主义第一代人物。代表作为:《狱中札记》。

[55] 在一些中译者那里,无形的 dispositif 倒被误译为可见的装置(appareil)。这通常是通过英文翻译而发生的遮蔽。还有一个有意思的事情,于连曾经提出,福柯关于资产阶级当代政治部署的观念实际上很深地关联到一个重要的概念"势"(propension)。参见于连:《势:中国的效力观》,北京大学出版社 2009 年版,第 36—37 页。但据我考证,福柯除去在《词与物》一书中偶尔两次使用过此词,基本上没有认同过这一概念。Michel Foucault, *Les mots et les choses*, *Une archéologie des sciences humaines*, Paris, Gallimard, 1966. *Préface*, pp.39, 311.

[56] Pierre Macherey, *De Canguilhem à Foucauly la force des normes*, La Fbrique éditions, 2009, p.32.中译文参见刘冰菁的译稿。此书的版权已经由南京大学出版社购得,并已经完成翻译,近期有望面世。

[57] [法]巴迪欧:《小万神殿》,蓝江译,南京大学出版社 2014 年版,第 100 页。

导言：让福柯自己说福柯

福柯不是寻找失落的或抹掉的原点本身，而是在事物推进的地方将事物拦腰截住；将事物从中间劈开，将字句从中间劈开。不是寻找永恒，即便是时间的永恒，而是寻找新的塑形（*formation*）。

——德勒兹

他质疑一切发生在传统观念史中的事物，在研究领域中打开了前所未有的视角。

——马舍雷

他真的是在讲述自己吗？他的追寻总是试图表明这个"我"的存在，它会把我们引向何方？当然是引向一个不同于那些知道他的喜怒哀乐细节的人通过记忆所拼凑的自我。所有这一切都让我们认为，在这种运动中危险的没有本人的在场把我们融入一种同他一样的谜一般的关系之中。

——布朗肖

先前，我们写作文本解读论著导言的惯常思路为，先是生平介绍，接着会绞尽脑汁地去编制一个能借以上手解读对象的总体性座架装置系统，比如基本思想起源和主要学术倾向，比如系统概念群，比如认知构架、方法论和整体连续性的逻辑线索，等等。由此，再建构起一个关于某一思想家的同质性的思想总体逻辑，将其装进一个看起来平滑可爱的构境圈层之中。可是，面对福柯，一个不断将手榴弹扔向自己的家伙，解读者本事再大，恐怕也无法拿出一个同一性的学术透镜。于是，我不得不放弃了导言的传统写法，即不再试图总体性地、连续性地、有逻辑目的地概说福柯;而去尝试走一条新路,让福柯自己介绍自己,概说自己的文本构式思路、透露自己运思的支援背景。这个写法,我在《回到海德格尔》导论中已做出了初步的尝试。[1]幸而,福柯在其生前已为我们留下了大量公开的非表演性[2]的对话和访谈式的言论,其中,有相当多的部分指涉我们这里的主要文本解读中未能直接遭遇到的支援背景和没有专题讨论过的东西。乍一看,它们似乎处在我们的主要文本解读之外,但却是本书所涉文本思想塑形中的无法直接看见的复杂构境支撑点。福柯,就由你来言说自己吧。

一个历史开端:老师们的身影

述及少年时代、述及家乡普瓦捷,福柯眼中自己的儿时记忆总是**与事件化的政治运动有关**。事件化,是福柯后来在《认知考古学》中提出的功能性话语实践的一种表达式。以后我们会讨论,在海德格尔那里,这个事件化是从物到事物、再到世界化的事件意蕴,福柯的思想构序深层,暗含了海德格尔的这一重要场境线索。1934 年,奥地利政治家德弗斯[3]被纳粹暗杀,福柯生平第一次感到了某种巨大的存在性恐慌,那是他体验到的"对死亡的第一次强烈恐惧"[4]。那一年,向死而生的年幼福柯只有 8 岁。这种戏剧性的向死而生构境时刻还发生于福柯生命的终结之处,即他知道自己得了艾滋病之后的从容之境中。在学校里,他会冲动地为了突然爆发的埃塞俄比亚战争与同学打架。连孩提时的殴斗都是政治性的——这幅回忆中的少年图景重构不知是否带着些许放大和夸张。"战争的威胁就是我们生活的背景,我们生存的氛围。"科西克[5]曾经指认,通常平日之断裂之际历史才会呈现,有如德国纳粹的坦克突然碾碎欧洲一个国家平静的生活,生命存在之历史构境由此突现。[6]福柯说,"这一代男孩女孩的童年就由这些重大的历史事件(grands événements historiques)构成",这似乎意味着,他们那一代孩子的日常生活总是由历史建构的。正是这个原因,才使得福柯对真实发生着的**历史事件**(不是历史事实)那么迷恋,"对个人的经验与重大历史事件之间的关系十分关注,我想,这就是我的理论欲望的核心(noyau de mes désirs théoriques)吧"[7]。就我看来,这段自白无疑是十分重要的自我揭示:福柯学术研究真正的内在动力,是对重大历史事件的关注和思考,而非学院做派的纯理论。不仅于此,下面我们还会看到,福柯对重大历史事件的思考,都是从通常的历史学目光之外的黑暗和边缘上发出的另类学术塑形。

到16、17岁上,福柯就已经十分向往学校的生活,他觉得学校"不会受到政治的干扰或其他外来压力的威胁"。我猜测,后来的福柯肯定会发现那是一个多么大的误认。因为,一些年以后,正是福柯自己,将指认大学本身就是资产阶级治理机器上的一种装置,而他的后学布尔迪厄则大大强化了这一观点。1946—1950年,福柯在巴黎高等师范学校学习。在学校里,福柯先学习哲学,然后又学习了心理学;大学毕业后,他进入一家精神病医院实习。他如实地告诉我们,"我从来没有一个要做哲学家的计划(projet de devenir philosophe)"[8]。其实,他也确实不是传统意义上的哲学家,他是站在所有哲学之上的历史研究者,也是在沉默的历史真相中思考的另类哲人。这是一种在**有目的的计划之外**的新的存在论。

回忆起在巴黎高师学习哲学的经历,福柯说:"我是阿尔都塞[9]的学生,当时法国的哲学主流是马克思主义、黑格尔主义和现象学。这些我都学过,但是我个人的研究动力来自阅读尼采。"[10]一直到阿尔都塞过世,福柯始终是前者为数并不多的亲近者之一。另一位常在阿尔都塞左右的,也是他的得意门生德里达。福柯坦言,那时候,如果要成为一个哲学家,就必须是一个马克思主义者(如阿尔都塞),或是现象学家(如梅洛-庞蒂[11]),再或是结构主义者(如列维-斯特劳斯[12]),然而,他却都"没有加入这些教义(adhérer à aucun de ces dogmes)"。似乎,没有加入这些被教义化的"主义"是一种令福柯自豪的事情。当然,这并非说他不曾受到上述思潮的影响,而是福柯特意标注了其他学术思潮对自己的影响模式,这种**不成为任何流派的信徒**的做法必然导致在青年福柯那里就没有一个简单的**他者镜像阶段**。[13]福柯曾经坦言,他的写作总是"在他者的尸体上说话"。*这也表明了福柯对所有他性学术资源的根本态度。也因此,"主义"之外、颇显另类的

---

* [法]福柯:《福柯文选Ⅰ:声名狼藉者的生活》,汪民安编,北京大学出版社2016年版,第204页。——本书作者第二版注

福柯最初那篇关于"疯狂史"的博士论文在当时的哲学圈子里并没有什么反响，真正对他有兴趣的人倒出现在外部的文学界，如布朗肖和罗兰·巴特。[14]依福柯的记忆，1968 年的"五月风暴"之后，"马克思主义教条框架开始衰败"(déclin du marxisme en tant que cadre dogmatique)，这也终结了马克思主义在法国学术界一统天下的局面。[15]准确地说，那是教条式的马克思主义在法国左翼知识界的统治地位的终结。福柯觉得，正是从这时开始，自己早期的那些不在各种哲学学派和教义之中的另类研究才开始受到人们的关注。

说到影响过自己的授业老师，福柯认为第一位应该提及的人物是伊波利特。[16]福柯说，从更大一些方面去看，伊波利特甚至是那时引导整个法国思想界"逃离黑格尔"(échapper à Hegel)的魔镜、逃离逻各斯中心论栅格的引路人。这个评价是到位的。福柯以赞许的口吻说，正是通过伊波利特翻译和重构式解读的黑格尔《精神现象学》，人们才看清了"黑格尔的巨大而幽灵般的阴影"(grande ombre un peu fantomatique de Hegel)[17]。福柯自己在高师完成的哲学学士学位论文的题目就是《黑格尔〈精神现象学〉中历史先验性的构造》。伊波利特告诉了人们，走出黑格尔绝对总体性之后，被终结的万有哲学将成为一种**没有尽头**的开放性工作，并且，从思辨构境中摆脱出来之后，思想可以与不安定的**非哲学**(non-philosophie)发生更广泛的情境关联。巴迪欧说，在法国思想界，"正是伊波利特用火球炸毁了那个通常被紧密封闭起来的学院哲学"[18]。在福柯看来，也是伊波利特，面向整个法国学术界唤起了现代哲学的巨人们：

> 马克思之于历史问题；费希特之于哲学绝对开端(commencement absolu)问题；柏格森之于与非哲学相联系的主题；克尔凯郭尔之于重复和真理(la répétition et de la vérité)；胡塞尔之于哲学作为与我们的理性历史(l'histoire de notre rationalité)相联系的一个无限任务的主题。[19]

这是对整个现代法国思想界的一种基始情境重构：完全重塑了的马克思的历史性、费希特的绝对、柏格森的生命绵延、克尔凯郭尔新人本主义中的重复与真实，以及胡塞尔现象学所建立的括号中被悬置的历史理性，伊波利特打开了一扇通往崭新思想世界的全景式门窗。这对于福柯自己以后要踏上的另类思想构序之路同样是至关重要的。

1968年,伊波利特去世,福柯在纪念文章中叙及:伊波利特在高师课堂上"耐心呼唤出的那种现场感或亲近感是令人永志不忘的"。1975年,伊波利特已经去世多年,福柯将自己刚刚出版的《规训与惩罚》一书送给伊波利特夫人,书中题写着这样一句话:"伊波利特夫人,怀念他,我的一切都属于他。"

此外,杜梅泽尔[20]也是福柯经常提及的一位思想引路人。福柯指认,在杜梅泽尔关于欧洲古代社会史的研究中,已经形成了一种从**文化总体的整合视角**分析神话、艺术、宗教、政治、法律和经济制度的方法,在他那里,相互作用的社会文化总体结构是**统摄性**的。这很可能是福柯后来文化认识型的引导性构式缘起之一。杜梅泽尔曾经说:"对我来说,'结构'这个词能使人想起马塞尔·莫斯常常使用的那种蜘蛛网的形象。在一个思想系统里,只要抽取一个概念,一切都会随之而来,因为各部分之间都是互相关联着的。"[21]结构,不是外部的结绳织物,而是蜘蛛吐出的易碎网状塑形,其中,每一个概念都功能地链接于"随之而来"的关联作用。我们会看到,福柯对结构范式的了解并非从语言学结构主义那条线索,反倒是从另外一些学科途径获得的。当然,从结构之网到福柯后来的话语和权力栅格网,还会有一个更重要的重新构式。1961年,当在一次访谈中被问到,杜梅泽尔作为一名宗教历史学家何以在灵感上对《疯狂史》一书产生影响时,福柯回答道:"通过他的结构观念(idée de structure)。就像杜梅泽尔研究神话那样,我试图发现结构式的经验形式(formes structurées d'expérience),其格局(schéma)及其改变可以在不同的层面上重新找到。"[22]这里的影响核心点是重新解读后的**形式**,这是一种结构化的经验形式塑形,或者是动态中生成和改变的**格局**。Schéma一词,在中文里也译成图式,如在康德——皮亚杰的哲学文本和话语构境中。福柯自己说,正是杜梅泽尔

> 教会我以一种不同于传统诠释方法(méthodes de l'exégèse tradition-nelle)或语言形式主义的方法来分析话语的内部经济(l'économie interne d'un discours);是他教会了我通过互相比较来观察话语之间的

功能关联系统(système des corrélations fonctionnelles);是他教会我怎样描述话语的转化及其与制度的关系(rapports à l'institution)。[23]

这三个"教会",对福柯的方法论塑形无疑都是奠基性的:一是令他获得了不同于解释学和语言形式主义(其实就是结构主义)的内在话语分析法,这是我们指认的那个从形式向话语实践("经济")的转化;二是学到了如何在这种话语分析中,进一步功能性地把握话语复杂关联的系统;三是领会到了如何观察和把握话语系统的转换,以及它与制度的关联。我们会在福柯不同时期和不同层面的思想构境中看到这三个重要学术基点的激活。

决定福柯思想谱系的特定时代背景

虽然也是生活在 20 世纪 50—60 年代的法国,但通常影响其他众多思想家的社会背景和学术思潮并不一定就是福柯学术塑形和构境的真正渊源。我们可以来看看,在福柯自己的眼中,那段日子里还有哪些重要的社会历史背景和思潮曾经让他眼睛为之一亮呢? 依自己的回忆:

> 在 1945—1965 年间(我是指欧洲),横亘着某种正确的思维方式,某种政治话语的样式,某种知识分伦理学。我们不得不去亲近马克思,人们不能够偏离弗洛伊德太远。而且,人们还不得不对符号系统——能指——表示出最大的敬意。在三方面的要求奇怪地盘踞了写作和言说的领地,成为广为接受的衡量个人及时代的真理。*

福柯告诉我们,在他开始思考的时候,亦即 1945—1955 年前后,"马克思主义在法国建构了一个萨特认为时代不可超越的(indépassable)方法视域(sorte d'horizon),当时这个视域实际上占有了强大的统治地位(domi-

---

* [法]福柯:《福柯文选Ⅰ:声名狼藉者的生活》,汪民安编,北京大学出版社 2016 年版,第 217 页。——本书作者第二版注

nant）"[24]。这是我们在上文中已经知道了的非常重要的背景。福柯学术思考的起步之时正是**马克思主义的话语**在法国学术界居统治地位的历史时刻。他说，特别是在当时的大学中，这种马克思主义的视域开始主要表现为"胡塞尔—马克思（Husserl-Marx）的东西，即现象学与马克思的关系（le rapport phénoménologie-marxisme）。这是一批人的研讨和努力的关键，梅洛-庞蒂、萨特，从现象学到马克思主义，都属于这个视域"[25]。**现象学**与马克思主义的嫁接，这倒是我们过去不太注意到的方面。在法国，直接将现象学与马克思主义关联在一起的是唐·迪克陶。[26] 实际上，现象学不过是梅洛-庞蒂和萨特的理论起点，并且，萨特更多的是转向被法国化诠释的海德格尔，而当梅洛-庞蒂告别马克思的时候，萨特则坚定不移地走向了西方马克思主义。[27] 不久，当**结构**的思想和方法从语言学中升腾起来的时候，"人们又开始用结构主义代替现象学与马克思主义的联姻（faire couple avec le marxisme）"。这是一个十分精准的时间过渡节点。福柯回忆道，他还记得，也正是那个原来跟随胡塞尔的梅洛-庞蒂最先在课堂上开始讲授索绪尔[28] 的。人们开始发现，现象学的主体无法在自成一体的话语结构中找到自己的栖身之地，再辅以拉康从后精神分析学的语境中对伪自我、伪主体性的本体论证伪，现象学彻底失去了在学界的构序基础和话语塑形资格。面对不断用现象学、结构主义和精神分析学来嫁接马克思的人群，福柯反讽地评说道，他们"每个人都拉住马克思主义的手组成一圈美妙的圆舞（jolie ronde）"[29]，当然，翩翩起舞时，另一只手也还搭着其他时髦的哲学话语。这倒确实曾是西方马克思主义哲学方法论构境的一副真实面相。

事实上，福柯的老师之一阿尔都塞正是他所提及的这种以他性学术话语与马克思主义联姻运动中的一员，在巴黎高师就是"阿尔都塞主义"[30]。但福柯显然并不认为自己属于这种阿尔都塞式的马克思主义"广泛的普遍的运动"。1948 年起，阿尔都塞担任巴黎高师的哲学辅导老师，他被学生们戏称为"哲学眼睛鳄（caïman）"。阿尔都塞对当时一度陷入严重的精神抑郁症困境的福柯，给予了精心的照顾。由此，在师生之谊外，二人也成了终身的朋友。对福柯而言，阿尔都塞既是学业上的引路人，也是最初政治方向上的指引者。正是在阿尔都塞的影响下，福柯在 1950 年加入了法国共产党。在那个时代的激进青年的眼中，法国共产党正是黑暗资产阶级社会中发光的**异质性他者**。[31]不过,福柯很快就发觉这个"他者"是虚假的,或者用拉康的话来说,是一个让人盲从的**魔鬼大他者**。于是,他选择了出走。

不过,福柯这里想专门辨识的是:当时还有一些人并未追随这场运动,即法国学界中一批"对科学史有兴趣的人",其中最重要、也是对他"最有影响的是康吉莱姆,他曾在法国最年轻的大学执教。他的许多学生既不属于马克思主义、弗洛伊德学派(freudiens),也不属于结构主义。其中包括我本人"[32]。此处可能也是福柯最明确的一次对师承学统的验明正身了。他声称:"我从来不是弗洛伊德派的,亦非马克思主义者,而且也从来不是结构主义者。"[33]福柯想告诉我们,他最早真正跟随的思想引领者其实是康吉莱姆。用巴迪欧的话来讲,就是"他背后隐藏的导师一直都是康吉莱姆"[34]。这可能是不少福柯研究者始终没有注意到的事情。

先生康吉莱姆与法国科学史

1978 年,福柯为自己的博士指导老师之一康吉莱姆[35]的论著《正常与病态》(*le normal et le pathologique*)[36]写下了一篇长长的导言。[37]在文中,他明确指认,在自己整个思想构式的发生学层面上,最不应该被忽略的思想来源就是康吉莱姆。与此形成鲜明对照的是,在我们国内学术界关于法国激进思想的研究中,康吉莱姆恰恰是最不为人所熟悉的人物之一。依布尔迪厄的说法,他常常是将"舞台的正面留给了他人"[38]。福柯对这一点的指认甚至显得有些极端:

> 若要抛开康吉莱姆,那么你就不会懂得阿尔都塞、阿尔都塞主义(l'althussérisme)以及在法国马克思主义者中间发生的一系列争论;你也不会懂得在布尔迪厄、卡斯特(Castel)、巴斯隆(Passeron)这样一些社会学家的作品中有什么特别的东西,这些东西使他们如此深刻地影响着社会学领域;你就会忽视精神分析学家,尤其是拉康学派所从事的理论研究的整个情况。还有,在 1968 年运动前后的整个思想意识辨认中,我们很容易发现由康吉莱姆所造就的那些人的或远或近的位置。[39]

事实的确如此，康吉莱姆的思想影响了后来的一大批思想大师。阿尔都塞、布尔迪厄，拉康，以及在1968年红色五月风暴中突然走红的那些另类思想家——在他们身上，我们都能发现康吉莱姆的思想烙印。康吉莱姆是他们内心中共同认同的**大他者**。依布尔迪厄的判断，康吉莱姆恰好是萨特存在主义胜利时代中的异端思想的"避难所"，这使得阿尔都塞、福柯等人将康吉莱姆作为某种外来思想配置的"图腾标志"，"这些人试图与占统治地位的模式决裂并通过聚在他的名下，组成'看不见的学院'"[40]。阿尔都塞的另一位学生马舍雷[41]就指出，在那时，大学学习中的"我们以康吉莱姆的著作占领对历史的分析"[42]。这恐怕也是福柯当时的心情写照。马舍雷甚至说，康吉莱姆是"福柯唯一承认的导师"[43]。

其实，早在1971年，福柯就在法兰西学院的就职演讲《话语的构序》中十分高调地谈及康吉莱姆对自己的影响。他说，正是康吉莱姆令自己

> 理解了这样一个洞见，即科学史不一定得困于一种抉择中，要么是罗列科学发明，要么是描述与科学的模糊起源沾边，或与被驱逐于外的东西相关的观念和意见，而是有可能且必须把科学史写成一套既连贯又可转化的理论模式和概念性的工具(instruments conceptuels)。[44]

用理论模式和概念工具来观察科学史的内部结构转换进程，彻底摆脱经验堆砌和知识性的**量的进化**的传统思想史模型，这是康吉莱姆给予福柯的最初的方法论构式启示。

在福柯抹不去的记忆里，第二次世界大战结束后的法国学界中活跃着两个基本的思想流派，"一边是萨特和梅洛-庞蒂这条线索，另一边是卡瓦耶(Cavaillès)、巴什拉和康吉莱姆"[45]。此即为所谓**现象学派**与**科学史学派**的分野，应该说也是当时法国学界中最重要的两个思想构境源生基础。福柯认为，其实，这二者都缘起于同一个思想事件，即1931年胡塞尔《笛卡尔的沉思》一书被译成法文。正是在对该文本的解读中，生成了两种完全不同的思想构序倾向：一是从胡塞尔对意识的精密分析中，导引出"主体哲学"(philosophie du sujet)的思想构境域，其代表性文本是青年萨特发表于1935年的《自我的超越性》(La Transcendance de l'ego)；另一种倾向则从胡塞尔思

想中的**形式主义**和科学理性根源入手,引领出走向构式论的思想域,其代表性文本为卡瓦耶[46]写下的《公理法》(*Méthode axiomatique*)和《集合论的塑形》(*Formation de la théorie des ensembles*)。1983 年,在与罗蒂等人在美国所进行的一次访谈中,福柯称卡瓦耶为"对数学史内在结构的发展饶有兴趣的数学史家(historien des mathématiques qui s'intéressait au développement de leurs structures internes)"[47]。巴迪欧也以赞许的口吻说,"卡瓦耶提前了20 年做了 60 年代哲学家们试图做的事情"[48]。这有可能是指库恩[49]、拉卡托斯[50]等人后来对科学结构(范式、研究纲领)的关注。福柯显然隶属于后者。这后一条重要构境线索里的关键词是**形式**(*forme*)和**塑形**(*Formation*)。关于这个当时很热的"形式",福柯曾经这样评论说,"追问'形式'(interrogation sur la forme),是一个在 20 世纪具有普遍意义的问题。形式问题在塞尚、立体主义者、勋伯格、俄国形式主义者或是布拉格学派那里都是存在的"[51]。塞尚[52]和立体主义[53]同属法国 20 世纪的美术先锋运动,其中,尤其追逐形式重构因素在绘画传统中生成的变革。勋伯格[54]是 20 世纪新音乐表现主义的代表人物,他所创造的 12 音阶[55]半音形式系统建构了一种有解构意味的无调性,从而打破了古典调式构序音乐对人的音乐欣赏结构的压抑和统制。勋伯格对阿多诺的无调式的否定辩证法也有着重要影响。[56]俄国形式主义者以及布拉格学派,正是法国语言学结构主义的重要思想来源。实际上,塑形,也是胡塞尔现象学**形式显示**中极为重要的概念,它在海德格尔后来的思想构境中,又有更深的发展。这一关于形式在各个领域中的情境泛化中,我们不难体知青年福柯认识型最早塑形的思之缘起。

福柯宣称,正是由卡瓦耶、巴什拉[57]和康吉莱姆共同建构的法国科学史和科学认识论研究,在后来 20 世纪 60 年代的思想危机中拯救了整个法国学术界。这个思想危机,可能是指红色五月风暴后整个左翼思想和马克思主义的危机。巴迪欧也认为,在一切偶像都轰然倒地后,康吉莱姆是五月风暴之后仍然被公认的学术权威。[58]其实,福柯这里的话中还有另一番深意,即他认为大多数人只看到了语言学结构主义与法国人本主义的存在哲学之间在学界显性表层上的对峙,而事实上,真正在学术构境的深层上对存在哲学之消解起到决定作用的力量却是大家并不熟悉的**法国科学史和认识**

论研究。因为,恰恰是从这条线索中,才生成了阿尔都塞、福柯、德里达等人对法国存在哲学中新人本主义逻辑构式的真正解构和致命打击。当然,福柯在此想突出介绍的主要还是深深影响了自己的老师康吉莱姆的思想。

福柯告诉我们,如果说科学史的研究在法国当代思想界居于**隐性构境层**的“核心的位置”(place si centrale),那么康吉莱姆就赋予了这一隐匿在黑暗处的科学史研究以某种特殊形式,从而使其发生了“意义深远的改变”(déplacement significatif)[59]。依巴迪欧的说法,是教会人们“如何用哲学来理解科学”的典范*;而马舍雷则认为,“康吉莱姆在我们的时代一直都是另类思考规范的开创者”[60]。

首先,福柯认为,就科学史的研究领域而言,正是康吉莱姆将传统科学史研究中那些形象高贵的**顶层**(数学、物理学、天文学等)研究域降至中间层,即生物学、医学等离生活世界更近的领域。这个所谓的中间层,也是福柯开始思考“疯狂”和“临床医学”的地方。1976 年 6 月,A.丰塔纳和 P.帕斯奎采访了福柯。当提及关于《疯狂史》、《词与物》到《规训与惩罚》的思想历程时,福柯做了如下的追忆:1950—1955 年间,法国知识界正热衷于讨论科学的政治地位和意识形态功能,而福柯却已经意识到,聚焦物理学、有机化学与社会的政治、经济结构之间的关系进行分析的传统做法,“解释标杆”过高了,他宁可选择与人的存在状态更贴近些的精神病和医学。福柯指出,精神病和医学的**认识论断面**(profil épistémologique)相对物理学和有机化学这样的科学域而言,“更低一些”。这是写作《疯狂史》和《临床医学的诞生》的外部原因之一。此间,我们已可清晰地体知到福柯所强调的康吉莱姆对他的“降域”影响。从其他**非哲学**的领域中透视传统形而上学逻辑构序中的**盲点**,这是马克思在 1845 年之后由经济学—历史研究中创立历史唯物主义全新哲学话语开辟的另类思考空间。当然,福柯则走得更远。

其次,康吉莱姆在科学史研究中“重提‘非连续性’这一主题”(repris d'abord le thème de la “discontinuité”)[61]。固然,**非连续性**是巴什拉和科瓦雷[62]等人原先曾经思考过的问题,但福柯宣称,只是在康吉莱姆这里,非

---

* [法]巴迪欧:《元政治学概述》,蓝江译,复旦大学出版社 2015 年版,第 1 页。——本书作者第二版注

连续性这一表征科学认知结构的整体突现式的革命（révolutions）范式才重新成为整个思想史研究中的关键性概念。而我们都知道，也正是这个非连续性，构成了福柯早期研究中认识型范式、考古学方法和后来的谱系学历史研究的核心构境点。

其三，康吉莱姆重申了真实话语历史中的"回归法"（méthode récurrente）[63]。其实，这也就是胡塞尔—海德格尔现象学构境中的"回到事情本身"。在前面的词频讨论中，我们指认过福柯文本中时常出现的大写的返回（Retour）、回到（revenir）、重新发现（redécouverte）等概念。具体而言，这里的回归，就是从连续的总体性的思想史假象返回到非连续性的科学话语的改变，因为科学史的真相是：科学每时每刻都在自发地造成和重构（reconstituant）自身的历史。福柯以肯定的口气评论说，康吉莱姆指引人们看到，科学史恰是由作为历史的方法论的科学认识论（épistémologie）所构式的，"认识论并不是整个科学的一般理论（théorie générale）或一切可能的科学表述的一般理论，认识论是对各种实际展开的不同（différentes）科学活动的内在规范性（normativité interne）的探求"[64]。我推测，这个作为内在规范性构式所出现的一般认识论正是福柯后来认识型概念的构境缘起，只是在杜梅泽尔的引导下，它从科学认识论结构生成为整个文化塑形的内在规范性结构。这是一个很深的理念构序方向之溯源。

其四，康吉莱姆首次将生命科学置于这种"历史的—认识论透视"（perspective historico-épistémologique）之中。这个 perspective 概念用得非常精辟，生命不再仅仅是科学对象，而是历史和认知的交叉关注点。应该特别强调的是，康吉莱姆在对生命科学的关注中，尤为凸显概念的塑形（formation des concepts）问题。[65]其实，在康吉莱姆对科学史的定义上，塑形概念也是核心范式。在他看来，科学史就是"关于科学概念塑形（formation）、祛形（déformation）和修正（rectification）的历史"[66]。本书后面的讨论中将具体地指出，福柯思想中 formation 这个如此重要的学术概念在中文翻译构境中却悄无声息地被遗失了，大量关于福柯的文本被译成中文时，formation 通常就译成了常识中的"形成"。事实上，这个概念在现象学和海德格尔哲学中也起着非常重要的作用。福柯精辟地评述道，现象学之所以追问现成在手之物（vécu），即是让世人深思令其是其所是的"活生生的"（vivant）塑形事件本身。福柯认为,康吉莱姆证明了我们"生活在按概念构造的环境中",而这层深刻的反思正是在他将现象学的方法从意识领域下降到生活之中时才达及的。**概念塑形环境**,这是青年福柯《词与物》唯心主义创世论的真正缘起。"形式概念(former des concepts),这是一种生活方式(manière de vivre),并不是消灭生活的方式,它不是生活的固定化,而是一种在不断变动(mobilité)中对生活的制作(façon de vivre)。"[67]如果说,胡塞尔发现了现成对象的观念塑形和形式显示的秘密,那么康吉莱姆则揭示了现实生活的建构性塑形本质。我觉得,这是十分深刻的构境层,形式到塑形,再到生活的制作,如果再向物质实践跨出一步,这里的康吉莱姆就会很深地与黑格尔—马克思的劳动塑形和实践构序观直接连接起来。在这一思考路向上,海德格尔做得更好一些。[68]另外,这个观点显然深深地影响了福柯后来的生存观以及生命政治学的批判构境。

其五,康吉莱姆在生命和科学史的运动中发现了**真理与谬误的相对性**。福柯肯定地说,与尼采那个著名的"真理是最深刻的谎言"(la vérité que c'était le plus profond mensonge)说相一致,康吉莱姆指认,"真理是最近的谬误(récente erreur)",因为,人类生命中所能发明的最奇怪的一种生活方式莫过于**真假二值论**和对真理的膜拜。在康吉莱姆眼中,生命的真正本质就在于生命之中内含谬误,"认识源于生命的'谬误'而非通向关于世界的真理"[69]。这个观点十分接近后来波普尔[70]的证伪主义和试错论,即科学的尺度恰恰以自身包含错误为前提的,**可错性**即真理的存在方式。以至于康吉莱姆自己就被指认成一个关于"谬误的哲学家"(philosophe de l'erreur)。正是在这样的深刻和复杂思想构境支援背景中,福柯才可能从根本上颠覆"疯子"与正常人、病人与健康人、认知与真理等一系列重大问题中的真假尺度。

"我真的不是一个结构主义者"

由于福柯在自己新的历史研究中,特别是《词与物》和《认知考古学》两部著作里引进了间断性或非连续性的观念,并且他所提出的决定一个时代文化整体质性的认识型概念,又看似十分接近于语言学结构主义的共时性视角,因此有人就将福柯指认为法国结构主义(structuralisme)的代表。譬如,皮亚杰[71]明确指认福柯的《认知考古学》是"没有结构的结构主义"[72]。可是,福柯对这种说法给予了直接的否定:"我看不出还有谁比我更反对结构主义(antistructuraliste)。"[73]这令我想起,2001年,德里达访问南京大学时,同样明确表示自己"不是结构主义,也不是后现代主义"。以福柯自己的判断,"60年代法国和西欧的所谓结构主义运动其实是对东欧国家(特别是捷克斯洛伐克)从教条的马克思主义(dogmatisme marxiste)中解放出来的努力的一种回声"[74]。这是一个挺奇怪的说法,因为福柯将形式主义中的布拉格学派直接归属于东欧的新马克思主义运动。这倒是一个值得追问的新的思考点。福柯甚至指认,法国的结构主义思潮不过是20世纪欧洲整个形式主义(formalisme)运动的一个"小插曲"(petit épisode)。根据布朗肖的判断,福柯之所以拒斥结构主义,是"感觉到结构主义中存在着一种先验主义的残余"[75]。这也许是对的。而我推测,福柯可能是觉得,如果作为认识型的思想构境渊源来说,语言学结构主义在理论上远不如法国科学认识论来得深刻;并且,虽然福柯并不否认结构主义对自己的影响,但我估计他是认为自己后来发明的考古学和谱系研究大大超出了结构主义内具的理论张力。关于这一点,我们可以从福柯的具体话语分析中初见端倪。

一个具体的例证是:福柯对人们将他指认为**结构主义式地**"将其历史学说建立在间断性(discontinuité)之上的哲学家"的说法,也颇感"哭笑不得"。他辩白说,自己在《词与物》一书中只是想说明,在某些形式的经验认知中,如生物学、政治经济学、精神病学、医学,变化的节奏并不遵循人们通常所认为的和缓而又连续的发展图式,因为从文艺复兴之后的西方资本主义社会里存在的这些学科的认知和话语的运行中出现了一些"新的制度"(nouveau régime),导致先前的学科系统功能的"突然中断"(brusques décrochages),进而发生某种整体转换。这也是当时他所提出的所谓认识型的断裂式的转换。虽如此,他也决不是想说"间断性万岁"![76]当然,福柯本人也承认,在《词与物》一书中,当他力图说明这种决定了认知性质的"差异性的制度"(différents régimes)时,确实过度地将对这个制度的关注与语言话语的理论形式混淆在一起了。这也成为他在后来的理论思考中着力避免的方面。

其实，从上述关于康吉莱姆的讨论中，我们已经看到福柯对间断性等重要观念构形之缘起的真正出发地：不是结构主义，而是康吉莱姆！

海德格尔与尼采的决定性作用

福柯曾明确指认，海德格尔始终是对自己来说最重要的哲学家之一。从我们前面已经指认的从本体论向存在论转换、从现成在手的对象性的"什么"向上手性的"怎样"的转变、被存在者化的知识被激活为认知、死去的陈述档案被重构为鲜活的话语事件、可见的强暴性权力背后显现出匿名的治理力量关系网，一切的一切，都有海德格尔之思的构序痕迹。福柯自己回忆道，"我在开始的时候阅读黑格尔的著作，随后又读马克思的著作，从 1951 年或 1952 年起，便开始读海德格尔的著作"。这真是一种很好的专业哲学阅读顺序。他说，自己还保留了大量关于"海德格尔的笔记"，"这些笔记比我记的关于黑格尔和马克思的笔记更为重要。我在哲学方面的整个发展变化都是由阅读海德格尔的著作决定（déterminé）的"[77]。非常遗憾的是，这些极有价值的笔记至今还没有问世。可见，海德格尔是福柯自己明确确认的一个极重要的思想构境方法源头。在一定的意义上，我们甚至可以说，**理解海德格尔是进入福柯的前提**。或者套用列宁的说法（不弄懂黑格尔的《逻辑学》，就不可能理解马克思的《资本论》）：不弄懂海德格尔就根本无法在方法论上理解福柯。这大概也是阿甘本的观点。

此外，福柯在 1953 年前后就开始读尼采的著作。他还提及，自己跟随的老师康吉莱姆"也对尼采很有兴趣"。在某些场合，福柯还曾指出，对自己而言，尼采思想的影响在一定的意义上甚至超过了海德格尔。对于福柯来讲，如果说海德格尔的存在论是方法论前提，而尼采则是他具体面对科学认知和权力力量关系在资产阶级世界中的布展机制的法宝和思想武器。当然，福柯自己说，"我读尼采是因为巴塔耶，而我读巴塔耶则是因为布朗肖（Blanchot）"，这也就意味着，他是从文学中的布朗肖走向另类的巴塔耶，再从后者走向疯狂的尼采的。在福柯看来，法国学术界中最先求助于尼采的一批人，都是试图经由尼采，走出现象学的阴影；而在 20 世纪 70 年代之后，尼采则"进入了在 60 年代曾是马克思主义者的那批人的话语中,他们通过尼采从马克思主义中走出来"[78]。前者可能会是梅洛-庞蒂等人,而后者则是德勒兹、利奥塔等人。

福柯指认道,自己与尼采的关系是复杂的,如果说尼采对于当代法国思想界来说,是使一些人摆脱现象学,另一些人走出马克思主义,而对于他自己而言,尼采的真正构境意义也许就是促成他彻底跳出全部传统哲学界。在这一点上,他的确很像海德格尔。福柯回忆道,当"翻开《快乐的科学》,读了这些十分新奇、睿智、优雅的文字,你就会说,我再也不去做我的同时代人、同事和教授正在做的事情"[79]。这也是尼采对海德格尔的解放,不做同时代学院派教授们正在做的事情,而是颠覆整个形而上学,不是在同一个思想轨道上**提速**,而在"另一条道路"上重新塑形—构序—构境。一个具体的例子是,福柯自己说他直接受惠于尼采在 1880 年前后写下的一些文本,"在那些论文中,真理的问题、真理的历史和真理意志的历史是核心问题"[80]。这里的真理,不再是我们对外部客观世界本质的真实反映和复写,求真意志不过是我们(词)向自然(物)与社会立法的支配权力,真理是我们强暴性存在的构序之烙印!我们以后能看到,尼采这种新的真理观在福柯思考构境中起到了某种爆炸式的作用。福柯描述,尼采身上虽然体现了"整个西方哲学的线索",但是"在与哲学的关系中,尼采最具局外人、一个山地农民式的粗糙和质朴,这使得他能够耸耸肩,响亮地说出我们无法忽视的话来:'好啦,所有这些都是胡说八道'"[81]。假若,传统的本体论、认识论和思辨逻辑,这些都是胡说八道,那么,福柯就得自己重新面对整个世界。换言之,尼采对全部传统哲学的态度令福柯如梦初醒,他突然意识到必须坚定地摆脱经典形而上学中那种顺从的态度,放弃成天围着学术文本转,不停地循环解释和界定的做法,真正的思想就是要在了无牵绊的"大笑"中中断奴性,在破坏后的**废墟本体**中去重新理解和构境。后文我们将看到,《词与物》就始于这种尼采式的"大笑"。

福柯一点也不避讳,"我简直就是尼采派"![82]甚至,"1950 年时,我就是一个尼采式的共产主义者"[83]。将《性史》第一卷命名为"求知意志",就是他向尼采的公开致敬。或许,也是在这个意义上,萨义德才将福柯称为"当代最伟大的尼采信徒"[84]。相比之下,德勒兹关于尼采对福柯的影响的讨论要更具体一些，在他看来，这主要包含三个方面：一是关于关系性力量的观念。"福柯的权力，如同尼采的权力，并非归结为暴力，也就是说，并非归结为力量与生命或客体的关系，而归结为力量与它所影响的乃至影响它的其他力量（激励、引出、促成、诱发等情感）的关系。"这是对的。福柯理解了尼采对现代权力发生作用的更深一层构境意义，即权力不再是直接的对象性控制，而是**力量关系**中的布展。二是力量与形式（forme）的关系。在福柯那里，"一切形式都是力量的复合（composé）"。这是非常深刻的指认，在尼采—福柯那里，形式不再是**外部的**给予，而是塑形建构过程中的不同的角逐力量复合。三是主体的构成，即福柯从尼采那里获得的从生命的可能性到"生存方式（modes d'existences）的创造"[85]。主体不再是一个自古恒在的实存对象，而是不同时期"生存方式"的**历史**建构物，由此，福柯才会发现，今天的人类主体不过是一个资产阶级生存方式中的"晚近的发明"。

"不打引号"：关于福柯与马克思的另一重隐秘关系

如上所述，在 20 世纪 50 年代的法国左翼学术界，马克思主义居统摄地位。但是，在青年福柯看来，那时候的马克思主义的知识分子扮演的角色都是由法国共产党规定的，这直接表现在"后斯大林主义只允许在马克思主义话语中重复已经说过的话，不允许接触尚未涉足的领域"[86]。这就像本雅明*在讨论历史唯物主义时指认的那些木偶。这是在"欧洲共产主义"[87]产生之前大部分欧洲共产党的情况。而曾经加入法共的福柯，恰恰希望研究这些边界之外的新东西。福柯意识到，自己不能再像老师阿尔都塞那样，

---

* 瓦尔特·本雅明（Walter Benjamin，1892—1940）：德国现代卓有影响的思想家、哲学家和马克思主义文学批评家。1892 年出生于柏林的犹太富商家庭，1910 年开始发表文章、写诗。1914 年进入柏林自由大学学习，1917 年转入慕尼黑大学，1920 年以《德国浪漫派的艺术批评》一文获得慕尼黑大学博士学位。其主要代表作：《德国浪漫派的艺术批评的概念》（1920）、《歌德的〈亲和力〉》（1923）、《德国悲剧的起源》（1923），以及传世名作《巴黎拱廊街》（1927）、《单向街》（1928）等。——本书作者第二版注

在法共那种戴着脚镣的队伍里受折磨。他认定自己必须逃离。1953 年,福柯退出了法共。[88]当然,福柯与老师阿尔都塞仍然保持着亲密的关系。最终,福柯既未成为一名信徒式的马克思主义者,也拒绝使用任何传统的教条马克思主义的话语。从《疯狂史》到《词与物》,都是这种颠覆性思想构序的直接产物。他是故意非马克思主义化,并直接地拒绝斯大林教条主义大他者。

福柯声称,自己从来不承认那种"学术化"(académiser)包装起来的马克思。也是在这个构境意义上,他写道:"对我来说,马克思并不存在。我指的是围绕着一个名词建立起来的实体,既指向一个人,也指向他的著作的总体,以及从他延伸出来的一个无限巨大的历史过程。"[89]因为,当马克思被建构为一种教条式的概念体系总体时,马克思的**活的思想**是恰恰不在场的。在福柯看来,教条语境中被构序的马克思主义,只会使我们失去真正理解马克思所"产生的断裂"(l'éclatement qu'il a produit)。必须指出,这个断裂,并不是阿尔都塞笔下那种马克思自己思想发展进程中的问题式中的断裂,而是马克思的思想革命所造成的全部西方形而上学哲学的断裂。因此,拒绝教条主义的传统马克思主义话语,在福柯这里是完全自觉的。然而,我发现福柯的态度在《认知考古学》中开始发生改变,马克思与尼采作为新的祛序激活点出现在传统方法论解构的地平线上。

依我的判断,福柯与马克思关系的根本改变显然与 1968 年的红色五月风暴相关。波斯特认为,"在 1968 年 5 月之前,福柯的思想轨迹一直与西方马克思主义者保持距离"。* 这个判断基本是正确的。不过,可能不仅仅是与西方马克思主义保持距离,而对整个马克思主义持否定态度。在这种发生在现实中的全新的阶级斗争政治实践中,与利奥塔、朗西埃等人的"去马克思化"(杰姆逊语)[90]的思想倾向不同,福柯反而开始重新阅读和思考马克思的文献。[91]这可能是他在理论上开始重新"回到马克思"的现实基础。从《规训与惩罚》一书起,马克思的历史唯物主义构式方法,通过深刻的现实

---

* [美]波斯特:《福柯、马克思主义与历史》,张金鹏等译,南京大学出版社 2015 年版,第 3 页。——本书作者第二版注

资本主义经济机制很快塑形出福柯分析资产阶级政治权力的**软性**统治本质。依哈考特*的观点，福柯与马克思的关系的根本改变出现在1973年的演讲课程中。**当然，即便如此，福柯也不是直接成为一个马克思主义者。在1975年的《关于监狱的对话》中，福柯十分坦然地表白了那时自己与马克思思想的关系。他形象地说道，五月风暴之后他与马克思的关系还是"有些游戏的成分(sorte de jeu)"。游戏的意义在于**祛序**，游戏关系正好解构教条构架和传统解释话语。所以在官方教条主义的"共产主义学"的编码中，他必定不可能被认定成一个马克思主义者。但这并不妨碍他引述马克思的思想，特别是运用马克思被激活的方法。

> 我经常引用马克思的概念、词句和作品，但我并不觉得非得加上一小块论证标记：也就是说，在引用马克思的话时，仔细地在书页下端加注出处，再对引言发表一番赞赏的评价。若这样做，就可以被看作一个了解马克思、敬仰马克思、被所谓马克思主义的杂志所尊崇的人物。[92]

"非正常"的福柯不愿意这样做。他说，自己"引用马克思的时候并不指名道姓，也不加引号(sans mettre de guillemets)。由于一般人辨认(reconnaître)不出马克思的文本(textes de Marx)，我于是就成了从不引用马克思的人"[93]。那为什么不直接引用马克思呢？福柯给出的理由倒也十分有趣。他有些机智地反问道：一个物理学家在从事物理研究的时候，无疑将大量用到牛顿和爱因斯坦的科学原理，难道他们有必要直接引用原文，再加上引号和注释，并辅以大篇幅的赞扬来宣示对大师们的忠诚吗？因为在福柯看来，马克思已经像无数科学大师一样，他的科学方法和观念已经成为人类思想宝库中不需要加以标注的共有财富。其实，并不仅仅只是对马克思如此，福

---

* 哈考特(Bernard E. Harcourt)，美国政治学家，芝加哥大学政治学教授，福柯《惩罚的社会》(1973)演讲课程稿编辑者。——本书作者第二版注

** 哈考特认为，"1973年的课程与汤普森、阿尔都塞进行了无声的对话。比起福柯的其他著作，该课程体现出更多的马克思主义的思想"。这是正确的判断。参见［法］福柯：《惩罚的社会》，陈雪杰译，上海人民出版社2016年版，第247页。——本书作者第二版注

柯在自己的言说和写作中,常常有意不摘引名人名言,也因此,有人将福柯的著述称为"无参考点的言说"[94]。在福柯的法兰西学院系列演讲中,我们不难发现这种马克思**不直接在场的方法论在场**。特别是在 1979 年 1 月 10 日福柯开始的题为"生命政治的诞生"的演讲中,他明确指认不能从资产阶级政治学传统中的那些诸如民主、自由之类的虚假的普遍概念出发,而要真正深入到活生生的社会实践中去,才能掌握资本主义社会运转的秘密机制。这个有着特殊构序意义的实践,就是马克思所直接面对的由资产阶级古典经济学所指认的 18 世纪以来全新的资本主义社会经济活动。虽然在这里,福柯仍然没有直接引述马克思的任何词句,但在他的内心里却始终坚信一个事实:"如今在写历史的时候,不可能不运用到直接地或间接地与马克思思想相关的一系列的概念(kyrielle de concepts),也不可能不置身于一个马克思曾描述、定义过的视域(horizon qui a été décrit et défini par Marx)中。"[95]马克思的词句可以不在场,但确定无疑的是,马克思的方法论之思已奔涌在福柯的思想血液之中。用库兹韦尔的话来讲,此时的"福柯暗中采用了马克思的思想"[96]。当然,依我的特殊定位,这是特指福柯 1968 年以后的思想构境。

在 1983 年的另一次访谈中,当被问及马克思对他的方法论是否产生了影响时,他直陈"是的,绝对如此(Oui, absolument)"! 有趣的是,福柯再一次使用了游戏(jeu)这个描述。福柯述及,在自己写作的最初年代,人们"为了被视为正规的左派,在书页上引用马克思的原话是一种好的写法,但我没有这样做",就是为了"跟那些马克思主义者开个玩笑",一个故意僭越那些教条的马克思主义的反讽式的游戏。[97]这个玩笑一开,可就是一生。

到了最后(dernier),尚未进入晚年的晚期福柯又自白:"我是一个隐性的马克思主义者(cryptomarxiste)!"[98]这是意味深长的。

空隙:布勒东和超现实主义

1966 年,青年福柯做过一次专门的访谈,问题聚焦于布勒东[99]和超现实主义[100]对他思想的影响。可能，这是他那个时代中所有法国激进思想家都无法回避的支援背景。对此，福柯很坦率地承认自己就出场于"布勒东留在身后的那个空隙（creux）之中"[101]。这个空隙是一种另类构境激活点，即现实生活构序的**非常性颠倒**和理性光亮照不到时的**边缘地带**。

首先，在青年福柯看来，布勒东最重要的贡献是"使写作与认知（écrire et savoir）这两个形象——长期以来对彼此来说对方都是陌生人（étrangères）——充分地交流"。福柯说，在这一点上，布勒东的作用类似于歌德。

> 对布勒东来说，被迫进入认知的写作（以及被迫进入写作的认知）相反是一种把人（homme）推到它的界限（limites）之外，迫使它走向不可跨越的绝境（l'acculer à l'infranchissable），把它放到最接近于最远离它的东西的位置上的方式。这解释了布勒东对无意识、疯狂和梦的兴趣。[102]

这是说，受弗洛伊德的影响，布勒东将正常理性主体自我视作超我暴力的妥协产物，主张在离文明关注的逻各斯世界最远的边缘上才存在着真实的生命涌动，或者说，在写作理性不在场的梦和疯狂之绝境中，我们才会遭遇生命的真相。如果说，"德国浪漫主义者的梦是为觉醒的光芒所照亮的黑夜（la lumière de la veille），而布勒东的梦则是处在白天中心的不可撼动的黑夜之核（noyau de nuit）"[103]。在歌德要照亮黑夜的地方，布勒东则是要让我们进入白日中的黑夜之暗处。**白日中有黑暗**，这可能是法国超现实主义异轨于德国浪漫主义的深刻之处。这也是福柯那个**黑暗考古学**的深刻缘起。

其次，布勒东也第一次让写作本身具有了**改变世界**的力量（pouvoir de changer le monde）。这直接挪用了马克思在《关于费尔巴哈的提纲》中的话语。为什么？青年福柯分析说，在布勒东那里，写作成了一种"反思、分解和重构世界"（se réfléchir, se décomposer et se recomposer le monde）的力量：

> 也许存在一种如此激进而至高无上以至于直面世界，与世界抗衡，

抵消世界甚至彻底地摧毁世界并在世界之外闪耀的写作。事实上,这种经验在《瞧! 那个人》和在马拉美(Mallarmé)那里就已经开始有了清楚的表现。在布勒东那里,我们会发现这种作为反-宇宙(contre-univers)的书写的经验,而这种经验对写作状态的改变作出了巨大的贡献。[104]

我们知道,"改变世界"是 1845 年马克思实践唯物主义新哲学的口号,但青年福柯却把它授权于布勒东,在福柯看来,正是尼采哲学与马拉美[105]象征主义诗歌中打破现实构序逻辑的"反-宇宙"书写构成了布勒东的颠覆性写作的基础。由此,青年福柯才会真的一度傻傻地相信认识型是世界的结构化塑形基础,断裂式的写作(认识型的断裂)一定能够改变世界。这个唯心主义的臆想本身后来发生了改变。不过,青年福柯自己承认,"我一直为这样一个事实所震惊:即布勒东作品谈论的不是历史而是革命;不是政治,而是改变生活的绝对的权力(l'absolu pouvoir de changer la vie)"[106]。关注革命和权力,这是 1968 年之后成熟了的福柯对自身使命的从容选择。

先锋文学中的萨德、巴塔耶与布朗肖

与很多思想家一样,福柯的人生中也有一段作为文学青年的起步。大约在 1961—1966 年前后,福柯比较集中地发表了一批文学评论方面的文章,主题涉及近代以来许多重要的文学理论家和作家。从这批文献中不难发现,福柯之所以喜爱文学,并不是真想去当一个作家,而是试图从文学先锋的边缘构式中汲取燃烧思想的养分。由是之故,就像他在哲学中迷恋发疯的尼采那样,在文学中,他同样钟情于颇显另类的萨德[107]、巴塔耶[108]和布朗肖[109]。其实,后二者都是两栖于文学与哲学交织构境之中。在 1983 年的一次访谈中,福柯将 20 世纪 50 年代的法国文学思想指认为影响自己学术路径的第四种思潮(前三种分别是我们已经看到的现象学、马克思主义和法国科学认识论),他说:

　　第四个参照点——还存在更具文学性的文本,这些文本更不整合于某种哲学传统。我想到的是像布朗肖、阿尔托[110]、巴塔耶那样的作家,他们对我们这代人来说是非常重要的。基本上,他们提出了边缘上的经验的问题,即与那些被认为是中心,在社会中明确有价值的东西相反的边界上的经验形式,这些经验对通常被认为是可接受的东西发起了质疑。从某种意义上说,我是从这种疯狂的历史向对我们理性体系的质疑行进的。[111]

　　与上述的布勒东一样,文学先锋所僭越的也是现实构序的边缘,于是,正统价值的颠覆、正常塑形标准的拒斥,以及非理性的疯狂诗性都成为福柯可能汲取的异质性力量。

　　在对待文学的态度上,青年福柯钟情布朗肖的说法:“写作是为了不死(Écrire pour ne pas mourir)。”[112]不过,大多数人即便写作,也未必不死,因为好的写作才会永生。福柯指出,只有真正优秀的作品才能生成自己的形象,“并通过在镜中重叠自己,僭越了死亡的界限”。写出一个垃圾作品,它的出场即为了被投入垃圾箱而遭忘记,好的文本则会在各种关于它的诠释和变形的“化身”中被重构和伸展,在无尽的赞成和批判的反复叠境中存在并获得永生,这就是所谓经典文本的诞生。

　　首先,常人并不喜欢的**萨德**,在福柯眼中却成了真正超越了人类个体死亡的好的写作者。在常人看来,萨德不过是一个下作的色情狂,作品中泄露着暴力、变态和畸形色情的秘密,可是福柯从中看到的是什么呢?福柯先问道,萨德的作品“写给谁看”?这是一个挺重要的对作者**主体视位**的提问。“答案只有一个:无人(personne)。”[113]海德格尔可能是最早期意识到这一问题的思想家,当他发现自己的真正思想将在此世中没有读者时,他选择了背地里生产的“秘密文本”[114]。这是说,萨德的东西绝不是写给在现行教化构序体制中的常人们看的,他通过一种极端的写作方式捕捉了那些理性规范边缘中的“无法抵挡之物、不可言说之物、激动、麻木、销魂、沉默、纯粹的暴力、无语的手势”,他使用的语言“充满着毒性”,这种语言根本不属于这个功用世界中已经被规训了的话语,“它从内部反对自己,在自己的内部摧毁自己”。对于传统社会构序中活着的凡人来说,他们只能看到畸形的性变态和令人呕吐的反常行为,他们看不到那些萨德笔下隐性存在的"不可言说之物",在现实的生活塑形和理解之序中,萨德的阅读对象恰恰是**不在场**的。福柯有些激动地说,萨德

> 让语言在镜子的虚拟空间(l'espace virtuel)中［在真正的僭越(transgression réelle)中］复制它,首先创造出一面新的镜子(miroir),然后又一面,然后无穷无尽? 这个确实且无穷尽的幻觉,在其虚空中形成了作品的厚度,而吊诡的是,作品矗立起自己,正因为其内里是不在场的(absence)。[115]

请一定注意,在此处福柯对萨德的评论中,其镜子的构式意向与拉康镜像论中的意向相比,恰好是颠倒的。在福柯这里,镜像不是他者篡位的骗局,而是虚幻映射中的**超现实的先锋**。一种反叛现实的真正的**异托邦**。

其次,在青年福柯的眼里,巴塔耶所面对的真正思考对象也正是一种**大写的不在场**(*Absence*)。[116]这是巴塔耶文学作品中所有对象享有的最高领域。在这一点上,他与萨德相同。他们都是在尼采的"上帝的死亡"之废墟式解构之境中思考的。圣性事物和神灵的不在场,为我们提供了一种世俗事物中的黑夜,这是一个相对于光亮的工具理性的暗处所在,让我们生成一种独特的"对不可能性的经验"(expérience de *l'impossible*),即**僭越**(*transgression*)构境。依福柯的解读,巴塔耶的僭越即为打破我们这个**有用的世俗世界区隔性的界线**,

> 僭越行为无休止地逾越(franchit)和再逾越那条界线(limite),而那界线则以极快的速度关闭如此被打开的门户,于是僭越行为再次回到那不可逾越的视域(l'horizon de l'infranchissable)中。但这游戏极为复杂:这些因素都处于不确定的(incertitude),或确定性转瞬即逝的语境中,其结果是,每当思想试图抓住它们时,便立即失效。[117]

确实难以理解! 僭越,是引导我们走出功用性世界的途径;僭越,是那个不在场的**圣性事物**的到来,它在正常的理性认知中往往是不可见的,只在

不正常的僭越构境中才有可能现身,并且,每当思想试图用理性认知它时,它立刻消失。我**研究**我的疯狂、痛苦和悲伤,疯狂、痛苦和悲伤瞬间**不在**。福柯后来有一篇重要文章的题目就叫《疯狂,著作的不在场》(*La folie, l'absence de l'œuvre*)。[118]在福柯看来,巴塔耶在写作中的僭越行为,就如同"黑夜中的闪电(l'éclair dans la nuit)","其闪亮消失在它以至高无上的权威所标识出来的这个空间中,在为那无法被言说的东西(obscur)所命名之后,它便沉默了"[119]。如果还原到传统形而上学哲学中的理性之看上,这就犹如将一颗具有视力的理性眼球挖出,"掷到自身之外"——这样一来,理性之眼球虽能够被看到,可是它自身的视力却也宣告失去。真是太深刻了。这也是海德格尔反对以对象化认知为核心的整个认识论伪境的缘故。这同时也意味着,当"哲学言说的主体被逐出,并被撑到其界限处,于是哲学语言的至高无上的权威性现在可从这个距离以外,在合法性之外的主体所留下的无尽的空无(vide)之处得以被听到"[120]。简言之,福柯的感悟就在于当认识世界的理性,以及认知结构(有如认识型和后来的话语实践塑形)自身被看见时,它们就已经无法被知晓;恰恰只有当它们**不在场**时,才能被真实地得知。这个深刻的思想与拉康的"我思故我不在,我在我不思之处"[121]有异曲同工之妙。福柯格外喜欢巴塔耶这样的句式:"如果人类不闭上那至高无上的眼睛(souverainement les yeux),他将最终无法看到值得看的东西。"[122]其实,对于一切正常理性的学术研究来说,福柯的思考都是"不正常"的僭越。逾越和再逾越一切被规定的界限,就是福柯之思的出发点。也由此,他才能看到我们正常理性认知所根本看不到的全新构境层。在这一点上,沃林[123]说,"福柯赞同乔治·巴塔耶的说法,认为对抗常规化陷阱的唯一方法是激进的'僭越'(transgression)的理念。"[124]这是对的。对此,杨凯麟博士将福柯依从巴塔耶的做法与康德进行了比较:"康德认为形而上学决定理性的使用界限是为了小心地维系界限的限度,为了不跨越理性的范围;福柯则相反,他指出仅有僭越才能标定界限本身。"[125]如果再转换到海德格尔,则完全跳出这种在一个边界内蹲守或者破坏这一边界的游戏,他会换一种根本不同的本有论的玩法,在那里将没有这里的存在论的边界。

其三,**布朗肖的精彩**,在福柯的眼里是关于**外部的思想**(*La pensée du dehors*)。据说,青年福柯早年曾经向自己的同性恋人韦纳坦言,他相信自己在后来的岁月里将会出人头地,但他并不想当一名教师,而是想当一位像布朗肖那样的作家。[126]这一点,福柯显然没有做到,但他却成了更伟大的思想家。福柯说,在布朗肖那里,我言说即我在,当我一陷入沉默,它就消失了。这就意味着,言说的主体并不是话语,"而是一个非存在(inexistence),在其空无(vide)中,语言的无尽之流在不断地持续"[127]。显然,这个物性存在之外的**空无**是萨德、巴塔耶和布朗肖共同钟情的**建构—解构之在**。事实上,社会存在本身也是实体意义上的空无,我常在课堂上对学生们讲,"社会生活在晚间是不存在的"。当建构社会关系场和维系一定存在构序的人们入睡时,实物依旧实存,但功能性的**塑形—构式—构序**的社会场境即解构为无。所以,社会也在我们物性实在之外。拉康则是在另一重否定本体论的意义上将空无视作人的生存基始。福柯宣称,在经历由康德—黑格尔那条追逐本质和规律内在性的经典逻辑统治的漫漫长夜之后,正是萨德和荷尔德林[128]同时把"外界的经验(l'expérience du dehors)引入了我们的思想"。此后,在尼采、马拉美、阿尔托、巴塔耶和克罗索夫斯基[129]这一连串的名字下,主体破碎了,言说者在消失,经验外在化,"大写的我(Moi)"成了疯狂戏剧的主角。而到了布朗肖,则直接显现了**把自己掏空**(creusant lui-même)的外部。依德勒兹的解读,福柯这个想法源自布朗肖的外部的主题——"同外部的关系和'非关系(non-rapport)',这个外部比任何外部世界都更远,由此甚至比任何内部世界都更近"[130]。霍奈特[131]在对福柯的解读中,也关注了这种外部思想倾向,但似乎有些夸大和过度诠释。[132]在这里,

> 没有反思,只有遗忘;没有矛盾,只有抹擦性(efface)的争论;没有和解,只有不断的低吟;没有对自身整体进行艰难征服的心智,只有无穷无尽的外界的侵蚀(érosion indéfinie du dehors);没有最终使自己真相大白的真理,只有始终已经开始的语言的溪流和伤悲。[133]

在福柯的这种诗性诠释之下,布朗肖的**外部**就在否定性的劳作中掏空自己,它中断现实正常构序链环中的一切关系,所以它是一种非关系的存在,这种祛序和反塑形的存在状态"无限地退入无光亮的白日,无阴影的夜晚和缺乏形状的可见性之中"。显而易见,这都是不可能的现实存在之外

部，于是，外部必然也是一种言说中的沉默，"沉默是不可测量的，听不见的原始呼吸"[134]。福柯自己后来提出的考古学和谱系学，也就是要听见这种真实历史中永远被删除的原始呼吸中的沉默。

历史中的沉默：疯子与病人

在《古典时代疯狂史》一书中，青年福柯首次声称自己要研究历史中这种不在场的**沉默**。他将这种思考命名为"沉默的考古学"。罗兰·巴特[135]对此的解释是，"疯狂的沉默：因为疯狂根本不拥有用于言说理性的元语言"[136]。后者正是在这个构境意义中，寻出同样在理性话语之外的"恋人絮语"[137]。福柯从疯狂在历史中的缺失和不在场为起点开始自己的这条思考线索。他发现，历史中关于疯狂的记载总是"少于历史中生成的东西"。

> 正是这"少"（moins）要受到询问，并且首先要消除它所含的任何贬义。从最初的述说起，历史时间就是把沉默（silence）加在某些东西上面，随后它们就只能在空洞、无意义、子虚乌有的门类下被理解。历史只是在一种历史不在场（absence d'histoire）的基础上，在巨大的喃喃低语（murmures）的空间中才可能，沉默把这种不在场当作使命和真理来守候。[138]

为什么存在缺失？因为传统历史学从来都只会围绕光亮的王权的**辉煌史**展开，有关平常生活的绝大部分真实细节都被视为低于历史构序的记载标准的无意义废物和空无删除了。福柯因而指出，所有的历史塑形的记载和存留中都存在大量"不可避免的空无"和沉默的无语，故而，"历史的每一次诉说都伴随着不在场的发生"[139]。沉默的考古学则要反其道而行之，它将直面历史中的这种不在场和沉默，它将以常人不可能听到的喃喃低语解读这种黑暗中的缺失。这正是福柯一生所努力达到的历史研究新方向。

1973 年，福柯主编了《我，皮埃尔·里维耶，残杀了我的母亲、弟弟和妹妹:19 世纪的一桩弑亲案》(*Moi*,*Pierre Rivière*,*ayant égorgé ma mère*,*ma sœur et mon frère…*:*Un cas de parricide au XIXe siècle*)一书。1835 年,里维耶这位 20 岁的农民亲手杀害了自己的母亲、17 岁的弟弟和 18 岁的妹妹。在法庭调查期间,里维耶写下了长达 50 页的犯罪陈述。福柯花了一年半的时间,专门组织了一个研究这一案件的讨论会。包括福柯在内的十位不同领域的专家在充分研讨的基础上,形成了由多篇专业论文和有关案件的诸多第一手文献组成的这本书。首先,让福柯动容的东西是"谋杀者自己的话语"——**疯子和病人**里维耶自述中的这样一些表白:"我知道人类和有序社会的规则,但我自认为比它们高明,视它们若粪土。……我认为,对我来说,反对所有法官、怀疑整个世界,是一种莫大的光荣。"[140] 这是一个"疯子"的**祛序性**话语。在福柯把这份文献放置到考古学的光照之前,它在传统历史研究中是处于**黑暗之中**的,恰恰在坊间流传的手抄本中,人们在某种讹误中抵达它。其次,更重要的是福柯发现,围绕着这一事件,法官、乡村官吏、医生和牧师之间,构成一种奇怪的力量对抗、一种话语对峙,或者说,一种权力关系、一种异质性势力之间通过话语进行的战斗。福柯编这一本书,正是要展示这些看不见的战斗,揭示这些话语力量——作为在权力和认知的关系中的进攻和防御武器——之间的互动。1976 年,法国导演阿里奥将这一事件拍成了同名电影,福柯不仅是本片的编导之一,还竟然亲自在影片中扮演一位法官。[141] 依福柯自己的话说,这是一部"电影史上独一无二的"影片。福柯的这一研究和关注不禁令人想起拉康的博士论文《论经验的妄想型精神病概念与人格问题》(*The Problem of Style and the Psychiatric Conception of Paranoiac Forms of Experience*)的主角,38 岁的女妄想症病人埃梅因刺杀法国知名演员达弗洛斯(Huguette Duflos)而受审,拉康认为,埃梅刺杀那个在社会现实中成功的女人,其实是在试图杀死另一个作为虚假**心像**的自己。[142]

面向庶民:黑暗传奇中"声名狼藉的生活"

在福柯看来,先前的历史学研究在本质上只是一部面向帝王将相和布尔乔亚新权贵的"辉煌史"构序，那些与这种**大写人择光照**不符的历史真实存在的另一面，总被遗忘在**黑暗的沉默**之中。他们总是在历史之镜的**背面**！进而，福柯激进地主张，历史研究更应该关注那些在宏大的连续性历史研究中陷入沉默的**平凡人**的命运，关注那些被历史宣判为"不正常"的声名狼藉者的生活，以便让他们能从光亮理性的逻辑背后，光明正大地走到历史构境的前台上来。依马舍雷的观点，福柯的这种观点与康吉莱姆不无关联，后者在科学史研究中"具有一种特别的天赋，致力于重塑那些默默无闻的创造者，将他们从被遗忘的边缘中释放出来"[143]。并且，这种新的史学观与朗西埃的"无产阶级之夜"的原始档案研究[144]，有着异曲同工之妙。后者的妻子，当时正是福柯的助手。

　　1977 年，福柯亲自编辑了一部文集，其中收集了 1670—1770 年间整整一个世纪中法国拘留所和警察局里的一些档案，福柯为这部文集取名为《声名狼藉者的生活》(*La vie des hommes infâmes*)，并撰写了一篇同名的引言。德勒兹将其称为"一篇杰作"[145]。这是福柯自己身体力行实施的一个直接面向沉默历史的全新考古和谱系研究的鲜活案例。

　　首先，福柯说，这是一本"关于生存的文选(anthologie d'existences)"[146]。此处的生存，相对于被历史学家以同一种入史标准**栅格化**后的那些光亮的历史事实，自然就不得不沦为永久黑暗中的沉默。福柯选入这部文集中的文本，通常都不是**值得记载**（这本身就是总体历史观的意识形态）的伟大功绩和宏大故事，而只是攸关那些从不为人所知的平凡小人物的各种生活片断的实录，因为他们大多是被视作"不正常的人"而打入疯人院和收容所的人们，如疯子、鸡奸者（文明的语体将他们命名为男同性恋者，实际上，这也正是福柯自己的性生存样式）、酒鬼和妓女。某些时候，福柯将他们称为**庶民**(*plèbe*)。这也是后来所谓后现代史学观中庶民研究的缘起。为此，福柯提出了一个编辑原则，在我看来，这也是一种新的历史观：涉及的人必须"真实存在(existé réellement)过"；他们的存在既默默无闻又命运多舛，并且，一生与苦难、卑贱、猜忌和喧哗为伴。正因为他们不拥有耀眼的财富、体面的地位和英雄般的品质，所以这些人的存在显然不可能成为辉煌的和奇迹般的，他们只能属于那些"注定要消失得无影无踪的芸芸众生"；与宏大的大写的历史不同，记载他们"**小写的生存史**"(l'histoire minuscule de ces existences)的故事越短越好,因为在真实生活中他们的存在也就只是一个个片断。[147]但恰恰是这些黑暗中的**存在片断**,才是历史存在的真实层面。片断才是真实,这本身就是拒斥总体历史观的一种反向构序和抗争。

更有甚者,这些声名狼藉者的生存片断之所以能够在历史记载中偶然现身,还得感谢"有一束光(lumière),至少曾有片刻照亮过他们",这就是**权力之光**。其实,早在1965年前后,福柯就与出版商拟定过一个出版计划,声称要写一部关于囚徒的历史,当时拿出的图书预告中写道:"疯子。从巴士底狱到圣安娜医院,从17世纪到19世纪,米歇尔·福柯重现这一黑暗历程。"[148]这一计划似乎没有实现。

> 这些生命本来能够,而且应当处于无名的黑暗之中,然而,与权力的一次偶然相遇(rencontre),却把他们从黑暗之中拖拽出来,如果没有这样的冲突,绝不可能留下只言片语来记录他们转瞬即逝的一生。权力监视(guetté)着这些生命,追踪着他们,密切注视着他们的抗议和不法行为,片刻也不放过。[149]

多么可悲! 能够与权力偶然相遇,还得归因于他们犯事儿了。历史长河中籍籍无名的他们只在因犯事儿被抓起来的那一刻,才会因被权力的利爪猎获而突现在聚光灯下。依德勒兹的诗性说明,这些"声名狼藉者是一个从光束中取出的粒子和一个声波(une particule prise dans un faisceau de lumière et une onde acoustique)"[150]。福柯写道,这正是他的谱系学要捕捉的"黑暗传奇(Légende noire)"[151]。他声称,黑暗传奇的特点恰恰是反连续性的总体历史观的,因为相对于那种总体性的构序史,往往"它被剥夺了传统,只是通过间断、擦抹、湮灭、重组和再现之后,它才流传到我们这里"[152]。也由于,这种小写的**历史**本身,从不被记载,所以这些生命似乎从来不曾存在过,只是在与权力发生冲撞后才得以幸存,而权力原本想要毁灭他们,或者至少抹去他们存在的痕迹。黑暗传奇的主角通常都是社会体制否定和专政的对象,正因为被体制打击和"消灭",他们才得以在历史上被记载下来。否定,恰恰成了他们入史的塑形方式。阿甘本后来解释道,"在被打上污名的时候,遭遇权力的人也就从黑暗和沉默中拉出了这些否则就不会留下任何足迹的人类的实存"。*

其次，福柯在对不入史的"声名狼藉者"的生活开展谱系研究的过程中，细致地观察到了 17 世纪以来，资产阶级社会治理体制和微观权力构序系统的生成。福柯发现，相比于基督神学对日常事务的关注，资产阶级对日常生活（quotidien）的浸透和塑形更加微观化，后者将日常生活第一次完全纳入到话语（认知）构式与权力布展体系之中，调查充斥着无关紧要的违法行为和骚乱的微小领域，"权力、话语和日常生活之间，一种完全不同的关系被建立起来，形成一种全然不同的控制和阐述日常生活的方式"[153]。权力不再是生活之上的有脸暴力，它就是生活建构起来的不可见的隐性话语构序和表现方式，由此，"整个政治链（chaîne politique）与日常生活的结构交织（entrecroiser）在一起"，话语塑形和生活建构本身将"个人的不端行为、耻辱和秘密都送交到权力的股掌之中"[154]。柯伊[155]宣称，在这一点上，福柯是将马克思原来关注的无产阶级与资产阶级的阶级斗争宏大格局偏离化和微观化了，因为福柯"把冲突移离中心，即从资本与工人的对立移至外沿，他重视一切局部性的小冲突"[156]。这有一定的道理。

1978 年，福柯编辑出版同样是黑暗沉默中的阴阳人自传《艾居琳·巴尔班》[157]一书。这种历史黑暗中的边缘人是福柯始终聚焦的考古对象。

从韦伯到法兰克福学派：科学合理性统治的合法性

其实，在对康吉莱姆关于科学史研究中真理问题的批判性思考里，福柯已涉及一个更深的问题，即被资产阶级启蒙思想家捧上了天的科学理性话语的历史地位问题。福柯后来意外地发现，该主题在 20 世纪的德国，是由马克斯·韦伯和法兰克福学派提出来的："理性的历史是什么？理性的统治（la domination de la raison）是什么？理性的统治通过哪些不同的形式（différentes formes）起作用？"福柯感叹道，法国学术界竟然对韦伯之后的法

---

* ［意］阿甘本：《万物的签名》，尉光吉译，中央编译出版社 2017 年版，第 107 页。——本书作者第二版注

兰克福学派的工作"一无所知"。当然,"一无所知"的人也包括他自己,为此福柯甚至懊恼地说:"假如我能早一些了解法兰克福学派(l'école de Francfort),或者能及时了解的话,我就能省却许多工作,不说许多傻话,在我稳步前进时会少走许多弯路,因为道路已被法兰克福学派打开。"[158] 在后来的《什么是批判?》一文中,福柯曾比较细致地讨论了法兰克福学派的理论贡献,尤其是后者针对资产阶级启蒙话语所发表的全面质疑。我在本书第十一章的附文中会详细讨论这一文本。在福柯看来,"从韦伯开始,对于法兰克福学派和许多科学史学者(如康吉莱姆)来说,问题的关键在于明确合理性的形式(forme de rationalité)"对社会存在和主体的特定塑形和构序作用,或者说——这种合理性的形式为什么会在此时此刻居统治地位? 具体说,也就是福柯自己发现的与资产阶级新型权力同构的认知话语对生命存在的部署。请注意,此时福柯对韦伯—法兰克福学派的工具理性结构**历史性统摄**问题的思考,必然会是对自己那个认识型决定论的内省。因为,韦伯—法兰克福学派的工具理性构架是沿着现代工业泰勒[159]制流水线上的标准化和齐一化思考客观社会塑形的,而青年福柯的认识型是从词对物的**主观构序逻辑**入手的。相比之法兰克福学派的同向思考,福柯必定会发现自己的幼稚。所以,福柯明确宣称自己的研究正是循着这一思路向前推进的,比如"人、人类生活(la vie humaine)和自我怎样成为这些技术的对象(objets)"[160]。

> 使我感兴趣的恰是合理性的形式,人类主体通过这些形式关注自身。法国科学史学者主要对科学对象的建构(constitution d'un objet scientifique)问题感兴趣,而我则向自己提出这样的问题:人类主体怎样使自身成为认知之可能的对象(objet de savoir possible),通过哪些合理性形式,通过哪些历史状况,以及最后,付出了什么代价?[161]

这是一个重要的界划:韦伯—法兰克福学派从正反两个构序层中聚焦了合理性的形式,这是福柯批判理论中的核心思考点之一。如果说,福柯的法国老师们在科学史和科学认识论的讨论域中关心的问题是科学本身的建构对象,而福柯则将其推进到主体自身如何成为认知建构和塑形的对象。

但依我的看法,关注主体自身的治理技术是福柯晚年新构式的观点,这一观点的生成经历了一个很长的过程。我们知道,按法兰克福学派的观点,资本主义控制自然和社会生活的权力装置正是由以科学认知为核心的形式(工具)理性构成的。事实上,不仅包括人类主体,甚至整个世界都成为了他们眼中工具理性逻辑同一性强制拷问的对象。福柯说,正是在这个特殊的构境背景中,他才真正意识到:通过什么代价主体可以说出"自我的真实"(la vérité sur lui-même)?又通过什么代价才可以说出关于自我之作为疯子的真实?这是青年福柯思想构境的起步。疯子是精神病学科学理性话语的特定产物,即不是正常主体存在的"不正常的人"。这实质上正是一种资本主义社会的制度性的游戏:阶级关系、职业矛盾、认知模式乃至整个历史和理性都参加了进来。我推测,这约略是他自己后来对最初的两本著作——《疯狂史》和《临床医学的诞生》——的一种重新认识。

如前所述,早在《疯狂史》的研究中,青年福柯就提出了所谓关注沉默的存在的"考古学",不同于传统历史研究中对文献史实的无批判的认定,他已经意识到历史记载中史实的被建构性,所以他要求呈现人们借以塑形和构序历史研究本身的隐性理性结构,或者说是明确主张界划和排除存在于历史研究之中的某种知识网格或栅格,进而透视大部分历史学家无法看到的栅格构序之外的另类沉默存在,即隐在人们所指认的疯狂和疯子背后的真实历史。这就是沉默的考古学。不入正史的沉默存在是被理性的标准构序栅格所排除的存在,而沉默的考古学则是要看到在平常理性结构和常识可见性中不可见的沉默存在。也是在这样的考古学中,福柯才会发现"疯子"并不是天生的自然有序存在,而恰是"一种文明的产物",即某种在所谓的文明社会中才被入序和建构起来的东西。所以,疯子的缘起,只能"在人与疯子和真正的人之间的、定位在历史中的某种关系中找"[162]。在1961年关于《疯狂史》的一次访谈中,福柯总括地指出:

疯狂只存在于社会之中(La folie n'existe que dans une société),它并不存在于那些孤立它的情感形式以及排除或捕捉它的排斥的形式之外。因此,我们可以说,在中世纪,继而在文艺复兴时期,疯狂在社会的视野中是作为一种美学的或日常的事实而存在的;接着,在17世纪——以监禁为始——疯狂经验了一个沉默、排除的时期。它失去了它在莎士比亚和塞万提斯时代原本具有的展现、启示的功能（比如说，麦克白女士在疯狂之后开始说出真相），它变成了嘲笑的对象，变得具有欺骗性。最后，20 世纪掌控了疯狂，把它还原（réduit）为一种与世界之真理（vérité du monde）相关的自然的现象（phénomène naturel）。[163]

福柯说，荒蛮状态下是不可能出现什么疯狂和疯子的，因为没有建构出一个关于"正常人"的标准，自然就没有不正常的疯狂；而这种在现时代被钉上确凿科学标签的不正常的疯狂，在以前的神性存在中，仅只是一种魔鬼附体的异端而已，只是到了 20 世纪，才由现代医学给疯狂套上颈圈，把它塑形为自然现象，入序于这个世界的**科学真理链**。一定的科学话语建构了一定时代的存在，这就是即将出场的**认识型文化制约论**的雏形了。

继而，青年福柯在《词与物》一书中进一步追问"通过什么代价人们才能把说话的主体、工作的主体和生活的主体问题式化（problématiser）并加以分析"？他当时给出的答案是：**认识型的座架**。这个从文艺复兴时代之后出现的不断爆裂转换中的西方文化认识型，显然不同于韦伯—法兰克福学派的略显笼统的工具理性构架。由此，福柯才会着手分析古典和现代认识型中"一般语法、自然史和经济学的产生"。对自己的思考之路，福柯继续回忆道："接着，我提出了关于罪犯和惩罚体系（système punitif）的同类型的问题：怎样才能说出关于自我之可以成为罪犯主体的真实？我关于性的问题的研究则追溯得更远：主体怎样说出关于自我作为性快感主体的真实，以及用何种代价来说？"[164]这显然是指他后来完成的《规训与惩罚》和三卷本的《性史》。这泛指了福柯中后期全部思想时期的学术构境实质。

认知话语对象化的实践

1969 年，福柯成为法兰西院士的候选人，候选职位是**思想系统史**（Histoire des systèmes de pensée）教授。这真是一个极大的反讽——在学理上，福柯要否定的正是系统的思想研究方式，可是在现实中，他却又不得不去获取这个"坏的"学术权力话语。现实生活中的福柯不得不提供一个以法兰西学院允许的话语构序体系为标准写下的"候选陈述书"。我不能确定，这当中是否存在一定的**表演性**。[165]文中，他有节制地谈及自己先前进行和未来将开展的研究。因为，虽然福柯此时已经经历了"五月风暴"，而且这场重要的文化革命显然深深触动了他的原有思想构架，但他还没有来得及真正平化和调整好内心里开始涌动的现实资本主义政治权力批判的激情。

福柯再一次回忆说，在最早的《古典时代疯狂史》中，年轻的他主要希望弄清楚疯子在一套"怎样的机构和实践体系"中受到约束和界定。结论有二：一是这种约束和界定首先与"一整套精确明晰的认知"相关；二是这种约束和界定具体实现为"一种有条理的日常活动"。[166]在那里，青年福柯显然还没有将认知与权力直接链接起来。虽然福柯已经发现，疯子与正常人的区分就是取决于**正常**与**不正常**的认知标准和构序，但实际上，包括在不久之后写下的《临床医学的诞生》一书中，福柯都还是从**实践**的视角切入，探讨认知是如何具象地支配和控制社会生活的。进而，福柯专门指认道，在后来的《词与物》中，他是在一个与具体实践**相反**的方面进一步去思考认知（词）对更大尺度上存在（物）的支配（构序）问题的，这就是所谓认识型的理论。这是一个大的方法论上的飞跃。

> 不考虑整个实践和制度层面（不过并没有放弃有朝一日重新讨论它的念头）；而是考虑特定时期这些认知领域中的少数几个（17、18世纪的自然分类、普通语法以及财富分析）。依次考察它们，以便界定它们所提出的问题和使用的概念的类型，以及界定它们所检测的理论的类型。[167]

显然，福柯在这篇陈述中没有直接指认认识型这样一个已经被放弃的概念，他只是平淡地提到认知的概念或理论类型。关于《认知考古学》一书，福柯则强调了认知是介于意见和科学之间的一个特殊层面，"这种认知不但体现在理论文本或者经验方法之中，也体现在一整套实践活动和制度之中"。[168]在那里，认知对象化的**话语实践**已经成为一个新的关注点，福柯开始将认知话语更多地置于社会现实的塑形和构序效应研究中去剖析。

在关于自己下一步在法兰西学院将开展的教学计划的勾描中,福柯提出自己的思考点仍将集中于有关**认知**的三组问题上:一是认知的位置和界限,以及描述认知的方式;二是认知与科学话语之间的关系;三是认知序列的因果关系。乍听起来,这似乎是一个认知科学的研究方向。进而,福柯指认这三组问题又与认知的三重表现相关联:"它是对一系列实践活动和制度的描述、汇集和协调;它是各门科学建构过程中不断变换的焦点;它是复杂因果关系的构成成分,科学的历史就处于这种关系之中。"[169]这是对认知问题的思考追加了来自实践与历史维度的参数。追踪后事可以发现,福柯在第一年的授课"认知的意志(*La Volonté de savoir*, 1970—1971)"中的确实施了上述计划,但他更关注的对象却转换为以认知对象化的**话语实践**为核心的现实历史分析。福柯提出:"话语实践并非生产话语的纯粹和简单的方式。它们体现在技术进程中、在机构内、在一般行为的诸多样式里、在传播与扩散的形式中,也在同时利用并维护话语实践的教育形式中体现。"[170]话语实践不是主观的,而物化在实现的资本主义技术进步中,同时也是教育实践的核心内容。也是在这一演讲的最后部分,福柯开始提出要关注现实社会中发生的**政治斗争**。这可以视为不久之后的《规训与惩罚》一书的前奏。这也意味着,**权力**问题,将浮现于福柯思想构境的前台。

权力研究的异质性眼光

福柯自承,权力问题始终是自己关注和思考的中心问题,但在早期的两部著作《古典时代疯狂史》和《临床医学的诞生》中,他并未直接使用权力这个概念。之所以如是,外部原因在于当时的人们通常还只是在政治—法律的话语场中描述宏观权力,譬如马克思主义学者对"国家机器(appareils de l'État)"和"阶级统治"的指认,似乎一说到权力,就是那种可见的、直接发生打压和控制的暴力。这绝非福柯真正想去关注的东西。而我们在《古典时代疯狂史》、《临床医学的诞生》和《词与物》中所看到的那种打着科学理性和知识的旗号,实际上却建构着某种不可见的生活塑形和自然—社会存在构序的**匿名软暴力**认知,这已经是对资产阶级新型权力在主观层面上的深刻反思。但是,除去另类的边缘生存,社会生活总体显然还不是福柯那时所面对的正面战场。

直到 1968 年"五月风暴"之后,人们开始普遍关注资产阶级社会生活在基层发生的日常控制和支配,从而去直面生活细节中的**微观政治权力**。福柯评论道,如果在先前的宏观权力观中,"人们把权力等同于一种说'不'的法律,认为权力尤其具有剥夺权"[171],可那恰恰是一种**消极的、可见的权力**观。他认为,资产阶级的政治民主游戏正是建立在这一可直观的"不"与"可以"的政治辩证法之上的。福柯并不相信这种骗人的把戏。他透视性地指出,之所以现时代资产阶级的

> 权力得以稳固,为人们所接受,其原因非常简单,那就是它不只是作为说"不"的强权施加压力,它贯穿和产生物,引发乐趣,形构认知,生产话语(produit du discours)。应该视权力为渗透于整个社会肌体的生产性网络(réseau productif),而不是将它看作一个仅仅行使压制职能(fonction de réprimer)的否定性机构。[172]

资产阶级不再说"不",反倒是到处张贴"可以"的告示,资产阶级所谓民主政治的合法性构序基础正是将传统政治权力暴力机关从一个"否定性机构"变成了**肯定性机构**!这似乎成为一种新的共识,红色五月风暴一周年之际,鲍德里亚[173]在 1969 年 5 月发行的《乌托邦》(Utopie)第 2、3 期上撰写《游戏与警察》("Le ludique et le policier")一文,其中他指认:"在文明的国家,镇压(répression)不再是一种否定,也不再是一种侵犯(agression),而是一种**氛围**(ambiance),这便是安定下来的日常性。"[174]让你有乐趣、让你认知新事物、让你生产物、让你成为这个世界的创造者,正是通过这种**走向幸福**的虚假伪境的建构,新型的不可见的资产阶级微观政治权力才贯穿整个社会存在。这就是福柯在法兰西学院演讲多年后在《规训与惩罚》一书中对权力(**治安和治理**)的另类发现。

首先,福柯指出,从 17—18 世纪起,"人们与之打交道的是一种开始通过生产和劳役来行使的权力。这主要是让人们在实际的生活中提供生产性

服务。为此必须实现一种真正的权力归并,即权力必须达到人的身体、举动、态度和日常行为"[175]。这是在告诉我们,与传统专制政治的外部暴力不同,资产阶级控制世界的权力最初是从**劳动生产内部**发生的,不是"词"对"物"的构序,而恰恰是在工业生产的全新劳作中,资本主义直接塑形新的社会存在! **事物的构序首先发生在生产中!** 在这一点上,鲍德里亚在《生产之镜》中的分析在大的构序尺度上是精准的。[176]资产阶级权力由生产启始,通过全新的劳动分工和协作构序链,塑形劳动者的身体、规训人的言行举止,以及布展市场中介空间中新型日常生活。这显然异质于马克思对资本主义**生产关系**批判的基本意向。其次,福柯指认资本主义生产方式下出现的大工厂运行的技术机制和流水线上,"发展出一整套对人类进行驯服的技巧,把他们禁锢在特定的地方,进行监禁、奴役、永不止息的监督"。[177]这也就是人们通常所说的"科学管理"。应该说,福柯的这一观点是对青年卢卡奇技术物化理论(《历史与阶级意识》)和法兰克福学派的社会控制论批判(《启蒙辩证法》)的进一步深化。这些问题,我们将在本书第三篇的专题研究中具体讨论。

1973 年,在《惩罚的社会》演讲课程中,福柯曾经具体讨论过这种资产阶级新型权力的特点。首先,在他看来,与传统君王手中的权力不同,新的权力"不能被拥有",而通过不可见的"中转体系、连接体系、支撑点等,从深度和广度上涉及社会的方方面面,包括家庭、性关系、住所等。越是到社会网中的细枝末节,就越会发现,权力不像某人可以拥有的东西,而像某些东西的经过、实现和运用"。*其次,福柯认为,新型的权力"不是单方面的",它"常常会以微小、分散的方式运营,伴随着地方的颠覆、区域的失败和胜利、暂时的报复",始终处于变幻不定之中。通常,新的权力"会采用隐蔽的、日常的、习惯性形式的规范,如此隐蔽起来,不是以权力的名义而是以社会的名义运转"。其三,资产阶级新的权力"不再以仪式的暴力表现出来,而是通过规范化、习惯和纪律运转,人们将参与者到新类型话语的组成中"。其中,王权的话语让位于支配者的话语,这些支配者"可以监督、规范、区分正常人

---

* [法]福柯:《惩罚的社会》,陈雪杰译,上海人民出版社 2016 年版,第 202 页。——本书作者第二版注

和不正常的人、评估、裁判和决定。例如,学校里老师的话语、法官的话语、医生的话语、精神病专家的话语"。*

1976 年,福柯写下了《性史》(*Histoire de la sexualité*)第一卷"认知的意志"(*La volonté de savoir*)[178],这本书第 4 章"性的部署"(Le dispositif de sexualité)的第 2 节以"方法"为标题。在其中,福柯进一步阐述了自己对资产阶级权力的独特看法。

面对资产阶级新的权力布展,福柯先写下了三个"不想":**不想**把今天的权力看成一种由国家机构和相应的装置(appareils)组合起来的可见的"特定的权力";**不想**将今天的权力理解为"一种奴役的方式(mode d'assujettissement)";**不想**将今天的权力仅仅视为"一套普遍的统治系统(système général de domination)"。[179]显然,之所以有这三个"不想",都是与传统社会里那种由国家强制和外部专制压迫组成的可见可感的权力相对而言的。在福柯眼中,现代资产阶级的权力完全与后者不同:

> 我认为,我们必须首先把权力理解成多种多样的力量关系(des rapports de force),它们内在于自己运作的领域之中,构成了自身的组织。它们之间永不停止的相互斗争和冲撞改变了它们、增加了它们、颠覆了它们。这些力量关系相互扶持,成形为链条或系统(former chaîne ou système),或者相反,形成了相互隔离的差距和矛盾。[180]

无疑,在福柯笔下,资产阶级的权力不再是某种视而可见的,能被直接把持的事体,而是已经通过劳动生产和日常生活逐渐布展成某种无法直观的**力量关系构序链**,这是一种情境论意义上的新型关系场境,固然它不如传统社会的皮鞭那么实在可感,可却比皮鞭、锁链之类的外在的强制和控制具有更强的隐性支配力量。也是在这个深层构境意义上,福柯说:"权力是关系;权力不是一种东西,它是一种发生在两个个体之间的关系,它是一种能够引导另一个人的行为或决定另一个人的行为的关系。自动地在一些也属

---

* [法]福柯:《惩罚的社会》,陈雪杰译,上海人民出版社 2016 年版,第 211 页。——本书作者第二版注

于它自己的客体方面决定它。"[181] 依德勒兹的解读,福柯所使用的"力量关系"一语来源于尼采,"他的力量关系的概念走出了简单的暴力,这来自尼采,但他将此概念延伸,并比尼采走得更远"[182]。在福柯这里,不像传统专制暴力单方面的有脸压迫和消极的被奴役者,资产阶级在生产、经济交往、政治斗争,甚至在每时每刻的细小日常生活中都建构了各种不同的**力量多方面的角逐和博弈的关系场境**。在这里,被压迫者恰恰表现为能动的主体,他去生产、购物、投票和旅游,表面上看完全是自由自主的,可是,正是在这些自主生存的力量引导上,资本控制和构序了生命存在本身的内驱力:在经济争斗和生存竞争中,深层控制存在的实质上不平等的社会构序得以发生。在这个意义上,资本主义社会中民主、自由的生存形式本身恰是资产阶级权力部署的方式,或者说是一套从根本上**塑形存在**的不可见的链条和网络。这是当代政治哲学批判中极为深刻的一个新构境层。

因此,福柯描述说,资本主义社会中存在的新型权力已不再集中于某个高位的权力"中心点"(point central),而是遍布在日常生活里各种力量角逐关系建构起来的塑形和构序社会场(champ social)中。因为,正是各种力量关系的"旋转柱石"永不停息地通过它们不平等的关系引出各种局部的和不稳定的权力形态。没有面容的权力无所不在(Omniprésence du pouvoir)!福柯深刻地指认道,资产阶级的"权力不是一种制度,不是一个结构,也不是某些人天生就有的某种力量,它是大家在既定社会给予的一个复杂的策略性情境(situation stratégique complexe)的名称"[183]。资产阶级权力的存在方式是一个不可见的**复杂的策略性情境**。后来,福柯用**部署**范式来指认它。依我的理解,这是一种构境论的语境。

笔锋至此,福柯已可水到渠成地指认资产阶级这种新型权力关系的特征了:其一,权力不是可获得、取得或分享的某种**物**(quelque chose),它不可见,不是有脸的暴君,而是从无数不平等的、变动中的互动关系中生发出来的策略性构序。其二,权力关系并不外在于其他形式的关系[经济过程、知识关系(rapports de connaissance)和性关系],相反,它们**内在**于其他关系之中。甚至,只有在这些其他关系的发生过程中,权力才能被部署。其三,权力不来自上层,而是发自下层(bas)。关于这一点,福柯指的是资产阶级的权力已不再体现为君王那种可见的高高在上的王权,而是作用和体现于对生活微细层面的支配。其四,权力关系既是有意向的,又是非主观的(*non subjectives*)。让人难以置信和接受的是,资产阶级权力的发生过程是似自然性的,在自发中实现意图,这无疑是最高明的统治。其五,哪里有权力,哪里就有反抗(*résistance*),资产阶级权力布展的方式却正好是反抗的收编,它依反抗而发生作用。这一点尤为重要,权力恰恰只有"依靠大量的抵抗点(*points de résistance*)才能存在:后者在权力关系中起着对手、靶子、支点、把手的作用,这些抵抗点在权力网络(*réseau de pouvoir*)中到处都有"[184]。现代权力的辩证法表明,可以抵抗恰恰是资产阶级奴役的一种方式。

1982年,晚期福柯在一次讲座中又进一步将资产阶级社会中的权力解读为四种控制和支配的技术:

> (1)生产技术:使我们能够生产、转换或操控物;(2)符号系统技术:使我们能够运用符号、意义、象征物,或者意指活动;(3)权力技术:它决定个体的行为,并使他们屈从于某种特定的目的或支配权,也就是使主体对象化;(4)自我技术:它使个体能够通过自己的力量,或者他人的帮助,进行一系列对他们自身及灵魂、思想、行为、存在方式的操控,以此达成自我的转变,以求获得某种幸福、纯洁、完美不朽的状态。[185]

福柯对此作了进一步的注解,他认为这四种权力技术都与某种支配类型相关联,很难独自发生作用。他说,在马克思的《资本论》中,人们可以发现"操控物与支配权之间的关系",即资本主义社会中第一种技术与统治的关系,第二种技术曾经是福柯自己关注的对象,比如在《词与物》和《认知考古学》中,而他自己现在更关注的是后两种权力技术,即"支配的技术和自我技术",甚至,福柯眼中的过去的整个历史,"就是关于支配权及自我的认知所编成的历史"[186]。其实,这已经是福柯晚期思想的思考焦点。

真理是个坏东西

与资产阶级学术传统中那种以标识**正确**认识为旗帜的真理观不同,福柯视真理为**权力的帮凶**——既然认知就是权力,那认知中**正确的**真理就会是权力支配中的核心骨架。比较通俗的解释为:认知和权力之间具有不可分割的内在联系,认知越多,权力越大——因为认知提供了话语孰是孰非的真理标准。这又是一则耸人听闻的断言,从中我们不难听出尼采言说的回声。为什么?福柯答道:资产阶级社会建构起一套自己的真理制度和一系列不停歇地作为真理起作用的各种话语的一般政策(politique générale),并将其"用于区分真假话语的机制和裁决机构(les mécanismes et les instances),用于确认真假言说(énoncés vrais ou faux)的方式;用于获得真理的技术和程序"[187]。如果说,在传统的封建专制社会中,没有对错的信仰——神学话语支持了现实中的"不讲理"的宗法等级,而在推翻了神学统治的布尔乔亚世界中,启蒙之后的自由—民主生存则拥戴了正确认知的科学真理。在一定的意义上,在这个新型的社会存在中,真理即**合法存在**的通行证,而非真的谬误就得下地狱。我们不难发现,福柯晚期关于真理话语的批判性思考,很深地关联于他早期对于社会生存中**正常与不正常**的关系的内省,正常生存的背后恰恰是真理话语。故而,在今天的资产阶级生存中,**真理本身就成为一把切割存在与不存在的权力**(la vérité est elle-même pouvoir)之刃!用德勒兹略显夸张的话来讲,"绝没有一种真理模型不指向某种形式的权力,也绝没有一种知识科学在行动上不展现为或含括某种操作中的权力"[188]。1980年,福柯在为《哲学辞典》撰写的关于自己的"福柯"辞条[189]中,甚至指认"真理游戏"(jeux de vérité)直接进入了**存在本身**。[190]这当中,深深嵌着晚期海德格尔的**本有论**思考。对此,福柯有些沉痛地说:

> 在我们这样的社会里,关于真理的政治经济学具有五个从历史上看极为重要的特征:真理以科学话语(discours scientifique)的形式和生产该话语的制度为中心;它受到经济和政治的不断激励(经济生产和政治权力对真理的需求);它以各种形式成为广泛传播和消费(diffusion et consommation)的对象(它流通于社会肌体中相对广泛的教育或新闻机构);它是某些巨大的政治或经济装置(大学、军队、新闻媒体)的非排他的,但居主导地位的监督之下生产和运输的;最后,它是整个政治斗

争和社会冲突(意识形态斗争)的赌注。[191]

无疑,福柯此时眼中的真理,已经不再是我们所熟知的那个可舍去生命去追求的科学真理。在福柯笔下,资产阶级社会生活中的被伪饰起来的真理话语是一整套**隐性支撑社会统治的软暴力**与言说(énoncés)的生产、规律、分布、流通和作用相关的塑形—构序逻辑的程序。那些穿着白大褂的科学专家手中高举的真理火炬照亮之处,总是得到没有任何防范和怀疑地绝对相信和遵从,由此,科学真理便以这样的流通方式与资产阶级总是力图遮蔽起来的权力制度相联系,与某种看不见的权力构序效能相联系。这就是我们今天在**科学技术理性意识形态**居统治地位的时代中从来不反思的**真理制度**。这样的真理制度,当然不只具有传统马克思主义所指认的意识形态或上层建筑(idéologique ou superstructurel)的性质;它甚至是整个"**资本主义塑形和发展**的一个条件"(une condition de *formation et de développement* du capitalisme)。[192]当然,这是一种人们无法直接察觉的条件。

也是在这个意义上,福柯剖白道,长久以来自己关于疯狂和性的研究都"不是要写一部有关禁止的社会历史,而是要写一部有关'真理'的生产的政治历史"。不是说"不"的游戏,而是"为真理献身"的崇高践行。这又是整个传统真理问题构境意向的翻转。因为,

> 从很大程度上来说,我们所生活的社会正在"迈向真理"。我指的是,这个社会生产和流通以真理为功能的话语,以此来维持自身的运转,并获得特定的权力。获取"真实的话语"(可是这些话语又在不停地变化)是西方的核心问题之一。有关真实的历史,这还是一块处女地。[193]

也是基于这样的语境,福柯才从根本上否定了传统理解中针对**意识形态**的批判性研究。先前,意识形态总是被当作真理(真实)的反面——"妨碍真实的话语生成的东西"——虚假关系建构的存在幻象而在场的,是谎言的运行机制。比如他的老师阿尔都塞的观点。福柯驳斥道,意识形态之作为"谎言的运行机制"在场恰是一种假象,因为,资产阶级设定的真理(真

实)才是真正的谎言。拉康先期讨论过这个问题,但在他那里,真实只是一种存在论上的**不可能性**。[194]福柯一针见血地指出,资产阶级实现其合法统治的真正秘密就在于"**真理的生产**"和"**权力的效应**"之同谋。[195]资产阶级最大的意识形态,就是科学的**真理话语**。或者依齐泽克的说法,真理即是布尔乔亚**意识形态的崇高对象**。对此,霍奈特曾经将福柯的"科学支配"观与阿多诺做过一个比较,在他看来,"福柯不是从一个对自然的工具性支配所确定的相关框架,而是从一个由社会斗争的策略性要求所确定的相关框架中推导出科学认识的那些条件的;使他感兴趣的不是科学经验与自然之间的那种隐秘的关联,而是科学经验与策略性行为之间的那种隐秘的关联"[196]。霍奈特的这个评论是不够精准的。因为,在早先的《词与物》中,青年福柯也关注过在古典认识型中科学话语(林奈的分类学)对大写自然史的构序,只是在《规训与惩罚》之后,福柯才将谱系学的构境焦点集中于现代资产阶级社会生活中策略部署背后的技术话语。

权力与主体

1982 年,晚期福柯写下《主体与权力》("Le sujet et le pouvoir")[197]一文,试图总结自己 20 年来的全部学术研究脉络。在这篇文章中,福柯说,仔细去想,自己的研究中心既不是**权力现象**,也不是权力现象发生的现实基础,而是要"生产出一种历史"(produire une histoire),且其中真正想分析的是"在我们的文化中,人的存在被主体化的不同方式(des différents modes de subjectivation de l'être humain dans notre culture)"[198]。换句话说,"我研究的一般主题(le thème général),不是权力,而是主体"[199]。在上文提及的 1980 年福柯为《哲学辞典》撰写的"福柯"辞条中,他曾这样谈到自己对主体问题的追问:即"是什么规制了主体,或者说,在何种条件(condition)下主体才得以确立,他必然具有何种身份(statut),在真实(réel)或想象(l'imaginaire)中他必须占据什么位置(position),以生成(devenir)一种属于这种或者那种类型知识(connaissance)的合法的主体(sujet légitime)"[200]。我们可以明显感觉到,相对于福柯历来的自述,这里学术构序链中似乎出现了一个较大的改变和游移，即从认知、权力到主体。依阿甘本的定位，这里"福柯谈论的不仅仅是一种认识论上的调整，而毋宁说，是知识理论的另一次脱位（dislocazione），一次对整个未经探索的领域开放的脱位。正是这个与生命政治（bioplolitica）相巧合的领域，有可能为福柯提供'区别于知识和权力的第三个轴心'"[201]。我判断，凸显主体问题在谱系研究线索中的重要地位，这是福柯晚年对自己早前的思想努力的一次重新定位。根据本书的构境线索，我没有将这一问题列入自己这里的重点思考对象。原因是，我并不赞同福柯的这种逆袭。

在这里，福柯还说：首先，他关于主体问题的研究工作就是分析"将人的存在（êtres humains）变成主体的三种对象化方式（trois modes d'*objectivation*）"：

> 第一种是质询模式。它们试图将科学地位赋予自己。比如，在普通语法、语文学（philologie）和语言学中，将说话的主体（sujet parlant）对象化；再或者，在第二种模式中，在财富和经济分析中，将生产主体（sujet productif）、劳动主体对象化；又或者，第三个例子，在自然史或者生物学中，将活着的存在这个独一无二的事实（seul fait d'être en vie）对象化。[202]

很显然，这是福柯对自己在《词与物》一书中对资产阶级近代以来不同认识型断裂和转换研究的一种新的解释：言说主体的对象化、生产—劳动主体的对象化，以及活的存在（生命主体）的对象化。这里发生的重要支援背景的改变是福柯对科学认识论与结构主义构境阴影的逃离，这里的"它们"恰恰是当时福柯刻意抹去的主体，而现在，似乎主体恢复了自己的真容，它从认识型的外部客观结构性回到了自身。不过，从当时福柯对《词与物》的构境定位来看，那时他的确更关注被结构主义瓦解了的"主体"（个人主体之外起隐性支配作用的认识型）对事物的暴力构序（英译本的书名 The Order of Things 更好地体现这一点），主体（现代性的人）的出场，则是在悲苦的"沙滩之脸"的伪境中现身的。我不能理解，这是不是福柯自己生命中最后一刻的颠倒性内省或构境边界之混乱？我们不得而知。我得承认，自己之所以没有涉及福柯最后关于主体—伦理构境层，也出于担心走入某种理论迷乱。

其次，福柯指认自己研究的第二部分是关于主体对象化中的"**区隔实践**"（pratiques divisantes）。区隔，是指主体在对象化的过程中既界定自我，也与他人区隔开来的实践活动。福柯用的例子是，"疯子与正常人、病人与健康者、罪犯和'乖孩子'（gentil garçon）"[203]。这三组例证分别一一对应他的三本书：《古典时代疯狂史》、《临床医学的诞生》和《规训与惩罚》。区隔，也是布尔迪厄重点讨论过的社会学问题，但福柯这里对"区隔"的使用显然主要是指看不见的**生命政治区隔**。其实，按我的理解，《规训与惩罚》中讨论的生产实践区隔与前面的疯狂史与医学中的话语区隔有太大的异质性。

最后是福柯当下的工作，即关注人使自己**变成**一个主体的塑形方式。他选择的例子是性（sexualité）。这也是他最后一部著作：四卷本的《性史》。

虽然此时福柯明确厘定自己思想构境中的真正对象是主体，但正因为追寻主体的塑形和对象化过程，他深深地卷入权力问题中，因为权力是主体被构式的一个必然的机制。福柯说："我很快就发现，人这一主体在被置入生产联系和意义联系（relations de sens）的同时，他也会同样地置入非常复杂的权力联系（relations de pouvoir）。"[204]他说，如果马克思研究了作为资本主义生产关系总和的人的现实本质，而形式主义和语言学结构主义则涉及了主体意义构境的发生，那么，他自己则关注了权力关系对主体来说更基始的**日常生活存在中的构序**。福柯分析道：

> 权力形式一旦在日常生活中直接运转，就会对个体进行归类。在他身上标示出个体性，添加身份（identité），施加一套真理法则（loi de vérité），这样，他本人和他者（autres）都能借此认出自己。正是权力方式，使个体成为主体。"主体"一词在此有双重意义：凭借控制和依赖（le contrôle et la dépendance）而屈从他者（autre）；通过意识或自我认知（la conscience ou la connaissance de soi）而束缚于他自身的认同（identité）。两个意义都表明了权力方式的征服和奴役（subjugue et assujettit）。[205]

我觉得，福柯这里的言说已经与拉康的象征域中的大他者支配下的伪主体建构论十分相似了。权力在日常生活中对主体的塑形，是通过**认知话语和真理体制**（拉康那里叫象征符号系统——大他者）实现的。经由后者，主体界划和建构起理性的自己与反指性的他者，在这种双重认同之中，主体屈从于他性权力，这也是一种无意识自我奴役的**自拘性**。

当然，福柯也承认，在漫长的历史中，人类主体对强加于自身的形形色色的权力压迫进行过顽强的反抗和斗争。这些斗争可以划分为三种类型："反对统治的形式（formes de domination，伦理、社会和宗教的统治）；反对将个体和他们的产品分割开来的剥削形式（formes d'exploitation）；反对个体自我束缚并因此屈从于他人的行为（这是反对臣属、反对屈从和主体性形式的斗争）"[206]。在福柯看来，反对**可见的专制**是布尔乔亚上升时的抗争；反对**形式平等**背后被遮蔽的经济剥削的斗争在 19 世纪占了上风，那是马克思战斗的岁月；而到了 20 世纪，他所彰显的**反对无形屈从和重新争取主体性**的斗争则越来越重要。

晚年小结

1984 年，晚年福柯在一次访谈中对自己的思想全程作出了某种概括。福柯说，自己在已完成的全部学术文本中，其实是想"提出三大类问题，即真理（vérité）、权力（pouvoir）和个人品行（conduite individuelle）。这三个经验领域只有彼此关联才能理解，若相互割断便不能理解"[207]。或者换一个表述，即**认知、权力和主体**。这当中最后一类问题，即所谓的个人品行，亦即**上述主体的构式**问题，是福柯晚年着重思考的方面。

在另一个场景下，晚年福柯又提到，这三类问题都是通过谱系研究得到解决的，从而谱系研究也就自然形成了三个领域：

> 第一，我们自身的历史存在论与真理问题相关，通过它，我们将自己建构成认知主体；第二，我们自身的历史存在论与权力相关，通过它，我们将自己建构为作用于他们的行动主体；第三，我们自身的历史存在论与伦理相关，通过它，我们将自己建构为道德代理人。[208]

同样是其中的最后一个方面,即关于个人品行的研究也被指认为**伦理主题**。福柯说,这同时是三个思考轴心。这三个轴心在《疯狂史》中同时出场,疯狂被科学真理判定,为正常生存的权力所贬斥,进而消失在伦理地平线上。而《临床医学的诞生》和《词与物》探讨的是真理轴心,即科学真理与认识型对整个存在的构序。福柯没有提及的《认知考古学》是从真理向权力的过渡,《规训与惩罚》研究的是权力轴心,无声而微观的规训权力,以及他同样没有说到的法兰克福学院演讲中的生命政治权力。《性史》关注的是伦理轴心。[209] 上述三者,说到底,都是**主体**的构式问题。这也是三种不同的**主体**的构式:**认知主体、权力主体和伦理主体的构式**。这是晚年福柯对自己思想历程最后的说明和定位。

福柯如何看待人们读他的书?

在《古典时代疯狂史》一书的第二版序言(1972)中,福柯这样谈到一本书的命运:

> 一本书产生了(produit),这是个微小的事件(événement minuscule),一个任人随意把玩的小玩意儿(petit objet)。从那时起,它便进入反复的无尽游戏(jeu)之中;围绕它的四周,在远离它的地方,它的化身们(doubles)开始群集挤动;每次阅读,都为它暂时提供一个既不可捉摸,却又独一无二的躯壳(corps);它本身的一些片段,被人们抽出来强调、炫示,到处流传着,这些片段甚至会被认为可以几近概括其全体。到了后来,有时它还会在这些片段中,找到栖身之处;阐释(commentaires)将它一拆为二(dédoublent),它终究在这些异质的论述中显现自身,招认它曾经拒绝说明之事,摆脱它曾经高声伪装的存在。一本书在另一个时空中的再版,也是这些化身的一员:既不全为假象,亦非完全等同。[210]

之所以如此大段引述福柯的文本,是因为这段话太重要了。它几乎可以被看作是福柯关于文本学的基本看法。显然，福柯并不指望人们能够还原式地诠释他的文本，因为他根本不相信解释学的所谓**逼真性**的努力。他所发明的考古学和谱系学正好是反对解释学的。首先，他不承认自己的作品是个人主体性的产物。作品总是在超出作者的意图，它会是更大一种话语实践的无意识结果。在1967年关于《词与物》的一次访谈中，福柯这样说到自己与作品的关系：

> 我的作品完全是一种虚构：它是一部小说，但不是我创作的，它是我们时代及其认识论结构与整个语句之间的关系。因此，主体事实上呈现在整部作品之中，不过，它是匿名的"主体"，他今天所谈论的。都是被说过的。*

当然，这是一种夸张的说法。此时，青年福柯还在强调一个时代中决定了全部文化质性的"认识论结构"与个人写作语句的关系，即认识型对写作的无形规制作用，所以他才会说，自己的书会是匿名主体的虚构作品，更深一个构境层中，是挑明这样一个道理：一个作者以为是自己的真实意图创作的论著，却不知是被更大的一定时代的认识结构无形操控着的，所以，你以为是追求学术真理的论著，本质上只是虚构的小说类的臆想之物。这是极为残酷的真相。

其次，他相信鲁塞尔**的说法，任何一个作者那里，可能都存在一种写作的秘密，"作品建立在多层秘密之上，一个秘密编定另一个秘密"***，在这些后来的读者不可能知晓的秘密中，作者都"把每一个词语变成了一个可能的陷阱，它和一个真实的陷阱一样，因为一个虚假根底的纯粹可能性，为那些倾听者，敞开了一个无限的不确定的空间"。****于是，面对任何一种阅读，

---

* ［法］福柯：《福柯文选Ⅱ：什么是批判》，汪民安编，北京大学出版社2016年版，第14页。——本书作者第二版注

** 雷蒙·鲁塞尔（Raymond Roussel, 1877—1933），法国现代著名作家。代表作有《视》（1897）；《印度印》（1910）等。——本书作者第二版注

*** ［法］福柯：《福柯文选Ⅰ：声名狼藉者的生活》，汪民安编，北京大学出版社2016年版，第10页。——本书作者第二版注

**** ［法］福柯：《福柯文选Ⅰ：声名狼藉者的生活》，汪民安编，北京大学出版社2016年版，第13页。——本书作者第二版注

从来不会存在打开原初思境大门的钥匙。

其三,一本书,自从被作者交到出版社,即已成为一个脱离作者控制的历史性的文本对象("档案")。问世后的文本永远是一个孤苦的从来没有人触到的**自在之物**(*Ding an sich*)。在它的周遭,或遥远或还不算那么很远的地方,将不断出现它的解释学"化身"(double)[211]。这是康德话语的一种变形在场,文本与解释物的关系永远是自在之物与直接的现象世界间无法打破的分立。在福柯看来,一切诠释物都只是文本的一尊暂时的话语肉身,每一种解释和理解都会是一次异在的重新构境,如果身处另一种语言的翻译之境(从法文到中文),那就更是如此了。在福柯这里,文本的写作是一个活生生的构境事件,已成书的文本不可能是死去的现成的物,我们不可能从中抽取到同样现成的原初意义和作者的原初意图;相反,它是一种动态的"事件—对象"(*événement-objet*),一旦在世便永世自在,甚至连"生产它的人,永远不能提出主权要求",它的命运必然是"被人重抄、断碎、反复、模拟、分裂,终致消失"。[212]这简直是咒语。

好吧!我这部阐释福柯文本的书,也并不打算逃出福柯为文本解释所设定的魔咒。它仅仅是众多化身之一:**东方思想构境中的化身**。

注释

[1] 参见拙著:《回到海德格尔——本有与构境》,商务印书馆 2014 年版。

[2] 表演性(*vorführend*)文本,系我在《回到海德格尔——本有与构境》一书中提出的新的文本分类中的一种。它是指"**受制于他者的无奈式的表演性的文本,其现实基础是非本真的面具式的表面顺从的生存**"。参见拙著:《回到海德格尔:本有与构境》(第一卷,走向存在之途),商务印书馆 2014 年版,第 10—11 页。

[3] 德弗斯(Engelbert Dollfuss,1892—1934),奥地利政治家,基督教社会爱国阵线党人,曾任森林和农业部长,1932 年任联邦总理。1933 年初,他关闭议会,禁止奥地利纳粹党。1934 年在纳粹党发动的一场未遂政变中被暗杀。

[4] [法]福柯:《自画像》,载《权力的眼睛——福柯访谈录》,严锋译,上海人民出版社 1997 年版,第 4—5 页。

[5] 科西克(Karel Kosik,1926—2003),捷克新马克思主义哲学家和作家。1926 年生于布拉格。"二战"以后,先后在列宁格勒大学和布拉格查尔斯大学学习哲学。1963 年以前,在捷克科学院哲学研究所工作。1963 年起任查尔斯大学文学系教授。1968 年

在捷共第十四次特别代表大会上当选中央委员，不久被开除党籍，免去一切职务。主要论著为：《激进的捷克民主主义》（1958）；《具体的辩证法》（1963）；《我们的政治危机》（1968）；《新马克思主义：现代激进民主主义》（1982）等。

[6] 参见拙著：《文本的深度耕犁——西方马克思主义经典文本解读》，中国人民大学出版社 2004 年版，第 229—231 页。

[7][法]福柯：《自画像》，载《权力的眼睛——福柯访谈录》，严锋译，上海人民出版社 1997 年版，第 5 页。中译文有改动。Michel Foucault, *Dits et écrits*, *1976—1988*, Paris, Gallimard, 1994, p.1347.

[8][法]福柯：《自画像》，载《权力的眼睛——福柯访谈录》，严锋译，上海人民出版社 1997 年版，第 5 页。

[9] 阿尔都塞（Louis Althusser, 1918—1990），法国著名西方马克思主义哲学家。阿尔都塞 1918 年 10 月 16 日出生于阿尔及尔近郊的比曼德利小镇，其父是一个银行经理。阿尔都塞从小信奉天主教。1924—1930 年，他在阿尔及尔读小学；1930—1936 年在法国马赛读完中学；1937 年曾参加天主教青年运动；1939 年考入法国巴黎高等师范学校文学院。同年，因战争中断学业应征入伍。1940 年 6 月被俘，囚禁于德国战俘集中营内，直到战争结束。其间，因患精神病入院治疗。1945—1948 年重入高师读哲学，师从巴什拉教授；1948 年完成高等研究资格论文《黑格尔哲学中的内容的观念》后留校任教。1948 年 10 月，加入法国共产党。1950 年正式脱离天主教。1975 年 6 月，在亚眠大学获得博士学位。1980 年 11 月 16 日，因精神病发作，误杀其妻；1990 年 10 月 22 日因心脏病逝世，享年 72 岁。主要著作：《孟德斯鸠：政治与历史》（1959）；《保卫马克思》（1956）；《读资本论》（1965）；《列宁与哲学》（1968）；《为了科学家的哲学讲义》（1974）；《自我批评材料》（1974）；《立场》（1978）；《来日方长》（1992）等。

[10][法]福柯：《自画像》，载《权力的眼睛——福柯访谈录》，严锋译，上海人民出版社 1997 年版，第 6 页。

[11] 梅洛-庞蒂（Maurice Merleau-Ponty, 1908—1961），法国哲学家、思想家。他在存在主义盛行年代里与萨特齐名，是法国存在主义的杰出代表。早年毕业于巴黎的路易大帝中学（lycée Louis-le-Grand），后进入巴黎高等师范学校，成为萨特的同学；1930 年获得哲学教师的资格。先在沙尔特尔教书，再返回巴黎高师任导师。1945 年，凭《行为的结构》（*La structure du comportement*）、《知觉现象学》（*Phénoménologie de la Perception*）两部重要著作获得博士学位。1945 年至 1948 年，在里昂大学讲授哲学；1949 年至 1952 年，在索邦大学讲授儿童心理学与教育学；从 1952 年直至逝世，在法兰西学院任哲学教授，成为该院历来担任该职者中最年轻的一位。1945 年 10 月，萨特等人创立《现代》（*Les Temps modernes*）杂志，庞蒂从创刊至 1952 年 12 月，担任该杂志的政治版编辑。1961 年因心脏病去世，享年 53 岁。主要代表作：《行为的结构》（1945）、《知觉现象学》（1945）、《人道主义和恐怖》（1947）、《意义与无意义》（1948）、《辩证法的探险》（1955）和《符号》（1960）等。

[12] 列维-斯特劳斯（Levi-strauss, 1908—2009），法国结构主义人类学家。1908 年

生于比利时;1914 年后随父母移居法国;1927 年入巴黎大学学习,获法学硕士学位和哲学教师资格;1932 年起在中学任教;1934 年在巴西圣保罗大学任社会学教授,同时开始接触人类学文献。1936 年发表第一篇人类学论文;1941 年在美国初识雅各布森,并开始将结构主义引入人类学研究。1948 年获博士学位;1950 年任巴黎大学高等学术实验学校社会人类学室主任;1959 年,任法兰西学院社会人类学主任;同年,入选法兰西学院。其主要学术论著为:《南比夸拉印第安人的家庭生活》(博士学位论文,1948)和《亲属关系的基本结构》(1949)、《苦闷的热带》(1955)、《神话的结构研究》(1955)、《结构人类学》(1958)、《未驯化的思维》(1962)、《图腾主义》(1962)和《神话学》(四卷,1964—1971)等。

[13] 他性镜像阶段,是我在 2007 年出版的《回到列宁》一书中提出的构境论思想史解读模式的第一阶段,即一个思想家在其初始学术奠基中,一般都会是采取无意识认同于自己老师的观念或基始性典籍的方式起始一种他性镜像阶段。参见拙著:《回到列宁——关于"哲学笔记"的一种后文本学解读》,江苏人民出版社 2007 年版,第 53—54 页。

[14] [法]福柯:《权力的阐释》,载《权力的眼睛——福柯访谈录》,严锋译,上海人民出版社 1997 年版,第 22 页。

[15] [法]福柯:《自画像》,载《权力的眼睛——福柯访谈录》,第 6 页。

[16] 让·伊波利特(Jean Hyppolite, 1907—1968),法国著名哲学家。毕业于巴黎高等师范学校。"二战"后,曾任斯特拉斯堡大学教授;1954 年,任高等师范学校校长;1963 年,当选为法兰西学院院士。与柯耶夫一起,伊波利特最早将黑格尔哲学介绍到法国思想界,影响了整整一代法国当代思想家;1939 年,他将黑格尔的《精神现象学》译成法文。主要代表性著作:《黑格尔〈精神现象学〉研究》(1947);《逻辑与存在》(1952)等。

[17] [法]福柯:《话语的秩序》,载《语言与翻译中的政治》,许宝强等译,中央编译出版社 2001 年版,第 29 页。

[18] [法]巴迪欧:《小万神殿》,蓝江译,南京大学出版社 2014 年版,第 35 页。

[19] [法]福柯:《话语的秩序》,载《语言与翻译中的政治》,许宝强等译,中央编译出版社 2001 年版,第 30—31 页。中译文有改动。Michel Foucault, *L'ordre du discours*, Paris, Gallimard, 1971, p.79.

[20] 杜梅泽尔(Gorge Dumézil, 1898—1988),法国著名思想家,比较宗教文化史学家。1916 年,杜梅泽尔以第一名的成绩考入巴黎高等师范学校;1924 年,他以两篇神话学方面的论文获得博士学位。此后,他到土耳其的伊斯坦布尔大学教授宗教史。1931—1933 年,他被任命为瑞典乌帕萨拉大学教授;1935 年,巴黎的社会科学高级研究实验学校专为他开设了"比较神话学";1948 年,杜梅泽尔被选入法国最高荣誉的学术研究机构法兰西学院,并且成为"印—欧文化讲座"的第一任教授。主要代表作有:《印欧语系的神》(1952)、《古代罗马宗教史》(2 卷,1966)、《史诗中的印欧民族》(1968)、《神话与史诗》(3 卷,1969—1973)、《古罗马夏季与秋季的节日,以及有关古罗马的十个问题》(1975)、《斯基泰王国及其邻国的传奇故事》(1978)、《被遗忘的权利和荣誉的神灵》

（1985）等。

[21]［法］杜梅泽尔:《众神使者》("Le Message des Dieux"),载《文学杂志》,总第229 期,1986 年4 月号,第19 页。转引自［美］米勒:《福柯的生死爱欲》,高毅译,上海人民出版社2005 年版,第183 页。

[22] Michel Foucault, *La folie n'existe que dans une société*(entretien avec J.-P. Weber), *Le Monde*, no 5135, 22 juillet 1961, p.9. *Dits et écrits*, *1976—1988*, Paris, Gallimard, 1994, p.196.

[23]［法］福柯:《话语的秩序》,载《语言与翻译中的政治》,许宝强等译,中央编译出版社2001 年版,第28 页。中译文有改动。Michel Foucault, *L'ordre du discours*, Paris, Gallimard, 1971, p.73.

[24]［法］福柯:《结构主义与后结构主义》,载《福柯集》,钱翰译,上海远东出版社1998 年版,第488 页。萨特的原话为:"马克思主义的生命力远不已经枯竭了,它还正年轻,几乎还在童年:它好像刚刚在开始发展。所以它仍然是我们时代的哲学:它是不可被超越的,因为产生它的那些历史条件还没有被超越。我们的思想,无论怎样都只能在这种土壤上形成;它们必然处于这种土壤为它们提供的范围之内,否则就会落空或者衰退。"参见［法］萨特:《辩证理性批判》,商务印书馆1963 年版,第7 页。

[25]［法］福柯:《结构主义与后结构主义》,载《福柯集》,钱翰译,上海远东出版社1998 年版,第488 页。中译文有改动。Michel Foucault, *Dits et écrits*, *1976—1988*, Paris, Gallimard, 1994, p.1253.

[26]唐·迪克陶(Tran Duc Thao, 1917—1993),法国的越南裔现象学的马克思主义者。代表作为《现象学和辩证唯物论》(*Phenomenologie et Materialisme dialectique*, 1951)等。

[27]参见拙著:《文本的深度耕犁——西方马克思主义经典文本解读》,第1 卷,中国人民大学出版社2004 年版,第5 章。

[28]索绪尔(Ferdinand de Saussure, 1857—1913),瑞士著名语言学家。1857 年,索绪尔出生于日内瓦。1875 年入日内瓦大学学习物理学和化学;1876 年转入莱比锡大学学习历史语言学;1878 年发表《论印欧语言元音的原始系统》一文;1880 年,以《梵语中绝对所有格的用法》获博士学位。索绪尔长期在巴黎和日内瓦从事语言学研究。1913 年2 月去世,终年56 岁。代表性论著为身后由他的学生巴利(Bally)和薛施蔼(Sechehaye)整理出版的课堂讲演录《普通语言学教程》(1916)。

[29]［法］福柯:《结构主义与后结构主义》,载《福柯集》,钱翰译,上海远东出版社1998 年版,第489 页。

[30]据杨乔喻博士的研究,"阿尔都塞主义"是由阿尔都塞的学生在跟随阿尔都塞进行理论研讨中,无意识建构出来的一种教条化的观念和话语。阿尔都塞自己与这种阿尔都塞主义也是刻意保持着一定距离。参见杨乔喻的博士论文《形式断裂中的逻辑延续——阿尔都塞与阿尔都塞主义研究》(存南京大学档案馆)。

[31]福柯自己回忆道,"我们当时在探寻他性的思想道路,而某种东西似乎正在存

在于世了。这种彻底的'他者'就是共产主义","他们向往的不仅是一个不同的世界和社会。他们希望走得更远,希望改变他们自己,对各种社会关系实行革命性变革,使自己成为一个彻底的'他者'。"转引自刘北成:《福柯思想肖像》,北京师范大学出版社1995年版,序言,第10页。

〔32〕〔法〕福柯:《结构主义与后结构主义》,载《福柯集》,钱翰译,上海远东出版社1998年版,第489页。

〔33〕同上。

〔34〕〔法〕巴迪欧:《小万神殿》,蓝江译,南京大学出版社2014年版,第97页。

〔35〕乔治·康吉莱姆(Georges Canguilhem, 1904—1995),法国著名科学史学家和哲学家,巴什拉科学史和认识论研究的后继者。1924年进入巴黎高师,后致力于医学研究。在1924年进入巴黎高师的学生中,涌现出了萨特、阿隆、康吉莱姆等一批思想家,因而也就有了"著名的1924级"的说法。1936年,曾经在图卢兹的一所中学任教;1943年获医学博士;曾任巴黎索邦大学(Sorbonne)科学史研究所所长。1983年获科学史学会最高奖乔治·萨顿奖。康吉莱姆应该算是慧眼识福柯的伯乐,曾经是福柯的博士论文指导老师之一,在福柯成长中的诸多重要时刻,康吉莱姆都毫不犹豫地挺身而出。主要代表著作:《正常与病态》(1943);《生命的知识》(1965),《科学史和科学哲学研究》(1968),《生命科学史中的意识形态和科学》(1981)等。

〔36〕Georges Canguilhem, *le normal et le pathologique*, PUF, Paris, 1966.此书的第一部分是康吉莱姆于1943年完成的医学博士论文《论正常与病态的若干问题》,第二部分为康吉莱姆1963—1966年写下的两篇论文。

〔37〕"Introduction by Michel Foucault"(«Introduction par Michel Foucault»), *in* Canguilhem(G.), *On the Normal and the Pathological*, Boston, D.Reidel, 1978, pp.ix—xx.

〔38〕〔法〕布尔迪厄:《自我分析纲要》,刘晖译,中国人民大学出版社2012年版,第34页。

〔39〕〔法〕福柯:《康吉莱姆〈正常与病态〉引言》,载《福柯集》,顾嘉琛译,上海远东出版社1998年版,第448—449页。

〔40〕〔法〕布尔迪厄:《自我分析纲要》,刘晖译,第13—14页。

〔41〕马舍雷(Pierre Macherey, 1938—   ),法国马克思主义文学评论家,阿尔都塞的学生。代表作有:《阅读资本论》(合作,1965);《文学生产理论》(1966);《文学的对象》(1995)等。

〔42〕〔法〕马舍雷:《康吉莱姆的科学哲学》,载《思想》第113期,1964年1月。转引自〔法〕多斯:《从结构到解构——法国20世纪思想主潮》(上卷),中央编译出版社2004年版,第120页。

〔43〕Pierre Macherey, *De Canguilhem à Foucauly la force des normes*, La Fabrique éditions, 2009, p.31.中译文参见刘冰菁的译稿。

〔44〕〔法〕福柯:《话语的秩序》,载《语言与翻译中的政治》,许宝强等译,中央编译出版社2001年版,第28页。中译文有改动。Michel Foucault, *L'ordre du discours*, Paris,

Gallimard，1971，p.73.

［45］［法］福柯：《康吉莱姆〈正常与病态〉引言》，载《福柯集》，顾嘉琛译，上海远东出版社 1998 年版，第 449 页。

［46］卡瓦耶（Jean Cavaillès，1903—1944），法国数学家和哲学家。第二次世界大战期间法国抵抗运动中的英雄。1923 年进入巴黎高等师范学校学习；1936 年在亚眠一所中学从教；1937 年后，曾经在索邦大学和斯特拉斯堡大学任教；1941 年，被任命为索邦大学的逻辑和科学哲学教授。随后参加了解放法国北部地区的抵抗运动；1943 年 8 月被捕。1944 年 2 月 17 日，在阿拉斯（Arras）城堡被德军枪杀并埋葬于一个集体坟墓，墓前的木制十字架上写着"无名 5 号"的字样，享年 41 岁。主要代表作：《公理法和形式主义》（1938）、《集合论的塑形》（1938）、《哲学论文》（1939）、《超穷与无限》（1947）等。

［47］Michel Foucault，*Politique et éthique：une interview*，*Dits et écrits*，*1976—1988*，Paris，Gallimard，1994，p.1405.

［48］［法］巴迪欧：《小万神殿》，蓝江译，南京大学出版社 2014 年版，第 15 页。

［49］托马斯·库恩（Thomas Samuel Kuhn，1922—1996），美国著名科学史家，科学哲学家。1949 年，库恩在哈佛大学获哲学博士学位，1951—1956 年，库恩留在哈佛大学任助理教授。1958—1964 年，库恩在加州大学伯克利分校任教，并于 1961 年成为该校科学史专业的正教授，讲授科学史。1964—1979 年，库恩在普林斯顿大学任科学史和科学哲学教授。1968—1970 年间任美国科学史学会主席。美国科学院院士。代表作为：《科学革命的结构》（1962）、《必要的张力》（1977）。

［50］拉卡托斯（Imre Lakatos，1922—1974），匈牙利裔英国科学哲学家。代表作有：《科学研究纲领方法论》（1—2 卷，1977—1978）等。

［51］Michel Foucault/Pierre Boulez，*La musique contemporaine et le public*，*Dits et écrits*，*1976—1988*，Paris，Gallimard，1994，p.1307.

［52］保罗·塞尚（Paul Cezanne，1839—1906），法国著名的印象主义画派的画家。又被奉为"后期印象派的三大巨匠之一"，其艺术原则成为现代"立体主义"和"表现主义"绘画的先导，因而有"现代绘画之父"的称号。

［53］立体主义（Cubism）是西方现代艺术史上的一个运动和流派。1908 年始于法国。立体主义追求碎裂、解析、重新组合的形式，形成分离的画面——以许多组合的碎片形态为艺术家们所要展现的目标。艺术家以许多的角度来描写对象物，将其置于同一个画面之中，以此来表达对象物最为完整的形象。背景与画面的主题交互穿插，让立体主义的画面创造出一个二维空间的绘画特色。物体的各个角度交错叠放造成了许多的垂直与平行的线条角度，散乱的阴影使立体主义的画面没有传统西方绘画的透视法造成的三维空间错觉。

［54］勋伯格（Arnold Schoenberg，1874—1951），奥地利出生的作曲家，1941 年加入美国籍。主要作品有：弦乐《升华之夜》、交响诗《佩利亚斯与梅丽桑德》。勋伯格堪称20 世纪伟大的新音乐变革家，他的早期作品属瓦格纳以后浪漫主义风格，中期则开始将变化音与和声发挥到极致，追求无调性（free atonality）和表现主义，晚期推出 12 音阶体

系的作曲法。他是对阿多诺哲学思想影响最深的音乐大师。

[55] 12 音是中期勋伯格音乐创作手法,他使用 12 个半音作曲。首先选定 12 个半音排列成一个序列,即原形,再派生出三种变形:逆行、倒影、逆行倒影。原则上序列的选择横向不能形成音阶,纵向不能形成三和弦。序列的基本形式及其变化所得出的 48 种结果,也就是 12 音音乐创作的全部材料。

[56] 参见拙著:《无调式的辩证想象——阿多诺〈否定辩证法〉的文本学解读》,商务印书馆 2001 年版,引言。

[57] 加斯东·巴什拉(Gasston Bachelard,1884—1961),法国哲学家和科学史学家。早年曾攻读自然科学,1927 年获文学博士学位;1930 年起先后任第戎大学、巴黎大学、巴黎高师教授;1955 年以名誉教授身份领导科学历史学院,并当选为伦理、政治科学院院士;1961 年获法兰西文学国家大奖。代表论著有:《新科学精神》(1934);《科学精神的形成》(1938);《火的精神分析》(1938);《梦幻诗学》(1961)等。

[58][法]巴迪欧:《小万神殿》,蓝江译,南京大学出版社 2014 年版,第 13 页。

[59][法]福柯:《康吉莱姆〈正常与病态〉引言》,《福柯集》,顾嘉琛译,上海远东出版社 1998 年版,第 452 页。

[60] Pierre Macherey, *De Canguilhem à Foucauly la force des normes*, La Fbrique éditions, 2009, p.91.中译文参见刘冰菁的译稿。

[61][法]福柯:《康吉莱姆〈正常与病态〉引言》,载《福柯集》,顾嘉琛译,第 452 页。

[62] 科瓦雷(Alexandre Koyré,1892—1964),法国著名科学哲学家与科学史学家,也是第一个提出科学革命说的史学家。1908 年至 1911 年间,在德国哥廷根大学求学,师从埃德蒙德·胡塞尔;1911 年,回到巴黎,在亨利·柏格森指导下继续从事研究工作;1922 年,在高等研究应用学院担任教职,与亚历山大·柯耶夫(Alexandre Kojève)成为同事。“二战”结束后,成为美国的常客,于 1955 年至 1962 年在普林斯顿大学高级研究学院任客座教授,每年都要在那里待上半年时间。科瓦雷的学术影响主要在欧洲和美国的科学哲学领域,较为显著地被他影响到的人物包括托马斯·库恩、拉卡托斯和保罗·费耶阿本德。1961 年,被历史学会授予萨顿奖。代表作为:《从封闭世界到无限宇宙》(1957)等。

[63][法]福柯:《康吉莱姆〈正常与病态〉引言》,载《福柯集》,顾嘉琛译,上海远东出版社 1998 年版,第 453 页。

[64] 同上书,第 455 页。中译文有改动。Michel Foucault, *Dits et écrits*, *1976—1988*, Paris, Gallimard, 1994, p.437.

[65][法]福柯:《康吉莱姆〈正常与病态〉引言》,载《福柯集》,顾嘉琛译,第 456 页。

[66][法]康吉莱姆:《为凯泽的〈生理学纲要〉所做的导言》。转引自 Pierre Macherey, *De Canguilhem à Foucauly la force des normes*, La Fbrique éditions, 2009, p.33.中译文参见刘冰菁的译稿。我注意到,福柯没有采用康吉莱姆史学观中的另外两个概念,即

走形(déformation)和修正(rectification)。依马舍雷的解释,历史研究中的 déformation 的机制就是:"我们把现象当作概念,把概念当作理论;从一开始,就存在对不同领域的有机混淆";而 rectification 则是与塑形完全相反的机制。Pierre Macherey, *De Canguilhem à Foucauly la force des normes*, La Fbrique éditions, 2009, p.45.中译文参见刘冰菁的译稿。

[67] [法]福柯:《康吉莱姆〈正常与病态〉引言》,载《福柯集》,顾嘉琛译,上海远东出版社 1998 年版,第 458 页。中译文有改动。Michel Foucault, *Dits et écrits*, *1976—1988*, Paris, Gallimard, 1994, p.440.

[68] 参见拙著:《回到海德格尔——本有与构境》(第一卷),商务印书馆 2014 年版,第 4 章。

[69] [法]福柯:《康吉莱姆〈正常与病态〉引言》,载《福柯集》,顾嘉琛译,第 459—460 页。

[70] 卡尔·雷蒙德·波普尔(Sir Karl Raimund Popper, 1902—1994),英国著名科学哲学家和政治学家。出生于维也纳(当时属于奥匈帝国)的一个犹太裔中产阶级家庭,毕业于维也纳大学。1928 年,他获哲学博士学位,1930 年至 1936 年间在中学任教。1937 年,波普尔移民至新西兰,在新西兰克赖斯特彻奇市的坎特伯雷大学任哲学讲师。1946 年迁居英国,在伦敦经济学院讲解逻辑和科学方法论,1949 年获得教授职衔。1965 年,他被女皇伊丽莎白二世封为下级勋位爵士,1976 年当选皇家科学院院士。主要代表作有:《研究的逻辑》(1934)、《开放社会及其敌人》(1945)、《历史决定论的贫困》(1957)、《科学发现的逻辑》(1959)、《猜想与反驳:科学知识的增长》(1963)等。

[71] 皮亚杰(Jean Piaget, 1896—1980),瑞士著名儿童心理学家,发生认识论的创始人。1896 年 8 月 9 日出生于瑞士的纳沙特尔。1918 年在纳沙特尔大学获得科学博士学位,1921 年获得法国国家科学博士学位,同年,任日内瓦大学卢梭学院"研究主任"。1924 年起任日内瓦大学教授。1954 年在加拿大举行的第十四届国际心理学会议,被选为国际心理学会主席。1971 年开始任日内瓦大学荣誉教授。代表作为:《儿童心理学》(1962)、《结构主义》(1970)、《发生认识论原理》(1970)、《生物学和知识》(1971)等。

[72] [瑞]皮亚杰:《结构主义》,倪连生等译,商务印书馆 1984 年版,第 90 页。

[73] [法]福柯:《福柯访谈录》,载《福柯集》,蒋梓骅译,上海远东出版社 1998 年版,第 432 页。

[74] [法]福柯:《结构主义与后结构主义》,载《福柯集》,钱翰译,上海远东出版社 1998 年版,第 485 页。

[75] [法]布朗肖:《我想像中的米歇尔·福柯》,载《福柯的面孔》,汪民安等主编,肖莎译,文化艺术出版社 2001 年版,第 17 页。

[76] [法]福柯:《福柯访谈录》,载《福柯集》,蒋梓骅译,上海远东出版社 1998 年版,第 431 页。

[77] [法]福柯:《道德的复归》,载《福柯集》,蒲北溟译,上海远东出版社 1998 年版,第 522 页。

[78] [法]福柯:《结构主义与后结构主义》,载《福柯集》,钱翰译,上海远东出版社

1998 年版,第 491 页。

　　[79]转引自刘北成:《福柯思想肖像》,北京师范大学出版社 1995 年版,第 48 页。

　　[80][法]福柯:《结构主义与后结构主义》,载《福柯集》,钱翰译,上海远东出版社 1998 年版,第 499 页。

　　[81][法]福柯:《权力的阐释》,载《权力的眼睛——福柯访谈录》,严锋译,上海人民出版社 1997 年版,第 30 页。

　　[82][法]福柯:《权力的阐释》,载《新文学》1984 年 7 月 28 日。转引自[法]多斯:《从结构到解构——法国 20 世纪思想主潮》(上卷),季广茂译,中央编译出版社 2004 年版,第 493 页。

　　[83]Michel Foucault, *Remarks on Marx-Coversations with Duccio Trombadori*, 1991, New York:Semio-text(e), p.51.

　　[84][美]萨义德:《米歇尔·福柯,1926—1984》,载《福柯的面孔》,汪民安等主编,吴琼译,文化艺术出版社 2001 年版,第 1 页。

　　[85][法]德勒兹:《哲学与权力的谈判》,刘汉全译,商务印书馆 2000 年版,第 133 页。

　　[86][法]福柯:《福柯访谈录》,载《福柯集》,蒋梓骅译,上海远东出版社 1998 年版,第 428 页。

　　[87]"欧洲共产主义"是 20 世纪 70 年代国际共产主义运动中形成的一种重要政治倾向,主要是指西欧一些共产党在探索当代发达资本主义国家走向社会主义的道路时所提出的理论观点和政治路线。1956 年苏联共产党批判斯大林的错误之后,促使西欧各国共产党人重新认识苏联的社会主义实践,强调独立自主地确定政治路线。同年,意大利共产党总书记陶里亚蒂提出"结构改革"论,宣称经过民主与和平方式对现有西方资本主义政治经济结构进行一系列改革,意大利能够循序渐进地走上社会主义道路。1968 年,西欧有 18 个共产党谴责苏联出兵捷克斯洛伐克,接着意共与苏共就社会主义是否有不同模式的提法发生分歧。在持续的争论中,意大利、法国、西班牙 3 国共产党的观点日趋接近。1975 年 7 月意共与西共举行双边会谈并发表宣言,同年 11 月意共与法共会谈并发表共同声明,被认为是欧洲共产主义正式形成的标志。1977 年 3 月,意共、法共、西共领导人在马德里会晤,通过《在民主、自由中实现社会主义》的纲领,宣布放弃武装斗争道路和无产阶级专政,通过议会斗争争取资本主义制度的改造。这一纲领被称作"欧洲共产主义的宣言"。

　　[88]福柯最终退出法共的直接原因值得玩味:1953 年,毕加索应法共《人道报》之邀,为刚刚去世的斯大林作画。在毕加索完成的画作中,斯大林成为了一个普通的常人。然而恰恰就是为此,法共领导人却在正式的会议上严厉批评了毕加索这幅非神化的斯大林画像,当时就在会场中的福柯因此气得发抖。这次会议就成了福柯在法共中参加的最后一次会议。

　　[89][法]福柯:《权力的地理学》,载《权力的眼睛——福柯访谈录》,严锋译,上海人民出版社 1997 年版,第 211 页。

［90］［美］杰姆逊:《晚期马克思主义》,李永红译,南京大学出版社 2008 年版,第 5 页。

［91］一个极其相似的情节是,今年 3 月 7 日斯蒂格勒首次访问南京大学,当他看到我们的大型马克思主义原文数据库建设和前期研究成果时,十分激动地表示要与我们一起重读马克思《德意志意识形态》和《1857—1858 年经济学手稿》。当然,他还有一个强烈的意图是"必须清算上个世纪阿尔都塞对马克思的错误解读和影响"。

［92］［法］福柯:《关于监狱的对话》,载《福柯集》,王简等译,上海远东出版社 1998 年版,第 281 页。

［93］同上。中译文有改动。Michel Foucault, *Dits et écrits*, *1954—1975*, Paris, Gallimard, 1994, p.1620.

［94］［法］埃瓦尔德:《解剖学与政治身体》,载《批评》第 343 期,1975 年 12 月,第 1229—1230 页。转引自［法］德勒兹:《德勒兹论福柯》,杨凯麟译,江苏教育出版社 2006 年版,第 15 页。

［95］［法］福柯:《关于监狱的对话》,载《福柯集》,王简等译,上海远东出版社 1998 年版,第 281 页。

［96］［美］库兹韦尔:《结构主义时代》,尹大贻译,上海译文出版社 1988 年版,第 192 页。

［97］［法］福柯:《结构主义与后结构主义》,载《福柯集》,钱翰译,上海远东出版社 1998 年版,第 513 页。

［98］Michel Foucault, *Vérité*, *pouvoir et soi*, *Dits et écrits*, *1976—1988*, Paris, Gallimard, 1994, p.1600.黑体为本书作者所加。

［99］安德烈·布勒东(André Breton, 1896—1966),法国超现实主义运动的创始人和"教父"。他也是法国 20 世纪上半叶最重要的诗人和小说家。布勒东 1896 年出生于法国奥恩省的丹什布雷市。早年到巴黎学医,并开始创作诗歌。1915 年服役。布勒东于 1919 年发表第一部诗集《当铺》,并与苏波合作以"自动写作法"写出第一部小说《磁场》。布勒东曾经参加达达主义运动。他于 1924 年发表《超现实主义第一宣言》,并成立"超现实主义研究室"。该研究室位于巴黎格莱内尔大街 15 号。布勒东于 1930 年发表《超现实主义第二宣言》,创办《为革命服务的超现实主义》杂志。1942 年,布勒东发表《超现实主义第三宣言绪论》,对超现实主义运动的理论进行了最重要的阐释。1948 年发表诗歌《傅立叶颂诗》。1952 年,布勒东的超现实主义的团体先后创办了《传导》、《超现实主义》、《缺口》等刊物。1957 年发表评论《有魔力的艺术》。1966 年,布勒东在巴黎逝世。

［100］超现实主义(Surréalisme)也常被称为超现实主义运动,是 1920 年至 1930 年间盛行于欧洲文学及艺术界中的一种法国艺术潮流。它的主要特征,是以所谓"超现实"、"超理智"的梦境、幻觉等作为艺术创作的源泉,认为只有这种超越现实的"无意识"世界才能摆脱一切束缚,最真实地显示客观事实的真面目。参见拙著《不可能的存在之真——拉康哲学映像》,商务印书馆 2006 年版,第 2 章。

[101] Michel Foucault, *C'était un nageur entre deux mots*(entretien avec C.Bonnefoy), *Arts et Loisirs*, no.54, 5-11 octobre 1966, p.8. *Dits et écrits*, *1954—1975*, Paris, Gallimard, 1994, p.582.

[102] Michel Foucault, *C'était un nageur entre deux mots*(entretien avec C.Bonnefoy), *Arts et Loisirs*, no.54, 5-11 octobre 1966, p.8. *Dits et écrits*, *1954—1975*, Paris, Gallimard, 1994, p.583.中译文参见王立秋的译文。

[103] Michel Foucault, *C'était un nageur entre deux mots*(entretien avec C.Bonnefoy), *Arts et Loisirs*, no.54, 5-11 octobre 1966, p.8. *Dits et écrits*, *1954—1975*, Paris, Gallimard, 1994, p.583.

[104] Michel Foucault, *C'était un nageur entre deux mots*(entretien avec C.Bonnefoy), *Arts et Loisirs*, no.54, 5-11 octobre 1966, p.8. *Dits et écrits*, *1954—1975*, Paris, Gallimard, 1994, pp.583—584.

[105] 马拉美(Stéphane Mallarmé, 1842—1898),法国象征主义诗人和散文家。代表作有:《希罗狄亚德》(1875)、《牧神的午后》(1876)和《骰子一掷,不会改变偶然》(1897)等。

[106] Michel Foucault, *C'était un nageur entre deux mots*(entretien avec C.Bonnefoy), *Arts et Loisirs*, no.54, 5-11 octobre 1966, p.8. *Dits et écrits*, *1954—1975*, Paris, Gallimard, 1994, p.584.

[107] 萨德(Marquis de Sade, 1740—1814),法国近代著名作家、思想家。萨德是一位法国贵族,也是一系列色情和哲学作品的作者,尤以描写色情幻想和另类行为所引发的社会丑闻而出名,"萨德主义"(Sadism)后来成为变态性虐待现象的别名。1740 年,萨德生于一个败落的法国南部的贵族家庭。萨德的母亲是孔代王妃的高级女侍,他本人即出生于孔代亲王在巴黎的宫殿里,并在那里度过了幼年时代。10 岁到 14 岁间,在巴黎的路易大帝学校(Collège Louis-le-Grand)上学,此后,进入一所只有高级贵族才进得去的军官学校。1764 年,萨德的父亲过世,他继承了父亲担任的法国与瑞士交界的三个省的荣誉总督的职务,也获得了可以肆意挥霍的财富。不久,萨德就因犯罪被捕并被关押;1784 年,萨德越狱未遂,被关押到巴士底狱。萨德的牢狱生活持续了五年半,但恰恰是这段时间成为他写作史上最有成就的一段时光。1790 年,萨德在法国大革命中被释放;1801 年拿破仑上台后,萨德又因为写作色情作品而在未经审判的情况下被再次关押。1803 年,他被指发疯,关入疯人院。就在这之后,他还组织疯人院里的疯子进行过多场演出。1814 年,萨德侯爵逝于疯人院内,享年 74 岁。其主要代表作:《索多玛一百二十天或放纵学校》(1782)、《美德的不幸》(1787)、《朱斯丁娜,或喻美德的不幸》(1791)、《朱丽埃特》(1796)、《新朱斯丁娜,或喻美德的不幸以及于丽埃特,或恶行的走运》(1797)、《萨克森王妃布伦瑞克的阿德莱德》(1812)和《巴伐利亚的伊莎贝拉秘史》(1813),以及自传式小说《香阁侯爵》(1813)等。

[108] 巴塔耶(Georges Bataille, 1897—1962),法国著名思想家。1897 年 9 月 10 日生于法国比昂。1914 年,17 岁的巴塔耶接受了洗礼,开始信奉天主教。第一次世界大战

爆发以后,巴塔耶于 1916 年应征入伍,次年因病退役。1918 年,巴塔耶通过大学入学考试,进入国立古文书学校学习;1922 年古文书学校毕业后,被任命为巴黎国立图书馆司书。1929 年创立《实录家》杂志,1936 年创立《阿塞法尔》杂志,1946 年创立《评论家》杂志。1962 年 7 月 8 日,巴塔耶因病逝世于巴黎。其主要代表作为:《太阳肛门》(1931);《耗费的概念》(1933);《内在体验》(1943);《被诅咒的部分》(第Ⅰ、Ⅱ部分,1949——1951);《关于尼采》(1945)。

[109] 布朗肖(Maurice Blanchot, 1907—2003),法国著名作家、思想家和文论家。1907 年出生于法国东部勃艮第(Bourgogne)。早年,在斯特拉斯堡大学学习哲学,在那里认识了列维纳斯,并通过后者开始了解海德格尔哲学。1940 年,布朗肖遇见巴塔耶,并成为长期的密友。布朗肖一生创作了三十多部小说、文学批评和哲学著作。其主要学术著作有:《失态》(1943)、《文学空间》(1955)、《别处的声音》(2002)等。

[110] 安托南·阿尔托(Antonin Artaud, 1896—1948),法国著名演员、诗人、戏剧理论家,法国反戏剧理论的创始人。1896 年 9 月 4 日生于马赛,1920 年赴巴黎。20 世纪20 年代曾一度受到超现实主义思潮影响,1926 年和人合办阿尔费雷德·雅里剧院,上演他的独幕剧《燃烧的腹部或疯狂的母亲》。1931 年写出《论巴厘戏剧》、《导演和形而上学》等文章。后来,由于受到象征主义和东方戏剧中非语言成分的影响,提出了"残酷戏剧"的理论,试图借助戏剧粉碎所有现存舞台形式,主张把戏剧比作瘟疫,观众在戏剧中经受残酷折磨,但正由此而得以超越现实生活。曾自导自演《钦契一家》。1937 年,患精神分裂症,1948 年 3 月 4 日逝世。主要代表作:《残酷戏剧宣言》(1932)、《剧场及其复象》(1936)等。

[111] Michel Foucault, "*What Our Present Is*", *Foucault Live* (*Interviews, 1961—1984*), Semiotext(e), 1996, pp.407—415.中译文参见王立秋译稿。

[112] [法]福柯:《通向无限的语言》,载《福柯读本》,赖立里译,北京大学出版社2010 年版,第 4 页。中译文有改动。Michel Foucault, *Dits et écrits, 1954—1975*, Paris, Gallimard, 1994, p.278.

[113] [法]福柯:《通向无限的语言》,载《福柯读本》,赖立里译,第 8 页。

[114] 参见拙著:《回到海德格尔——本有与构境》(第 1 卷),商务印书馆 2014 年版,导言。另可参见拙文:《海德格尔学术思想文本中的"怎样"(Wie)》,载《哲学研究》2011 年第 7 期。

[115] [法]福柯:《通向无限的语言》,载《福柯读本》,赖立里译,北京大学出版社2010 年版,第 10 页。

[116] [法]福柯:《僭越序言》,载《福柯读本》,郭军译,第 12 页。

[117] 同上书,第 15 页。中译文有改动。Michel Foucault, *Dits et écrits, 1954—1975*, Paris, Gallimard, 1994, p.265.

[118] Michel Foucault "*La folie, l'absence de l'œuvre*", *La table ronde*, n°196, Situation de la psychiatrie, mai 1964, pp.11—21.后收录于 *Histoire de la folie à l'âge classique*, 2nd ed, Gallimard, 1972, appendix I, pp.575—582。

[119]［法］福柯:《僭越序言》,载《福柯读本》,郭军译,第16页。

[120]同上书,第23页。

[121]参见拙著:《不可能的存在之真——拉康哲学映像》,商务印书馆2006年版,第242—243页。

[122]转引自［法］福柯:《僭越序言》,载《福柯读本》,郭军,第23页。

[123]沃林(Richard Wolin, 1952—   ),美国纽约城市大学研究生院历史、比较文学和政治学教授。代表作包括:《瓦尔特·本雅明:救赎的美学》(*Walter Benjamin*：*An Aesthetic of Redemption*, 1982)、《海德格尔的弟子》(*Heidegger's Children*：*Philosophy*, *Anti-Semitism*, *and German-Jewish Identity*, 2001)、《非理性的诱惑:从尼采到后现代主义的知识分子对法西斯浪漫的爱》(*The Seduction of Unreason*：*The Intellectual Romance With Fascism From Nietzsche to Postmodernism*, Princeton University Press, 2004)、《重访法兰克福学派》(*The Frankfurt School Revisited*, Routledge, 2006)等。

[124] Richard Wolin, *Foucault the Neohumanist? Chronicle of Higher Education*. 9/1/2006, Vol.53 Issue 2, p.106.中译文参见吴万伟译稿。

[125]杨凯麟:《分裂分析福柯》,南京大学出版社2011年版,第73页。

[126]转引自刘北成:《福柯思想肖像》,北京师范大学出版社1995年版,第42—43页。

[127]［法］福柯:《外部思想》,载《福柯读本》,史岩林译,北京大学出版社2010年版,第29页。福柯去世之后,布朗肖在一篇纪念文章中这样描写他和福柯的关系:"在我们同所能够产生的共有的'秘密'之中,在一直没有被打断过的话语的连续性之中,从我们相识的那一刻起,已经有了这种心照不宣的最后分离临近的在场,然而就是在这种分离的基础之上,友好的话语谨慎平静地维持着自身。"参见［法］布朗肖:《论友谊》,载《福柯/布朗肖》,肖莎等译,河南大学出版社2014年版,第94页。

[128]荷尔德林(Friedrich Hölderlin, 1770—1843),德国诗人,古典浪漫派诗歌的先驱。1770年3月20日生于内卡河畔的劳芬,1843年6月7日卒于图宾根。早年在登肯多夫、毛尔布隆修道院学校学习。1788—1793年在图宾根神学院学神学并获得硕士学位。1793年起先后在瓦尔特斯豪森、法兰克福、瑞士的豪普特维尔和法国的波尔多等地当家庭教师。1796年初他到法兰克福银行家贡塔尔德家当教师。在此后两年多的时间内,与女主人苏赛特·贡塔尔德之间发生了爱情。因情场失意,身心交瘁,处于精神分裂状态,1802年徒步回到故乡。1804年在霍姆堡当图书馆馆员。1806年起精神完全错乱,进入图宾根精神病院医治。代表作有:书信体小说《许佩里翁,或希腊的隐士》(第1卷,1797年,第2卷,1799年)、悲剧手稿《恩沛多克勒斯之死》(1796—1800),以及自由体诗歌:《自由颂》、《人类颂》、《为祖国而死》、《日落》、《梅农为狄奥提玛而哀叹》、《漫游者》、《返回家乡》、《爱琴海群岛》、《给大地母亲》、《莱茵河》、《怀念》等。

[129]皮耶尔·克罗索夫斯基(Pierre Klossowski, 1905—2001),法国作家,翻译家和艺术家。代表作:《尼采的恶性循环》(1969)等。福柯曾经说,克罗索夫斯基关于莫奈的书是"我们这个时代最崇高的一本书"。

[130][法]德勒兹:《哲学与权力的谈判》,刘汉全译,商务印书馆2000年版,第111页。

[131]霍奈特(Axel Honneth,1949—),德国当代著名哲学家。1969—1974年在波恩和波鸿鲁尔大学学习哲学、社会学,获得哲学硕士学位,1974—1976年在柏林自由大学学习并获得博士学位。1992年起任柏林自由大学教授,1996年任法兰克福大学教授,2001年任社会研究所所长。2011年起任美国哥伦比亚大学哲学系教授。代表作为:《权力的批判》(1985)、《为承认而斗争》(1992)等。

[132][德]霍奈特:《权力的批判》,童建挺译,上海人民出版社2012年版,第104—107页。

[133][法]福柯:《外界思想》,载《福柯读本》,史岩林译,第32页。

[134]同上书,第44页。

[135]罗兰·巴特(Roland Barthes,1915—1980),法国文学批评家、文学家、符号学家和后现代哲学家。主要代表著作:《写作的零度》(1953)、《神话学》(1957)、《S/Z》(1970年)、《明室》(1977)。

[136][法]巴特:《偏袒》,载《福柯的面孔》,汪民安等主编,吴琼译,文化艺术出版社2001年版,第62页。

[137]参见[法]巴特:《恋人絮语——一个解构主义的文本》,汪耀进等译,上海人民出版社1988年版。

[138][法]福柯:《福柯集》,王简等译,上海远东出版社1998年版,第5页。中译文有改动。Michel Foucault, *Dits et écrits*, *1954—1975*, Paris, Gallimard, 1994, p.199.

[139][法]福柯:《福柯集》,王简等译,第5页。

[140]转引自[英]谢里登:《求真意志——米歇尔·福柯的心路历程》,尚志英等译,上海人民出版社1997年版,第174页。

[141]电影《我,皮埃尔·里维耶,残杀了我的母亲、弟弟和妹妹》由阿里奥(René Allio)导演,由阿里奥、米歇尔·福柯等编剧,由克洛德·埃贝尔(Claude Hébert)、雅克利娜·米利埃(Jacqueline Millière)、约瑟夫·勒波捷(Joseph Leportier)等主演。上映日期为1976年,片长为130分钟。

[142]参见拙著:《不可能的存在之真——拉康哲学映像》,商务印书馆2006年版,第4—5页。

[143]Pierre Macherey, *De Canguilhem à Foucauly la force des normes*, La Fbrique éditions, 2009, p.113.中译文参见刘冰菁的译稿。

[144]参见拙文:《走向感性现实:被遮蔽的劳动者之声》,载《马克思主义与现实》2012年第6期。

[145][法]德勒兹:《哲学与权力的谈判》,刘汉全译,商务印书馆2000年版,第104页。

[146][法]福柯:《声名狼藉者的生活》,载《福柯读本》,唐薇译,北京大学出版社2010年版,第101页。

［147］［法］福柯:《声名狼藉者的生活》,载《福柯读本》,唐薇译,第103—104页。

［148］参见刘北成:《福柯思想肖像》,北京师范大学出版社1995年版,第91页。

［149］［法］福柯:《声名狼藉者的生活》,载《福柯读本》,唐薇译,第103—104页。

［150］Gilles Deleuze, *Pour parlers*, *1972—1990*, Les Editions de Minuit. Paris, 1990, p.147.

［151］［法］福柯:《声名狼藉者的生活》,载《福柯读本》,唐薇译,第106页。

［152］同上。

［153］同上书,第109页。

［154］同上书,第111页。中译文有改动。Michel Foucault, *Histoire de la sexualité*, *La volonté de savoir*, Paris, Gallimard, 1976, p.121.

［155］贺拉斯·柯伊(Horace Mc Coy),英国兰开斯特大学社会学教授。

［156］［英］柯伊:《米歇尔·福柯——一位深受学子赞美又备受同侪憎恨的社会学家》,崔君衍译,载《东南学术》2005年第6期。

［157］*Herculine Barbin dite Alexina B.*, Gallimard. Paris, 1978.

［158］［法］福柯:《结构主义与后结构主义》,载《福柯集》,钱翰译,上海远东出版社1998年版,第493页。

［159］弗雷德里克·温斯洛·泰勒(Frederick Winslow Taylor, 1856—1915),美国著名管理学家、经济学家,被后世称为“科学管理之父”。其代表作为《科学管理原理》(1911)等。

［160］［法］福柯:《结构主义与后结构主义》,载《福柯集》,钱翰译,第494页。

［161］同上书,第496页。

［162］［法］福柯:《精神疾病与心理学》,王杨译,上海译文出版社2014年版,序言,第2页。

［163］Michel Foucault, *La folie n'existe que dans une société* (entretien avec J.-P. Weber), *Le Monde*, *no* 5135, 22 juillet 1961, p.9. *Dits et écrits*, *1976—1988*, Paris, Gallimard, 1994, p.197.中译文参见尉光吉的译文。

［164］［法］福柯:《结构主义与后结构主义》,载《福柯集》,钱翰译,上海远东出版社1998年版,第497页。

［165］关于表演性的存在特征,可参见拙著:《回到海德格尔——本有与构境》(第1卷,走向存在之途),商务印书馆2014年版,导言部分。

［166］［法］福柯:《法兰西学院候选陈述》,载《福柯读本》,刘耀辉译,北京大学出版社2010年版,第78—79页。

［167］同上书,第79页。

［168］同上书,第80页。

［169］同上书,第81页。

［170］同上。

［171］［法］福柯:《福柯访谈录》,载《福柯集》,蒋梓骅译,上海远东出版社1998年

版,第436页。

［172］同上。

［173］鲍德里亚(Jean Baudrillard, 1929—2007),法国著名思想家。其代表性论著有:《物体系》(1968)、《消费社会》(1970)、《符号政治经济学批判》(1972)、《生产之镜》(1973)、《象征交换与死亡》(1976)、《拟真与拟像》(1978)、《论诱惑》(1979)、《美国》(1986)、《他者自述》(1987)、《酷回忆》(五卷,1986—1990)、《终结的幻想》(1991)、《罪恶的透明》(1993)、《完美的罪行》(1996)、《不可能的交换》(1999)等。关于我对鲍德里亚的研究参见拙著:《反鲍德里亚——一个后现代学术神话的祛序》,商务印书馆2009年版。

［174］Jean Baudrillard, *Le ludique et le policler & autres écrits parus dan Utopie(1967—1978)*, Sens & Tonka, Paris, 2001, p.17.这里的 ambiance 在法文中也有愉快和欢乐的意思。中译文参见［法]鲍德里亚:《警察与游戏》,张新木等译,南京大学出版社2013年版,第8页。

［175］［法]福柯:《福柯访谈录》,载《福柯集》,蒋梓骅译,上海远东出版社1998年版,第440—441页。

［176］参见拙著:《反鲍德里亚——一种后现代学术神话的祛序》,商务印书馆2009年版,中篇。

［177］［法]福柯:《权力的阐释》,载《权力的眼睛——福柯访谈录》,严锋译,上海人民出版社1997年版,第30页。

［178］福柯最初的计划为六卷:第一卷《认知的意志》(*La volonté de savoir*)、第二卷《肉与身》(*La Chair et le Corps*)、第三卷《儿童十字军》(*La Croisade des enfants*)、第四卷《女人、母亲与歇斯底里者》(*La Femme, la mère et l'hystérique*)、第五卷《性变态》(*Les Pervers*)、第六卷《人口与种族》(*Populations et Races*)。但令人遗憾的是,他只完成了前三卷。

［179］［法]福柯:《性经验史》(增订版),佘碧平译,上海人民出版社2005年版,第60页。中译文有改动。Michel Foucault, *Histoire de la sexualité, La volonté de savoir*, Paris, Gallimard, 1976, p.121.

［180］同上。Ibid., p.122.

［181］Michel Foucault, "*What Our Present Is*", *Foucault Live(Interviews, 1961—1984)*, Semiotext(e), 1996, pp.407—415.中译文参见王立秋译稿。

［182］［法]德勒兹:《哲学与权力的谈判》,刘汉全译,商务印书馆2000年版,第104页。

［183］［法]福柯:《性经验史》(增订版),佘碧平译,第61页。

［184］同上书,第61—62页。

［185］［法]福柯:《自我技术》,载《福柯读本》,吴燕译,北京大学出版社2010年版,第241页。

［186］同上。

［187］［法］福柯:《福柯访谈录》,载《福柯集》,蒋梓骅译,第445—446页。

［188］［法］德勒兹:《德勒兹论福柯》,杨凯麟译,江苏教育出版社2006年版,第40页。

［189］1980年初,于斯芒(Denis Huisman)向福柯的助手埃瓦尔德(F. Ewald)提出建议,希望能修改自己正在为法国大学出版社准备的《哲学辞典》中关于福柯的辞条。埃瓦尔德将于斯芒的建议转告了福柯。当时,《性史》第二卷的第一稿已草拟完成,福柯为该书的出版专门写下了一节有关他之前的研究工作的回顾,而这一节的文字也就成了福柯交给于斯芒的“福柯”辞条的文本——除了加上一段简短的介绍和参考书目外,福柯没有做其他改动。有趣的是,交给于斯芒的时候,福柯签上了以M.F.为简写的“Maurice Florence”的化名,并且也就这样交付出版了。不过,《哲学辞典》中并没有写明这个辞条是由福柯本人撰写的。“Foucault”, *in* Huisman(D.), éd., *Dictionnaire des philosophes*, Paris, P.U.F., 1984, t.I, pp.942—944. Michel Foucault, *Foucault*, *Dits et écrits*, *1976—1988*, Paris, Gallimard, 1994, pp.1450—1455.

［190］Michel Foucault, *Foucault*, *Dits et écrits*, *1976—1988*, Paris, Gallimard, 1994, p.1451.

［191］［法］福柯:《福柯访谈录》,载《福柯集》,蒋梓骅译,第446页。

［192］［法］福柯:《福柯访谈录》,载《福柯集》,蒋梓骅译,上海远东出版社1998年版,第447页。

［193］［法］福柯:《权力的阐释》,载《权力的眼睛——福柯访谈录》,严锋译,上海人民出版社1997年版,第36—37页。

［194］参见拙著:《不可能的存在之真——拉康哲学映像》,商务印书馆2006年版,第10章。

［195］［法］福柯:《权力的阐释》,载《权力的眼睛——福柯访谈录》,严锋译,第43页。

［196］［德］霍奈特:《权力的批判》,童建挺译,上海人民出版社2012年版,第165—166页。

［197］“The Subject and Power”(“Le sujet et le pouvoir”; trad. F.Durand-Bogaert), *in* Dreyfus(H.) et Rabinow(P.), *Michel Foucault*: *beyond Structuralism and Hermenentics*, Chicago, Chicago, The University of Chicago Press, 1982, pp.208—226.

［198］［法］福柯:《主体与权力》,载《福柯读本》,汪民安译,北京大学出版社2010年版,第280页。中译文有改动。Michel Foucault, *Dits et écrits*, *1976—1988*, Paris, Gallimard, 1994, p.1042.

［199］［法］福柯:《主体与权力》,载《福柯读本》,汪民安译,第281页。

［200］Michel Foucault, *Foucault*, *Dits et écrits*, *1976—1988*, Paris, Gallimard, 1994, p.1450.

［201］［意］阿甘本:《潜能》,王立秋等译,漓江出版社2014年版,第407页。

［202］［法］福柯:《主体与权力》,载《福柯读本》,汪民安译,第280页。中译文有改

动。Michel Foucault, *Dits et écrits*, *1976—1988*, Paris, Gallimard, 1994, p.1042.

　　［203］［法］福柯：《主体与权力》，载《福柯读本》，汪民安译，第 281 页。

　　［204］同上。中译文有改动。Michel Foucault, *Dits et écrits*, *1976—1988*, Paris, Gallimard, 1994, p.1042.

　　［205］［法］福柯：《主体与权力》，载《福柯读本》，汪民安译，第 284 页。中译文有改动。Michel Foucault, *Dits et écrits*, *1976—1988*, Paris, Gallimard, 1994, p.1046.

　　［206］同上。

　　［207］［法］福柯：《道德的复归》，载《福柯集》，蒲北溟译，上海远东出版社 1998 年版，第 515 页。

　　［208］［法］福柯：《论伦理学的谱系学：研究进展一览》，载《福柯读本》，上官燕译，北京大学出版社 2010 年版，第 305 页。

　　［209］同上书，第 305—306 页。

　　［210］［法］福柯：《古典时代疯狂史》，林志明译，生活·读书·新知三联书店 2005 年版，序言，第 1—2 页。中译文有改动。Michel Foucault, *Histoire de la folie à l'âge classique*, Paris, Gallimard, 1972, p.9.

　　［211］在法文中，这个 double 通常指两倍、双份，也有复本和复制品的意思。林志明先生将其意译为"化身"，十分精妙。

　　［212］［法］福柯：《古典时代疯狂史》，林志明译，序言，第 2 页。

第一编

认识型文化构式中的词对物的历史铭刻

——青年福柯《词与物》中的历史构序话语

我至多是结构主义的一个"祭童",形象地说,我只是摇了摇铃,教徒就下跪,而异教徒就大喊大叫。

——福柯

青年福柯的《词与物——人文科学考古学》(Les mots et les choses, Une archéologie des sciences humaines, 1966)[1]一书,通过所谓考古学的考证,在对欧洲近代文化的梳理中指认出起规制作用的认识型,进而在对认识型的历史性发生和断裂性转换的辨识中揭示出一种新的历史存在论——即近代以来,资产阶级是如何通过命名事物,暴力性地建构周遭世界的内里有序结构,从而生成自己短暂的现代性存在史的。用福柯自己的话来表述:"这本书中我想要写的是一部构序的历史(l'histoire de l'ordre),我要想说明社会怎样把反映在物之间的相似性和差异性(différences)控制、组织进某种网络(maîtriser, s'organiser en réseaux),并依理性的图式加以构图(dessiner)。如果说,《古典时代疯狂史》是差异的历史,而《词与物》则是相似、相同和同一的历史(l'histoire de la ressemblance, du même, de l'identité)。"[2]《词与物》中的关键词是ordre! 资产阶级文化同一性的构序。如果说,阿多诺在《否定的辩证法》中宣判了欧洲资产阶级同一性文化的死刑,那福柯则是第一次剖析了这种同一性罪行是如何历史发生的。在青年福柯笔下,资产阶级的现代世界就是西方现代认识型肆意挥毫、任性写就的散文。[3]后来,晚年福柯又对这部书的中心思想重新概括和提炼为:"言说(propos),劳动和生活的主体(sujet parlant, travaillant, vivant)的问题的显现和嵌入(de l'apparition et de l'insertion),实际上是与某种科学类型中的知识(connaissance)形式和范围相关联。这必然与17、18世纪所固有的话语(discours propre)和经验科学实践以及'人文科学'的特定塑形(formation de certaines)相关[《词与物》(Les mots et les choses)]。"[4]这里的话语实践和塑形,都是后来的重新构境物了。在写作本书的过程中,我越发体会到了福柯这个历史哲学的重要性,它很深地通达到海德格尔的存在论开显及其否定。当然,它也恰恰是以认知唯心史观的方式呈现的。在本编中,我将重点讨论书中出现的这种批判语境中的存在构序观,以期实现对这一文本更深一层构境的破解。

注释

［1］ Michel Foucault, *Les mots et les choses*, *Une archéologie des sciences humaines*, Paris, Gallimard, 1966.福柯这部书获得了巨大的成功。从1967年到1969年,该书多次重印,总册数达110 000本。

［2］ Michel Foucault, *Les Mots et les Choses* (entretien avec R. Bellour), *Les Lettres françaises*, n°1125, 31 mars-6 avril 1966, p.3. *Dits et écrits*, *1954—1975*, Paris, Gallimard, 1994, p.526.

［3］福柯最初设想这部书的标题为"世界的散文"(La Prose du monde),但因其与梅洛-庞蒂的一部遗作同名而只好放弃。随后,福柯又拟了另两个书名,即"事物的有序性"和"词与物",前者与正出版中的一本书同名,《词与物》由此成了最终的选择。但在1970年此书英译本出版时,福柯将书名重新改为《物的有序性》(The Order of Things),显然,福柯自己认为"物的有序性"更贴切于自己的思想。此外,在福柯的原初设想中,副标题是"结构主义考古学",后来才将其改为"人文科学考古学"。(而后来,福柯在一次访谈中说,"人文科学考古学"也"暗示了另一个标题,即《16世纪以来西方的知识和历史意识分析》"。[法]福柯:《福柯文选Ⅱ:什么是批判》,汪民安编,北京大学出版社2016年版,第7页。——本书作者第二版注)

［4］ Michel Foucault, *Dits et écrits*, *1976—1988*, Paris, Gallimard, 1994, p.1450.

第一章 暴力性构序：对客体的存在论命名

在《词与物》一书中，青年福柯尝试使用一种隐性的文化构序—构式工具——认识型理论——读出某种隐藏在可见的事实和文字背后的"未说出之物"，再现传统哲学家和历史学家所看不见的构成词与物关系的同一性有序线索。并且，青年福柯明确否定了近代资产阶级理性主义的历史进步观，他要做的，是在欧洲文艺复兴之后平滑连贯的历史线索背后，找出资产阶级所制造的更基始性的"物"的存在方式本身上发生的结构性改变，亦即不同认识型多重断裂中对全部存在的重新构序。由此，福柯进一步宣称，所谓的"人"，只是由在资产阶级现代性的认识型中发生的"新人本主义的幻象"建构起来的主体性，在人类认知发现其新的存在塑形方式的那一天，人之伪境就会消失！本章将围绕青年福柯在此书第二版的序言中所概括的这一构境线索展开。

一、事物存在中的井然有序之合法性追问

福柯，属于20世纪50年代出道的那一批特殊的法国原创思想大师，如前所述，他的学术背景相近于自己的老师阿尔都塞，二人都受到了巴什拉—康吉莱姆的结构化科学认识论的特殊影响。* 根据青年福柯自己的说法，后

---

* 在1967年的一次关于《词与物》的访谈中，福柯这样谈到自己的老师阿尔都塞："我是他的学生，从他那里获益良多，我倾向于将一种成就归功于他的影响。当然，他或许不会同意，因此，我无法替他做出回答。但是我还是要说：打开阿尔都塞的书，看看他都说了什么。"［法］福柯：《福柯文选Ⅱ：什么是批判》，汪民安编，北京大学出版社2016年版，第7页。——本书作者第二版注

者对他的启迪更重要。与阿尔都塞一样,福柯也是要拒绝传统主—客二分的认识论构架,通过对一种隐性的理论和文化结构有序性的揭示,读出某种隐藏在可见事实和文字背后的"未说出之物"。在《词与物——人文科学考古学》一书中,青年福柯自觉地用**考古学**来表征自己这条穿透表层文字和意识操作的侦探路径。在这一点上,青年福柯深受海德格尔哲学的影响。他曾毫不讳言地说道,阅读海德格尔,决定了他全部哲学的发展道路。但在此书中,青年福柯还没有非常详尽地直接说明这一考古学的构式方法。这部书里,福柯用到 archéologie 一词之处只有 8 次。我还注意到,福柯是在三年之后的《认知考古学》一书中,才直接讨论考古学这一方法的。

接下去,我们先来看看福柯在成名作《词与物——人文科学考古学》中到底想干什么? 对此他自己做了这么一段比较性说明,

> 在疯狂史[1]中,我考察了一个文化借以能以大规模和笼统的形式确定作为自己的限制的那种差异的(différence)方式,而在这里,我所关心的是去观察一个文化借以能体验物之邻近的方式,它借以能确立起物(choses)与物之间相似关系的图表(tableau)以及物代以必须被考察的构序(l'ordre)的方式。[2]

其实,在本书的副标题中,青年福柯已经明确指认了自己的方法论——考古学——是**怎样**看见那些"未说出之物"的构境范式。据林志明博士的考证,福柯这种探寻沉默不语事物的考古学来自他的受业老师杜梅泽尔。杜梅泽尔的主要研究领域是宗教文化史学,他以新颖的"结构主义"方法大大地开拓了已有百余年历史的比较宗教学。他致力于分析印欧宗教神话系统的隐性结构的研究,梳理出印—欧各个不同地区共性的思维和观念形态的形式。在这样的研究理路之中,杜梅泽尔提出了对传统宗教文化史学中的"化石"进行"重构"的分析,并指认这是一种与传统的"物件及遗址的考古学"平行的"再现行为的考古学"。[3] 在杜梅泽尔那里,还原史实的考古学成了再现行为的情境**重构**。然而,阿甘本指认出,应该是康德最早提出了在非历史实证考古学中的思想**观念史考古**问题。[4]

在早一些的疯狂史研究中,青年福柯的考古学研究揭示了社会如何通

过一种差异性的方式界划了**正常人**与被社会故意排除的疯子，通过呈现那条人为的病理学科学话语边界，指证出**疯子总是被建构出来**的真相；而在这里，他要再现的则是传统哲学家和历史学所看不见的词对物的**同一性构序**（*ordre*）方式，其实，这也是福柯眼中资产阶级文化认识型生产的多重世界图景。ordre 一词，是福柯此书中的核心关键词，它指的不是一种存在者意义上的被摆置在某处的现成东西，而是功能性地建构有序性的活动。[5] 我将其指认为建构一种有序性的**构序**。[6] 福柯在此书中使用 ordre（构序或有序）和 désordre（无序或祛序）两词共计 322 处，**它们显然是此文本中的重要高频词之一**。传统研究多数将福柯这一文本仅仅视作一部关于词与物的理论关系的著作，而从根本上忽略了其存在论意向。还应该说明的是，虽然我很开心地发现福柯文本中存在的构序概念，但他对构序概念的使用与我在重释马克思生产力观点中所提出的**实践构序**[7] 在根基上是不同的。我觉得，青年福柯所指认的这种构序方式既是传统本体论哲学**基始本元**历史性呈现的真正现实基础，也是全部历史发生的秘密。当然，这种构序方式并不能直观看到，而必须经由他那种透视性的"**哲学天目**"[8]——**考古学**（*archéologie*）。

青年福柯说，自己在此书中的思想构境，缘起于自己在阅读博尔赫斯[9]作品时爆发出的一阵解构性之笑。博尔赫斯书中提及一部在西方文化传统构序中显得十分另类的"中国百科全书"（une certaine encyclopédie chinoise），全书对动物做的感性分类竟然并列了诸如"皇帝所有"、"有香味的"、"驯服的"、"传说中的"、"数不清的"、"刚刚打破水罐的"等等多达 13 种的分类。[10] 当然，福柯发笑的原由并非因为这种感性、情境、数量和事件的并列，而是这个分类本身的**无序性**（*désordre*），即将这些不同事物"相互联系在一起的那个数字系列"。这里的无序是相对于西方物性存在科学分类的有序性而言的。青年福柯发现，这种奇怪的分类恰恰解构了传统西方文化对存在（物）本身的命名（分类）之**构序的天然性幻象**。为了反衬出这种解构式的突现构境，福柯列举了厄斯泰纳（Eusthènes）关于一系列昆虫和毒蛇的感性命名的有序性例证，他指认道，这种分类之**构序（命名）**通常发生的基础是

　　它们全都拥有**共同场所**(*lieu commun*)的地方,类似于雨伞和缝纫机在手术台(la table d'opération)一样;它们之间的邻近可能是令人惊奇的,但是,正是那个"与",那个"在……中"(en),那个"在……上"(sur)。它们的协同性和明证性才保证了并置在一起的可能性。[11]

　　能看得出来,这里的隐性构境层完全是海德格尔式的存在论,事物之所以能被并置式地命名,并非因为它们自身的**本有**[12]特性,而是它们处于某种面对**主体功用**的特定的"在……中"(en),"在……上"(sur)的**到场性(涌现)**。用青年福柯早先的话来表述,即"为了让各种现象在一个总体的协调中找到顺序"[13]。同时也因为,一切与人相关的事物不过都是在一种特有的**存在舞台**上才得以现身的,所以青年福柯喻意颇深地将这种到场之**台**(*table*)形象地比喻为"手术台"和"图表(tableau)"。关于这个图表,福柯作了详尽的讨论。在此书中,福柯在167处使用了tableau一词,说明该词也是此时他所使用的重要关键词之一。

　　　我在两个重叠的意义上使用"台"这个字:一是镀着镍、似橡胶的台子被白色包围着,并在无影灯下闪闪发光,雨伞和缝纫机,一会儿,也许永远,在这张台子上相遇;另一种含义指的是"图表"(tableau),它使得思想去作用于存在物,使它们井然有序(mise en ordre),对它们分门别类,依据那些规定了它们的相似性和差异性的它们组集(groupement)在一起。[14]

　　这两张台子其实是重叠的。前一张被青年福柯精准地命名为"手术"(**宰割和整容**)的台子,在亚里士多德那里叫"制作"($\pi o i\eta\sigma\iota\varsigma$),在历史唯物主义者马克思那里叫"实践"(Praxis),在海德格尔那里叫"交道"(Umgang)[15],四周团团包围的白色是一种以对主体或利或弊的判断为标准生成的剔除和选择性围挡(通达德里达后来的理性逻各斯白色神话),而**无影灯**则是理性(工具知识)之光中的**探索支配性和征服性的聚焦**(没有直接提到的手术刀即为劳作工具,曾经是物性的刀、斧、犁,而今已是微软窗口、Mac OS、安卓之类的系统工具平台),台子上躺着的是两种完全非自然的现代人工物,用于防雨的雨伞和用于制衣的缝纫机。青年福柯还想说的是,第一张台子正是第二张在人们抽象思维运作中建构起来的"台子"(二维平面图表)的现实基础,而在第一张台子上被解剖和重构出来的事物及其内在**构序**(*ordre*)也就是图表之主观逻辑构序的基础。在此,福柯批评厄斯泰纳的讨论正好"躲避了事物有可能在其上并置起来的那个场基和不以言语表达的基础"[16]。

福柯的全新构境无疑是深刻的。可是,他这里对于**物**(*choses*)的思考却也是存在问题的。第一,他无法像从康德、黑格尔直到海德格尔的这个传统那样,区分看起来与人无关的**物**(*Ding*)和与人相关的**事物**(*Sache*),这一点,受制于法语本身的局限性;第二,正因第一个局限的存在,使他就更无法进一步将那些看起来与人无关的物(Ding)本身确认为向我们存在的"涌现"了。[17]所以,青年福柯在此处与海德格尔的联结仍然是表层化的。福柯在此书中使用这个 chose 共计 363 处。这既是这一文本的研究对象之一,也是高频关键词之一。德勒兹也说过,福柯"用物与词这两个词汇来表示知识的两极仍过于模糊"[18]。我觉得,不仅仅是模糊,可以算是有明显的失误。因为,"物"无法涵盖全部存在;并且,"词"既代表不了认识型,更无法透视认识型背后的现实实践力量。

在青年福柯的回忆中,博尔赫斯之所以令他大笑不止,是因为后者提及的这种中国的分类法中显见的**无序**。"皇帝所有"、"有香味的"、"驯服的"、"传说中的"、"数不清的"、"刚刚打破水罐的"这样的动物分类,"丧失了场所和名称'共有'的东西",或者说,恰恰缺失了那张这些动物被摆置其上的同一手术台(共同场所)。如果说,西方有序分类的共同场所建构了一种**暴力构序**的乌托邦,那么,这种无序的分类法则导致了一种**没有空间的思想,没有家园**(*feu*)和共同场所的词与范畴,这就是祛序的"异托邦"(*hétérotopies*)[19]。福柯后来进一步建构了这个他从生物学和医学中挪用来的概念,并形成了今天对空间研究有重要影响的异托邦学说。我们在后面还会专门讨论这一问题。哈维[20]正确地指出,福柯在《词与物》中对异托邦概念的使用"完全是从话语和语言方面来考虑的",只是后来才为这个术语标定一个"物性的所指"[21]。因为,对西方文化中的固有分类秩序而言,这种另类的东方话语代表一种扰乱人心的**无序性**。我注意到,阿甘本曾经列举过阿比·瓦堡的一个无序的个人图书馆。[22]"这里的无序,我指的是大量可能的有序的**不规则事物**的毫无规律的和不具几何学的闪烁。"[23]不难发现,福柯之笑的基本基调是高兴和兴奋,因为他始终关注的就是从一种既定的有序结构中摆脱出来的解放。哈贝马斯*说,福柯这里的笑,可以让我们联想到尼采的"查拉图斯特拉的笑声"[24],这是对的。东方式的无序,正好衬托出西方文化中有序性结构的**非天然性**。这又很深地与马克思批判性地揭露资产阶级意识形态中商品——市场自然秩序的非天然性相一致。晚期,福柯在对资产阶级生命政治的批判中,确实也重新回到了这一特殊构境层。在这里,福柯是希望向我们呈现,西方文化中的那个人们已经习以为常的世界,其本质亦并非天然,也是历史生成的。他在《词与物》中所揭示的那个"物的有序性"(*The Order of Things*,即被他肯定的英译版书名),正是我们强加于存在的。[25]在这个意义上,《词与物》是对康德"向自然立法"的进一步说明。在这一层思想构境层中,我们可以发现,当时萨特对福柯此书的恼怒必然是肤浅和无思的。

青年福柯随之发问,在西方传统中的动物分类"图表"(有序性结构)上,我们以什么为依据建构起这些同一性、相似性和类似性的空间,由此再"分拣出如此众多的不同的和相似的物"?这一分类图表中**在物中确立一个有序**的"集合、分析、调整和榫合"的有序性从何而来?或者说,"**这种连贯性是什么呢**"?[26]一连串的追问,直逼西方文化大厦建构和世界图景完形的基根。在他看来,这个早已被人们视为理所当然的有序的客体世界结构,它既不是由一种"先天必然的连贯"所决定的,也不是由直接可感知的内容强加于我们的。

> 构序(L'ordre)既是作为物(choses)的内在规律(loi intérieure)和确定了物相互间遭遇的方式的隐蔽网络(réseau secret)在物中被给定的,构序又是只存在于由注视(regard)、检验和语言所创造的网络之中;只是在这一网络的空格,构序才深刻地宣明自己,似乎它早已在那里,默默等待着自己被陈述的时刻。[27]

---

* 尤尔根·哈贝马斯(Jürgen Habermas, 1929—   ),德国哲学家。代表作为:《公共领域的结构变化》(1962)、《沟通行动理论》(1981)等。——本书作者第二版注

倘若我们把青年福柯的这段精彩表述倒过来细读，那会凸显出一个十分有趣的新构境层。早已在那存在的"客观规律"（有序），默默地在未知黑暗处，等待我们以对外部客观存在本质和规律相符合的**真理的发现**之名来认识它们，再冠以"科学定律"和"唯物辩证法规律和范畴"之类的类属！而在福柯的眼里，那些被指认为客观规律的东西只不过是我们自己用特定的**存在论注视**[海德格尔那里叫"关涉"（sorge）]、检验和语言建构起来的主体存在性网络，在这种存在之网的构序栅格中，物自身的存在方式和物之间的遭遇方式才被隐蔽地确定，虽然它们都是向着主体性的存在**自为**涌现之连贯性（海德格尔的"环顾"、鲍德里亚的"物体系"），可是却颠倒地表现为某种人之外的客观**自在**有序性。这是一切存在**历史**发生的根本。并且，在欧洲中心主义的殖民主义强权占有——"发现新大陆"的野蛮侵略和占领中，**这种西式的词对物的烙印被直接强加给整个非西方世界**。斯洛特戴克曾经在自己的全球化研究中深刻地指出："在欧洲人的理解中，地球的整个表面就如同一堆无名的发现物，他们要做的就是把这些东西纳入到他们的命名体系中去，并把他们的词汇系统投射到整个开放的世界中去。"[28]比如哥伦布将美洲的大量岛屿和海岸用封建时代的基督教欧洲的地名加以命名，而这些地方与欧洲真没有什么关系。这就是现实中的帝国主义强暴性构序。

对于青年福柯的质问，我们是否真的认真思考过？**后殖民批判的构境**缘起可能就在这里。罗伯特·杨在《白色神话》一书中，深刻地触碰到这个重要的问题。他依循德里达对西方中心主义"白色神话"的批判逻辑，指认福柯的认知型暴力构序论，有可能引申出**欧洲中心论的认知型**和整个**父权制的认知型**，在那里，西方式的词对物的烙印则转换为对东方他者的"白色"后殖民塑形和第二性"女人"的文化构式。[29]这是正确的判断。

二、认识型：文化认知反省背后的沉默构式

青年福柯告诉我们，我们在寻常生活中接触到的

文化的基本代码[codes fondamentaux，那些控制语言、知觉框架

（schémas perceptifs）和交流、技艺（techniques）、价值、实践等级（hiérarchie de ses pratique）的代码]，从一开始，就为每个人确定了经验有序性（ordres empiriques），这个经验有序性是他将要处理的，他在里面会重新找到迷失的路。[30]

这里的**代码**，意即**不是它自身的替身**。关于这个所谓的经验有序性，我们可以从康德整理经验碎片所用的先验时空构架到先天综合判断的概念系统中获取最原初的熟识构境基点；但值得注意的是，福柯在此含混地将文化代码视作技艺和实践的统摄基础，这显然是一种存在论上的唯心主义颠倒。福柯在此书中，使用 pratique（实践的）一词共计 27 处。所有的人，自一出生就在各种文化传统中受到有序性调教，从中获得使自身能够生存下去的 ordres empiriques（经验有序性）。这个经验有序性的建构，在拉康那里即小他者自始的反射式他性认同和构序。看起来，这个让我们晓得自己**如何活下去**的"文化的基本代码"或**经验有序性**，在表面上控制和支配了几乎所有存在性特性，其中，有不同的实践（交道）做事的等级（如我们所说的实践中的"生产活动"、"阶级斗争"和"科学实验"）、有关于具体实践的技艺方式、有实践的价值取向，同时，也有让我们看到不同世界图景的知觉框架和语言秩序（比如西方格物致知的科学实证话语与东方直指人心的体知意会话语）。青年福柯说，正是这些在事先就已经建构了我们的生活轨道的经验有序性（从父母的告诫到幼儿园老师的训诫，从小学的课本和试卷的标准答案到大学的思考和研讨，再之后则是社会生活的舆论导向或现实教训，我们在这些无影无形的文化教化中逐步获得这个世界的有序性），让我们找到自己一生都将行走其上，但也极易迷失的生活之路。此处，我们不难感受到拉康镜像中的小他者、象征域中的大他者对人的伪性建构论的影响。我的问题是：福柯是否反证过人可以不受到这种教化—经验有序性的支配？在福柯留下的大量文本中，我们没有发现正面的答复。倒是在他早期写下的《临床医学的诞生》一书中，我发现了一处有意思的讨论，即关于所谓"儿童目光"的说明。福柯说，真正能够在原初情境的层面上看到世界的人是儿童，而"绝不是成年人"，因为后者已被无形的教化构架所缚。儿童"当他挣脱了先辈的束缚之后，就能睁开眼睛直面事物及其阶段"，在这里，"事物在不知疲倦地重现它们的青春期，世界不断地与其原初状态重新发生联系"，这就是"回复到其远久的无知状态的"大写的**儿童的目光**（*Regard-Enfance*）。为此福柯说，"真正使人能够恢复与童年的联系、重新接触到真理生生不息状态的，则是这种明澈、疏远、开放的纯朴目光"；甚至，"有关世界的话语都要通过睁开（ouverts）的眼睛，眼睛在每一刻都仿佛是第一次（première fois）睁开"。[31]这是何其浪漫主义的诗学！

依青年福柯之见，在确定经验有序性的文化代码的另一端，则是更抽象的**哲学与科学**对有序性的一般说明和论证，即我们经常无意识地借以指认"外部"秩序的"一般规律"和具体的"科学规律"。与文化代码一道，这二者似乎也构成了通常意义上我们对代码（文化传统）的注视和反省知识（符合性真理）的二元构境结构。

不过，青年福柯接着就声称自己发现在上述二者之间还存在一个人们不太注意的**灰色区域**，正是在这个暗淡的不可见的区域中，人们失去了那些支配自身的代码有序性及其认知反省的更为初始基础的透明性和原始状态。青年福柯想说的是，一切有序代码和认知构序的背后，其实还"存在着其本身可以变得有序并且属于某种沉默的有序的物，简言之，这个事实是说：存在着秩序（il y a de L'ordre）"[32]。然而，这种**看不见的构序**又往往"先于词、知觉和姿态"，而青年福柯正是要通过考古学来捕捉这种先于代码和认知的某种**沉默之物**的有序存在方式。应该指出，这里的沉默之物并非前述总体历史观删除的黑暗历史生存，而是特指直观认知中无法透视的某种非**实体性的隐性支配构架**。这是福柯考古学研究中另一个重要的构境层。

在 1967 年关于《词与物》的一次访谈中，青年福柯这样谈及当时自己定义的考古学。他说，与结构主义关注语言体系的形式不同，他更感兴趣的，"是话语的存在，是言语被说出来这个事实"。并且，考古学的对象不是语言，而作为话语群的档案："我认为，考古学既不同于地质学（分析下部地层），也不同于谱系学（描述起源和连续性），它以自身的与档案相关的形式来分析话语"。*很显然，这是青年福柯关于考古学和谱系学的定义，一是考

---

　　*［法］福柯：《福柯文选 II：什么是批判》，汪民安编，北京大学出版社 2016 年版，第 20 页。——本书作者第二版注

古学的对象为被说出来的话语;二是它与传统描述起源和连续性的谱系学相对立。而后来他则从尼采那里根本颠覆了谱系学的论域和质性。

也是在此处,我约略感觉到青年福柯的考古学之本质似乎与历史唯物主义有表面的相近之处,因为他所做的主要事情,竟然也是对西方近代以来的现实历史进程本身进行透视性的分析:

> 我只关心着从 16 世纪以降,它在像我们这样的文化中的发展:如同人们反潮流地追踪的,以何种方式,语言曾得到了那般谈论,自然存在(êtres naturels)得到了那般设想和组集,交换(Échanges)得到了那般实施;于是,以何种方式,我们的文化宣明了有序的存在(il y avait de L'ordre),以及交换的规律,生物的恒常性、词的序列和表象价值又如何归因于这个有序的形态;为了构成我们发现在语法和语文学、在自然史(l'histoire naturelle)和生物学、在财富研究(l'étude des richesses)和政治经济学中所使用的那种确实的认知基础,什么样的有序形态曾经被认可、设定并与时空联系在一起。[33]

西方社会历史的 16 世纪以降——这正是马克思所指认的欧洲现实资本主义历史进程发生的时段。青年福柯说,他所关注的沉默之物,并不是一般意义上的有序的观念史或科学史,而是观念和科学认知本身得以确立的更深一层基础。正是由于这个作为隐秘基础的"有序空间"的存在,认知才得以建构,观念呈现、科学确立和经验反思才获得了自己立基的"历史先天性"和"确实性要素"——简言之,它正是**现代合理性**得以塑形的真正基石。这就是青年福柯反复炫耀的那个看不见的"未说出之物",即著名的**认识型**(épistémè)。[34] 我觉得,这可能也是福柯早期原创思想中最重要的学术范式。他在此书中 6 次使用 épistémè 一词。这个认识型直接来源于阿尔都塞对巴什拉的"认识论断裂(Rupture épisémologue)"援引。有趣的是,依杨凯麟博士的"考证",晚期福柯在 1984 年的《什么是启蒙?》一文中,还提出了决定一个时代风俗或心灵状态的结构化的**伦理型**(êthos),并以之对应此处青年福柯的认识型范式。[35] 我个人并不赞成这种主观性的意译。其实,Êthos 一词在法文中就是指社会风气的意思,因为福柯在 1970 年前后,已经放弃了带有法国认识论结构理论色彩的认识型,再将晚期福柯拉回到他已经离开的构序范式中实在是不必要的。福柯对谜底的揭晓,肯定会让我们失望,因为,决定代码和认知的某种**沉默之物**的有序存在方式并不是马克思所指认的一定历史条件下的物质生产方式,而是**理念中**的认识型。

那么,青年福柯所说的认识型究竟是什么呢?在福柯这里,认识型特指西方近代以来,在一定**认知**空间(l'espace du *savoir*)中,各种经验**知识**(la *connaissance* empirique)被据以**构式**(*les configurations*)的结构。[36]具体说,就是16世纪之后,当认知(与话语实践)成为文化构式的本质时出现的历史构式方式。这个认识型,只是到了布尔乔亚世界中才得以发生,它显然不能被投射到远古时代,这是请读者要特别警惕的一个边界。福柯在此书中36次使用了这个重要的 configuration 一词。可是,构式概念在中译文中常被误译成"构成"或"形成"这样的他性词语,并因而错失福柯这一重要的思想构境层。我留意到,福柯是在《临床医学的诞生》中比较早地使用了 configuration 一词,在那里,分类医学构式了疾病。[37]我注意到,福柯并没有精细地区分和界定构序与构式这两个重要概念的质性差异,笼统地说,似乎构式概念表征了比构序更大尺度上的结构性统摄。自然,福柯的构式概念也不同于我在自己的构境论中使用的**关系构式**范式。[38]当然,青年福柯笔下的认识型,并不是狭义的认知构式之有序生产结构,而是更大尺度上的文化认知构序的生产方式。在青年福柯看来,"在任何特定的文化和任何特定的时候,总是存在着一种对所有认知的可能性状况加以限定的认识型"[39]。于是,探究这种人们在通常的直观中根本**看不见**的认知构式和构序结构的工作,就是我们所说的青年福柯的考古学在更深一层上的构境本质。在我看来,青年福柯的认识型范式直接受到其师阿尔都塞的影响。我们都知道,阿尔都塞是在马丁[40]的影响下,提出决定一个思想家生产和构成学术理论逻辑的**问题式**(*problématique*)的。[41]由此,他以这种在文本表层文字中不可直达的深层**理论生产方式**为透镜,生成了思想史构境中意识形态与科学之间的"认识论断裂"(袭承巴什拉—康吉莱姆),直接开启了马克思思想史研究的全新视域。而青年福柯所作的,不过是将在阿尔都塞那里局限于一个思想家和文本内部的深层思想构架挪移至更大尺度的历史文化中来而已。于是,这种决定了文化历史整体质性的认识型就必然生成一个**断代分割尺**。对此,阿尔都塞也有明确指认:福柯"对'断裂'和'问题式'概念明确和不明确的使用,受到了或是巴什拉,或是我对巴什拉的系统'运用'的影响(关于'断裂'概念),也受到我从我那不幸的朋友马丁那里借来的概念(指'问题式')的影响"。阿尔都塞还专门说,福柯是我的学生(pupil),"我作品中的'一些'东西传到了他那儿,包括我的一些理论塑形(formulations)。但考虑到其哲学上的个性,必须强调的是,在他的笔下和思想中,从我这儿借来的形式被赋予了全新的意义"[42]。据说,1965 年 9 月,阿尔都塞将自己刚刚出版的《保卫马克思》送了一本给福柯。而在 1983 年的一次访谈中,福柯自己也直接提及这一点,他说:"事实上,我感兴趣的不是理论的历史或意识形态的历史甚或心态的历史,而是问题的历史,而且,如果你愿意的话,我关心的是问题的谱系。为什么一个问题以及问为什么这样一种问题,为什么一种特定的问题式化(problematizations)的方式在既定的时间点上出现。"[43]这几乎就是他老师阿尔都塞的话语。当然,对此福柯从没有直接说明。巴迪欧就认为,福柯这种不交待认识型的思想来源的做法恰恰导致了他无法"获得一种真正的内部思想"。*

其实,青年福柯在本书中并未直接规定认识型的具体所指。我注意到,1964 年,福柯曾在一次研讨会发言中这样谈及后来被指认为认识型的文化构式系统:"西方文明中的每种文化形式,都有其解释系统(système d'interprétation),它具有一整套技术(techniques)、方法(méthodes)和方式(manières)。"[44]是的,我们从中可以窥见认识型正式出现之前的一些已现的端倪,或者说是生成轨迹。其一,认识型作为文化构式首先是一种话语解释系统,它让存在通过命名和获得特定意义而得以实现功用性辨识;其二,更重要的是认识型是由成套的技术和方式组合起来的文化构式方式,这是不同时代建构出新的世界图像的根据。

而在 1967 年的一次关于《词与物》一书的专题访谈中,福柯自己将认识型视为某种"话语的同形性"并将其与《疯狂史》的方法进行了对比,这是两条相互交叉的描述轴线:"一种是几种话语理论模式;另一种是话语领域和

---

* [法]巴迪欧:《元政治学概述》,蓝江译,复旦大学出版社 2015 年版,第 39 页。——本文作者第二版注

非话语领域之间的关系。在《词与物》中，我使用了水平轴线，在《疯狂史》中，则利用了同一幅图形的垂直线"。*这是说，如果在《疯狂史》一书中，福柯使用了将话语性理性与非话语的疯狂做了垂直性叙述的轴线，那么，在《词与物》中，则是描述了一个特定时间区内，几种话语平行共有的理论模式，即认识型。也是在这一访谈中，青年福柯特别精确地指认说，认识型摆脱了传统历史观中那种连续积累的历史，它揭示了"话语不以历史的形式积累的文化，它们并列而立；它们相互取代，它们彼此忘却；它们相互改变"。**对此，波斯特的一段诠释比较通俗：

> 在《词与物》中认识型是作为所有话语的万能钥匙起作用的（即使福柯没有意识到这一点），而历史是认识型的前后相继。每一个时代都有着它自己的构成所有言说的基础的独特认识型。认识型起着总体化概念的作用。***

倒是在后来的《认知考古学》一书的最后，福柯比较详细地讨论过认识型的规定。在那里，青年福柯指认认识型是"我们在话语的规律性层次（niveau des régularités discursives）上分析科学时，能在某一既定时代的各种科学之间发现的关系的整体（l'ensemble des relations）"[45]。显然，较之《词与物》，福柯这里的认识型概念已经发生了某种改变：一是功能性的话语实践已经取代了"词"，二是有关关系整体的视域深化了先前过于简单的词与物之间的构序。在青年福柯看来，认识型的研究是开放的，它的目的不是重建某一时代中所有认知所遵循的公设系统（système de postulats），而是要"贯穿关系的不定场所（champ indéfini）"。

> 它是由区分、差距、巧合组成的极差灵活的整体，它们组建起来又

---

　*　［法］福柯：《福柯文选Ⅱ：什么是批判》，汪民安编，北京大学出版社 2016 年版，第 12 页。——本书作者第二版注
　**　同上书，第 25 页。——本书作者第二版注
　***　［美］波斯特：《福柯、马克思主义与历史》，张金鹏等译，南京大学出版社 2015 年版，第 74 页。——本书作者第二版注

拆散。另外,认识型作为科学、认识论形态、实证性和话语实践之间的
关系的整体,能使人们掌握在既定时间内强加给话语的约束性的界限
的规则。[46]

认识型不是某种现成在手的工具,而是贯穿各种关系的不定场所,它是
一种强加给话语实践建构和解构的**功能关系整体**,正是这种不同的关系整
体构式出不同时代的世界图像。

当然,作为功能性关系之整体的认识型并不是我们**可以直观**到的东西,
"它是在话语实践的实证性中使认识论形态和科学成为可能的东西"[47]。
话语实践、关系整体,这些都已经是福柯在《认知考古学》中生成的一种新的
认知构境面了。在这里,福柯指认了一个重要的观点,即认识型并不是可见
的事物,特别是对于一个特定时代中的主体来说,他们恰恰是无法自觉辨识
和规制整个当下文化的认识型的。怀特曾经这样重述福柯之见,即"对于一
个尚在一个时代的认识型引导下工作的人来说,他是不可能完全知晓这个
认识型的"[48]。这可能是对的。

在青年福柯考古学的透视之眼中,西方 16 世纪以降的近代历史呈现了
由不同的认识型生成的"两个巨大的间断性(discontinuités):第一个间断性
开创了古典时代(l'âge classique,大致在 17 世纪中叶),而第二个间断性则
在 19 世纪初标志着我们的现代性(modernité)的开始"[49]。与他的老师阿
尔都塞用问题式去发现马克思思想史中的人本主义意识形态与科学的"断
裂"一样,这个"间断性"是巴什拉那个"认识论断裂"的变形。此间的
discontinuités 也可译作**非连续性**。福柯在此书中 9 次使用这个 discontinuité
一词。它也是 15 年前对我写作《回到马克思》一书产生巨大影响的观念之
一。此处有 4 个需要明确指出的重要的理论质点:其一,认识型是 16 世纪
以后的社会文化构式的决定性因素,青年福柯从未谈及此前的社会构式形
式。那么也就是说,认识型本身是一个西方资本主义社会历史发展中特定
的**历史性的产物**。其二,此时青年福柯的历史观是典型的**文化观念唯心史
观**,他拒斥历史唯物主义的社会存在决定意识的观点,将历史构式的基础确
认为文化观念的功能性认知结构——认识型。这是我们必须认真辨识的。
在这一点上,正是福柯在反对萨特的实践构式论。在 1966 年的一次访谈

中,他专门说道:"事实上,我是在同一个平面上,根据同一种同构性(isomorphismes)来研究实践、制度和理论的,我寻找的是使这些实践、制度和理论成为可能的那种潜在的认知(savoir),那种历史地构成(constituant et historique)这些实践、制度和理论的认知的地层(couche)。与试图从实践惰性(practico-inerte)的观点来解释这种认知相反,我试图从人们可以称之为'理论—能动'(théorico-actif)的立场来阐述一种分析。"[50] 实践惰性是萨特的人学辩证法,而福柯则是认知结构——认识型的理论能动和先在。在这里,倒是福柯再一次退回到了马克思在《关于费尔巴哈的提纲》中所批评的唯心主义的能动性。其三,青年福柯指认了一种新的**非连续性的历史观**。我想,他在这时并不仅仅只是指认了一种欧洲文化史观,而是试图建构一种面对整个世界的全新历史研究方式。这种观点后来在《认知考古学》中生成一种全新的反对总体性和目的论的新史学理论。最后,也是最严重的一个问题是:青年福柯历史观中存在**欧洲中心论残余**。关于福柯的这一盲点,在后殖民语境中的萨义德的见解是深刻的:"他最明显的盲点,就是他对基本上局限于法国的材料与他得出的表面上普遍的结论之间存在的差异毫不在意。……仿佛历史本身只是在一群法国和德国的思想家中间发生。"[51] 这个判断完全正确。

当然,青年福柯专门指认道,自己的观念与传统西方历史研究中的那种连续性的**时间有序性**截然不同,在后者那里,欧洲从文艺复兴到我们现时代,其理性(la ratio)的发展几乎从未中断过,无论是林奈的分类、从孔狄亚克开始的经济学价值理论,还是普通语法理论,都在建构一种理性支配下的历史进步的**连续性**。这也是迄今为止支配我们的历史研究的主导性的观念。在后面的《认知考古学》一书中,福柯对此进行了专门的批判性证伪。可是,如果转换到青年福柯此处这个着眼于认识型的考古学视域中来,我们会突然发现,只是在 17 世纪中叶,先前 16 世纪以相似性为核心的**传统认识型**的第一个断裂中,才历史性地生成了支配西方近代文化中的实证性的**古典认识型**。必须指出,福柯自己并未对 16 世纪的认识型进行定性命名,所以我暂以"传统认识型"相指。而这个所谓

实证性的体系(système des positivités)在 18 世纪末和 19 世纪初统

统发生了变化。这并不是因为理性取得了任何进步：只是物的存在方式（le mode d'être des choses），以及那个在对物作分类时把物交付认知（savoir）的有序的存在方式，发生了深刻的变化。[52]

福柯这里的"把物交付认知"一语是**核心构境支点**，因为他的认识型创世说的本质是**文化构式**，文化构式强制性生成"物的存在方式"。这几乎就是黑格尔式的观念现象学的翻版。请一定记住这一点。这是他所说的现代认识型凸显所引爆的第二个巨大断裂。在这两个重要的断裂中，真实发生的是历史**间断性**，而非历史的连续性。这让我们想起来拉康的那个著名的"真实在总体性破碎之处呈现"的观点。与传统西方历史研究的根本不同点在于，青年福柯否定了那种近代理性主义的历史进步观，他要在平滑连贯的历史线索背后找出更基始性的**物的存在方式**本身的结构性改变，这就是根本性的对物进行**重新构序**的改变。在宏观尺度上，青年福柯的研究意向与马克思的方向是一致的。但我觉得，青年福柯将构序的着眼点放在了认识构式本身的结构改变上，而不是进一步深入到**现实存在**的实践功能度的结构性转换上！更有甚者，他将认知构式视为现实历史构式的基础。这当然是典型的唯心史观。就这一点而言，青年福柯不曾真正承袭海德格尔的存在论批判之深刻。[53]不难看出，青年福柯在此书中思考的重点显然是后两个资产阶级认识型，即**古典认识型和现代认识型**。

首先，在青年福柯的眼中，支配整个西方资本主义**古典时代**的认识型，也是第一个真正意义上的认知塑形结构，是由"表象（la représentation，再现）理论与语言理论、自然构序（ordres naturels）和财富及价值理论"连贯构成的构序结构。福柯在此书中 317 次使用 représentation 一词，所以这肯定是此书中重要的高频关键词。请一定注意，青年福柯的认识型并非一个关于静止状态中的凝固构架的指认，事实上，认识型本身就是一个**正在建构有序**的功能性创化过程。或者用福柯自己的话来说，叫"一种给事物构序的计划（projet d'une mise en ordre des choses）"[54]。它不是一种在历史之外发生作用的构架，而是历史自身的塑形和发生。其中，假想中主体对客体**再现式**的表象理论是"所有可能的有序性的普遍基础"，逻各斯暴力建构起来的语言是"自发的图表"，而创造与农耕生存不同的古典经济学中的自然有序论、基于交换的财富和价值理论则是工业重新塑形的"物的原初网格（qua-drillage）"——后二者是"表象与存在者之间不可或缺的中间环节"。对此，我们不得不为福柯这番不可谓不深刻的历史透视拍案叫绝。但是，我们必须注意到，青年福柯此处有关古典经济学理论的讨论，不是将其视为现实资本主义工业生产物质过程的观念逻辑映现，而是倒过来，将现实资本主义经济过程视作认识型中**理论构式的对象化**。这也是我所说的福柯深一层唯心史观的本质构境层面。

其次，在 19 世纪开始发生"词对物"规制作用的**现代性**的认识型中，

> 一种深刻的历史性（historicité）浸入到物的中心，它不仅仅依据其连贯把物隔离起来并加以限定，而且还把由时间的连续性所蕴涵的有序形式（formes d'ordre）强加在物上：交换和货币的分析让位给了生产的研究（l'étude de la production），有机体（l'organisme）的研究走到了分类学特性的前面，尤其是，语言丧失了其特权地位，随之成为了一种历史形式，这种形式与它过去的深度相一致。[55]

从布尔乔亚经济学和科学学说史的视角看，这是极为精准的历史构序之定位：从流通领域转向**生产**、从外部分类转向**有机体**。并且，语言特权地位的丧失是与历史唯心主义的最后溃败同时发生的，但这也正是福柯没能看清的事情。**历史性**真正浸入到物的中心，这恰恰是马克思哲学革命的实质，这场深刻的思想革命的现实基础是整个资本主义生产方式本身的**永不停息的求新构序和构式**。这也是后来鲍曼[56]所指认的"流动的现代性"之根基。

三、人是一个晚近发生的事件

最有趣的是，也是在这里，出现了青年福柯那个后来被人们无数次传播的著名断言：人（homme）是一个**晚近发生**的事件。固然福柯在此书中 439 次使用 homme 一词。可悖反的关系在于，homme 高频出现，在实际中却不存在。这并不意味着青年福柯否定自古以来那个"认识你自己"的人学意识

的历史踪迹,只不过他将传统中关于人的**连续性**的实体观念统称为"幼稚者"的眼光。在他看来,我们今天所看到的"人"不过是现代性的"物之序(l'ordre des choses)中的某种裂缝(déchirure),或者,无论如何,也只是一个构式(configuration),其轮廓是由他近来在认知中所占的新位置所确定的"[57]。不是那个肉身的人不实在,而是在**关系存在论**的构境中,人的存在恰恰是由它在不同认识型中的**构式位置**建构起来的。于是,过去我们发现人的地方的,现在已经被揭示为"话语,言语所特有的,表象物的有序性(représenter l'ordre des choses)的力量"[58]。为此,他公开赞成尼采的说法:"有符号(signe)存在的地方就不可能有人,而在我们使符号说话的地方,人也就必须落入沉默(taise)。"[59]对此,克里福特的评介是,"福柯只是将康德学说中曾经追问的'人是什么?'(What is man?)转化成一种谱系学式问题——'人'是怎样出现的?(how does 'man' emerge)"[60]。这是对的。谱系学即是揭露一种看起来现成的现象或事件是如何被呈现和建构的。在这一点上,谱系学很深地与胡塞尔—海德格尔的现象学中的"怎样"相关联。

所以,青年福柯笔下的"人",并非恒久实在的一个存在物,而只是由现代性的认识型中发生的"新人本主义的所有幻象"建构起来的**主体性**。他的老师阿尔都塞也有将人(主体)视作近代资产阶级意识形态的质询建构物一说。[61]福柯不无幸灾乐祸地说道,

> 想到人(homme)只是一个晚近的发明(invention récente),一个尚未具有200年的人物,一个人类认知中的简单褶痕(un simple pli),想到一旦人类认知(savoir)发现一种新的形式,人就会消失(disparaîtra),这是令人鼓舞的,并且是深切安慰的。[62]

人消失,他就高兴——真是一种变态之思。或许,我们也可以将福柯的这个观点视为他对自己的老师阿尔都塞"拒绝理论上的人本主义"的一种支持。他在同时期的一次访谈中直接说道:"我们目前的政治任务是彻底摆脱人本主义,在这个意义上,我们的任务是政治任务,无论在东方还是西方的任何体制下同打着人本主义旗帜的赝品做斗争。……我们必须

否定一切神话，就像法共内部阿尔都塞及其同志与庸俗马克思主义做斗争那样。"[63] 这里的所谓庸俗的马克思主义，是指以萨特为代表的将马克思主义人本主义化的思潮。在这一点上，福柯坚定地与自己的老师站在一边。

其实，青年福柯之意并不是宣告我们心中那个**不朽的人**的逝去，他指的是一种解构意义上的实体人假想构境论的消失。第一构境层面上，在青年福柯的考古学视域中，16 世纪以来的每一个时代中的人和物，都只不过是某种人们看不到的认识型构序的历史性结果，在这个构境意义上，我们心目中的永存的人原本就不是不朽的，而只是一个个特定的构式物的虚假链接。第二构境层面上，我们今天所看到的人，不是过去那个"人"（古典人）的连续持存，而是现代性认识型中一个全新的历史建构物，从 19 世纪初起算的话，这个"人"的现代性生存构序的历史发生还不到 200 年；所以，"一旦人类认知（savoir）发现一种新的形式，人就会消失（disparaîtra）"，比如，一旦"后现代"的新的认识型出现，那上述新人本主义的人（个人主体）就会在"作者的死亡"、"个人主体的死亡"、"文本的死亡"中消失或掏空为"空心人"。德勒兹曾经提及，福柯在《词与物》中断言"人的死亡"之后，遭到了不少人的批评，或骂他是蔑视"人权"，或指认他为"希特勒的走狗"。[64] 这些批评福柯的人们根本没有理解福柯这里的构境点。显然，青年福柯的这个语境是非常难进入的。即便是在试图深刻解释福柯的人那里，情况也好不到哪里去。比如在霍奈特对福柯的专题研究中，他指证福柯没有区分"现代不同版本的主体哲学"，霍奈特将福柯的学术进展解释成："人既被认为是认识秩序的行动的主体，也被认为是自然秩序的实质性的组成部分，就此而言，他是两种秩序的交点，也就是意识到自己的世界的中心。……人同时扮演了认识主体和客体的双重角色，因为他能知道自己心中他所致力于认识的那种自然事实的一部分。"[65] 乍一看，霍奈特是挺深地解读了福柯，可是，他根本没有理解的是，在福柯那已经没有了传统认识论中那种主体与客体（人与自然）的二元结构，自然不过是一定非个人主体的认识型的历史构式物，而"人"（现代性的认知主体）也只是 19 世纪以后刚刚被现代性认识型建构出来的主体幻象和假想观察视位。假如没有**自然事实**和人本身，霍奈特那个无比深刻的"双重角色"从何谈起？在这一点上，我赞同阿甘本的认识,即"福柯谈论的不仅仅是认识论上的一种调整,而毋宁说,是知识另一次脱位"[66]。这可能是霍奈特根本进入不了的一种构境层。

为了说明这个让大多数人都感到奇怪的论点,青年福柯还专门进行了一个比较视域中的分析。福柯辨识说,在《疯狂史》中,他研究了**差异性**中出场的"大写的他者"(l'Autre),"他者对于一个文化来说,同时构成了内在和陌生的东西,并因此只通过禁闭(为了减少他者)就被排除了(以便驱赶内在的危险)"[67]。这显然不是拉康构境意义中的支配性大他者。然而,恰恰是处于他性之境中不正常(差异性)的"疯子",支撑了同一性的正常人的生活。而到本书里,青年福柯则是面对**同一性**,"大写的同一(le Même)的历史"即"物的有序的历史"。其核心构境思考点已经转换为:"什么样的历史先天性提供了这样一个出发点,从此出发,我们才有可能限定明确的同一性的巨大棋盘(le grand damier),这里的同一性是在模糊的、不确定的、面目全非的和可以说不偏不倚的差异性背景下确立起来的。"[68]现代性的本质是同一性,这是阿多诺已经指认过的命题。青年福柯觉得,在这种他性(差异性)与同一性的物之构序的对比性观察中,我们才有可能真正看到那道将古典思想和现代性分隔开来的门槛。也"正是在这个门槛上,被称之为人的那个奇异的认知人物才首次出现,并打开了一个适合于人文科学(sciences humaines)的空间"[69]。福柯在此书中 38 次使用了 sciences humaines 这一词组。在福柯这里,**人文学科**是与这个不足 200 岁的人一道发生的——这是他另一个重要的断言。所以,一部词与物的同一性构序史,也是对人文科学"怎样"历史发生的考古学探究。在此书的最后,福柯详细讨论了这个观点。

青年福柯声称:"我把种种裂缝、不稳定性、空隙还给了我们的沉寂的和天然的土地;再次在我们的脚下显得不安的正是这块土地。"[70]我们日日无知无觉地走在被认作自明性的自然世界的大地上,可福柯逼我们去看到这种天然性之下的虚假,让我们发现支撑文化传统存在的隐性断裂,令我们自以为沉寂的大地重新抖动起来,自以为稳定的思想重新变得不安起来。福柯真的做到了这些!

福柯不是后现代思想家,但却开辟了后现代最重要的历史性思考构境前景。剔除其中的唯心史观,福柯的确提供了一幅精妙的西方近现代文化发展透视图。

注释

[1] 指福柯的博士论文：《疯癫与文明》（1961）。

[2] ［法］福柯：《词与物——人文科学考古学》，莫伟民译，上海三联书店2001年版，前言，第13页。

[3] Gorge Dumézil, *L'héritage indo-européen à Rome*, Paris, Gallimard, 1949, p.43.转引自［法］福柯：《古典时代疯狂史》，生活·读书·新知三联书店2005年版，林志明译，译序第18页。

[4] 阿甘本说，在《自莱布尼茨和沃尔夫时代以来德国形而上学的真正进展是什么》一文中，康德指认了一种"哲学的考古学"（philosophische Archäologie），在他那里，这种考古学既不是从事古物遗迹的发掘，也不是简单地从观念的历史叙事中找出原有的事实，而是"从人类理性的天性中汲取这些理性的事实"。阿甘本特别指出，康德这里的"考古"对象，并非过去曾经存在的事物，而是某种**尚未实存**的东西。那个"不在场的在场"又在场了。并且，这种尚未实存的东西，恰恰是已存事物应有的真正依据。所以，依阿甘本的诠释，康德的哲学考古学的意思是指：哲学不仅被认为与过去曾是之物有关，更与应然或过去本应如是之物相关，它也就只能以在某种意义上作为某种尚未被给予（been given, 非既定）之物而存在，就像它的历史是"未发生之物（thing that has not happened）的历史"那样。Giorgio Agamben, *"Philosophical Archaeology"*, in *The Signature of All Things On Method*, trans. Luca D'Isanto with Kevin Attell, Zone Books, New York, 2009, p.82.中译文参见王立秋译稿。

[5] 据阿甘本的考证，西方文字中的有序性（order）一词最早源自亚里士多德的《形而上学》，在那里，有序（taxin）一词表征了对象之间的"非实体的关系"。后来，在拉丁语中，"拉丁语的有序（Ordo）一词一方面表达了上帝的造物之间的关系（ordo ad unum principium），另一方面，也是诸物自身之间的关系有序（ordo ad invicem）"。前者是神的大写的"至善秩序"（Ordo ad finem），后者则是事物之间的"相互构序"（ordo ad invicem）。阿甘本甚至认为："'ordo'这个标记产生了一个替代，即从实体范畴具有本体论上的优先地位，转向关系或实践范畴在本体论上具有优先地位；这个替代或许是中世纪思想中最为重要的本体论贡献。"Giorgio Agamben, *The Kingdom and the Glory*, Translated by Lorenzo Chiesa, Stanford, California：Stanford University Press, 2011, p.85, p.87.

[6] 阿甘本在圣托马斯·阿奎那那里甚至直接发现了构序（ordinatio）一词，后者将上帝创世理解为一个"构序"的过程："因此，很明显，上帝让万物存在，赋予其秩序"（sic patet quod Deus res in es produxit eas ordinando）。Giorgio Agamben, *The Kingdom and the Glory*, Translated by Lorenzo Chiesa, Stanford, California：Stanford University Press, 2011, p.93.

[7] 参见拙文:《实践构序》,载《福建论坛》1991 年第 1 期;《劳动塑形、关系构式、生产创序与结构筑模》,载《哲学研究》2009 年第 11 期。

[8] 天目或开天目为中国气功术语。气功达及一定的层次,可以天目(天目穴)看见常人不可见的事物。通常,"天目穴"在"印堂穴"上约一寸之处,"印堂穴"在两眉头之间的中点,所以"天目穴"在两眉正中向上一寸处。笔者并不相信天目说,此处仅是一种术语挪用而已,以表现福柯的那种看到不在场之物的努力。

[9] 博尔赫斯(Jorge Luis Borges, 1899—1986),阿根廷诗人、小说家兼翻译家。生于布宜诺斯艾利斯一个有英国血统的律师家庭。在日内瓦上中学,在剑桥读大学,掌握英、法、德等多国文字,1950 年至 1953 年间任阿根廷作家协会主席。1955 年任国立图书馆馆长、布宜诺斯艾利斯大学哲学文学系教授,1950 年获阿根廷国家文学奖,1961 年获西班牙的福门托奖,1979 年获西班牙的塞万提斯奖。代表作品有诗集《布宜诺斯艾利斯的激情》(1923)、《面前的月亮》(1925)、《圣马丁牌练习簿》(1929)、《阴影颂》(1969)、《老虎的金黄》(1972)、《深沉的玫瑰》(1975),短篇小说集《恶棍列传》(1937)、《小径分岔的花园》(1941)、《阿莱夫》(1949)、《死亡与罗盘》(1951)、《布罗迪埃的报告》(1970)等。

[10] [法]福柯:《词与物——人文科学考古学》,莫伟民译,上海三联书店 2001 年版,前言,第 1 页。

[11] 同上书,前言,第 3 页。

[12] 1936—1938 年,海德格尔写下重要的秘密文献《哲学论稿(自本有而来)》,在他自己发现并引导形而上学归基于此的存在者之存在(根据)之上,再打上一个叉,并且,这个叉掉一切存在论的全新存有思境建构却是一种几乎不能打开、不可言说的神秘本有(Ereignis)之思境。[德]海德格尔:《哲学论稿(自本有而来)》(1936—1938),《海德格尔全集》第 65 卷,维多里奥·克劳斯特曼出版社 1989 年版。海德格尔的《哲学论稿(自本有而来)》中文译本,已经由孙周兴博士历时七年翻译完成,并由商务印书馆 2012 年出版。参见拙著:《回到海德格尔——本有与构境》(第一卷:走向存在之途),商务印书馆 2014 年版。

[13] [法]福柯:《精神疾病与心理学》,王杨译,上海译文出版社 2014 年版,第 9 页。

[14] [法]福柯:《词与物——人文科学考古学》,莫伟民译,前言,第 3 页。

[15] 在 1922 年写下的《那托普报告》中,青年海德格尔将世界的基始发生指认为"交道性关涉",即人类将自身通过交道性活动建构的生存强加于一切其他存在的用在性和功利效用价值。后来,则确认其人类中心论的上手性存在状态。

[16] [法]福柯:《词与物——人文科学考古学》,莫伟民译,前言,第 4 页。

[17] 参见拙著:《回到海德格尔——本有与构境》(第一卷),第 4 章关于海德格尔"那托普报告"的讨论。

[18] [法]德勒兹:《德勒兹论福柯》,杨凯麟译,江苏教育出版社 2006 年版,第 54 页。

[19]［法］福柯：《词与物——人文科学考古学》，莫伟民译，前言，第 5 页。中译者将 hétérotopies 直译为异位移植。

[20] 大卫·哈维(David Harvey, 1935—)，当代美国著名地理学家，晚期马克思主义学者。1935 年出生于英国肯特郡的格林汉姆，1957 年获剑桥大学地理系文学学士，1961 年以《论肯特郡 1800—1900 年农业和乡村的变迁》一文获该校哲学博士学位。随后即赴瑞典乌普萨拉大学访问进修一年，回国后任布里斯托尔大学地理系讲师。1969 年后移居美国，任约翰·霍普金斯大学地理学与环境工程系教授。1994—1995 年曾任英国牛津大学地理学教授，现任美国纽约城市大学教授。代表作为：《地理学解释》(1969)、《社会正义与城市》(1973)、《资本的限制》(1982)、《资本的都市化》(1985)、《后现代性状况》(1989)、《正义、自然与差异地理学》(1996)、《希望的空间》(2000)、《资本的空间》(2001)等。

[21]［美］哈维：《希望的空间》，胡大平译，南京大学出版社 2006 年版，第 178 页。

[22] 在瓦堡 1886 年开始组建的私人图书馆中，他故意没有按照传统图书编目的字母顺序，而是完全按照自己的兴趣和个人的思想体系进行构序。有趣的是，当他的思想观念发生改变的时候，就会改变自己的图书排序。相对于传统的图书编目秩序，瓦堡的图书馆完全是他自己建立的无序迷宫。1975 年，阿甘本在这个图书馆"兴奋地工作了一年"。参见［意］阿甘本：《潜能》，王立秋等译，漓江出版社 2014 年版，第 129 页。注释 1。

[23]［法］福柯：《词与物——人文科学考古学》，莫伟民译，前言，第 4 页。

[24]［德］哈贝马斯：《现代性的哲学话语》，曹卫东等译，译林出版社 2004 年版，第 315 页。

[25] 根据阿甘本的考证，福柯这里用的"事物的秩序"一语，来自中世纪神学语境中对神的秩序(ordo ad Deum)与事物之间的秩序所作的区分。前者是神的第一推动力或第一原因生成的必然性空间，后者则是对世俗世界治理的物之间的偶然性的关系秩序(ordo ad invicem)。Giorgio Agamben, *The Kingdom and the Glory*, Translated by Lorenzo Chiesa, Stanford, California：Stanford University Press, 2011, pp.133—134.

[26]［法］福柯：《词与物——人文科学考古学》，莫伟民译，前言，第 7 页。

[27] 同上书，前言，第 8 页。中译文有改动。Michel Foucault, *Les mots et les choses, Une archéologie des sciences humaines*, Paris, Gallimard, 1966. *Préface*, p.11.

[28]［德］斯洛特戴克：《资本的内部》，常旸译，社会科学文献出版社 2013 年版，第 162—163 页。

[29]［英］罗伯特·杨：《白色神话——书写历史与西方》，赵稀方译，北京大学出版社 2014 年版。

[30]［法］福柯：《词与物——人文科学考古学》，莫伟民译，前言，第 8 页。

[31]［法］福柯：《临床医学的诞生》，刘北成译，译林出版社 2011 年版，第 71 页。中译文有改动。Michel Foucault, *Naissance de la clinique. Une archéologie du regard médical*, Presses Universitaires de France, Paris, 1963, p.64.其实，福柯这本书的书名在法文中为"临床的诞生：一种医学目光的考古学"。考虑到参考文献引用因素，本书从

之。——本书作者注

〔32〕〔法〕福柯:《词与物——人文科学考古学》,莫伟民译,前言,第8—9页。

〔33〕同上书,前言,第10页。中译文有改动。Michel Foucault, *Les mots et les choses*, *Une archéologie des sciences humaines*, Paris, Gallimard, 1966. Préface, p.13.

〔34〕福柯此处借用的是古希腊的一个词,原义是"认识"。现代法语和英语中"认识论"分别是 épistémologie 和 epistemology。

〔35〕杨凯麟:《分裂分析福柯:越界、褶曲与布置》,南京大学出版社2011年版,第21页,注1。Michel Foucault, *Dits et écrits*, *1976—1988*, Paris, Gallimard, 1994, p.1396.

〔36〕〔法〕福柯:《词与物——人文科学考古学》,莫伟民译,前言,第10页。Michel Foucault, *Les mots et les choses*, *Une archéologie des sciences humaines*, Paris, Gallimard, 1966. Préface p.13.在福柯这里,他是对 savoir(认知)与 connaissance(知识)进行了区分的。Savoir 是动词"知道"、"了解",福柯对它的使用语境十分接近于海德格尔存在(*Dasein*)意义上的规定,而 connaissance 则是学理和体系知识的指称,相当于海德格尔所说现成的**存在者**(*Seiend*)。可是,在大部分中译版本中,都将这两个完全异质的概念无区别地译作现成的"知识"。福柯在此书中 226 次使用 savoir 一词,129 次使用 connaissance。还需指出,美国学者哈金虽正确地看到二者的区别,但却自作聪明地将 savoir 译作"深层知识",而将 connaissance 差异性地译作"表层知识",Savoir 是一种深层的知识框架,表层知识恰恰是从它获得意义。非常遗憾,这正好是福柯所反对的东西,因为福柯根本不承认什么表面之下的深层(本质或本真性存在),Savoir 及由它塑形的话语只有外部的表层,它就是自己,而非某种本质的表现或再呈现为某种现象的深层本质。参见〔美〕哈金:《福柯的不成熟的科学》,载《福柯的面孔》,汪民安等主编,孙长智译,文化艺术出版社2001年版,第73页,第109页。

〔37〕〔法〕福柯:《临床医学的诞生》,刘北成译,第2页。

〔38〕参见拙文:《劳动塑形、关系构式、生产创序与结构筑模》,载《哲学研究》2009年第11期。

〔39〕〔法〕福柯:《词与物——人文科学考古学》,莫伟民译,第222页。

〔40〕雅克·马丁(Jacques Mattin, 1922—1964),法国哲学家。1941年6月,马丁以第七名的成绩考入巴黎高等师范学校,与第六名的阿尔都塞和福柯成为同学。他比阿尔都塞小四岁,比福柯大四岁。与阿尔都塞和福柯是终生密友。他痴迷于黑格尔和马克思的思想,但并未加入法共;生前未发表任何作品,曾将黑格尔早期作品译为法文,被人称为"没有作品的哲学家"。马丁有同性恋倾向,大学教师资格考试失败后贫困潦倒,1948年,表现出明显的精神分裂症状,其后,在福柯、阿尔都塞等朋友和母亲的照料下生活。在马丁精神分裂症发病前期,曾与阿尔都塞隔邻而居,每天一起读康德、黑格尔和马克思。1964年9月,在毁掉自己所有手稿后,自杀身亡。依杨乔喻的观点,马丁是那个时代中的"文本不在场",但却寄居于多位思想家学术构境之中的重要学者。参见杨乔喻的博士论文(2015)。存南京大学档案馆。

〔41〕参见拙著:《问题式、症候阅读与意识形态——关于阿尔都塞的一种文本学解

读》，中央编译出版社 2003 年版，第二章。

［42］Louis Althusser & Étienne Balibar, *Reading Capital*, NLB, 1970, "*A Letter to the Translator*", pp.323—324.

［43］Michel Foucault, "What Our Present Is", Foucault Live (Interviews, 1961—1984), Semiotext(e), 1996, pp.407—415. 中译文参见王立秋译稿。

［44］［法］福柯：《尼采、弗洛伊德、马克思》，方生译，载《尼采的幽灵》，社会科学文献出版社 2001 年版，第 97 页。

［45］［法］福柯：《知识考古学》，谢强等译，生活·读书·新知三联书店 1998 年版，第 249 页。

［46］同上。

［47］同上书，第 249—250 页。

［48］［美］怀特：《福柯》，载［英］约翰·斯特罗克：《结构主义以来》，渠东等译，辽宁教育出版社 1998 年版，第 98 页。

［49］［法］福柯：《词与物——人文科学考古学》，莫伟民译，前言，第 11 页。

［50］Michel Foucault, *Les Mots et les Choses*(entretien avec R.Bellour), *Dits et écrits*, *1954—1975*, Paris, Gallimard, 1994, pp.526—527.

［51］［美］萨义德：《米歇尔·福柯，1926—1984》，载《福柯的面孔》，汪民安等主编，吴琼译，文化艺术出版社 2001 年版，第 4 页。

［52］［法］福柯：《词与物——人文科学考古学》，莫伟民译，前言，第 11 页。

［53］参见拙著：《回到海德格尔——本有与构境》(第一卷：走向存在之途)，第三章。

［54］Michel Foucault, *Les Mots et les Choses*(entretien avec R.Bellour), *Dits et écrits*, *1954—1975*, Paris, Gallimard, 1994, p.528.

［55］［法］福柯：《词与物——人文科学考古学》，莫伟民译，前言，第 12 页。

［56］齐格蒙特·鲍曼(Zygmunt Bauman, 1925—　)，当代著名学者。1966 年，鲍曼当选波兰社会学协会执行委员会的主席。1968 年因反犹主义和"毒害青年罪"被驱逐出波兰。1972 年后任教于英国利兹大学。1990 年被授予雅马尔费奖 (Amalfi Prize)。1998 年被授予阿多尔诺奖 (Theodor W. Adorno Prize)。代表作有：《流动的现代性》(2000)、《共同体》(2001)、《个体化的社会》(2001)、《被围困的社会》(2002) 等。

［57］［法］福柯：《词与物——人文科学考古学》，莫伟民译，前言，第 12 页。

［58］Michel Foucault, *Les Mots et les Choses*(entretien avec R.Bellour), *Dits et écrits*, *1954—1975*, Paris, Gallimard, 1994, p.529.

［59］Ibid., p.551.

［60］Michael Clifford, *Hegel and Foucault：Toward a History Without Man*, Clio, 29：1 (1999：Fall), p.17.

［61］［法］阿尔都塞：《列宁和哲学》，杜章智译，远流出版公司 1990 年版，第 191—192 页。

［62］［法］福柯:《词与物——人文科学考古学》,莫伟民译,前言,第12页。

［63］转引自［比］布洛克曼:《结构主义》,李幼蒸译,商务印书馆1980年版,第89页。

［64］［法］德勒兹:《德勒兹论福柯》,杨凯麟译,江苏教育出版社2006年版,第3页。

［65］［德］霍奈特:《权力的批判》,童建挺译,上海人民出版社2012年版,第109页。

［66］［意］阿甘本:《潜能》,王立秋等译,漓江出版社2014年版,第407页。

［67］［法］福柯:《词与物——人文科学考古学》,莫伟民译,前言,第13页。中译文有改动。Michel Foucault, *Les mots et les choses*, *Une archéologie des sciences humaines*, Paris, Gallimard, 1966, Préface, p.15.

［68］［法］福柯:《词与物——人文科学考古学》,莫伟民译,前言,第13页。

［69］同上。

［70］同上。

第二章　从相似到表象：
　　　　走向大写的构序

　　如前所述，在青年福柯眼中，西方近代以来的资产阶级文化史并不是一个连续的平滑线性进程，而是一幅由多重认识型转换所造成的断裂分割开来的不同的物之构序图景。与马克思从唯心史观之断裂中寻找社会生活客观规律的做法不同，福柯是倒过来的，他将社会历史中发生的客观性再一次颠倒为**主观构式史观**。认识型构式文化，文化生成"物的存在方式"和社会生活，这是一种典型的唯心主义历史观。在他眼里，自 17 世纪中叶开始，西方资本主义社会以相似性关联为中轴的传统认识型被表象、语言、自然有序和财富及交换理论为核心的古典认识型所取代，由此，魔法的世界也正式被由**大写**的有序性建构起来的资产阶级新世界图景所取代。历史不是历史自身的发展，而是认识型（词）对物新的构式。本章中，我们具体讨论青年福柯笔下的这种近现代西方文化历史进程中的第一个认识型断裂。

一、可见与不可见中的《宫娥》：青年福柯与毕加索谁看
　　走眼了？

　　为了说明自己指认的古典认识型的表象论本质，在《词与物》一书开篇的第一编第一章中，青年福柯就以三节的篇幅，洋洋洒洒但却多少显得有些怪异地讨论了一幅在西方美术史上颇为著名的油画——委拉斯开兹（Diego Velazquez）[1]的《宫娥》（*Las Meninas*）[2]。这与海德格尔做作地分析凡·高的那双农妇的鞋有些相仿。据说，这篇文章缘起于青年福柯 1963 年在西班

牙普拉多美术馆中对《宫娥》的长时间凝视。在这幅题为"宫娥"的油画中，青年福柯看到了一个无限复杂的**看见与看不见的关系情境**的交织表象构境空间。[3]

委拉斯开兹的《宫娥》

我们不妨先来看一看在这幅名画的直观视图上**视而可见**的东西。这是一幅打破当时个人肖像画基本调式的"群像画"，从画面右侧射入的阳光照亮了大厅内的一群人。首先看第一排：由左至右分别是居于画面次中心位置的委拉斯开兹自己，这是画家的自画像，他面朝一块背对观众的大油画板，手拿调色盘和画笔，正在创作一幅巨型油画；接着，画家身前向右跪着第一位手托红色水瓶的宫中侍女（当时的西班牙宫廷中，常有专由贵族少女担任的宫中侍女）唐娜·玛丽亚·阿古斯蒂娜·萨米恩托；萨米恩托面对的是年仅四五岁的小公主玛格丽塔，这位小公主是此画的中心视点；公主右边，正微微弯腰行屈膝礼的是第二位宫中侍女唐娜·伊萨贝尔·德·委拉斯柯，再往边上是长相难看的女侏儒玛丽-巴鲍拉；画面第一排各位人物中，最靠右的是正在用脚戏弄狗的小丑女童尼柯拉西奥·鲍图萨托。画面前排，是那只被戏弄的、无精打采、似将睡去的卧狗。其次，在阳光没能直接照射到的第二排，是宫廷女仆唐娜·玛赛拉·德·乌尔诺斯和一位不知名的侍卫。其三则是背景中，站在大厅后门口，由内光反衬出来的宫廷主管唐·何塞·尼埃托·委拉斯开兹。其四，是从画板对面的墙上所挂的一面镜子，其中反射出来的站在观众（现实中的画家）视觉**主体位置**上的阳光直射中的国王菲利普四世和王后玛丽安娜的**镜像**。这幅高度达 3 米的作品，画面的每个物体与实物同等大小。就是这么一幅画、这么一群人，福柯从中看到了什么？或者说，由此画生发，福柯思想构境中的另一重表象是什么？令我们十分吃惊的是，青年福柯的构境竟然是一个表象的**多次方**互映结构；一个**不可直观**的多层重叠的想象和思辨构境！

　　第一层不可见构境，是由画家**画中的**画家的目光（看）建构的**被表象**场景。依青年福柯的理解，这里的画家其实是一个处于动态中的人物，他刚刚从背对着观众的画布前**移动**到画面现在呈现的位置，在这个位置上，他可以看到自己正在画着的"模特"——国王菲利普四世和王后玛丽安娜。首先，青年福柯第一个假想性的构境是此时的画家处于一个"两种不相容的可见性（visibilités incompatibles）的门槛上"：当他**看到**"模特"时，他将**看不到**自己在画布上的表象（这个画布上的表象是我们—观众永远看不见的，它根本不存在，但必须假设为有，所以它将是一个"自在之物"的谜）；如果他回到作画的位置，他将**看不到**"模特"。这是一个动态的看见和看不见的可能性目光关系中的想象构境。其次，画中画家的目光投向一个在画布上"看不见的点（point invisible）"上，这个**盲点**是一个**双重不在场**构成的"双重的不可见性（deux fois invisible）"：一是被画对象国王夫妇的不直接在场，二是所有流动着的观众（我们）的不在场，这都是在画布上无法直接看见的。我们（观众）将永远出现在不在场的国王夫妇的那个**空位**上。其实，如果仔细一点观察的话，画布上一同看着这个盲点的人物还有公主，第二个侍女，女侏儒和侍卫。福柯在此书中使用这个 invisible 达到 30 次，算得上是一个重要的规定性。显见，这些 invisible 的事物似乎始终是福柯的兴趣所在。在很多年之后，福柯在讨论马奈的绘画时，将这种"投向不可见的目光"视作一种西方美术史中断裂式的变革。[4]青年福柯说，透过画布上表面的"单纯的交互作用"（关系）——当我们与画中的画家四目相对，还会有一个我们无法

直接达及的更深的关系构境:画中

> 画家至高无上的目光控制着一个虚的三角形:三角形的顶端(唯一
> 看得见的点,point visible)是画家的眼睛;在一个底角,是由模特
> (modèle)占据着的看不见的场所(l'emplacement invisible);在另一个底
> 角,是大概在画布反面勾勒出来的人物。[5]

其实,福柯这里漏掉了一种最重要的目光,即**不在画中的**画家(真实的委拉斯开兹)的建构可看性的目光,这是与观众之看完全不同的原初表象支点。这样,这里真实存在的就不仅只是一个虚的三角形,而是这个虚的三角形三个视点再统一于画外画家表象生产点(虚拟模特背后的真实画笔)的立体构境。

第二层不可见构境,是让这一场景成为可见情境的**光线**(briller)。这是指画中建构出来的阳光。第二个构境层的本质,是让表象成为可见的阳光。这个光的隐喻,早先出现在柏拉图的洞穴说中。在柏拉图那里,光的隐喻是理念逻辑,理性之光是照亮存在的缘起。按理说,这个让表象得以看见的光线应该是福柯可以肯定的方面,但是,他并没有直接赞成柏拉图的光之隐喻。他的好戏是一般理性建构中的看见与看不见背后的更深一层的构境。**光=可见**。当然,按照海德格尔的解释,一切解蔽同时都是遮蔽。青年福柯说,从一扇**未被指明**的窗户"释放了一整束充当表象的共同场所(de lieu commun à la représentation)的阳光(jour)",正是这一光线"使所有的表象成为可见的"。我们都记得这个"共同场所"的比喻,在前面的论述中,福柯将其表述为构序物的手术台。而这一次,则是让事物可见的光。其实,这是一道曾经在场的阳光,它首先让画外的画家看见他所要画的对象。这是此画全部表象中的重要外部构境条件。福柯后来说过:"绘画表象的是一个深层空间,被侧光照亮,人们从这样一个理想位置出发,把画视作一个场景。"[6]这一不可见的光线同时照亮了多重可见与不可见的空间:一是整个可见的画室(我们看到的画面),二是不可见的模特所在的位置(现在观众之看的位置),三是更不可见(根本不存在)的一个中介了的照亮结果的可能表象——画中二维画布的正面。这还不够。青年福柯的光之表象构境中的最

深层，是被他指认为"在油画中被表象的所有表象中"，"唯一看得见的表象"，即画布背后墙上挂着的一面镜子，其中，映照着被同一束阳光照亮着的国王夫妇。国王夫妇不直接出现在画布中，他们呈现在一个画中人物都没有回头看到的光亮的镜像中。有趣的是，身处盲点中的我们却能看见这个**不在场的在场**。还应交代的是，在背景中的一个光亮的门口，阳光还反衬着总管的身影。

对如此复杂的构境游戏，福柯的好友德勒兹有如下一段评论：

> 在《词与物》的著名段落中，委拉斯开兹的画作《宫娥》被描述成开启古典表象空间的光线体制，它在此空间中配发被观看物与诸观看者的交互动态与映影，一直到画外，只能由归纳得知的国王位子。[7]

在德勒兹对福柯画评思境的复构中，此画中"光线的路径构成'一种螺旋的贝壳形'，使特异性变得可见，且在一个完整的表象'回圈'中造出繁多的光芒和映影"[8]。其实，我觉得德勒兹的说法是不够精准的，因为"光线体制"只是福柯此画评构境的第二层级。德勒兹将福柯此处画评的复杂思想构境扁平化了。

第三构境层，**权力中心在表象中的核心构式作用**。青年福柯告诉我们，正是在直接表象中不在场的国王夫妇才是这一场境中的"真实中心"。虽然它只是一个**表象的表象**——画中的镜像，可是它却特别明亮地闪着光，"它最终向我们提供了那种重叠的魅力"，作为中心，"它象征性地（symboliquement）是至高无上（souverain）的"。[9] 它象征着**现实中的权力**，它在画中的构境中建构了三种重叠的目光："当模特被描摹时，是模特的目光；当目击者注视这幅画时，是目击者的目光；当画家构作他的画时，是画家的目光。"[10] 注意，就在这里，福柯补充了刚才漏掉的第三种目光。有趣的是，这个建构了全部表象情境的真实的权力之点却是**看不见的**！我不知道，这是否也是福柯的一个远喻，真正起规制作用的权力恰恰是不可见的。这将是福柯以后在思考资产阶级规训—生命权力的一个构境入口。这是一个镜像，一个画面外的**无**，一个主体缺席的空隙。"国王的缺席成了这一空隙——画家设计了这一空隙。"[11] 在青年福柯看来，不在场的国王虽然作为表象的表象出现,但它却是制造"表象的画家"的现实中的主人,正是它,这个并不是理性观念的不在场本身,恰恰是建构了理性观念在场的不在场之物,才成为了建构全部表象生成的隐性支配构式。在这一点上,福柯远远地超越了柏拉图式的理性主义逻辑。

青年福柯这里的言外之意也是其后即将出场的西方古典认识型的隐喻。杨凯麟博士说:"《宫娥图》因为其交织折返的虚拟光线、其既嵌陷又暴凸观者的特异空间,被福柯认可为古典时期的绝佳布置。"[12]这是对的。用福柯自己的话来说,"《宫娥》表现了构成表象行为的所有要素:画家、模特、画笔、画布及镜中的映像,它将绘画本身分解为构成表象的各个要素"[13]。**表象**(*représentation*)即古典认识型的本质构式方式,而《宫娥》则是说明了"古典表象(la représentation classique)之表象和它敞开的空间的限定"。福柯的这种可怕的哲学构境一定会让画作者委拉斯开兹瞠目结舌的。福柯显得有些得意地说,

> 在这里,表象着手在自己的所有要素(éléments)中表象自己,还有它的肖像,接受它的那些眼睛,它使之成为可见的那些面孔,以及使它存在的那些姿势。但是,由表象既汇集又加以散播的这个弥漫性中,存在着一个从四面八方都急切地得到指明的基本的虚空(un vide essentiel):表象的基础必定消失了,与表象相似的那个人消失了,认为表象只是一种相似性的人也消失了。这个主体(sujet)——是同一个主体,被消除了。因最终从束缚自己的那种关系中解放出来,表象就能作为纯表象(pure représentation)出现。[14]

依福柯自己的指认,这种表象不直接在场之存在的古典认识型的要义,是曾经与表象相似的**对象本身**的消失。于是,**再现失去直接的基础,表象本身被表象**,而当表象从对再现对象的依存中摆脱出来,相似性的表象就抽象地**变形为符码**。在这个意义上,毕加索对表象之表象的戏仿生产倒是必然。

我们先不说这个下面要详尽分析的、异质于现代认识型的古典认识型,还是来说福柯这里对艺术作品的夸张哲学构境。青年福柯自作聪明地用了一章来讨论委拉斯开兹的《宫娥》这幅名画,但我却发现,如此复杂的多重构

境和古典表象式的隐喻大厦其实是建构在一个十分脆弱的假想性指认之上的：**国王夫妇**是那幅面对着我们的画像中的模特。由此，才能导引出权力中心、多重投射关系、光线与表象和镜像等等吓人的非艺术理解域中的强暴性逻辑构境。依我的解读，这很可能是一个过度诠释的误认。因为在我看来，这幅画中真正被描摹的对象并非国王夫妇，而是**小公主**。我认为，画中有一个最重要的决定性细节，恰恰可能被大部分观者忽略，那就是画家手中调色盘上两块**正在使用的**油彩——这两块油彩正是小公主的一身白色盛装，以及胸前红色花朵的颜色！委拉斯开兹是坦诚的，他将画里自己手中的调色盘毫无保留地倾斜给我们，从而使我们得以看到：整个调色盘里，没有一块与镜像中国王夫妇身上衣服颜色相近的油彩！当这块基石被抽掉，青年福柯那个花里胡哨的思辨构境顷刻间土崩瓦解。

在我新的入境之看中，画境瞬间重构为：画家委拉斯开兹描绘了自己为骄横的小公主画肖像的有趣场景，所以小公主的两位侍女、宫廷女仆和侍卫，以及哄她高兴的侏儒、小丑都出现在现场。这也可以解释国王夫妇不直接出现在画面中的并不复杂的原因，画面上的那些人物并不是国王夫妇的随从。作品描画的生活情景构境瞬间是：站累了的小公主发脾气，再一次走下了那个看不见的属于模特的位置，她不愿意再被"折磨"下去了。于是，侍女萨米恩托单膝跪下，端着茶点在央求她继续等着画家画完，因为小公主已经不是第一次中断作画了，小丑的逗乐和众人的劝说均不奏效，这种反反复复的场面让陪伴在旁的狗都在无趣中睡去。得知这个状况的主管，只得搬动国王夫妇前来劝哄。国王夫妇因此只**着便服**就到了场。这样，主管只在远处观望事件的发展。首先看到国王夫妇驾到的侍女委拉斯柯，连忙向他们行屈膝礼。其实，委拉斯开兹将此画命名为《宫娥》的意思也是显白的，在此画中，真正面露难色、有窘迫动作的人，除了半下台阶去张望他所搬来的救兵——国王夫妇——是否到场的主管，以及正在挑逗那只无精打采的狗的小丑之外，就是画家着彩重描的这两位宫中侍女了。画家为了让我们知悉这个动态的复杂构境情景，便把对情境并不重要的国王夫妇便装影像最后呈现在了背景墙上的镜子之中。如果被画的对象是国王夫妇，那他们必然会盛装出场。最重要的是，福柯所虚构的画中画布上的肖像也不再是国王，而是已经在运动移位中的小公主。这么一来，福柯精心制作的一切虚构的权力目光之复杂构境显然就解构了。

在青年福柯拟造的第一构境层中,那个虚的三角形不在了,因为模特(小公主)并不是在福柯设定的观众的位置上,而已经到了画布中央,画中画板上的肖像也不再是国王夫妇;第二个光线建构的画境建构层基本没有变化;那第三个福柯假想的最重要的构境层也已经瓦解,因为国王虽然是现实中的权力中心,但并不是此画的中心,他只是应邀来到了原来表象中表象对象的主体的位置,所以他绝不可能成为建构表象之表象的不在场之权力性盲点。其实我以为,真正的**表象之表象的不在场的消失的主体**,正是画家本人,他作为不是王权的人在画中自己制造的表象里出场,却将抗拒王权的制造本身消隐在文艺复兴之后的现实中。杨凯麟博士在评论福柯对此画的讨论时说:"如果《宫娥图》意味着抟聚于某个不在场国王(或国王的位子)的知识论部署,并且由此开启《词与物》关于表象体制的精彩论述,这本书则结束于语言存在的重新返回与著名的'人之死'。"[15]那么,按照我这里的重新构境,那个空位就不再是传统专制社会中国王的可见权力,而是**制造表象的表象者**,他本身也是表象的一部分。这个新凸显的格式塔构境立意可能会更深刻一些。

有趣的事情还有,在1957年毕加索[16]对委拉斯开兹《宫娥》的戏仿之作[17]中,我们看到毕加索将背景墙上的国王夫妇的影像涂抹成一个变形

1957年毕加索对委拉斯开兹《宫娥》的戏仿之作

的怪影。在他的理解中，这幅文艺复兴之后的画作中的国王并非至高无上，因而故意涂抹深度透视。

在毕加索的重构中，真正重要的只有两个人：一是画中的画家，二是下跪的侍女萨米恩托。这二人都成了毕加索立体画变形的主角：画家变形成头顶着天花板的巨人，胸前的勋章变形成一整个胸铠上的大符码，因为他才是顶天立地的表象之表象的大写主体；而侍女萨米恩托则是这画中最复杂的立体具象组合。画家画跪下的**宫中侍女**，这是毕加索理解的作品主题和抽象画构境。于是，毕加索认为不重要的人在画中都抽象变形成了象征性的幻影：小公主成了一只眼睛一只臂膀的玩偶，向国王行礼的侍女被抽象成了马面怪物，主管成了幽灵般的黑影，小丑和狗成了无内容的白影，女侏儒成了可笑的南瓜头，女仆、侍卫和国王夫妇都成了一个人形幻影。光线还在，不过，它只是一种黑白对比的因素，而不再是让事物成为真实可见性的表象支点。表象不再**再现**，只余下**象征**。

在青年福柯与毕加索之间，我倾向于后者的精准深刻。

其实，我在网上还找到了一幅对此画真正后现代的摄影版的戏仿之作。[18]

西班牙 elcorteingles 百货商场 **2011** 年的广告

在此照片中《宫娥》中的画家变成了一位英俊潇洒的青年男摄影师，手持一架哈苏相机[19]，多重目光交织支点之一的画布不见了，转化成相机中不直接在场的数字影像。现在，表象的方式被现代化了，比特的数码存在可以**拟像和重建一切**。当然，现在被光线照亮的前排人物都成了造型各异的模特，她（他）们之间不再存在中心和等级，而只是不同的**平等视位**。原先复杂的传统表象中的多重深度目光构成的复杂关系构境已经不在，人们的眼中只剩下**无深度**的诱惑和欲望，这是一种散漫的目光扫射。被时尚之眼所捕捉的只是性感和漂亮的外形，而不再有思想和真正的存在。国王夫妇还在，但他（她）们不再是现实大他者的镜像，而只是过往那段宏大历史记载的破旧图景。这恐怕会是后现代最恶毒的反讽。

二、相似性绘图：16 世纪认识型中的世界图景

《词与物》第二章的标题叫"世界的平铺直叙"。意思是说，世界还是它自己，它自身的展现还具有**直接性**。青年福柯说，持续到 16 世纪末为止，**相似性**（La *ressemblance*）一直在西方资产阶级文化认知中起着世界图景**构序者**的作用。福柯在此书中 105 次使用了 ressemblance 一词。福柯还在相近的意义上使用了 similitude（类似）一词，共计 75 次。福柯在此书中似乎始终刻意回避欧洲**资产阶级**的文化主体，此书中凡涉及"资产阶级"的地方，都是我的特意加注。福柯的这种对马克思主义话语的故意回避状态一直到 1968 年之后才被根本改变。这是一个定性说明。"在那个时期，给解释活动提供进行的**场所**（*lieu*）的，同时构成解释的一般基础和最低限度的统一性的，**这就是相似性**（*c'était la ressemblance*）。"[20] 依我们已经熟悉的构境意义域，相似性即是此时资产阶级的"词"宰制万物的共同场所。由此青年福柯才宣称，在很长的一个时期内，支配着西方资产阶级文化的决定性范式并不是后来我们通常所说的理性认知，而是相似性。[21] 当然，这里的相似指的并不是那种**可见的**表面相像或形似，而是特指一种被制造出来的事物之间、主体客体之间的内在的必然关联和有序性，它们共同建构着所有存在的某种**看不见的归基性**。此间的深意，如果用我们熟知的话语来阐述，即词语**反映**对象，主体投射和拟人化客体。青年福柯认为："正是相似性才主要地引导着

文本的注解与阐释;正是相似性才组织着符号的运作,使人们知晓许多可见和不可见的事物,并引导着表象事物的艺术。"[22]这也是在说一种看不见的相似关系。

　　文本的解读是对原初语境的逼近,真理是对外部存在的本质的符合,艺术也是写实与直描。这就是**归基**。于是,

　　　　宇宙被折叠起来了:地球重复着天空,人们的面孔被反映在星星中,植物把种种对人有用的秘密掩藏在自己的茎杆里。油画模仿着空间。表象(无论是欢乐,还是认知)作为重复而出现:生活的舞台或世界的镜子(miroir),这是所有语言的身份,是其宣称并表达自己的发言权的方式。[23]

　　这是一段文字构境喻意很深的表述。福柯试图告诉人们,16世纪中传统的文化是折叠起来的主—客体相似关系中的"对象":人替天行道,星空是我们的圣性仰望之处;那些被优育的粮谷、被铲除的杂草和被供奉的花木,还以为它们的到场并不是依从人的存在之好恶来涌现;油画按照透视法建构二维平面中的三维视觉情境空间,所有表象都以直接的镜像自居,语言就是物的倒影。一切的一切,都是归基论中的相似性。不得不承认,福柯是深刻的,这种深刻里仿佛透着海德格尔式本有论的狡黠。可是我的疑问在于:青年福柯所谓的相似性认识型,仅仅是文化自身的主观构式,还是资本主义早期发展脱胎而来的那个农耕社会的自然经济固有的主观性?我觉得,福柯有意无意地回避前资本主义社会历史的特有质性,这使他缺失了作出科学判断的现实基础。我以为,聪明的推论和猜想,是此时青年福柯面对历史的基本态度。

　　青年福柯指认说,一直到16世纪,西方资产阶级文化中组织认知的关键性构序驱动都是这种看不见的相似性。由此,世界图景的联系通常是以"**友好、平等、协和、协调、连续、同等、相称、类似**(*Similitudo*)**、联结、联系**"建构起来的镜像。这一词语簇为福柯对格雷古瓦对16世纪"神奇术"话语概括的引述。我们能发现,青年福柯只是指认16世纪的相似性如何如何,可是从来不进一步说明为什么会如此。这显然是主观图绘的臆想。

具体而言,这种相似性主要表现为四种形式:

一是标识邻近位置的"适合"(la convenientia)。青年福柯所说的适合,是"一种与呈现出'逐渐的'邻近形式的空间相联系的相似性。它具有与联结和调节相同的秩序"[24]。他举的例子是身心之间的"适合"、神与造物的适宜,这种物与物之间直接关联的对应式的相似把世界"像链条一样"联结起来。用海德格尔的话来说就是物的合意的**上手性**,以及这种上手性本身之间的功能链接,从而出现了周围世界。鲍德里亚的《物体系》也依从了这种功能性的相合关系。由于不能透视"物"(自然)本身的被存在塑形的秘密,所以福柯无法达到海德格尔和鲍德里亚的深度。

二是以映像和镜子为特征的"仿效"(l'aemulatio)。看起来,相似性的这一点似乎容易理解一些。依青年福柯的看法,这是一种"不受位置束缚的'契合'","在仿效中,存在着映像和镜子:它是散布在世界上的物借以能彼此应答的工具"[25]。与第一种相似性的直接空间邻近相合不同,仿效将相距甚远的东西通过相互仿效关联起来。显然,这里的镜子并不是直接看到映像的反射物,而是一种**相互应答**之中的映照关系,身映照心,地映照天,人映照神,这是存在物的一种诗性构境折叠,相似的事物构成"彼此映照和竞争的同心圆"。

第三种相似性是自古以来就存在的"类比"(l'analogie)。类比"不是事物之间可见的实体的相似性,它们只需要较为微妙的关系相似性"[26]。有相似,就有一连串的推断,所以它可以从一个点出发,拓展到无穷的关系,如星星与天空的关系、植物与大地的关系。在福柯看来,这也是那时候同一性世界生成的秘密之一。

第四种相似性是"交感"(des sympathies)。这是指事物之间在没有确定的路径和关系的情况下所发生的相互感应。"交感是运动性的原则:它让重物吸收泥土的浓重,让轻物吸引没有重量的以太,它驱使根伸向水,它使向日葵的巨大黄色花盘随着太阳曲线转动。"[27]这是某种相互需要的相似性关系的追随和依存。这还是诗性构境的话语。

其实,在此之前,在1964年的一次研讨会发言中,福柯第一次提到16世纪的这个相似性认识型主题。那时,除去此处已经指认的适合(la convenientia)、类比(l'analogie)和交感(des sympathies)外,福柯还提出了相似性中的感应(*emulatio*)和表征(*signatura*)特征。当时福柯还没有提到此处指认的"仿效"(l'aemulatio)。所谓感应,即是"不同实体或存在的属性之间非常奇怪的类似";而表征则是"一个个体的可见特性是某种不可见的隐藏特性的映像"[28]。这个表征倒是福柯在随后讨论中重点说明的东西。并且,青年福柯还指认了16世纪的相似性认识型中实际生成了"两种完全不同的知识类型(types de connaissance):**认知**(la *cognitio*)与**灵知**(la *divinatio*)"[29]。认知即是指在知识的水平方向上,一种相似向另一种相似的过渡;而灵知则是在知识的纵深方向上,从一种表面的相似到一种更深刻的相似的转换。灵知的本质是**浪漫主义的诗学**。显然,青年福柯那时还没有完整地塑形出认识型范式。

我能感觉到,在描述16世纪欧洲资产阶级文化传统的相似性的世界图景时,青年福柯突出了**主观的浪漫主义诗学**在文化构境中的核心地位,有时,他也将之指认为**魔法**。这也就是说,前古典认识型构序下的世界是一个魔法之镜,严格一些说,前古典认识型中真正起规制作用的不是认知,而是基于灵知基础之上的魔法,可能这也是他不愿意直接指认前古典认识型质性的根本原因。虽然他此处用以说明自己观点的例证大多是从这一时期的《植物学》、《鸟的历史》等一类专业书籍中直接摘取的文本片段,可他从来没有遵循科学话语原则,选择出来的科学文献片段仅仅是指证魔法的例证。福柯强调,在这种世界图景的同一性中,"适合、效仿、类推和交感告诉我们,世界必须如何反省自身、复制自身、反映自身或自身形成一个链条,以使物能彼此相似"[30]。总体而言,我感觉到福柯此处关于相似性的具体说明是建立在一种没有什么实际历史根据的纯粹的理论推断之上的。观点与思想史的这种关联,牵强而武断。实际上,他也无法科学地说明16世纪以前的历史质性。

进一步,青年福柯告诉我们,"没有表征(signature),就没有相似性,相似性世界只能是有烙印(marqué)的世界"[31]。这个signature首先是签名的意思,它也是一个表征记号和标志,这倒是一个很有意味的词。对物的标记(命名)是我们的**签名**。而marqué一词则更有意思,它表示一种打在犯人身上的烙印或者在物上的戳子。福柯在此书中十分喜欢使用这一个词,多达107处。我注意到,阿甘本后来曾经由此引申出一个关于签名的存在论的讨论。在那里,他将签名视作"人与宇宙的关系"。"存在论不是一门确定的知识,而是一切知识的考古学,它研究的恰恰是签名:签名通过实存的事实而属于存在,并使存在倾向于特定知识的阐释。"*这是一个新的断言:看起来柔弱的相似性总是通过强暴性的记号来实现的。更重要的是,记号不是直接可见的物相本身,而已经是对现象背后**不可见**的本质的抽象指认。

> 表征体系(Système des signatures)逆转了可见物和不可见物的关系(le rapport du visible à l'invisible)。相似性是那个在世界深处使得事物成为可见的东西的不可见的形式(forme invisible);但是,为了使这个形式有可能处于光的沐浴之下,就必须有一个可见的形式,把它从其深刻的不可见性(invisibilité)中牵拉出来。[32]

这个让**不可见(不直接在场)**的相似性关联从黑暗中走出来的可见形象就是**语言**了。绕了这么大的圈子,就是想构式出 16 世纪资产阶级世界中词与物的第一种构序关联。那么,依这个构序逻辑,青年福柯也就是在告诉我们:词(语言)的最初本质即是看不见的相似性! 于是,"那面物在其深处凝视自身并相互观照的巨大的平静的镜子,实际上,充满了话语(discours)的咕哝。默默的映照被词重复着,词指向它们"[33]。词指向物,是表征记号系统之镜背后的相似性。此时,discours 的在场只是语言的**运行**,还没有上升为一个主要的构序驱动。我觉得,福柯这时不能或者不愿去认真思考的问题在于:表征记号(词)烙在物上,到底是一种主观语言投射,还是**现实劳作中人对物的客观塑形与关系构式**? 在这一点上,青年海德格尔比福柯要深刻得多。早在 1922 年完成的"那托普报告"中,前者就极为准确地将主观意蕴归基为人们与客观实践活动的交道关涉,并由此生成周围世界、共在世界和自我世界。如果有"相似",它不会仅仅是一种主观臆想,而是现实中的乏力所致。这就如同费尔巴哈很早就说过的那样,人们在现实的土地上手脚被绑得越紧,在幻想的空中就会翱翔得越高。

---

* [意]阿甘本:《万物的签名》,尉光吉译,中央编译出版社 2017 年版,第 80 页。——本书作者第二版注

青年福柯还指认，"让符号（signes）讲话并揭示其意义的全部认识和技巧"，就是**释义学**（herméneutique）；而"那些能使人们区分符号的场所、限定把符号构成符号的一切并知晓符号是如何以及依据什么规律而联系在一起的全部认识和技巧"，就是**符号学**（sémiologie）。[34] 其实，这是青年福柯特别喜欢使用的方法，即故意排除一种观念特有的意义域，然后断裂式地建构一种他性语义植入。比如，释义学本有它关于文本诠释的固有方法、技巧和生成史，如果将释义学他指为符号的认识和技巧，并没有真正接触到释义学的根基（比如现代性文本学到后文本学的递进）。青年福柯还声称：16 世纪以相似性为形式把释义学和符号学重叠在一起，这就构成了整个 16 世纪资产阶级塑形全部文化历史的认识型。这倒是一个新的为我所用的总体说明。

在青年福柯这里，16 世纪认识型的特征是多重的：一是它只能在表征的相似性中"认识相同的物"，由此，作为一种思想范式，它就以另一种形式复活了柏拉图理念论传统。这种主观的相似性（记号体系）在理念的自我认识中生成了大自然的"一般构式"，创造了有关"天空、星星、山脉、河流和风暴的巨大秩序"[35]。这也就是在说，看似反映了事物的相似镜像，其本质却是用记号（词）的构架体系**座架**自然，传统反映论的本质恰恰是唯心主义的理念论。这是一个很怪却深刻无比的说法。二是该认识型的主要特性是诗性的魔术和博学。青年福柯说，16 世纪的常识就是理性认知、源于魔术实践的观念和整个文化遗产。这里的文化遗产是指文艺复兴时期对古希腊罗马文明的复活和利用。此处的关键词，应该是词规制物的**魔术实践**：从记号体系中变出自然和整个世界图景。三是语言与物的直接同一。准确地说，是**物同一于词**。青年福柯说："物在这个符号体系中能像在镜子中一样被映照。"[36] 这是一个**词与物**的"巨大的统一的平面"，它的实质是"让一切东西说话"。[37] 存在物通过词说话。或者换作康德的话语，即我们在通过词（先天综合判断）"向自然立法"，或换成海德格尔的调式，即"语言是存在之家"。

不过，16 世纪的认识型并不是福柯在此书中所讨论的重点，青年福柯甚至都没有在这本书中明确指认对应于其后的"古典认识型"和"现代认识型"的 16 世纪的认识型的质性。看上去，福柯对此有所着墨也只是为了引出 17 世纪开始的古典认识型的表象王国。对于青年福柯而言，16 世纪的认识型似乎只是一个被竖起来供表象再现体系打倒的旧靶子，对这个准备刺穿的靶子，他的讨论看起来就显出些许轻浮和随意。

三、表象情境王国：古典认识型的历史发生

在青年福柯眼里，堂吉诃德（Don Quichotte）在马上的战斗是最早无意识挑破旧世纪正在衰亡这一事实的反向努力。在福柯的学术研究中，艺术和文学作品常常起到关键性的隐喻性借境作用。有如前述的《宫娥》和后面即将提及的萨德作品。福柯指认说，堂吉诃德是求"'同'（le Même）的英雄"，他一路都在寻找即将遗失的相似性，可是，他的努力大多都成为与风车作战式幻影中的反讽。所以，塞万提斯正是在践行拉康关于真实的定义：**求真意欲破碎之处，真实呈现**。

> 《堂吉诃德》勾勒了对文艺复兴世界的否定（le négatif）；书写不再是世界的散文；相似性与符号解除了它们先前的协定；相似性已经靠不住了，它变成了幻想或妄想获取物却仍然牢固地处于嘲笑人的同一性（identité）中：物（choses）除了成为自己所是的一切以外，不再成为其他任何东西；词独自漫游，却没有内容，没有相似性可以填满它们的空白；词不再是物的标记，而是沉睡在布满灰尘的书本中。[38]

显然，青年福柯在这段话里给了塞万提斯很高的荣誉，指认后者通过《堂吉诃德》这"第一部现代文学作品"成了最先透视旧世界沉没的先知。塞万提斯塑造的堂吉诃德这个**不正常**的"疯子"，在一个"同与异的错乱"的游戏中，仍然在用相似性把事物当成它们已经不再"是"的东西，把一个新人当成另一个死去的人，把一个新物看成旧物，把无视为有，无意中恰恰反指了传统上一切价值尺度和构序方式的颠倒。这里，青年福柯是将堂吉诃德当成了反讽构境中的尼采的查拉图斯特拉：在疯狂中说出了正在发生的真相。这也暗合了福柯关于疯狂和疯子的历史与思想定位：不正常的疯子总

在说正常话语中看不见或故意遮蔽起来的真相。

不难察觉,青年福柯之所以讲述堂吉诃德的文学构境故事,是想宣告一个重要事件的发生,即我们将在其中遇到的西方传统文化下平滑的线性历史观中所看不到的巨大**间断性**(*discontinuités*)。在他看来,这里的所谓间断性(或非连续性),指的是这样一个事实:"在几年之内,一个文化有时候不再像它以前那样进行思考了,并开始以不同的方式思考其他事物。"[39]我觉得,该朴实说法中的直接指认就是认识型本身的**断裂**:旧的认识型的失效,以及新的认识型开始占据统治地位。这是那个从阿尔都塞老师处获得的法国科学认识论的著名的"认识论断裂"说的又一次运用。阿尔都塞是从自己的老师巴什拉—康吉莱姆的常识—科学断裂说中,引申出一个思想家的思考事物的内在方式——**问题式**(*problématique*);而阿尔都塞的学生福柯则将其引申到更大的文化历史结构中。具体到这里的讨论,则是"相似性的时代正近结束",16世纪的认识型让位给一种新的认识型,即从17世纪开始发生作用的**古典认识型**(*l'épistémè classique*)。这也是青年福柯此书中对认识型的第一个明确命名。

新的认识型是划时代的。青年福柯说,由17世纪开始的欧洲新时代,资产阶级彻底改变了词与物的原有构序方式。作为新科学始祖的培根和笛卡尔也都分别批判和拒斥了相似性。长期以来曾是基本认知方式的相似性(既是认识的形式,又是认识的内容),在一种基于同一性和差异性的术语的分析中解体了,在这里,**分析**(*analyse*)取代了**类推**(*analogie*),事物之间的**辨识差异**取代了适应,总之,先前起重要作用的相似性逐渐被边缘化。变化最终的指向即是**理性的科学取代了灵知的魔法**。在福柯看来,西方的"17世纪标志着陈旧的迷信或不可思议的信念的消失,以及大自然最终进入科学构序中去(la nature dans l'ordre scientifique)"[40]。**自然进入科学构序**,这是词与物关系中发生的一个重要的大事件。用海德格尔的话语说,即大自然第一次成为整体性的对象。不过,海德格尔的立意比福柯要深得多,在海德格尔那里,自然之成为对象并不只是认知层面上的事,它首先就在实践的劳作构式和物性的技术座架中发生。

依青年福柯所见,在新的古典认识型中,决定人们思考范式发生改变的最重要的起点,是语言从对事物的**直接烙印**(签名的记号)中抽离出来,成为无直接所指的人工符号。福柯这一指认是准确的。正是从这里开始,传统认识型中符号与所指物之间的相似关系被解除,语言不再是物的记号,而成为再现性的**表象**(*la représentation*)**构境**。这也就是索绪尔那个著名的能指与所指任意关联的断言的奥秘所在。一旦从物中摆脱,作为能指的符号就获得了无限的自由,"符号是复制自身的表象",而正是这个自我生产的表象之表象构筑了古典认识型的真正本质。青年福柯说,只是"在古典时代开始,由于符号是**可表象的**,所以,符号成了表象的表象性(la représentativité)"[41]。这就意味着,词不再直接指向物,而是通过自我复制的表象之**构序**来建构和支配物。如是,即为资产阶级表象世界图景构式的初始发生。

在过去,记号是作为**对象性**认识的工具和认知的钥匙的,而现在,符号只同体于表象:"当一个表象与另一个表象联系并在自身内部表象这个联系的时候,就存在一个符号。"[42]并且,当所有表象都作为符号相互关联,最终生成一个巨大的符号网络时,表象也就否定了传统的**意义域**。意义也不再指向具体对象,而不过是符号系统自身的结晶而已。这是一个全新的科学意义构境的凸显和断裂性本质。

四、大写的有序之重构

在青年福柯看来,居于新的古典认识型的核心的是给予世界一种新的**有序性**的科学。这个有序(*ordre*)的本质是**构序**(ordre 作为动词)!它也是福柯此书中最重要的关键词。用传统的人们易懂的话语来说,科学的任务就是要找到事物的本质、内在联系和运动规律。可是,我们不知道的是有关构序规定的全新意义:构序并非要找到已经现成存在的人之外的事物本质和规律,而是探究这种本质和规律的有序性是**怎样被给予**的。当然在青年福柯这里,构序的秘密只是认识型的主观构式。青年福柯颇有感触地说:

> 在 16 世纪,相似性是与记号体系联系在一起的;并且,正是对这些记号的解释,才打开了具体认识领域。从 17 世纪以来,相似性被赶到了认知的周边地区,认知的最低级和最低下的边缘。在这些地方,相似

性与想象、不确定的重复、模糊的类推联系在一起。[43]

这是因为，魔法式的相似性构境无法打开通向科学构序的道路，无法让我们建构和把握这个世界的内在秩序，而古典认识型却要建立一种新的关于探索**有序性**的科学与境。这也是韦伯将魔法祛魅走入现代形式化法理存在结构的深一层认识论构境背景。青年福柯甚至断言，"使整个古典认识型成为可能的，首先是与构序知识的关系（rapport à une connaissance de l'ordre）"[44]。在此书中，福柯 338 次使用 rappor 一词，这足以说明它的高频关键词地位。它表明，**非实体的关系视角**的确是福柯的构境倾向。如果说 16 世纪的相似性还嫌柔弱的话，那么科学所建立的有序性就是强有力的了。**价值中立的认知就是资产阶级给予世界秩序的权力**。笛卡尔的"我思故我在"、培根的"知识就是力量"和康德的"向自然立法"都是这种新的暴力性构序话语的表达。于是，建立一门普遍的**构序论的**科学成为**必然**。在这里，

> 无论有多么遥远，科学总是设法完全找出世界的有序；科学也总是为了发现简单的要素以及这些要素之间的逐渐结合；并且在科学的中心形成一张图表。在这张图表上，认识展现在与自己同时代感的体系中。在 17—18 世纪，认知的核心（Le centre du savoir）是**图表**（le tableau）。[45]

在福柯看来，普遍的构序科学的前提，是表象的符号系统和能够让事物入序的同一性和差异性关联图表。这张图表不是相似性的诗性图景，而是由精确的计算和可操作性的组织化构成的图表。这是在另外一重科学认知构境中重申韦伯眼中的资本主义精神。在其中，符号分派给我们的表象（知觉、思想和欲望）被"连接成有区别的小区域，这些小区域因可确定的特征而相互分隔开来"。这先是**差异性区分**。请注意，此处的差异性区分与福柯后来揭露的资本主义规训权力分析有密切关联。然后，

> 这些符号还准许确立一个同时性的体系（依据这个体系，种种表象

表达了自己的接近和自己的距离,自己的邻近和自己的差距)——并因此准许建立一个网络,这个网络处于年代学之外,使得符号的亲缘性显示出来,并恢复符号在永久空间中的有序关系。以此方式,同一性和差异性的图表就绘就了。[46]

在这里,符号的有序性网络,即表象之间差异性和同一性的组织化构序,通过可见的图表呈现出来。图表是资产阶级可计算性的另一种表象形式。其实,这正是福柯对科学本质的说明。

首先,先前由魔法构境起作用的地方,在古典认识型中出现了"被理解为一门关于尺度和构序的普遍科学"的数学(la mathesis),而这个以数学量化为基础的可计算的精确性又是一切经验科学(ces empiricités)的基石。康德与胡塞尔一正一反地集中讨论过这一主题。青年福柯指认,以代数为基础的精确性,是"给简单自然物以有序性"[47]。在这里,有质性的魔法情境破碎为扁平的可计算数量。舍勒[48](《价值的颠覆》)和霍克海默*、阿多诺**(《启蒙辩证法》)先后讨论过这一主题。其次,在过去物与物之间含混不清的相似性起作用的地方,古典认识型中出现了作为同一性和差异性相互连接的分类学。分类学是"限定存在物一般规则"的构序学科;当然,也是在"复杂自然物"中存在论构序的学问。这也就是说,分类学并非对已经实在的事物的类划,而是对自然物的存在性命名和让其存在。其三,一旦"拥有作为能计算的构序科学"的精确性和分类学,也就在过去上帝创造万物的位置上,横空出世了一种在资产阶级所创造的工业—市场经济现实的"经验基础上对有序的构成分析的起源学(la genèse)"[49]。Genèse 一词在法语中的直接意思是《圣经》第一卷"创世记",指有一种根本的神性起源的意味。这种起源论也是后来大写的线性历史构序和进步说的起点。福柯在此书里对这个转喻中的 genèse 青眼有加,19 次使用了该词。此外,我们也会在后

---

* 麦克斯·霍克海默(Max Horkheimer, 1895—1973):德国著名马克思主义哲学家,法兰克福学派创始人之一。代表作有:《传统理论和批判理论》(1937)、《启蒙的辩证法》(与阿多诺合著,1947)、《理性之蚀》(1947)、《论自由》(1962)、《工具理性批判》(1967)、《批判的理论》(1968)等。——本书作者第二版注

** 阿多诺(Theodor Wiesengrund Adorno, 1903—1969):德国著名哲学家、社会学家、音乐理论家。——本书作者第二版注

来的《规训与惩罚》一书关于规训的现实构境中遭遇此词。由此，这个起源学的秘密就是古典认识型中资产阶级所实现的**创世记**。

当然，这一次的创世论不是中世纪的神创论，而是古典认识型的创世论。原来属于上帝的三种大写的秩序（立法），现在全都由资产阶级古典思想重建了。青年福柯说："古典形而上学恰恰处于从有序到**大写的有序**、从分类到**大写的同一性**、从自然存在到**大写的自然**的距离中；简言之，处于从人的知觉（或想象）到上帝的理解和意志的距离中。"[50] 过去，**大写性**只是上帝创世论中的神性之境，而今天，正是在这个资产阶级古典思想创造出来的新的起源说中，我们碰到了古典认识型之下三个最重要的大写有序之重新建构："在词语、存在物和需求的领域内出现了普通语法、自然史和财富分析。"[51] 这就是对 17 世纪以后西方资本主义社会文化构式的具体讨论了。

注释

[1] 委拉斯开兹（Diego Velazquez，1599—1660），文艺复兴后期西班牙最伟大的画家，1623 年起任西班牙国王腓力四世宫廷画师；曾赴意大利研究文艺复兴诸大师的绘画，深受威尼斯画派的影响；反对追求外表的虚饰，主张真实地描写现实；善于表现人物的性格特征，笔触自然、色彩明亮。代表作有《教皇英诺森十世肖像》（1650）、《纺织女》（1656）、《宫娥》（1658）等。

[2] Menine 一词特指在西班牙王室中由贵族担任的男女侍从。大部分译者将 Las Meninas 译作"宫娥"，我以为不妥。中国古代的宫娥常常意指普通宫女，这与西班牙宫廷中由贵族担任的侍女还是有略有不同的。其实，我更愿意将之译作"宫中侍女"。

[3] 这部分对艺术作品进行讨论的内容，原为青年福柯 1965 年发表于《法兰西信使报》上的一篇文章，在收入《词与物》一书的"人文科学文库"的主编的要求下，这篇文章被重新编入此书。对福柯而言，这样做十分牵强。我想这也是我们初读此节，总感觉有些怪异的原因。不过，福柯正好在此书中断言了"人文科学"之死，也算是出了这口恶气。

[4] [法]福柯：《马奈的绘画》，谢强等译，湖南教育出版社 2009 年版，第 27 页。

[5] [法]福柯：《词与物——人文科学考古学》，莫伟民译，第 6 页。

[6] [法]福柯：《马奈的绘画》，谢强等译，湖南教育出版社 2009 年版，第 15 页。

[7] [法]德勒兹：《德勒兹论福柯》，杨凯麟译，江苏教育出版社 2006 年版，第 60 页。

[8] 同上书，第 83 页。

[9] [法]福柯：《词与物——人文科学考古学》，莫伟民译，第 19 页。

［10］同上。

［11］同上书,第20页。

［12］杨凯麟:《分裂分析福柯》,南京大学出版社2011年版,第117页。我注意到,杨凯麟博士将福柯后来使用的dispositif一词译为**布置**,这可能会使福柯使用此词构境变得过于简单,我认为还是应该译为带有战略性的**部署**更好一些。并且,将福柯著述中后来逐渐变得重要的部署范式前移到青年福柯的文本分析中,会是一种逻辑僭越。因为,我的词频统计中,在青年福柯《词与物》和《认知考古学》两个文本中,dispositif一词的使用率都是零。

［13］［法］福柯:《人死了吗?》,载《福柯集》,王简等译,上海远东出版社1998年版,第83页。

［14］［法］福柯:《词与物——人文科学考古学》,莫伟民译,第21页。

［15］杨凯麟:《分裂分析福柯》,南京大学出版社2011年版,第115页。

［16］毕加索(Pablo Ruiz Picasso,1881—1973),西班牙著名画家、雕塑家。20世纪现代艺术的主要代表人物之一。

［17］在1957年8月17日至12月30日之间,毕加索依据委拉斯开兹的这幅《宫娥》,绘制了一批现代变体画,数量多达58幅,形成了一个可观的作品系列。在现代美术史研究中,这一事件也被称为"毕加索戏仿《宫娥》"。后来,毕加索将这些作品捐赠给了西班牙巴塞罗那毕加索美术馆。

［18］此照片为西班牙最大的elcorteingles百货商场2011年的一幅广告。

［19］哈苏相机(Hasselblad)是一种用于专业摄影的高级单反照相机,在风光、静物、肖像、广告及特殊用途的摄影中效果尤佳。哈苏相机与沃尔沃汽车(Volvo Cars)一起,被称为瑞典哥德堡市的骄傲。哈苏相机配套镜头由德国卡尔·蔡司(Carl Zeiss)生产。Hasselbald与Carl Zeiss两个标志的组合就代表着完美的画质、精确的曝光、顺畅的操作以及无比的耐用性。

［20］［法］福柯:《尼采、弗洛伊德、马克思》,方生译,载《尼采的幽灵》,社会科学文献出版社2001年版,第97页。

［21］据刘北成的考证,最早指认前现代性思想的相似性特质的是海德格尔写于1938年的《世界景象的时代》,其中,海德格尔区分了"相似性"与现代思想的"表象"。参见刘北成:《福柯思想肖像》,北京师范大学出版社1995年版,第122页。

［22］［法］福柯:《词与物——人文科学考古学》,莫伟民译,第23页。

［23］同上书,第23页。

［24］同上书,第25页。

［25］同上书,第26—27页。

［26］同上书,第29页。

［27］同上书,第32页。

［28］［法］福柯:《尼采、弗洛伊德、马克思》,方生译,载《尼采的幽灵》,社会科学文献出版社2001年版,第98页。

［29］同上。中译文有改动。Michel Foucault, *Dits et écrits*, *1954—1975*, Paris, Gallimard, 1994, p.594.

［30］［法］福柯:《词与物——人文科学考古学》,莫伟民译,第 35 页。

［31］同上书,第 36 页。中译文有改动,译者将此处的 marqué 译作符号,我改译为烙印。Michel Foucault, *Les mots et les choses*, *Une archéologie des sciences humaines*, Paris, Gallimard, 1966, p.41.

［32］［法］福柯:《词与物——人文科学考古学》,莫伟民译,第 37 页。

［33］同上。

［34］同上书,第 40—42 页。

［35］同上书,第 43 页。

［36］同上书,第 47 页。

［37］同上书,第 55 页。

［38］同上书,第 63 页。

［39］同上。

［40］同上书,第 72—73 页。

［41］同上书,第 87 页。

［42］同上。

［43］同上书,第 95 页。

［44］同上书,第 96 页。中译文有改动, connaissance 一词应为学识。Michel Foucault, *Les mots et les choses*, *Une archéologie des sciences humaines*, Paris, Gallimard, 1966, p.86.

［45］［法］福柯:《词与物——人文科学考古学》,莫伟民译,第 100 页。

［46］同上书,第 98 页。

［47］同上书,第 96 页。

［48］马克斯·舍勒(Max Scheler, 1874—1928),德国著名哲学家、人类学家。舍勒生于德国慕尼黑,其父为路德宗派牧师,而母亲则是正统犹太教徒。1894 年后,他先在慕尼黑大学学习哲学和心理学,1895 年转到柏林学医。1896 年转学耶拿大学追随倭铿(R.Eucken)修习哲学。1900 年,舍勒在耶拿大学任教。1928 年,舍勒因心脏病突发而猝死在讲台上。其主要代表作为:《伦理学中的形式主义与质料的价值伦理学》(1913—1916)、《知识社会学问题》(1924)、《人在宇宙中的地位》(1928)等。

［49］［法］福柯:《词与物——人文科学考古学》,莫伟民译,第 97 页。

［50］同上书,第 286 页。

［51］同上书,第 76 页。

第三章　古典认识型：话语、自然和财富中的三种大写的构序

　　青年福柯指认，17 世纪出现的以表象为本质的资产阶级古典认识型，在整个西方文化历史存在中建构了三种新的**大写的有序**：一是作为一门符号科学的**普通语法**，这是对话语活动的构序。二是重新确定"自然的连续性和错综复杂性"存在的**自然史**，这是向大自然立法的构序。三是"准许交换和确立起人们的需求或欲望之间的等值的符号的科学"——**货币理论和价值理论**，这是关于商品—市场经济活动的构序。用德勒兹的话表述，即"生物之'特征'、语言之'字根'、财富之货币（或土地）。这些科学都是一般性的，一般性意味着一种关于无限性的等级"[1]。一般即无限力量，也就是通常的大写性。在这里，福柯让"人的力量与无限的力量（forces d'infini）、'无限的构序'（ordres d'infini）建立了关系，以至于人按上帝的形象生成自己"[2]。其实德勒兹这一表述是不准确的，因为这里发生的事情恰恰不是人按上帝的形象构式自己，上帝不过是人的神性倒影，今天与无限力量链接的是资本的现实力量。资本才是普照大地的神性之光（马克思所说的"以太"），它就是市场存在中的真正上帝。福柯认为，正是古典认识型，中断了以相似性为基础的传统认识型，突现式地建构起了在古典认识型中才得以发生的让西方资本主义世界存在的"大写的有序"。显然，这是与马克思对资本主义历史发展的客观现实分析完全不同的颠倒性理路。在这一章中，我们将分别来看这三个大写构序的发生和运行机制。

一、作为话语活动构序的普通语法

在青年福柯这里，古典认识型下的语言与先前传统最大的不同，就在于它从对象物相似性的依存关系中获得的解放。与索绪尔不同，福柯此处并不是在讨论语言和言语活动中能指与所指的关系，他已转向更抽象的表象。现在，语言中的词从物转向了表象，从而接受了表象思想（représenter la pensée）的任务："表象并不指翻译、给出一个看得见的版本（version visible）、制作一个有形的副本（这个副本在身体外部坡面上能复制精确的思想）。"[3]之所以如此，盖因表象已不再是镜像式的反映，而是在一个**替身或代理**中的再现或构境。Représentation 一词本身就有代表和代理的意思。**物在表象中消失和不在场**。从此，**词不相似于物**，现在是一群占位的表象化身在舞台上自娱自乐地操演。我们可由此体知福柯在《疯狂史》二版序言中所调侃的自己的文本的被解读"化身"一说。表象不再是对一个原初对象的相似性模拟，不再是反映的镜像，不再是拷贝的相片！作为表象的词语，在今天已拥有了一种"表象自身的力量"，由此，那个向物施威的**词**被重构了，作为表象之表象的词成了可以自我生产和复制的独立主体，即"表象凭着在反思的目光下一步步把自己与自己并置在一起，来分析自身，并且以一种作为自身的延伸的取代形式来委派自己"[4]。所以，古典时代的表象从来都是**表象的表象**！如同青年福柯借由委拉斯开兹的《宫娥》画家画画家之画的故事要告诉我们的那样。表象最大的本事在于它能在复制自身中创造一个新的有序世界。词与物的关系现在成了表象**自己的事情**。我觉得，福柯从未认真思考过的问题是，代理性的表象从物的粘黏中摆脱出来后，本质上是通过转向**间接的象征关系**建构自身的。关于这一点，索绪尔和拉康的分析似乎更加深入。

对此，青年福柯还特意做了个历史性的比较：在文艺复兴的时代，记号与象形物相联，语言是与原始事实相关的存在，在世界的深处，词与物结合在一起，或者文字在物的下面伸展，**词就是物**。而今，资产阶级新的语言成了一种看不见的东西，它不实在。或者说，它就是**物的不在场**。拉康讲得更极端一些，他把这叫作"语言是存在之尸"。

　　从古典时代起,在表象内,在使自身凹陷的对自身的复制中,语言展现出来了。从此之后,初始的**大写文本**(le *Texte* premier)被抹去了,与它一起被抹去的还有整个取之不尽的基础(这些词的沉默的存在铭刻在物上);所剩余的只有表象了,表象在表达自己的词语符号中展开,并通过这一点而成了**话语**(*discours*)。[5]

　　这是一个十分重要的转换。**话语**突然历史地在场了。表象式语言的看不见,不是它不在场,而是它的**在场方式**发生了根本改变:原先,词总是指向具象的物,而表象之词却不再有作为归属基础的初始依据(大写文本)。其实,被抹去的并不是存在者——物,而是让物(自然)涌现的存在。可是,福柯的唯心史观使他无法深入到海德格尔那个更透彻的"存在之遗忘"。在福柯这里,"与文本的古老关系,曾是文艺复兴时期对博学的定义,现在却发生了改变:在古典时代,它已成了与语言的纯要素的关系"[6]。物在词中被抹去了,表象只表象自身,因此,表象之词语必须呈现为不是词语实在之意的**话语**。这是话语作为思考范式较早的一次出场。福柯在此书中 161 次使用了 discours 一词,显然这是一个高频关键词。海登·怀特[7]考证道,discours(英文 discourse)的印欧语源(kers)以及拉丁词形(disrxj"面向不同的方向"+currere 指运行)都提示我们,分析话语所考虑的意涵就要针对话语的循环流通与往复运动。[8]而在拉丁语中,它是从动词 discourrere 变化而来的,动词 discourrered 在拉丁语里的意思是"到处跑"。话语即功能性言说的**场境存在**,"话语"既不是作为形式和系统出现的"语言"(Langue),也不同于具体发生状态中的"言语"(Parole),福柯此处的话语恰恰为表象之表象的网络游戏生成**构境论**意义上的**话语性**(la *discoursivité*)意指。这又是一个跟我提出的构境论十分接近的话语理论。西方语言的字母书写和拼音化,是青年福柯谈及的另一个语言构境论的例子。他说:"凭着字母书写,人类历史整个地发生了变化。"[9]如果说在象形文字中,文字还与对象相关,拼音文字则消除了文字与对象物最后的链接,语义不再复现对象,而是特定字母建构出来的词语构境的产物。在这一点上,福柯无疑是深刻的。当然,在此处的思想构境中,话语只是古典认识型中发生的一个语言符号功能化消解的转型方式，而在不久之后的《认知考古学》中，它则成了取代认识型的全新总体构境方式。文献显示，在《临床医学的诞生》一书的第二版修订中，福柯就开始将原书中的一些"语言"概念替换成"话语"，并尽量删减"能指"和"所指"一类语言学的概念。这当然是后来的思境重构和重新部署。

首先，在青年福柯看来，一旦语言所依存的实在被排除，语言就成了表象，即非直映的"话语的本性和功效（nature et ses vertus）"，"话语只是被词语符号所表象的表象本身"。[10] 在这里，话语只是语言的对象化依存支点消逝后弱化为表象的结果。语言失去了物的直接支撑，它只能靠自身力量维系自身的权威，因而不得不自己去造就一个与物并没有直接相似性的"连续的有序"，必须把表象和思想"安排进一个线性的有序（ordre linéaire）"之中。[11] 这是表象话语的**自我构序**。在词与物的关系上，不再是词烙印物，而是词在自身中制造和编排物。词，以它自身生产的线性构序取代了物性构序。青年福柯指认，这个语言构序的结果就是在古典时代出现的**普通语法**。这也是第一个大写的构序。

> **普通语法是对同时性关系（*rapport à la simultanéité*）的词语秩序（*l'ordre verbal*）的研究，表象这一同时性，正是普通语法的任务。**因此，普通语法的适合对象，既不是思想，也不是任何个体语言，而是被理解为一系列词语符号的**话语（*le discours*）**。[12]

在原文的这段表述中，青年福柯使用了大量的斜体字，他这么做无非是想强调，普通语法的出现标志着对语言自身作为**同时性关系的表象秩序**的建构，即话语结构的有序法则。在这里，话语开始被用来表征同质性构序的一种内在塑形活动。这一点，与后来的《认知考古学》中的话语实践有一定的差异性，在那里，话语实践开始表征一种非线性的异质过程。相对于传统的相似性想象之序，新的话语构序是自主性的、"独一无二"的。其中，自我生产和自我复制是话语的本质，也是整个世界的新的构序本质。福柯此时无法去深入理解的构境层是自我复制和生成的话语构序的现实历史基础，即资本主义工业生产构序和市场经济活动所创造的全新社会存在中的功能构式。这一点，他是在晚期政治哲学思考中才逐步意识到的。我注意到，布尔迪厄倒是尖锐地指出了福柯的上述错误,他认为,福柯在《词与物》中的认识型观念实为源于列维-斯特劳斯的"象征结构主义",这一观念的最大问题恰恰是无视象征生产的**现实基础**是"特定社会生产条件"中的生产方式。[13]

其次,更重要的是,普通语法不仅是语言的话语构序,而且是**所有古典认识论**的基础。"普通语法遍布整个认识领域(但其方式几乎是隐蔽的),以便在表象的基础上使认识的可能性涌现出来,并揭示认识的起源、认识的本性、线性和普遍纽带。"[14]这是一个更大的构序结构,福柯竟然指认古典认识论的真正构序本质,正是词语自我生产的普通语法。可是,如果普通语法的基础是离开了反映论的表象式话语,这是否意味着古典认识论的质性也是非反映论的? 这是否与 17 世纪以来"机械唯物主义"认识论发生的史实相违背? 福柯并不想分析这些具体的思想史现实。

并且,福柯进一步剖析道,这个以隐蔽方式成为全部认识基础的普通语法,也就是看不见的被**去政治化**的资产阶级**意识形态**(*l'Idéologie*)。[15]福柯在此书中 18 次使用了这个大写的 Idéologie。这个断言倒很重要。不难发现,在青年福柯此处所使用的意识形态一词中,传统马克思—阿尔都塞式的可见**政治**意识形态色彩已基本被抹去,福柯这个意识形态指的是整个古典认识型**座架世界**的臆想构架。为此,福柯列举了一个耸人听闻的证据:在作为普遍性话语的意识形态中,"语言将整个世界都集中在它的字里行间,反过来,作为可表象物的整体的世界必须整个地成为一部百科全书(Encyclopédie)"[16]。显然,青年福柯这里指控的是法国资产阶级启蒙思想的百科全书派。[17]在福柯眼里,**通过字母的编排**构序世界本身,就是资产阶级古典认识型表象的一种无意识强暴。我觉得,这显然已经不仅仅是一个布尔乔亚统治阶级意识的问题,而且还可能会是从未被反思和内省过的**人类中心主义**的总体性强暴逻辑的历史问题。

由此泛化开来,科学认识的基础同样是普遍性的话语,所以,"'科学院'是一个封闭的圈子,它把基本上秘密的认知形式投射(projetait)到社会构式(configurations sociales)的表面"[18]。这个 configuration 是一个长期被忽略的十分重要的概念,也是比塑形(formation)更复杂的建构性范式。正是在这个意义上,青年福柯指认 17—18 世纪以后的科学认知是"罩着面纱的话语"，科学最原始的本性就是这种看不见的表象关联体系，正是科学，将表象本身的有序结构强加给物。这是词与物的一种全新的征服和强暴关系。然后，这种资产阶级的科学意识形态再让人们觉得自己是在从**外部自然**中获取了人之外的**事物本质**和**客观规律**。过去，如果说黑格尔是将理念逻辑结构直接作为世界的本质和活动规律，而现在，则是将科学话语构序结构伪装成我们主体捕捉和认识到的外部客观规律。由此，科学意识形态才有可能将自己装扮成真理。这也是之后福柯会重点讨论的认知与权力关系中隐匿的**真理话语**关系。显然，福柯这里对科学本质的思考远深过法兰克福学派。

我个人觉得，青年福柯关于古典认识型的语言分析中最有意思、也最深刻的内容，是关于**动词理论**（La théorie du verbe）的讨论。青年福柯声称，人之语言的发生，是从动物界那种"简单的叫喊"起步，到这种声音中开始"包含一个关系（rapport），即一个命题的构序存在（était de l'ordre）时，才能成为语言"[19]。太精彩了！这让人立即就能联想到黑格尔—马克思那个"关系即主体"的著名断言。只有当建构起一个**关系情境**的时候，语言才从动物式的喊叫声中确立起自身来。并且，这个关系是在**动词**"突然涌现的地方"得以建构的。动词是做……（宾语），**动词即是关系**。青年福柯指认，"动词是所有话语不可缺少的条件：凡是不存在动词的地方，至少以潜在的方式不存在，我们不可能说存在着语言"[20]。何出此言？正因为所有的动词都指向作**系动词**"有"、"是"、"在"的**存在**（l'être）！语言不再指向对象性的物，而指向关系性的存在，这是古典认识型中的**话语**区别于传统语言的质性所在。青年福柯认为，语言的全部本质都集中在这个单一的 être 中，"没有这个词，万物都将沉默不语"。正是这个 être 建构起话语的塑形本质，话语才**能让物是其所是**。这是一种新的词与物的构序关系。应该指出的是，福柯此处的存在（être）并不是海德格尔构境意义上的与**存有—本有**（Seyn-Ereignis）相对应的**存在**（Sein），而是法国存在主义诠释语境中的生存性存在对 être 的一种改写。这是一个极为复杂的辨识构境层，我们就不在这里展开讨论了。

青年福柯说，这个 être 将所有语言所指认的表象联系起来，向某个存在物倾泻出自己的符号，这个存在物就是思想的存在。由此，话语**命名万物**，

"活动的语言就把自己的狡计(artifice)建立在自然之上"[21]，这也是一种**新的话语本体论**，是一种全新的**表象创世说**。黑格尔的"理性之狡计"再一次出现在自然之上。福柯这是重新解读黑格尔的绝对理念之本质。

　　古典"话语"的基本任务是**把名词赋予给物**(*d'attribuer un nom aux choses*)**，并在这个名词中去命名物的存在**(*être*)。两个世纪以来，西方话语是本体论(*de l'ontologie*)的家园。当西方话语笼统地命名了所有表象的存在(*l'être de toute représentation*)时，它就是哲学：认识论(*épistémologie*)和观念分析。当西方话语把合适的名词赋予每个被表象的物(*chose représentée*)，并在整个表象领域上布置精心制作者的语言网络时，它就是科学——命名法和分类学。[22]

这是一个小结。福柯在此书中 15 次使用 ontologie 一词，21 次使用 épistémologie 一词。西方本体论哲学的本质，实际上就是话语以表象之表象的词(*être*)命名物的立法，万物依话语构式而"是"(*être*)，可是在形式上它却颠倒地表现为探寻外部世界本质和规律的科学与认识论。这是一个极为重要的断言。古典认识型中的词与物关系，是一种看不见的**隐性唯心主义话语暴力**。不得不承认，福柯此处的思想构境是极为深刻的。

二、向自然立法：分类学中大写构序下的自然史

"向自然立法"，是康德早已意识到的主体暴力。不过，关于这种立法(让其 être)的历史性实现，青年福柯在《词与物》一书中却给出了一种新的确证。在青年福柯这里，从来就没有什么自然界自己的历史，17 世纪以后，在话语命名表象的哲学身后，已经出现了"把合适的名词赋予每个被表象的物"的科学认知网，自此开始，自然及其历史才第一次在精心的分类学知识体系中被生产出来。**自然史**(*l'histoire de nature*)，是自然世界的一次近代式的布尔乔亚重生，这种重生的本质是主体性的构序和掠夺性的占有。或者按青年福柯更早一些的说法，即"一切知识都与残暴的基本形式

分不开"！[23]

以青年福柯之见，在 17 世纪之前，**大写的历史**（l'*Histoire*）就是关于一切看得见的物以及在物中被发现或放置的符号的错综复杂和完全统一的结构。写一部历史，就是要发现物的相似性，物固有的特征，以及关于物的神奇传说和故事。福柯在此书中 228 次使用了 histoire 一词，其中 44 次使用的是这个有特定含义的大写的 Histoire。用海德格尔的话语来说，即历史学是关于死去的"过去之物"的描述。由此，他在德文中区分了历史学（Historie）和历史（Geschichte）。在法文中，没有这种在词语中对历史的质性区分。

而到了 17 世纪开始的古典认识型，上述一切开始发生改变。"自然"首次真正被"驱赶进认识之中"，**自然史**由此方应声出现。在海德格尔的思想构境里，这是自然第一次被总体性对象化，也是自然涌现方式的根本改变，即技术座架。这正是福柯所指认的**第二种大写的构序**。所谓自然史，并不是自然存在本身的历史发生，而是"**看见人们将能说出**（*Voir ce qu'on pourra dire*）"的自然现象，是一种新的强加给自然的大写的有序，一种发端于古典认识型的科学话语构序：依据这一可见的**自然科学秩序**，所有的自然物都必须遵循以下的步骤："名字、理论、属、种、属性、用法以及最后的文献"[24]。在青年福柯眼中，自然科学在古典时代的创立，恰恰是我们这个世界本身的一种**被祛魅**（去魔术化）后的重新"构成"，其本质正是**构序**——向自然立法，用秩序（本质和规律）编织起自然科学中的世界图景。这恐怕也是韦伯现代性社会祛魅更深的认识论基础。正基于此，"'历史'这个古老的词就改变了自己的价值"，历史不再是关于过去之物的相似性故事，而是有序的表象词语之链。自然的"历史"第一次成了在"光滑的、中性的和可靠的词中汇集起来的"自然物的被命名，这是一种对自然存在去除魔法的**净化**，"在这种'净化'中构建的第一种历史形式将是自然的历史（l'histoire de na-ture）"[25]。以青年福柯的说法，**自然史**是直到这个时候才被真正创始的。在这个构境层中，自然史也不过才 300 年，这与福柯所指认的那个现代性的人的诞生时间是接近的。这也是自然科学的一个最重要的成果：向自然立法和构序。"自然史不是别的，只是对可见物（visible）的一种命名。"[26]也是在这里，福柯去除了康德"向自然立法"命题的非历史性。对自然立法的真正发生是资产阶级在 17 世纪的旷世杰作。

其实,青年福柯的言下之意是,只有出现了科学认知网络的地方,才会有自然的历史,不同的学科网络构序建构不同的自然存在的类历史。比如生物史的前提是 19 世纪出现的生物学,没有生物学的构序,就不可能出现生物的历史。这是一种新的**话语范式优先论**。

> 人们想在 18 世纪撰写生物史(histoires de la biologie),但是,他们并没有认识到生物学在那时并不存在,并没有认识到 150 年来已为我们所熟知的认知的区分对先前一个时期来说毫无价值。并且,假如生物学并不为人所知,那么,十分简单的理由将是:生命本身并不存在(la vie elle-même n'existait)。生物只有通过由自然史构建的认知之栅格(grille du savoir constituée par l'histoire naturelle)才能显现(apparaissaient)出来。[27]

这当然是一种颠倒的唯心主义历史观。没有生物学的理念和认知栅格(在黑格尔那里叫逻辑),就没有实存的物性生命现象,"太阳底下没有新东西"。其实,先在的客观自然物质,以后人们通过社会实践对它们的人择性**使用和使其功能性构序存在**的历史发生,与人们对它们进行的**历史性命名和观念化话语构序**是两个完全不同的层面,福柯深刻地看到后者但错失了前者,这一点,他远逊于海德格尔。

在福柯的眼里,过去在传统认识型中传颂自然物神奇传说的地方,现在出现的只是"将物与物并置在一起的清晰的空间",其实,这只是一个词与词并置的"无时间性的矩形"的表象结构,看得见(命名)的自然物"依照各自的共同特征而被集合在一起",在"一种把物与目光和话语联结在一起的新方式中"被一个接一个地有序地呈现出来。显然,"物与词十分严密地交织在一起:自然是通过命名之网才被设定的"[28]。这是"一种塑造历史的新方式"。由此,自然才第一次进入到表象构序的认知**结构栅格之网**中。福柯在此书中 11 次使用 grille 一词。我留意到,福柯是在《临床医学的诞生》一书中较早使用 grille 一词的。[29]不过,我还想补充的是,与海德格尔的思想构境相比,福柯的肤浅在于,他没能更深一层地理解到,他眼中的**物**(choses, Ding)本身从根基上已经是与人相关的**事物**(Sache),自然已经是依存在之解蔽的向我们的特定**涌现**(*Physis*)，或者说，进入表象之构序的自然已经并非真正意义上的自然而然之物，而是解蔽后的存在性事物之涌现。故而，在科学构序中发生的事实并不是词与物(Ding)的关系，而是词与科学座架之存在涌现的关系。

首先，青年福柯指称，在科学认识型之网中，科学认知的本质就是"系统地去看"，这是一种被编排、塑形和构序的目光，这就是分类学的**结构化认知**。它很像前述福柯讨论的那幅油画中把大厅照亮使人物可见的阳光。"结构把整个可见物领域都归结为一个可变物体系"，正是"通过结构，表象以混乱和同时性形式提供的一切得到了分析并据此适合于语言的线性展开"[30]。在一定的意义上，这也是对康德先天综合判断编排和架构经验现象一说的现代重写。这显然是一个历史性出现的科学化结构，也是**狭义**的结构概念。它与作为**广义**结构的认识型的**巨结构**是有区别的——虽然福柯与他的老师阿尔都塞如出一辙，同样拒绝别人用结构主义来标识他的学术思想。

其次，要实现对可见物的结构化认知，生产自然史，还必须建立一套有序的**特性理论**。所谓特性理论，就是把物全都置于那个把它们与其他所有的存在物联系起来的同一与差异的体系，这个"被选作确切的同一性和差异性之场所的结构，就被称作特性(le caractère)"[31]。判定对象物的不同**质性**的特性，是对自然进行差异性分类的微观根据。

其三，自然史的本质是确认自然存在的**连续性**(*continuité*)。正因为话语构序的连续性，被构序和分类的自然就必须是连续的，"连续性只由能被特性清楚地辨别的不同区域的无裂缝的并转所组成，一个连续不断的价值渐变"[32]。这会是双重连续：一是被区分了特性的物与物之间的**共时性连续**网络，青年福柯宣称，这种"存在物的连续网络"是对自然构序的最重要的保证之一。二是这种网络的**历时性连续**。此处，它仅仅是一个认识型发挥构序作用区间的持续渐变。这后一个连续性的抽象历史方法，也是后来福柯在反对总体历史观中的核心质疑点。

最后，自然史的发明还出现在科学分类学身后的书写**档案**(*d'archives*)中。在传统研究中，档案是对过去之物的物性遗迹的保存和整理。而到了青年福柯这里，档案获得了一种全新的定位：

书写物的愈加完整的保存,档案的建立,对档案进行归档,图书馆的重组,目录、索引和盘存表的制定,所有这些事情,在古典时代末,与其说表达了对时间、对过去,对历史的深度的一种新的感受,还不如说表达了一种把一个与在生物之间确立起来的构序相同类型(même type)的秩序(ordre)的引入早已强加在物上的语言,引入由语言留下的踪迹中去的方式。[33]

档案,现在不仅是遗迹的物性保存,更重要的在于它是**重新激活**话语构序场境的科学**踪迹**。其实,面对这个曾经活化的话语踪迹,就是将档案重新激活的考古学。这是与停留在物性层面遗迹的传统考古学是根本异质的。在青年福柯看来,这才是19世纪历史学家有可能写出一部"真实"历史的根本原因。这也就是说,资产阶级历史学恰恰是在这里被建构起来的。因为,历史"从古典合理性(rationalité classique)、从构序化(ordonnance)和神正论(théodicée)中解放出来了,这部历史是向时间突然侵入的暴力(la violence)中恢复的"[34]。此处这个暴力,亦即科学构序对自然的强制。历史从神性枷锁中逃出,但在新的档案学之下,以时间为内核的连续的结构化的自然历史必然是一个被强暴的结果。在不久之后的《认知考古学》中,这个新型的档案范式成为功能性的话语历史复构基础。

三、流通与交换:财富领域中的价值构序

青年福柯认为,在古典时代,与普通语法和自然史并在的,还有一个基于经济交换流通领域的**财富分析**(*l'analyse des richesses*)。福柯将其与资产阶级现代性认识型中经济学的生产理论区分开来。奇怪的是,他不承认在古典时代存在着"政治经济学",原因是,"在认知之序中,生产并不存在(dans l'ordre du savoir, la production n'existe pas)"![35]这还是那个顽固的唯心主义逻辑在作祟,认识型中生产范式不在场,现实中就没有生产。这是极其荒唐的观点。我能体会到,福柯的这种观点极深地影响了后来的鲍德里亚的批判性构境。其中,货币、价格、价值、流通和市场概念倒过来成为经

济活动构序的主要构件。这是**第三个大写的构序**，它看起来仿佛是一个很实在的讨论。

青年福柯承认，这种对货币、商业和交换的思考是与现实资本主义社会实践和制度（pratique et à des institutions）联系在一起的。这个定位是对的。但他又指认，实践是建立在**认知基础**之上的："货币改革、银行惯例、商业实践全都能依据适当的形式而被合理化、发展、保存或消失；它们全都建立在某种认知基础之上（fondés sur un certain savoir）。"[36]是的，我们已经熟悉了，这又是一个将马克思重新颠倒过来的唯心主义观点。也是在这里，我们遭遇了青年福柯关于认识型的那个著名的定义：

在任何特定的文化和任何特定的时候，总是存在着一种对所有认知的可能性条件（les conditions de possibilité de tout savoir）加以限定的**认识型**（une *épistémè*）。这种认知或者体现在一个理论中，或者被默默地投入一个实践（pratique）中。[37]

在福柯的这个定义中，认识型是可以限定一定时间中特定文化发生认知的构架，它可以实现为一种理论或实践。当然，在这里出现的是古典认识型，古典认识型实现为第三种大写的构序，并被投入到资本主义社会实践中去。

可以看到，在讨论这个经济学领域的问题时，青年福柯有意将历史的线索向前拉长了。他先是指认 16 世纪的经济学思想"局限于或几乎局限于价格问题和货币实体的问题"——所以，那里的货币实体就是金属货币。在那时，"在货币的有形实在中建立了货币的两个功能，即作为商品之间的共同尺度，作为交换机制中的替代物"[38]。这是基本符合经济史事实的判断，通常的经济学说史描述中，这被指认为**重商主义**。福柯说，在那个时候，商品始终是其所是，货币具有度量商品的能力及其可交换性都基于其内在固有的价值，商品与货币（金属重量）是等值的。他的意思是说，在那时起作用的还是那个相似性的认识型。恰恰是"这个认识型构式在文艺复兴时期控制着自然的认知和反思或涉及货币的实践"[39]。这些概要的叙述算是福柯所作的一个历史性回溯。

福柯接着就写道，进入 17 世纪后，情况有了很大变化。在以表象为核心的古典认识型中,经济活动的方式发生了全新的改变,资本主义的**财富交换**中涌入了表象的构序关系。我已经不想指证福柯这里将经济现实与认知构序颠倒的唯心主义病症了。实际上,客观先行的生产实践构式和商品交换构序决定了此时的资本主义经济理论结构,再与科学技术实践的塑形共同生成了观念认知构架,福柯这里的逻辑构境之序正好是头足倒置的。

> 以同样的方式,财富就具有被交换的能力,财富有把自己分析成各部分的能力,这些部分准许平等和不平等的关系;能够通过这些完全可比性的财富(即贵金属)的要素相互指称。诚如在一个不断的链条中,整个表象世界充满着二度对它们进行表象的表象(second degré qui les représentent),同样,世界上的所有财富,就其是交换体系(système d'échange)的组成部分而言,就处于相互关系之中。[40]

就这样,如同自然史中的特性—表象(la caractère-représentation)理论一样,财富理论成了"货币—表象(la monnaie-représentation)理论"[41]。也是在这里,青年福柯再一次说明了作为古典认识型核心构件的表象:"表象具有在自身的基础上表象自身的力量:在自身上打开一个能分析自身的空间,并凭着它们自己的要素来塑成自己的替代物,这些替代物既能确立一个符号体系,又能确立一张同一性与差异性的图表。"[42]是的,现在我们已经可以理解,青年福柯为什么要在《词与物》的开篇就让我们去看委拉斯开兹的那幅《宫娥》了,对象物不在场的表象之表象的根本正在这里。表象的本质就是自我生产,并在**替身性的二度表象**中确立自身的符号构序,这是"一个连续不断的链条,整个表象世界充满着二度(au second degré)对它们进行表象的表象"[43]。于是,货币的功能,就在资产阶级古典认识型中发生了新的变化。原来,货币指向相似性的贵金属,而现在,**表象成了金钱的功能**。"货币成为表象和分析财富的工具,并反过来使财富成为由货币表象的内涵。"[44]

> 物品的价值不再来自金属。物品的价值是自己确立自己的,无需参照货币,而根据效用、快感或匮乏的标准;物品正是通过相互之间的

关系才获得价值的；金属只表象这个价值，如同名词表象一个意象或一个观念，但并不建构它。[45]

这是在古典时期经济活动中出现的新的大写的经济观念构序。就像词语离开物一样，现在，物品的价值已离开了金属，物品是在自身的交换关系中表象自身了。与16世纪相比较来看，事情被完全颠倒过来了。

显然，我们能看得出来，当青年福柯在说到"物品正是通过相互之间的关系才获得价值"时，他在古典认识型中看到的价值理论并不是**劳动**价值论，而恰恰是**交换价值论**。所以，当他分析重农主义的经济学观点时，也只看到价值生成于"有人支配着他人所需的剩余物"。福柯拟真的故事是：一个人从大自然采摘的水果只是**财产**，只有树上的水果数量超过了人的胃口时才会出现**财富**，并且，其间还必须有其他人渴望这些剩余。于是，就有了交换，"只有在交换的瞬间，财产才是财富和价值"[46]。虽然，重农主义的经济学家已经看到了农业生产的重要性，看到财富系源自土地，可是，当物品的价值与交换联系在一起；货币的价值就是作为流通中"寻宝的表象"。所以，"价值不是通过生产，而是通过消费而得以形成或上涨的"[47]。这种牵强的主观性断言和推论，与资本主义经济关系发生和发展的历史现实显然不符。这就是福柯的做派。更令人无语的事情还在于，恰恰是这种无视思想史固有线索，没有引文的"无参考点的言说"，成了德勒兹笔下所赞美的福柯的一种原创性。[48]

我们知道，马克思在自己1857年以后的经济学研究中发现，资本主义的劳动分工使个人的劳动失去全面性，使之必然成为片面性历史生存，然而社会正是在这种专业化分工与交换中第一次成为有机的经济运作系统。正是这种劳动片面性，使独立的个人作为互相需要的人群互相联系起来，并且彼此互补，形成黑格尔所说的当代"市民社会"。当然，这种客观的总体性是一种新的强制和奴役：每一个个人的劳动由于分工都被撕裂为碎片，都变得片面化，从而无法直接得以实现，只有通过市场交换由社会（他人）的需要作为中介才可能得到实现。因此，劳动必然一分为二，作为物质内容构成的有目的的有一定形式的**具体劳动**，创造物品的使用价值，而作为新的社会经济构序形式的与具体物性塑形无关的一般劳动消耗的**抽象劳动**则形成供交换所用的价值,这样,劳动的自然属性与社会属性就历史性地分离了。在交换中,价值形式的发展历经了这样的过程:从物物交换到简单价值形式,再发展到扩大了的价值形式,进而演变为一般价值形态即**货币**。在市场竞争中,物品的价值实现了向价格的转化。至此,人的劳动已经在交换中获得了一种特殊的社会存在形式,它原本是人与人相互交换的**直接**劳动成果关系,现在则颠倒地表现为一种经过**市场中介**的事物与事物的关系。在资本主义市场经济中,充分分工之下的劳动者个人的具体劳动只是构成产品使用价值的片面因素,劳动产品必须通过市场的交换才能卖出自己,以实现不同社会劳动之间的交换,而交换关系本身的客观抽象历史性地生成价值等价物(货币),这个代表了人与人之间劳动一般的"人格化"关系则事物化为事物(货币)与事物(商品或货币)之间的**非人格性**关系。

> 在生产者面前,他们的私人劳动的社会关系就表现为现在这个样子,就是说,不是表现为人们在自己劳动中的直接的社会关系,而是表现为人们之间的事物的关系(sachliche Verhältnis)和事物(Sachen)之间的社会关系。[49]

这种事物的关系再反过来生成支配活劳动的资本统治关系。这也就是说,福柯在话语唯心主义逻辑发现的物与物自身关系建构出来的价值,其实仍然是劳动关系被事物化颠倒后的第一层拜物教假象,这也意味着,福柯此处的论说恰恰是深陷资产阶级经济拜物教之中的。

所以,福柯一本正经地指认出来的 17 世纪认识型中关于经济活动的特有构序,实际上大大远离资本主义经济发展的真实过程。我想,如果福柯能稍下功夫读一些经济学说史的文献,尚不至于出这样大的思想史笑话。这也是他此时简单地拒斥马克思的必然恶果。

四、三种表象构序的一般图表

笔锋至此,青年福柯最想表达的在古典认识型中生成的三个大写构序的主要方面都已呈现，于是乎他就急急忙忙地绘制了一幅构序论的"一般图表"，即古典认识型和现代认识型将"经验有序的一般结构"勾勒出来的图表：这张图表由上图与下图构成，上图即刚才我们已经完整看到的 17—18世纪古典认识型中的普通语法、自然描述和财富分析三大领域。下图为 19世纪的图表，这部分我们且按下不表。

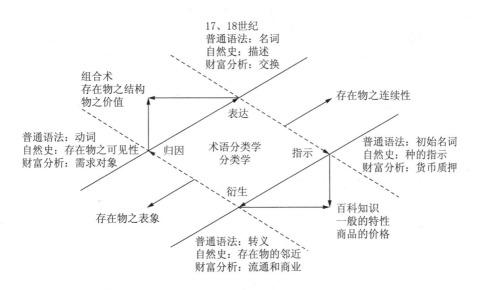

在此图的上半部分中，上述三大领域的内容被表象为一个极其复杂的动态关系构式的矩阵。它由三大领域的认识型构件的四种不同变形和转换建构而成。最上端是抽象的"普通语法（名词）、自然史（描述）、财富分析（交换）"。这是三个大写的构序领域的命名和关键词。左方是"普通语法（动词）、自然史（存在之可见性）、财富分析（需求对象）"。动词—être，存在之可见性—命名自然，需求对象—交换价值论，这似乎是三大领域中真正驱动存在的力量。右方是"普通语法［初始（primitifs）名词］、自然史（种的指示）、财富分析（货币质押）"。至此，已现出一些胡编乱造的端倪了。下端则是"普通语法［转义（Tropes）］、自然史［存在物的邻近（Voisinage）］、财富分析（流通和商业）"。我已经无法破解福柯此处的引申性随意和任性了，因为这种编造已经离开了话语构境的向心聚合力。

从这四个构件之间，由两条实线和两条虚线建构起了一个对称的由菱形四边形发散出去的八格**表象网格**。其中，上述四个变形占去了上下左右四格,四边形的中间、上下左右四个内角处写着全部字母大写的"表达"、"衍生"、"归因"和"指示"。这更像是古典认识型的认知功能。而四边形网格的左上、右上、左下、右下四格则分别填写着四种新的转换特性:左上格中是斜体的"组合术(*Art Combinatoire*);存在物之结构(*Structure des êtres*);物之价值(*Valeur des choses*)";右上格中是"存在物之连续性(continuité des êtres)";左下格中是"存在物之表象";右下格中则是斜体的"百科知识;一般的特性;商品的价格(*prix*)"。[50]能看出,这是由认识型规制的现实存在构型:四边形内角标识的"表达"、"衍生"、"归因"和"指示"是普通语法的基本功能,动词 être 建构了所有领域中表象之间的相互关系,生成了一种复杂的"组合术",自然的分类与命名生成了存在结构,财富分析建构了物的价值,并得到总体性构序的百科全书的外部物性支持。福柯在此继续不失时机地攻击法国的百科全书学派。在这个功能构序中,青年福柯还使用了表示不同的构序功效的有方向的箭头,将不同网格中的内容之间的对应关系或转化关系标识出来。真是不容易的"表象之表象"的表象。究其实质,福柯这张图表真是一个为表象而表象的做作之举。我觉着,这是福柯此书中最滑稽的臆想产品之一。

从这张做作的图表中我们可以得知,青年福柯认为"财富分析与自然史和普通语法都服从于同一个构式(la même configuration)"[51]。这个构式是对古典认识型的场境论指认。也就是说,方才我们看到的图表不是一种静止的结构框架,而是一个功能性认知力量相互作用的有序场境发生。这个想法是有趣的。这种观念与我的构境论的一般场境突现原则恰好也是吻合的。于是,财富分析中的价值理论是说明存在物如何进入商品交换有序体系的,这种构序功能在普通语法中是由动词来实现的,到了自然史中则由结构有序来保证。

对于古典思想,自然史体系和货币或贸易理论具有与语言本身相同的可能性条件。这意味着两件事:首先,对古典经验来说,自然中的有序和财富领域中的有序(l'ordre dans la nature et l'ordre dans les richesses)拥有与词显明的表象的有序相同的存在方式(mode d'être);其次,当问题是为了揭示物的有序(l'ordre des choses)时,词就形成了这样一个符号体系：这个符号体系（des systèmes de signes）对于自然史（假如是有效组织起来的）和货币（假如是有效调节的）像语言那样起作用是足够特许的。[52]

　　这是一种可以相互转化的整体表象构序。通常，我们都会以现成的秩序来解释这个 ordre，而实际上，ordre 在福柯此处的构境中始终是作为动词在场的，即**当下正在建构一种有序性的构序**。在我的理解中，这个构序恰恰是对康德那个向自然**立法**的现代重构。而且，被古典认识型构序的"存在物的结构既是可见物的形式，又是其表达"，这样，"自然和财富的有序就显现在结构和特性、价值和货币的纯粹而简单的存在中"[53]。由此，存在与认知倒是直接同一的。

　　青年福柯还专门指认道，这个四边形的另两条边仍然是敞开的，这是使一种语言、一个自然体系和财富的连续不断和运动成为可能的保证。

　　　　古典有序在一个永久的空间上散布了对物加以分享和统一的非数量化的同一和差异：正是这个有序才（尽管在每个情形中都依据了稍稍不同的形式和规律）控制着人们的话语、自然存在物的图表和财富的交换。[54]

　　这是古典认识型构序表象的存在方式，这种构序也是"表象的话语（un discours représentatif）的统治"之序！在这里，"语言只是词之表象；自然只是存在物的表象；需求只是需要的表象"[55]。世界，现在只不过是"词的序列中陈述垫伏在物中的有序的那个表象王国"[56]。这也就是说，词对物的统治，在古典认识型中显现为**表象对存在的构序**。

　　青年福柯断言：

　　　　表象与存在的连续统一体（Le continuum de la représentation et de l'être），一个被消极地限定为虚无不在场（absence de néant）的存在论（ontologie），存在之一般可表象性（une représentabilité）以及呈现在表象之出场中的——所有这些都是古典**认识型**总体构式（la configuration d'ensemble de *l'épistémè* classique)的组成部分。[57]

这段话看上去更像一个哲学小结。这个 configuration d'ensemble 是十分重要的,构式是构序的**总体化**,在福柯这里,构式是认识型对整个文化和现实存在的总体规制。福柯是想说明,古典认识型总体构式中的存在是通过表象实现出来的,它是一个存在与表象同一的连续体,因为表象背后空无一物,表象只是它自身的复制,所以,以表象为基始性的由三种大写构序建构起来的世界更像是一个建立在虚无之上的**不在场的存在论**。这意味着,**我表象故世界在**。显而易见,福柯这里的 ontologie 不再是追逐世界基始本原的本体论,而是构序论中的**存在论**了。这就是青年福柯为我们讲述的资产阶级古典认识型的故事。哈贝马斯在说明福柯的历史观时,指认后者"试图抛弃现代性的在场主义时间意识"[58]——这恐怕只说对了一半,因为福柯早在说明现代性认识型之前的古典认识型时,就已经推出了不在场的表象存在论。

注释

　　[1]〔法〕德勒兹:《德勒兹论福柯》,杨凯麟译,江苏教育出版社 2006 年版,第135 页。

　　[2]〔法〕德勒兹:《哲学与权力的谈判》,刘汉全译,商务印书馆 2000 年版,第105 页。

　　[3]〔法〕福柯:《词与物——人文科学考古学》,莫伟民译,上海三联书店 2001 年版,第 103 页。

　　[4]同上。

　　[5]同上书,第 105 页。

　　[6]同上书,第 117 页。

　　[7]海登·怀特(Hayden White, 1928—　),美国当代著名的历史哲学家,新历史主义代表人物。他是密歇根大学的哲学博士,早年研究中世纪史和文化史,1960 年后涉足历史哲学领域。担任美国斯坦福大学比较文学系教授、加州大学圣塔克鲁斯分校历史系荣誉教授。主要代表作:《元史学:19 世纪欧洲的历史想象》(1973)、《话语的比喻:文化批评论集》(1978)、《形式的内容:叙事话语与历史表现》(1987)、《比喻实在论:模拟效果研究》(1999)等。

　　[8]〔美〕怀特:《福柯》,载〔英〕约翰·斯特罗克:《结构主义以来》,渠东等译,辽

宁教育出版社 1998 年版,第 84—85 页。

〔9〕〔法〕福柯:《词与物——人文科学考古学》,莫伟民译,第 154 页。

〔10〕同上书,第 108 页。

〔11〕同上书,第 109 页。

〔12〕同上书,第 110 页。中译文有改动。Michel Foucault, *Les mots et les choses*, *Une archéologie des sciences humaines*, Paris, Gallimard, 1966, p.97.

〔13〕〔法〕布尔迪厄:《帕斯卡式的沉思》,刘晖译,生活·读书·新知三联书店 2009 年版,第 207 页。

〔14〕〔法〕福柯:《词与物——人文科学考古学》,莫伟民译,第 113 页。

〔15〕Michel Foucault, *Les mots et les choses*, *Une archéologie des sciences humaines*, Paris, Gallimard, 1966, p.99.作为阿尔都塞的学生,大写的 Idéologie 一词在福柯这里必然有它自身特定的规定,它总是指以虚假的表象系统再现现实存在的观念体系。因此将其译作非批判的"观念学"是不妥的。——本书作者注

〔16〕〔法〕福柯:《词与物——人文科学考古学》,莫伟民译,第 113—114 页。

〔17〕百科全书派(Encyclopédiste)是指 18 世纪法国启蒙思想家在编纂《百科全书》(全称为《百科全书,或科学、艺术和手工艺分类字典》)的过程中形成的学术派别。《百科全书》主编是 D.狄德罗。参加撰稿的有 160 余人,他们哲学观点不同,宗教信仰不一。其中有 J.达朗贝尔、C.-A.爱尔维修、P.H.D.霍尔巴赫,以及孟德斯鸠、F.魁奈、A.R.J.杜尔哥、伏尔泰、J.-J.卢梭、G.L.L.比丰等声誉卓著的改革者。百科全书派的核心是以狄德罗为首的唯物论者,他们反对封建特权制度和天主教会,孕育了资产阶级务实谋利的精神。《百科全书》是第一部影响巨大的大型参考书,1751—1772 年共出版 28 卷,1776—1780 年又增加补遗及索引 7 卷。

〔18〕〔法〕福柯:《词与物——人文科学考古学》,莫伟民译,第 118 页。

〔19〕同上书,第 123 页。中译文有改动,connaissance 一词应为知识。Michel Foucault, *Les mots et les choses*, *Une archéologie des sciences humaines*, Paris, Gallimard, 1966, p.107.

〔20〕同上书,第 113 页。

〔21〕同上书,第 144 页。

〔22〕同上书,第 164 页。

〔23〕〔法〕福柯:《精神疾病与心理学》,王杨译,上海译文出版社 2014 年版,第 72 页。

〔24〕〔法〕福柯:《词与物——人文科学考古学》,莫伟民译,第 172 页。

〔25〕同上书,第 173 页。

〔26〕同上书,第 175 页。

〔27〕同上书,第 168—169 页。中译文有改动。Michel Foucault, *Les mots et les choses*, *Une archéologie des sciences humaines*, Paris, Gallimard, 1966, p.139.

〔28〕〔法〕福柯:《词与物——人文科学考古学》,莫伟民译,第 213 页。

［29］［法］福柯:《临床医学的诞生》,刘北成译,译林出版社2011年版,第8页。

［30］［法］福柯:《词与物——人文科学考古学》,莫伟民译,第180页。

［31］同上书,第186页。

［32］同上。

［33］同上书,第174页。

［34］同上。

［35］同上书,第219页。

［36］同上书,第222页。

［37］同上。

［38］同上书,第223页。

［39］同上书,第227页。

［40］同上书,第238页。

［41］同上书,第251页。

［42］同上书,第238页。

［43］同上。

［44］同上书,第230页。

［45］同上书,第232页。

［46］同上书,第255页。

［47］同上书,第257页。

［48］［法］德勒兹:《德勒兹论福柯》,杨凯麟译,江苏教育出版社2006年版,第19页。

［49］《马克思恩格斯全集》第44卷,人民出版社2003年版,第90页。译文有改动。

［50］［法］福柯:《词与物——人文科学考古学》,莫伟民译,第267页。中译文有改动。*Michel Foucault, Les mots et les choses, Une archéologie des sciences humaines*, Paris, Gallimard, 1966, p.226.

［51］同上书,第268页。

［52］同上书,第270页。中译文有改动。*Michel Foucault, Les mots et les choses, Une archéologie des sciences humaines*, Paris, Gallimard, 1966, p.216.

［53］同上书,第271页。

［54］同上书,第285页。

［55］同上书,第277页。

［56］同上。

［57］同上书,第273页。

［58］［德］哈贝马斯:《现代性的哲学话语》,曹卫东等译,译林出版社2004年版,第295页。

第四章 现代认识型:大写
的历史之发生

青年福柯断言,进入 19 世纪,西方资产阶级文化的总体构式中就出现了第二次重要的认识型"突变"(mutation),即现代性的认识型对古典认识型的历史性替代。这是《词与物》一书下篇的主要内容。以福柯的观点,17—18 世纪中起重要文化构式作用的古典认识型此时终结了,并由此致使"一个新的哲学空间(un espace philosophique nouveau)"被开放出来:整理经验的"话语、图表和交换"被替换成"语文学、生物学和经济学",原来那个以普通语法、自然史和财富理论为中轴的古典认识型被以语文学、有机生物学和生产理论的全新现代认识型所取代。此外,这个新认识型的本质是**大写的总体历史构序**。有趣的是,在福柯讨论李嘉图的生产理论时,文本中竟然出现了与此时居支配地位的认识型权力话语不同的思考逻辑,即从现实生产构序出发建构因果性总体进步史观的唯物主义逻辑。当然,这是一个局部的隐性复调话语结构。对福柯来说,这种状态也只是处于无意识情境之中。

一、萨德的放荡:表象世界的重新颠倒

青年福柯宣称,自 18 世纪末开始,随着古典认识型的终结(la fin),支配西方资本主义文化整体的那个表象的有序世界被颠倒了。他甚至十分具体地指认说,"这个颠倒(renversement)发生在萨德的时代",就在此时,**表象的话语**结束了自己的统治,或者说,资产阶级古典"话语的构序发现了自己最后的**界限和规律**"[1]。与巴塔耶和拉康的爱好相近,福柯也疯狂地迷恋萨

德的作品及其怪异的思想表达。依福柯之见，萨德的"放荡"原则的本质就是表象之序的消解。这正像前述塞万提斯的"《堂吉诃德》在文艺复兴与古典主义之间的位置"，萨德的《朱斯丁娜，或喻美德的不幸》(1791)、《朱丽埃特》(1796)在近代文化发端之处起到了吹响召唤走向新纪元的号角的作用。这是极高的历史评价了。在这里，"不再是表象讽刺性地战胜相似性，而是由欲望之晦涩而生出的强力反复地拍打着表象的边界"。这是一个相似性—表象—强力之间的**断裂带**。福柯说，正是萨德的故事"结束了古典时代，恰如《堂吉诃德》打开了这个时代一样"[2]。这样的文学隐喻是福柯擅长的讲述方式。他乐意借由画境和文学诗句的隐喻来做出深刻的断言。我同意杨凯麟博士的如下评论，在福柯的这一文本中，"塞万提斯、萨德或阿铎不仅是某一知识型所模铸的文学作者，委拉斯开兹也不仅是某一历史分期里的宫廷画家，而是反之，他们一再被视为决断知识型的门槛或指针，其在考古学的重要性绝不亚于林奈、马克思或尼采"[3]。然而，在1968年红色五月风暴之后，转向政治实践的福柯更多的话语依托从文学隐喻转向了历史档案和文献考据。可是，我们即将面对的悖论在于：萨德打破了表象的有序，但他释放出来的欲望背后的**生产强力之序**却更加坚硬。准确地说，是资产阶级欲望呼唤出来的强大的生产构序新世界。这个生产构序，在马克思那里就叫**物质生产力**。

依青年福柯的看法，

> 18世纪的最后几年被一种与在17世纪初摧毁文艺复兴思想的相对称的间断性所中断(rompues)：那时，包含相似性在内的巨大循环形式被拆散和打开了，以致同一性图表(tableau des identités)能够展开，现在，轮到这个图表被取消了，认知处于一个新空间内。[4]

在这里，整个资产阶级文化体都开始脱离古典认识型的普通语法、自然史和财富理论，现在"呈现给认知的不再是财富、生物和话语"，而是一个在"连续性区域中的深深的切口"上所发生的认识型突变后的全新空间。上述那个由表象构序网建构起来的双重连续区域上出现了深深的切口，这是一个新的非连续性(discontinuité)的突现：**现代认识型取代了古典认识型**。

我们不妨先来分析青年福柯关于 19 世纪现代认识型的图式[5]:

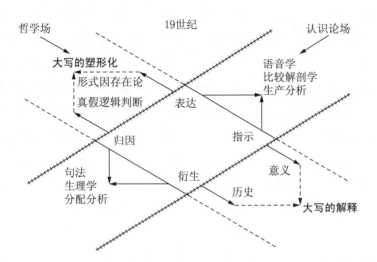

　　比起 18 世纪那张表象的认识型图表,此处的现代性认识型图表略显简单和匆忙了一点。构成分隔区域的四条线——原先的两条实线到这里变成了用小十字连接起来的虚线,而原先的两条虚线的中间段却成了实线。我不认为福柯这种小伎俩有什么实质性的意义。原先图表中由菱形四边形发散出去的对称的八格网格,上下左右四个主要方位上现在是空的(福柯没有解释这种缺席的原因),而四边形的中间在上下左右四个内角处仍然写着全部字母大写的“表达”、“衍生”、“归因”和“指示”。为什么是这四个特性?为什么这四个规定在新的现代认识型中没有变化? 福柯显然也懒得告诉我们。或者他干脆忘了删除。当然,现代性认识型的一些重要构序技术参数变得复杂和深刻了。图表的左上角现在标注的是“哲学场(Champ philosophique)”,它由一个有向度的箭头指向第二层构境:大写的“塑形化(FORMALISATION)”。再向下的第三层构境由“形式因存在论(ontologie formelle)”和“真假逻辑判断(Apophantique)”构成。在我的理解中,formalisation(塑形)是比 configuration(构式)要低一个层级的结构化概念,但福柯这里的概念入序却不是如此。并且,塑形化与形式因存在论有何关系? 它们如何构成哲学场?这部分深奥的哲学思辨内容几乎与福柯讨论的现代认识型没有直接关系,因为他没有具体分析这个“哲学场”。当然,我们可以发现,Champ 的概念开始变得重要起来,“认识论场”的概念很快也出场了,它

们可能是资产阶级现代认识型的特殊构式结果。在此书中，福柯约 53 次使用这个 champ 概念。与此相对的右上角是"认识论场"（Champ épistémologique），并由此指向现代认识型的三个关键性表征："语音学、比较解剖学和生产分析"，这是对语文学、生物学和经济学这些宏观学科概念的进一步质性构序的新规定。左下角为"句法、生理学和分配分析"，右下角是由"历史"和"意义"构成的全部字母大写的"解释"（INTERPRÉTAION）。这二者的关系着实让人摸不到门径。福柯只是绘制了这个现代性认识图表，却没有做出认真的分析。这让我们这些后来的认真一些的解读者真是失望透顶。

在福柯眼中，这个新的现代认识型构式空间内，**确实性的经验存在**（êtres empiriques）正在发生改变：语言代替了话语，生产代替了财富。此时，话语仅仅是 18 世纪古典认识型中的特定构件，这一观点在后来的《认知考古学》中被否定了。在后者那里，话语成为一种泛哲学范式，并构成认知考古的档案之复构的突现场境。进而，在这种经验替代的背后所发生的更重要的事实是：一般的认知空间不再是"同一与差异的空间、非数量构序（des ordres non quantitatifs）的空间、一般特性化的空间、一般分类学的空间、非可测的精确性的空间"[6]。传统认识型中的基本构件和空间参数都**失序**（désordre）了，取而代之的是一种由**功能整合式**的**生物结构**组成的空间。这是一个很新的关于**物**的内里异质构序的断言。

在青年福柯笔下，这种新的空间是其总体确保一个功能的诸要素间的内在关系的空间。

> 作为这一经验性空间之组织原则，大写的**同功**（l'Analogie）和**接续**（la Succession）涌现出来了：事实上，生物结构相互之间的关联不再是一个或诸要素之同一性（l'identité），而必定是诸要素间关系（可见性在这个关系中不再起作用）之同一性以及由这些要素确保的诸功能之同一性。[7]

这个类同的同功性是重要的，它表明新的认识型的本质不再是**物与物**之间的同一与差异，而是深化为不可见的要素的**关系**之间的**同构**，特别是**功能与功能**之间的链接和持续。其实，这是生物学中功能整合和结构之序的泛化和放大。这让我想起海德格尔那个功能关系之间链接的**环顾**（*Umsicht*）。后来鲍德里亚《物体系》的构境缘起可能也在这里。青年福柯认为，正是这个新的总体性特质使异质于古典认识型的**现代认识型**得以凸显：这就是不同于古典认识思想那三个大写的表象构序的**大写的历史构序**。

> 从 19 世纪起，大写的历史（l'Histoire）将在一个时间系列中展开把独特的生物结构相互关联起来的诸同功。正是这个**历史**才逐渐把自己的法则强加在生产分析（l'analyse de la production）、有机存在分析及最后的语言群分析之上。**历史让位于**同功的生物结构，恰如大写的构序（l'Ordre）为**接续**的同一与差异开辟了道路。[8]

换句话说，在福柯描述的新的资产阶级现代性的认识型中，**大写的历史**首次出现了。这是一个重要的历史事件，大写的历史是在资产阶级现代认识型中被建构出来的，与此同时发生的**大写的起源**和**大写的人**（现代性主体）。依青年福柯的观点，如同大写的构序在古典认识型中的作用，而今"大写的历史"已开始限定经验，"由于大写的历史是所有经验中赋予我们的一切存在方式（le mode d'être），所以，大写的历史成了我们思想之不可绕开的要素"[9]。这个所谓大写的历史，其实也就是**总体性的历史**。对此，我们可以在黑格尔—马克思那种走向一个宏大解放目的的历史观中认知其基本逻辑构式，20 世纪 20 年代的青年卢卡奇[10]则在《历史与阶级意识》一书中比较明确地说明了这种总体历史观。这也是后来阿多诺在《否定的辩证法》中试图解构的总体同一性"历史"以及福山"历史的终结"中的那个"历史"。

青年福柯具体指认道，

> 古典形而上学恰恰处于从有序到大写的构序（l'Ordre）、从分类到大写的同一性（l'Identité）、从自然存在到大写的自然（Nature）的距离中；简言之，处于从人的知觉（或想象）到上帝的理解和意志的距离中。在 19 世纪，哲学处于从历史到大写的历史（l'Histoire）、从事件到大写的起源（l'Origine）、从进化到源头的最初分裂、从忘却到大写的返回（Retour）的距离中。[11]

　　这段标注了一大堆有着贬义"大写性"规定的表述很难以理解。我琢磨,青年福柯旨在说明,从黑格尔到青年卢卡奇哲学中最深刻的那种总体性历史意识,恰恰是现代认识型中历史发生的东西,它的本质是一种将世界放置到一种有着它的大写的**起源**(大写的目的)、"它的流变和它的返回"的线性历史进程中,这是一种**大写的时间**,一种"大写的历史的存在方式"[12]。福柯在此书中 93 次使用 origine 一词。这种"起源"和"返回"正是他后来在《认知考古学》中所建构的新历史学观所直接批判的对象。并且,这一次历史构序不再是表象被偶像化的**神的意志**(外部力量的大写的构序),而就是大写的人的历史建构。其中,大写的构序(生产构序)取代了表象的构序,大写的同一性取代了质性分类的事物链,大写的自然(全面对象化)取代了自然史,这正是全部资产阶级现代性认识型的征服世界的意识形态本质。

二、意识形态:一种新的大写的语法和大写的逻辑

　　我感觉到,面对新的现代认识型,青年福柯此处最重要的一个质性判断是资产阶级大写的**意识形态**(*l'Idéologie*)[13]的历史发生。这是青年福柯对老师阿尔都塞相近思想的一种有限定的发挥。我们知道,阿尔都塞也是通过对自己的老师巴什拉那个科学认识史上的"常识断裂处科学呈现"观点的改造,使**意识形态**替代了常识,重构式地提出了在马克思思想史研究中的布尔乔亚意识形态断裂处历史唯物主义科学呈现的观点。[14]我以为,在这一点上,福柯的贡献在于指认了资产阶级新型意识形态的**历史发生**,并使意识形态的本质透视从原有比较狭义的政治意志直接转换成广义的资产阶级**主体暴力性**。以我之见,这可能算是福柯在意识形态理论研究发展中最重要的进展。

　　青年福柯发现,在 19 世纪出现的资产阶级现代性的认识型中,出现了一种新的构序的"同一性",即前述那个大写的同一性(l'Identité)。在该同一性中,先前那个古典认识型中的秩序失效了,原有"构序(l'ordre)得以在其中空间化的图表,由有序定义的邻近关系,由构序准许的系列(作为其表面的点之间那么多可能的路径),所有这些都不再能把诸表象或每个表象的

要素联系起来了"[15]。这是一个断裂。此时出现的现代认识型的同一性构序,恰恰"处于表象之外,在表象直接的可见性之外,处于一种比表象本身更深刻和更厚实的后域(arrière-monde)中"[16]。这是**表象背后**的一个场域,正是这个看不见的**后域**建构了一个"消失在我们目光之外的"最高点。这就好比福柯在这部书一开篇——那段关于委拉斯开兹《宫娥》的讨论中——所指认的那个使得画中表象得以构序的处在画外的看不见的现实权力最高点。有趣的是,当有人问道:如果《宫娥》象征了古典认识型的表象思想,那么什么人的画可以代表现代认识型。福柯的回答为:克利。[17]因为,"克利把能够构成绘画的所有姿势、运作、笔画、轮廓、线条、平面都置于可见的形式中,这样他就把绘画行动本身变成了有关绘画本身的绚烂夺目的认知"[18]。准确地说,克利是**让不可见成为可见**,而他在画作中布展的可见性却是真正的不可见存在。福柯的回答是机智的。

现在,物在新的认识型中开始逃离表象,向着自己"特有的本质隐退",这是一个新的建构物之"隐藏的结构",正是由这个表象目光之外的最高点,重新投射和建构起物(存在和世界)。接下去,福柯将要认证的是:这是词(认知)与物的一种全新的构序关系。

> 物(les choses)所特有的组织,物具有的秘密的脉络(secrètes ner-vures),把物连接起来的空间,把物产生出来的时间(temps),接着,将会有表象,一个纯粹的时间序列(succession temporelle),在这个序列之中,物总是部分地向主体性(subjectivité)、意识、认识的特殊努力、"心理学"个体显现出来。[19]

此间最关键的是,**物向着主体性和意识显现**出来了。这本是康德和胡塞尔都指认过的构境事件,但福柯的独有之意在于,物向着主体显现出来(Für uns)这一事件只是到了现代性的认识型中才**被历史生成的**。这是有一定道理的限定。

进而,青年福柯认定也只有到了此时,才真正出现了**总体历史构序意义**上的大写的**意识形态**(l'Idéologie)。这是一种关于更普遍的理念的科学(Science des idées),

　　大写的意识形态（l'Idéologie）应该成为这样一种知识（connaissance），即其类型应该相同于那些把自然的存在，或语言的词，或社会的法则当作理念的对象（objet les idées）。但就大写的意识形态把观念，把在词中检验观念的方式，在推理中把观念联系起来的方式当作对象而言，意识形态的价值就在于它是所有可能科学的大写的语法（la Grammaire）和大写的逻辑（la Logique）。[20]

　　"大写的意识形态"、"大写的语法"和"大写的逻辑"，又是一群贬义的大写性规定。与自己的老师阿尔都塞对意识形态的定义不同，福柯眼中的意识形态已不仅仅是体现统治阶级自觉意志的表象的**再现体系**了，他认为，意识形态的真正构序—构式的构件是**看起来中性的认知**。这是一个具有重大历史意义的重罪宣判。这个判断暗合了培根那个知识就是力量（权力）的宣言。然而，韦伯将这个新的资产阶级意识形态遮蔽式地指认为价值中立的**形式合理性**，而法兰克福学派则再将其颠倒地指认为启蒙背后的奴役性的工具理性。此处福柯对价值中立的认知的宣判暴露了整个资产阶级现代性体制构式的秘密，以后，福柯还将对这个认知与权力的关系作出说明。他先写了《认知考古学》，并随之写下了重要的由认知塑形的新型规训权力说的《规训与惩罚》。福柯指控说，通过**拷问**自然而来的现代科学知识，正是资产阶级光鲜伪饰起来的大写的意识形态的本质，**这种意识形态的隐恶之处恰恰是它从来不被叫作布尔乔亚！**在福柯看来，由它通过大写的语法和大写的逻辑建构起所有表象的"组合和分解的法则"，这与原来那种由分类—命名得来的表象式构序相比，现代科学认知的强暴性支配来得更加隐秘和深层。应该说，这是福柯在并不知晓法兰克福学派科技意识形态批判情况下，独自发现的资产阶级科学权力中的意识形态。

　　如果说，16世纪的认识型构序物的本质是相似性的魔法，古典认识型构式世界的本质是表象，那么现代资产阶级认识型构境存在的本质就是**认知**。这里发生的事件，是一个"词"远离"物"的过程。福柯确认这是一个全新认识型："意识形态使所有的认知都安放在表象的空间中，并且通过浏览这个空间，意识形态就能阐明能组织这个空间的法则所具有的认知。在某种意义上说，意识形态就是所有认知的认知（savoir de tous les

savoirs）。”[21]显然,福柯由此对意识形态做出了一种全新的定位。在 1976
年进行的一次访谈录中,福柯谈及自己对传统意识形态概念的看法。他说,
传统的意识形态概念的本质是幻象,它总是与正确的真理相对立。并且,在
人们心中,意识形态幻象似乎总是由阶级主体建构起来的。“与作为决定性
的经济、物质等基础(infrastructure ou déterminant économique, matériel, etc)
相比,意识形态是第二位(position seconde)的。”[22]福柯自己显然不赞同这
种观点。科学认知构式的意识形态表面并不是布展幻象,而恰恰是以**祛除
传统愚昧的启蒙之光**照亮理性新世界的。这使得资产阶级这种大写的意识
形态成为不可抗拒的隐性控制和支配。以后,福柯会在对康德《什么是启
蒙?》一文的深刻解读中重申这一批判。

在青年福柯看来,康德的“何以可能”的批判哲学已经在努力地构序
“表象之间的关联了”,但“先验性”的建构条件却使他“绕开了表象本身和
在表象中被给出的东西”。这是对的。

> 康德的批判标志着我们现代性(modernité)的开端:康德的批判对
> 表象的询问,不再依据从简单的要素到其所有可能的组合这样的无限
> 运动,而是基于表象的权利界限(limites de droit)。由此,康德的批判首
> 次承认与 18 世纪末同时代的欧洲文化的这个事件:即认知和思想
> (savoir et de la pensée)隐退到表象空间之外。[23]

青年福柯想指出的现代认识型新质在于:在康德这里,塑形经验现象的
表象空间的基础、起源和界限都受到了质疑,**先验构架**在表象(现象)之外发
生作用。福柯以为,与康德的批判一致,现代性的认识型中生成的科学认知
意识形态也是在“表象之外”重建的一种形而上学,它“只有以一个既特殊
又普遍的发生之准神秘的形式(la forme quasi mythique)才能进行:一个孤立
的、虚空的和抽象的意识应该在最微不足道的表象的逐渐发展有关所有可
表象对象的巨大图表(le grand tableau)”[24]。这个所谓的准神秘的形式,
即为 18 世纪末才开始真正起到构序作用的**先验科学认知思想形式**。此即
为**表象背后**那个建构了表象有序的“消失在我们目光之外的”最高点。原来
不在场的君王的那个霸主空位,现在由**不可见的科学认知霸权**占据了。这

也是后来福柯要通过"认知考古学"再把这个科学认知的暴力谱系深挖出来的缘由。

青年福柯说，19世纪的劳动（一般）、生命（一般）和语言（一般）都是作为某种**先验物**（*transcendantaux*）而出现的。这与马克思在《1857—1858年经济学手稿》中确认劳动一般的历史性生成的意向是一致的。但是，在马克思那里，劳动一般和生产一般以及后来的一般等价物都是作为客观现实的**社会先验**存在的，而不仅仅是观念先验。这一点，法兰克福学派外围学者佐恩-雷特尔[25]在《脑力劳动与体力劳动——西方历史的认识论》一书中有深入的讨论。[26]在青年福柯看来，它们正是现代认识型的关键性构件。正是这些重要的历史先验物"使得生物、生产律和语言形式等的客观认识成为可能"。它们处于具体认识之外，却构成了认识发生的可能性条件。

> 它们位于客体旁边，并且以某种方式处于客体之外；类似超验辩证法（la Dialectique transcendantale）中的大写的观念（l'Idée），它们计算了现象的总数并表达了繁杂经验的先天（*a priori*）连续性；但它们在一个存在中为繁杂的经验提供了基础：这个存在的神秘实在（réalité），先于所有的认识，它构成了知识（connaissance）中的一切的有序和链接（l'ordre et le lien）。[27]

从哲学上说，这种在表象之外的**认知先验形式**正是康德以来欧洲资产阶级哲学确证建构表象有序的意识形态的本质。它直接催生了费希特—黑格尔的普遍性绝对哲学的发生，"经验领域的总体性被带进意识内部，这个意识自身显现为精神，也就是说，同时显现为经验和先验领域"。[28]黑格尔只是将康德的先验认识论中的构式逻辑本体化为绝对理念，于是，现象界被贬斥为物相，精神作为先验的意识本质建构着全部存在。这里，我们可以看到福柯1948年完成的学士论文《黑格尔〈精神现象学〉中历史先验性构造》影子。青年福柯甚至说，这也关联到胡塞尔的先验现象学。正是在这一点上，真正构序物的隐性认识型第一次成为一种方法论上的自觉。

依青年福柯所见，新的资产阶级现代性认识型的本质就是要"开启先验主体性领域"。在表象之外，正是现代认识型"建构对我们而言是大写的生命、大写的劳动和大写的语言这些'准先验物'"[29]。这是**三种新的大写构式物**。请一定记住，在青年福柯这里，大写性即是产生暴力的坏东西。

也因此，古典认识型中那种基于表象分析的图表空间开始显得摇晃不定了。现在，"图表不再是所有可能有序的场所"。

> 这样，欧洲文化就为自己创造了一种深度，在这个深度之中，问题将不在于同一性（identités）、不同的特性、永恒的图表及其所有可能的路径和历程，而在于在其初始的和难以达到的核心的基础上发展起来的隐藏着的巨大力量，是起源、因果性（causalité）和历史。[30]

其实，福柯想说，那种由起源、因果关系塑形的资产阶级现代性总体历史观并不是亘古就有的，它只是现代认识型的特定产物。这也意味着，大写的历史——**连续的进步史观**也是新近才被发明出来的东西，所谓的"进步"的本质，也正是由现代性资本主义的劳动和生产构筑的。在这一构境层中，福柯显然是**深刻**的，只是这种片面的深刻还停留在观念决定论之中。

三、劳动与生产：从斯密到李嘉图

依我的判断，在青年福柯对现代性认识型的讨论中，最重要、也最值得关注的内容是**大写的劳动和生产的历史生成**，这也就是马克思那里作为**社会先验物**基础的劳动一般和生产一般。也是在此处，我们发现了福柯文本中出现的一种**与主导性认识型规制话语异质生成的话语线索**——从经济现实实践的活动结构透视资产阶级意识形态和整个观念世界的**社会唯物主义线索**。固然，这一话语线索对此时的青年福柯来说，很可能处于无意识的构境层中。这是我们特别需要关注和思考的内容。我注意到，在此前两年召开的一次研讨会上，福柯在发言中也提到了 19 世纪开始的现代性认识型。那次研讨中，他明确指认马克思、尼采和弗洛伊德的理论为我们提出了"新的诠释可能性"（nouveau la possibilité d'une herméneutique），他甚至非常具象地指认："《资本论》第一卷，《悲剧的诞生》和《道德的谱系》这样的文本，以及《梦的解析》，再次让我们置身于解释技术（techniques interprétatives）之中。"[31] 福柯说，这三位思想家的文本，"具有一种令人震撼的效果"，他们通过发现表现为"外在性"（l'extériorité）的"深度（profondeur）之维"，"实际改变了符号的本性"（nature du signe），"变更了通常可能用来解释符号的方式（façon）"。[32] 也是在那个会上，福柯提到了马克思在《资本论》中，穿透浓雾，揭示出在"资产阶级（bourgeoisie）的观念中形成货币、资本、价值等有深度（profondeur）的东西"[33]。可是较之彼时，《词与物》中青年福柯却始终**避免直接提及马克思**，他宁可让经济学与斯密、李嘉图相关。他的这一态度直到《认知考古学》才开始转变。

我们可以清楚地看到，在这部书里，青年福柯分别将劳动一般与斯密、生产一般与李嘉图联系起来。福柯指认，正是现代性的资本主义劳动与生产才建构了**大写的历史**的真正基础。这是一个正确的理路。虽然此处的劳动与生产只是现代认识型的一种主观构式要素。

首先，青年福柯讨论了政治经济学中**劳动**概念的凸显。他说，是斯密[34] 把财富观念归于劳动观念，整个近代资产阶级政治经济学就是建立在斯密的"劳动概念"（le concept de travail）之上的。这是一个深刻的指认。虽然劳动概念并不能说是斯密发现的，因早在魁奈、孔狄亚克等人那里，劳动就已被讨论，但的确是斯密第一次将劳动指认为资产阶级经济现实中新的**社会财富**的基础，"由财富最终表象的，不再是欲望对象（l'objet du désir），而是劳动（travail）"[35]。相对于古典认识型中停留在**流通领域**的交换财富理论，斯密的这个"第一次"真正改变了经济学的基础。这个判断是精准和专业的。可福柯缺少的深一层思考构境面在于，斯密对于劳动概念的关注并非凭空生成于头脑，而是当时英国资本主义手工业工场中的实际变革所致。**也**因此，福柯认为，斯密的分析"代表着一个根本的中断"。这是古典认识型的财富分配理论在资产阶级新的**经济活动构序**中的断裂，因为斯密已经认识到，

人们进行交换，是因为人们需要，人们恰恰交换自己所需的对象，但是，交换的有序（l'ordre des échanges），交换的等第（hiérarchie）和体现在该等第中的差异则是由沉淀在所需对象中的劳动单元所确立的。如果对人的经验（在不停地被称之为心理学的层面上）来说，人所

交换的是对人所"不可缺少的、舒适的或愉快的"东西,那么对经济学家来说,以物的形式(forme de choses)进行流通的就是劳动。不再是需求对象相互表象,而是时间和辛劳被转化(transformés)、隐藏和遗忘。[36]

如果说在古典认识型的经济理论中,人们着眼于流通领域的财富分配,通常,被交换的东西集中于需求对象(自然物),而在斯密开端的现代经济认识型中,人们交换的"财富"已经是沉浸在对象(商品)中的**劳动**。并且,在这种在资产阶级看来公平的交换中,真正创造财富的劳动和辛劳却逐渐被隐匿和遮蔽起来。福柯这里的分析基本是对的,只是并不会直接与经济学学说史的时间刻度完全一致。

通过这一构境分析,我以为青年福柯这个考古学方法最重要的合理特征就在于,他让特定的认识型只在自己的历史时区和空间中发生构式,而不是用同一种范式诠释全部历史存在。这一观点,深深地影响了后来的鲍德里亚(《生产之镜》)。

应该说,青年福柯敏锐地看到,斯密代表了一种新的经济学方向,即在对财富本身的反思和交换表象的背后,揭示出"工业的进步(progrès de l'industrie),活计分工(la division des tâches)的增加,资本的积累,生产劳动与非生产性劳动(travail productif et du travail non productif)的分割"[37],就是在这一点上,政治经济学开始溢出表象的古典认识型。字里行间,都是标准的经济学行家的话语了。福柯甚至引用《国富论》中那个著名的工场内部劳动分工的例子(一个工人20支别针/天与劳动分工之下10个工人2 400支别针/天),来说明"劳动生产力"的提高。[38]这是一个十分了不起的精准例证。只是他还无法意识到,并非观念中的认识型决定物质生产,而是这种现实发生的**物质生产(劳动)构式规制全部观念塑形**。于是,"这个政治经济学不再把财富交换(和创立了财富交换的表象游戏)当作对象,而是把财富的真实生产(劳动的形式和资本的形式)当作自己的对象"[39]。显然,年轻的福柯还无法正确地将劳动与资本的关系历史地梳理清楚,因为资本不是与劳动真正分立的两种不相干的物,而资本不过是**劳动交换关系经过历史性的客观抽象所生成的价值等价物再投入到生产中畸变而来的吸血怪物**。当然,这并不影响此处福柯思想构境的深刻性。

在福柯看来,斯密所开辟的劳动经济学理论构境将超越那种仅仅"谈论人的自我异化(homme rendu étranger)的人类学"。这是一个极为深刻的理论宣判。至少,此时的福柯思想构境是在写作《1844 年经济学哲学手稿》时的青年马克思之上的。斯密判定,一种新的历史可能性的维度被展开了:不再是古典时代那种循环的时间,而"将是一种组织结构的内在时间(le temps intérieur d'une organisation),这个组织结构根据自己的必然性而增长,根据本地法则发展——这是资本的时间和生产体制的时间(le temps du capital et du régime de production)"[40]。换而言之,所谓的历史的**进步和增长**都是从这个特定时刻起始的。劳动生成特定组织结构——生产体制中的内在时间,资本永无停息地追逐利润,是这种疯狂增长和进步的真正基础。这也意味着,进步史观的真正本质是**资本的世界历史**。不得不承认,这种思想透视极为深刻、鞭辟入里。

对此,青年福柯还有一段很精彩的表述:

> 把一个欲望对象的表象与所有那些能在交换行动(l'acte de l'échange)中与之面对的其他欲望对象联系起来时,就必须求助于能决定其价值(valeur)的劳动的形式和数量(la forme et à la quantité d'un travail);在连续的市场运动中,能对物品进行分类的,既不再是其他对象,也不再是其他需求;而是那个生产这些物品并默默地沉淀在这些物品中的活动;是制造、开采或运输这些物品所必需的劳动日和时间,这些劳动日和时间构成了这些物品特有的重量、商品稳固性、内在法则,并由此构成了人们所说的真实的价格;从这个本质核心出发,交换就将完成,市场价格在波动之后就会找到其固定的点(point fixe)。[41]

这段话,基本上可以被视为青年福柯对斯密**劳动价值论**的讨论和认可。固然,在严格的意义上,青年福柯的经济学学养还不足以驾驭斯密的经济学说,特别是他所创立的劳动价值论,但他毕竟努力了。还有,这种经济学学理上的半生不熟也因之于他对马克思文本的故意回避。

其次,就是李嘉图[42]的**生产概念**。青年福柯宣称,在新的现代认识型中,比劳动分析更基础的是**生产**(la production)。这个判断是精准的。"生产作为认知空间中的基本形式，已经取代了交换，生产一方面使得新的可认识的对象（如资本，le capital）呈现出来，另一方面又规定了新的概念和新的方法（如生产形式的分析）。"[43]资本是新的认识对象，生产形式的分析是新的方法。福柯正确地指认，在政治经济学的版图中，这是由李嘉图完成的理论贡献。福柯说，

> 在古典思想中，商业贸易和交换充当财富分析之不可超越的基础[并且这在亚当·斯密仍然是一样的，在他那里，劳动分工（la division du travail）受制于物物交换的标准]，可从李嘉图以来，交换的可能性却基于劳动之上；并且，从现在起，生产理论（la théorie de la production）总是应该先于流通（circulation）理论。[44]

读到这里，难免拍案叫绝——青年福柯竟可以区分斯密与李嘉图在交换基础上的细微差异，并做出有关生产理论先于流通领域的发现应归功于李嘉图的精准判断。也是在这个语境中，我们才可能理解福柯如下这番话："我相信马克思的历史分析，他分析资本塑形（formation du capital）的方式，在很大程度上仍然受他从李嘉图经济学家的框架中引申出来的概念所支配。"[45]马克思正是真正理解了李嘉图的生产优先逻辑，才创立了历史唯物主义。并且，在彻底批判蒲鲁东—格雷的交换流通公平论的基础上，深入到资本主义生产过程中发现了被无偿占有的剩余价值增殖的秘密。我必须说，福柯的这个理论判断是十分了不起的。formation du capital 的概念也是十分重要的，在马克思那里，他恰恰谈及了劳动的塑形问题："工人把工具当作工具使用，对原料进行塑形（Formierung），从而首先给原料和工具的价值追加上和他的工资中所包含的劳动时间相等的新的形式（Form）；此外工人所追加的，就是剩余劳动时间，剩余价值。"并且他还指认："劳动是活的、造形的（gestaltende）火；是物的易逝性，物的暂时性，这种易逝性和暂时性表现为这些物通过活的时间而被赋予形式（Formung）。"[46]

第一，在青年福柯看来，正是从李嘉图开始，劳动脱离了与表象（交换流通）的关系，并处于表象不再盛行的地区，劳动依据自己所特有的因果关系而被组织起来。劳动生成了资产阶级新的因果关系，这是一个大胆的历史

性定位。因为这基于一个新的"因果系列(série causale)"的创立,是指它的现实基础是"巨大的、线性的和一致的大写的系列(grande Série linéaire et homogène qui est celle)"——**生产的大写系列**。[47]福柯在此书中 57 次使用 série 一词。在这里,系列的概念是处于**被否定**的位置上。鲍德里亚在《物体系》等文本中的系列概念应该较深地受到了福柯此处观点的影响。根据福柯的观点,新的因果关系实际上是由现代资本主义生产建构的,而也正是生产本身的因果链系列才塑形出现代历史存在的**连续性和总体性**。青年福柯断言,财富已不再由一个等值体系构成的图表所指认,而是一个被组织和积累起来的连续时间,价值现在开始"根据使用价值的生产状况,并且更进一步讲,这些状况也是由在生产它们时所使用的劳动量确定的"。价值并非由交换产生,而是由生产中的劳动量所决定,这已经达及劳动价值论的核心构境层了。也是从这个时刻开始,历史不再与表象的**共时性**空间相关,而是"与连续生产的时间(temps de productions successives)联系在一起"[48]。这也证明了,连续的**历时性**的历史观是直到资产阶级现代认识型中才被建构出来的东西,其现实基础是资本主义现代性的**递进式生产时间**。这是何其深刻、何其具有历史感的判断!

甚至,我会觉得在福柯此处的思考中,出现了不同于那条认识型决定现实存在的唯心史观逻辑话语的一种新的东西,即很深的资本主义**工业构序**(生产的因果结构对社会生活和资本的世界历时性过程的建构)对现代认识型和社会存在本身的关键性内部构式,这是一条从**客观现实出发**的唯物主义逻辑话语。也就是说,与青年马克思在《1844 年经济学哲学手稿》中发生的情况[49]一样,福柯这里的文本中也出现了双重逻辑的并置:占统治地位的**权力话语**——认识型观念决定论与**隐性发生着**的工业生产构序规制社会存在以及认知构架的唯物主义逻辑话语的**无意识复调状态**。当然,这是一个需要进一步深耕细作的构境点。

第二,也因为现代生产理论的出现,才使人的限定性(la finitude)第一次得到现实的确定。人的限定性也是由资本主义现代生产构序的。因为,现代生产的连续性的历史也将是一部匮乏(rareté)的历史,因为,人口增长与生产积累之间的冲突,使作为自然存在的人开始直接面对死亡,人的有限性第一次凸显出来。

只是作为自然存在（être naturel）的人是有限的而言，才存在历史（劳动、生产、积累、真实成本的增加）：这个既定性伸展在人类的初始界限及肉体的直接需求之外，但又悄悄地不停地伴随着文明的整个发展。人愈处于世界的中心，人就愈能强烈地感受到限定性的压力，就更接近自己的死亡（mort）。[50]

与海德格尔存在论构境中抽象的"有死者"相比，福柯建构了作为**现代性主体**的人之生存的一种**历史性的**有限性，这里的接近死亡不是指肉体的死亡，而是指处于世界中心那个**星球次主人**的死亡。同时，这种有限性也正是大写的历史（l'Historicité）的本质。在这一点上，福柯达及海德格尔本有哲学的深层构境。

我注意到，在这里青年福柯第一次正面谈及马克思。他分析道，马克思的学说恰恰是为了解决大写的历史与人的限定性的矛盾而出现的。这是一种"革命的承诺"*。不过，在青年福柯眼里，虽然马克思与资产阶级经济学表面上对立，但"马克思主义并没有引入真实的断裂"，因为它并未真正打破资本主义生产本身的**历史进步系列**。

马克思主义既没有意图去打破这个排列，又更没有能力去改变它，哪怕是悄悄的改变，因为马克思主义是完全建立在这个排列的基础上的。马克思主义处在 19 世纪思想中，如鱼得水：即是说它在任何其他地方都会停止呼吸。[51]

这是说，马克思主义历史理论的基础仍然是现代性认识型，因为它基于并承续着启蒙的进步逻辑。显然，鲍德里亚的《生产之镜》的真正基础也在这里。当然，也因此萨特的《现代》杂志才会批评福柯对马克思主义的贬低。

---

* 在不久之后的一次关于《词与物》的访谈中，福柯这样谈及此时他对马克思的看法："我对马克思的讨论，涉及政治经济学这个具体的领域。不管马克思对李嘉图的分析做出的修正多么重要，我也不认为他的经济分析跳出了李嘉图所建立的认识论范畴。另一方面，我们可以假定，马克思在人民的历史和政治意识中嵌入了一种激进的断裂，马克思主义的社会理论确实开辟了一个全新的认识论领域。"［法］福柯：《福柯文选Ⅱ：什么是批判》，汪民安编，北京大学出版社 2016 年版，第 7 页。——本书作者第二版注

第三,生产的理论也建构了大写历史的**终结**。依青年福柯的观点,"在 19 世纪初,一个认知的排列被构成了,在这个认知的排列中不仅出现了经济学的历史性(l'historicité de l'économie,相关于生产形式),人类存在的限定性(相关于匮乏和劳动),而且还出现了大写的历史终结(fin de l'Histoire)的期限"[52]。在资产阶级的现代认识型中,经济学的历史性和人类存在的有限性决定了资本主义历史的有限性,这也终结了大写历史自身。他反讽地剖析道,如果说在古典认识型中,人们还可能依靠人本主义的乌托邦(异化的扬弃)生成自己的梦想,而到了 19 世纪资本主义的生产形式下,人们只能遭遇"根据系列、连贯和生成的模式"建构的历史时间之黄昏。青年福柯说,尼采是第一个看到这个真相的人:上帝之死中已经喻示着大写的历史的必死性。

应该指出,青年福柯此处对古典经济学的思考,特别是将其置于资产阶级现代认识型的具体构境之中,总体上看,是深刻和具有历史感的。一度,他几乎触及了从客观现实出发的正确路径。但我们必须清楚,在话语塑形上的自觉性,福柯只是在主观的**认知的排列**中,提炼出斯密、李嘉图在经济学中最有价值的理论成果,他仍然不能正确地看到:不是人们的观念(认识型)决定资本主义经济现实存在,而是资本主义历史性的社会经济现实决定了全部观念构境。**认识型的理念先验的真正基础是社会历史先验**。依我的判断,福柯思想上唯心主义观念决定论的丧钟,是在 1968 年"红色五月风暴"的革命实践中被第一次敲响的。

四、组织化有机体与词形变化机制

资产阶级现代性认识型的第二个方面,是生物学中**组织**(*organisation*)概念的凸显。在青年福柯看来,与 18 世纪自然史构序的分类学的表象要素的特性规定关联不同,面对自然,一个无法还原成表象的相互作用的新原则出现了,这就是"组织"。组织,第一次历史性地成为创立自然之新的有序性的关键性概念。依我的理解,这个现代性的组织概念正是构序的本质表述,它是与**无序和熵**正好相反的重要规定性。从一般辞典上,组织通常被定义为"由诸多要素按照一定方式相互联系起来的系统",这只是一个存在者构境中的**现成石化**描述。而我觉得，更需要强调组织规定的在动词状态下的构序意义，**组织是消除熵的负熵努力和使无序转换为有序状态的建构过程**，并且，现代性的组织概念区别于一般动植物中的无主体组织状态，它是一种**主体性的自觉构序和负熵**。

在福柯看来，正是这个现代认识型中的组织概念，使自然得以重新构序："它使要素相互归属；它把特性与功能联系起来；它依据一个既内在又外在、同样可见和不可见的结构排列这些特性；它把特性分布在不同的由词、话语和语言所占据的空间中。"[53] 在自然存在构序上，新的组织形态的确是出现了，可是，这种在生物学中新凸显的自然存在形态的现实基础究竟是什么？如前面他意识到的因果总体历史观的基础是生产构序这样深刻的构境层。福柯并没有也不想认真探寻。

青年福柯说，与古典分类学中"形态、数量和大小"的特性不同，这个新的组织范式通过四种方式表现：一是将特性入序为"等级形式"，特性由高级到低级被塑形。人如果是高等生物，那么就会有低等生物等级链，再有非生物的无机世界。二是与"功能联系在一起"，自然构序不再是实体与实体的外部差异，而成为**为我性**的功能与功能之间的构式。有如海德格尔上手关联构式的环顾世界和鲍德里亚的"物体系"。三是由组织概念建构起生命的存在形态。四则是构成新的分类。由此，一个重要的分类学突变宣告生成，"即有机与无机之间的根本区分"[54]。有机即是生命，而生命主要是"进行生产、增长和繁殖的东西"；无机则是非生命，就是那些既不成长，也不繁殖的东西。这就"深深地打碎了自然史的巨大图表"，使得生物学作为一门科学成为可能。由此，**历史性**（L'historicité）现在被引入自然——确切地说，被引入生物中去了，它说明了，"物与人之间深刻的是历史的存在方式（le mode d'être）"[55]。非常遗憾，福柯对此处这个历史性与大写的历史的具体关联未作说明。这就意味着，深嵌历史性的生物（生命）并不是一个**从来就存在**的东西，而恰恰是 18 世纪末资产阶级现代认识型建构的历史结果。青年福柯在 1971 年那次与乔姆斯基的著名对话中明确指认，生物学"归功于出现了一系列科学话语（discours scientifique）构成的新概念（nouveaux concepts），而它们又导致像生命这类观念的诞生，这使我们能够在其他事物中指明、界定和置放这类话语。依我看，生命观念不是一个**科学概念**（concept scientifique），而是一个起分类、区别作用的**认识论指示器**（indicateur épistémologique），它的功能作用于科学词汇而非客体（objet）"[56]。福柯的意思是说，生物并不是一个现成存在着的对象，而是 19 世纪生物科学种种词汇的塑形物。假如，生命是直到 18 世纪末才被现代认识型建构出来的，那么在这个判断的基础上，福柯之宣称人是"一个晚近的发明"就不足为奇了。因为，这是一个比"人的近代生产"更为基始的发生事件。

现代认识型的第三个方面，是语言学中**词形变化体系**（système des flex-ions）的形成。青年福柯看到，在前古典文化中，词与物直接相似关联，而到了古典认识型的构序中，语言是最深刻地与表象运动相联系，"扎根于表象的存在方式"，一直到 19 世纪初，语言分析中的改变都很少，可是，最终普通语法还是"开始改变其构式（de configuration）：它各种各样的理论部分相互之间不再以完全同样的方式连接在一起；并且把它们联系在一起的网络勾勒出一个早已轻微地不同的历程"[57]。这就是所谓词形变化结构的出现。通过词形变化，语言不再仅仅作为表象与表象的声音构成，而是以语词的**形式要素**这样一个全新的方面被注入："这些形式要素被集合成体系，并为声音、章节、词根规定了一个并非表象所具有的体制。"[58]在福柯看来，这个体制的"整体法则强加给表象的词根，直到改变这些词根本身"。说实话，我并不认为福柯这里关于现代性认识型中语言"词形变化体系"的说明真的具有什么深刻情境。

青年福柯故作神秘地说，历史性进入了语言领域，如同进入生物领域中一样。这里意思似乎是说，古典思想的普通语法中那些词语的无限派生和毫无界限的混合是非历史的；而现在，词形变化结构不仅历史地说明了陈述存在的序列方式及其在时间中的连接，而且还陈述了它们的构成样态。"从现在起，经验性（l'empiricité）——既事关自然个体，又涉及人们以能命名自然的词——被大写的历史所贯穿，并且其存在的整个厚度都被贯穿了。时间之序（L'ordre du temps）开始了。"[59]为什么？我们不得而知。这个第三点，是福柯写得最弱的部分。

福柯小结说，这样，在 18 世纪的最后岁月中，传统的普通语法、自然史和财富分析的认识型开始败落，古典的认识之网"开始散乱了"，因为，一旦需求为自身生物组织了生产，一旦生物进入生命的基本功能，一旦词因其具体的历史而变得沉重,我们如何才能重新发现世界的统一性呢？他坚定地认为,一种新的**大写的历史有序**在资产阶级现代性的认识型中已经开始出现:

> 欲望对象被看重的,并不仅仅是欲望能够加以表象的其他对象,而不可还原为这个表象的一个要素:即劳动(le travail);使得能描述一个自然存在的,不再是我们可以在我们关于这个存在和其他存在所作的表象中加以分析的诸要素,而是这个存在所内在固有的某个关系,我们把这个关系称作其组织(son organisation);使得能够定义一种语言的,并不是语言表象的方式,而是某种内在结构,是依据词相互之间占据的语法姿势来改变词本身的某种方式:这就是其词形变化的体系(son système flexionnel)。[60]

这是硬将三个不同领域发生的事件杂糅在一起的努力。这显然是一种虚构性的理论之境:在财富分析消失之处,经济过程通过生产及使生产成为可能的一切的周围重新聚集;在自然图表消失的地方,生物在生命之谜周围重新聚集;在普通语法消失的方位,语言在多样性的词形变化周围重新聚集。青年福柯说,这个**重新聚集**(restaurée),正是资产阶级新的认识型突现的组织作用。

世界被重新构序了！这是一种在现代性认识型中被重新改写的大写的历史。其实,这如果是一种构序的组织活动,那只能是资本的世界历史。

注释

[1][法]福柯:《词与物——人文科学考古学》,莫伟民译,上海三联书店2001年版,第278页。

[2]同上书,第278—279页。

[3]杨凯麟:《分裂分析福柯》,南京大学出版社2011年版,第125页。

[4][法]福柯:《词与物——人文科学考古学》,莫伟民译,第283页。

[5]同上书,第267页。中译文有改动。Michel Foucault, *Les mots et les choses*, *Une archéologie des sciences humaines*, Paris, Gallimard, 1966, p.226.

［6］同上书,第284页。

［7］同上书,第284—285页。

［8］同上书,第285页。中译文有改动。Michel Foucault, *Les mots et les choses*, *Une archéologie des sciences humaines*, Paris, Gallimard, 1966, p.231.

［9］同上书,第286页。

［10］卢卡奇(Gerog Lukacs, 1885—1971),匈牙利著名马克思主义哲学家、美学家、西方马克思主义哲学思潮的"奠基人"。1885年4月13日出生于布达佩斯一个富裕的犹太银行家的家庭。中学毕业后,卢卡奇去布达佩斯大学学习法律和国家经济学,并攻读文学、艺术史和哲学。1906年获法学博士学位。1918年12月加入匈牙利共产党。1933年当选苏联科学院院士。1944年任布达佩斯大学美学和文化哲学教授。1946年至1956年间任国会议员,1956年曾任纳吉政府教育部长。1971年6月21日死于癌症。其主要著作有:《历史与阶级意识》(1923)、《青年黑格尔》(1939)、《美学》(1963)、《社会存在本体论》(1970)等。

［11］［法］福柯:《词与物——人文科学考古学》,莫伟民译,第286页。

［12］同上书,第287页。

［13］倘若将福柯从阿尔都塞那里获得的有特定意义的大写的 Idéologie 译成观念学,恰恰会遮蔽福柯这一深刻思想的批判性特征。所以,我将《词与物》中译本中的 Idéologie 均改译作意识形态。

［14］参见拙著:《问题式、症候阅读与意识形态——一种对阿尔都塞的文本学解读》,中央编译出版社2004年版,第4章。

［15］［法］福柯:《词与物——人文科学考古学》,莫伟民译,第312页。

［16］同上书,第312页。中译文有改动。Michel Foucault, *Les mots et les choses*, *Une archéologie des sciences humaines*, Paris, Gallimard, 1966, p.252.

［17］保罗·克利(Paul Klee, 1879—1940),瑞士画家。主要代表作:《亚热带风景》、《老人像》等。

［18］［法］福柯:《人死了吗?》,载《福柯集》,王简等译,上海远东出版社1998年版,第83页。

［19］［法］福柯:《词与物——人文科学考古学》,莫伟民译,第313页。

［20］同上书,第314页。中译文有改动。Michel Foucault, *Les mots et les choses*, *Une archéologie des sciences humaines*, Paris, Gallimard, 1966, p.253.

［21］同上书,第314页。

［22］［法］福柯:《福柯访谈录》,载《福柯集》,蒋梓骅译,第435—436页。中译文有改动。Michel Foucault, *Dits et écrits*, *1976—1988*, Paris, Gallimard, 1994, p.148.

［23］［法］福柯:《词与物——人文科学考古学》,莫伟民译,第317页。

［24］同上书,第316页。

［25］佐恩-雷特尔(Alfred Shon-Rethel, 1899—1990),德国马克思主义经济学家、哲学家。著有:《德国法西斯的经济与阶级结构》、《商品形式与思想形式》、《脑力劳动

和体力劳动:一个认识论的批评》等。齐泽克在多部论著中,指认他在学术上的重要性。

[26]［德］佐恩-雷特尔:《脑力劳动和体力劳动》。此书已经由南京大学出版社购得版权并译成中文,近期会出版发行。

[27]［法］福柯:《词与物——人文科学考古学》,莫伟民译,第 319 页。中译文有改动。Michel Foucault, *Les mots et les choses*, *Une archéologie des sciences humaines*, Paris, Gallimard, 1966, p.257.

[28] 同上书,第 323 页。

[29] 同上书,第 325 页。

[30] 同上书,第 327 页。

[31]［法］福柯:《尼采、弗洛伊德、马克思》,方生译,载《尼采的幽灵》,社会科学文献出版社 2001 年版,第 99 页。

[32] 同上书,第 100 页。中译文有改动。Michel Foucault, *Dits et écrits*, *1954—1975*, Paris, Gallimard, 1994, pp.595—596.

[33] 同上书,第 101 页。

[34] 斯密(Adam Smith, 1723—1790),英国著名经济学家,古典政治经济学的真正创始人。1723 年 6 月 5 日,斯密出生在苏格兰法夫郡的寇克卡迪。斯密的父亲也叫 Adam Smith,是律师,也是苏格兰的军法官和寇克卡迪的海关监督,在亚当·斯密出生前几个月去世。斯密一生与母亲相依为命,终身未娶。1737—1740 年间,斯密在苏格兰格拉斯哥大学学习;1740—1746 年间,赴牛津大学求学;1751 年后,亚当·斯密在格拉斯哥大学担任逻辑学和道德哲学教授。1787—1789 年担任格拉斯哥大学校长职位。1790 年 7 月 17 日与世长辞,享年 67 岁。去世前,斯密将自己的手稿全数销毁。其主要代表著作为:《道德情操论》(*The Theory of Moral Sentiments*, 1759)和《国民财富的性质和原因的研究》(*An Inquiry into the Nature and Causes of the Wealth of Nations*, 1768)。

[35]［法］福柯:《词与物——人文科学考古学》,莫伟民译,第 291 页。

[36] 同上书,第 293 页。

[37] 同上书,第 294 页。

[38] 同上书,第 292 页。

[39] 同上书,第 294 页。

[40] 同上书,第 295 页。

[41] 同上书,第 311 页。

[42] 李嘉图(David Ricardo, 1772—1823),英国著名政治经济学家,他对斯密之后的经济学理论作出了系统的贡献,被马克思称为最伟大的古典经济学家。1772 年 4 月 18 日,李嘉图出生于英国伦敦一个资产阶级犹太移民家庭。童年所受教育不多,14 岁便随父亲从事证券交易活动,16 岁便成了英国金融界的知名人物。1799 年,李嘉图偶然阅读了斯密的《国民财富的性质和原因的研究》一书,第一次接触了经济学;从此,对政治经济学发生兴趣并开始研究经济问题。李嘉图在证券交易所的工作确保了他一生富

足的生活,所以在 1814 年刚满 42 岁时,他便选择了退休。1819 年,李嘉图在英国议会上院购买了一个代表爱尔兰的席位,随后占据这个席位直到去世。1823 年 9 月 11 日去世,年仅 51 岁。其主要代表作为《政治经济学及赋税原理》(*Principles of Political Economy and Taxation*, 1817)等。

[43] [法]福柯:《词与物——人文科学考古学》,莫伟民译,第 328 页。

[44] 同上书,第 330 页。

[45] [法]福柯:《权力的地理学》,载《权力的眼睛——福柯访谈录》,严锋译,上海人民出版社 1997 年版,第 211 页。

[46]《马克思恩格斯全集》第 30 卷,人民出版社 2002 年版,第 327、329 页。

[47] [法]福柯:《词与物——人文科学考古学》,莫伟民译,第 332 页。

[48] 同上书,第 333 页。

[49] 参见拙著:《回到马克思——经济学语境的哲学话语》,江苏人民出版社 2014 年第 3 版,第三章。

[50] [法]福柯:《词与物——人文科学考古学》,莫伟民译,第 337 页。

[51] 同上书,第 340 页。

[52] 同上书,第 341 页。

[53] 同上书,第 302 页。

[54] 同上书,第 292 页。

[55] 同上书,第 361 页。

[56] [法]福柯:《论人的本性:公正与权力的对立》,载《福柯集》,从莉译,上海远东出版社 1998 年版,第 217 页。中译文有改动。Michel Foucault, *Dits et écrits*, *1954—1975*, Paris, Gallimard, 1994, p.1342.

[57] [法]福柯:《词与物——人文科学考古学》,莫伟民译,第 307 页。

[58] 同上书,第 308 页。

[59] 同上书,第 383 页。

[60] 同上书,第 309 页。

第五章　人：一个晚近的事件

青年福柯在《词与物》一书中做出的最令人瞠目结舌的断言，可能就是一系列关于人的离奇观点了。福柯声称，作为主体性的人，竟然是在 19 世纪现代资产阶级认识型中刚刚被建构出来的东西。具体而言，人作为一个被建构起来的构境物，并不是自古就存在的连续体，而不过是一个资产阶级在 19 世纪的"晚近的发明"；甚至，如同海边沙滩上被随意涂鸦出来的图形一样，它随时可能在另一个新的认识型的异质构境中走向终结。福柯还像巫师一般地预言道，以人为对象的人文科学亦将如此短命。这一章，我们就来具体分析和讨论青年福柯的以上论点。

一、在空穴中建构起来的人类主体

青年福柯关于人的讨论，是从重新构境此书开篇关于委拉斯开兹的那幅油画《宫娥》的讨论开始的。他说，这幅画的表层构境意义在于显现了古典认识型的**表象如何被表象**，那个在背景墙上的镜像中出现的国王夫妇即是**被表象却不在场**的对象。通过第二章的讨论，我们已知福柯关于画中画家所画对象的判断有可能是一个误判，但它并不影响福柯关于表象之表象被建构的那个不在场的主体性位置的**构境式的**指认。国王夫妇所在的非镜像位置（也是画家和作为观众的我们在真实存在中的主体构境位置）——我们虽然在表象之画中看不见这个空无之位，但正是这个看不见的"无"同时塑形了画面中的**客体、主体**和构式了复杂的**存在情境**！在福柯的眼中，这是一个看不见的**空王位**[1]！更诡异的关系在于，这个创造世界的无恰恰又是已经成为**直接表象**的画中画家！

　　有了客体(objet)——由于正是艺术家所表象的东西才被复制到他的画布上去了——同时有了主体(sujet)——因为在工作中表象自身时,画家(peintre)眼前所有的正是他本人,因为画中画出来的目光都是指向王室人员所占据的虚构位置,这个位置也是画家所处的真实位置,因为最后,那个模糊位置的主体(画家和国王在这个位置中交错着并且不停地闪现着)是观众:他的目光把画转变成客体、那个基本空隙(manque)的纯表象。[2]

　　这是一个极其复杂的构境关系空间。"交错着并且不停地闪现着"的一切正是画家创作艺术构境的凸显过程,它在一个二维平面上,通过多重目光的隐性的联想关系建构出这一经典主—客体关系存在的情境空间。

　　当然,与前面的构境意向不同,福柯此处评论这幅画的重点已经不再是古典认识型的本质——表象被表象,而反倒是隐喻式地指向在现代认识型中作为无而登场的主体——制作表象的人。这是一个很大的构境层意向的转换。在青年福柯看来,这个在《宫娥》中不在场的空无位置,在更深一个构境层中也正隐喻了现代性认识型中人(l'homme)的位置。这个新型的人,在古典认识型的思想构境中并不存在,因为,对他而言,"表象为其而存在,并且他在表象中表象自身,把自己确认为意象或反映(image ou reflet),他把'图表中之表象'的所有相互交织的线条系在一起"[3]。于是,在古典认识型中没有直接出场的作为现代主体的人,今天成为一个现代表象线条交织的构境物!这也意味着,在主体—客体二元模式中出现的现代主体,特别是那种可以反映外部世界的认知意向,恰恰是一种表象线条重新编织和构境的历史性产物。这是对海德格尔对象性主—客二元分立模式证伪的另一种构境论表征。

　　一切终于真相大白,青年福柯之所以在此书开头颇费周章地讨论《宫娥》图,指认出那么复杂的表象之序和理解构境层,并不仅仅是要讨论古典认识型中直接的表象构境,进一步说,至少在这里,是要通过这个情境的深化来建构出重新塑形表象之表象的新的"造物主"——作为主体的现代人。难怪福柯非要语出惊人:在18世纪末以前,人是不存在的(l'homme n'existait pas),因为这个作为主体的人,"他是完全新近的创造物,认知造物主(la démiurgie du savoir）用自己的双手把他制造出来还不足 200 年"[4]！好一个"认知造物主"！现在不是上帝造人，而是资产阶级现代性的认知造物主创造出作为现代主体的人。具体到福柯此处的讨论，他并不是说，一直以来连续持存活着的人死了，而是说，作为主体而出现的人是现代性认识型的特殊历史产物，所以，从 19 世纪数到今天，现代性的主体之人的被**"认知造物主"**制造出来还不足 200 年。

当然，这也不意味着，在传统的认识型中从来没有出现过知识意义上的人、人性（la nature humaine）的规定。福柯很清楚，"文艺复兴的'人本主义'和古典的'理性主义'都能恰当地在世界之序中给予人一个特许位置，但它们都不能思考人"[5]。传统的人本主义和理性主义中都曾经讨论人和人性，说明人的**类本质**；可是，现代性构境中塑形起来的认知主体先前从未得到过真正的反思，这个新的主体只是被当作人的**发展新阶段**。譬如，在资产阶级古典认识型中，人性就与自然（本性，nature）形成功能互指："自然，通过真实而无序的并置作用，使差异出现在存在物之有序的连续性中；而人性是使同一出现在表象的有序链条中，并且是通过意象展开的作用做到这一点的。"[6]如同费尔巴哈的人之自然存在和无声的类一样。可是福柯认为，几千年以来，并不存在关于人本身的认识论意识（de conscience épistémologique），"人，作为初始的和有深度的实在，作为所有可能的认识之难对付的客体和独立自主的主体，在古典认识型中没有一席之地"[7]。说到底，在从前，人并没有也不可能理解自己在现代性认识型中的全新存在——**突现**的认知本质。

综上，青年福柯推出自己的结论——人，作为现代性主体，只能是 19 世纪以来资产阶级现代认识型的结果：

> 当自然史成为生物学（biologie），当财富分析成为经济学，尤其当语言反思成为语文学以及和表象共同所处的那个古典话语消失时，那么，在这样一个考古学突变的深刻运动中，人与其歧义的位置（position ambiguë）一起出现，即作为认知对象和认知的主体（savoir et de sujet）：顺从的君主（souverain soumis），凝视着的观众，人出现在国王的位置（place du Roi）中。[8]

人出现在国王已经缺席的位置上，这是一个极为重要的历史指认。最早，这是施蒂纳在批判费尔巴哈时提出的论点，他发现费尔巴哈人的类本质从神学异化的扬弃中复归时，充当了**人神真身**。[9]福柯则指认，在社会现实中人权取代了王权。当然，画中这个不直接在场的国王的位置，也可能是小公主、画家和观众的位置，所有这些角色都在"相互排斥、相互交织并闪烁着"，这是一个直观表象之外的构境式的"空白的空间"（espace vacant）。在这里，福柯突出强调了这个反指性空无的构境位置的重要性。尤为值得一再提示的是，人，如果能够居于这个作画（创造世界）的主体位置，那么他从一开始就是以空无（*vacant*）为前提的。青年福柯说，现代性的

> 人类（humain），凭着自己的存在，凭着其与表象携手的能力，突现在一个空穴（creux）中：当生物、交换的客体和词抛弃了迄今为止一度成为它们的自然场的表象，并依据生命、生产和语言的规律而缩回到物之深处（choses et s'enroulent）并把自己盘绕起来时，它们就精心准备了这个空穴。[10]

福柯的这番论调，令我们联想到拉康的无之本体论。[11]不同之处在于，拉康是非历史地指认一切个人主体初生的基础是镜像之无，而我们都不过是在镜像之无之上，再用虚无的符号建立了异化之异化的人生；而福柯对拉康的挪用，则是将无之本体转换成**历史性**的布尔乔亚现代人的出场之无穴。在青年福柯笔下，现代性的人，**在古典的意义上**只是一个不在场的空无，我们必须通过关于他的词、他的机体和他制造的客体才能**建构性地**靠近他，才能**构境式地**描绘他的模样。换句话说，只有当人开始存在于自己的机体内，当人开始存在于劳动生产中，当人把自己的思想置于语言的褶层中时，**建构（与解构）和流动不息的**"现代性（la modernité）开始了"，由此，现代性的人之主体才得以确立。

并且，青年福柯断言，这是"一张在历史上必定被抹去的面孔（visage）"[12]。现代人必死！毫无疑问，福柯这个让人们感到绝望的预言当然会引发普遍的常识中的恐慌和人本主义学者的群情激愤。在这一消解性的构境点上，萨特等人的恼怒是完全可以理解的。

二、现代人的四重规定

在青年福柯这里，资产阶级现代认识型中这个新近被生成的现代人由四重规定性构成：即有限性、经验与先验、我思与非思和起源。

首先，这个**有限性**（la *finitude*）前面我们已经遭遇到了，那是因为现代生产理论的出现，才使人的限定性第一次得到现实的确定。工业生产让人与物去除了农业文明中那种恒定性（循环时间）的假象，资产阶级的存在逻辑是永不停息的求新中一切已有事物的变旧和消失。在此，福柯进一步具体指认道，人的限定性即是指作为主体性的人总是"受制于劳动、生命和语言：他的具体存在在它们之中发现了自己的确定性"[13]。与传统认识型中的那种永恒不变的抽象人性和人的类本质不同，现代人作为一种现代认识型的被造物——主体性存在，只不过是一个有死生物，一个将被替换的生产器械（instrument de production），一个无穷变幻的词的工具（véhicule pour），正是这些正在被组建和塑形起来的历史性内容使得现代人成为一种有限性的存在。这恐怕是对的。

> 生命的存在方式（mode d'être），以及能确定生命若不向我规定其形式就为能存在的一切，基本上都是由我的躯体给予我的；生产的存在方式（le mode d'être de la production），它的确定性对我的存在的重压，都是由我的欲望赋予我的；并且，语言的存在方式，整个历史航迹（在词被说出的瞬间，并且也许甚至在仍然不太察觉的时候，词就向这个航迹显现了），都只能沿着我的会说话的思想的细长线索而赋予我的。[14]

青年福柯说，现代性的人不仅仅是人的实体存在，被肉体的空间性、欲望的张扬和语言的时间所指明，同时，它从根本上就是**他者**（*autre*）。在神正论的原初意义上，现代人从来就不是人自己，他从空无的本体开始，由生物学、经济学和语言学三重他性存在方式所构式。**现代人就是他性构境中的他者！** 这种观点大有拉康空无本体论的意味。

福柯分析说,也因为现代人的有限性,原先那种无限的形而上学遭遇到了致命的打击。这种打击始于康德,而凸显于当代:"生命哲学把形而上学揭示为幻想之幕,劳动哲学把形而上学揭示为异己的思想和意识形态,语言哲学把形而上学揭示为文化插曲。"[15]传统形而上学从来都在讨论人,可是,现代生物机体理论却第一次让人成为生命组织的有序状态,这一下就让先前所有关于人的讨论全都沦为幻境;过去的形而上学始终在思考人的本质,只是在斯密—李嘉图的劳动价值论中,现代人才中断了关于人的异化史观的意识形态话语;以往的形而上学都将理性(能说话)视作人之存在的本质,而语言学的进展却使这座华厦崩塌,原先的一切应声化作历史性的语言文化断片。青年福柯让我们在人的有限性中,看到了全部"形而上学的终结(la fin)"。在这一点上,福柯似乎是想效仿海德格尔的,但又真的不是一回事。

其次,**经验与先验**(*empirico-trascendantal*)本身就是一对矛盾,它们分别是人的有限存在与历史性认知先验条件的关系映现。这是前一规定的思境走向的必然。青年福柯断定,现代人的

> 知识(la connaissance)具有历史的、社会的或经济的状况(des con-ditions historiques, sociales, ou économiques),认识是在人与人之间织成的种种关系(rapports)的内部形成的,认识并不独立于这些关系在此处或彼处所能呈现的特殊形式,总之,曾存在着人类认识的一种**历史**(une historire),它既能赋予经验认知,又能规定经验的形式。[16]

这里的"知识具有历史的、社会的或经济的状况"一语很要紧。字里行间,青年福柯似乎在表达一个与马克思 1845 年以后的思想十分相近的观点,即人的认识构架是由历史限定("一定的历史条件")的,但它同时又会导致一种社会中相对于个人的先验认知形式的生成,特别是在立基于工业生产之上的资本主义社会发展中,这个认知先验性的基础是**现代性**历史的、社会的或经济的条件。这是正确的判断。在这里,我们似乎又看到那个有悖于认识型决定论的忽隐忽现的**从现实出发**的逻辑。这可能也是福柯文本中存在复调结构的线索。

其三,**我思与非思**(*Le cogito et l'mpensé*)与现代人的关系。青年福柯显然不同意笛卡尔"我思故我在"的说法,他认为,"我思"不可能在一个"直接的和至高无上的透明性中被给出"。在这个意义上,笛卡尔的"我思"恰恰是无思的。因为,如果人确实处于上述的有限经验与先验的认知构架的矛盾之中,那么——人在"我思"中,却必定会出现对自身的"非思"。费希特的自我与非我关系则是对此问题在某种程度上的自觉。

> 人如何能思考人所不思的,人如何依据一种无声占据的方式(le mode d'une occupation)而栖居在逃避人的场所中,人如何通过一种固定的运动(de mouvement figé)来激活自身这个形象,这个形象是以一种难以对付的外在性的形式而呈现给人的?[17]

福柯的这三个"如何",揭示了作为现代主体性的人所面对的我思与非思的辩证关系。因为,笛卡尔的思是**正常的**理性之思,因而恰恰无法面对福柯所珍视的"不正常的"(疯子、同性恋和庶民等)非思,在这个特殊的思想构境层中,现代性主体正是在逃避传统在场性的空无中去生成和建构人的思想形象的。恰恰在这个更深的构境意义上,我思由非思**反向构式**。

继而,青年福柯又用了三个"如何"分析了现代性的人对自身的有限存在中的超越性的非思性,即人如何超越有限生命感性存在的经验? 人如何将劳动作为一种外在性的强迫性法则去接受? 人如何成为一种无人的语言体系中的木偶? 我们原以为是由主体理性主动思考而来的东西,在现代性中,都反转为一个存在中的非思的悖论。"我思"并不导致"我在",因为"非思即在思之中"。这让我们想起拉康。拉康也是要改写笛卡尔的"我思故我在"(cogito ergo sum)。他宣称,"哲学的我思(cogito)"是一种"幻象的中心"[18],"我"是伪主体,"思"则是能指观念之恶魔。所以,"我"(伪主体)"思"(逻各斯理性)时,真我并不**在**(海德格尔);我在我不思(海德格尔)之处思我所是。"在我思之玩物之处我不在,我在我不思之处(je ne suis pas, là où je suis le jouet de ma pensée; je pense à ce que je suis, là où je ne pense pas penser)。"[19]青年福柯认为,"自19世纪以来,非思就一直充当人的隐隐约约的和连续不断的陪伴"[20]。非思就是思的"他者和阴影"。甚至,这

种非思

> 在黑格尔的现象学中,它是面对**自为**(*Für aich*)的自在;对叔本华来说,它是一种**无意识**(l'*Unbewusste*);对马克思来说,它是一个异化了的人(l'homme aliéné);在胡塞尔的分析中,它是不言明的东西、不现实的东西、沉淀物和非实行的东西:无论如何,它是一途中取之不尽的替角。[21]

准确地界定,异化了的人是费尔巴哈和1845年以前青年马克思的思想构境。青年福柯冷峻的眼神已透视到,所谓"自在"、"无意识"和"劳动异化",不过都是现代性主体逃离我思的过程,现代性的哲学史就是一部由非思构序和异质性思想构境的思想史。有趣的是,在1954年福柯出版的《精神病与人格》一书的最后一节结论中,他那时却也说过如下的话:"真正的心理学,应该摆脱这种心理主义,并且如同其他关于人的科学(science de l'homme)一样,应以帮助人从异化状态中解除出来(désaliéner)作为其宗旨。"[22]恐怕,那也是青年福柯头脑中没有去除的**人本学他性镜像**残余。

其四,**起源**(*l'originaire*)的历史性消失。自现代人的登场之后,古典思想中那种从交换、自然之序和物之表象中寻求起源的构境思路就不再奏效了;在现代认识型中,劳动、生命和语言,各自都已获得自身特有的历史性,但这种历史性并非人的新的起源,而只是说,"人",是在相关于19世纪里发生的这样一些历史性活动的意义上,才被真正建构起来的。

> 当人设法把自己确定为生物的存在时,人只有在一种其本身先于人而开始的生命的基础上才能发现自己的开端;当人设法把自己重新恢复为劳动的存在(être au travail)时,人只有在早已被社会所制度化(institutionnalisés)、所控制的人类时间和空间的内部,才能阐明这样的存在之最基础的形式;当人设法确定其讲话主体的本质(这个主体并未达到任何被实际构成的语言),人只能发现早已被展开的语言的可能性,而非所有的语言和语言本身都能应对结结巴巴、原始的词。[23]

　　换而言之,现代人的存在,确实是与 19 世纪资本主义社会中刚刚发生的特定的生物学、劳动价值论和语言功能系统息息相关的,但是,二者之间这种关联并不是传统意义上被理解为**原初性起源**的那种关系,而是一种**无本体来源的历史性**的建构。现代性的**一般的人**,恰恰不是一种在上下几千年中不断被改造、被革新的连续实体,而是资产阶级现代性背景下凸显出来的**历史构式物**。这个论点,不免令人想起马克思在《1857—1858 年经济学手稿》导言中的人之讨论,在那里,马克思否定了古典经济学中的鲁滨孙式的抽象个人,说明了现实的个人在资本主义生产方式中的历史性生成。也是在这个意义上,青年福柯才指认"人就是毫无起源的存在,是'既无故乡,又无日期的存在'。是其诞生从未可理解的存在,因为它从未'发生'过"[24]。这正是福柯那个著名的关于人是一个晚近发生的事件的断言的真正本质。此间,我们不难看到拉康对福柯悄然发生的影响,即他对人本主义的"回家"之乡愁的彻底删除。

三、人文科学始终存在吗？

　　按青年福柯的逻辑,如果说在 17—18 世纪的古典认识型中,历史地建构了人类主体性存在的生命、劳动和语言都还没有出现,那么,那时作为**主体性在场**的人当然也就是"不存在"的。同样的道理,以现代人为对象的**人文科学**(*sciences humaines*)在 19 世纪以前,也就不可能真正存在。很自然地,福柯会得出这样的结论：与主体性的"人"一样,资产阶级的人本主义(humanisme)思潮、人文科学并不是一个始终存在的东西,而只是 **19 世纪以后诞生的新事物**。福柯是在《古典时代疯狂史》一书中较早地提及这个关于人的科学的。在那里他深刻地指认,这个人的科学"奠基于把过去它曾认为是神圣的事物加以道德化的过程"[25]。这也是福柯此书副标题"人文科学考古学"的真实喻意所在。

　　在 1966 年的一次访谈中,青年福柯如此这般地回应关于人本主义的历史地位的问题：

　　中学教育告诉我们,16 世纪是人文主义时期,古典主义发展了人的本性(la nature humaine)的各种重大主题,18 世纪创立了实证科学,我们现在终于能借助生物学、心理学、社会学,通过实证的、科学的、理性的方法来认识人了。同时我们还想象人文主义曾是推动我们历史发展的巨大力量(grande force)。[26]

　　青年福柯犀利地指出,这一切统统都是错觉。依他所见,真正的人本主义运动始于 19 世纪末,所以在 16—18 世纪的文化(认识型)中,占据主要话语地位的仍然是上帝、外部世界,现代的"人根本没有出现"。[27]这个观点我们已经十分熟稔了。

　　青年福柯指认,只有在 19 世纪之后的资产阶级现代性认识型中,当抛弃了表象的空间,生物处于生命的特殊深度,财富处于生产形式之逐渐推进,词处于语言的变化中时,亦即当主体性的人在新的社会关系中被功能性地建构起来的时候,人才可能成为认识的对象。这样,才会发生对人的科学认知,才会出现所谓的人文科学。"当人在西方文化中,既把自己构建为必定被思考的,又建构为将被认识的对象时,人文科学出现了。"[28]或者换言之,"只是就人活着、讲着话和生产着(où il vit, où il parle, où il produit)而言,人文科学才专注(s'adressent)于人"[29]。不难看出,这还是那个现代性认识型中的生物学(活着)、生产理论(生产着)和语言学(讲着话)的根本性构序和构式作用。福柯要证明,人文科学是一个历史性的特定思想情境。这是有道理的。

　　在青年福柯这里,人文科学本身就不是对抽象的"人的本性(nature)所是"的讨论,

　　　　人文科学是这样一种分析,即它在人的实证性(positivité)所是(活着、劳动着和讲着话的存在)与使得这一同一个存在能知道(或设法知道)生命的所是、劳动本质(l'essence du travail)及其法则所在和他能以何种方式讲话这一切之间延伸。[30]

主体性的人的实证性建构是由 19 世纪才出现的生物学(确证其生命机

体的存在)、现代工业意义上的生产劳动(确证其全新的社会存在质性)和语言学(确证其现代性的话语存在方式)的运作塑形和构式起来的,所谓人本科学,不过是对这种现实的建构场境的一种科学"分析"。然而,人文科学并不是生物学、经济学和语言科学本身,而只是要说明这些科学表象的诞生和展开的历史限定性。所以,它会仿佛处于一种"元—认识论"(méta-épistémologique)的位置中。循着这个思想构境的脉络去理解,似乎人文科学就是现代性认识型对象化在具体科学研究中发生作用的历史性结构性范式。这是福柯对人文科学的一种重新构式。

　　与现代性认识型的三个领域相对,人文科学也表现为三种**筑模(构成性的模式)**[31]:一是从生物学投影中生成的"功能性"模式——从实体中心论到功能关系存在论的转变;二是在经济学投影中形成的"规范、冲突和规则"的模式——规范是从经济关系中铸成的;三是在语言学投影中形成的"意义和体系化"的模式——话语实践构序。依福柯之见,这三组模式在今天"完整无遗地覆盖了有关人的认识的整个领域"。[32]他宣称,从这三个模式出发,我们就可以描述自19世纪以来资产阶级所有人文科学的生成和变化。正是现代性认识型,以资产阶级的意识形态座架了今天的人文世界图景,其本质还是**强制**。福柯后来还曾这样说道,"在人文科学里,所有门类的认知的发展都与权力的实施密不可分",它们是"伴随着权力的机制一道产生的"[33]。这当然已经是后来更深的政治哲学思考。哈贝马斯将福柯对人文学科的宣判概括如下:"人文学科用它们傲慢却永远得不到兑现的要求,建起一座普遍有效知识的丰碑,其背后隐藏的则是认知意志十足真实的自我权力化——一种使知识不断变为意志,而主体性和自我意识首先就是在这种意志的漩涡中逐步建立起来的。"[34]这个概括倒不失精准。

　　最后,青年福柯讨论了与主体性的人被建构和人文学科的历史发生这两件事相关联的**大写的历史**(l'Histore)的败落。他承认,在人与人文学科出现之前,人们早已开始谈论大写的历史。在整个西方文化进程中,大写的历史实施着一些座架文化历史本身的主要功能:"记忆,神话、传播《圣经》和神的儆戒,表达传统,对目前进行批判的意识,对人类命运进行辨读,预见未来或欢度一种轮回。"[35]以青年福柯之见,在传统的这种"大写的历史"观中,人们就构想一种在其每个关节点上都是光滑的、千篇一律的宏大的历史(grande histoire)。这种历史已在同一种漂移、同一种下落甚或同一种攀升中卷走了所有的人,随之卷走了种种物、动物、每一个活生生的或惰性的存在,直至地球最平静的面貌。[36]

青年福柯直言不讳地写道,大写的历史观在本质上就是一种连续性的宏大历史叙事,在这种平滑的连续历史故事中,真实发生的历史事件被假定为同一性的物性实体的连续改变、上升和败落,其实质,恰恰是以同一性认知权力为驱动的所谓大写历史进程强暴了全部存在。继而,青年福柯宣告了自己新的创见,即他发现这种由大写的历史话语建构起来的同一性的历史观就在 19 世纪开始的现代性认识型中被中断了。依青年福柯的看法,现代性的认识型是与"大写的话语及其单调的统治的消失联络在一起的"。他说道,19 世纪开始于一种人类活动全新的历史性,这种历史性不能在物与人所共有的宏大叙事中占有一席之地,而是发生于自然适应周围环境所特有的历史性,发生于资本主义生产的历史发展模式(资本的积累方式和价格的波动法则),生成于语言的历史转换和生成的模式。于是,新的历史观义无反顾地断然抛弃了"有关时间的有序或连续层面的想法,同样也抛弃了连续不断的进步的想法",它"向事物和人都强加了一个年代学"。[37] 这是在告诉我们,现代性的认识型的本质是一种特殊的非连续性的历史性! 它的生成恰恰是同一性、总体性的大写历史观的解构。这一观点,福柯在其后的《认知考古学》中大大地深化了。

青年福柯试图让我们看到,如果说传统的大写的历史被消解了,那么,正是自 19 世纪开始,在大写的历史消解的意义上,"人就被'非历史化(déshistoricisé)'了"[38]。这个 déshistoricisé 的意思就是祛除大写的历史。但是,这种非历史化又恰恰使人本身"彻底成了历史的"。这种历史性存在的人并不是一个自古以来就存在的连续体,"如同我们近期的(la date récente)思想考古学所显示的那样,人是一个发明(invention),并且正接近其终点(fin)"![39] 人是一个资产阶级新近的发明,且他已经苍老得足以死去。

于是,"人将被抹去(que l'homme s'effacerait),如同大海边沙滩地上的一张脸(visage)"[40]。青年福柯在《词与物》一书的最后章节,写下了这句意味深长的断言,它的余音袅袅回荡至今!

注释

[1] 在《王国与荣耀》一书中,阿甘本曾经考察过一种"早期基督教和拜占庭巴西利卡王廷的拱门和后殿弧顶上的空王座(hetoimasia tou thronou)",他指认,在某种意义上,空王位恰恰就是权力最重要的象征。这是颇具意味的。Giorgio Agamben, *The Kingdom and the Glory*, Translated by Lorenzo Chiesa, Stanford, California:Stanford University Press, 2011, p.xii.

[2] [法]福柯:《词与物——人文科学考古学》,莫伟民译,上海三联书店2001年版,第402页。

[3] 同上。

[4] 同上。

[5] 同上书,第414页。

[6] 同上书,第403页。

[7] 同上书,第404页。

[8] 同上书,第407页。中译文有改动。Michel Foucault, *Les mots et les choses*, *Une archéologie des sciences humaines*, Paris, Gallimard, 1966, p.323.

[9] 参见拙著:《回到马克思——经济学语境中的哲学话语》,江苏人民出版社2014年第3版,第410—412页。

[10] [法]福柯:《词与物——人文科学考古学》,莫伟民译,第408页。

[11] 参见拙著:《不可能的存在之真——拉康哲学映像》,商务印书馆2006年版。

[12] [法]福柯:《词与物——人文科学考古学》,莫伟民译,第408页。

[13] 同上。

[14] 同上书,第410页。

[15] 同上书,第413页。

[16] 同上书,第416页。中译文有改动。Michel Foucault, *Les mots et les choses*, *Une archéologie des sciences humaines*, Paris, Gallimard, 1966, p.330.

[17] 同上书,第421页。

[18] [法]拉康:《拉康选集》,褚孝泉译,上海三联书店2001年版,第448页。

[19] 同上书,第449页。中译文有改动。Jacques Lacan, *Écrits*, Éditions du Seuil, Paris, 1966, p.517.齐泽克后来对此也有一段很有意思的说明:"拉康把笛卡尔的'I think, therefore I am'(我思故我在)改写成了'I am the one who thinks therefore I am'(他者思'故我在')。"参见[斯]齐泽克:《实在界的面庞——齐泽克自选集》,季广茂译,中央编译出版社2004年版,第161页。

［20］［法］福柯:《词与物——人文科学考古学》,莫伟民译,第 425 页。

［21］同上书,第 426 页。

［22］Michel Foucault, *Maladie mentale et personnalité*, Paris: Presses Universitaires de France, 1954, p.110.

［23］［法］福柯:《词与物——人文科学考古学》,莫伟民译,第 430 页。

［24］同上书,第 432 页。

［25］［法］福柯:《古典时代疯狂史》,林志明译,生活·读书·新知三联书店 2005 年版,第 147 页。

［26］［法］福柯:《人死了吗?》,载《福柯集》,冀可平译,上海远东出版社 1998 年版,第 78 页。

［27］同上书,第 79 页。

［28］［法］福柯:《词与物——人文科学考古学》,莫伟民译,第 450 页。

［29］同上书,第 458 页。

［30］同上书,第 464 页。

［31］筑模(modeling)一语是我从英国科学社会学家皮克林那里挪用的。它指当下地、功能性地生成一种模式,用以更精准地呈现马克思生产方式观念试图表达的意思。当然,筑模也同样发生在更复杂的思想逻辑建构之中。参见拙文:《劳动塑形、关系构式、生产创序与结构筑模》,载《哲学研究》2009 年第 11 期。

［32］［法］福柯:《词与物——人文科学考古学》,莫伟民译,第 466 页。

［33］［法］福柯:《权力的阐释》,载《权力的眼睛——福柯访谈录》,严锋译,上海人民出版社 1997 年版,第 31 页。

［34］［德］哈贝马斯:《现代性的哲学话语》,曹卫东等译,译林出版社 2004 年版,第 308 页。

［35］［法］福柯:《词与物——人文科学考古学》,莫伟民译,第 479 页。

［36］同上书,第 479—480 页。

［37］同上书,第 481 页。

［38］同上。

［39］同上书,第 506 页。中译文有改动。Michel Foucault, *Les mots et les choses*, *Une archéologie des sciences humaines*, Paris, Gallimard, 1966, p.398.

［40］同上书,第 506 页。

附文一　科学考古学

——青年福柯关于认识型和认识论断裂的答辩

福柯的《词与物》一书出版之后,虽然受到萨特等人本主义哲学家的批评[1],但在整个法国社会还是引起了很大的反响,好评如潮。然而在哲学界内部,此书还是受到了一些特殊关注,比如来自师长的评点和一些优秀学生的质疑,这些深一层的追问虽为数不多,却引发了青年福柯自己深一层的反省,从而促成了他思想上第一次重要"转折"。在这些质疑声中,《词与物》中提出的认识型概念成为讨论的中心。围绕老师和学生们的追问,青年福柯于 1968 年发表了《科学的考古学:答认识论小组》("Sur l'archéologie des sciences. Réponse au Cercle d'épistémologie")一文。[2]也随着这篇文章的发表,在"红色五月风暴"之后,青年福柯的思想开始引起学术界更为广泛的关注。在本附文中,我们重点来解读这一重要文本。

一、非连续性:提问与回答

向青年福柯提问的主体,是阿尔都塞在巴黎高等师范学校所领导的当时还比较年轻的十余位青年学者组成的所谓"认识论小组"(Cercle d'épistémologie),其中,就有今天已经成为法国一代新兴思想大师的巴迪欧和米勒[3]。所有问题围绕的核心关键词有二:**认识型和认识论断裂**(*De l'épistémè et de la rupture épistémologique*)。毫无疑问,这也是我们所关心的问题。巴迪欧等人提出,希望福柯"在科学的地位、历史和概念的关系中",进一步确认这两个关键性概念的内涵。他们认为,在巴什拉有关科学史的研究中,"认识论的断裂"被用以描述科学史发展中的非连续性,而青年福柯也是在这一基础上"发现了一个时代与下一时代的认识论构式(configuration épistémique)之间的纵向非连续性(discontinuité verticale)"[4]。即福柯在《词与物》中从传统认识型到古典认识型,再到现代认识型的纵向断裂。问题的焦点于是集中为:认识论构式的**横向性**(horizontalité)与非连续认识型变化的**纵向性**(verricalité)之间的关系是什么? 十分有意思的一个细节是,认识论小组在发问时,刻意使用了垂直与水平的比喻,而没有使用已经具有意识形态色彩的历史主义的**历时性**和结构主义的**共时性**范畴。并且,认识论小组的这帮年轻人还促狭地引用了福柯自己的老师康吉莱姆在相关的评论文章[5]中作出的一个批评:青年福柯将支配不同时代认识论构式的不同认知之间的关系描述为绝对的断裂,而康吉莱姆则明确指认道,17、18 世纪的认识型中诸如"自然史"这样的话语,的确被 19 世纪的认识型所抛弃了,但也有一些话语被直接整合(intégrés)到新的认识型之中,牛顿物理学并没有随着动物经济的生理学的出现而消亡,前者充当了后者的一个模型,譬如即便是在爱因斯坦那里,牛顿也没有被**断裂式地推翻**。[6]青年人的提问和思考显然是尖锐和深刻的,他们的确犀利地发现了青年福柯《词与物》一书中存在着的内在矛盾和理论破绽。

面对这种追问,青年福柯的态度倒也十分认真。他坦然直面更年轻一代学者敏锐的观察和质问,同时承认"认识论的断裂"并非自己的原创。他说,在当时整个法国思想史研究中,人们已经开始普遍放弃长时段(longues périodes)的连续性观察,

> 有人已经开始努力去发现在思想的伟大连续性(grandes continuités)背后、在精神的基础性和同质性表现(manifestations massives et homogènes de l'esprit)的背后,在从一开始就为自身存在和自身完善而斗争的科学的不懈发展背后存在的中断(interruptions)。[7]

福柯这里所列举的思想先驱者,包括自己的老师巴什拉和康吉莱姆,也包括热鲁(M. Gueroult)[8]的哲学话语空间中封闭体系的"概念建筑术(architectures conceptuelles)",以及在更小规模下思考文本内部写作结构的

文学分析——他指的应该是语言结构主义思潮中的文学文本分析理论。青年福柯解说道,虽然这些努力的共同理论旨趣都已经指向思想史中的非连续性,但真的还存在一种横向与纵向的、更深一层的思想**交叉**(entrecroisement)。比如,热鲁的哲学话语内部的概念建筑术和文学结构主义集中于**横向的结构性思想构式**,而巴什拉和康吉莱姆则更多地在思考纵向科学史中的结构性断裂,但二者确实交集于非连续性。不难看出,青年福柯自己十分清楚那些提问的焦点在哪里。

然而,在接下来的讨论中,我们可以看到福柯却狡猾地回避了自己已经意识到的认识论小组追问的这一核心思考点,即认识型的横向结构制约与纵向简单断裂之间的关系,他在七绕八绕的兜圈子中,将回应问题的讨论慢慢引向他自己的一种思想独白。在这种独白的字里行间,我们已经可以隐约感觉到他自己思想的某种改变,甚至已开始生成他将要在《认知考古学》中提出的**系统话语升级**。以下,我们不妨先来看看他对非连续性的一个重新说明。

青年福柯故弄玄虚地说,他并不认为上述这种双向交叉将同一于非连续性的胜利,因为非连续性概念在历史研究中的实际学术效用已经发生了改变。以他的判断,在传统的历史研究中,非连续性虽然真实地存在于"众多分散事件、意向、观念或实践"之中,但却又是"历史学家的话语规避、化约和抹除从而揭示串联式(enchaînements)连续性的东西"[9]。在传统历史学家那里,历史就是在时间持续的过程中所发生的**过去的事情**,因此,妨碍了连续性整体的断裂和偶然是必然要被剔除的。青年福柯指认道,其实,这个建构了历史纵向连续性的主观故意的**串联**,只是人们主观"意识的串联",或者说,"连续的历史就是连贯的意识(L'histoire continue, c'est le corrélat de la conscience)"[10]。意识,是构式纵向连续性历史的真正本质。这也就意味着,连续性的历史观在方法论逻辑上是一种**隐性的唯心史观**。因为正是意识把历史中的现象看似平滑地联系在一起,把那些隐蔽的合成物(d'obscures synthèses)通过话语重构(reconstituter)串联塑形成一个连续的总体,从而重认那种跟着意识后面奔跑的"追光的统治主体(sujet souverain)"。这里的光,即理性认知之光的照亮,这种本质之光让我们看见现象,也是它的主观构境编织了光亮中可见的历史事件。在这个意义上,青年福柯似乎是模仿恩格斯说出了一句很精辟的话:"历史是意识的最佳避难所(abri privilégié)。"恩格斯说,马克思在创立历史唯物主义时,将唯心主义从社会历史领域这最后的避难所中驱逐出去。此间,我们可以隐约体知到,福柯试图通过一条十分曲折的路径传达这样一种信息,即他在《词与物》一书中之所以提出那个作为一个时代所有文化现象的横向支配力量的认识型概念,重要意义就在于反对一种唯心主义的纵向连续总体的历史观。我以为,福柯这里对连续性的历史观的批评是有道理的,在方法论上,连续总体的逻辑构架之下的确隐匿着一种从观念出发的"应该",连续性本身是主体对历史样态的一种本有式悬设。然而,如同我们在上文的讨论中已经指出的那样,青年福柯在整部《词与物》的讨论中,虽然反对了简单的历史连续性,但却在另一个层面上,仍然在用认识型对现实进行唯心主义的逻辑强暴。换句话说,福柯至多是用一种唯心主义去**错位式地**反对另一种唯心主义罢了。

接着,青年福柯说,现今的情况真的有了新变化:一方面,"历史,亦即一般意义上的历史学科已经不再是对系列表面背后的串联(enchaînements)关系的重构(reconstitution)了;它们现在所实践的是系统化地引入非连续性"[11]。甚至,**非连续性**已经被内化到历史学家的话语之中,成为一种积极的自觉因素。这有一些夸大。另一方面,20世纪以来,精神分析学、语言学和民族学研究的出现,已经吊销了那个建构历史连续性的统治者——现代性主体。综上,促使历史研究在主体与客体两个向度上都发生了很大的变化。迎接这样的变化,当然也有人伤感,他们会对主张非连续性的人说:"你抹去了历史(l'effacement de l'histoire)!"对此,青年福柯的态度则是:其实,这里消失(disparition)的并不是历史本身,而是描述历史的**主观呈现形式**(forme),它曾经以秘密的方式,完全自在地植入主体的**综合活动性**(*l'activité synthétique* du sujet)中。[12]消失的不是历史,而让历史成为**大写历史构式**的那个先天综合统摄构架的方式。有如神学构境中的创世论,黑格尔的绝对理念统摄下的世界历史观。

显而易见,青年福柯故意不入境,他既没有直接回答认识论小组提出的纵向非连续性与横向认识型之间关系的问题,也没有直面康吉莱姆对他认识型断裂中的简单性与科学史真实事实不符的批评。他使出了一个狡计,即提出一种看起来超越这些问题指向的新的观念,借以缓冲自己认识型范畴重构历史中被撕裂开来的硬伤。这个新观念，就是所谓**话语事件场**。

二、话语事件场的出场

此间，青年福柯依然是从非连续性的构境层出发，试图引开人们对那个过于钢性的认识型的过多注意。他说，承认非连续性，也就意味着一些**否定**（*négatives*）。譬如，必须要证伪那些在连续性历史研究中起关键建构作用的诸如"传统"（tradition）、"影响"（influence）、"发展"（développement）和"时代精神或精神状态"（de mentalité ou d'esprit d'une époque）一类的概念。这些概念确实是我们在历史研究，特别是思想史研究中习以为常的概念，我们从来不会去细想在它们之中可能包含某种连续性历史观的**意识形态构式特性**。哈维曾经指出："福柯正确地抨击了某种'时代精神'的观念，认为它们过于简单，他说明了不同制度的权力基础如何产生了适合它们自己环境和规训目标的非常不同的话语。"[13]这可能是对的。青年福柯剖析说，所谓**传统的历史构式机制**，即通过设定一个连续的历史坐标体系，既给一些历史现象以特定地位，也标识一些历史事件为创新。譬如某一民族文化传统的生成、持续发展和复兴。**影响**，则是建构一个历史现象与另一种现象的神秘过渡。例如，马克思的辩证法**中的**黑格尔因素。在此，可能他更想说自己老师康吉莱姆所质疑的那个"牛顿物理学并没有随着动物经济的生理学的出现而消亡，前者充当了后者的一个模型"，还有"在爱因斯坦那里，牛顿也没有被断裂式地推翻"，恰恰是旧历史连续性范式中的"影响"和"发展"。你看福柯有多聪明！他无法直接与老师对质，但却一脸无奈地提醒前辈：你老人家的范式真的旧了。**发展**，意在说明一些历史事件是"同一种组织性原则的实现"，一种事物从低级向高级形态的进步。譬如唯物主义哲学从古代素朴实在论向近代机械唯物主义的形态转换。**时代精神**，则是"在共时性（simultanés）与历时性（successifs）之间建立起意义的连续性，象征纽带的连续性，或某种相似性和镜像映射的游戏"[14]。这倒真是黑格尔留给我们的思想史遗产。青年福柯指认，这些在传统思想史研究中习以为常的非**反思**的观念构件，恰恰是无意识建构历史连续性的意识形态概念，其本身实质上都是一种根本无法被经验证实的意识合成物(*synthèses*)。我发现,福柯的这个思考点上还存在一重很深的反驳,即细心地用共时性与历时性这一对规范的语言结构主义中的学科概念影射了认识论小组所选用的横向与纵向这一对常识概念,并且试图将这种仍然在传统范畴语境中的提问本身都贬斥为非法。这是十分高明的一招绝式!

显然,占据了制高点的青年福柯有些得意地说,首先,**不能用非反思的范式来提问**。他开始悄悄地全面反击了。因为,在我们通常的学术研究中,非反思范式的使用已经是**隐性的暴力**。除去上述思想史的观念构件之外,再比如,"文学"和"政治"这样的概念,本身就是在资本主义社会中才得以发生的"晚近范畴"(catégories récentes),可却常常在历史学研究中"被以回溯的假定(hypothèse rétrospective)和新的类比或语义相似的游戏运用于中世纪或古典文化"[15]。这是追加的一个新的回击。福柯是想说,事实上,当我们使用一些仅仅属于**一定时代**的规范性、体制性的构式话语来普适性地思考全部历史的时候,一种看不见的强制已无形中生成。不难看出,鲍德里亚在《生产之镜》一书中使用的批判性方法正是由此缘起的。所以,与其说讨论什么纵向与横向的抽象关系,不如深入到不同的历史时期中去思考发生特殊塑形和构式的具体历史范式。

其次,在福柯看来,认识论小组的青年学生们根本没有理解:文本并非**同质**,文本并非话语事件,话语事件亦并非独立。这也就是说,即便是《词与物》这一文本本身,都未必是同质的,更何况《词与物》的意义域并不直观于可见的文字,而是**不可见的话语事件**,甚至是**话语事件群**。这就是福柯此处端出来的新东西了。应该标注,这里的话语概念已经不是《词与物》中那个资产阶级古典认识型中作为普通语法在场的语言运作系统,而是一个全新的方法论范式。福柯这一招真是一个足以轻巧地滑出问题绳套的好办法。于是,福柯得以从质疑中跳脱出去,着手塑形和展开另一些更复杂的新想法。在此,有些流于**生硬**的认识型构架就要被软化为**功能性**的话语事件场了。

青年福柯神秘兮兮地继续讲道:如果想要真实地捕捉到一个思想家的学术思想构境,就必须打碎幻象中的思想统**一体**(unités)。譬如,一个学者的思想同一体——它们通常被指认为"书本和成果"(livre et de l'oeuvre),

就好比认识论小组看到的文字、词语和文本中可见观点意义上的《疯狂史》、《临床医学的诞生》和《词与物》。然而,学术思想构境事实上的真相与这些文本和文本群的词语事实并不具有平面化的简单同质性。这里我感兴趣的一个思考点,是福柯所说的**同一文本的非同质性**,因为这有可能印证我所发现的青年福柯描述现代认识型时出现的**复调话语叠境**(孙伯鍨教授的"双重逻辑")——主导性的认识型决定论与潜在发生着的从经济现实出发的社会唯物主义思考的并置。并且我们还可以发觉,笔锋至此,福柯已经悄悄地将论说的重心从宏大的文化认知结构——认识型**微观化**——转到了一个学者的文本与思想构境机制的探究,这也是一个很大的改变。也由此,他开始在一个方向上接近阿尔都塞的文本释义学。接着,福柯作了进一步的具体分析:

第一,**文本同一性**的证伪。青年福柯说,一本书的统一性并不是"同质性的统一性(unité homogène)"。这是一个展开说明。一个作者的一本书并不是一个同质的思想体,其边界不是刚性的,而恰恰是向着他性开放的。进一步说,

> 一本书的边界既非确定也非严格划定的。没有只靠自己就能存在的书籍,它总是在与其他书籍并立的支撑关系和依赖关系(rapport d'appui et de dépendance)之中的,它是网络中的一个节点(un point dans un réseau)——这个网络包含了多个点或隐或显地指向其他书籍、其他文本或其他句子的整个指涉系统(système d'indications)。[16]

无疑,福柯这里的说法十分接近罗兰·巴特—克莉斯多娃[17]后来的**文本互文性**(intertextualité)理论。后者在1966年的《语言·对话·小说》一文中提出了"互文性"概念。她指出,任何文本都是引语的镶嵌品构成的,任何的文本都是对其他文本的吸收和转化。由此,互文性取代了主体间性。[18]巴特则系统演化了这一观点(《文之悦》)。青年福柯这段话的言下之意是,《词与物》一书中的认识型概念与巴什拉、康吉莱姆,甚至阿尔都塞的文本都有着千丝万缕的关联,认识型的范式如果有错,那是一个时代中**互文性话语事件场中的共同误认**。所以,福柯这样举例,我们很轻松地就可以将一个呈现为平行六面体的作为物性对象的书拿在手里,但如果不通过各

种支撑和依赖关系网络建构起来的**话语场**(*champ de discours*),这本书所内含的指涉却是根本无法获得的。请注意,福柯这里的讨论还存在一个上面我已经指认的从宏观文化构式向微观文本内部结构的转换,即一个文本中的功能性话语与各种他性话语的支撑和依赖关系建构起来的指涉系统(话语场)。福柯此处的思考,显然是比认识型要微观得多的构境场域,它往往是一种文本、一种思潮内部的复杂话语实践。显然,这个话语场比阿尔都塞的问题式要精细得多。我还以为,这同样是福柯使出的一种巧妙的解套之法。

第二,一个思想家文本群的**杂多与异质**。青年福柯认为,从表面上看,一个学者的作品似乎就是以他的名字指涉的全部文本的总和;可是,在这一表面同一的指涉之下,并无法完全涵盖他的所有文献。比如,学者有可能以**假名**(笔名)发表作品,以至于直到他去世之后,部分原始手稿、笔记(notes)、札记片断和随意的涂鸦(griffonnage)才被挖掘出来;再比如,学者中途放弃的文本和写作大纲,那些未曾发表甚至未能记录、保存下来的书信、访谈和对话。以我之见,还应该算上那些他不想让世人知道的文本。雅克·马丁和福柯本人,都曾在去世之前焚毁了自己的全部或部分手稿。[19] 青年福柯深沉地指出,一个人,只有到死亡之时,才会彻底"离开包围着他的这些多得数不清的遗迹,它们在无限多的交叉点上说着如此不同的语言"[20]。所以,不管是谁,**其全集永远不可能是全的**,因为必然有许多曾经发生的话语事件在有意无意中被剔除,以致无法进入全集。一个思想家作品的同质统一性只是后人阐释性操作(*opération est interprétative*)的结果罢了。这永远是一种带有隐性意识形态色彩的再构序。

第三,**思想起源与显隐话语关联**的假象。在青年福柯看来,要能真正深入理解一个思想家的学术真谛,还必须打破关于一个思想家的思想同一性构式中存在的两种阐释性假设。一是在每种思想表面的开端之外,总是存在着一种"隐秘的起源(origine secrète)"。这个起源不是普通的起点,而是原初的本真性。依马舍雷的考证,是康吉莱姆最早从认识论层面区分了开端与起源。这便是后来在后现代思潮中被标识为"本质主义"的传统基始论。在后来对尼采谱系学的改造中,这个**起源论**被设置为总体性线性历史观的逻辑构件。二是"所有显白话语(discours manifeste)都隐秘地取决于已道出(déjà dit)的东西;而且这种已经说出的东西又不是已经表达出来的句子、已经写下的文本,而是那'尚未说出'(jamais dit)的东西——它是某种不可具体化的话语,是像气息一样无声的声音(voix aussi silencieuse),是仅仅在行文之中所留出的空白(creux)的那种写作"[21]。仔细想来,福柯这番话似在批评自己的老师阿尔都塞,因为正是后者在巴黎高师的《资本论》研究小组中提出所谓的"症候阅读法",其中就要求人们像马克思阅读斯密一样,在文本中读出"空白"来。[22]

青年福柯认为,如果能够去除这些建构连续性和同一性的东西,那么我们就可以看到,在一个思想家学术构境中真实存在的东西只会是断断续续的**蜂拥而至的事件**(*irruption d'événement*):**话语事件**。请注意,这是福柯生产出来的区别于认识型的新鲜思想构境物。这也将是此后的《认知考古学》的核心思考点。

　　话语的每个阶段都向作为事件的它的撕裂敞开着,事件存在于蜂拥而至(irruption)之间,存在于转瞬即逝的离散(dispersion)之中,这断续和偏离使话语被继续、被知道、被遗忘、被改造、被涂抹为它最细小的痕迹,并从每双眼睛前移开埋入如微尘般的书籍之中。不必将话语追根究底地回溯到它起源的原始在场(présence de l'origine),而必须在它的超脱性游戏中观照它。[23]

这简直如同一段学术散文诗。青年福柯试图告诉我们,学术思想发生过程中真正存在的只是当下被激活的**话语事件场**(*champ des événements discours*),它在学者由言说和思考过程建构起来的学术思想构境中曾突现式地发生过,话语事件并不持续实在和永恒在场,而只是不断地**突现式地蜂拥而至**(成境)并**迅速离散**(消境),**学术构境即是话语事件群的建构性当下会聚**。真是深刻而精辟! 当然,这也是福柯的话语理论最初令我激动万分的地方,它几乎就是我的构境论的法国版本。

话语事件是不可能被语言或意指**所穷尽**的一个事件,一旦当我们特意去言说或思考它时,突现式的话语事件已经不在场了。戈德曼曾经说道,我们不能研究自己的愤怒,当愤怒成为理性对象时,它已经消失了。1970 年,在福柯评述德勒兹的《重复与差异》和《观念的逻辑》二文的书评——《哲学戏剧》中,他曾经将德勒兹所指认的事件哲学与尼采的谱系研究联系起来,在福柯看来,事件即是差异性的效应,它往往是通常的历史研究中忽略掉的存在细节。谱系研究则是重新捕捉到事件的实际历史(wirkliche Historie)研究。这是一个很深的阐释。因为,话语事件固然与一种具体的写作行动或语言相关联,也可以在手稿、书籍(现在还有数码影像)等物质记录的记忆场(champ d'une mémoire)中留下一种物性的**剩余存在**(即斯蒂格勒所指认的"第三持留");可是,曾经被建构和激活思想情境的话语事件是独一无二的,它不等于任何编织、描述和记录它的文本和语音的物性实存,它总是建构式地在场但却随着言说和思考的终止而解构,不过,作为**物性遗迹**的它"又向重复、改造和再激活(la répétition, à la transformation, à la réactivation)敞开着"[24]。由此,生成**解释学和历史学研究**的重新情境化的本质。太深刻了,这简直就是**构境论**的话语理论!在此,我还应该提到自己与不久前到南京大学访问的当代法国哲学家斯蒂格勒的一次讨论。在斯蒂格勒的《技术与时间》一书中,他在西蒙栋、吉尔和古兰的技术和人类学研究的基础上,使用"第三持留"和"代具"技术来分析现代技术统治的现象学本质,揭示外在于人类的后种系生成,但我的疑问在于,代具性的技术体系本质上是作为客观物体的对象而存在,比如唱片、文字等数字化过程其实都是可见的对象,而实际上,从马克思、海德格尔以来,更多强调的是:通过可见的存在所建构起来的、根本无法被记载的关系——功能性场境。斯蒂格勒当时的回答并不能使我满意。

我敢断定,认识论小组的那群年轻人一定会被青年福柯这种让人一下子摸不着头脑的表述弄得头昏脑胀。然而,我却也认为,这个时刻里发生的事情是青年福柯之思中的一个重要事件,即他正在从**刚性的文化结构**(认识型)向**功能性的话语实践**的转换。在这个意义上,我们也可以将之视为不久之后他即将在《认知考古学》一书中脱胎换骨的先行步伐。

三、档案与认知考古学

青年福柯提出,如果说在思想史中真实存在的东西是突现场境式的话语事件,那么,研究"文化中话语事件的存在模式(mode d'existence des événements discursifs)"就成为一个十分急迫的事情了。他又说,话语事件存在的方式并非一种固化的框架(暗喻把认识型理解为一种固化的知识结构体),而是一整套的**状况**(l'ensemble des *conditions*)[25]:

> 这些状况,在一定的时间内,在一定的社会中,决定着(déterminée)某些陈述的出现,决定着它们是否能得以为继,决定着它们之间所建立起来的联系,决定着它们在法定建制中得以被归类为某些集群的方式,决定着它们所起的作用,决定着对它们产生影响的价值活动或仪式活动,决定着它们被转化为实践或态度的方式,决定着它们进入流通(circulent)、被压抑(refoulés)、被遗忘、被破坏或被重新激活(réactivés)所依据的原则。[26]

有了上述向话语事件的转换,现在,青年福柯可以理直气壮地批评认识论小组的年轻人并没有真正理解他的认识型概念。正因为话语事件是当下**建构和解构**的,所以,认识型的存在方式只能是一种话语事件随时可能被激活的外部因素和条件。认识型或许并不直接是话语事件,但却会是话语当下发生的条件。可是,在传统的历史研究中,突现的话语事件本身常常无法入史,或者说,真实的**思想构境**从来都不可能被如实记载,我们能看到的只是让话语和思想得以塑形和发生的一系列的条件和运行规则的物性遗迹("第三持留")。也是在这里,福柯突然说,

> 我想起了**档案**(*archive*)这个词,这不是指某种文明或使这种文明免于湮灭无闻的踪迹所保留下来的文本的总体(la totalité des textes),而是一系列规则(règle),它们在文化中决定着某些陈述是出现还是消失,决定着它们的持存和解体(effacement),决定着它们作为事件和物(d'*événements* et de *choses*)的悖论性存在(existence paradoxale)。[27]

显然,这里的"档案"是那个略显刚性的认识型在历史研究中的弱化替代物。要在档案的因素中面对话语事件,就不能将之直接当作事实记录,而

应视其为已经不在场的话语事件的**遗迹**(monuments)。福柯专门指认道,"遗迹"的说法应该归功于康吉莱姆。霍奈特注意到了这一特殊的词语挪用。[28] 在这一点上,斯蒂格勒显然不熟悉所谓"第三持留"的这种特设的遗迹性。遗迹如果不能**重新激活话语事件场的重现**,那么它就没有任何意义。也是在这个构境意向上,青年福柯呼吁人们摈弃传统历史学和哲学中那种地质学的隐喻,即探求"起源"和"本源"(archè)的开端和原初情境。青年福柯认为,他这种重新构境中的"档案",正是**考古学**(archéologie)研究的对象。这倒是一个重要交代。

青年福柯告诉认识论小组的年轻人,他的《疯狂史》、《临床医学的诞生》和《词与物》都是这种考古学和档案学研究的尝试。福柯这个厘清显然是事后的重新拔高。也因为它们仅仅是局限于某一领域中的"局部勘探(l'exploration très partielle)",所以,它们本身就不可能完全"自治和自足";故而,这些文本中如果包含了一些局部性的"裂隙",那是十分正常的。显然,他并不想因此而道歉。这是多么居高临下的一种低头姿态。

青年福柯硬要说,他在档案考古研究中真正关注的是话语事件的**塑形**(formation)和**实效**(positivés)问题。这一小目的标题就叫"话语的塑形与实效(*LES FORMATIONS DISCURSIVES ET LES POSITIVITÉS*)"。中译者将此处非常重要的 formation 一词译作配置,错失了福柯这里的基本构境意向基础。福柯说,这让我们从"文本"、"著作"和"科学"那种"传统单位"(unités traditionnelles)的文本释词解义的诠释学困境中摆脱出来,进入真实面对功能性的话语实践的考古学领域,由此,才有可能捕捉到那些真正决定了话语生成的**功能性**的规则(塑形机制)。首先,考古学是反对解释学的,这一点福柯还有更细的说明。其次必须指出,**塑形范式**是西方哲学中早已出现的一个极其重要的方法论范畴,它缘起于亚里士多德的形式因,后来又在众多唯心主义哲学家的思辨演绎中扮演了关键性角色。尤其是在黑格尔—马克思的**劳动塑形**语境中,它触及了**实践存在论**的根本基始动因;其后,塑形成为胡塞尔—海德格尔现象学意向构式的内在支撑点,以及海德格尔交道—关涉创世论的基础。我想,福柯此处对塑形概念的使用,标志着一种重要转型,即从外部结构的刚性决定转向功能性的话语建构场突现。

青年福柯指认,**话语塑形有四个重要的标准:**

第一个标准从一个话语所有**对象**的塑形规则(la règle de formation de tous ses *objets*)方面限制该话语;第二个标准从它的所有**句法**类型(types *syntaxiques*)的塑形规则方面限定它们;第三个标准从它所有的**语义学**(*sémantiques*)要素的塑形规则方面限定它们;而第四个标准则从它的所有**运作**或然性(*éventualités opératoires*)的塑形规则方面限定它。[29]

塑形即**限定**,我觉得此时福柯还没有真正厘定塑形概念的内涵,因为塑形的构境层比限定性要丰厚得多。并且,话语塑形限定涉及话语对象、话语句法、话语语义和实际运作,这段话呈现了福柯此时脑海中呈现的话语塑形的所有方面。我感觉,福柯此时也没有创造出语言学之外的新的话语构式术语,所以,这些说明都还掉在传统词句格式之中。同时,这四种话语塑形限定也是一种控制系统,"这个四层结构的系统,支配着话语的塑形(formation),并**必将**使话语中的种种离散、裂隙、距离——在某种意义上说是空白,而不是话语的整个表面——而非话语中的共有因素得到解释,这个系统就是我所说的话语的实效(*positivité*)"[30]。在之后的《认知考古学》中,这一观点被强化为话语实践理论。福柯的这一表述很难直接在传统语言学语境中加以理解。他的大意是说,话语塑形的作用在传统学术构境中似乎是空无,因为它只显现在自己**不断消失**的功能性实效中。而这个看不见的空无,却正是他在对话语塑形的考古学研究中要捕捉到的东西。这是他开始异轨于话语理论旧构境的开始。

更重要的是,青年福柯提醒我们,不能相信这样一种幻觉:似乎先存在一些由事物构成的区域和领地,它们自发地向理想化工作和科学语言的运作呈现自身,

如果相信历史、技术、发现、制度和人类工具努力建构这些事物或使这些事物呈现在光天化日之下的有序性(ordre)就是这些事物的有序性;如果相信一切科学制作(l'élaboration scientifique),都只是有关在自然经验(因而也是普遍的有效经验)或在文化经验(因而也是相对的和历史的经验)中被给定之物的某种阅读方式、解码方式、抽象方式、解析方式、重组(recomposer)方式,那就错了[就陷入到了一种**经验幻象**

(*illusion de l'expérience*)之中]。[31]

是的,青年福柯在指控我们所有人都不可避免地错了,因为这个经验幻觉正是过去全部连续性总体历史观的经验基础:历史必须是连续的,为的是保证主体的统治;相应的是同种连续的主体性和一种超验的目的论则必须贯穿于历史之中。主体的统治、超验的目的论,正是建构连续的总体历史观的基础。这也是他不久之后将要在《认知考古学》中直接批判的对象。但是,我们如果超出这种幻觉,将会获得什么? 福柯给出的答案是:非连续性的匿名的认知(le *savoir*)。"认知,作为科学出现于其中的历史场(champ d'historicité),无涉于任何构成活动(activité constituante),无关于指向一个起源或历史超验目的论的任何指涉,丝毫不依赖于奠基性的主体性(subjectivité fondatrice)。"[32]请注意,这是福柯对 savoir(认知)概念的重要重构,savoir 不再是死去的概念、理念和范畴的知识(*connaissance*)体系,而是一种在话语实践意义上的场存在。这正是他很快要在《认知考古学》中要认真面对的事情。

杀死主体,消除起源和目的论,解构各种有意图的建构活动——我们面对历史,只不过是匿名的科学认知在历史场中遭遇各种已经僵硬的历史档案,必须通过重新激活其中沉睡的话语事件,才能努力寻找到话语塑形和曾经发生的话语场境实效——而这,就是科学考古学的主要任务。真不知道,当时那些青年学生是不是看懂了福柯的这种复杂的学术太极。

我得承认,福柯关于反对历史超验目的论的观点有一定的合理性,但他用认知场的突现取代"历史、技术、发现、制度和人类工具"这些客观实践构序出的"事物的有序性"却仍然是观念优先的。这说明此时福柯的思想构境中的方法论还没有根本跳出隐性唯心史观。

注释

[1] 此书出版不久,萨特主编的《现代》杂志就发表了两篇重量级的批评文章,指责福柯的《词与物》是实证主义对马克思主义的进攻。年底,萨特在《拱门》(*Le Arc*)杂志也发表讲话,称福柯是想"建立一种新的意识形态,即资产阶级所能修筑的抵御马克思的最后一道堤坝"。

［2］此文最早刊载于《分析手册》第 9 辑:《科学的谱系学》(1968 年夏)。"Sur l'archéologie des sciences. Réponse au Cercle d'épistémologie", *Cahiers pour l'analyse*, no.9: *Généalogie des sciences*, été 1968, pp.9—40.

［3］雅克-阿兰·米勒(Jacques-Alain Miller, 1944—　),法国当代著名精神分析学家和作家。1962 年进入巴黎高等师范学校,师从阿尔都塞。1963 年,阿尔都塞让他关注拉康思想,他开始与拉康接触并得到后者的好感。1966 年,与拉康的女儿朱迪思·拉康结婚,成为拉康的女婿和拉康学派的思想继承人。1992—2002 年,任世界精神分析学会主席,也是拉康的研讨会手稿出版的唯一编辑。代表作:《在生活中开始》(2002)、《民主的病理》(2005)、《精神分析学的黑色抗议书》(2006)、《拉康的生命》(2011)等。

［4］［法］福柯:《科学考古学》,载《福柯读本》,赵文译,北京大学出版社 2010 年版,第 48 页。

［5］面对学术界特别是萨特等对福柯的批评,康吉莱姆于 1967 年 7 月号《批判》杂志上发表长篇论文,直接为福柯辩护。

［6］转引自［法］福柯:《科学考古学》,载《福柯读本》,赵文译,北京大学出版社 2010 年版,第 48 页注 2。

［7］同上书,第 49 页。中译文有改动。Michel Foucault, *Dits et écrits*, *1954—1975*, Paris, Gallimard, 1994, p.725.

［8］热鲁(M.Gueroult, 1891—1976),法国哲学史学家。代表作有:《反教条主义康德和费希特》(1920)、《对笛卡尔的本体论证明的新思考》(1955)、《哲学史》(1—3 卷, 1984—1988)等。

［9］［法］福柯:《科学考古学》,载《福柯读本》,赵文译,北京大学出版社 2010 年版,第 49 页。

［10］同上书,第 51 页。

［11］同上书,第 50 页。中译文有改动。Michel Foucault, *Dits et écrits*, *1954—1975*, Paris, Gallimard, 1994, p.727.

［12］同上书,第 52 页。

［13］［美］哈维:《正义、自然和差异地理学》,胡大平译,上海人民出版社 2010 年版,第 103 页。

［14］［法］福柯:《科学考古学》,载《福柯读本》,赵文译,第 52 页。

［15］同上书,第 53 页。

［16］同上。

［17］克莉斯多娃(Julia Kristeva, 1941—　),保加利亚裔法国著名文学批评家、哲学家。原籍保加利亚,1966 年移居法国,现为巴黎第七大学教授。代表作为《符号学:符义分析研究》(1969)、《恐怖的权力,论卑鄙》(1980)、《面对自我的陌生》(1988)、《心灵的新疾患》(1993)等。

［18］Julia Kristeva, *Word*, *dialogue and novel*, *The Krisyiva Reader*, ed, Troril Moi, Oxford: Basil Blackwell, 1986, p.37.

［19］我在《回到马克思》、《回到列宁》和《回到海德格尔》(第一卷)中,已经从文本学的客体视位上指认了公开发表的文献、手稿类文献、笔记书信类文献和阅读批注类"拟文本"等四类文本;从文本学的主体视位中区分的表演性、表现性、秘密文献和现身性文献等四种文本。这里,我已经意识到还有一种遗失或故意被删除的**不在场的文献**。在《回到列宁》一书中,我曾经在研究被删除的德波林文本时涉及过这类文献。这种新的文献恰恰处于文本学的客体与主体视位之间,它发挥作用的情况是极其复杂的。我的学生杨乔喻第一次结合雅克·马丁的"不在场的著作"事件,对此进行了具体的讨论。参见杨乔喻的博士论文《断裂中的逻辑延续——阿尔都塞与阿尔都塞主义研究》(2015年,存南京大学档案馆)。

［20］［法］福柯:《科学考古学》,载《福柯读本》,赵文译,第 54 页。

［21］同上书,第 55 页。

［22］关于阿尔都塞的"症候阅读法"可参见拙著:《问题式、症候阅读与意识形态——关于阿尔都塞的一种文本学解读》,中央编译出版社 2004 年版,第 2 章。

［23］［法］福柯:《科学考古学》,载《福柯读本》,赵文译,第 55 页。

［24］同上书,第 57 页。

［25］condition 一词在法文中,同时具有"条件"和"状况"等意,依福柯此处的构境语义,我觉得译作功能性的"状况"更贴切一些。——本书作者注

［26］［法］福柯:《科学考古学》,载《福柯读本》,赵文译,第 58 页。

［27］同上书,第 57 页。中译文有改动。Michel Foucault, *Dits et écrits*, *1954—1975*, Paris, Gallimard, 1994, p.736.

［28］［德］霍奈特:《权力的批判》,童建挺译,上海人民出版社 2012 年版,第 114 页。

［29］［法］福柯:《科学考古学》,载《福柯读本》,赵文译,第 67 页。中译文有改动。Michel Foucault, *Dits et écrits*, *1954—1975*, Paris, Gallimard, 1994, p.747.

［30］同上书,第 68 页。

［31］同上书,第 75 页。中译文有改动。Michel Foucault, *Dits et écrits*, *1954—1975*, Paris, Gallimard, 1994, p.757.

［32］同上书,第 77 页。

附文二　话语方式中不在场的作者

——青年福柯《什么是作者?》一文解读

1969 年 2 月 23 日,青年福柯在法国哲学学会年会上作了题为"什么是作者?"的著名演讲。[1] 这次演讲,可以被视作福柯试图回应公众对《词与物》重重质疑的进一步努力。不过,我们将在这次演讲中再次看到,福柯总是以反击式的思考使问题域变得更加复杂和深不可测。这一次,他干脆宣布了那个作为沙滩面容的现代人之写作主体的消失:"作者的消失——自马拉美以来我们时代的一个不停步的事件(La disparition de l'auteur, qui depuis Mallarmé est un événement qui ne cesse pas)。"[2] 不是作者肉身的死亡,而是他在话语方式中的不在场。这里,不在场开始成为福柯思考的焦点问题。

一、作者在何种意义上不在场?

一上讲台,青年福柯就开始调侃法国哲学学会的学术正统样态。他说,到你们这里讲话,通常必须"提交一个工程结束的成果(résultat de travaux déjà achevés)",这是指完成的学术论文或有具体结论的成果报告,可他说,"但不幸的是,我今天提交给你们的却是一个很不成型的东西"[3]。依我的理解,这是他走向《认知考古学》**话语事件**说的第二次预备性思考。第一次就是上篇附文述及的《科学考古学》一文。福柯声称,要进入他的这个新的很不成型的研究计划,必须还具备两个新的构境点:一是思想的**不确定性**(incertitudes),二是话语存在方式的**不在场性**(absence)。不确定性是福柯哲学之思的基本存在方式,他的哲学方法论构境总是在消解自己中发生改变,一生皆如此;不在场性(缺席)是拉康的本体论原则,福柯在此引用这个概念是要引出他自己想说明的一个爆炸性观点:在实际的写作活动中,**作者是不在场的!** 在青年福柯看来,在写作中,作者总是在不断地消失;在文本中,谁在说话恰恰无关紧要;在签名中,名字不再指向作者,而不过是话语簇的一种表征。福柯总是语不惊人死不休。

我想,当青年福柯以这个思路开讲的时候,他一定预知台下听众听到自己这番怪论后不免会产生的质疑,人们必定会怀疑这里所指认的这个写作的人或作为作者的主体的不在场是否显得过于做作和矫情? 所以,他马上做了一个缓冲的解释。青年福柯说,直到现在,至少在话语中的一般作用和就其在他自己著作中发生的作用来看,比如像《词与物》一书中,"作者"仍然是个悬而未决的问题。当然,这首先归因于自己的粗心。先检讨自己,这的确是一个退一步再行跃起的好姿势。并且,这也是福柯难得出现的一次公开的自我批评。但是,我们很快会看到,这种内省却是为了引出更惊人的思想爆裂。

青年福柯以自己的具体文本《词与物》为例剖析道:

> 在我的《词与物》里,我的目的是分析作为话语层次(nappes discursives)的动词簇(masses verbales),它们处于熟悉的一本书、一部作品或一个作者的范畴之外。但我在照一般方式考虑"自然史"、"财富分析"和"政治经济"时,我缺失了作者及其作品的视点(point d'ouvrages ou d'écrivains);也许是由于这种疏忽,我才在这本书里以天真的、常常是粗糙的方式运用作者的名字(noms d'auteurs)。当我提到了布封、古维尔、李嘉图和其他一些人,但却没有意识到我在使他们的名字歧义地发生作用。[4]

与附文一所面对的那篇《科学考古学》中的躲闪态度相比,这一次福柯倒真是采取了一种诚实检讨的态度。因为根据《词与物》一书的逻辑,如果**在话语塑形层面以多重 être 发生作用的"动词簇"**(《词与物》中叫认识型)是一个时代文化的总体制约结构,那么,这一话语塑形方式的在场恰恰是在一切文本和一个具体的作者**之外**的。依福柯所见,所有文本的词语**被组织构序**都只是这种话语塑形方式的布展和具象化实现,在这个另类的话语实践构境层中,一个有姓名的作者并不能替代或充当话语塑形方式(认识型)的直接肉身。然而,恰恰是在《词与物》的讨论中,青年福柯自己"并无意于对布封或是马克思作出描述,也无意于复述他们的观点陈述或言下之意;简单地说,我只是要赋形于(avaient formé)他们作品中某些概念或理论整体(d'ensembles théoriques)的那些规则(règles)"[5]。通俗地说,就是要找到不可见的认识型,可有的时候,福柯却让有姓名的作者直接顶替了"认识型"的在场。在此,福柯承认自己的论说中存在漏洞,这个漏洞或者说是思考盲区恰恰就是**作者的在场**问题。青年福柯甚至认为,直到现在,"当我们研究一种观念史、一种文类史或一种哲学分支的历史时,对于作者及其作品的稳固和基本的作用,这些问题也表现为一种相对软弱和次要的地位"[6]。这显然已经不是在数落自己,而是在敲打遍及现实的整个学术思想域了。我们能看出,这是在进一步认证他所提出"作者何为"问题的合法性。为此,他还反讽式地引用贝克特[7]的话:"谁在说话重要吗?"(Qu'importe qui parle?)[8]

言下之意的深一层追问是:在通常的言说中,在写作中,那个有名字的**谁**,真的在场吗?青年福柯此时的回答当然是否定的。真相是,不是作者在说在写,而是**话语让他说和写**。作者总是看起来在场,那个肉身在现场演讲,那个文本真是他写下的,然而那个"谁"其实却真的**不在场**。当然,对于这一耸人听闻的宣判,福柯需要通过**多重关系的颠倒**来证明这一点。

首先,是**个人主观意图表现与话语塑形方式关系的颠倒**。通常,作者作为主体在场,首先是通过言说和写作表达自己的主观意图;可青年福柯却认为,在今天,作为表现主体的作者在**话语分析的层面**上却正在消解。他说:"我们今天的写作摆脱了表现的主题(thème de l'expression);它只指自己,然而又不局限于内在性的形式(forme de l'intériorité),相反,我们在其外部展开(extériorité déployée)中辨认它。"[9]之所以如此,是由于作者在写作和言说中看似是在自主地表达自己的想法,但实际上写作只是更大尺度中一种话语运作"外部"决定的结果,你的自主性恰恰是生产出来的**无意识他性存在**。比如,在苏联斯大林教条主义的话语塑形下,人们都以为是自己在面对马克思、列宁的文本,但实际上发生的事件只是那个看不见的意识形态大他者在强迫每一个无主体性的作者。如果说,《联共布党史》是一个史学话语塑形的标准,那么,所有关于历史的写作都不过是这一"辉煌史"的微观对象化而已。对此,福柯就会说,在这种历史写作中根本不存在作者的真实在场性。当然,这只是一个极端的例子。福柯是想将这种可见的暴力性**伪构境**情况泛化到全部言说和写作中去。在福柯看来,一切看起来由作者发动和操持的言说和写作中,其实,都是由某种**外部**看不见的话语塑形方式规制着作者。我们一个老师在课堂上讲授,大多数场境中都并非真的是他自主的、**创造性的言说**,而是一个他自己都意识不到的隐性知识系统在**让他陈述**,这就是后来在所谓后现代状态中的"话在说我"。而作家、学者的写作也是如此,文艺作品中看起来有意图的人物和故事的创造,其实都取决于作者自己背负的文学话语塑形构架和无形的世界观,学术研究就更是话语塑形和思想构境的无意识的布展。青年福柯认为,这种个人主观意图表现与话语方式关系的彻底颠倒,使写作变成了符号的一种相互作用,它们更多地由漂浮的能指自涉关系建构,而不由主观表现的所指内容支配。这一点,很容易让我们想起拉康那个象征符码建构起来的大他者。青年福柯说,

> 这一反转把写作变成了一种符号的游戏(jeu de signes),更多地受着能指的性质本身(nature même du signifiant)而非所指(signifié)的内容的调控。进而,它意味着这样一种行动,总是在测试着写作常规性的界限,总是在越出为自己所接受和操纵的秩序的界限,并进而将其反转。写作就像一场游戏一样逐渐展开,它不可避免地越出自身的规则,最终把它们抛在身后。因此说来,这种写作的根本基础并不在于与创作行为相关的崇高情感,也不在于将某一主体(sujet)嵌入语言。恰恰相反,它关注的主要是开辟出一块空地,让写作的主体在那里不断趋于消失(sujet écrivant ne cesse de disparaître)。[10]

这倒是福柯比较少见的向索绪尔能指—所指论的致意。请注意,这便是青年福柯那个著名的"作者的消失"的第一现场了。写作由于更多地受制于自身外部能指符码系统的自涉性关系,而不断脱离原来构成写作意图的主体性所指内容,所以,据以为作者主体性的基础被掏空了。如果说写作是

能指的一场游戏和狂欢，那么作者就是一个从游戏开始就在消失的幻影。

其次，**写作与死亡的关系的颠倒**。青年福柯告诉我们，传统的写作观认为：**写下来就是为了不死**。在西方，写作作为希腊叙事或史诗的古老概念，"它是用于保证某个英雄不朽（immortalité）的概念"。写作即意味着**不朽**。可是，在今天的文化中，这一切又被颠倒了，写作不再能够令作者不死，它本身反倒成了**杀死作者**的过程。这是一个关系颠倒的辩证法。

> 写作现在与奉献和奉献生命本身联系在一起；它故意取消在书中不需要再现的自我，因为它发生在作者的日常生活之中。凡是作品（œuvre）有责任创造不朽性的地方，作品就获得了杀死作者的权利，或者说变成了作者的谋杀者（meurtrière de son auteur）。[11]

又是耸人听闻的断言。言下之意，与传统经典作品和作者不朽的关联不同，在现代性的文学创作中，作者是故意被取消的，青年福柯将福楼拜、普鲁斯特和卡夫卡等人都列为上述作品杀死作者现象的"明显实例"。我觉得，福柯对这个观点的论证是不充分的——凭什么讲福楼拜、普鲁斯特和卡夫卡等人的作品就是自杀，个中原因和逻辑为何，福柯语焉不详。我们在福柯此处的理解构境层中去设想，如果这话指的是，以传统经典的眼光来看，今天已无经典，写作沦为时尚，经典作家因而早已死亡，那还是可以理解的。然而，这种经典不在场的否定性构境，并无法推出福楼拜、普鲁斯特和卡夫卡的写作已经不再不朽。与此相关，青年福柯进而指控，上述写作与死亡之间关系的颠倒，还表现在作者个人特点（individualité particulière）在作品中的完全消失，或者说，今时今日，作者存在的标志却恰恰在于其"特殊性的不在场"（singularité de son absence）。所以，如果我们试图理解今天的写作者，切入点必是他缺席的独特性，或者说将会是作者与死亡的关联，而这种关联恰巧又使作者成为他自己写作的牺牲品。这一点，到底是指大众文化中作者个性的沦丧，还是后现代构境中的"零度写作"（巴特），实在不知何意。我推测，这可能是指话语塑形方式强势统摄中作者特色的消失。在此，福柯之思的迂回缠绕和刻意的做作，可见一斑。

其三，**作者与写作本身之间的关系的颠倒**。青年福柯指出，作者的不在

场还表现在**写作本身的消失**。依青年福柯的看法,今天,在真实发生的"写作"(écriture)活动中,写作

> 既不关心写作的行为,也不关心在文本内部作为征兆或符号(symptôme ou signe)对作者意义的表示;相反,它标志着一种详述一切文本状态(condition)的非常深刻的尝试,既包括文本在空间弥散(disperse)的状态,也包括它在时间里展开(déploie)的状态。[12]

写作不再关心写作本身,它只是开启了一种文本在特定空间和时间中布展的状态,它"只是把作者在经验上的特点转变成一种超验的匿名(anonymat transcendantal)。作者经验活动中极其明显的标志被抹掉了"[13]。一言以蔽之,并不是作者在写作,而是特定时代中生成的话语塑形方式在文本中的布展:**不是我在写作,而是话语塑形方式在写我!** 倘若我们讲,先前,对作者而言,我写故我在,那么现在发生的事件则是**我写故话语塑形方式在了**,因为写作的过程恰恰是作者死亡的过程,作为作者的我在写作过程中已然不在。你以为你在写作,然而,你真的并不在! l'écriture comme *absence*(作为**不在**的写作),还有比这更可怕的事么? 在今天的中国,文学写作、影视写作甚至是学术论著的写作,多少都出现了作品沦落为市场票房玩物和论文堕落成评职称的功利指标的现象,且不以为耻反以为荣,这恐怕是比福柯此处揭示的深层话语塑形支配要肤浅得多的另一种写作之死亡。

二、作品和作者名字的空心化

青年福柯剖白道,自己对作者不在场的思考并非是要刻意去制造某种简单空洞的断言式口号,譬如与"上帝死了"(尼采)相似的"作者的死亡",而是希望能真正做一些严肃的讨论。他认为,

> 我们应该重新审视作者消失所留下的空(vide)的空间;我们应该

沿着它的空白和断层（lacunes des lacunes et des failles）的界线，仔细观察它的新的分界线，仔细观察这个空的空间重新分配的情况；我们应该等待由这种消失所释放的流动易变的作用。[14]

那么，与正在消失的作者关系最为密切的东西是什么呢？显然是**作品**（œuvre）以及作者的**名字**（nom）了。那么，作品、作者名字与那个缺席的作者留下的空白和断层的关系又是什么呢。

第一方面，我们不妨先来分析作品与正在消失的作者的断层关系。首先，青年福柯指出，在学术思想领域，发现这种隐性的断层的任务落在了真正的批评之上，

> 批评的任务不是重建作者与其作品之间的关系（rapports de l'œuvre à l'auteur），也不是通过作者的作品重构（reconstituer）他的思想和经验，进一步说，批评应该关注作品的结构（structure），它的建筑学（architecture），通过研究它们了解它们固有的内在形式（forme intrinsèque）和内部联系（relations internes）。[15]

真正的批评从来就不是为了将作品与作者联系起来而出场的，分析作品的目的并不是要维护作者的同一性，而恰恰是要深究已经离开作者、杀死作者的文本的话语塑形结构，是要思考作品何以能被如此构式起来的过程和原因，是要透析作品构境的内在形式和复杂关联。我们能感到，这里的批评背后其实就是他所谓的考古学和后来的谱系学建构的**批判现象学**。

由此青年福柯发问道，每当我们讨论一个作者时，那么他写的和说的一切，他所留下的一切，是不是都包括在他的作品当中？在这里，他再一次列举了尼采作品全集整理出版中发生的问题。事实上，这也正是此时他与德勒兹正在紧张从事的工作。[16]面对大量不断被新发现出来的尼采文献，

> 我们在什么地方划定界限？毫无疑问，一切东西都应该出版，但我们能说"一切东西"的含义一致吗？当然，这会包括所有他本人出版的东西，以及他的作品的手稿、他的警句安排和他页边的注释与修改。但

是,如果在一本充满警句的日记里,我们发现某种参照符号,某种关于约会的提示,某个地址或一张洗衣账单,那么这其中什么应该包括进他的作品? 一个人在他死后会留下千百万线索,只要我们考虑一部作品如何从千百万线索中提炼出来,这些实际的考虑便无休无止。[17]

不难看出,这还是他在上述回应文章(《科学考古学》)中已经涉及过的那个"全集不全"的观点,即一个思想家作品中的统一性必然是后人**阐释性操作**(*opération est interprétative*)的意识形态统摄结果。批评的任务,说是要除去作品重构中存在的遮蔽断层和空白的迷雾,让作者不在场的真相呈现出来。

第二个方面是**作者的名字**(*nom*)的空心化问题。又一个奇怪的概念!他的追问是:"作者的名字是什么? 它如何发生作用?"青年福柯自认为,这就已经提出了一个**专有名称**(*nom propre*)的问题:"专有名称(包括作者的名字)不是一种单纯的指称,它还会是一个指示功能的他者(d'autres fonctions qu'indicatrices)。"[18]专用名称并不简单是指它自己,它还会具有一种反指关系中的**他性功能**,即"表意之外的功能"。譬如作为专有名称的亚里士多德这个名字,就不仅仅是指亚里士多德这个人的名字,它表征了包括"《基始分析》(*Les Premiers Analytiques*)的作者"或西方形而上学"本体论的创始人"这种名字之外的相关联的一系列学术事件。同理,哥白尼、康德也不只是这两个人的名字,而是一种表征科学革命和认识论革命的话语塑形和整体构式转换事件的专有名称。此时此刻,作者的名字早已是一种处在作者个人**存在之外**的**学术他性存在**了。

那么,究竟作者的名字是什么呢? 青年福柯比较了作为常人的名字与作为作者的名字这两种名字在发生变动时所导致的不同后果。他描述道,当我们发现一个叫彼埃尔·杜邦的人竟然不是我们原先想象的蓝眼睛,不是住在巴黎,也不是个医生,这些新发现都不会使彼埃尔·杜邦这个名字在我们心里不再指向原来那个人;可是,如果人们发现那些被我们归于莎士比亚名下的十四行诗和史诗剧作并不是莎士比亚写的,那无疑就会产生一种后果重大的变化,并由此必然会影响到作者名字发生作用的方式。

　　这些差别表明,作者的名字不只是一种话语的要素(élément dans un discours,如一个主语,一个补语,或一个可以用名词或其他词类代替的成分),同时也具有一种分类的功能(fonction classificatoire)。因为它用作一种分类的方式。一个名字可以把许多文本聚集在一起,从而把它们与其他文本区分开来。一个名字还在文本中间确立不同形式的关系。[19]

与寻常人的名字不同,大写的**作者的名字**不只是通常意义上的人的姓名的代码,前者会被用以指认特定文本群、指称文本差异。甚至,当我们对同一个作者名字做判别性使用时,常常就能差异性地区分一个作者在不同时期中的文本性质。譬如我们在本书中对"青年福柯"与"福柯"的特设使用,就区分出了不同时期的写作出异质性文本的同一个作者。

当然,青年福柯也特别指出并阐述了另一部分文本,即与有作者的那些文本不同的**无作者**的"其他文本是什么"? 福柯说:"一封保密信件可以有一个签署者,但它没有作者;一个合同可以有一个签名,但也没有作者;同样,贴在墙上的告示可以有一个写它的人,但这个人可以不是作者。"[20] 简言之,还存在一种**没有写作主体意义上的作者**的文本。在青年福柯看来,

　　作者的名字不像专有名称,专有名称可以从话语的内部移向产生这一话语的外在的(extérieur)实际个人,而作者的名字始终处于文本的轮廓之内,区分各个文本,确定文本的形式,刻画出它们的存在模式(mode d'être)的特征。它指的是某些话语集合(ensemble de discours)的存在,指的是这种话语在某个社会和文化中的地位。作者的名字不会随一个人公民地位的改变而改变,但也不是纯属文学之事。它处在断裂(rupture)之中,引发了新的话语群(groupe de discours)和它们那独特的存在模式。[21]

真是复杂的思想构境! 依青年福柯之见,作者的名字更多地表现出话**语群存在的一种特殊方式的特征,它处于写作主体的不连续性的断裂缺口**中。包含一个作者名字的话语实践不会马上消失和被忘掉,比如我们在本书中讨论的青年福柯的种种复杂的哲学话语实践,它们也不会只得到那种

通常人们赋予普通词语的短暂的注意,比后者幸运得多,它们指向的是"认识型"、"考古学"和"作者的不在场"之类的话语群组,涉及这些话语事件在社会和文化中的地位,而它的地位和它的接受方式,由它在其中传播的"文化"所控制。在解读福柯的不同的文本时,作为文本写作主体的作者福柯是不在场的,他不过是上述这些话语群组的一个功能集合状态罢了。所以,我们在讨论这些话语群组的时候,福柯这个名字已经是一种空心化的存在。

三、解构于功能存在与话语实践方式中的作者

青年福柯声称,所谓的作者,并不是一个实名实姓的实体性的肉身,而是话语存在的一种作者—功能(*fonction-auteur*)。在以上已经初步进入的福柯这种另类思想构境层中,我们约略可以理解福柯所说的作为写作主体的作者是不在场的构境意义,这里他则想再告诉我们,如果有在场者,真正在场的只是一种**功能性话语构式群组**。那么,福柯笔下这个作者—功能又是什么呢? 他解释道,作者—功能就是一个社会里某些话语的存在、流通和运作的功能特征。具体说,

> "作者—功能"关系到限制、规定和表达话语领域的法律和制度方面的系统(système juridique et institutionnel);它并不会以完全相同的运作方式,体现在各种话语、所有时间以及任一给定文明形式(formes de civilisation)中;它的确定不在于将一篇文本简单地归之于其创作者,而是要通过一系列复杂而精确的操作(d'opérations spécifiques et complexes);它并不单纯指向一个实际个人,因为它同时引发出许多种自我,引发出任一阶级中的个人都有可能占据的一系列主体位置。[22]

这段说明本身,就是一个十分复杂的话语塑形**构境**。青年福柯是在告诉我们,作为一种话语塑形功能的作者其实也是历史的。从来就不存在作为个人的作者孤立进行创作的情况,因为所有的创作都只能是**一定**的社会系统建构起来的话语的产物。所以,在不同的历史时期中,作者—功能都会

呈现出完全不同的形式，但唯一不变的是，人们只能以**一定的方式**在一定的范围内进行写作，一切写作实际上都不过是特定话语塑形和构式操作的结果。这番话的口气颇有马克思在 1845 年创立历史唯物主义之后的言说气势。这也可以视作我们前面已经发现的那个**从社会现实出发**观察认知活动的隐性话语系统。对此，阿甘本曾经解释道，作者"只是通过构成这个主体的客观的主体化程序，和在权力机制中铭写，捕捉这个主体的装置，才是在场的"。* 也是在这个特殊的构境意义上，作为独立个人创作者的作者根本不存在。比如，"作者—功能"并不是普遍的或永恒的，甚至在欧洲的历史文化里，同样类型的文本并非总需要作者，"曾经有一个时期，我们现在称作'文学的'那些文本（小说、民间故事、史诗和悲剧）得到承认、传播和维持，但根本不询问谁是它们的作者"[23]。这些没有作者的文本，也就不可能被当作个人私有财产，成为被占有的对象（objets d'appropriation）。这是对的。再比如，当西方社会进入 17、18 世纪时，就有一种全新的科学话语塑形方式得到发展，

> 当时，科学话语（discours scientifiques）根据它们自己的价值得到承认，并被置入关于既定真理和证实方法的一种匿名（anonymat）的集合的系统（ensemble systématique）。证实不再需要参照生产文本的个人；作者作为一种真实性的标志作用已经消失，在它仍然作为一个发明者的名字的地方，它只是表示一种特殊的定理或命题，一种奇怪的效果，一种特征，一个主体，一组因素：或者病理学上的症候（syndrome pathologique）。[24]

这是在指证，现代性的科学话语也是消解作者个人的。万有引力不等于牛顿，相对论不等于爱因斯坦，它们都不过是**匿名的科学理论集合系统**中的一个话语事件，甚至，在数学中，作者的地位已经沦落到充其量不过是为着一则特定的定理或一组命题而顺便带出的附属物。这恐怕也是事实。

---

　　*［意］阿甘本：《裸体》，王立秋译，北京大学出版社 2017 年版，第 104 页。——本书作者第二版注

青年福柯宣称,作者—功能"不是通过简单地将一套话语归之于某个个人就可以自动形成的。它是一套复杂的操作的结果(résultat d'une opération complexe),这些操作的目的就是要构建(construit)我们称之为作者的那个理性实体"[25]。理性实体意义上的作者,其实是被话语操作和运演建构起来的。所以,

> 被我们指称为作者(或构成作为作者的那个人)的那个人,他的这些方面的特征只是一种投射(projection),来自我们从多少带有心理学性质(psychologisants)的角度入手处理文本的方式:我们所做的比较,我们视为有关而抽取出来的特性,我们指定的连续性(continuités),或者我们所践行的排除(exclusions qu'on pratique)。[26]

被假定为主体性的作者,只是我们事后处理文本时的话语投射和情境再建构物。青年福柯还告诉我们,所有这些建构作者的操作还会随着所涉话语方式各自所基于的不同历史时期与形式而发生变化。"构建一位'哲学家'与构建一位'诗人',方式是不会一样的;一部18世纪小说的作者,其构成方式不同于现代小说家。"[27] 关于这一点,当我们联想一下作为哲学家的海德格尔与作为诗人的策兰,或联想一下18世纪的伏尔泰与当代的普鲁斯特,对其独特的构境意义就完全可以理解了。

更进一步说,如果我们能真正跳出作者个人与一本书的关系,那么就能发现一个新的话语事件,即处于**"跨话语"**位置(position transdiscursive)中的作者。这又是一个新发现!在青年福柯看来,与撰写一本小说的小说家不同,跨话语的作者可以被指认为"话语方式的创始人"(fondateurs de discursivité)。话语方式是此后让他人言说的那个**大他者**!因为,他们不仅生产自己的作品,而且生产出更多的事物(chose de plus),即"其他文本塑形的规则和可能性(la possibilité et la règle de formation d'autres textes)"。这个话语塑形是十分关键的。比如,"弗洛伊德就不仅仅是《梦的解析》或《智力及其与无意识的关系》的作者,马克思就不仅仅是《共产党宣言》或《资本论》的作者,他们都确立了话语的无尽的可能性"[28]。弗洛伊德和马克思都不只是一本书或多个文本的写作者,他们更是**一种新的话语生产方式**的

创立者。以福柯之师阿尔都塞的话来说,他们都创立了向世界独特发问的理论生产方式的**问题式**(*problèmatic*)。对此,青年福柯十分感慨,

> 作为"话语方式的创始者",马克思和弗洛伊德不仅使可以为更多文本所采纳的"相似"成为可能,而且同样重要的是,他们还使某些"差异"成为可能。他们为引入非自己的因素清出了空间,然而这些因素仍然处于他们创造的话语范围之内。在说到弗洛伊德创立了精神分析时,我们不仅指利比多的概念或解梦的方法在卡尔·阿布拉汉姆或米莱尼·克雷恩的著作中重新出现,而且还指他使关于他的作品、概念和前提的某些差异成为可能,而这些差异全都产生于精神分析的话语(discours psychanalytique)。[29]

弗洛伊德和马克思出场的意义并不在于他们作为作者和写作本身的意义,更重要的是在他们作为"话语方式的创立者"的身后,出现了整个精神分析学和马克思主义的宏大话语实践,这两种学术话语塑形与构式产生出巨大的可能性空间,历史也已经证明,他们带出来的这种新的话语实践甚至影响或者说改变了世界和人的存在。青年福柯告诉人们,在弗洛伊德和马克思的后面,他还可以开列出一个无穷尽的名单,如伽利略、居维叶(Georges Cuvier, 1769—1832)、鲍普(Franz Bopp, 1791—1867)和索绪尔,等等。他们都不仅仅是文本作者,而是**世界的改变者**。这又是那个话语决定现实的唯心主义残迹。福柯不能理解,马克思所说的改变世界绝不是观念话语方式直接作用客观社会存在,而是通过转化为物质实践对象化地真正改变存在。

青年福柯指出,除了话语方式的创始者之外,还有另一个方面值得我们关注,即后继的话语实践者对创始构境的"回到开端"(retour à l'origine)的努力。可以说,本书也是这种努力的尝试。青年福柯说,后继的话语实践者"必然地、不可避免地(nécessité inévitable)"一次又一次地回到话语创始的原初语境。福柯特意强调,话语实践者的这种"回到"完全不同于(distinguer)科学活动的"重新发现"(redécouverte)或"重新现实化"(réactualisation)。[30]青年福柯辨析道,科学活动中的所谓"重新发现",在

于与通行知识形式的**类比或同构**,是它们容纳了有关已被遗忘的或默默无闻的人物的看法;而"重新现实化"则是指"话语被嵌入概括、实践和转型的全新领域"。[31] 话语实践构境中的"回到"与上述二者都不同,之所以需要"回到原初语境",倒不是因为诠释学意义上的理解困难或是有什么其他障碍,而是由于话语实践本身的"本质的和建构性的遗忘(oubli essentiel et constitutif)"。显然,这个遗忘是海德格尔式的。

> 实际上,创始的行为就其本质而言,注定要受制于它自身所产生的存在之遗忘(être oublié),这些遗忘从创始行为中发展而来,同时也导致了该行为的偏差(dérive)与曲解(travestit)。这种并非偶然的遗忘必须由某些精确的操作(opérations précises)加以调控,这些操作可以在向着创始行为的回归中,得以定位、分析和化约。遗忘所设下的障碍(empêchement)并不是从外部添加的(surajouté de l'extérieur),而是从所探讨的话语实践当中兴起的,正是话语实践为它立下了法则。遗忘既是导致这障碍的起因,也是消除这障碍的手段,还要对妨碍回归创始行为的阻碍负责,只有通过回归才能得以解决。[32]

être oublié 就是海德格尔那个对 Sein 的**存在论的遗忘**,在福柯这里,就是对 être 在动词构式中的话语塑形作用的遮蔽。而"回归"则是让这种遮蔽暴露出来。所以,一切回归会是"向着文本自身(texte même)的回到(revient)",具体而言,也就是

> 带着对那些在文本的空心、缺席和缝隙(en creux, en absence, en lacune)中体现出的东西的特别关注,回到一个原初的、不加修润的文本(texte dans sa nudité)。我们回归那些空洞的空间,它们被遗忘所掩盖,被带有误导性的虚假的充足所隐匿。[33]

福柯的这一分析是非常深刻的。我的所有"回到"("回到马克思"、"回到列宁"、"回到海德格尔",以及这里的"回到福柯")可能都是在这个构境意义中的某种有意向的解蔽。在青年福柯看来,**向着文本的回归**是使话语

实践发生整体转型的一种有效且必须的手段。比如，在**回到文本的全新构境**中"**重新检视(réexamen)弗洛伊德或马克思的著作，就会转变我们对精神分析或马克思主义的理解**"。这是对的。显而易见，这个所谓的"回归"又是与福柯的考古学和谱系学的本质相一致。我们还会看到，在不久之后的政治哲学批判中，福柯真的践行了"回到马克思"的重新检验。

在全部演讲结束的时候，青年福柯不无得意地提到，先前，我们会听这样一些提问：

"谁是真正的作者？"

"我们是否能够证明他的真实性和原创性？"

"他用自己的语言对自己最深刻的自我做了怎样的揭示？"

可是，现在人们则会听到一些新的问题：

"这种话语有哪些存在模态？"

"它从哪里来？它如何流通？它受谁控制？"

"针对各种可能的主体将作出怎样的安排？"

"谁能实现主体这些各不相同的功能？"

而在所有这些问题的背后，我们却几乎只能听到一种漠然的咕哝：

"谁在说话重要吗？"[34]

四、一个有趣的争论：结构上没上街？

福柯的演讲结束后，参加会议的学者纷纷发言，有批评，也不乏肯定，福柯也作出了一定的回应。批评的声音，主要集中在福柯所指认的话语实践中作为理性实体的"作者的不在场"问题上。很显然，福柯的这一观点被一些人听成他在《词与物》一书中那个"人之死亡"的断言的具象化，即作者的死亡。

在提问和评论环节上,发言最长的是法国著名的西方马克思主义文学理论家、"发生学的结构主义"代表人物戈德曼[35]。在算是福柯学术前辈的他看来,青年福柯的思想代表了一种"否定一般的人(l'homme en général)"的观点,虽然"福柯没有明说否定作者,但是,从他的作者的消失的视角所揭示的所有的一切都暗示了这一结论"[36]。他反讽地说:

> 我绝对同意一个事实,即福柯不是作者(n'est pas l'auteur),福柯不是他刚刚对我们说过的那些东西的开创者(certainement)。因为,否定主体在今天是一群思想家,更准确地说是一群哲学家的一个核心概念。在这群哲学家之中,如果福柯是一个特别原创的杰出的学者,那么,应该将其归入人们通常所说的非发生的结构主义(structuralisme non génétique)学派之中。一般认为尤其应该把列维-斯特劳斯、巴特、阿尔都塞、德里达归入这一名下。[37]

显然,戈德曼在打趣福柯,你说了那么多,可你不是作者? 你的这些前人都没有思考过的东西难道都是别人文本的互文结果? 这显然令人难以理解。这种悖论的原因,恰恰在于福柯归属于戈德曼所贬斥的所谓"非发生的结构主义"。而戈德曼自己想要标榜的"发生的结构主义",则是他追随皮亚杰的"发生认识论",将强调共时性的结构视角与历时性的发生学视角相整合而形成的一种新结构主义观点。[38]我们不难看出,戈德曼的逻辑构境是先将福柯归类为**非发生学**的结构主义,然后指控福柯:你的确不是一个作者,不是一种生产原创性成果的独立主体,因为你本就属于结构主义话语簇。戈德曼这里已经在出差错了,解构理论创始人德里达从一开始就不是结构主义阵营里的一员,而复杂的情况还有已经在反水的巴特。并且,福柯的思想原来就不属于结构主义,此时,他也正在生成一种全新的思想构境。用一种二元逻辑判断学术思想的质性,这本身就是非法的。

戈德曼说,福柯所提出的"谁在说话?"这一问题是重要的,但"什么是说?"(Qui parle?)更重要。戈德曼也承认,"在当代人文科学的启示下,个体观念作为一个文本的最终作者,特别是一个重要的、有意义的文本的作者,显然已无立足的理由了"，但他坚持认为，看到这一点并不意味着可以断言一切主体都会消失。因为，可以像戈德曼已经做的那样，用**集体主体和超个人的主体**(*sujet collectif ou transindividuel*)取而代之。这完全可以既不宣布人的死亡，也不让主体消失。戈德曼宣称，在学术界回答"谁在说话?"这个有意义的提问时，在否定个人主体的共同基础上又分裂为两种回答：一是福柯所归属的非发生学的结构主义，在这里，"没有任何主体，它已经为各种结构(structures)所替代，如语言的结构、心智的结构、社会的结构等等。也没有了人以及人的属性。这些地方只不过是内在于结构的功能和角色。结构构成了研究和解释的终点"[39]。"语言的结构"应该是指巴特的结构主义符号学，"心智的结构"可能是列维-斯特劳斯的结构主义人类学，而"社会的结构"当然就是阿尔都塞的"无主体社会历史过程"论了。戈德曼的意思是，上述这些非发生学的结构主义者试图消除主体的做法是不可取的，**无主体的历史**是不可想象的。二是戈德曼自己的所谓发生学的结构主义，这种结构主义在历史和文化的维度中也拒绝**个体**主体，但是，个体主体并未因此就消亡，而是被超个体的**集体主体**而所取代。"至于结构，远不能把它当作或多或少终极的自主性实在(réalités autonomes)，结构没有在这种整个实践(praxis)和整个人类现实的普遍属性的视角之中考虑事情。不能假设存在不是结构性的人类行为(fait humain)，也不能假设存在没有意义的结构。"[40]结构无思，它不可能成为创造历史意义的原动力。

在发言的最后，戈德曼特意说了一段自以为非常有趣的话：

> 在结束我的讲话时，我将提请大家注意一句变得有名的话。五月风暴时，在巴黎大学大阶梯教室的黑板上，一位学者写下了一句话，我觉得这是对哲学，也是对非发生的结构主义的一个最根本的批评："结构没有上街"(Les structures ne descendent pas dans la rue)。这就是说，不是各种结构塑造历史，而是人在塑造历史，并且人的行动总是结构性的和有意义的(structuré et significatif)。[41]

戈德曼在引述完那句著名的"结构没有上街"一语之后，显然十分得意。然而，这可真的不是最后的笑。

我们从记录上可以看到,在戈德曼讲完之后,福柯立刻做了如下的回复:首先,"我在作品中从未使用过'结构'一词(mot de structure)。你们可以在《词与物》里找找看,你们是找不到的。当时我就想避免结构主义的整个弱点。你根本不能称我为结构主义者"[42]。这是福柯在公开场合明确拒绝对自己的结构主义标签。但是,从我所做的《词与物》一书文本词频统计的结果来看,福柯在全书中共 51 次使用了 structure 一词。应该准确地说,福柯没有将此词作为重要的理论方法论塑形范式来使用。其次,福柯显得有些生气地争辩说,我也从未说过"作者不存在(l'auteur n'existait)"!"我很奇怪我的话总是会导致类似的误解"。福柯自认为,他刚才的发言只是在讨论作者的**自行消失**(l'*auteur doit s'effacer*),或"由于话语的特殊形式作者的消失"的问题,再或者说,是想思考"什么规则使我们能发现作者和书写者的消失呢? 这一规则能使我们发现作者功能的作用方式",即作者功能**发生**作用的方式、条件、领域。他的言下之意是指责戈德曼连这些重要的区别都无法体知,就更不要谈进入自己的思想构境了。再次,他从来也没有要断言**人的死亡**(l'homme est mort),而只不过是

> 从人之死(或人的消失,人被超人所取代)这一主题出发,看一看人的概念的功能的运作方式和规则。自 19 世纪末以来,人之死的主题就不断地重现。这一主题不是我的主题。我以同样的方式处理了作者的概念。让我们收起我们的眼泪吧。[43]

福柯的回答显然有些匆忙和敷衍,甚至有些恼怒。

在讨论的最后,学术巨擘拉康作了发言。他首先肯定了福柯演讲最后对"回归"问题的思考,因为他说自己就是在"回到弗洛伊德"的大旗下进行新的工作的,其实,他所谓回到弗洛伊德就是杀死自己的学术父亲后的重生。所以,他完全能理解福柯的良苦用心。其次,拉康轻蔑地反驳了戈德曼对"结构没有上街"这一口号的肤浅引用,因为在他看来,

> 如果说五月事件(événements de mai)表征了什么,它恰恰证明了结构在街头(descente dans la rue)。正是在写下这一口号的地方,人们走

　　上了街头,这一事实只能说明,人们恰恰自己认不出(Méconnaît lui-même)行动本身所内在固有的东西。[44]

　　这是无与伦比的精彩反驳。结构,恰恰是在人们不认识它的地方起作用,反对结构也许正是结构的一种作用方式而已。人们都是疯子,只是我们没有意识到这一窘境罢了。人不是死去,而是从来没有真正出场过。

　　拉康关于结构已经在街头的回答,显然令戈德曼十分难堪。据当时在场的学者卢罗回忆,“拉康的神经质把我们吓坏了”,在回家的路上,戈德曼像一个被打败的拳击手那样沮丧。[45]而青年福柯,一定是大大开心的。

注释

　　[1] Michel Foucault, «Qu'est-ce qu'un auteur?», *Bulletin de la Société française de philosophie*, 63e année, n° 3, juillet-septembre 1969, pp.73—104. *Dits et écrits*, *1954—1975*, Paris, Gallimard, 1994, pp.817—849.[法]福柯:《什么是作者?》,载《后现代主义的突破:外国后现代主义理论》,逄真译,敦煌文艺出版社1996年版,第270—291页。

　　[2][法]福柯:《什么是作者?》,载《后现代主义的突破:外国后现代主义理论》,逄真译,第276页。Michel Foucault, *Dits et écrits*, *1954—1975*, Paris, Gallimard, 1994, p.824.

　　[3] Ibid., p.819.中译文没有翻译此段文字。

　　[4][法]福柯:《什么是作者?》,载《后现代主义的突破:外国后现代主义理论》,逄真译,第271页。中译文有改动。Michel Foucault, *Dits et écrits*, *1954—1975*, Paris, Gallimard, 1994, p.819.

　　[5]同上。Ibid.

　　[6]同上,第273页。

　　[7]贝克特(Samuel Beckett, 1906—1989),20世纪法国作家,荒诞派戏剧的重要代表人物。1969年,他因“以一种新的小说与戏剧的形式,以崇高的艺术表现人类的苦恼”而获得诺贝尔文学奖。代表作:《莫菲》(1939)、《无名的人》(1953)、《等待戈多》(剧作,1953)、《一句独白》(剧作,1980)等。

　　[8]资料显示,福柯是在1968年“五月风暴”之后开始阅读贝克特的。同期重新阅读的文献中还包括马克思、罗莎·卢森堡和托洛茨基等人的著作。

　　[9][法]福柯:《什么是作者?》,载《后现代主义的突破:外国后现代主义理论》,逄真译,第273页。中译文有改动。Michel Foucault, *Dits et écrits*, *1954—1975*, Paris, Gallimard, 1994, p.821.

［10］同上，第 274 页。此处中译文参考了李康、张旭的译稿，并有改动。Ibid.

［11］同上。

［12］同上，第 275 页。中译文有改动。Ibid., p.823.

［13］同上，第 276 页。

［14］同上，第 276—277 页。中译文有改动。Michel Foucault, *Dits et écrits*, *1954—1975*, Paris, Gallimard, 1994, p.824.

［15］同上，第 274 页。中译文有改动。Ibid., p.822.

［16］1964 年开始，福柯与德勒兹共同主持了《尼采全集》法文版的编辑工作。

［17］［法］福柯:《什么是作者?》，载《后现代主义的突破:外国后现代主义理论》，逢真译，第 275 页。中译文有改动。Michel Foucault, *Dits et écrits*, *1954—1975*, Paris, Gallimard, 1994, p.822.

［18］同上，第 277 页。中译文有改动。Ibid., p.824.

［19］同上，第 278 页。中译文有改动。Ibid., p.826.

［20］同上，第 279 页。

［21］同上，第 278—279 页。此处中译文参考了李康、张旭的译稿，并有改动。Ibid., p.826.

［22］同上，第 284 页。此处中译文参考了李康、张旭的译稿，并有改动。Ibid., pp.831—832.

［23］同上，第 280 页。

［24］同上。中译文有改动。Ibid., p.828.

［25］同上，第 281 页。

［26］同上。此处中译文参考了李康、张旭的译稿，并有改动。Ibid., p.829.

［27］同上，第 281 页。

［28］同上，第 285 页。中译文有改动。Ibid., p.832.

［29］同上，第 285—286 页。中译文有改动。Ibid., pp.833—834.

［30］同上，第 287 页。Ibid., p.835.

［31］同上。

［32］同上，第 288 页。此处中译文参考了李康、张旭的译稿，并有改动。Ibid., p.836.

［33］同上。此处中译文参考了李康、张旭的译稿，并有改动。Ibid.

［34］同上，第 291 页。此处中译文参考了李康、张旭的译稿，并有改动。Ibid., p.840.

［35］吕西安·戈德曼(Lucien Goldman, 1913—1970)，法国哲学家、西方马克思主义文学评论家和社会学家，发生学的结构主义著名代表。戈德曼 1913 年出生于布加勒斯特。在罗马尼亚完成大学学业后，于 1933 年赴维也纳，师从阿德勒。1934 年转赴巴黎求学。"二战"期间被德国军队关进集中营，后辗转逃到瑞士，为瑞士心理学家皮亚杰所营救。1945 年，在苏黎世大学通过论文《康德著作中的人类社会与宇宙》答辩，并获得

哲学博士学位。战后重返巴黎,先后在法国全国科学研究中心和巴黎高级研究实验学校从事研究工作,直到去世。其主要著作有:《人文科学与哲学》(1952)、《隐蔽的上帝》(1956)、《辩证法探求》(1959)、《小说社会学》(1964)、《精神结构与文化创造》(1970)、《马克思主义与人文科学》(1970)等。

[36] Michel Foucault, *Dits et écrits*, *1954—1975*, Paris, Gallimard, 1994, p.840.中译文没有翻译这一重要的部分。

[37] Ibid., p.841.此处中译文参考了李康、张旭的译稿。

[38] 参见拙著:《文本的深度耕犁——西方马克思主义经典文本解读》(第一卷),中国人民大学出版社 2004 年版,第 428—447 页。

[39] Michel Foucault, *Dits et écrits*, *1954—1975*, Paris, Gallimard, 1994, p.841.此处中译文参考了李康、张旭的译稿。

[40] Ibid., p.842.

[41] Ibid., p.844.此处中译文参考了李康、张旭的译稿。

[42] Ibid., pp.844—845.此处中译文参考了李康、张旭的译稿。

[43] Ibid., p.845.此处中译文参考了李康、张旭的译稿。

[44] Ibid., pp.848—849.

[45] 转引自[法]多斯:《从结构到解构——法国 20 世纪思想主潮》(下卷),季广茂译,中央编译出版社 2004 年版,第 169 页。

第二编

话语塑形场转换中的谱系

——《认知考古学》中的方法论话语

我的研究对象不是语言,而是档案,即话语的积累存在。

——福柯

　　1969 年,青年福柯完成《认知考古学》(*L'Archéologie du Savoir*)[1]一书。正是在这部书里,福柯宣称 20 世纪中叶的学术思想史研究已经出现了某种新的历史学的转向,具体而言,基于从法国科学认识论语境中凸显而出的新方法论,人们已开始关注**历史话语塑形中的断裂和中断**。福柯断言,这将是一场非常重要的历史观革命,其根本特征就是拒绝先前历史研究中存在的**目的论、起源论、总体性和连续性**。此断言的依据,是青年福柯在思想史研究中所发现的当下建构和解构的话语**实践**运行场,而导致话语事件的改变的则是更深一层的话语塑形场转换。这是青年福柯的认知考古学所真正反思的那种看不见的历史对象。相比之《词与物》,福柯的思想显然发生了方法论上的深刻变化,刚性的认识型已经开始让位于话语塑形和实践构式。这也意味着,青年福柯思想方法论中的唯心主义观念将被真正敲响丧钟。在这一点上,我赞成柯伊这样的判断:这里发生的事情是,"福柯很快认识到,他的著作有所缺欠。表述不仅取决于字词和概念,也取决于实践"[2]。所以,当谢里登说《认知考古学》不过"是《词与物》的一个扩大了的理论附录"[3]时,显然是不对的。我认为,《认知考古学》这部书是福柯写得比较像样的哲学书之一,就这一点,我大体同意德勒兹给出的评介,后者认为福柯的《认知考古学》是要"召唤一种使行动'言说'无视我的生死而塑形于'域外'元素中必然融合革命实践的一般生产理论"[4]。虽然这有些夸张式的故意渲染,但意思却是深刻的。并且,这本书"不只是一本沉思与论述一般方法论的书,它是一种全新的方向,并如一张新的褶页般反过来影响先前的作品"。[5]

注释

　　[1] Michel Foucault, *L'Archéologie du Savoir*, Paris, Gallimard, 1969.此书的主体部分,是福柯在突尼斯的西迪·布·塞义德村(Sidi Bu Said)完成的。1966 年 9 月至 1968 年 10 月,福柯在突尼斯大学任教。福柯原计划写此书的续篇,即讨论历史话语的《过去与现在:再论人文科学的考古学》,但这一计划并没有实施。据多斯的统计,《认知考古

学》自 1969 年出版到 1992 年,已经销售近 100 000 册,其中,1969 年当年就卖出了 11 000 册。

〔2〕〔英〕柯伊:《米歇尔·福柯——一位深受学子赞美又备受同侪憎恨的社会学家》,崔君衍译,《东南学术》2005 年第 6 期。

〔3〕〔英〕谢里登:《求真意志——米歇尔·福柯的心路历程》,尚志英等译,上海人民出版社 1997 年版,第 119 页。

〔4〕〔法〕德勒兹:《德勒兹论福柯》,杨凯麟译,江苏教育出版社 2006 年版,第 15 页。

〔5〕同上书,第 32 页。

第六章 非连续性:反对总体性和目的论的新历史观

据青年福柯自己的指认,此书的写作是想对前期已经完成的疯狂史、临床医学的诞生史和词对物的构序史的研究作一个方法论小结,以说明那些在不同领域中完成的研究成果相互之间的"整体联结"。其实,这只是青年福柯的一个表面的说法,因为在这一文本中,福柯的思想构境中已经出现了新的学术塑形方法。在这本书中的引言中,青年福柯第一次明确提出要建立自己新的历史研究方法,这种方法是对传统总体性—起源论历史观的根本否定,其中包括对文献解读的重新定位、对非连续性的自觉关注,以及对线性历史进步论观点的拒斥。青年福柯甚至认为,这种新的历史研究方法缘起于马克思和尼采对总体历史观的"双重偏离"。布朗肖认为,此书是福柯之思前一个阶段终结的"标志"[1],也是我所指认的**青年福柯**时期的最后一个重要文本。本章,我们就来讨论青年福柯对这一新的历史研究方法论的探索。

一、非连续性:对历史文献学质疑

在青年福柯看来,传统的历史学家在关注长时段的历史进程时,总是试图在变幻不定的历史事件背后找出一种稳固的**线性连续**发展,由此使历史被建构成一种"整体的意义"的无意识构境物。这还是那个从爱利亚学派开始的从现象之"多"中找出本质和规律之"一"的逻各斯线索。例如人性的历史演进、社会的形态转换的进程,以及思想的发展流变等等,这已经是历史研究中普遍认可的惯性做法。后来,斯洛特戴克将其概括为由"无耻的线性目标投射"建构起来的历史哲学的"疯狂体系","它总是导致将木料匆忙地装配在暴力画出的直线之上"[2]。然而,这却是一种根本无法意识到的意识形态构境。青年福柯认为,在这种习以为常的历史研究中,历史学家热衷于如下的问题:

> 连续性(continuités)是通过什么样的途径建立起来的;某种唯一的,同样的意图是通过什么方式得以维持并对众多的不同的和连续的思想构成一种独一无二的前景;什么样的行为模式(mode d'action)和什么样的支点(support)包含着转让、回收、遗忘和重复的游戏;起源(l'origine)是怎样在其自身之外扩大统治并且达到这种前所未有的完美的。[3]

在一定的意义上,我们也可以说,这是青年福柯对传统历史学研究方法的反讽性总括。这里有四个需要证伪的关键性历史构境质点:线性时间中的**连续性**——一种人性、一个社会形态或文化向另一个形态的假想中的系列转变和更新;合理性意图的**目的论**——神正论或改头换面的绝对理念的进步和不断获得自由解放的理想;相互转化的**总体**辩证关系——隐性暴力下的社会有机体论或同一性的历史系统结构;以及**起源论**——应该存在的本真价值悬设,有如上帝之城、异化或沦丧之前的人的理想本质或原初人性。福柯在此书中24次使用continuité一词;56次使用origine一词,这些使用大多是将之作为否定的对象使用的。在青年福柯看来,正是这几个隐性的暴力性的逻辑构件,支撑着传统历史研究的深层思考方式和看不见的假性构境空间。我觉得,福柯此处的分析是富有启发性的。

然而,青年福柯更想指认的是,20世纪中叶的学术思想史研究中已经出现了某种新的转向:人们开始关注历史中的**断裂**(ruptures)和**中断**(Interruptions)。福柯在此书中31次使用rupture一词。他断言,这是一场非常重要的历史观革命。也是在这里,青年福柯第一次集中列举了他的多位师长和学生。前两位是我们已知的法国科学认识论中的重要思想家,一位是巴什拉,一位是福柯的博士论文导师康吉莱姆。前者提出了科学思想史中认识的结构性断裂,即"认识论断裂"(Rupture épistémoloque),由此打破了原有认识思想史中回溯起源的连续进化论[4],后者则是从科学史概念中的"**位移和转换**(*Déplacements et transformations*)"入手,通过建构不同观念的"多样性构成和有效范围",否定了传统思想史那种"合理性不断增加"的"逐步完善"的历史观。[5]在这一革命性"断裂"的构境点上,二者的努力是同向的。同时,福柯还提及了在数学领域中的塞尔(自己的学生)[6]和文化研究中的盖罗特[7]二人所开展的相近研究。最后一位是福柯在文中没有直接指名的学者,即他在巴黎高师的直接辅导教师阿尔都塞。*青年福柯通过一段有引号的引文来向这位曾经的老师致敬:阿尔都塞关于"理论转换(de transformation théorique)"的研究,"通过揭露(révélant)过去的意识形态的方法,使科学(science)脱离它过去的意识形态(l'idéologie)"。[8]在此书中,福柯已经不再过多使用 idéologie 一词(统共只使用 10 次)了,并且也不再像《词与物》一书中那样,将这个词的首字母大写(Idéologie)。这明显流露出他对自己老师阿尔都塞的话语已经产生一定偏离。显然,这是青年福柯对自己认可的历史研究方法论变革前提或支援背景的明确指认。在他看来,正是这样一个凸显于法国科学认识论语境中的新方法论,将导致意义深远的思想史研究方式的根本变革。我们会发现,在青年福柯的这一重要自承中,他恰恰没有提到语言结构主义,这也是一个关于学术渊源的质性说明。或者说,也是对人们假指他为结构主义者的婉拒。

青年福柯宣称,这种新近发生在诸多领域(科学史、认识论、数学和文化史等)思想史研究中的变化,首先指向一个重要的历史研究方向:"对**文献**(*document*)提出疑问"。这个文献也就是传统史学中的史料。在青年福柯看来,历史文献在传统的历史研究中,通常只是作为第一手史料(客观事实)被辨别真伪,然后通过对文献的解读直接去"重建前人的所作所言,重建过去发生而仅留下印迹的事情",大一些说,以便重建"消失在文献背后的过去"——**历史**。青年福柯对这种传统文献("史实")解读的合法性提出了自

---

* 福柯曾经在一次访谈中谈到阿尔都塞《读〈资本论〉》中对历史概念阐发的影响。[法]福柯:《福柯文选Ⅱ:什么是批判》,汪民安编,北京大学出版社 2016 年版,第 6 页。——本书作者第二版注

己的质疑：

首先，文献被非反思地同质于历史事实，史料被直接等同于客观的历史曾在。福柯说，在这种传统历史研究面对文献的态度中，

> 历史乃是对文献的物质性的研究和使用（书籍、本文、叙述、记载、条例、建筑、机构、规则、技术、物品、习俗等等）。这种物质性无时无刻地不在整个社会中以某些自发的形式或是由记忆暂留的形式表现出来。[9]

在这里，人们无意识地排除了历史记载中的**主观故意**和更大社会圈层中的**意识形态强制**，忘记了任何史料都只是对一定时代具体生活情境**有选择的记载**，而事实上任何记载都不可能完全复述和复制生活存在，那些统治阶级不想看到的生活事件是**必定不在场的**，由此，青年福柯指控道，一种无反思的**文献拜物教**在这种历史观中居支配地位。我们可以强烈地感觉到，福柯这里对历史文献的反思已经在摆脱观念统摄论，他透视了社会政治统治对历史文献的某种意识形态遮蔽。

其次，历史研究中对研究者本身的**拟真建构活动**的无意识遮蔽。面对历史文献和物质遗迹，传统历史研究者总是假设自己的工作就是客观地"让这些印迹说话"，通过对文献信息的区分和组合，从中"寻找合理性、建立联系，构成总体（constituer en ensembles）"[10]。**构成总体**，即是构成**连续的历史**。而人们意识不到的事实是，文献研究的目的，恰恰是为了让历史史料有**目的地被缝合**，以造就一个合理的连贯性关联的历史总体。由此，传统历史研究中所谓的**让史料说话**，其本质恰恰是我们自己在**重新构境式地说话**。对此，马舍雷有过一段精辟的分析，他说，对所有的历史学家来说，面对文献和史料，"他根据自己当下关注的内容，重新改组过去；按照他根本爱好的规范，来排列历史的元素。这就是属于他的（sa）科学的逻辑，就是**实际存在的**（actuelle）历史"[11]。这个观点与福柯此处的想法是一致的。事实上，我们只能以自己所能知道的生活情境去复建和重构过去发生的一切。这才是历史学研究的真相。

青年福柯认为，在上述那种关注非连续性的新的历史研究方法出现之

后,传统历史学研究中的这一切都将被突现的新历史研究构境层所改变:

> 历史的首要任务已不是解释文献、确定它的真伪及其表述的价值,
> 而是研究其发展中的内涵和加工(le travailler de l'intérieur et de
> l'élaborer),即:对文献进行组织(l'organise)、修剪(le découpe)、分配、赋
> 序(l'ordonne)、划分层次、建立系列(établit des séries)、从不合理的因素
> 中提炼出合理的因素、测定各种成分、确定各种单位、描述各种
> 关系。[12]

这是从现成性"什么"转向这些文献本身被生产制作中的"怎样"! 由此,文献不再被假定为客观历史事实,因为文献对史实的记载本身就可能是被建构的。因而,新的历史研究不再是简单地去解释史料,判定其真伪,而是要关注在这些史料本身之上曾经发生过的它们被制作和加工的真实事件,即这些史料在过去和今天是如何被组织起来的,它们如何被以一定的可以被看到的目光所修剪,被给予一定的有序性结构和层次划分,由此建构出特定的合理性历史发展主线。其实,这件"找死人的错"的事情是很难做到的。从而,被故意遮蔽起来的真相才能得以解蔽:传统历史研究视域中的历史恰是被看不见的暴力性构序和建构起来的。福柯在此书中76次使用ordre(有序)和désordre(无序)两词。并且,此处使用的这个赋序(ordonne)倒是一个新词。于是,我们就会看到长期以来被无意识遮蔽住的释义学语境中的双重意识形态线索。一是我们忽略的文献记载(被解读文本和史料)中被隐匿的控制;二是存在于我们(解释主体视域)历史研究中的隐性总体逻辑强制。这样,新的历史研究方法论自省中则有可能出现新的批判性的、反思性的史学深境。

我觉得,福柯对传统史学方法论中存在的非反思性的提醒是有道理的,但简单地否定历史的连续性和夸大史学文献中边缘性和意识形态遮蔽的合理性,其实是根本行不通的后现代浪漫主义情绪。它可以漫画式的方式存在于对历史存在黑暗部分的照亮,可这种绝对的激进则不可避免地会像野火一样先燃尽自己。这是他的同胞德里达、德勒兹等人都无法摆脱的学术厄运。

二、传统总体性历史观的断裂中出现的新史学方法论

依青年福柯所见,这种新的历史研究方式格式塔变革的后果具体有四:首先,是对传统总体性的目的论历史观提出了明确的质疑。在历史研究中,新史学方法直接

> 分解了由意识的进步,或者理性的目的论(la téléologie de la raison),或者人类思维的渐进所构成的漫长的体系,它对聚合和完成的主题提出了质疑,并对总体化的可能性(les possibilités de la totalisation)提出了质疑。[13]

福柯在此书中 12 次在批判对象的意义上使用了 téléologie 一词。在青年福柯看来,传统的进步史观的本质实际上是由意识进步论和理性目的论建构起来的,这种在主观思维中生成的**完形模式**总是想将本来异质、粗糙和偶发的生活塑形成平滑和同质的历史主体,并呈现出从低级到高级、由起源到终结的发展过程性。而青年福柯则认为,新的历史研究方法就是要从根本上拒绝传统历史研究中的**被暴力规整的**"线性图式"(schéma linéaire)。福柯在此书中 14 次使用这个 linéaire,都是在否定的意义上。1971 年,在一次与乔姆斯基的对话中,他曾以科学和认知的进步观的解构为例。他说:"长期以来,人们曾经认为科学、认知是循着某条'进步'(progrès)的路线,服从于'增长'(croissance)的原则和汇聚各种各样的认知的原则。"然而,当我们仔细地去观察科学中的一些特定理解方式与科学认知的关系时,就会发现这种线性进步只不过是我们的幻象。比如动物和植物的分类,从中世纪以来因为不同的认知构架("自然史"、"人体解剖学"和"进化论")已经"重写"过不知多少次了,而且每一次异质性的重写,"都使认知在它的功能、结构、内部关系方面发生全新的变化"[14]。

其次,是**不连续性的概念**(la notion de discontinuité)已经在历史科学中占据了重要位置。青年福柯说,在传统目的论的总体历史观中,历史就是由

指向一个合理性的目的(现代性中的启蒙或人的解放)的发展过程的连续性编织起来的,所以,不连续性则往往会是历史学家有意无意地"从历史中删除的零碎时间的印迹",由于为了使历史进程表现出连续性,一切可能中断线性进步的现象和事件都会被历史学家自觉不自觉地"回避、抑制、消除"。而在现在的新方法论中,不连续性则逐渐开始构成"历史分析的基本成分之一":一是非连续性已经成为历史研究中的一种"有意识的行为",这是一种**方法论上的自觉**。二是非连续性成为历史研究的直接结果:"因为历史学家要发现的东西正是某一过程的边界,某条曲线的转折点,某种调节运动的倒置,某一摆动的界限,某项功能的极限,某一循环因果性不规则的瞬间。"[15]于是,传统历史研究中那种总体逻辑的**完形欲求**消失了,中断、边界、偶然真实地出现在历史学家对文献的解读中。这才有可能使已经消失的**存在和生活场境**本身得以**复构**。这样,非连续性既是历史研究重新构境的工具,又是其面对的真实对象。其实,福柯自己在历史研究中就是这样践行的,他不断在总体文化史中关注认识型之间的断裂,比如,在现代西方绘画史上发现"深刻的断裂"(马奈[16])[17],甚至在自己的文本写作中直接制造断裂。

再次,是**全面历史**(histoire globale)的主题和可能性开始消失。在传统历史研究中,历史学家总是假设存在一种基于**完全认识**基础上的全面历史观察的可能性:"全面历史旨在重建某一文明的整体形式(forme d'ensemble),某一社会的——物质的和精神的——一时期全部现象所共有的意义,涉及这些现象的内聚力的法则(la loi)。"[18]在青年福柯看来,这种所谓的全面的历史观察恰恰建立在这样一些主观假设之上:一是假设某一特别限定的时空层的全部事件之间,在人们重新发现其印迹的各种现象之间人们可能建立某种同质性的"联系系统(système de relations homogènes),即因果关系网络",这些现象在这种关系网络中"互为象征",并且一致地表现出"同一的中心核(même noyau central)"。在此,我们可以想到福柯在《词与物》中关于不同认识型之间以"相似性"关系网络和"表象"关系网络建构起来的**同质性**关联系统的描述。福柯在此书中24次使用relation一词。二是假设"历史性唯一的同一形式(même forme)包含经济结构、社会稳定性、心理性情、技术习惯(habitudes techniques)、政治行为,并把它们全部

置于同一类型的转换(même type de transformation)中"[19]。比如我们教科
书体系中常说的贯穿整个历史的同一社会结构类型——"社会基本矛盾",
而实际上,原始部族生活中根本不存在现代意义上的经济基础和政治上层
建筑。三是假设"历史本身可以被一些大的统一体(grandes unités)连接起
来——阶段或时期——这些大的统一体在自身中把握着它们的内聚
力"[20]。比如,地区的发展被国家的历史进程所连接,而不同国家的历史
则是世界历史进程内聚力的体现。

而在今天,这一切历史研究的传统构式原则统统被质疑了。新的历史
研究不再着眼于全面的历史观察,而是要去发现

> 什么样的关系形式(forme de relation)可以在不同的系列
> (différentes séries)之间得到合理的描述;这些系列能形成什么样的垂
> 直系统(système vertical),这些系统之间的关联和支配(des corrélations
> et des dominances)关系是怎样的。[21]

这个垂直系统的系列,也就是福柯在《词与物》中指认的异质性的认识
型。德勒兹说,要将福柯的这种系列概念与阿尔都塞的结构概念对立起来。
因为系列之间的断裂与问题式之间的断裂是不同的。[22]这就是说,历史研
究不是要制造臆想中的总体性,而恰恰是要分析这些非连续的不同系列中
的东西是如何被建构成伪连续总体的,它们在"什么样的'图表'(quels tab-
leaux)中有可能被建立起来"[23]。并且,这种实际发生的建构本身又如何
被成功地隐蔽起来。

其四,新的历史方法论(méthodologique de l'histoire)的建立。在青年福
柯看来,这种新的历史方法论的主旨是为了摆脱上述那种理性主义目的论
和同质性、连续意义建构的总体历史观,它具体表现为探寻在历史研究中将
文献构序为"一致的和同质性的资料体"的隐秘机制、人们选择文献的无意
识原则,以及历史构境分层时所依据的特定"语义场"(les champs
sémantiques)和"形式结构"(la structure formelle)。[24]福柯在此书中仍然61
次使用 structure 一词。固然他反对人们给他贴上"结构主义"的标签,这在
一定的意义上也说明了他与结构主义的无意识亲近。我们能看到,青年福

柯所指认的新历史方法论显然集中于面对史料("文献")的问题上,即人们在整理史料时,选择记录和放弃事件的**无意识发生的隐性原则**——在历史学家的前意识选择目光中,"一致的和同质性的资料体"的逻辑线索必然是一种隐性强制。但这一强制究竟是如何发生的,青年福柯在这里并没有明确交待。他只是说,新方法论使人们摆脱了前不久构成历史哲学的东西。"如:关于变化的合理性和目的论,关于历史认知的相对性,关于在过去的情形中和现在的未完成的总体性中发现和构造某种意义的可能性。"[25]我们能够看到,福柯的新历史观很快就影响到历史学界。它甚至促成了法国"新史学"的出现。1971年,在法国影响巨大的伽利玛出版社的历史学编辑皮埃尔·诺拉就以福柯的观点策划了一套名为"多元历史图书馆"的丛书,仅靠这一丛书的名称就令福柯"热血沸腾"。在《认知考古学》出版之前,福柯就让诺拉读过手稿。[26]之后,一批历史学家便入境于这一新史学研究的队伍。

为此,德勒兹评论说,

> 福柯是创造了他性历史关系(l'histoire un tout autre rapport)的哲学家,这种关系与历史的哲学关系全然不同。福柯认为历史将我们禁锢和限制起来,历史不说我们是什么,而说我们正在与什么有所不同,历史不建立同一性(identité),而是驱散同一性,以利于与我们的他者(autre)。[27]

德勒兹的概括是深刻的。可是,福柯这种所谓的他性历史观真的可以建构出真正非同一性的历史研究吗? 这是令人深深怀疑的。

三、挽救历史的伪总体性:被重构的马克思和尼采

有趣的是,青年福柯竟然指认,新历史研究方法的创立,它的最初时段可以"追溯到马克思(remonter à Marx)"[28]。这应该是指马克思的历史唯物主义。我觉得,这是一个重要的思想观念和立场上的改变,因为他开始直

接肯定马克思。据巴里巴尔的分析，福柯"在写《词与物》时，还没有意识到阿尔都塞对马克思的解读，而在《认知考古学》中，他谈到了由阿尔都塞重新解读了的马克思"[29]。当然，这也有刚刚过去的"红色五月风暴"的现实影响。福柯告诉我们，固然基于马克思的历史观变革的新历史研究方法的生成迄今已经一个多世纪，但"它的收效却姗姗来迟"，马克思的历史理论并没有根本改变历史研究领域中的基本状况。这是由于，如果要求人们不去理会那种根深蒂固的总体性的历史观是不容易的。请一定注意，此处青年福柯对马克思的态度与《词与物》一书相比，显然发生了重要的改变。在那里，他还批评"马克思主义并没有引入真实的断裂"[30]，而这里则将马克思看成了新历史观的思想先驱。这里的原因有二：

其一，总体性的历史观的起点是抹不去的**基础起源**（fondement originaire）论。这已经成为历史研究构境的一种下意识的思维惯性："这种研究把合理性变成人类的**目的**（le telos），并把整个思维史同维护这种合理性联结起来，同维护这种目的论（téléologie）以及必须始终回到起源的基础联系起来。"[31]这包括资产阶级启蒙思想中所追溯的人性的基础、正义的基础以及自由的基础等等，这种抽象的价值悬设的起源也是历史前进的方向和目的。所以，人们对"溯本求源，无限追寻先源线，恢复传统，追踪发展曲线，设想各种目的论和不断借用生命的隐喻等做法习以为常"；相反，人们对"思考差异，描写偏差，分解令人满意的同一性的形式深恶痛绝"[32]。这成为一种思维惯性，不自觉地在史料中求同弃异。其二，总体性的历史观的真正基础是摆脱不掉的**主体**（sujet）。这个主体原先也可能是神和绝对观念，19世纪以后开始由现代性的人的主体来替代。因为在传统历史研究中，"这个主体保证把历史遗漏掉的一切还给（restituer）历史"，在这种假性构境中，它会承诺，"主体终有一天——以历史意识的形式（la forme de la conscience historique）——将所有那些被差异遥控的东西重新收归己有，恢复对它们的支配"[33]。在他的老师阿尔都塞直接批评的资产阶级人本主义异化史观中，这种主体的异己化和复归逻辑表现得尤为明显。人本主义的异化史观也会先设定人的本真性类本质（费尔巴哈的自然类本质、赫斯的交往类本质和青年马克思的劳动类本质），然后依此悬设在现实中发现它的沦丧和异化，再力图通过扬弃异化复归于本真性起源。这里福柯特意使用的"以历史意识的形式"一语是一个重要的定性,即这种主体异化逻辑的本质是唯心主义的。由此,我们开始感觉到福柯思想中凸显出的一个重要学术倾向:**走向现实生活**。原先在文本的隐性复调语境中不自觉发生的话语线索此时开始走向公开的话语塑形意图。这可能也是他真正与马克思亲近起来的原因。

青年福柯说,19 世纪以来,由马克思和尼采已经开辟了对传统历史研究逻辑的**双重偏离**:一是马克思通过"对生产关系(des rapports de produc-tion)、经济的决定(des déterminations économiques)和阶级斗争所作出的历史分析",开启了一种偏离总体历史观的新的历史研究的思路。[34]青年福柯的这个判断无疑是对的,他准确地避开了青年马克思的人本主义劳动异化史观,直接将马克思的新历史观确认为 1845 年之后创立的历史唯物主义。但福柯不精准的地方是,历史唯物主义并不是经济决定论,更确切地说,只是在**狭义历史唯物主义**的构境层[35]中,马克思通过理解工业生产上资本主义生产方式的历史性质,突出说明了人所创造的经济力量成为经济的社会形态的主导因素,然而他也通过三大经济拜物教批判,从而根本打破了资产阶级非历史的永恒事物之幻象。我以为,福柯理解的马克思并不直接与历史唯物主义相一致,他只是赞同了历史唯物主义的新方向。他根本无法细致地区分,作为一般历史方法指南的广义历史唯物主义与对经济的社会形态进行批判的狭义历史唯物主义。二是由尼采的**谱系学**(la généalogie)造成的对传统历史研究中以起源论为核心的历史观的偏离。[36]福柯在此书中 3 次使用 généalogie 一词。关于这一点,福柯后来有过专门的说明,谱系学即是反对起源论的,它不承认事物或现象发生的某种逻辑起点和终点,它只是关注事物的**非还原**的微观细节。所以福柯宣称,马克思与尼采是新历史观的真正奠基人。

然而,青年福柯认为,虽然马克思和尼采早已开辟了一种新的历史研究的路向,可是一直到 19 世纪末,传统的总体历史观仍然顽强地坚守自己的学术阵地:人们仍然在历史研究中反对一切对传统历史观的偏离,试图拯救主体的主宰地位,挽救"人类学和人本主义"(de l'anthropologie et de l'humanisme)这对孪生学科的形象,以至于,在种种思想史和历史研究中,历史连续性的主题又被旧话重提。这是福柯在文本中不多见地明确将人本主义放置在批判对象的位置上。甚至在今天，人们不惜**重新伪饰**马克思和尼采：一是"把马克思的学说人本化（amené à anthropologiser Marx），把马克思变成一个总体性的历史学家（historien des totalités），并在他的论述中重新找出人本主义的言论（et à retrouver en lui le propos de l'humanisme）"[37]。青年福柯的这一段表述是重要和深刻的。他敏锐地发现，一些学者在用《1844年经济学哲学手稿》中的青年马克思的人本主义总体异化史观逻辑替代马克思后来创立的历史唯物主义的新历史观。这种做法，其实还表现为一些人刻意地在马克思的《资本论》和晚期的所谓"人类学笔记"中重新发现人本主义的某种复活。福柯的这一理论意向显然与他的老师阿尔都塞是一致的。二是，"用超验哲学（la philosophie transcendantale）的术语解释尼采，并在起源研究方面抑制他的谱系学（généalogie）"[38]。因为，尼采的谱系学恰恰是反对起源论的，可却被故意误释为表面化的生物连续谱系且进而去粉饰总体历史观。在青年福柯看来，这种对马克思和尼采的**伪构序**的本质，是历史研究中的旧势力对总体性和起源论传统历史观的捍卫。

> 在文化总体性（totalités culturelles）的主题中——在这个主题上，人们先是批判了马克思，然后又为他歌功颂德——在起源研究（recherche de l'originaire）的主题中——人们先是以此同尼采对立起来，而后又想把他移植到这个主题中去——还在生动的，连续的和开放的历史的主题中，是同一种保守功能在起作用。[39]

显而易见，人们无法接受总体性历史观的解构，因为它会被视作"历史的死亡"。福柯在此书中 21 次使用 totalité 一词，大多在批判对象的位置。如果历史的总体进程被否定，那还存在真实的历史吗？为此，人们痛心疾首。当然，让他们最痛心的，不是历史的消失，而是这种历史形式（forme d'histoire）的被抹杀，因为这种历史形式曾经神秘地，然而却是全部地参照于"主体的综合活动"（synthétique du sujet）。正是这种发生在历史研究主体的思想活动中的综合分析和逻辑构式，才让**总体性的线性历史本体**构境得以呈现。

人们痛心的是这样一种变化,即它本应为意识的主宰提供比神话、亲属体系、语言、性欲或欲望更为可靠,更为隐蔽的避难所;人们痛心的是这样一种可能性,它可以通过计划恢复意义的研究或者复活总体性的运动,物质决定论(des déterminations matérielles)的手法,实践的规则(règles de pratique),无意识的系统,严格的却未经思考的关系,脱离亲身经验的对应关系;我们痛心的是对历史的意识形态(idéologique de l'histoire)的使用,因为人们试图通过它恢复人类在一个多世纪以来不断失去的一切。[40]

这也就是说,在传统的历史研究中,人们总认为"从历史事实出发"会给史学研究提供比神话和血缘亲情关系更准确的客观史实描述,但没有人会发现其中这种"历史事实"本身的**被建构中**所存在的历史意识形态的强制性话语。福柯在此书中 28 次使用 détermination 一词。多数也是在否定的构境域中使用的。

青年福柯表示,面对历史研究领域中的这一切复杂的思想斗争格局,他坚定地站在马克思和尼采一边,推进由他们开辟的新历史塑形方法,真正打破历史研究中这种总体性—起源论的"古老城堡"。青年福柯说,他多年以来的学术研究正是这一努力的体现:其中《疯狂史》、《临床医学的诞生》、《词与物》粗粗地勾勒出了这种研究,只是十分不尽如人意。其实,福柯站在马克思一边是刚刚发生的事件。他觉得,自己要进行的研究就是要揭示出已经发生在历史领域中的新变化,并且,让历史研究真正摆脱人本学的束缚,进而说明"这些束缚是怎样形成的"[41]。而在《认知考古学》这本书中,他则是进一步说明自己前期研究成果的"整体联结"。当然,此书不会是对上述三本书的简单重复,而恰恰是对以往研究的深化。正是在这一点上,德勒兹评论说,福柯的"考古学不只是一本深思和论述一般方法的书,它是一种全新的方向,并如一张新的折页般反过来影响先前的作品"[42]。这是对的。青年福柯坦言:

在《疯狂史》中,对被人们认作"经验"的东西花费了过大的篇幅且令人费解,它想指出人们是多么容易接受匿名主体和一般历史(sujet anonyme et général de l'histoire）。在《临床医学的诞生》一书中,我多次试图使用结构分析（l'analyse structurale）,但使用这种分析可能会回避想提出来的问题的特殊性和考古学特有的层次。最后,在《词与物》这本书中,由于没有在方法上作明确的规定,致使人们认为我是在进行文化总体性（totalité culturelle）分析。[43]

而在《认知考古学》这本新书中,青年福柯则明确宣称,他会拒绝研究本身的雷同,并且要开始"采用自己的方法",以回答人们对他前期研究的质疑。"我采用了小心谨慎,步步为营的方法来写这本书:因为每时每刻,本书都在拉开距离,建立自己的方法,摸索着接近自己的界限,与它不想说的东西碰撞,并为确定自己的路线挖沟开路。"[44] 显然,青年福柯也在告诫我们,不要用线性的逻辑来座架他的思想,重要的是能够理解他的不同文本之间的**距离**。

青年福柯在引言结尾通过采访自己最后留下的话是:"敬请你们不要问我是谁,更不要希求我保持不变,从一而终!"[45]

注释

[1]［法］布朗肖:《我想像中的米歇尔·福柯》,载《福柯的面孔》,汪民安等主编,肖莎译,文化艺术出版社 2001 年版,第 16 页。

[2]［德］斯洛特戴克:《资本的内部》,常晅译,社会科学文献出版社 2013 年版,第5 页。

[3]［法］福柯:《知识考古学》,谢强等译,生活·读书·新知三联书店 1998 年版,第 4 页。中译文有改动。Michel Foucault, *L'Archéologie du Savoir*, Paris, Gallimard, 1969, p.12.

[4] Gasston Bachelard, *Le materialisme rationnel*, Presses universitaires de France, 1953, Paris.

[5]［法］福柯:《知识考古学》,谢强等译,第 3 页。

[6] 塞尔（Michel Serres, 1930— ）,法国当代著名哲学家。1930 年,米歇尔·塞尔生于法国阿让,1952—1955 年就读于巴黎高师。就学期间,福柯曾经是他的授课老师。1954 年在巴什拉的指导下完成数学史论文,获得高等教育文凭,并于 1955 年通过大学教师资格考试。1968 年,应福柯之邀,进入万森纳巴黎第八大学哲学系,同年提交博士论文《莱布尼茨体系及其数学模型》。塞尔是一位横跨科学、文学与哲学领域的思想家,

同时拥有希腊与拉丁古典研究学位以及数学学位。1990年,塞尔入选法兰西学院。代表作有:《赫尔墨斯》(五卷,1969—1980)、《五感》(1986)等。

　　[7]盖罗特(Martial Guéroult,1891—1976),法国哲学史学家。代表作有:《斯宾诺莎》(二卷,1968—1974)等。

　　[8]L.Althusser, *Pow Marx*, Paris, Gallimard, 1965, p.168. 参见[法]福柯:《知识考古学》,谢强等译,第4页。

　　[9][法]福柯:《知识考古学》,谢强等译,第7页。

　　[10]同上。

　　[11]Pierre Macherey, *De Canguilhem à Foucauly la force des normes*, La Fbrique éditions, 2009, p.38.中译文参见刘冰菁的译稿。

　　[12][法]福柯:《知识考古学》,谢强等译,第6页。中译文有改动。Michel Foucault, *L'Archéologie du Savoir*, Paris, Gallimard, 1969, p.14.

　　[13]同上书,第8—9页。中译文有改动。Ibid.

　　[14][法]福柯:《论人的本性:公正与权力的对立》,载《福柯集》,从莉译,上海远东出版社1998年版,第229页。

　　[15][法]福柯:《知识考古学》,谢强等译,第9页。

　　[16]马奈(Édouard Manet,1832—1883),19世纪印象主义的奠基人之一,1832年出生于法国巴黎。他从未参加过印象派的展览,但他深具革新精神的艺术创作态度,却深深影响了莫奈、塞尚、凡·高等新兴画家,进而将绘画带入现代主义的道路上。

　　[17]在后来关于马奈的绘画讨论中,福柯在前者著名的《弗里·贝尔杰酒吧》中发现了在绘画规范和传统上的三种不可兼容的断裂:"画家'必须在这里'和他'必须在那里';'应该有人'和'应该没人';'应该向下的目光'和'应该向上的目光'。"[法]福柯:《马奈的绘画》,谢强等译,湖南教育出版社2009年版,第42页。《弗里·贝尔杰酒吧》完成于1882年,是马奈的最后一幅作品。画家运用自己擅长的光影变化,描绘了当时巴黎流行的宴会生活:贝尔杰酒吧的招待姑娘面朝观众而立,装饰物、酒瓶、花瓶中的花,赋予女孩的面貌以梦幻般的神采,而热闹非凡的宴会场景则是通过女孩身后的一面大镜子来表现的。有趣的是,按照传统的透视法逻辑,镜像中只应该出现女孩的背景,可是马奈却让站在女孩对面的男顾客(在另一个视角和目光中才可能出现的表象)直接出现在了画布的右侧,这一反常现象被福柯视作马奈对传统绘画逻辑的中断。

　　[18][法]福柯:《知识考古学》,谢强等译,第10页。

　　[19]同上。

　　[20]同上书,第11页。

　　[21]同上。中译文有改动。Michel Foucault, *L'Archéologie du Savoir*, Paris, Gallimard, 1969, p.18.

　　[22][法]德勒兹:《德勒兹论福柯》,杨凯麟译,江苏教育出版社2006年版,第23页注2。

　　[23][法]福柯:《知识考古学》,谢强等译,第11页。中译文有改动,tableaux一词

被译作"范围",我改为福柯所特别强调的古典认识型中的"图表"。Michel Foucault,
L'Archéologie du Savoir, Paris, Gallimard, 1969, p.18.

〔24〕〔法〕福柯:《知识考古学》,谢强等译,第 12 页。

〔25〕同上书,第 13 页。

〔26〕参见〔法〕多斯:《从结构到解构——法国 20 世纪思想主潮》(下卷),季广茂
译,中央编译出版社 2004 年版,第 346 页。

〔27〕〔法〕德勒兹:《哲学与权力的谈判》,刘汉全译,商务印书馆 2000 年版,第 109
页。中译文有改动。Gilles Deleuze, *Pourparlers, 1972—1990*, Les Editions de Minuit. Par-
is, 1990, p.130.

〔28〕〔法〕福柯:《知识考古学》,谢强等译,第 14 页。

〔29〕转引自〔法〕多斯:《从结构到解构——法国 20 世纪思想主潮》(上卷),季广茂
译,第 453 页。

〔30〕〔法〕福柯:《词与物——人文科学考古学》,莫伟民译,上海三联书店 2001 年
版,第 340 页。

〔31〕〔法〕福柯:《知识考古学》,谢强等译,第 16 页。

〔32〕同上书,第 14 页。

〔33〕同上书,第 15 页。

〔34〕同上。

〔35〕广义历史唯物主义与狭义历史唯物主义的区分,可参见拙著:《马克思历史辩
证法的主体向度》,武汉大学出版社 2010 年第 3 版,第 160 页。

〔36〕〔法〕福柯:《知识考古学》,谢强等译,第 16 页。

〔37〕同上。

〔38〕同上。

〔39〕同上书,第 17 页。

〔40〕同上书,第 17—18 页。

〔41〕同上书,第 18 页。

〔42〕〔法〕德勒兹:《德勒兹论福柯》,杨凯麟译,第 32 页。

〔43〕〔法〕福柯:《知识考古学》,谢强等译,第 17—18 页。

〔44〕同上书,第 21 页。

〔45〕同上书,第 22 页。福柯这种自问自答的方式显然模仿了由布朗肖发明的自我
采访的文体。

第七章　塑形：从认识型到话语事件场的转变

在《认知考古学》一书中，青年福柯先前用以把握历史的关键性塑形范式稍稍发生了改变，在《词与物》一书中充当断裂性认知模式的认识型（*épistémè*）被弱化了，现在新出现的考古对象变成了以话语运动为构序内容的**话语场**（*le champ du discours*）。青年福柯所关注的非连续性，也不再仅仅是词对物的构序式强暴和结构性断裂，在主体统治中出场的词本身被消解了，它的背后，被揭示出一个看不见的当下建构和解构的话语运行场。这个话语实践，在实体存在的意义中，恰恰是以不在场的出场方式存在的。正是这个话语实践，同时塑形了社会存在中的客体与主体，并生成全新的社会生活中的策略性统治。这才是青年福柯认知考古学的真正反思对象。也由此，福柯思想构境中的唯心主义观念论最终退出了学术话语平台。

一、话语场：当下发生的话语建构活动

青年福柯宣称，自己在历史研究中引入"非连续性（discontinuité）、断裂（rupture）、界限（seuil）、极限（limite）、系列（série）、转换（transformation）"等概念的做法，并不是一个历史观察的程序问题，而是一场深刻的**方法论意义**上的"理论问题（problèmes théoriques）"中的格式塔革命。[1] 相比于自己的老师们，福柯这里的方法论变革是完全自觉的。从其根本上看，这场理论变革旨在彻底否定历史研究中存在着的各种**连续性**的主题。青年福柯一针见血地指控道，过往的历史研究中常用的"传统"、"影响"、"发展"、"演进"等概念，都是一些为了在历史史料的无形塑形分析中"把一系列分散的事件重

新组合起来,把它们同唯一的和同一的组织原则(Principe organisateur)联系起来"的座架工具[2]——这正是连续性总体历史构序的秘密。譬如,在思想史或文化史的研究中,人们通常会以"精神"(esprit)和"心态"(mentalité)这样的概念(有如黑格尔的绝对精神和韦伯的文化心态),在"某个同时的或连续的现象之间建立某种意义同一体",从而建构起一个完整的思想流变进程。对传统历史研究中类似的做法,青年福柯都是坚决拒斥的。但值得特别留心的是,与《词与物》一书略显不同,福柯在这里并未提及自然存在的构序与自然史的被生产问题。对此,我的观点是,福柯提醒我们注意到总体历史观的微观建构,意识到那些习以为常的思维惯性中的隐性概念机制,这些都是有意义的警醒。但我们面对历史,不可能不使用他所简单地否定的上述概念,反讽的是,他如何说明自己所身处之中的法国认识论传统? 老师康吉莱姆对他的影响? 以及他装模作样地所声称的自己对尼采谱系学的**发展**? 我觉得,当福柯一类激进思想家反身抽掉自己登上学术云端的梯子时,他们并没有想好自己怎么从空中下来。

我注意到,青年福柯这里选择了从文化思想史的角度着手生成他的独特思考构境。他说,因为传统文化思想史的研究总是以某些伟大的思想家、文学家和科学家个人以及他们留下的**可见的**物性书籍、作品为主要分析对象的,故而,我们似乎就可以轻而易举地建立起一种以实体文本生成或面世的先后时序为线索的连续性发展进程。这可能的确是我们所熟悉的种种哲学史、文学史和科学史研究中频繁出现的基本情形。对此,青年福柯的追问发人深省:那些我们借以建构这种连续性文化史的书籍的可见"物质组元"(Unité matérielle),真的那么重要吗? 一部诗选,一部古典残本,一部天主教的祈祷书——究竟是它们的**物性实存**("物质组元")重要,还是它们作为物性实体所承载的那些曾经**突现式在场**构境的并不可见的**话语组元**(*l'unité discursive*)更重要? 请各位读者注意,这是福柯第一次明确以不可见的**话语**(*discours*)替代可见的词(*mot*)和语言。福柯在法文第二版的《临床医学的诞生》中将多处原来使用"语言"的地方,通通换成了 discours。显然,这个话语已经远远超出了先前语言学语境中的配置。他在此文本中 427 次使用 discours 一词。这显然是福柯此书中最重要的高频关键词。可是,青年福柯在这里并未直接解释自己所指的话语是什么,不过,他阐释性式地给出了一种物性文本组元无法涵盖的特殊的所谓**话语关系束**(*faisceau de rapports*)：在司汤达的小说和陀思妥耶夫斯基的小说里，在《人间喜剧》与《尤利西斯》之间，除掉自身可见的词语文本，这些作品还都被"置于一个参照其他书籍、其他文本和其他句子的系统中"。依我的理解，更深一些去推断，还应该包括那个甚至连文本都没有留下的雅克·马丁，他的重要思想在阿尔都塞和福柯思想构境中的**隐性寄居式在场**；那个没有被福柯加上引号的马克思的**影子话语**。在此书中，福柯 129 次使用 rapport 一词，三次使用 faisceau de rapport 词组。福柯此间的表述，显然受到老师阿尔都塞的文本解读理路中内含的深度理论问题式的逻辑影响，同时暗合了克莉斯多娃—罗兰·巴特的那个新的"互文性"。与可见的文字相比，这些相互参照的话语关系系统是无法直接看到的。青年福柯指认，这些看不见的参照系统，有时并不直接出现在文献援引和参考书目中，它们是某种渗透在思想血液中的东西，用他的话来描述，就是一个与其他文本**相互参照**的非物性的话语**关系束**。这显然是对话语概念的一种新的构境意向。

青年福柯断言，在原创性的意义上看，被我们视为同质物的所有文本其实都"不能自我表白，它只能建立在一种话语的复杂场境(champ complexe de discours)之上"[3]。我注意到，福柯在此文本中 160 次使用 champ 一词，远远超出他在《词与物》一书中的频次。这说明 champ 在福柯此时的思想构境中的重要地位。据马舍雷的辨识，康吉莱姆最早在科学史研究中说明**场**(*champ*)的方法论观念的重要性，并讨论过"技术场、想象场、科学场之间或科学场与非科学场——比如实践的、技术的或意识形态的非科学场——之间的交涉"[4]。还应该指出，福柯此处使用的这个**话语场**(*champ de discours*)极为重要！我以为，超出作者的微观层面，它将取代福柯在《词与物》一书中起关键作用的那个**认识型**！多斯和哈贝马斯关于"福柯在《认知考古学》一书中放弃了认识型的概念"[5]的判断是不准确的，其实，福柯在该书里只是弱化了认识型概念的作用。书中，福柯仍然 14 次使用 épistémè 一词。这让我们联想到福柯在《什么是作者？》那个演讲中的相近观点，如果那里是在讨论主体性的作者在言说和写作中的消失，那么这里则进一步推进到文本的非**主体性**了，文本的自为性在于它背后的**构境式**的话语场。这也说明我们在前面的附文中对《什么是作者？》演讲的定位是基本准确的，那个演讲正是此书此处的深刻构境式转换的预热。

那么，究竟什么是青年福柯所指认的这个新的话语场呢？此处，青年福柯对从不同作者主体的文本间的互文关系转向作者与自己作品的微观关系做了进一步的讨论。他指出，在传统的文本解释史中，人们总在假设作者与自己的文本是同一的。文本等于作者，词语等于真实，因而当我们说自己在阅读和解读一个文本，那就是说我们在从文本中寻找固化其中的作者有意图呈现的**原初客观语境**。事实上，这也是全部传统史学的出发点。在《回到列宁》一书中，我曾经说过，这也是现代性哲学解释学的出发点。[6]而青年福柯恰恰是从传统历史研究和文本解读中的这一**自明性**观点出发，开始追问并进而解构。他说，当作者以一个名字的名义写下一个作品时，这个文本表面看起来自然就是由词语组合而成的简单物性组元，因而，在我们不假思索之下的念头中，顺理成章地就会认定它必然是一部**与作者真实意图相同质的作品**。可是，青年福柯诡异地发问了：一个作者——他以真名发表的作品、他以笔名发表的作品，再与"他死后发现的草稿，或者只是一些乱涂的东西，一个笔记本，一张'纸'"，都是同质的吗？既如此，那他为什么要用笔名呢？那些正式发表的文本与手稿、笔记，与作者在某张小纸片上随手涂写的东西会是完全同质的吗？青年福柯继续追问：当我们着手编一部某个思想家或文学家的全集，通常只会收入那些已完成的作品，可是"是否应该包括书籍所有的诸如草稿、原始意图、改动和删除的东西？是否还应该加上已放弃的方案"呢？[7]实际上，这张菜单里还应该加上该思想家或作家曾经写下但未能正式发表的信件、谈话和讲课笔记。此处的思考点，我们在之前讨论过的《什么是作者？》一文中其实已经遭遇到。同时，我觉得，福柯这个观点与我在《回到马克思》一书中对马克思三种文本的异质性界划是异曲同工的，只不过在马克思名下还没有出现上课笔记之类的文本。青年福柯指认道，倘若我们能真实地面对实际存在于思想家和作家文本中的这些完全不同的东西，就会发现自己其实是遭遇了"一大堆杂乱的词语，彼此相交错节，各操各自言语"，并找不到在作者**故意让我们看见**的正式发表的文本中可见的"物质组元"那里呈现出的那种简单相同的同质性。以尼采为例，在青年尼采的自传、学校论文、信件、《查拉图斯特拉如是说》，以及"那些无数记载了洗衣店账单和格言的小本本"之间，上述同质性连续体根本无从建构。故而,仅以一些显见的文本物性组元是根本不可能解释同一个作者名下不同文本之间的深层关系的。其实,老实巴交的福柯根本不会想到,换一个像海德格尔那样的"老狐狸",还可能出现故意生产出表演性文本、表现性文本、秘密文本与现身性文本的情况。在这些**主观视位**中出现的不同文本中,作者的真实思想才会更是**延异(德里达)出场**的。[8]

青年福柯断言,无论是由作者指认出的直接外部文献关系,还是作者写下的作品之间的内部呼应关联,都不可能是现成给予的物性组元的物性实存,真正能构成作品本质的那些事件,是存在于文本之中,由**无形的话语实践**不断突现式地发生着的——简言之,是"由一种操作建构(constituée par une opération)"的**场境存在**[9]——此即为非物性的**运行着的话语场**。我注意到,霍奈特在德语中用"Handlungsgeschen"(行动事件)和"Aktionszusammenhang"(行动关联与境)来表征福柯的思想构境,这是转译中的深刻对接。[10]然而,当霍奈特具体解读福柯的《认知考古学》时,他却又将福柯简单地拖回到所谓"语言学结构主义"的表层构境中。当他指证福柯的《认知考古学》的主旨是"符号学的起源",其思考焦点是所谓"语言的文字构成的独立的秩序"时,他是重新落入福柯已经跃出的语言学结构主义陷阱的。霍奈特故作深刻地分析说,福柯已经意识到:"我们仅仅是在一个由有序的范畴排列起来的世界的语义学的框架内,不断对自己和世界进行有意义的体验。但这种语言的秩序并不是主体含义赋予的活动的产物,而是符号成分自身相互之间随机排列的结果。……人的意向在一定程度上是用间离于它的一种无名的符号系统的语言拟就的。"[11]霍奈特强调福柯的"无主体"性时,他是深刻的,可是当他将这种无主体性视作语言符号系统的偶然构序时,恰恰证明其还没有进行到那个福柯已经异轨到非语言系统的话语场的更深构境层中。特别是当他坚持认为福柯的话语不过是"由符号代表的知识的现象领域出现的语言单位"[12]时,这种逻辑轻浮达到了可怕的程度。

在青年福柯看来,正是这些看不见的话语场运行建构着一个作品或文本生成时的内在**有序性**,也建构了文本被解读的过程中凸显出来的**理解构境**。那么,文本存在的根本就不是存在于文字词语中的理念和概念,而是概念**没有死亡时**的当下话语构序,之后的文本解读也就不再是复现概念固定的原义,而是重新激活那个**已经消失**的话语构序和构境场。这其实是一件比现代性解释学构境更难得多的事情。笔锋至此,我们遭遇的就是青年福柯自己真正的原创了。青年福柯在此想要厘清的是:**正是由当下操作和运演中的话语场,建构出一种看不见的、无法同一的、相互断裂的文本质性和特殊言说边界的思想构境**。这是前人未能窥见的话语存在中的构序—构境秘密。在其师阿尔都塞的一个思想家的问题式——理论问题生产方式的启发下,青年福柯在《词与物》中生成了巨大文化尺度上的认识型;而到了这里,当他回到微观的文本情境中时,又引入了比阿尔都塞那种隐性理论构架更加功能化的**话语场**。

当然,青年福柯从物质组元的文本实在中指认出看不见的话语场的行动,并非是要重新坠入本质主义的泥坑,为此他必定还得再筑一道新的防火墙。所以,青年福柯继续在已经进入的话语研究领域中进一步证伪了两种**更隐秘的话语连续性**:一是假设一个话语构序(l'ordre du discours)中存在一个"秘密的起源"(origine secrète),这个起源本身可能就是一个空无(vide)。构序不是原初的起源,它只是话语的运作场境,所以它是实存意义上的无,它不可能被重新完全复现,只会**重构**。二是假设每一个"显性话语"(tout dscours manifeste)都秘密地建立在一个"从未说过的东西"之上,"显性话语只能是它没有说出的东西的逼近出场;而这个没有说出的东西(non-dit)又是从内部消蚀所有已说出的东西的空洞"[13]。那个未说出并支配显性话语的东西就是逻辑本质,对此,青年福柯要彻底地否定一切起源论,哪怕它打着看不见的话语实践的旗号,并且他也拒绝所谓在显性话语背后存在的支配性的隐性话语之说。这些,都是在更深一层地消除话语研究中存在的逻辑连续性强制。突现的话语场只是**它自己**,而不是任何他者的表现和显现。青年福柯希图彻底排除那些导致话语连续性的"不出场(absence)游戏中的神秘出场(secrète présence)"[14]。但有趣的是,反对本质主义语境中的不在场的福柯,在另一个学术构境层,他却又是以沉默考古学和谱系学力图捕捉历史黑暗中的**不在场之物**的好手。

青年福柯迫切想厘清的真相在于,他所指认的话语场并非某种存在于话语背后的基础性本质或者连续性的同质构架,而就是**当下发生的话语建构活动**。我能感觉到,这一点,也是福柯试图超越自己不久前还在使用的结构性的认识型的探索之举。在那里,福柯勾勒出西方文化中不同时期的认识型，指认它们先后表现为"相似性图景"、"表象世界图景"和现代性世界图景。

二、话语事件场：社会的客体—主体塑形

青年福柯说，一旦证伪了这些明显的同质性和隐秘的话语连续性，我们就将面对一个新的在当下建构起来的话语场境领域："它是由实际的言说（énoncés effectifs，口头和书面的）的整体在它们散落和在各自所特有的层次上构成的。"[15]这就是话语场的当下**发生**和构成。此时的青年福柯要我们关注的，是实际发生的各种更微细的**话语事件**（événements discursifs），他随即就进一步将这种关注的焦点指认为**突现式**发生的**话语事件场**（Le champ des événements discursifs）。福柯 6 次使用这个 événements discursifs 词组。青年福柯说，所谓突现式的话语事件场分析，与传统**总体**思想史（l'histoire de la pensée）研究正好是对立的。我们或者也可以说，话语事件场也是福柯用以具体解构总体历史观的微观举措。

在青年福柯看来，

> 在思想史中，人们同样只能在话语的某个确定总体（ensemble défini）上重建思想的系统。但是人们以这样的方式研究这个总体，以至于试图在言说本身以外重新找到说话主体（sujet parlant）的意图，他的有意识的流动，他想要讲的话，或者还有他情不自禁地在他所说的东西中，或者在他公开表露的话语的几乎察觉不到的缝隙中流露出来的那种无意识游戏。[16]

福柯认为，传统思想史的分析总是有**喻意**（allégorique）的，它自始至终在寻找话语中某种控制言说的连续的支配性的**逻各斯**（比如柏拉图的理念、神学中的上帝、黑格尔的绝对观念），似乎文化史、思想史就是一种理性主体（思想家、文本作者或艺术家等创作主体）的意图的连续发生和发展，虽然它有时亦偶然地表现为非理性，并且无意识地呈现出对总体性的偏离。与此

相反,话语事件场的分析恰恰是朝向另一方向的思考理路,它从根本上摆脱了那种显性或隐性的连续性的总体逻辑预设,而"就是要在言说事件的狭窄性和特殊性(l'étroitesse et la singularité de son événement)中把握言说;确定它的生存状况(conditions de son existence),尽可能准确地确定它的极限,建立它与其他与它发生关联的言说的对应关系"[17]。这也就是说,话语场分析,不再在显性的言说之后寻找支配性话语的"悄悄絮语"(如黑格尔历史研究中的"理性的狡计"和"马背上的绝对精神"),而就是直接说明这一话语本身的**特定性**:它就是它自己!话语事件场分析中要追问的主题是:它为什么是当下的它,而不是别的什么本质的外部表现或目的性实现?

首先,在青年福柯看来,话语的核心不是一种连续的语言系统,而是一个言说事件的**突现式**场境发生。这是福柯对原有处于语言学构境话语理论的突破。话语言说**事件**(événements)发生于写作和语句生成的瞬间构境之中,它总是在"手稿、书籍以及任何形式记录的物质性中,为自己开辟一个暂时的存在(existence rémanente)"[18]。话语事件不是词语、图表和符号等被记载下来的物性存在(斯蒂格勒所说的"第三持留"),它只是由作者在文本或作品的物质组元中建构出的一个暂时的场境存在。当作者不思时,这个暂时的场境存在即刻消失,在所有关于话语发生的物性记载物(文本和视听记录)中,**这个场境是不存在的**。只有当新的读者和听者重新激活这一"文献"时,才会重构话语事件场境,而这个被重新复构的场境并不简单是原先那个场境的复活。原先的那个 existence rémanente 是**不可能完全重现**的。这一点,是斯蒂格勒并没有想到的。在我与他的当面交流中,甚至他意识不到福柯已经达及的这一构境层。更有甚者,言说事件其实总是独一无二的,它不是某种固定的逻辑本质的表现,只是会"出现在重复、转换和再活化的(à la répétition, à la transformation, à la réactivation)过程中"[19]。这个福柯从医学中移植来的**再活化**概念十分有趣。我想,它应该是指作者自己对自己写下的作品的重新面对和解读者阅读时的重新构境。我曾经描述过我在进入我自己写下的文本时真实发生的异己感。既如此,那么任何读者在重新面对文本和作品时,真正要捕捉的东西就不是那些物性的词语和显性意义了,而应该致力于**复构**那个曾经在场的话语场境。如果真是这样,面对文本这件事情就复杂得多了。我还是要说,构境论比现代性的解释学显然要深刻得多。

其次，青年福柯格外认真地提醒我们，切切不能把言说话语事件放置到主体手中（胡塞尔—海德格尔讨论的那种"现成在手"），比如通常的思想史研究中常出现的所谓"作者的意图，他的思维形式，他的思维的严密性，萦绕在作者头脑中的诸主题，贯穿他一生的并赋予其意义的计划"[20]。这是他反对思想史目的论构式的具体举措。依青年福柯的观点，言说事件是通过非目的论的分布联结起来的，而不能通过将理性推论总体化成一个逻各斯的分有存在来实现，实际上，话语事件只有自己"散落的系统"（*systèmes de dispersion*）[21]。换而言之，话语言说事件只是在自身的活动"有序、对应关系、位置、功能和转换"中生成的话语的塑形（*formation disursive*）。[22]福柯在此书中 181 次使用 formation 一词。这显然是此书中的高频关键词。我注意到，福柯的老师之一巴什拉在 1938 年，就著有《科学精神的塑形》一书。[23]前面我已提到，塑形概念缘起于亚里士多德的《形而上学》（古希腊语中的 plastikos），包括后来德文中的 Ausformung（赋形）、Formgebung（塑形）、Gestalt（格式塔构式）等这样一些概念及其相关规定在黑格尔、马克思、胡塞尔和海德格尔的哲学中也都有极重要的地位，但也始终没有得到应有的关注。在黑格尔和马克思那里，塑形往往意指劳动对事物的塑形；在胡塞尔和海德格尔笔下，则多指观念塑形；到了福柯这里，则将其推进到更加无影无形的话语塑形。

我推断，至少在法国当代哲学思想界中，特定构境层中的话语塑形算是青年福柯的一个新发明，因为它已经不是那种诸如他的老师阿尔都塞所使用的"科学"与"意识形态"，或者"理论"与"客观性范畴"之类的宏大叙事逻辑了，甚至也区别于他自己原先使用的认识型中那种结构化总体支配。福柯此时的话语塑形，指的已然是一种言说活动中当下的赋形建构。在青年福柯笔下，话语的塑形有自己的规则，它的"塑形规则（*règles de formation*）是在一定话语分布（répartition discursive）中的存在状况（也是它们共存、保持、变化和消失的状况）"[24]。这个 répartition，将在以后福柯的权力话语批判中起到重要的作用。话语塑形指向的不是一个凝固化的刚性结构，而是在话语实践中的"布展的系统"（*systèmes de dispersion*）中当下建构和解构的动态功能情境。这是一个可以深化下去的思考线索。比如，在青年马克思写下的复调式文本《1844 年经济学哲学手稿》中，他的话语实践可以分作三重构境：一是他主观意图中的哲学唯物主义观念和政治立场上的共产主义，这是表面看上去发生的**刚性观念结构**；二是他此时批判资产阶级商品雇佣体制的人本学劳动异化逻辑，由于这种异化逻辑的**起源**是价值悬设中的本真类本质——理想化的劳动，并由此推断扬弃异化后共产主义的**目的论复归**，所以，在方法论构境层中马克思话语布展恰恰是由隐性唯心史观**无意识塑形**的；三是当马克思接近经济学的具体情境时，他不自觉地生成从现实历史出发的全新话语塑形方式，最终导致同一文本中的复调话语交织。[25]

由此，福柯从话语塑形的讨论引出另外两个重要的问题，即话语操作中的**客体与主体的塑形**（*formation des objets et sujet*）。其实，这也是传统哲学理解中的客体与主体二元模式在话语实践中的解构：客体与主体都只不过是话语塑形的**临时构境物**罢了。不过，我推测福柯此处所指认的客体与主体主要是指社会生活中的对象事件和主体存在状态，此书中，他很少提及自然对象。

首先，青年福柯所谓的客体塑形是什么呢？青年福柯举的例子仍然是他最熟悉的疯子被社会塑形的故事。疯子并不是一种实体的物性存在，或者说并不真的存在一个生理和自然存在意义上的疯人。疯子，恰恰是由一种话语塑形建构出来的特殊社会客体。疯子的**不正常**，是对应于**正常人**的标准而言；疯子的疯癫，是对应于**被规训化了的**生活而言的；疯子这个特殊的对象性客体之所以存在，恰恰是在心理健康操作中"精神病话语场"对人们进行清查、分类、命名和选择的结果，并且，在这些暴力性的话语塑形过程发生之后，它们还会被"伪装成词和句子"[26]。像什么事情都没有发生一样，一切犯罪痕迹都被清除干净。在青年福柯看来，社会生活中存在的话语对象，多半是复杂话语关系布展的产物。这个话语关系以后会被指认为权力关系。于是，过去我们在马克思那里看到的各种经济关系和社会关系，到了青年福柯笔下统统成了话语关系，正是这些话语关系在自己的隐性暴力布展中塑形和建构了**社会客体**。与此相接近的，还有波伏娃[27]的女性话语塑形——女人不是天生的自然属性，而是父权制下由文化塑形建构起来的**第二性**。用青年福柯的话来说，就是"客体存在于某个复杂的关系束（Faisceau complexe de rapports）的积极状况中"[28]。这里的 Faisceau 指的不是一束鲜花中的捆束,这个概念更接近于光学传播中那种由无数光子相互吸引和碰撞而生成的光束。这是福柯话语理论革新中很深的构境层。

我以为,对这个话语的**关系束**应当给予特别的强调和关注,因为它应该就是对象塑形的本质。在一定的意义上,这正是马克思所说的那个"社会关系的总和"的一种特殊的观念性映照。需要指出,其实真正塑形和构式社会存在中的客体对象的并非仅仅是话语塑形,更重要的现实基础应该是经济和政治等更重要的社会关系塑形,有如渗透到生活每一个微小细节中的商品—市场关系(金钱王国),话语塑形只是这些社会关系的一种话语呈现方式而已。这是福柯此时并没有深入下去的构境层。不过,在他不久之后开始的资产阶级当代生命政治权力治安研究中,这些重要的方面都被认真地思考了。青年福柯进一步说明道,话语关系束并不是指某种在话语运行中将概念或词语连贯起来的凝固化结构,"它们确定着话语为了能够言及这样或那样的对象,能够探讨它们,确定、分析、分类、解释它们应该构成的关系束"[29]。正是在话语事件场中,一种话语塑形的关系束分类、命名、建构了特定的客体存在,这种关系已经不是话语使用的语言,而是"作为话语本身的实践(pratique)"![30]这个**实践**的说法十分深刻。我注意到,波斯特指认了福柯思想中的这一重要转变,他说,这里,"在《词与物》(1966 年)中对语言及其自律性的结构主义关注处于突出地位,现在它让位于'话语/实践'范畴"。*这是对的,可是他对"话语/实践"本身的解读却是完全错误的。**关于福柯说明的这一点,多斯的两点评论也值得我们注意:一是他说,"《认知考古学》的主要创新恰恰在于,它考察了实践。它对实践的考察始于话语实践这一概念。这个重要的创新允许福柯改变结构的范式,所以它才能超越单一的话语领域,使它与马克思主义更为亲切"[31]。这有一定的道理。二是他认为,当福柯在《认知考古学》一书中"用'话语实践'取代了'认识型'时,他甚至走向了唯物主义"[32]。其实,在 1980 年福柯自己写下的《哲学

---

* [美]波斯特:《福柯、马克思主义与历史》,张金鹏等译,南京大学出版社 2015 年版,第 9 页。——本书作者第二版注

** 依波斯特的解释,福柯提出的"话语/实践"的重心在于去除了劳动的"信息操作"的话语,并由此去论证波斯特用信息方式反对历史唯物主义的生产方式范畴的理论意向。这是非常荒唐的故意曲解。[美]波斯特:《福柯、马克思主义与历史》,张金鹏等译,南京大学出版社 2015 年版,第 43—44 页。——本书作者第二版注

辞典》的"福柯"词条中,他就将实践分析法上升为自己的一个重要的方法论。依然用对待所谓疯子的态度来举例的话,人们可以从关于疯子的观念和知识生成的标准去判断和研究疯子,而他自己则是以"不同的方式接近事物"(aborde les choses tout autrement)的态度去面对——这就是**实践的方式**。在福柯看来,"这种'实践',应当被理解为一种怎样行动和思考的方式(comme mode d'agir et de penser),它为主体和客体的相关建构(constitution corrélative)提供了可理解的钥匙(clef d'intelligibilité)"[33]。可见,对于实践方式,福柯是相当自觉的。在霍奈特那里,他也注意到了福柯的话语实践概念,但他竟然指认,福柯的"实践概念与阿尔都塞的一样,是把萨特的实践概念重新解释原来的那种结构主义思维框架的结果"[34]。这显然是不对的。当然,福柯这里的话语实践并不等于马克思实践唯物主义思想中的变革现实的物质实践,而是一种走向现实的观念性的塑形作用。

在青年福柯看来,话语实践是一种话语运行的场域存在,即话语对象"塑形和解构,出现与消失"的"重叠交织又空白(superposée et lacunaire)"的场所。[35]这个话语实践很深地链接到福柯未来将进入的生命政治权力布展理论。不过,在这里福柯并没有直接说明这个话语实践。按布朗肖的解释,"话语实践是不会供认实情的见证人,因为除了已经说的之外它没有什么可说的了"[36]。在传统的思想研究论域中,话语实践倒是实体存在意义上的**空无**。

也由此,青年福柯宣称,我们应该解构那些被视作持久不变的**实体性的**社会客体,甚至我们应该彻底放弃"物"(choses),"让我们用只显示在话语之中的对象的有规则的塑形来代替话语前'物'的神秘的宝藏(trésor énigmatique des choses)"[37]。**用塑形来取代物**,这是一个明确的消解实体性社会客体的功能性举措。有意思的问题是,如果社会生活中的这些实体性的对象消失,那么,那个连续性的进步历史观还能存在吗? 回答显然是否定的。实际上,在青年福柯的思想构境中,历史存在已经是一种话语实践塑形对象和事件的历史,所以,"写一部话语对象的历史,不是把这些话语的对象深深地插入到它们共同的来源地,而是要展示支配着它们分散规律性的连结"[38]。也是在这个意义上,福柯自己说,现在《词与物》的相关研究倒成了反讽性的说法了。[39]

　　其次，与凝固化的实体客体一同消失的还有塑形中的话语**主体**。这显然不是一个新问题了。因为，在非连续性的话语实践中，"谁在说话？（qui parle?）"真成了问题。这个问句，在不久之后题为"话语的构序"（1970）的演讲中得到了深化。此处青年福柯举的例子是自己曾经的身份角色——医生。医生是一个主体吗？他说话，他提问，他记录，他诊断，所以他仿佛应该是医疗过程的主体。可是，细细推敲之下我们即会发现，医生其实是由特定的医学话语关系束（内科、外科、妇科和儿科等）建构而成的。倘或允许再放大一点的话，整个资产阶级时代的医学话语，恰恰就是同时代的整个自然科学的话语场决定的。这是福柯在《临床医学的诞生》一书中想清楚的事情。所以，

> 主体的位置（positions du sujet）也同样是由它相对于对象的各种不同范围或群体所占据的处境所确定：从某种明显或不明显的提问界限来看，它是提问的主体；从某种信息的序列来看，它是听的主体；而从典型特征的一览表来看，则是看的主体；从描述典型看，它是记录的主体。[40]

　　青年福柯指认道，那些决定了西方17—18世纪资本主义古典时期建构医生主体的所有话语实践（原来在《词与物》中是"认识型"），在现代性开始之后将会被完全改变："在19世纪初，医学话语的主体可能拥有的各种处境已经得到重新确定，这种重新确定是随着一个完全不同的感知场的组成而完成的。"[41]这是福柯在向格式塔心理学致敬，医学感知场决定于不同的医学话语实践，19世纪资产阶级医学话语实践的改变必然导致医生（主体）会在一种全新的话语实践中被异质性地塑形。所以，以青年福柯之见，主体绝不是实体性的永久物，而恰恰是在不同的话语实践中被当下塑形的。真正发生的事件其实始终是**话语在说我**。我，不过是话语塑形中暂时生成的**伪主体**。与话语客体一样，这个被话语实践塑形建构起来的主体，"既不'认识'，也不是'知识'"[42]，而只是当下"塑形和解构，出现与消失"的话语主体。是的，这正是福柯那个作者和主体不在场、"人之死亡"的内在根据。也是在这里，我们可以看到拉康哲学中那个伪自我—伪主体论的影响。并且，

福柯的这一观点与阿尔都塞的**意识形态质询**(*l'idéologie interpelle*)**主体说**[43]处于相互影响的复杂关系之中。在后来 1973 年《惩罚的社会》的演讲课程中,福柯曾经再一次回到这个构境中,那时他已经将其上升为话语与个体的权力支配关系了:"话语从头到尾都伴随着个人,这不是由个人掌握的,而是由托管体系内部的权力来掌握。话语与权力的某种状况密不可分,并且与个人在生产机制、认识传输机制中某种错综复杂的事情密不可分。"*

三、作为话语实践的政治策略塑形

如果社会生活中的主体与客体都成了话语实践非连续性的塑形结果,那么,传统社会生活中那种支配和奴役实体性主体和客体的机械般固化的统治体制也将随之土崩瓦解。可是,福柯也并没有挑破这道通常历史研究中从封建专制到西方民主制统治的转换背景,因为这正是他所反对的总体历史研究方式。对此,他的结论是,资产阶级新的社会统治形式将是新的现代性话语实践中的**策略塑形**(*formation des stratégies*)。福柯在此书中 19 次使用 stratégies 一词。策略,某种无形的话语计谋,恰恰也是在实体性社会历史观中无主体的**看不见的暴力**。我判断,这既是青年福柯第一次直接涉入西方民主制社会中政治学研究的领域,也是昭示 1968 年之后他的**生命政治学全新学术构境**即将出场的理论前奏。

青年福柯说,在我们可以看到的那些西方"经济学、医学、语法、生物科学这些话语导致某些概念的组织、对象的聚合(regroupements d'objets)、类型的出现(types d'énonciation),它们又根据自身的一致性、严密性和稳定性的程度构成一些主题或理论"[44]。根据福柯在《词与物》一书中写下的论述,我们知道这是喻指 19 世纪的资本主义现代性社会中的话语实践。而且,并没有什么具体的**肉身统治者有意图**制造了这些科学。按照青年福柯的观

---

* [法]福柯:《惩罚的社会》,陈雪杰译,上海人民出版社 2016 年版,第 191 页。——本书作者第二版注

点,话语实践塑形了客体与主体,同时,话语实践也塑形了一种全新的对这些当下塑形和解构话语事件的支配方式——这就是话语实践中发生的**隐性策略塑形**。如果说,话语事件场是对认识型本身的替代,那么此处的话语塑形策略则是对认识型**规制作用**的替代。就在此间,青年福柯突然回到了自己在《词与物》一书中指认由古典认识型规制下的18世纪西方资本主义社会生活。福柯这里所指认的话语策略例证,是18世纪的语法中"可辨识的记忆主题",在时间展示自然连续性并且解释生物分类表上现存空白的主题,以及"在重农主义那里,则是多从农业生产出发的财产流通理论"[45]。我们知道,以上三者正是青年福柯所指认的资产阶级古典认识型中的三个主要方面,只不过现如今它们已不再是**词对物**的一般认识型烙印,而是被视作资产阶级社会统治的构序性话语布展**策略**!显然,福柯政治学研究中的另一个新动向是,政治并非只发生在政治实践领域,而恰恰生成于那些看起来仿佛不由政治支配的其他**中性**领域——科学研究、经济关系和言说活动中。在青年福柯看来,现在重要的问题是"要弄清楚这些策略在历史中如何被分配,这是不是连接它们、使之成为不可避免并准确地把它们依次召到各自的位置上、使之成为同一问题的连续结果的必然性"[46]。此时的福柯已经认识到,在人们通常的认识中,出现在语言、科学和经济活动中的这些策略并不被直接视作政治统治,可它们恰恰正是无形的**非政治**生活情境中最重要的统治构序策略。以后的福柯还将意识到,对于资产阶级来说,**经济就是最大的政治**!

　　青年福柯承认,策略分析这一主题在自己过去的研究中未被给予足够的关注,因为对这些策略进行细节分析相当困难。所以,在《疯狂史》中,他只是研究了"话语塑形"中建构出来的不正常的疯子;在《临床医学的诞生》中,他的研究重点则是18世纪末和19世纪初的医学话语陈述形式的被改变的方式,且分析偏重于结构、机构设置的场所、话语主体的介入方式(modes d'insertion du sujet discourant)和环境,而不是概念的体系或理论选择的塑形;而到了《词与物》,"研究的基本内容是针对概念的网络(réseaux de concepts)和它们的塑形规律(règles de formation)"[47]。这些研究固然都涉及权力支配问题,但都还未真正上升到社会政治策略研究的高度。而在此,策略问题已经成为他思考构境中的焦点。

　　青年福柯所说的策略研究维度主要包括这样几个方面：一是在社会生活的一切方面"确定话语的可能衍射点（*points de diffraction*）"。衍射是大气物理学的概念，通常指波在传播过程中经过障碍物边缘或孔隙时所发生的传播方向弯曲现象。福柯此处借这个大气物理学的概念来形容在话语实践中，像波的传递一样，话语塑形的布展在受阻后将生成种种不相容性、相等性和分类的联结，从而造成话语布展中的"一些距离、非同一性（non-identités）、不连续性系列（séries discontinues）、空白（lacunes）；它们有时还塑形出话语的次总体（sous-ensembles）"[48]。对通常只局限在人文科学领域内游弋的研究者来讲，福柯这种讨论和解释的构境层必然是难以理解的。不熟悉福柯话语的解读者自然会觉得，他这些话几乎就是一些思辨的胡扯。我想，青年福柯的言下之意可能在于，相对于传统的可见可感的直接专制统治权力而言，话语策略塑形恰恰是通过不可直观的衍射的方式来实现自身的布展的，尤其是，这种布展越受阻碍越会通过**弯曲和变形**实现传播。比如后来福柯在《性史》一书中的观点，对性的禁忌，反而使其得以实现更深更广的传播。我觉得，福柯在这里的发现是重要的，以后他还会进一步发现，资产阶级政治统治不再是传统专制的直达性暴力，而恰恰是在**允许抵抗**的空间中进一步布展。由此，福柯将批判之剑直指资产阶级政治话语策略的心脏。

　　二是对"话语所属的**话语群的经济**（*l'économie de la conatellation discursive*）进行探讨"。又是一个吓人的新名词。以阿甘本后来在《王国与荣耀》（2007）一书中的解释，福柯此处使用的 économie 一词不能解释为通常现代性中的经济，而是一种特设性的神学**安济**。[49]可是，我不赞成阿甘本的过度诠释。在福柯看来，

　　　　一个话语的塑形不能完全占据它的对象、陈述、概念等诸种系列有权利提供的一切可能的空间，它基本上是空白的（lacunaire），而这个空白是由话语的策略选择（choix stratégiques）的塑形系统（système de formation）造成。[50]

　　在自身的布展中，话语策略塑形常常故意留有无控制的**权力空白**，或者

说,没有压迫、没有控制的空白甚至是支配的另一种方式。比如允许你在街上游行,允许你公开批评政府——这些看似权力不在场的空白正是资产阶级政治话语策略塑形的实现。我们在白宫前的草地上永远可以看到抗议的帐篷,在许多欧洲的政府门前始终存在着反对者的标牌,这是一种对西方民主的外部注释。剖析到更深处,这也是资产阶级商品—市场经济自发—自然构序的本质。

三是对"话语在**某一非话语实践场**(*champ de pratiques non discursives*)中应行使的功能"[51]的关注。据马舍雷的考证,这个实践场概念出自康吉莱姆的科学史研究。在我想来,这个青年福柯并未直接说明的**非话语实践**的构境论解读可有两个可能的构境面:一个可能是指在直接的主导性话语塑形之外的其他话语活动。之所以这么说,盖因青年福柯此处列举的东西都是些在特定时期中并不占主导地位的话语,如16世纪时,经济的话语从来就不是共同的话语,但它也与文学话语、医学话语一同发生作用。[52]二是,有可能是指并非话语实践的现实社会实践,但这恰恰又是青年福柯没能深究的方面。也难怪当时的法国马克思主义者们将福柯在《认知考古学》中表现出的对唯物主义的亲切形容为"半截子"的热情,因为每当涉及话语实践与现实的社会关系,青年福柯的思路中就会出现理论盲点,"一旦在连接意识形态与生产关系时出现了难以克服的困难,福柯就默默地走开了"[53]。依我的判断,此时是福柯思想转变的复杂过渡期,从话语实践到真实的社会革命实践的这一步,福柯是在之后的《规训与惩罚》一书中才跨出的。

青年福柯告诉我们,话语实践的策略主要通过不可见的**塑形系统**(*système de formation*)发生作用。首先,这个所谓的塑形系统不仅是指不同话语的"并列、共存或者相互影响",更主要的是指在话语实践中以"确定的形式(forme bien déterminée)"建构起来的话语关系。他特别强调道,"策略的选择并不直接从属于这样或那样的说话主体的世界观或者首要利益中产生"[54]。换句话说,策略并不是哪个具体主体(资本家或资产阶级政客)的**故意**之举,因为主体本身也只不过是话语塑形的突现建构结果,所以自然也就根本不存在什么固定的主体性的世界观和利益。由此,我们说策略是话语塑形关系系统中的客观布展,并且,它恰恰生成于不同话语运作的**分歧点**中。如果将此处的福柯之思转换到马克思的语境中去,不难发现其间一个同构性:资本关系的支配与统治并不是哪一个资本家的**主观故意**,而恰恰是资本主义生产方式本身构式的结果,具体而言,资本的空间流动和内部的有机构成都不是主体性的意图,而只是资本关系在市场中的客观布展。那一众可见的有肉身的资本家,亦不过是"资本关系的人格化"的结果——经济动物罢了。

其次,"这些塑形的系统不应被看作是一些由外界强加给话语的,并且可以一劳永逸地确定其特征和可能性的固定整体和静止塑形"[55]。与上一论点相关,作为统治策略生成的塑形系统不是神的意志或某个资本家从外部强加给我们的东西,而是一张在动态社会生活中自我生成的"复杂关系网络",然而,它却制约着话语事件的系统与其他事件、转换、变化和过程的系统连接原则和"沟通模式"。在青年福柯看来,甚至"这根本不是源于人类思维或者它们的表现手段的束缚;也不是在机构,或者经济层面上形成的规定性被迫出现在话语的表层上"[56]。塑形系统的活动性表现在建构起关系的各成分的层次上发生着作用,与此同时,话语实践反过来也在改变这些关系。

显而易见,在青年福柯此处的讨论中,政治话语塑形一类的思考都还只是一种抽象的东西,一切具体的规定性都得到之后的生命政治研究中,才会真正充分展开和完善。

四、作为话语原子的陈述

对自己发明这一套诸如话语塑形之类的新想法,青年福柯显然十分得意。他宣称,将来,像书籍、作品那样可见的实体物将被束之高阁,换句话说,作为传统解释学研究对象的**文本**将消失,**解释学**本身从而就失去自身的合法性存在,而我们也将不得不从方法论变革的向度上,直接面对话语塑形这样的建构性事件场。哈贝马斯注意到了福柯这一"告别解释学"的举动,他发现,福柯的新历史研究方法"不是利用理解,而是利用解构和消除效果历史的语境"[57]。在这一点上,哈贝马斯是敏锐的。

我们不难导出如下的结论,即只有**非解释学的考古学**才能面对这种非文本的话语事件场。由此,青年福柯特别强调说,这里的"话语的建构规律(lois de construction)即形式构造(l'organisation formelle)"和"主体的构境(situation du sujet),即标志这一构境的语境和心理核(le contexte et le noyau psychologique)",都不是对所谓**先天知识**(*a priori* d'une connaissance)的审定,而是在"话语的本身探寻它的塑形的规律(règles de sa formation)"[58]。令我吃惊的是,situation 一词在这里的出现正如我所期望的位置。虽然,这个 situation 只是作为话语塑形的结果,而非我的构境论中的更高层面。我们可以直接感觉到,青年福柯这一轮研究方式的转变其实是**对文本解释学的最后超越**,它意味着一种双重消失和改变:一是文本合法性的消失,直接表意的字词文本为更深一层的话语的塑形构造所取代;二是作者合法性的消失,自主写作和言说的主体被突现的主观**构境**状态所取代。这是一个极为重要的指认。关于这一点的具体讨论,我们可以在福柯的《什么是作者?》和下面的《话语的构序》中读到。

接着,青年福柯发出了一个新的追问:如果话语成为我们面对的思考对象,那么,话语本身又是由什么构成的呢? 青年福柯这里的答案是:**陈述**(*énoncés*)。青年福柯在此书中 583 次使用 énoncés 一词。布朗肖说,在法语中,这是一个"名不见经传的称谓"[59]。阿甘本则认为,这个陈述概念是福柯原先那个存在论意义上的"签名"的转型。* 这是一个很深的构境。话语是抽象的,话语活动真正的构成因素是将一种意思形容出来的陈述,确而言之就是**陈述群**(*population d'énoncés*)。注意,这个陈述并不是语言学、逻辑学讨论的某个可见的句式、命题或文本段落,而是某种只有在青年福柯发明的话语塑形分析(l'analyse des formations discursives)中才能捕捉到的空灵之物。

青年福柯指认道,

> 陈述是一个没有表面的点(Point sans surface),但是我们可以在分配形式和集合的特殊形式中测定它。陈述是在它充当构成因素

---

* ［意］阿甘本:《万物的签名》,尉光吉译,中央编译出版社 2017 年版,第 77 页。——本书作者第二版注

(l'élément constituant)的某个组织表层上出现的颗粒(Grain),即话语的原子(Atome du discours)。[60]

陈述是话语的原子,也就是话语最小的构成单位。因为话语是**功能活动式的在场**,所以陈述也必定是"没有表面的点",即没有直观显象的说、想、写的微小颗粒。其实,福柯此处的"颗粒"和"点"都不是很好的比喻,如果依我的构境,则会将之界定为**话语中的闪电**。就此,青年福柯也举了一个例子来说明:譬如我手中抓着的一把铅字和打字机的键盘,这些都不是陈述,但打字机键盘上的字母"Q、W、E、R"之间的塑形关系却是字母顺序的陈述。[61]显见,陈述是一种内在于话语微观发生中的有序性。陈述是话语中的功能性构序。

是的,这个作为话语原子的功能性陈述,正是青年福柯反复强调的那种在话语实践中凸显的**拒绝任何起源和主体性**的基础。对此,德勒兹曾做过一个解释。他指出,在福柯的陈述中,

> 生产陈述无须成为特定的人,而且陈述既不指向任何我思(cogito),不指向成为可能的超验主体,不指向首次(或再次)宣称陈述的自我,也不指向保存、推广、印证陈述的"时代精神"。[62]

德勒兹的评论是准确的。陈述不是作为主体人的陈述,它也不是理性之思的在场,所以,在陈述中,任何先验主体和客观的时代精神都是没有立足之处的。福柯的陈述,拒斥了 19 世纪以前的一切思辨哲学。

首先,青年福柯反复强调陈述不是一个单位(unité),而是一个**功能**(fonction),倘若想描述陈述,那就必须"描述它的运作(exercice)、状况,制约它的规律和它在其中运作的场(champ)"[63]。在这个意义上,陈述倒是**存在论意义上的构境事件**,而不是通常文字和言说中的一般表述。它当下发生和突现,却无法物性持存,任何对陈述的记录都是那个建构功能的僵尸。

其次,陈述不是一种独立出现的话语功能,一个陈述总有一些"密布着其他陈述的边缘(marges)",这些边缘并非一种线性的有序性(d'ordre linéaire),甚至不是文本学中互文性的**语境关系**(*rapport contextuel*),而是由一个个功能性的有序性凸显出来的复杂的织(*trame complexe*)。[64]也是在这个意义上,布朗肖将福柯的陈述理解为"一种非总体化的多元性:它是系列性的,因为系列就是陈述聚合的方式",在一定的层面上,它"看上去和序列音乐中效果各异的音群(托马斯·曼语)颇为相似"[65]。依布朗肖的解释,陈述倒仿佛是新音乐中的无调式音素。

其三,陈述的同一性服从于**他性**的条件和界限的总和。陈述无法自我界定,它总是由自身之外的陈述总体强加给自身的发挥作用和应用的范围。比如"地球是圆的"或者"物种是进化的"这样两个断言,在哥白尼和达尔文前后都无法构成相同的陈述。这种不同不是因为表述的意思不同,而是因为陈述本身的质性是由自身外部的条件和界限所决定的。也因此,青年福柯才说:"陈述与它周围和支撑它的东西的关系过于密切,使它不能像某个纯粹形式(它不是涉及某个成分的总体和构成规律)那样自由。"[66]

所以,我们已经可以转回到话语的讨论中来——话语是由符号序列(Séquences de signes)的整体建构的,前提是这些符号序列从外部规制陈述的质性,就是说,我们能够确定它们的特殊存在条件(modalités d'existence),概言之,话语就是"隶属于同一的塑形系统(système de formation)的陈述整体(ensemble des énoncés)"[67]。被重新构境的陈述星丛,建构着存在黑夜中的话语世界。这是诗性构境,而非学术话语。

注释

[1] [法]福柯:《知识考古学》,谢强等译,生活·读书·新知三联书店1998年版,第23页。

[2] 同上。

[3] 同上书,第26页。中译文有改动,champ一词被译作"范围",我改为福柯意图强调的非实体性的"场"。Michel Foucault, *L'Archéologie du Savoir*, Paris, Gallimard, 1969, p.34.

[4] Pierre Macherey, *De Canguilhem à Foucauly la force des normes*, La Fbrique éditions, 2009, p.66.中译文参见刘冰菁的译稿。

[5] [法]多斯:《从结构到解构——法国20世纪思想主潮》(下卷),季广茂译,中央编译出版社2004年版,第317页。[德]哈贝马斯:《现代性的哲学话语》,曹卫东等

译,译林出版社 2004 年版,第 315 页。

［6］参见拙著:《回到列宁——关于"哲学笔记"的一种后文本学解读》,江苏人民出版社 2008 年版,序言,第 10 页。

［7］［法］福柯:《知识考古学》,谢强等译,第 27 页。

［8］参见拙著:《回到海德格尔——本有与构境》(第一卷,走向存在之途),商务印书馆 2014 年版,第 10—18 页。

［9］［法］福柯:《知识考古学》,谢强等译,第 28 页。

［10］［德］霍奈特:《权力的批判》,童建挺译,上海人民出版社 2012 年版,第 107 页。

［11］同上书,第 118 页。

［12］同上书,第 130 页。

［13］［法］福柯:《知识考古学》,谢强等译,第 29 页。

［14］同上。

［15］同上书,第 31 页。

［16］同上书,第 32—33 页。

［17］同上书,第 33 页。中译文有改动。Michel Foucault, *L'Archéologie du Savoir*, Paris, Gallimard, 1969, p.41.

［18］［法］福柯:《知识考古学》,谢强等译,第 34 页。

［19］同上。中译文有改动。Michel Foucault, *L'Archéologie du Savoir*, Paris, Gallimard, 1969, p.41.

［20］［法］福柯:《知识考古学》,谢强等译,第 34 页。

［21］同上书,第 47 页。

［22］同上书,第 37 页。中译文有改动,译者将这里的 formation 译作"生成",我认为这个译法会使我们错失福柯对话语事件某种功能性形式改变的强调之意,所以在出现这个词的地方,我均将之改译为"塑形"。福柯此章第二节的标题就是 *Les formation disursive*。Michel Foucault, *L'Archéologie du Savoir*, Paris, Gallimard, 1969, p.44.

［23］Gasston Bachelard, *La Formation de l'esprit scietifique: contribution a une psychanalyse de la connaissance objective*, Paris: Vrin, 1938.

［24］［法］福柯:《知识考古学》,谢强等译,第 47 页。

［25］具体讨论可参见拙著:《回到马克思——经济学语境中的哲学话语》,江苏人民出版社 2014 年第 3 版,第 3 章。

［26］［法］福柯:《知识考古学》,谢强等译,第 52 页。

［27］西蒙娜·德·波伏娃(Simone de Beauvoir),法国著名存在主义作家,哲学家,女权运动的创始人之一,让-保罗·萨特的终身伴侣,20 世纪法国最有影响力的女性之一。毕业于巴黎高等师范学校,1929 年通过考试,和萨特同时获得哲学教师资格,并从此成为萨特的从未履行结婚手续的事实上的终身伴侣。主要学术论著为:《第二性》(*Le Deuxième Sexe*, 1949)。她一生都在探索和实践着女性解放的理论和道路,身后留下大

量具有广泛影响且体裁多样的作品，其中包括获得龚古尔文学奖的《名士风流》(*Les Man darins*, 1954)等六部长篇小说，一本短篇小说集，一个剧本，四部论著，两部游记，七部自传以及不少随笔和杂文。

［28］［法］福柯：《知识考古学》，谢强等译，第 52 页。中译文有改动。Michel Foucault, *L'Archéologie du Savoir*, Paris, Gallimard, 1969, p.61.

［29］［法］福柯：《知识考古学》，谢强等译，第 57 页。

［30］同上。

［31］［法］多斯：《从结构到解构——法国 20 世纪思想主潮》(下卷)，季广茂译，第 317 页。

［32］同上书，第 325 页。

［33］Michel Foucault, *Foucault, Dits et écrits, 1976—1988*, Paris, Gallimard, 1994, p.1454.

［34］［德］霍奈特：《权力的批判》，童建挺译，上海人民出版社 2012 年版，第 135 页。

［35］［法］福柯：《知识考古学》，谢强等译，第 60 页。

［36］［法］布朗肖：《我想像中的米歇尔·福柯》，载《福柯的面孔》，汪民安等主编，肖莎译，文化艺术出版社 2001 年版，第 17 页。

［37］［法］福柯：《知识考古学》，谢强等译，第 59 页。中译文有改动。Michel Foucault, *L'Archéologie du Savoir*, Paris, Gallimard, 1969, p.65.

［38］［法］福柯：《知识考古学》，谢强等译，第 59—60 页。

［39］同上书，第 61 页。

［40］同上书，第 64—65 页。

［41］同上书，第 65 页。

［42］同上书，第 67 页。

［43］阿尔都塞于 1969 年写下《意识形态与意识形态国家机器》一文。参见《意识形态与意识形态国家机器》，载［斯］齐泽克编：《图绘意识形态》，方杰译，南京大学出版社 2002 年版。其中，他明确提出主体是资产阶级意识形态质询建构起来的。阿尔都塞曾经写道，"**一切意识形态都是通过主体范畴的作用，把具体个人呼叫或建构成具体的主体的**"。参见［法］阿尔都塞：《列宁和哲学》，杜章智译，远流出版公司 1990 年版，第 191 页。

［44］［法］福柯：《知识考古学》，谢强等译，第 78—79 页。

［45］同上书，第 79 页。

［46］同上。

［47］同上书，第 80 页。中译文有改动。Michel Foucault, *L'Archéologie du Savoir*, Paris, Gallimard, 1969, p.86.

［48］［法］福柯：《知识考古学》，谢强等译，第 80—81 页。

［49］Giorgio Agamben, *Il Regno e fa Gloria. Per una genealogia teologica dell'economia* e del governo.（*Homo Sacer IL 2*），2007. *The Kingdom and the Glory*，*For a Theological Gene-alogy of Economy and Government*（*Homo Sacer II*，*2*），Translated by Lorenzo Chiesa，Stan-ford，California：Stanford University Press，2011.

［50］［法］福柯：《知识考古学》，谢强等译，第83页。

［51］同上。中译文有改动。Michel Foucault，*L'Archéologie du Savoir*，Paris，Galli-mard，1969，p.90.

［52］［法］福柯：《知识考古学》，谢强等译，第84页。

［53］［法］勒古：《论〈认知考古学〉》，载《思想》第152期，1970年8月号。转引自［法］多斯：《从结构到解构——法国20世纪思想主潮》（下卷），季广茂译，第326页。

［54］［法］福柯：《知识考古学》，谢强等译，第90页。

［55］同上书，第91页。

［56］同上。

［57］［德］哈贝马斯：《现代性的哲学话语》，曹卫东等译，译林出版社2004年版，第295页。

［58］［法］福柯：《知识考古学》，谢强等译，第96页。中译文有改动。Michel Fou-cault，*L'Archéologie du Savoir*，Paris，Gallimard，1969，p.105.

［59］［法］布朗肖：《我想像中的米歇尔·福柯》，载《福柯的面孔》，汪民安等主编，肖莎译，文化艺术出版社2001年版，第19页。

［60］［法］福柯：《知识考古学》，谢强等译，第98页。

［61］同上书，第106页。

［62］［法］德勒兹：《德勒兹论福柯》，杨凯麟译，江苏教育出版社2006年版，第6页。

［63］［法］福柯：《知识考古学》，谢强等译，第108页。

［64］同上书，第123页。

［65］［法］布朗肖：《我想像中的米歇尔·福柯》，载《福柯的面孔》，汪民安等主编，肖莎译，文化艺术出版社2001年版，第20页。

［66］［法］福柯：《知识考古学》，谢强等译，第132页。

［67］同上书，第138页。

附文三　从构序到祛序:话语中暴力结构的解构

——福柯《话语的构序》一文解读[1]

　　1970 年春天,刚刚当选法兰西学院(College de France)[2]院士的福柯作了题为"话语的构序"(*L'ordre du discours*)的就职演讲。这是一篇极为重要的学术文本,因为在这次演讲中,福柯第一次将**构序**(*ordre*)明确指认为一个象征着暴力和强制性结构等级的范式,它向我们揭示,在人们日常生活里每时每刻、不经意之中使用的言说、写作和思考中的话语之中,其实是存在一种抑制和排斥性的压迫,一种被建构出来的**看不见的权力之下话语发生、运行法则和有序性**。在这样的话语构序中,一些人被剥夺了话语权,另一些有话语权的人则必须在一定的话语塑形方式支配下言说、写作和思考。然而,我们如何才能真正摆脱话语中存在的这种强制性构序呢? 道路只有一条,即颠覆性地**祛序**。

一、作为排斥的求真意志:看不见的话语背后的看不见的手

　　作为要说话的演讲者,福柯一上来就说:我正在说自己并不是缔造者的**话语**。他很直接。然后,他引述了贝克特《无名的人》中的大段台词,以说明这种他自己并不是原创者的话语**迫使**他讲话、让他能够继续说下去。

　　你得继续,我不能继续,你得继续,我将继续,你得念念有词,只要

还有词可念,直到他们发现我,直到他们说到我,异样的痛楚,异样的罪,你得继续,也许这已完成,也许他们已谈论过我,也许他们已把我带近我故事的门槛,在开启我故事的门之前。如果它真的开启,我将倍感惊奇。[3]

显然,福柯在这里想告诉大家——现在正在发生的事件是**话在说我**。这是后来被所谓后现代思潮廉价贩卖的东西。福柯想要告诉人们,他甚至能够听到自己**背后**早已开始言说的声音。在演讲的最后,他也指认了发出这些先在之声的其中三位先言者:杜梅泽尔、康吉莱姆和伊波利特。我(福柯)接过了已经开始的话头,往下说,我只是在一个偶然的绽开和微小的空隙(mince lacune)中滑入现成的话语中,一个"可能的没影点(point de sa disparition possible)"[4]。乍听起来,福柯似乎只是在十分随意地讲故事,细细一品,却是一处精心准备和建构的思想深境。与《词与物》中对话语一词的非反思使用不同,经过《认知考古学》的精心构境,福柯这里的话语已经是言说背后的一种**看不见的东西**,一种让你能说(能思、能写)的功能系统。就在你说、你写、你思时,它在无形的支援背景中被突然建构起来,成为支配你思想构境的隐性权力系统,就在你的话音(思绪、书写)落下之时,它却悄然应声解构和消失在黑暗之中。**它从来都有不在犯罪现场的证据**。话语有一个物质性的支撑(说、想、写),可它并非实体性的物质实存,而是一个**瞬间建构—解构的突现和消失的功能场境**。这也是福柯说的那个"没影点"的构境意义。point de sa disparition 是**正在消失**的构境点。真是精彩。以后,我们将看到资产阶级政治权力作为这种**不在犯罪现场的没影点**的存在方式。

福柯称,今天的演讲是一个临时的舞台,自己在这个舞台上要面对的思考工作缘起于一个假设:

在每个社会,话语的生产(production du discours)是同时受一定数量程序(procédures)的控制、选择、组织和重新分配(redistribuée)的,这些程序的作用在于消除话语的力量和危险,控制其偶发事件(l'événement aléatoire),避开其沉重而可怕的物质性(matérialité)。[5]

不难发现，这个新的假设已经是一个接近**政治哲学**语境的断言了，因为就在这个断言之中，福柯之前提到的那个支配自己言说的隐性话语被放置进了**社会存在**之中。应该注意，这里是否意味着福柯思想中从主观的认知——话语研究开始向社会政治领域的权力批判的过渡？至少，这是一个重要的发端。不过，他现在要开始讨论这个本身就**看不见**的话语的被生产了，特别是控制这种话语生产的**背后的**支配性程序，实际上，这就是不久之后他将集中思考的**权力**。不过，这里的程序和特技性的控制力量还不是福柯后来透视的那种资产阶级特有的生产性的权力。[6]请务必牢记，这一切被思考的对象，都不是在物质性的实存（"第三持留"）中能够直观和捕捉到的。

福柯说，在这些对话语的控制程序中，最为人所熟知的第一种方式是**排斥的程序**（*procédures d'exclusion*）。它表现为这几个方面：一是**禁止**（*interdit*），比如对政治话题和性问题的禁言，在话语中，禁言是最表面化的排斥；二是**分隔和抛弃**（*un partage et un rejet*），如他所讨论过的理性与疯狂，以所谓的理性的正常标准区分出不正常的疯子，再由社会将其驱逐或隔离，分隔与抛弃已经开始变得诡异起来；三是**真与不真**（*du vrai et du faux*）之分，这其实是最不容易被辨识的隐性排斥。真理，显然是福柯此处批判性思想构境中的重点。

故而福柯指认，正是在上述第三点中，出现了时常会贯穿在我们话语之中的**求真意志**（*volonté de vérité*）。请一定注意这个 volonté，在胡塞尔的现象学中，它被软性地表述为意向性，而在尼采那里，它直接与权力意志相关联。福柯这里的构境意向，显然与后者**叠境**。表面看起来，追逐真理的愿望本身并不是强制性的暴力，相反，在我们传统的理解中，"求真"恰恰是整个资产阶级启蒙精神的核心，人们在黑暗的中世纪的神学统治下，正是通过理性话语之光走向真理和解放的道路。这也是康德《什么是启蒙？》一文的中心立论。但是，福柯却言之凿凿地告诉人们，正是我们已经习以为常的这个从神学祛魅中获得的科学理性话语中**真与不真的区分**（*partage*），生成了今天控制着作为全部认知活动内驱力的"**我们的认知意志**（notre volonté de savoir）"[7]。这个关于"认知意志"的断言十分重要，不久之后，福柯即用它来命名自己《性史》的第一卷。甚至，福柯还指认这种真与不真的区分就贯穿于过去全部人类社会"历史的建构（historiquement constitué）"进展本身。[8]依他之见,如果往前追溯,走到公元前 6 世纪,那时的真实的话语 (discours vrai)是希腊诗人"激起崇敬和畏惧的话语";而到了赫西俄德[9] 和柏拉图之间,真实的话语与虚假的话语则开始被明确地区分,由此衍生成 了我们后来"认知意志的普遍形式(forme générale)"。

> 真理意志,似乎自伟大的柏拉图式区分(grand partage platonicien) 以来,便有着自己的历史,却不是种种强制性真理(vérités contraignantes) 的历史,而是关于所要认识的对象(d'objets à connaître),关于认知主体 的功能和位置,关于知识(connaissance)的物质性、技术性和工具性投 入(investissements)的历史。[10]

这是说,正是真理意志建构出认识的对象——本质和规律(大写的 "一"),认知主体的功能和位置,以及知识的内部话语构式。当然,只是在 资产阶级启蒙思想生成之后,这种真理意志进一步演化成了作为我们今天 建构世界的重要前提的**认知意志**。在此,我们约略可以感觉到,这个认知意 志正是原来那个硬化的认识型解构后的活化踪迹,所不同的地方,是这种认 知意志之中已经内嵌着一种政治倾向。它也已经预示着下面那个全新**权力** 概念的出场。或者说,认知系统与权力系统的内在链接。

在福柯看来,与其他排斥系统一样,真理意志在当下同样得到了制度 (institutionnel)的支持,并且由各层次的**实践**不断加强和更新。这里的制度 或者机构并非是指显在的政治统治机构,而是指看起来非强制的立场中立 的科学学术力量,如各种学术委员会、科学协会、媒体等话语共同体。在形 式合理性的尺度上,它们的发生机制恰恰是民主合法的。历史地看,它们正 是外部专制的对立物,所以,它们恰恰是被无思地热烈拥戴的。他进一步列 举的具体实践层次包括:教育、图书系统、出版、图书馆,过去的学术社团和 现在的实验室(laboratoires)。我觉得,科学实验室的出现,使福柯的实践概念 得以更多地走向现实,在这一点上,他显然正在超出《认知考古学》中的话语 实践。可能也是在这个意义上,斯马特指认福柯在此出现了一个"明显的转 向:从研究调节话语实践的规则转向考察社会实践与话语的关联性"[11]。这 有一定的道理。霍奈特也正确地看到了这一点,他指认在福柯的这一讲座中,

"知识产生的制度框架条件和社会的结构关联本身日益成为理论的中心"，由此，福柯的理论"逐渐转向一种社会权力关系的分析"，并且霍奈特断言，正是"法国的学生运动事件从政治和个人经历的层面导致了这种转向"[12]。这个判断基本准确。福柯认为，在一个更深的层面中，真理意志被理性构序的认知的运用、评估和分配，以及认知的定性方式所不断更新着。比如，教育是一种求真的基础性训练，书籍在传播着既定的真理话语，科学的实验室则号称是制造和验证科学真理话语的场所，一切都是围绕真理建构起来的带有教化性质的"实践"。其中不知不觉发生的东西，正是话语构序权力的支配。

福柯接着说，他还能联想到的与此相关的重要例证有：第一，几个世纪以来的西方文学中如何寻求将自己建立在"自然、逼真（vraisemblable）、真诚，以及科学之上"——一言蔽之，在**真实话语**（discours vrai）之上。福柯此处指的显然是西方近代现实主义的启蒙文学，以及由此奠基的全部资产阶级文学中塑形存在的真实话语。比如中世纪结束之后，西方绘画的表现对象从天上的神灵圣境回落到世俗人物肖像和现实的人间生活。第二，被编码（codifiées）成信条或方法（préceptes ou recettes），最终成为道德（morale）的西方经济学实践，是如何自16世纪起就在一种财富与生产的理论中寻找根据，使自己理性化和合法化的。显然，这是一种很深刻的伦理指证：资产阶级的**自由主义道德**基础正是古典经济学在商品市场交往运转中创立的。这一观点，已经是社会唯物主义的立场了。这显示着福柯思想构境性质的逐步改变。关于这一点，我们在后面的讨论中还会遭遇到。第三，西方资产阶级刑罚系统是如何在所谓**正义**（justification）理论——自然法，后来在社会学、心理学、医学等知识体系的真理话语中寻求根据的。[13]在福柯看来，由资本主义商品—市场法则建构起来的正义原则，是被资产阶级意识形态重新构境为**天然秩序**——自然法，它塑形和构序了全部资产阶级去除价值判断的事实—形式法律体系，以及由此布展开来的名为**科学真理**的整个西方学术话语知识体系。这也是后来作为资本的世界历史进程重要构式内容——**现代化文明进步**中的欧洲中心论和**他者文化建构**中的后殖民主义的真正本质。我不得不说，在这一点上，福柯的思考构境是极其深刻的。

福柯觉得在过去的研究中，自己对上述第三种**话语排斥系统**的讨论和思考是最多的。这是指从不正常的疯狂到近代医学体制的诞生，还包括求真的认识型对整个文化生活的暴力性构序和统摄。之所以这么说,也因为前两种话语排斥最终都在向资产阶级的**求真意志**靠拢,从而使自己的暴力性变得更加隐身起来。依福柯之见,进入布尔乔亚启蒙的新世界以来,内含着欲望和权力的求真意志和认知意志以"一种温和却隐性的狡诈的普遍力量(force douce et insidieusement universelle)"的话语方式强加于我们,而我们对其庞大的排斥机制和隐性暴力,却毫无意识。直到尼采、阿尔托和巴塔耶,我们才第一次听见对资产阶级启蒙思想构境中的"温和却隐性的狡诈的"求真意志的真正质疑之声。福柯是在告诉我们,他所行进的道路正是由尼采、阿尔托和巴塔耶开辟的。并且他认为,他们的道路"必须成为我们日常工作的路标,当然是崇高的路标"[14]。对此,怀特认为此时的福柯已经意识到,"西方人的'认知意志'的现代史,并非一个不断迈向'启蒙'的进步和发展的历史,而是一个由种种排斥构成的系统中欲望和权力永无止境地相互作用的产物,正是这些排斥过程使各种不同的社会成为可能"[15]。这段评论基本是正确的。后来福柯自己发现,在西方马克思主义内部,对启蒙—现代性总体的批判肇始于法兰克福学派的霍克海默和阿多诺。

二、话语控制的内部程序

福柯告诉我们,除去上文讨论的排斥系统,在话语内部还存在着第二种控制话语的**内部程序**(procédures internes),即"话语的自行控制(propre contrôle),即充当分类、排序、分配原则的那些程序,此时似要控制话语的另一维度:事件和偶然性(de l'événement et du hasard)"[16]。如果说第一种话语排斥系统还具有一定的可见外部强制性的话,那么接下来讨论的话语内部程序则是某种隐性发生的**自拘性话语构序**。

其一,话语内部控制程序中的**评论**(commentaire)原则。这个评论,是通常发生在文学、哲学和科学话语运作之中的评论,福柯让我们注意,正是这些专业评论呈现出的某种肯定或者否定的阐释,生成着特定的**话语等级区分**。福柯说,在日常生活中,绝大部分言说和写作一经说出便即消失,但也有"一些话语,除其表述之外,还被无限评说,现在仍被评说,将来还有待再被评说"[17]。他的言下之意，评论即是**话语意识形态构境**，它操持着话语的生杀大权。简言之，在话语评论网的内部塑形栅格中，一边是无数的次等话语大量被剔除和忘却，另一边则不停地建构出所谓**原创性的经典文本**，如传统中的宗教圣典和法律条文，文学与哲学经典，走向资产阶级现代性之后，还应加入由特定的科学话语和认知范式生成的科学文本。这里，我们可以想到前述福柯关于历史研究中"文献"被裁剪的判断，此处的评论栅格所生成的等级正是那种历史观的微观机制之一。这里生产的经典文本将是后人历史研究和反复诠释的对象。当然，这种由评论生成的话语区分并不是稳定的，而是逐渐模糊和不断消失的。福柯提示人们，真正自觉地打破这种区分等级的努力只有游戏、乌托邦和痛苦，有如他在《词与物》中引述的博尔赫斯式的评论。在这里，我们也能体会到福柯之所以热捧阿尔托和萨德的一些原因，话语等级的构序，只有在超出现实生活和平庸存在的残酷戏剧的痛苦折磨和变态、荒诞的性游戏中才有可能被打破。

福柯告诉我们，话语自行控制的评论是在并不起眼的无穷尽的**重复性构境**中起作用的，悄悄消除着话语（文本）中的事件和偶然因素，往往，"新事物不在于说了什么，而在其重复的事件（l'événement de son retour）中"[18]。评论中的不断重复，**制造经典和成就话语构序**。

其二，话语内部控制程序中所谓**话语净化**（raréfaction d'un discours）原则，也是**作者**（auteur）或同质性唯真原则。raréfaction 一词在法语中同时具有稀疏和抽空的意思。福柯说，由反复的评论所构式的经典话语通常是与作者相关联的，而作者一般会被设置为"意义的统一和来源，是其连贯性的焦点"[19]。在法文中，auteur 也意味着创始人和首创者。

> 作者被要求对置于其名下文本的统一性（l'unité du texte）负责。他要揭示，至少要保证文本中隐含意义的可信性。他要把作品与他的实际经验（expériences vécues）以及创作的实在的历史（l'histoire réelle）相联系。作者是赋予令人不快的虚构语言（langage de la fiction）以统一性、紧密相关（noeuds de cohérence），以及使之与现实相连（insertion dans le réel）的人。[20]

福柯说,虽然我们常在某个作者死后,一定会发现他留下了大量与评论中所体现的思想同一性**完全异质**的文献(如涂鸦),但这些异质性又恰恰会被话语净化原则或作者原则当作偶然事件剔除掉,为此,人们必须引入一种有序性(ordre)和连贯性将作者**重新发明**(réinvente)出来。例如在苏联的马列主义经典文献的整理中,20世纪30—50年代期间,文献专家的一个主要任务就是雪藏起"不成熟的"青年马克思和青年恩格斯的文本,以维护科学的马克思主义经典作家的形象,或者为了维护列宁《唯物主义和经验批判主义》的立场,故意掩盖或者歪曲列宁在"伯尔尼笔记"中的突破性进展。这是**话语净化**的典型案例。由此,一个作者**同质性唯真**的幻象被强行维系、维持。

其三,话语内部控制程序中的**学科**(discipline)原则。在法文中,这个discipline也有纪律和规训的意思,这个重要的概念不久之后即将成为福柯发明的一个全新的资产阶级社会控制方式——**规训**。首先,与前两种原则不同,"学科是由一个对象领域(domaine d'objets)、一套方法、一组所谓的真实命题(considérées comme vraies)、一套规则、定义、技术和工具加以界定的:所有这些构成了一种无名的系统(système anonyme)"[21]。与福柯前述的认识型那种规制更大尺度文化存在的塑形系统不同,这里讨论的学科似乎在回归巴什拉—康吉莱姆的科学史结构。当然,福柯此处对科学话语构式的思想构境要比老师们深入得多。比如物理学、生物学、经济学等,只要是专业学科,越往现代就越在形成着一整套的特殊实验方法、一整套的研究规则、一整套的范畴和定律。这可以是类似科学研究中的**微小认识型**。有如库恩与拉卡托斯等人的科学**范式**和**研究纲领**。据阿甘本的看法,福柯对库恩没有指认康吉莱姆科学认识论的作用心存不满,也刻意地遮蔽库恩的学术影响。[22]但在所深化的思考构境层中,福柯更强化了无形的科学话语塑形的système anonyme(无名系统)。显然,**无名系统**这一表述,很好地揭示了学科的本质。作为一种**看不见的**约束和规范系统,它们无形地维系着一个学科的**真假边界**。

其次,福柯进一步说,在一种特定的构境层边界上,学科既不是重复中的同一性,也不是有待重新发明的意义,而是建构**新的陈述**的某种必要条件。一门学科并不是关于某一事物的"真理性陈述的总和",它恰恰是一些决定了新的科学命题为真的成套标准。这是极为精准的断言。

这里，福柯以 19 世纪的生物学家看不到的孟德尔[23]手中的**没有出场**的"真理"为例，说明了学科原则是当下建构的新的无形系统的功能性条件。他指出，虽然孟德尔手中已经握有新的生物遗传学的规律和真理，却无法被当时的科学界所接受，这是由于

> 孟德尔所说的真理，不是在当时生物学话语的"真理之中"（dans le vrai）：生物学的对象和概念当时不是依据这样一些规则塑形的（règles qu'on formait）。而要让孟德尔进入真理，让他的命题看起来（大体上）正确，生物学便需彻底改变标准，部署一系列全新的研究对象。[24]

这已经涉及学科无形系统本身的格式塔改变了。这的确有些像库恩所说的科学革命。此处所谓的"在真理之中"，是福柯的老师康吉莱姆的话，意思是当下**被认可的**科学真理话语。孟德尔的遗传学新观点是否能成为生物学科承认的真理，关键并不在于它自身是否属真，而是由学科建构的规则和条件所标定的。这就像确认一个人是否为疯子的那个精神病理学科中制造的正常与不正常的标准。

其三，一种科学话语若要"在真理之中"，就必须"遵循话语的'治安'（police）规则，得在每一次话语中使之再活化（réactiver）"[25]。这是福柯较早之前对 police 一词的特设使用。这里的 police 不能被视作通常话语场中的"警察"，而是进入自律和规训阶段的学术治安和治理。以后我们会看到这一概念在生命政治批判中的复杂话语构境意义。这个意思是说，任何一种科学话语如果要使自己始终处于真理的主导位置上，它就**必须建构一种话语治安构序**，话语治安即是让自己的统治合法化、日常化，并且，在每一次的话语实践中让它反复地**再活化**。再活化即话语从"档案"石化状态中的重新构境和突现。

这就是学科在另一重意义上借以实现话语区分和等级化的多层控制程序。正是在此意义上，福柯声称："学科是一控制话语生产的原则。学科通过同一性的活动来控制话语，其形式是规则的永久的重新启动。"[26]这个永久的重新启动是意味深长的。

三、话语权：谁能有资格言说？

福柯指出，控制话语的第三种方式是**话语权**产生的应用条件。福柯发现，并非人人持有言说的话语权，只有那些符合了特定条件和资格的人，才可能进入话语界并占有言说的**权力**。在福柯这里，话语权力的学术思考不久便会为对资产阶级政治权力的现实关注所取代。

首先是对言说主体（sujets parlants）的**资质限定**。这是指评判能否进入话语界的资格（qualification）和条件设置，据之判断谁能享有**话语权**。福柯将这种特殊的主体言说资格称为**仪规**（rituel）。如果说前面曾经讨论过谁**在说话**，那"仪规"则是谁能讲话。

> 仪规界定言说个体（individus qui parlent）所具备的资格（在对话、询问或记诵中谁必须占据什么位置且作出什么样的陈述）；界定必须伴随话语的姿势（gestes）、行为、环境，以及一整套符号；最后，它确定言词被假设具有或强加给的功效（effet），其对受众的作用，以及其限制性能量的范围。[27]

所谓的仪规，是指言说个体在进入话语场时所必须具备的某种资格和条件，这些资格和条件使某些人获得高高在上的话语权或**权力话语**。仪规通常表现为：一是言说者处于特定的**位置**，比如学术话语圈中的大学知名教授或研究院首脑、文学圈层中的知名作家和评论家、演艺圈里的著名导演和明星等等，这些特殊的位置往往决定了不同话语圈层中的权力关系。今天中国的仪规制定者就是在各行各业被众星捧月式供奉着的"演艺大腕"和"学术大佬"们。他们往往操持着演员和低级研究人员的"生杀大权"和命运。二是这些具有话语权的言说者所持有的特定话语姿势、行为和特殊符码，比如大学和研究院中的教学与学术的研讨、文学界里的创作和评论、演艺场中的制作和走秀等等，无法挤入这些**特殊话语构序场**中的人们，根本不可能具有话语权。这也是无数青年演艺人员和青年学者想方设法挤入这类场所,以能结识和巴结"大腕"、"大佬"混个脸熟的原因。三是话语权的成立必须存在相应的受众,话语权只有在**受众的臣服和痴迷**之下才能被建构起来。譬如,今时今日网络传播中因粉丝的关注和供奉所建构出来的"大V"主人话语幻象。这就像拉康所指认的大他者与它反射建构起来的臣服主体存在。在福柯的法国同胞布尔迪厄那里,这一话语权被指认为基于名望、特殊地位的**学术资本和文化资本**。

其次,福柯还指认了**话语社团**(*sociétés de discours*)的控制法。所谓话语社团,指的是在特定人群中"保证或制造话语,但其目的是令话语在一封闭的空间(espace fermé)中流传。且根据严格的规则来分配它们,言说主体却不会因此种分配而被剥夺了权力"[28]。其实,每一种话语权的出现都得伴随相应**内部受众群**的存在,话语权力线正是通过在受众中的传递和播散制造出某个"封闭的空间",从而能在其中行使特殊的话语主权。福柯说,这种话语社团最早可以追溯到古老的"行吟诗人",那是一个秘传的话语行动社团,在其中,掌握了秘密话语权的师长对学徒的角色是不能调换的。福柯指认,在今天的各种话语事件场中,类似的话语权的**秘密挪用**(*d'appropriation de secret*)和不可互换的角色仍然存在。所谓秘密话语权应该是指在一种特定的话语圈层中,话语的原创者制定和建构某种话语塑形与构序的特殊方法和技能,它使得这一话语仪规和效用能够在圈内构境层中随时被激活和建构。而外人根本无法进入这种封闭的话语社团。并且,这种特定的话语权只有话语社团中的话语原创者才可能具有。或许,在福柯眼中,学术场中的学派(如掌握现象学话语权的大师胡塞尔与追随他的众多学者)和演艺界中的艺术流派(如现代中国戏剧发展史中的有特定风格的艺术大师与他身后无数的传承者)都属于这种建构起来的话语社团。

其三,是在宗教、政治和哲学的**信条**(*doctrines*)中生成的话语权。这一点比较容易理解,也是过去人们谈论相对较多的方面,只是福柯探究了信条话语权的传播途径。依他所见,信条与相对封闭的话语社团不同,它不是在物理空间中刚性封闭和固定起来的少数人的圈子,信条往往是**扩散的**,它通过对同一真理的承认(reconnaissance des mêmes vérités),来集合一种**无形的同一性信条忠诚**。

　　　　信条原则使个人围于某一类型的表达从而禁止其他类型的表达；
　　但它反过来把个人之间连接起来，并借此把他们和其他人区别开来。
　　信条原则带来的是双重服从：言说主体服从话语，话语又服从（至少事
　　实上的）言说个体群。[29]

　　信条总是排他的，一个宗教信徒通常不会再膜拜其他教派的神灵，一个
原创性的哲学家不会轻易使用他人的方法论，一个信仰坚定的政治家也不
会简单相信其他的政治信念。信条的力量是巨大的，它是一种无形的话语
权力线，既区分更大范围内的话语受众，又联结同一信条的信众。

　　最后，是由**话语的社会性占有**（*l'appropriation sociale des discours*）而生成
的话语权。简言之，就是传递和不断产生新的话语权的**教育**（*éducation*）。
福柯说："任何教育系统（système d'éducation）都是维持或修改话语占有及其
传递的认知和权力（les savoirs et les pouvoirs）的政治方式。"[30] 请注意，这
是福柯将认知与权力联结起来的尝试，这一关联将成为福柯中晚期思想构
境中的一条主轴。福柯这个观点是否受到老师阿尔都塞 1969 年发表的《意
识形态与意识形态国家机器》一文的影响，或者是相互影响，我们不得而知，
因为在那里，阿尔都塞已经明确指认了家庭、教育和宗教的国家意识形态的
隐性教化功能。福柯说，

　　　　教学系统（système d'enseignement）究竟是什么呢？它无非是对言
　　说的仪规程式化（ritualisation），无非是赋予言说主体以资格并固定其
　　角色，无非是在形成具有某种信条的群体（无论是如何扩散），无非是在
　　分配和占有蕴含权力和认知（ses pouvoirs et ses savoirs）的话语。[31]

　　言下之意，前述的话语资格、特定话语团社和信众群都是在一定教育系
统构境中培养和塑形的。教育本身就是等级化区隔活动，而高等教育就是
话语权力的**授权**过程。福柯甚至认为，与此相接近，"写作"、法律系统、医疗
系统其实都是一种话语的社会性占有方式。布尔迪厄在《国家精英》和《再
生产》等论著中深入讨论了这一主题。

　　也是在这里，福柯专门讨论了作为形而上学的西方哲学话语的授权机

制，通俗地说，就是在西方如何成为一名专业的哲学家。在福柯看来，哲学将"理想真理(vérité idéale)作为话语的法则"，将**合理性**(rationalité)视为进展原则(principe de leur déroulement)，**以知识伦理**(éthique de la connaissance)承诺了对真理的欲求和能思的权力(pouvoir de la penser)。[32]本真性话语、理性进步和知识至善是借以成为哲学家的三个内在原则。而哲学学科的特点就是通过对**话语实在性**(réalité du discours)的否定来实现某种贵族性的自立和排斥性限定。

首先是**缔造者式主体**(sujet fondateur)的设定。在福柯看来，在哲学话语中，

> 缔造者式主体奠定了超越时间的意义视域(horizons de significa-
> tions)，历史自此之后便只需对其进行阐释，而命题、科学和演绎集合
> (ensembles déductifs)亦将在那里发现其最终的依据。在与意义的关系
> 中，缔造者式的主体可支配符号(signes)、标志(marques)、痕迹
> (traces)、字母。但它无需通过话语实例来彰显它们。[33]

任何原创性的哲学家总在设定一种**本真性的原始本体**，有如胡塞尔的纯粹现象、弗洛伊德的生命原欲和海德格尔的本有，然后整个世界及其存在都成为围绕这一本真基始的一整套复杂阐释和构序、构式结果。由此，在这幅创造世界的话语构境中，哲学家就成为缔造者式的话语主体。

其次，是哲学中对**原初经验**(l'expérience originaire)的设定，这是哲学家将自己超拔出常人的构式秘技之一。福柯说，相对于现实的经验，原初经验是**先在的意义**(significations préalables)，在我们以自己的形式掌握它之前，原初经验就在世上游荡，"这种我们与世界的原初同谋(complicité première avec le monde)便构成了我们有可能评论它、置身其中、标识和命名它、判断和最后以真理的形式(la forme de la vérité)去了解它的基础"[34]。这是一个很深刻的构境。譬如，在常识中被视为外部对象的客观、自在的世界，在海德格尔那里就被视作由人的交道(马克思的实践)操持介入其中的关系性功用存在，"自然"即是向主体欲求的存在性涌现，由此，本有的大地就被对象化的存在世界所遮蔽了。然而，这一原初存在性占有的经验却被遗忘了。

新的构境可能是,一旦我们重新具有这一经验(存在),常识经验中的世界(存在者)即刻土崩瓦解。[35]

其三,是哲学话语中的**普遍中介**(*l'universelle médiation*)观念,其实它也就是作为形而上学本质的**逻各斯**(*logos*)。福柯指出,柏拉图以来的理念逻各斯是被持有的专业话语,它在展示自己秘密本质的时候竟然把自身"悄然变成话的事物本身和事件(*les choses mêmes et les événements*)"。这是一种唯心主义的逻辑颠倒和本体论占位。于是,在哲学思辨中,

> 话语不过是真理在自身凝视下诞生的过程中发出的光芒(miroitement)而已;当每一事物都能采用话语的形式时,当任一事物都能被言说时,当话语能论及任一事物时,那是由于在显现和交换(manifesté et échangé)意义之后,所有事物都可以返回它们自我意识沉默的内部(l'intériorité silencieuse)。[36]

这是对词与物暴力构序关系的重写,现在是真理性话语照亮一切事物并让其存在的关系了。如果转换到海德格尔的存在论视域中,逻各斯正是那个遗忘了存在的**存在者**的抽象逻辑构架,形而上学正是在对假定为**形下**自然器物的具象存在者的形上抽象后生成理性逻各斯的。逻各斯即是哲学理性话语中的真理之光源,它是将进入逻各斯之栅格的对象物普遍联系起来的中介,世界上的一切都因被它照耀("显现和交换")而被人们所看见。由此,事物的本有则隐入逻各斯内部。在逻各斯话语之中,事物不语。

四、祛序:存在一种话语之中的造反吗?

絮絮叨叨地揭穿了话语世界中这么多令人沮丧的秘密坏事之后,福柯也回答了一个我们所关心的问题。面对这些隐性的强制,我们能够摆脱强加在自己身上的无形的话语构序吗?或者说,我们有希望反抗话语中存在的暴力和压迫吗?以我的体察,福柯给出的回答总体而言是积极的。这也是福柯的批判话语中鲜见的积极的内容,尤为可贵,因为他毕竟还是给出了

解放的可能性和道路。

　　这里,福柯提出了四个造反或**祛序**(*désordre*)的原则:一是**颠覆原则**(*principe de renversement*)。所谓颠覆原则就是要对话语中假设的所有理想状态进行反向思考,将传统的一切逻辑和原则通通颠倒过来。显然,这也是截至此时福柯所使用的主要的批判性反思手法。当然,它也绝不是一种简单的颠倒,而是彻底的解构基础之上的颠覆。比如关于疯狂的正常与不正常标准的根本性颠覆,常识中现成的自然、历史和人的概念的历史性颠覆。二是**不连续性的原则**(*principe de discontinuité*)。这已经是我们都十分熟悉的主张了。它主张冲破连续性的逻辑假象,回到真实话语的不连续实践(pratiques discontinues)中去。有如沉默考古学对黑暗中"名声狼藉者"的关注。三是**特殊性原则**(*principe de spécificité*)。这是指相对于**普遍性**的逻各斯的一种反向破解消境。

　　也是在这里,福柯说:

　　　　我们不能把话语融入一套先在的意义(significations préalables)之中,不可幻想世界给我们一张清晰的面孔,我们所需做的只是破解辨认而已;世界不是我们知识的同谋(complice de notre connaissance);根本没有前话语的神意(providence prédiscursive)按我们的意愿安排这个世界。我们必须视话语为我们定制物的一种暴力(une violence que nous faisons aux choses),或无论如何是强加(imposons)于其上的一种实践;而正是在此种实践中,话语事件才发现了它们规律的起因(le principe de leur régularité)。[37]

　　之所以如此大段的引述,是因为福柯的这个论断实在太重要了。它直接挑破了主体性的话语权力的真正秘密:**视话语为强加于物之上的一种暴力**,这种暴力性的**实践**正是话语事件规律的真正缘起。我觉得,福柯在这个意义上对先在的原初话语和第一性的神意的反对是准确的,可是,他没有看到在"知识是世界的同谋"背后真实存在的海德格尔意义上的主体性**存在**本身的暴力。或者在马克思的话语构境层中,现代性存在强暴背后的资本逻辑。

四是**外在性**（*extériorité*）原则。这里的外在性，意在反对话语隐秘的核心内部和中心本质的设定。走向外部，即指承认多重可能性和事件的偶然性，意识到只有"外部"，而并没有深度的内在本质。布朗肖也敏锐地指认了这一点，他说，福柯十分反感于"深度概念"[38]。从这一点，也可以走到所谓后现代的**零度平面**。

也由此，福柯进一步提出了话语造反需要立足的四个主要祛序性概念：**事件**（*événement*）、**系列**（*série*）、**规律性**（*régularité*）和**可能性状况**（*condition de possibilité*）。他指认这四个概念正好对应于传统观念史中居主导性的四个**暴力性的构序概念**，"事件对创造（*création*），系列对统一性（*unité*），规律性对独创性（*originalité*），可能性状况对意义（*signification*）"[39]。偶然的事件消解了主体意图的创造，松散开的系列抵抗着强制的统一性，活动的规律否定了专一的独创，多重流动的可能空间解构了凝固的意义之境。布朗肖判断，福柯在此提出这四个反抗性的概念，是为了"对抗那些在他看来一直主宰着传统思想史的原则"，并且这也将是他此后将要从事的主体任务。但布朗肖认为，在此后的生涯中，福柯并没有兑现自己的诺言。[40]

福柯特别指认，话语祛序的真实存在其实是**话语事件的集合**（*ensembles d'événements discursifs*）之境，

> 事件不是实体亦不是偶然，不是质量亦不是过程，事件不属于有形的构序（*l'ordre des corps*）。但它也不是非物质的（*immatériel*）东西，它总是在物质的层面产生功效（*effet*），成为效果；它有自己的处所，位于物质因素的联系、共存、弥散、交叉、积累和选择之中。它不是物体（*corps*）的行动或属性；它作为物质弥散（*dispersion matérielle*）的功效而产生，且在物质弥散之中。[41]

这似乎是福柯自己关于**话语祛序**的正面指认了。在他看来，逃离了话语构序的**事件**并不是一个物体式的实在——它确实具有物质性的**场境存在**，但那恰恰是在实际功效的建构中才生成的一种物质性的、弥散式的客观构境存在。为此，福柯毫不隐讳地明确指认，自己的"**事件哲学**（*philosophie de l'événement*）应该沿着初看是悖论性的非实体性的唯物主义（*matérialisme* de l'incorporel）方向前进"[42]。这个**非实体的唯物主义**是一个极为重要的标识。巴迪欧后来的事件哲学显然受到福柯这一观点的影响。

福柯告诉我们，要实现话语祛序，必须坚持两种分析方法，即**批判**（*critique*）**分析**和**谱系**（*généalogique*）**分析**。批判是否定，谱系是否定的实现机制。我们不妨对照来看：首先，所谓批判的分析就要"运用颠覆（renverse-ment）的原则"，剥离从而得以透视上述排斥、限制和挪用的话语机制，批判是要看清问题所在；谱系的分析则要深入剖析上述话语机制"出现、发展、变化的状况"，这是一种对问题的发生机制的深究。[43]其次，批判分析的过程将是一个分析弱化的过程（processus de raréfaction），也包括重组和统一话语的过程；谱系分析则是要研究话语的"分散的、断裂的和有规律的塑形（formation）"，这是非总体性的历史深究。再次，批判分析针对的是包围（envel-oppement）话语的制度，以求确定和掌握这些规范、排斥的原则，以及话语的弱化，试图在消解的力量中去反抗它；而谱系分析则针对着话语的有效塑形（formation effective），希图在其肯定的力量中去把握它。[44]请注意，这是福柯第一次明确提出谱系研究的方法论问题，之后，他在次年的《尼采·谱系学·历史学》中再一次深化了这一方法论创新。我还觉得，当霍奈特指认福柯的《认知考古学》和这里的《话语的构序》仅仅是为前期疯狂史、临床医学和"词与物"的具象研究提供了姗姗来迟的"原理论研究"的基础时，他恰恰没有看到福柯思想的深刻改变。[45]

注释

[1] 1970年，福柯当选法兰西学院院士。也是从此时开始，他从根本上转向了当代政治哲学的思考，思考的焦点即为后来广为人知的资本主义政治权力的本质，即生命政治。所以，我同时也将这个"开端"视作青年福柯思想期的结束，因而本书在讨论1970年之后的福柯时，将不再使用"青年福柯"的称谓。但同时，因为这场任职演讲的主题与《认知考古学》的核心构境点又有直接关联性，所以我将关于此文的解读前置到此作为这一章的附文。

[2] 法兰西学院是当时法国学术思想的最高学术机构。作为法国皇家讲座学院，法兰西学院由国王弗朗索瓦一世在1530年建立。学院下设50个讲座教授，均由当下各领域最杰出的学者担任。每位教授在一年中必须向公众开设12次公开讲座，介绍自己的最新研究成果。在伊波利特、杜梅齐尔等人的推荐下，福柯于1970年当选"思想体系

史"教授,并且他顶替的恰恰是 1968 年刚刚去世的伊波利特的席位。法兰西学院的公开课程时间为每年的 11 月至次年 5 月,福柯的讨论通常安排在这个时间段的周五晚上,因为名声在外,前来听讲的听众很多,最高峰时竟然有 2 000 余人之多,以至于不得不在 300 人的教室之外,再通过闭路电视传送到其他教室。当然,在这种讲座上是不可能有深入交流的,听众还是以看热闹者居多,而讲座在事实上也很容易沦为表演性的作秀,福柯对此也十分无奈。好在每周还有一次研讨班的集中讨论,正是作为这个时期研讨班的结晶,福柯主编了《我,皮埃尔·利维埃尔,杀害了我的妈妈、妹妹和弟弟》(文献,1973—1974)和《治疗机器》(1976)。

　　[3][法]贝克特:《无名的人》,转引自福柯:《话语的秩序》,载《语言与翻译中的政治》,许宝强等译,中央编译出版社 2001 年版,第 1 页。

　　[4][法]福柯:《话语的秩序》,载《语言与翻译中的政治》,许宝强等译,第 1 页。

　　[5]同上书,第 3 页。中译文有改动。Michel Foucault, *L'ordre du discours*, Paris, Gallimard, 1971, pp.10—11.

　　[6]在这一点上,谢里登的判断是基本正确的:他指认在《话语的秩序》里,"权力理论首次引进福柯的话语理论,当然还有许多工作要做,在此意义上,它还是一个过渡阶段。权力仍然以消极的方式视作话语的限制"。[英]谢里登:《求真意志——米歇尔·福柯的心路历程》,尚志英等译,上海人民出版社 1997 年版,第 170 页。

　　[7][法]福柯:《话语的秩序》,载《语言与翻译中的政治》,许宝强等译,第 5 页。

　　[8]同上。

　　[9]赫西俄德(Hésiode,约公元前 750—前 650),古希腊诗人、学者。

　　[10][法]福柯:《话语的秩序》,载《语言与翻译中的政治》,许宝强等译,第 6 页。中译文有改动。Michel Foucault, *L'ordre du discours*, Paris, Gallimard, 1971, p.19.

　　[11][美]斯马特:《福柯》,载《布莱克维尔社会理论家指南》,王晓修译,江苏人民出版社 2012 年版,第 637 页。

　　[12][德]霍奈特:《权力的批判》,童建挺译,上海人民出版社 2012 年版,第 147—148 页。

　　[13][法]福柯:《话语的秩序》,载《语言与翻译中的政治》,许宝强等译,第 5 页。

　　[14]同上书,第 8 页。

　　[15][美]怀特:《福柯》,载[英]约翰·斯特罗克:《结构主义以来》,渠东等译,辽宁教育出版社 1998 年版,第 96 页。

　　[16][法]福柯:《话语的秩序》,载《语言与翻译中的政治》,许宝强等译,第 8 页。

　　[17]同上书,第 9 页。

　　[18]同上书,第 10 页。

　　[19]同上。

　　[20]同上。中译文有改动。Michel Foucault, *L'ordre du discours*, Paris, Gallimard, 1971, pp.29—30.

　　[21][法]福柯:《话语的秩序》,载《语言与翻译中的政治》,许宝强等译,第 10 页。

［22］这里有一场笔墨官司,即福柯与库恩的关系。依阿甘本的说明,"福柯宣称自己在完成《词与物》后才读到库恩那本'令人赞赏的权威性'著作",并刻意保持了与库恩的距离。Michel Foucault, *Dits et écrits*, ed. Daniel Defer and François Ewald, aris:Gallimard, 1994, vol.2, p.240.然而以阿甘本的推测,福柯是为了报复库恩没有提及他的老师康吉莱姆的影响而故意回避库恩的。关于这一点,我原则上同意哈金的一个判断,他认为,相比库恩在 20 世纪 50—60 年代提出科学范式理论,法国的科学认识论思想的缘起似乎更远久一些,因为巴什拉的"认识障碍"和"认识论断裂"的思想生成于 20 世纪 20 年代,再加上后来康吉莱姆的理论深化,库恩的东西"在法国却是一项旧帽子"。参见［美］哈金:《米歇尔·福柯的不成熟的科学》,载《福柯的面孔》,汪民安等主编,孙长智译,文化艺术出版社 2001 年版,第 76 页。其实,问题的要害并非在于库恩是不是"旧帽子",而在于对福柯影响更为深刻的肯定是康吉莱姆,而非库恩。

［23］孟德尔(Gregor Johann Mendel, 1822—1884),奥地利遗传学家。通过豌豆杂交实验,发现孟德尔定律(包括基因的分离定律及基因的自由组合定律)。

［24］［法］福柯:《话语的秩序》,载《语言与翻译中的政治》,许宝强等译,第 13 页。中译文有改动。Michel Foucault, *L'ordre du discours*, Paris, Gallimard, 1971, p.37.

［25］同上。Ibid.

［26］同上书,第 14 页。

［27］同上书,第 15 页。中译文有改动。Ibid., p.41.

［28］同上书,第 15 页。

［29］同上书,第 17 页。

［30］同上。

［31］同上。中译文有改动。Michel Foucault, *L'ordre du discours*, Paris, Gallimard, 1971, pp.46—47.

［32］同上书,第 17—18 页。中译文有改动。Ibid., p.48.

［33］同上书,第 18 页。

［34］同上。中译文有改动。Michel Foucault, *L'ordre du discours*, Paris, Gallimard, 1971, p.50.

［35］参见拙著:《回到海德格尔——本有与构境》(第一卷,走向存在之境),商务印书馆 2014 年版。

［36］［法］福柯:《话语的秩序》,载《语言与翻译中的政治》,许宝强等译,第 19 页。

［37］同上书,第 21 页。中译文有改动。Michel Foucault, *L'ordre du discours*, Paris, Gallimard, 1971, p.55.

［38］［法］布朗肖:《我想像中的米歇尔·福柯》,载《福柯的面孔》,汪民安等主编,肖莎译,文化艺术出版社 2001 年版,第 15 页。

［39］［法］福柯:《话语的秩序》,载《语言与翻译中的政治》,许宝强等译,第 21 页。

［40］［法］布朗肖:《我想像中的米歇尔·福柯》,载《福柯的面孔》,汪民安等主编,肖莎译,第 20 页。

［41］［法］福柯:《话语的秩序》,载《语言与翻译中的政治》,许宝强等译,第 22 页。中译文有改动。Michel Foucault, *L'ordre du discours*, Paris, Gallimard, 1971, p.59.

［42］［法］福柯:《话语的秩序》,载《语言与翻译中的政治》,许宝强等译,第 22 页。

［43］同上书,第 26 页。

［44］同上书,第 27 页。

［45］［德］霍奈特:《权力的批判》,童建挺译,第 103 页。

第八章 认知考古学:活化的话语 档案与断裂的谱系发现

我们知道,青年福柯的《词与物》一书副标题就是"人文科学考古学",可在那本书里他并未对考古学本身进行具体的讨论。一直到《认知考古学》一书的最后部分,青年福柯才集中讨论了自己的新考古学方法和研究路径。这种新的考古学方法显然不是传统历史研究中,面对物性遗迹时针对古代历史的考证,而是一种全新的基于话语档案**活化**基础之上的构境论意义上的观念考古方法。我以为,这种考古学方法与后来福柯重新认同的尼采的谱系学共同构成了他独特的历史思考方式,并且,这种独特的思考之境恰恰是通过对某种他性空间——异托邦的斜视,才真实地进入到历史真相的复构之中。

一、反对文本:作为历史先验的话语档案

我们看到,到此为止,青年福柯的主要精力都用在说明社会历史生活中最重要的话语实践系统,可是新的更深一些的问题出现了:如果现实生活中最重要的东西是当下发生的非连续性的、无法直观的话语实践,那么当后人面对已经过去的历史时,他们会实证性地遭遇它们吗? 或者说,人们能够复构那些曾经发生的话语塑形的突现场境吗? 令人惊异的是,青年福柯的回答竟然是肯定的。

青年福柯宣称,人们在历史研究中可以遭遇客观的**实证性**(*positivité*),但这种实证性并非孔德那种摆置在某处的可见的实在物或直观"事实"——物性遗存,而恰恰是作为某种类似"历史的先验(*priori historique*)"而出现的

283

东西。福柯在此书中 9 次使用 priori historique 一词。这是他在 1948 年《黑格尔〈精神现象学〉中历史先验性构造》一文中已经关注的问题,但他也承认在这里可能是一个"有点不妥帖"的概念。此处这个 priori,当然不是康德式的先验理性构架或黑格尔的绝对观念,而是由先验的话语功能实施(fonc-tion énonciative)的某种可能被随时激活的实证性的场(champ)存在,这种场境存在"被确定为标志着某种话语实践的规则的整体",或者"一个可转换的整体(ensemble transformable)"。[1]得承认,这是很难理解的构境层。在传统实在论的历史研究学术语境中,这个**非实物性**的历史先验恰恰会表现为一种看不见的"空白",然而,它又是一个可以呈现话语实践发生的瞬间建构和解构的言说场境。我觉得,这倒有些形似马克思所指认的相对于一个时代而先在的**社会先验**——一定的生产力水平之上建构起来的社会关系。譬如资本主义社会的商品、货币和资本关系——它们并不是物体,而是在市场流通、交换和生产过程中建构出来的**场境关系**存在。问题是,我们从什么地方能够遭遇这个实证性的社会先验呢?福柯说:档案。这个答案似乎并不令人惊奇,因为所有历史学家从事研究的主要文献来源就是档案馆。福柯自己就是各种图书馆和档案馆的常客。可是,福柯这里所指认的档案,显然已经被重新规制了。

福柯说,在传统的历史研究中,人们"在历史的神秘的鸿篇巨制中看到一行一行以清晰的定性分析表示出在以前和在他处所构成的思想",而现在不同了:

> 我们在话语实践的深度(l'épaisseur des pratiques discursives)中看到一些把陈述当作事件(événements,因为它们具有出现的状况和场域)和看作物(choses,因为它们包含使用的可能性和范围)的系统。这些都是陈述系统(一部分是事件,一部分是物),我主张把它们称为**档案**(archive)。[2]

如前所述,青年福柯使用的概念的语义都与这些词语的"正常"使用不同。在《科学考古学》一文中,我们已经看到过这个特殊的"档案"范式。在话语实践所面对的档案中,陈述不是词语,而是曾经发生的存在事件,即当下建构起来和突现的场境，陈述也不是独立的物，而是将事物置于其中的系统状况。

显而易见，在福柯这里，面对档案的态度发生了变化。首先，依福柯此时的解释，他这里面对"档案"时的**关注焦点**发生了根本性的改变：第一，不再关注传统档案学中对那些过去之物和文本的分门别类，这种分门别类往往使它们变成死去的物品，用以**证明和拼接**某种连续性历史的同一性；第二，这个"档案"也不再被直接等同于历史事实，而是留心那些"使人们能记录和保存那些人们愿意记住和任意支配的话语的所有的机制"，因为，档案文献总是一些**故意**筛选和保留下来的东西。这一点，我们在福柯前面概述非连续性的新历史观中已经充分了解到了。

其次，重新界划档案概念的**否定性边界**。青年福柯指认，他这里所建构的档案范式（不是概念！）的特殊内涵是：

> 我想指的是几千年以来，由成千上万的人说出的无数的物不是仅仅按照思维的规律或者仅仅由于境遇（circonstances）的作用出现的，这些说出的物不仅仅是那些在词语性能层次上能在精神构序（l'ordre de l'esprit）或者物的构序（l'ordre des choses）中展开的东西的符号，而是，它们之所以出现是由于各种标志着话语层次（niveau discursif）的关系所起的全部作用，这不仅不是一些被偶然地移植到了静默的过程上来的外来形态，它们是根据一些特殊的规律性产生出来的。[3]

显然，青年福柯这里所指的档案不是已经死去且被摆置的现成文本和物（chose），甚至不是这些文本和物在一定的境遇中的关系、观念构序和现实塑形（构序）中生发出来的符码，他是要通过档案，在**话语实践层次**上找到那些曾经突现的构境关系和立境的**规律**。这也就是说，福柯现在要做的是从档案中捕捉在话语实践中曾经发生的"话语性的系统（système de la discursivité）"。福柯在此书中 57 次使用 chose 一词。实际上，这是一件乍看起来根本不可能做到的事情，但青年福柯却无比坚定："档案首先是那些可能被说出的东西的规律，是支配作为特殊事件的陈述出现的系统（le système qui régit l'apparition des énoncés comme événements singuliers）。"[4]

档案不是或不等于物性的文本,或者说,重构的档案范式恰恰是反对作为传统解释学研究对象的文本的某种新东西,它是历史的文本和物中无法直观到的那些曾经在现实存在和精神场境中构序、构式和构境的话语实践中的规律和系统,其本身就是一种**非物性的存在**。也是在这里,传统解释学的基础——**文本**,被最彻底地釜底抽薪了。可是,什么才是青年福柯这里所讲的档案中存在的作为历史先验的话语规律和陈述系统呢?

第一,青年福柯在档案中所要捕捉的不是死去的文本或资料,而是各种让话语实践得以发生的功能性"**复式关系**(*rapports multiples*)"。在这一点上,霍奈特的理解基本上是对的。他说,福柯是将档案作为过去的"意义方案(Sinnentwürfer)的客体化",面对档案,就要从死去的文字中重构出原来的话语。但是,这种意义方案并非是一种单一主体的独白式的创造意义的过程,而是一种"两个主体之间的互动"[5]。我以为,霍奈特前面的分析是接近福柯构境的,但当霍奈特启用**主体**来说明档案的意义方案时,他却又远离了福柯。其实,这种功能性的话语关系本身就是某种非物性的存在,要再由此去重构这些本身就是建构性的话语关系,难度和艰巨性可以想象。福柯是要建构一种与传统历史研究和解释学完全不同的**构境论的空间**。这种构境论空间的本质是**重新激活原先曾经存在的生活场境**!例如,在人们看到疯子的病理与治疗记录的地方,福柯发现了一整套科学话语规训正常与不正常生活的功能性复式关系系统;在警察局刑事案卷中,他却看到完整的权力布展的功能系统。青年福柯解释道,档案不是要搜集重新变成无生气的陈述的尘埃,以及使它们重新成为可实现奇迹的东西;档案范式,是要**重新激活**话语实践的"**功能系统**(*le système de son fonctionnement*)"之境,即找到"在话语的多样性的存在中区分话语和在话语自身的持续中阐明话语的东西"[6]。显见,这个**重新激活**极其重要,重新激活就是**重新构境**,但任何重新构境都不可能真的复建原初之境。捕捉这种话语实践的功能系统的目的,就在于通过"档案使它们不会与时间同步倒退,而使它们发出明亮的光芒,就像看上去离我们很近的星星实际上是从远处向我们起来那样,而其他当代的事物则显得惨淡失色"[7]。多么灵妙,这倒成了诗性话语中的隐喻,我们能从中找出话语复式关系束的档案成了夜空中熠熠发光的星星,它们突然被激活时的场境突现将使当代事物黯然失色。

第二,"从档案的总体性上看,它是不可描述的(descriptible)"[8]。从上文的分析看,在"历史先验"和"复式关系"之类的表述中,我们已能感到青年福柯的这个新的档案范式肯定会是一种无法直接描述和把握的当下建构的场境存在一类的东西。所以,它们不可能在死亡的文字和物性遗物中被直观。也由此,青年福柯告诉我们:一方面,我们永远不可能透彻地描述某一种社会、文化或者文明的档案,也不可能描述一个时代的档案。这是由于,所有档案的建立都是经过意识形态栅格化的,统治者只会留下对自己有利的物证。另一方面,我们也无法描述自己的档案,原因是,我们总是在某种先在的"规则的内部"谈论档案的。当然,根本的原因还在于:所有档案的本质都是**差异**(différence)。福柯在此书中 30 次使用 différence 一词。档案的生成就是与原话语构序—构式实践发生的**存在论差异**,当建构性的当下话语实践成为档案时,即不再是它自己。这是极为深刻的指认。

> 档案的描述是在刚停止成为我们自己的话语的基础上展开它的可能性(possibilités,和控制它的可能性);它生存的界限(seuil d'existence)是由把我们同那些我们不再可能说的东西和将我们同我们话语实践之外的东西隔开的那些断裂建立起来的;它始于我们自己语言的外形;它的地点是我们的话语实践的差距(l'écart)。[9]

正是这种存在论上的历史差距把我们从那种虚假的连续性历史中分离出来,它消除了时间上的虚假同一性,**中断了**"先验目的论(téléologies transcendantales)的连续过程"。福柯正是这样从学术研究细节的微观操作上实现自己对目的论式的连续历史观的拒斥。更重要的是:

> 它证明了我们就是差异性(différence),我们的理性就是话语的差异,我们的历史就是时间的差异,我们的本我就是面具的(masques)差异。它们证明差异远不是被遗忘的(oubliée)和被覆盖(recouverte)的根源,而是我们自身之扩散和我们造成的扩散(dispersion)。[10]

我们就是差异,我们差异故我们在:被同一化同质化的理性逻各斯遮蔽了话语塑形的差异,线性的总体性历史遮蔽了真实时间的差异,原初的本我遮蔽了面具下生存的差异。在这一点上,他与德勒兹的差异观是基本一致的。差异是同一的反面,差异是我们的本质,也是历史的本质。在福柯的认知考古学的档案中,正是差异构筑了历史。或者反过来说,也正是人们对**差异的遗忘**生成了传统的总体性历史观。青年福柯认为,"这种从未完结的,从未被整合地(intégralement)获得的发现形成了话语塑形的描述,实证性的分析,陈述场域所测定的一般视域(l'horizon général)"[11],而对这种档案的探究就生成了新的**考古学**(l'archéologie)的主题:"实施于它的陈述功能的层次,它隶属的话语的塑形层次和档案的一般系统的层次。考古学把话语作为档案特殊的实践(pratiques spécifiées)进行描述。"[12]新的考古学的真正对象是**档案**,这个档案将是从死去的文字和物性遗物中**重新激活**话语塑形中曾经突现的陈述功能构境场存在,它将**复构话语塑形事件场的不同构境层次**,考古学研究就是**从档案中重构话语实践的发生**。对于这个被激活的历史性的话语实践,我们已经领教过其复杂的构境意蕴。

走笔至此,青年福柯的新考古学终于算粉墨登场了。虽然福柯自己也感觉到,使用"考古学"这个概念"也许过于严肃"。而布朗肖则认为,福柯的"认知考古学"这一标题本身就很危险,"因为它使人联想起应当摒弃的东西——本原的逻各斯或本原的言说"[13]。因为考古学的直接之意总会让人联想到是要寻求那些不可见的原初物的努力。这恐怕也是福柯后来另启谱系学的原因之一。

二、什么是福柯的考古学?

以青年福柯自己的说明,如果哲学是"诊断"思想的事业,而考古学则是在更高的一个层面上"描述思想的方法"。以我之见,青年福柯的所谓考古学其实是一种基于重现隐性话语实践的历史研究之上的**方法论自觉**。这种方法论自觉对于每一个时代都是重要的。考古学的概念最早出现在福柯的文本中,是1960年作为博士副论文的《康德〈人类学〉导论》,在这一本小书中,福柯第一次使用了"文本考古学"这样的概念。如前所述,在早期的《古典时代疯狂史》一书中,在那篇被福柯自己删除的第一版序言中,他曾谈及一种"沉默的考古学"[14]。这种"沉默的考古学"源自他的老师杜梅齐尔提出的不同于传统考古学的"再现的"考古研究方法。也是在那个文本中,青年福柯较早地使用了"认识考古学"这一概念。[15]虽然在《词与物》一书中,他已经明确命名了这一方法,但也只是在《认知考古学》一书的最后,他才算是比较详尽地讨论了自己这一特殊的方法论。1966年的一次访谈中,福柯只是说,《词与物》中的考古学"不是某个学科,而是一个研究的领域(domaine de recherche)"[16]。考古学不是传统意义上的学科,而是一个新的思考构境领域。

青年福柯在《认知考古学》中,第一次明确突破了前人关于传统考古学学科的专业理解域,即那种将"考古学作为一门探究无声的古迹、无生气的遗迹、无前后关联的物品和过去遗留事物的学科"[17]。这是对具体考古科学的一种故意贬谪。福柯居高临下地声称,自己所要面对的"考古"对象并非是**曾经实在**的物质遗留事物,而是在穿透"档案"之后呈现的物性实在尺度上**并不在场**的"未说出之物"。以海德格尔式的现象学话语来形容,即是不再面对对象性意义上的"什么"(Was),而是要追问让存在者历史性的是其所是的"怎样"(Wie)。从而,青年福柯标榜的新考古学旨在看到那些寻常历史学家**看不见**的东西。关于这一点,我们已经有足够深刻的体知。有谁能看到曾经发生过的话语塑形和陈述构序场境本身? 可能吗?

青年福柯说,他用考古学划定的这一研究领域恰恰就是过去人们标识为"观念史"的空间。在他看来,新的考古学既不是古物和遗迹的考证,更异质于整个传统观念史(l'histoire des idées)中那种着眼于目的论的连续性研究范式。考古学恰恰拒斥"唯物主义"、"辩证法"、"本原"、"存在"和"真理"等一些概念从古到今的演变史研究,它着眼于断裂中对每一个概念历史情境的关注。青年福柯明确指出,由于他的新考古学的出发点是寻求"话语的断裂(scansion du discours)",所以这种研究的根据不再会是完整的"作品、作者、书籍或者主题"等传统的连续体,而是处在差异性构境中的"话语实践"和"言说场"背后的话语构序和塑形之档案的**重新激活**。在1983年的一次访谈中,福柯称自己的考古学为"错位(décalé)的分析方法",在法文中,这个décalé有与现实错位和脱节的意思。这种错位分析的考古学"不是在时间中,而是根据对象所处的地位来进行分析";"不是在演变中研究思想史,而是从思想的底下研究这样那样的物怎样成为认知之可能的对象"。[18]在这一点上,哈贝马斯关于"福柯的认知考古学继承的是巴塔耶的异质学(Heterologie)"[19]的判断是有一定道理的。然而,哈贝马斯对福柯考古学的具体理解却流于肤浅,他竟然基于传统认识论视域而将福柯考古学的研究对象指认为"隐匿着的意义基础,关注的是需要费力气挖掘的基础结构"[20]。这个指认是十分荒唐可笑的。故而,新的考古学将起用"一整套"古怪的器具,或者说弄清楚这个长期以来被冠之以"观念史研究"之名的领域中真正发生的事情,"必须使用全新的方法和测定手段"。青年福柯不无得意地自诩,为此,"我已经建立了一整套的概念(话语塑形、实证性、文献),我划出了领域(陈述、陈述场、话语的实践)"[21]。新概念系统与新的研究平台,这里的关键话语改变是功能和凸显建构性的**塑形、场与实践**。当然他也承认,新考古学所面临的工作将十足艰巨。这毕竟是一个全新的尝试。

青年福柯宣称,自己的考古学研究与传统观念史的研究在方法论上有四个重大的原则性区别:一是研究对象中关于**新事物**(*nouveauté*)的确定。考古学的对象不再是观念史中那些围绕在主体周围的被凝固化的"思维、描述、形象、主题",而是曾经在某个当下建构和解构的"话语本身,即服从于某些规律(des règles)的实践"[22]。话语不是死去的史料,不是符号背后的本质,话语之考古的实质是作为**被重新复构和建树**(*monument*)的话语。比如关于红色五月风暴记载史料之考古研究,并不是要指认几个人物和暴力事件,而恰恰是要重构出当时导致运动爆发出来的隐性话语实践场境。正是在这个意义上,德勒兹评论福柯的考古学"从某种角度上说总是现在时"[23]。虽然这个"现在时"不可能直接等于1968年彼处的"现在时"。在这个构境层中,考古学的对象总会是激活档案中**话语重构**的新事物。二是关注非连续性和差异性的**矛盾**(*contradictions*)分析法。考古学不再致力于发现传统观念史中那些连续的和把历史事件联贯起来的"同一性"、"一致性(de cohérence)"和"内聚力"之类的东西,而是关注在矛盾和不同差异性构境中出现的"话语的特殊性(spécificité)"。它不再做作地建构观念史中那种走向光明和胜利的科学或者文化的"光荣经"(doxologie),而恰恰要对那些被主流目光所忽视的不直接在场的话语方式本身作出差异分析。**光荣经**是一种力量从胜利走向胜利的光亮史，而考古学则是走向历史记载黑暗中的沉默差异和不语的矛盾。比如将"五月风暴"视作无产阶级革命的新胜利的做法与全新异质性社会运动（没有目标的"蔷薇花革命"）的差异。三是与主体性霸权意识相反的微观性的**特殊**描述。考古学不再试图建立一种之于研究对象的**主宰**（souveraine）状态，而是要微观地刻画话语塑形的"个体化"（individualise），"确定话语实践的类型和规则（types et des règles de pratiques discursives）"。从抽象和一般走向微观的个别，正是这种态度，才会使福柯有可能走向对沉默史实的特别关注（如疯子、麻风病人和流浪汉等边缘群体的生活）。四是**转换**的测定。考古学也不试图重建人们言说时那种瞬间发生的本己性所思所感，它"只是一种重写（réécriture）：就是说在外在性的固有形式中，一种对已写出的东西的调节转换"[24]。重写不是对原构境层的**还原**，而只是转换。

更具体、更微观地看，考古学与传统观念史的异质性还表现在：

第一，考古学的根本着眼点是**非连续性**。这一点，我们已经熟知，这是福柯新史学的根据。相对于传统观念史研究中那套假设一种完整的历史性事物从过去、现在到未来享有某种同一性的持存状态，并由此关注历史的连续性、同质性的思想史构境范式，考古学则将着力揭穿同一性事物之连续性的历史持存的幻象。青年福柯说，传统的观念史研究所采用的那种贯穿所有事件和学科的**透视法**（perspective），是"一门起始和终结（commencements et des fins）的学科，是模糊的连续性和归返（retours）的描述，是在历史的线性形式（forme linéaire de l'histoire）中发展的重建"[25]。有如资产阶级制造的启蒙进步史观，它正在强化为全部非西方世界的必然道路。他说，传统的观念史总是一种对逻辑构序的"同心圆"（cercles concentriques）的描述，这种描述总是关注某种"暗中的诞生、遥远的关联、在表面之下滞留的持久性"。在青年福柯看来，历史构式中的"起源、连续性、总体性（Genèse, continuité, totalisation），这些就是观念史的重要主题"[26]。相反，考古学的研究正是对传统观念史逻辑构序的否定：考古学更多地谈论**断裂、缺陷、缺口**，让人看到那些被传统统治者和历史学家有意无意遮蔽起来的东西，或者说，"它更趋向于分解由历史学家不厌其烦纺织起来的所有这些网络；它使差异增多，搅乱沟通的线路,并且竭力使过程变得更加复杂"[27]。就像青年福柯在《词与物》一书中,将连续的启蒙进步幻象以认识型的异质布展截断为三种不同的资产阶级文化世界的构序——构式存在。一言以蔽之,考古学不在于寻找处于连续性历史链环中的遗存文物或化石,而是先要打破这种连续的历史网络和幻境本身。这显然是深受康吉莱姆的非连续性科学认识史学观影响的结果。

第二,考古学的工作是揭露**总体性历史被制造的秘密**。与传统那种"光荣经"(doxologie)的观念史研究根本异质的是,福柯的考古学不再关注主体性的有着合理性逻辑之光普照的"正史",而"讲述邻近的和边缘的历史"(l'histoire des à-côtés et des marges)。比如,不讲客观存在的自然的发生史,而讨论自然史概念本身的被历史制造出来的认识型规制事件;不讲堂皇的追求真理的科学史,而是讲述那些貌似不完整、不严格的主观认知的历史;不讲经典选出的辉煌文学艺术史,而讲"小道传闻史、街头作品史"[28]。后来,福柯的这种面对历史的态度被一些后现代思想家概括为"卑微史"。

第三,考古学的本质是**主体性的解构**。新的考古学"并不贯穿意识—认知—科学(conscience-connaissance-science,这条轴线不能摆脱主体性指针),它贯穿话语实践—认知—科学(pratique discursive-savoir-science)这条轴线"[29]。此处的关键在于**祛主体性**。考古学反对制造历史构序网络中存在的主体强力意志,"意识—认知—科学"的轴线内核是意识主体发动的对象性活动,由此建立向自然立法的知识概念体系和科学图景;与此相反,考古学所描述的更多是针对那种看不见主体作用的客观话语实践,在这里,"话语实践—认知—科学"的轴线将"不再建立任何价值等级",也不刻意去发现某个人(主体)"首次肯定发现了某个真理"[30]。因为,这种所谓的"发现"和"发明",不过是一定**历史性先验话语结构**的特定历史构序和构式之结果罢了。

第四,考古学的真正对象是客观发生着的**认知**(savoir),而不是主体性的**知识**(connaissance)。在这里,我们又一次看到福柯对知识(connaissance)与认知(savoir)的刻意界划。所谓认知,是祛主体之后获得的处于场境状态中的话语实践的塑形系统和科学话语。"这个由某种话语实践按其规则构成的并为某门科学的建立所不可缺少的成分整体(ensemble d'éléments),尽管它们并不是必然会产生科学,我们可以称之为**认知**。"[31]认知不是传统科学理性构架中那种死去的**概念性知识**,而是一种过去和现在应该说出的东西,"认知是在详述的话语实践中可以谈论的东西,它是不同的客体(différents objets)构成的范围(domaine)",认知是一个**话语实践的认知场**,"概念在这个场域(champ)中产生、消失、被使用和转换"[32]。考古学就是要重现这个认知场境。也是在这个构境意义域中,青年福柯才将自己的考古学直接指认为"认知考古学"。由此,我们才能发现将福柯的 *L'Archéologie du Savoir* 一书译成"知识考古学"有多么离谱。我注意到,福柯是在《古典时代疯狂史》一书中较早谈及"认知考古学"的,但在那时,福柯尚未完整地生成这一新的具体思想构境。[33]

也是在这里,青年福柯还反对了自己的老师阿尔都塞在科学与**意识形态**(*idéologie*)之间界划出的异质性断裂边界。我们知道,在阿尔都塞那里,巴什拉的科学认识论和科学史研究中的常识与科学的认识论断裂,被推演到马克思思想发展史中的资产阶级人本学异化史观的意识形态与历史唯物主义科学的断裂。意识形态,即以幻想式的虚假关系取代真实存在的现实社会关系的粉饰物。这种观念一度曾经深刻影响了整整一代法国马克思主义研究和激进话语。可是,在此时的青年福柯看来,阿尔都塞将科学与意识形态根本对立起来的做法是有问题的。因为在他看来,科学构思生成于话语实践的认知,但是科学的生成并非使它将认知指认为"谬误、偏见或者想象的史前史(préhistoire)"的意识形态加以否定和抛弃。[34]这是简单的**真假二元逻辑**。对什么是真实,福柯是存有疑虑的,或者说,对立于意识形态的科学真理本身就是成问题的。福柯宣称,意识形态与认识论结构(structure épistémologique)一样,不过是科学的一种功能(fonctionnement)。所以,"意识形态并不排斥科学性",甚至,意识形态本身就是"科学话语的功能"。这显然是很另类的思想透视。"一个话语在进行自我修正、纠正谬误、加速自身形式化时,也不必然同意识形态脱离关系,而意识形态的作用也不随着严密性的增长和差错的消失而减少。"[35]显而易见,青年福柯关于意识形态与科学的关系之见与自己的老师巴什拉和阿尔都塞都是大异其趣的。

同时,青年福柯还明确界划了考古学几条更微观的否定性的边界:一是考古学不是**历史现象学**(*Phénoménologie historique*),而恰恰是"将历史从现象学的控制下解放出来"。关于这一点,福柯可能是在反对本质主义的古典现象学(亚里士多德、康德、黑格尔),即从直接的现象世界背后再透析出一个绝对本质。之所以这样说,是因为福柯的方法论中仍然存在明显的胡塞尔—海德格尔的现象学因素。当然,这也不是我在《回到马克思》一书中所指认的马克思科学批判理论的历史现象学。二是考古学不是**结构主义**(structuralisme),并非将结构主义输入历史领域的结果。固然,考古学是要面对话语塑形的功能结构,但它并不是语言学结构主义的某种衍生物。这也是福柯多次重申的观点。在这一点上,波斯特指认福柯提出考古学和谱系学的概念是为了避免人们对他"历史学的结构主义"的指责。* 是有一定道理的。三是考古学不是传统意义上的一门**科学**。它无法成为列入专业知识体系的一种学科,而恰恰是摆脱存在者意义上知识概念构架之后所做的关于话语实践及其运行机制的探究。

我觉得,还有一条青年福柯并没有直接指认,但却十分重要的边界,即**考古学与解释学**的否定性边界。也因为青年福柯用面向话语塑形的档案取代了传统的文本,所以,在**文本的死亡**面前,面对激活话语档案的考古学也就理所当然地取代了传统文本研究中居统治地位的解释学。或者说,考古学甚至正好是**反对解释学**的。我注意到,美国学者哈金也敏锐地捕捉到了这一对立。他指出,相对于"文本"与"阅读"对置的解释学,"福柯的考古学恰恰是解释学的对立面",因为,比之追求文本原初语境的解释学,"考古学恰恰相反,它不想解释文本,而想要展示句子之间的关系,说明为什么说出的是这些句子,而不是另一些句子"[36]。这大致是一个正确的判断。

也是在这本书的最后,青年福柯将考古学与自己原先那个**认识型**范畴做了某种牵强的对接。这里,他只是将认识型放置到了**科学史的狭小空间**中来定位。其实,这种限定是有意义的,至少拒绝了对认识型的**普适性**泛化。在此处,《词与物》一书中的主要范式——认识型——成了与其他两种科学史研究范式,即形式化层次上的**循环分析模式**与福柯自己的老师巴什拉和康吉莱姆的**历史分析模式**不同的科学史研究路径。福柯告诉我们,特

---

* [美]波斯特:《福柯、马克思主义与历史》,张金鹏等译,南京大学出版社 2015 年版,第 76 页。——本书作者第二版注

别是后者,即那个事实上对他和阿尔都塞产生了直接影响的科学认识史模式,因为以科学为准绳,所以"它所讲述的历史必然会突出真理与谬误,合理与不合理,阻碍与发展,纯净与不纯净,科学与非科学的对立,这就是科学**认识论的历史**(histoire épistémologique)的所在"[37]。随之,青年福柯将自己的认识型理论指认为第三种历史分析类型。当然,认识型在这里**特设性地**被定义为考古学在科学史研究中的一个具体运用。

在话语实践、实证性、认知与认识论形态(figures épistémologiques)和科学的关系中,对话语实践、实证性和认知所作的分析,正是我们为使科学史的其他可能的形式区别开来把它称为**认识型**(l'épistémè)的东西。[38]

这是我们需要留意的福柯关于认识型的一个非常重要的重新定位。原先是福柯将老师的科学认知结构放大到整个时代的文化塑形—构序结构,现在他又将其反向复归于科学内部。

青年福柯自承,《认知考古学》的立意"只是为了扫除初步的障碍"。虽然,人们总是习惯在纯净的透明中一览无余地看到天才的非凡作用,可是福柯的话语却要真实地给予我们关于没有不朽的实体的"低语",人们应该假设,这些话语中并没有"残生",而是在"建立我的死亡"[39]。

三、谱系学:总体历史认知中的边缘造反

其实,在后来的福柯那里,与考古学具有相近范式意义的透视之镜还包括**谱系学**(généalogie)。[40]罗伯特·杨认为,《认知考古学》之后,福柯"放弃了知识分析,更多地转向尼采的'谱系学'"[41]。多斯甚至声称,在1970—1971年前后,福柯在研究方法上出现了所谓"谱系学转向"[42]。我觉得,这些判断可能都言重了。福柯的谱系学应该可以被看作是一种**补充和完善**考古学的阶段性历史观范式。或许也因为考古学本身有太强的专业痕迹。具体说,在福柯那里,这种属于他自己的新的谱系学概念的系统说明

最早出现在论文《尼采·谱系学·历史学》(*Nietzsche*, *Généalogie*, *Histoire*, 1971)之中。关于这一文本，我们在后面的章节中还会以附文的形式展开具体的解读。其实，在《临床医学的诞生》和《词与物》等书中，他都提到过谱系学概念，但那还是在传统生物学的物种连续性谱系树的语境下使用的。[43]在前面已经讨论过的《认知考古学》引言中，我们也看到青年福柯曾谈及与马克思并肩的尼采的谱系学。事实上，尼采的思想谱系学[44]已经是对生物进化研究中的连续性种群谱系树的砍伐，而福柯的谱系学概念则是对尼采谱系学的一种重要细化和深化。对这一点，福柯显然是自觉的。

依阿甘本[45]的解读，福柯所重新构境的这个所谓的谱系学，同样有着反对**起源**和解构**主体**的双重否定性的前提：一是"重构自尼采——以反对一切为起源(Ursprung)而进行的研究"，在此，"起源"被视为通常历史学中那种对事物开端的追逐，而尼采的谱系学则更关心"Herkunft"(出身、来历)，福柯把这个德文词翻译为"出身"(descent)、Entstehung(发生、出现、形成、兴起)，以及"出现(emergence)，呈现(arising)的时刻"[46]。这就好像尼采在《论道德的谱系》中所做的那样，拒绝了传统中关于伦理思想史起源的全部结论，深刻揭露了现代性道德的真实的血腥出身。我还注意到，福柯的老师阿尔都塞也曾直接批评过思想史尺度上的起源论。在阿尔都塞那里，所谓**起源论**，即是那种主张由某种基始的起源去衡量事物或思想的发展过程的理论。[47]其实，早在1964年的一次研讨会上，青年福柯就指认过现代认识型的这一共同特点，特别是与在"马克思、尼采和弗洛伊德那里的表现方式相当接近：都拒绝开端(refus du commencement)"[48]。与这一观点接近，在1966年出版的《词与物——人文科学考古学》一书中，青年福柯则具体确认了作为古典认识型构件的"起源论"，并历史地说明了这种"起源"在现代性认识型中的解构。[49]而到了1969年的《认知考古学》一书中，情况稍有一点不同，因为青年福柯在考古学的方法论意义上指认了整个传统思想史的主题："起源、连续性、总体性"，并明确说明"考古学的描述却恰恰是对思想史的摈弃，对它的创设和程序的有系统的拒绝"[50]。在福柯那里，总体性的起源论是连续的，而作为新历史观的考古方法的"废墟论"和谱系说则强调断裂。换而言之，谱系学与福柯前期的考古学一样，本身就不是要在追逐起源的意义上简单地找到曾经存在过的存在者的客观原状，而是要现象学地"回到事物本身",去考察事物自身的**发生和呈现的那个时刻**。我觉得,在这个意义上,谱系学恰恰是历史研究中捕捉**先行发生**的现象学考察。请注意,不是康德—黑格尔式的本质主义古典现象学。二是谱系学的本质恰恰要"通过摆脱主体的构造来摆脱主体本身"。这一点完全同质于认知考古学。在阿甘本看来,福柯的谱系学的本质就是解构主体。这个判断同时意味着,谱系学要求人们必须在历史的编织中描述主体的**被构成**以便一次性地摆脱主体。我倒觉得,这多少显示出福柯的谱系学顺应了结构主义通过揭示结构制约机制**祛主体中心论**的大势。也是在这个意义上,克里福特干脆说,福柯的谱系学"乃是在概念中将人抹除(effacement)之最大保证"[51]。这一判断简单了一些。

我注意到,福柯在 1976 年的题为"必须保卫社会"的法兰西学院演讲中,再一次比较集中地谈及这个新的谱系研究方法。此时,福柯将之指认为考古学研究之后的一种历史研究中的一种革命的**斗争**方法,不过,谱系学也只是它的一个"暂时的定义"(définition provisoire)。应该指出考古学与谱系研究的一个重要判别,如果说,考古学的思考对象还是揭露被遗忘的话语实践场境及其激活机制,而谱系研究则已经是明确在**反对现实社会中存在的权力控制**了。这一点,福柯显然得益于尼采道德谱系学中的现实批判意向。这是福柯将谱系研究的本质定义为"斗争"的根据。比如,依福柯的看法,在传统的科学理论体系中,掌握在少数人手中的科学**权力**以真理话语的名义,将大部分局部的认知(记忆)都"过滤掉了",对真理话语规范下的知识进行分级、归整,以生成一种霸权体系中的总体性理论。而他自己所谓的谱系学,则是一种历史研究中反对任何权力控制的**认知的造反**(l'insurrection des savoirs),谱系学的作用就是要"使那些局部的、不连续、被贬低的、不合法的认识运转起来,来反对总体理论的法庭"[52]。当哈贝马斯将福柯的谱系学解释为只是说明"话语是如何形成的,话语为何会出现,又为何会消失"[53]时,恰恰就没有抓住理解谱系研究的这个**反对权力和反总体性话语**的关键性**革命规定**问题。福柯要让我们关注那些被有意无意删除的"荒蛮的记忆"(mémoire brute),这是一种反对权力等级化科学知识体系的斗争,谱系研究就是要致力于发现那些被历史学家剔除的黑暗中的记忆。一句话,"谱系学引导的斗争就是为了反对属于被认为是科学的话语自身的权力"[54]。反

对权力,是谱系学的根本! 所以,福柯说,

> 谱系学,准确地说是反科学(anti-sciences)。它不要求一种对于无
> 知和非认知(non-savoir)抒情的权利,它也不是拒绝认知或运用尚未被
> 认知捕获的即刻经验的魅力。它并不指这些,而是指认知的造反
> (l'insurrection des savoirs)。造反不是反科学的内容、方法和概念,而是
> 首先反对集中权力(pouvoir centralisateurs)的作用,这个集中权力与在
> 类似我们这样的社会中组织起来的科学话语的制度和功能紧密
> 联系。[55]

我以为,这个谱系学隐烁着很深的"五月风暴"的印记。毛泽东的"造
反有理"不仅影响到法国的"毛泽东主义红卫兵",还深深触动了一代法国
左翼知识分子的心灵。谱系研究更明确地提出在传统科学话语体制中造
反,特别是反对由"大学和教育工具"身体化了的"科学话语的体制化"(in-
stitutionnalisation du discours scientifique)的权力支配。[56]实际上,根据福柯
自己的说明,与关注细部断裂的考古学不同,谱系学是在"废除总体性话语
及其等级体系在理论上的特权地位"后建立起来的。从青年卢卡奇那里我
们可以得知,总体性不过是主体性的一种隐身式变形。阿多诺也是在这个
意义上反对总体性的。反对总体性就是反对权力,特别是那些看不见的权
力控制。

在 1983 年的一次访谈中,福柯这样来概括自己抗拒权力支配的政治斗
争方式,他说,

> 我力图与一切总体化的方式(formes de totalisation)界划开来,任何
> **总体化**主张一经提出立即会变为抽象、有限的东西;我力图**开辟**
> (d'ouvrir)那些尽可能**具体**(concrets)和**普通**的(généraux)问题,即那些
> 以横穿过社会的对角线(traversent les sociétés en diagonale)从背后逼近
> 政治并抄近路抵达社会事务的问题,那些同时构成我们的历史并被那
> 种历史构成(la fois constituants de notre histoire et constitués par elle)的
> 问题。[57]

这也是一种非**总体化**的政治谱系学方法。福柯说,谱系学正是通过对传统历史学家删除的那些"原始记忆的重新的发现",来再现"冷僻知识和局部记忆",这样,"它的真实任务是要关注局部的、非连续性的、被取消资格的、非法的认知,以此对抗整体统一的理论"[58]。举一个思想史的例子,比如在前苏联东欧国家的史学构架中,以《联共布党史》为范式的辉煌史就是典型的总体性话语和史学等级体系。只有对意识形态同一性有益的"史实"才可能入史,否则,都将被打入不见天日的黑暗之中。谱系学就是要重新再现这种**意识形态删除**的发生。在这个意义上,我倒是愿意采用这种"谱系学"方法的,因为我曾经再现过被删除的普列汉诺夫、波格丹诺夫和德波林的相关文本事件。[59]在福柯这里,谱系学就生成为一种消除总体性权力话语、解构等级体系的新历史观。为此,福柯专门指出,

> 与那种把认知纳入与科学相连的权力等级(hiérarchie du pouvoir)有序的规划形成对照,谱系学应该被看成是一种把历史认知从这种压制中解放出来的努力,谱系学让历史认知能够对抗理论的、统一的、形式的和科学的话语的威胁。它建立在局部认知的反抗之上——如德勒兹所说,是那种微小的认知——反抗科学的等级(hiérarchisation scientifique),以及认知权力的效应:这就是祛序(désordre)和片断性(charpie)的谱系学的规划。[60]

祛序(désordre)和**片断性**(charpie)是谱系研究抗拒权力的基本造反武器。福柯明确指认说,考古学是"指局部性话语分析的方法"(l'analyse des discursivités locales),而谱系学则是"指建立在对局部话语的描述基础之上的策略,通过这种策略,受压制的认知被解放出来进行活动"[61]。在另一个地方,福柯将考古学、谱系学和**策略学**三者看成是"描述同一个分析中必然出现的三个维度",而非"三个连续的层面"。[62]我觉得,恰恰是这三个连续的层面所建构起来的先在范式,生成了早期福柯非凡的历史研究方法上的哲学天目。

我注意到,1984年,福柯在《什么是启蒙?》(Qu'est-ce que les Lumières?)中,再一次说明了考古学与谱系学的关系。此时,他将自己的批判方法直接

指认为**历史存在论**(*ontologie historique*)。不是历史**本体论**!

> 批判在其终极性(finalité)上是谱系学的,在其方法上是考古学的。所谓考古学的,意指:这种批判并不设法得出整个知识(connaissance)的或整个可能的道德行为的普遍结构(structures universelles),而设法得出我们所思、所说、所做都作为历史事件(d'événements historiques)来得到陈述的那些话语。而这种批判之所以是谱系学的,是从这个意义上说的:它并不会从我们所是的形式中推断出我们不可能做或不可能认识的东西,而是从使我们成为我们所是的那种偶然性(contingence)中得出不再是、不再做或不再思我们之所是、我们之所做或我们之所思的那种可能性。[63]

晚期福柯的这个说明,已经足以让那种关于从考古学到谱系学的方法论"转向说"破产。其实,在福柯那里,考古学与谱系学是一个新史学方法论的整体,只是侧重不同而已。

只是在这里,福柯说明了谱系学的方法论本质为后来他所指认的**异托邦**(*hétérotopie*):事物不再所是、不再所做和不再所思的**异质性在场状态**。这是一个十分难以理解的他性空间概念,如果要进入福柯这一怪异的思想构境,我们不得不再将时间退回到 20 世纪 60 年代。

四、异托邦:斜视中的他性空间

谱系学的真正对象之一,是现实存在中作为另类或者他性空间物的异托邦。这是青年福柯在 20 世纪 60 年代生成的一个重要的**反向存在论观念**,即通过指认一种在现实中真实存在的**他性物和非常事件**,这些他性存在本身就是要解构现实体制的合法性。这种他性存在被福柯命名为**异托邦**(*hétérotopie*),以区别于非现实的理想悬设物——**乌托邦**(*l'utopie*)。

其实,被福柯重新构境为异托邦的 hétérotopie 一词,在法文中起先是在福柯十分熟悉的生物学和医学领域中使用的,它是指与动植物原位移植相对的不同部位的器官和组织移植,所以也称**异位**(移植)。福柯第一次在学术异境中使用此词是在 1966 年的《词与物》的序言中。在那里,福柯已经跳出此词的原初语义构境域,直接与乌托邦概念相对完全重新建构了一种新的情境,即作为**他性实有空间**的异托邦构境。

在此,我们可以再一次回到《词与物》序言中福柯那个著名的大笑场景。如前所述,福柯之笑在于他在看到博尔赫斯书中所提及的一部中国百科全书里的另类动物分类后,发现这种奇怪的分类(不是同一性的构序)解构了传统西方文化对存在本身的命名(分类)之**有序**。仍然陷在多样性感性事件中的"皇帝所有"、"有香味的"、"驯服的"、"传说中的"、"数不清的"、"刚刚打破水罐的"等等的动物区分,相对于西方古典认识型中对自然历史和物种分类学命名的同一性构序,则反向呈现了"丧失了场所和名称'共有'的东西",它们并没有被摆置的同一性理性逻辑的共同场所。福柯开心地说,这种来自现实**异域**(中国)的他性分类法"导致了一种没有空间的思想,没有家园(feu)和场所的词与范畴",这对于西方文化中的固有分类秩序则是扰乱人心的**无序性**。如果说,西方的同一性理性逻辑的分类是文化自慰式的乌托邦,那来自中国这种他性的无序"分类"就是一种实存的**异托邦**(*hétérotopie*),

> 异托邦是扰乱人心的,可能是它秘密地损害了语言,是因为它们阻碍了命名**这**和**那**(*ceci et cela*),是因为粉碎或混淆了共同的名词,是因为它们事先摧毁了"句法"(syntaxe)。……异托邦(诸如我们通常在博尔赫斯那里发现的那些异托邦)使语言枯竭,使词停滞于自身,并怀疑语法起源的所有可能性;异托邦解开了我们的神话,并使我们的语句的抒情性枯燥无味。[64]

可以看出,在《词与物》的序言中,福柯的异托邦只是一种打乱西方文化认识型中的词对物构序的**异域和外部**,它破坏了词语构序的共同场所,解构了建构有序性的句法结构。**异托邦即是现实中存在的祛序**。不过,那时福柯的异托邦概念显然还没有上升为一个方法论范式。不久,事情就发生了变化。

1967 年 3 月 14 日,福柯在法国建筑研究会上作了题为"他性空间"(Des espaces autres)的演讲。[65]正是在这一演讲中,福柯系统阐述了他关于异托邦的全新看法。1966 年 12 月 7 日,福柯曾发表一个题为"异托邦"的广播讲座。这一次,他还是以乌托邦为反向参照开始自己对异托邦的精心设定。依他的解释,

> 乌托邦是没有真实场所(lieu réel)的地方。这些是同社会的真实空间保持直接或颠倒(inversée)类似的总的关系(rapport général)的地方。这是完美的社会本身或是社会的反面,但无论如何,这些乌托邦从根本上说是一些不真实的(irréels)空间。[66]

这是对的,乌托邦总是某种针对现实存在中并不存在的美好的理想悬设,有如中国的虚无缥缈的"桃花源"、"大同世界"和空想社会主义者的"乌有之乡"。乌托邦总是一种超越现实的光明**彼岸**世界的引领。福柯宣称,异托邦则与乌托邦不同,异托邦不是虚无的彼岸世界,它就客观存在于**此岸可见**的某处,异托邦恰恰是有**真实地点和空间存在**的场所,

> 在所有的文化、所有的文明中可能也有一些真实的场所(des lieux réels)——确实存在并且在社会的建立中形成——这些真实的场所像反场所(contre-emplacements)的东西,一种的确实现了的乌托邦,在这些乌托邦中,真实的场所,所有能够在文化内部被找到的其他真正的场所是被表现出来的,有争议的,同时又是被颠倒的。这种场所在所有场所以外,即使实际上有可能指出它们的位置。因为这些场所与它们所反映的,所谈论的所有场所完全不同,所以与乌托邦对比,我称它们为异托邦。[67]

显然,与《词与物》中的异托邦概念相比,福柯在这里已经在生成一种新的批判性构境范式,异托邦被界定为与没有真实场所的乌托邦相反的现实存在的东西,这些真实存在却时时通过自己的存在**反对和消解现实**,甚至说,异托邦就是现实的**颠倒性存在**,对现实构成威胁的一种**他性空间**(espaces autres)——**反场所**(contre-emplacements)。这里有一个典型的福柯自己的例子,即美国旧金山的同性恋社区,对于"同志"的他来讲,这种他性空间中的实存正是建构了一种反抗现实异性恋体制的"异托邦"

(heterotopia)。福柯于 1975 年首次造访旧金山海湾区(Bay Area),他本是去伯克利的加利福尼亚大学讲学,但他的同性恋同事们很快就把他带到旧金山的卡斯特罗街和佛索姆区。此后,福柯在 1979 年、1980 年和 1983 年春数访加利福尼亚,通常都是白天在伯克利活动,晚上去旧金山过夜。在这个反对现实的异托邦狂欢中,福柯的代价是染上了致命的艾滋病毒。

为了进一步说明异托邦与乌托邦的异质性,福柯还专门举了一个例子,即介于乌托邦与异托邦之间的双重性关系建构的**镜像空间**。福柯说,

> 镜子(miroir)毕竟是一个乌托邦(utopie),因为这是一个没有场所的场所(un lieu sans lieu)。在镜子中,我看到自己在那里,而那里却没有我,在一个事实上展现于外表后面的不真实的空间(espace irréel)中,我在我没有在的那边,一种阴影给我带来了自己的可见性,使我能够在那边看到我自己,而我并非在那边:镜子的乌托邦。但是在镜子确实存在(existe réellement)的范围内,在我占据的地方,镜子有一种反作用的(retour)范围内,这也是一个异托邦;正是从镜子开始,我发现自己并不在我所在的地方,因为我在那边看到了自己。从这个可以说由镜子他性的(l'autre)虚拟的空间(espace virtuel)深处投向我的目光开始,我回到了自己这里,开始把目光投向我自己,并在我身处的地方重新构成(reconstituer)自己;镜子像异托邦一样发挥作用,因为当我照镜子时,镜子使我所占据的地方既绝对真实,同围绕该地方的整个空间接触,同时又绝对不真实,因为为了使自己被感觉到,它必须通过这个虚拟的、在那边的空间点。[68]

这是福柯关于异托邦的一个非常重要的逻辑说明,并且,此处的阐释显然借用了拉康的镜像理论中的**小他者 I(a1)**的投射关系。在拉康与福柯的关系中,自然是拉康影响了福柯。在 1953 年前后,福柯几乎每周都去参加拉康在圣安娜医院举办的研讨会。在拉康的镜像说中,当 6—18 个月大的幼儿(尚无法有效控制自己的碎裂身体)在镜子中看到自己的统一影像时,即产生了一种**完形**的格式塔图景。这个完形的本质是想象性的认同关系,并且这还不是黑格尔所说的另一个自我意识,而是"我"的另一个影像。乍

一开始,"它的对方"就变成了它的影像—幻象。旋即,他将这图景误认为自己,此时发生的恰恰是弗洛伊德所讲的那个自恋阶段中自居(认同)关系的幻象化,在拉康的语境中,它是一种**本体论上的误指**(*méconnaissance*)**关系**。[69]这里在对异托邦的说明中,福柯也以镜子为例,首先,我站在镜子前,却在镜像中那个并没有真实场所的地方看到自己,那个自己虽然不是真实的,可它却让我**真**的看到自己,在这个意义上,它是一种格式塔式的完形乌托邦;其次,在我现实存在的身体上,我无法直接看到自己(面容),我只能在镜像这一**他性**虚拟空间中重新建构自己的形象,所以,镜像同时又承担了异托邦的作用。真实,总是通过虚拟的他性空间**反向建构**起来。这也就是异托邦的深层构境意义。

实际上,在福柯对异托邦的空间设置上,我们不难发现他已经跳出了传统的空间讨论域。首先,在他看来,与中世纪那种天堂与地狱、圣地与俗物空间之类的等级化的定位空间不同,从 17 世纪起,伽利略就用广延性代替了等级定位,今天,**关系性建构起来的生存性位置**又代替了广延性。所以,有真实场所的异托邦的空间并非仅仅指物理意义上的三维存在,而已经转型为一种由人们的生存活动构成的"关系集合"(ensemble de relations),"这些关系确定了一些相互间不能缩减(emplacements irréductibles)并且绝对不可迭合(non superposables)的位置"[70]。这也就是说,作为他性空间的异托邦是一种社会生活"关系网"(réseau de relations)式的**关系构式物**。这也是列斐伏尔开创的**空间生产**的思路。其实,在福柯看来,今天的整个"世界更多的是能感觉到自己像一个连接一些点和使它的线束交织在一起的网,而非像一个经过时间成长起来的伟大生命"[71]。而异托邦则是这种关系网存在中的他性建构物。

其次,依循巴什拉和现象学开辟的道路,"我们不是生活在一个同质的、空的空间(espace homogène et vide)中,正相反,我们生活在一个布满各种性质,一个可能同样被幻觉所萦绕着的空间中"[72]。这也意味着,异托邦恰恰是建构非同质性空间的"外部空间"(l'espace du dehors)。这是布朗肖的话语。异托邦即异质空间,或者说,"我们生活在一个关系集合(ensemble de relations)的内部,这些关系确定了一些相互间不能缩减并且绝对不可迭合的位置"[73]。福柯的异托邦就是现实存在的**外部和他处**。

其三，异托邦往往会"将几个相互间不能并存的空间和场地并置为一个真实的地方"，并且，异托邦也会把时间的片断相结合，生成所谓的**异托时**（*hétérochronies*）。[74]福柯真是会顺势造新词。显然，这是空间性的异托邦范式在时间中的他性挪用，这里的时间恰恰是**共时性**的另类杂合。其作用正是解构总体性的**线性**时间。对此，福柯所举的例子竟然是博物馆和图书馆，因为在这里，

> 在一个场所，包含所有时间、所有时代、所有形式、所有爱好的愿望，组成一个所有时间的场所，这个场所本身即在时间之外，是时间所无法啮噬的，在一个不动的地方，如此组成对于时间的一种连续不断的、无定限的积累的计划，好吧，所有这一切都是我们的现代特色。博物馆和图书馆是为19世纪西方文化所特有的异托邦。[75]

其四，"异托邦有创造一个幻象空间（espace d'illusion）的作用，这个幻象空间显露出全部真实空间简直更加虚幻，显露出所有在其中人类生活被隔开的场所"[76]。这里的幻象并非是在贬义构境层上使用的，异托邦的幻象恰恰是对现实存在进行的谱系性的照妖镜像。

然而，福柯告诉我们，在传统所有的文化和历史研究中，异托邦都是处于黑暗之中的，而他的谱系研究就是要让异托邦式的他性空间和时间中的另类事件（"异托时"）得以呈现。他具体指认到，异托邦的第一种形式是**危机异托邦**：

> 在"原始"的社会中，有一种我称之为危机异托邦（hétérotopies de crise）的异托邦形式，也就是说有一些享有特权的、神圣的、禁止别人入内的地方，这些地方是留给那些与社会相比，在他们所生活的人类中，处于危机状态的个人的，青少年、月经期的妇女、产妇、老人等。[77]

对此，他举的例子是"走婚"现象，这是指一个一直保持到20世纪还零星存在的现象，即"年轻的女孩能够在非固定空间中失去童贞，在此时，火车，走婚的旅馆，正是这个没有地点的地点，这是没有地理标志的异托

邦"[78]。真亏福柯能想得出这样的例证。女孩子失去自己最珍贵的东西——"失处"——不能在固定的空间中,而在一个随时运动和变换的"没有地点的地点"——异托邦中。

不过,这种所谓的危机异托邦到现代已经逐步消失了,取而代之的是异托邦的第二种形式:**偏离异托邦的异托邦**。在福柯看来,

> 与所要求的一般或标准行为相比,人们将行为异常的个体置于该异托邦中。这些是休息的房屋,精神病诊所;当然这些也是监狱。除此以外,无疑还应该有养老院,可以说养老院处于危机和偏离异托邦的边缘。[79]

依福柯这里的表征,这种偏离异托邦的异托邦都是一些人们正常生活空间以外的边缘化场所,也是他真正关心的另类生存场所。后来,福柯举的例子开始出现了公墓、电影院、花园,甚至欧洲的海外殖民地。

说实话,我并不认为福柯所指认的这些历史现象能够完整地说明他关于异托邦的观点。显然一些例证开始显得牵强附会。可能也是这一原因,福柯后来并没有强化和泛化这个异托邦的观点,他自己也很少提及这一"发明"。然而,福柯的异托邦的范式却在后来的空间理论和批判性都市研究中产生了越来越大的影响和深化。比如当代空间研究的思想家哈维对福柯的异托邦概念的评论为,福柯"运用它来逃避那个限制人们想象力的规范和结构的社会(顺便提一句,包括他自己的反人本主义),而且通过对空间历史的研究以及对其异质性的理解来确认差异、变化性和'他者'可能活跃或(如建筑师)真正被构造其中的空间"[80]。这基本上是对的。在哈维看来,福柯的异托邦

> 加强了空间游戏的共时性这种概念,该观念突出选择、多样性和差异。它使我们能够把城市空间中(有趣的是,福柯的异托邦空间的名单中包含了诸如墓地、殖民地、妓院和监狱这些空间)发生的多种异常和越轨行为和政治活动看作是对某种权力的有效且具有潜在意义的重新主张,它要求以不同的形式来塑造城市。[81]

哈维宣称,福柯的异托邦概念让我们注意到"可以体验不同的生活",在现实存在的异托邦空间中,"'他性'、变易性和替代方案可以不被当作纯粹虚构的事物来研究,而是通过与已经存在的社会过程的联系来研究,替代方案正是在这些空间内形成,而且对现存规范和过程的批判正是从这里出发才能够特别地有效"[82]。哈维的诠释构境显然是精致准确的,有助于我们入境于福柯这种并没有生发出来的怪怪的异托邦构境。

注释

[1][法]福柯:《知识考古学》,谢强等译,生活·读书·新知三联书店1998年版,第164页。

[2]同上书,第166页。

[3]同上。中译文有改动。Michel Foucault, *L'Archéologie du Savoir*, Paris, Gallimard, 1969, p.170.

[4][法]福柯:《知识考古学》,谢强等译,第167页。

[5][德]霍奈特:《权力的批判》,童建挺译,上海人民出版社2012年版,第115页。

[6][法]福柯:《知识考古学》,谢强等译,第167页。

[7]同上。

[8]同上书,第168页。

[9]同上书,第169页。中译文有改动。Michel Foucault, *L'Archéologie du Savoir*, Paris, Gallimard, 1969, p.172.

[10][法]福柯:《知识考古学》,谢强等译,第169页。

[11]同上。中译文有改动。Michel Foucault, *L'Archéologie du Savoir*, Paris, Gallimard, 1969, p.172.

[12][法]福柯:《知识考古学》,谢强等译,第169页。

[13][法]布朗肖:《我想像中的米歇尔·福柯》,载《福柯的面孔》,汪民安等主编,肖莎译,文化艺术出版社2001年版,第19页。

[14][法]福柯:《福柯集》,谢强等译,上海远东出版社1998年版,第2页。

[15][法]福柯:《古典时代疯狂史》,林志明译,生活·读书·新知三联书店2005年版,第356页。

[16]Michel Foucault, *Les Mots et les Choses*(entretien avec R.Bellour), *Dits et écrits*, *1954—1975*, Paris, Gallimard, 1994, p.526.

[17][法]福柯:《知识考古学》,谢强等译,第7页。

[18][法]福柯:《结构主义与后结构主义》,载《福柯集》,钱翰译,上海远东出版社1998年版,第497页。

［19］［德］哈贝马斯:《现代性的哲学话语》,曹卫东等译,译林出版社 2004 年版,第 298 页。

［20］同上书,第 292—293 页。

［21］［法］福柯:《知识考古学》,谢强等译,第 171 页。中译文有改动。Michel Foucault, *L'Archéologie du Savoir*, Paris, Gallimard, 1969, p.173.

［22］［法］福柯:《知识考古学》,谢强等译,第 176 页。

［23］［法］德勒兹:《哲学与权力的谈判》,刘汉全译,商务印书馆 2000 年版,第 110 页。

［24］［法］福柯:《知识考古学》,谢强等译,第 176—178 页。

［25］同上书,第 174 页。中译文有改动,中译文将此处的 idées 译作思想,其实福柯是要说明概念或观念的历史。Michel Foucault, *L'Archéologie du Savoir*, Paris, Gallimard, 1969, p.170.

［26］［法］福柯:《知识考古学》,谢强等译,第 175 页。

［27］同上书,第 218 页。

［28］同上书,第 173 页。

［29］同上书,第 236 页。中译文有改动。Michel Foucault, *L'Archéologie du Savoir*, Paris, Gallimard, 1969, p.235.

［30］［法］福柯:《知识考古学》,谢强等译,第 184 页。

［31］同上书,第 235 页。

［32］同上。中译文有改动。Michel Foucault, *L'Archéologie du Savoir*, Paris, Gallimard, 1969, p.170.

［33］［法］福柯:《古典时代疯狂史》,林志明译,第 356 页。

［34］［法］福柯:《知识考古学》,谢强等译,第 238 页。

［35］同上书,第 240—241 页。

［36］［美］哈金:《米歇尔·福柯的不成熟的科学》,载《福柯的面孔》,汪民安等主编,孙长智译,文化艺术出版社 2001 年版,第 76 页。

［37］［法］福柯:《知识考古学》,谢强等译,第 24—27 页。

［38］同上书,第 248 页。

［39］同上书,第 272 页。

［40］谱系学原为生物学中研究类群谱系的学科。尼采在其名著《论道德的谱系》一书中,首次用其表述一种解构进化式史学观的道德分析。

［41］［英］罗伯特·杨:《白色神话——书写历史与西方》,赵稀方译,北京大学出版社 2014 年版,第 116—117 页。

［42］［法］多斯:《从结构到解构——法国 20 世纪思想主潮》(下卷),季广茂译,中央编译出版社 2004 年版,第 331 页。

［43］［法］福柯:《词与物——人文科学考古学》,莫伟民译,上海三联书店 2001 年版,第 148 页。

［44］尼采在1887年写下著名的《论道德的谱系》(*Zur Genealogie der Moral*, *1887*)。参见［德］尼采:《论道德的谱系》,周虹译,生活·读书·新知三联书店1992年版。

［45］吉奥乔·阿甘本(Giorgio Agamben, 1942—　),当代意大利著名思想家,欧洲后马克思思潮主要代表人物。现为欧洲研究生院(EGS)巴鲁赫·德·斯宾诺莎教授,意大利维罗拉大学美学教授,并于巴黎国际哲学学院教授哲学。阿甘本毕业于意大利罗马大学,以西蒙娜·韦伊思想研究的论文获得博士学位。在博士后阶段,阿甘本于1966年和1968年参与了在普罗旺斯的勒托尔举行的马丁·海德格尔主持的关于赫拉克利特和黑格尔的研讨会。阿甘本主持了瓦尔特·本雅明意大利译本的翻译工作。主要著作:《诗节:西方文化中的文字与幻觉》(1992)、《将来的共同体》(1993)、《牲人》(1998)、《无目的的手段》(2000)、《奥斯维辛的残余:证词与档案》(2002)、《例外状态》(2003)等。

［46］Giorgio Agamben, "Philosophical Archaeology", in *The Signature of All Things On Method*, trans. Luca D'Isanto with Kevin Attell, Zone Books, New York, 2009, p.84.中译文参见王立秋译稿。

［47］［法］阿尔都塞:《保卫马克思》,顾良译,商务印书馆1984年版,第36页。

［48］［法］福柯:《尼采、弗洛伊德、马克思》,方生译,载《尼采的幽灵》,社会科学文献出版社2001年版,第102页。

［49］［法］福柯:《词与物——人文科学考古学》,莫伟民译,上海三联书店2001年版,第429—437页。

［50］［法］福柯:《知识考古学》,谢强等译,第29页。

［51］Michael Clifford, *Hegel and Foucault: Toward a History Without Man*, Clio, 29:1 (1999: Fall), p.19.

［52］［法］福柯:《必须保卫社会》,钱翰译,上海人民出版社1999年版,第8页。

［53］［德］哈贝马斯:《现代性的哲学话语》,曹卫东等译,译林出版社2004年版,第293页。

［54］［法］福柯:《必须保卫社会》,钱翰译,第9页。

［55］同上书,第8—9页。

［56］同上。

［57］Michel Foucault, *Politique et éthique: une interview*, *Dits et écrits*, *1976—1988*, Paris, Gallimard, 1994, pp.1405—1406.

［58］［法］福柯:《两个讲座》,载《权力的眼睛——福柯访谈录》,严锋译,上海人民出版社1997年版,第219页。

［59］参见拙著:《回到列宁——关于"哲学笔记"的一种后文本学解读》,江苏人民出版社2008年版,第140—156页,第344—360页。

［60］［法］福柯:《两个讲座》,载《权力的眼睛——福柯访谈录》,严锋译,第221页。同时参见福柯:《必须保卫社会》,钱翰译,第10页。

［61］［法］福柯:《两个讲座》,载《权力的眼睛——福柯访谈录》,严锋译,第221页。

［62］［法］福柯:《什么是批判?》,载《福柯读本》,严泽胜译,北京大学出版社 2010 年版,第 148 页。

［63］［法］福柯:《何为启蒙?》,载《福柯集》,王简等译,上海远东出版社 1998 年版,第 539 页。中译文有改动。Michel Foucault, *Dits et écrits, 1976—1988*, Paris, Gallimard, 1994, p.1395.

［64］［法］福柯:《词与物——人文科学考古学》,莫伟民译,前言,第 5 页。中译文有改动。Michel Foucault, *Les mots et les choses*, *Une archéologie des sciences humaines*, Paris, Gallimard, 1966, *Préface*, p.9.

［65］Michel Foucault, *Des espaces autres*, conférence au Cercle d'études architecturales, 14 mars 1967, *Architecture*, *Mouvement*, *Continuili*, *no* 5, octobre 1984, pp.46—49. *Dits et ecrits* 1976—1988, Gallimard, pp.1571—1581.中译文参见［法］福柯:《他性空间》,王喆译,载《世界哲学》2006 年第 6 期,第 52—57 页。

［66］Michel Foucault, *Des espaces autres*, *Dits et ecrits* 1976—1988, Paris, Gallimard, 1994, p.1574.中译文参见［法］福柯:《他性空间》,王喆译,载《世界哲学》2006 年第 6 期。

［67］Ibid.同上。

［68］Ibid., p.1575.同上。

［69］参见拙著:《不可能的存在之真——拉康哲学映像》,商务印书馆 2006 年版,第三章。

［70］Michel Foucault, *Des espaces autres*, *Dits et ecrits* 1976—1988, Paris, Gallimard, 1994, p.1574.中译文参见［法］福柯:《他性空间》,王喆译,载《世界哲学》2006 年第 6 期。

［71］Ibid., p.1573.同上。

［72］Ibid.同上。

［73］Ibid., p.1573.同上。

［74］Ibid., p.1578.同上。

［75］Ibid., p.1580.同上。

［76］Ibid.同上。

［77］Ibid.同上。

［78］Ibid.同上。

［79］Ibid.同上。

［80］［美］哈维:《希望的空间》,胡大平译,南京大学出版社 2006 年版,第 178—179 页。

［81］同上书,第 179 页。

［82］同上。

附文四　谱系研究:总体历史链条断裂中显露的历史事件突现

——福柯《尼采·谱系学·历史学》一文解读

1971 年,在一本纪念伊波利特的文集中,福柯发表了一篇非常重要的学术论文——《尼采·谱系学·历史学》("Nietzsche, la généalogie, l'histoire", 1971)。[1] 此文是他专门解读尼采谱系学的研究性论文。也是在这篇文章中,他直接提炼和系统概括出一种与传统历史学根本对立的重构历史的谱系研究方法,即拒斥起源、否定总体历史线性发展、复归历史细节的真实谱系的效果史观。由此,他也第一次标识出谱系研究是继考古学之后自己的一种新的历史研究方式补充。我还断定,这可能是福柯第一篇面向现实,真正离开观念唯心主义的重要文献。

一、拒绝起源:寻找历史研究黑暗中的独特他者

我们应当还记得,青年福柯最早是在《词与物》一书中,在常识的意义上提到谱系学问题的。在那里,谱系学是指传统生物学的物种连续性谱系树和分类谱系研究。可是,在这篇思考尼采谱系学(généalogie)的论文中,他直接认同了尼采对谱系研究的颠覆性重构。可以认为,这也是福柯对自己历史研究方法论在考古学构境之后的一次重要深化。

首先,在面对历史文献的基本态度上,福柯指出,与传统历史研究中那种光亮的、总是走向辉煌胜利的文献选择性描述和线性构序根本不同,"谱系学是灰暗的(grise)、细致的(méticuleuse)和耐心的文献工作",它不是刻

意关注那些重大历史变故和改朝换代式的故事,相反,"谱系学要求耐心和了解认知的细节(minutie du savoir),并且,它依赖于素材(matériaux)的大量积累"[2]。我们还记得,在《认知考古学》中,他在批判传统历史研究方法时提出的第一个问题,就是否定传统文献解读方式,这里福柯的谱系文献研究可以视作一种正面重新构式。显然,谱系学的历史研究不是不重视原始文献的积累,而是要强调谱系学对待原始文献的视角和态度将是独特的。我注意到福柯在此没有再使用《认知考古学》中"档案"、"陈述"一类经由他自己重构过的怪词。这也是一种话语塑形方式改变的征兆。其次,谱系研究在面对任何历史事件时,将不考虑任何单一的**终极因**(*finalité monotone*)的情况下,标出"事件的独特性"。这是因为,历史事件并非总是走向某种远大目标中的必然环节,作为谱系研究,"它反对各种理想意义和无限制的目的论(indéfinies téléologies)作元历史式(métahistorique)的布展(déploiement)"[3]。在这一点上,福柯此处的观点与《认知考古学》批判总体历史观是同向的。也就是说,谱系研究是要努力辨识每一历史事件的**独特性**,而不是将现象和事件编织和入序到某种伟大的线性进程中,即只有当目的性地指向一个君王或革命的目标实现时,事件才具有**历史意义**。而福柯赞同的新观念是:**事件就是它自己**! 中断黑格尔总体目的论历史观念之后,拿破仑只是他自己,而不是什么"马背上的绝对精神"。这是爆裂总体历史观的谱系学的根本。

福柯具体解释道,尼采的谱系学总是在"反对寻求'起源'(origine)"。那么,什么才是福柯眼中尼采所说的**起源**呢? 依福柯的看法,在传统的总体性历史研究中,被剔选出来的事物总有自己"高贵的起源":

> 人们往往相信:事物在开端(début)上最完美;它们光彩夺目地出自造物主之手(mains du créateur),现身于第一个清晨毫无阴影的光芒中。起源总是先于堕落(chute)。先于身体,先于世界和时间,它与诸神相联系,起源的故事总是如同神谱(théogonie)那样被广为传颂。[4]

其实,这个起源就是神境中的非凡伊甸园——价值悬设中的**应该**,人性原先应该是善良的,人本质上应该是自由的,生活中起先是没有罪恶的——然后,这种**本真性**的原初性在现实的凡世红尘中堕落和异化了,接着,呼唤对异化的摒弃和对堕落的摆脱，从而重新走向原初开端——这样的过程成为一切目的论价值批判的通常逻辑诉求，也是一切神学想象和人本学意识形态中异化逻辑构境的内里法则。

福柯指认说，也是在这个构境意义域中，起源即是神性**真理**（*vérité*）所在的地方。历史的本原起先总是**对的**，只是后来才迈上了错误的弯路。从前文的讨论我们已经得知，在福柯以后的讨论域中，真理本身就是一个坏东西。这是他较早关于真理问题的质疑。于是，起源之处，“事物的真理（vérité des choses）与话语的真理（vérité du discours）联系在一起”，真理总是拥有异质于表象和反驳错误的权利，它就是被感性现象（“多”）遮蔽起来的本质和规律（“一”）。由此，历史研究也就成了解蔽现象揭示真理本质的过程。然而，福柯却鄙夷地告知我们，在传统历史研究中，真理发展的方式其实是一条溃败之途：通常是先知手中握有真理，然后是虔信者，最后“退入一个无法企及的世界”（如康德的自在之物），结局**必然**是过去的真理被当作无用的东西而抛弃。福柯由此颠覆性地断言：所谓历史，不过是“一部表面上写的是我们称之为真理，实际上却是错误的历史”[5]。因为在每一个时代，被统治者伪饰的意识形态都会被强制性地指认为真理，有如封建专制中的王道和今天市场中的经济拜物教，可实际上它们都是属于那个时代的**合理性的错误**。这是真理与意识形态的辩证法。

福柯说，在尼采那里，寻求**起源**（*Ursprung*）“就是要找到‘已经是什么’（ce qui était déjà）”的东西——亦即，在传统的历史研究中，人们通常所看到的事件**不是它自己**，而是走向某个作为终结点的本质性事件（如天意、绝对观念、文明、现代化）的发生**环节**，那些在历史中真实发生过但不能同一于这一目的走向的一切现象，都会被作为假象和偶然性毫不怜惜地剔除。也就是说，历史事件如果**是它自己**，则就不入光亮的真理之史，而将停在真理光亮照射不到的**黑暗**之中。这个黑暗，即是被理性目的之光遮蔽（删除）起来的独特事件的不可见场所。一个很深的悖论已经横亘在我们眼前了：历史的可见，并非事件的真实在场；事件越是自己，则越不可见。其实，我们在前文中也已经看到了福柯关于专注黑暗的边缘生存的沉默考古研究。

福柯告诉我们，这种处在黑暗之中，**是它自己**的独特的事件正是谱系研究的对象：

　　如果谱系学家去倾听历史,而不是信奉形而上学,他就会发现事物背后存在一个"他性物"(tout autre chose):那并非一种无时间的、本质的秘密(secret),而是这样一个秘密,即这些事物都没有本质(sans essence),或者说,它们的本质都是一点点地从异己的(étrangères)形象中建构(construite)出来的。[6]

　　找到没有本质的事物,也就是找到历史中的**他者**——这是一种将传统生物树式谱系链斩断后生成的新的谱系真相,尼采就是在这个全新的**倒置构境层**中透视传统道德和重估一切文化价值的。正是在这个传统谱系**倒序**的构境意义域中,福柯深入地发展了尼采这种新的倒置的谱系观念。他提出,谱系研究就是要重新面对那些被总体性历史棱镜剔除的黑暗中的独特事物和现象,让它们重现,即不再是某个重大历史目的和伟大进步目标的"阶段性"事件和"不成熟"的雏形,它们只是无本质的自己,即**非目的论中的历史他者**,这也就是反对起源的谱系研究的真正历史对象。这样,谱系研究"在事物的历史开端所发现的,并不是其坚定不移的起源留下的同一性,而是各种他性物(autres choses)的争执(discorde),是一种不一致(disparate)"[7]。承认历史事件发生的不一致,发现非同一性的争执,这是谱系历史观的观察着眼点。还应该提醒读者的是,我们可以看到福柯在这里开始讨论历史事件的时候,尽可能避免使用带有观念论色彩的话语概念。依我的判断,这是福柯在走向现实斗争的进程中唯心主义立场的最后撤离。

　　所以,与总体性构序的历史研究不同,谱系研究并不从总体、起源、真理的光亮处出发,而是转头着眼于"挖掘下层社会"(fouillant les bas-fonds),即观察那些被传统历史学家当作无用的东西无情撇下的各种零碎事件:"它紧盯着伴随每个开端的细枝末节和偶发事件(hasards);它将一丝不苟地注意它们的小奸小恶;它将等待着它们的出现,有朝一日露出真面目——以他者的面目(visage de l'autre)出现。"[8]谱系,不再是连续的总体链条,而是历史细节中的线性血统树谱断裂中的**他者**。新的谱系真相恰恰是有机发生论构境中**系统树状链的断裂**!

二、谱系研究:高贵血统论的解构和突现存在论

福柯宣称,在尼采的谱系学中,他真正关注的不是目的论的起源,而是一个事物是它自己的**出身**(*Herkunft*)和独特**出现**(*Entstehung*)。福柯专门告诉我们,这两个重要的德文词通常都被错误译成"起源"了。

首先,福柯说,尼采那里的"出身"是在讨论事物和现象的**来源**(*provenance*)。[9] 来源不同于目的论的本真性起源。福柯认为,尼采对 Herkunft 的思考,证明了曾经自以为是的高贵的**血统论**在种族上的混杂,因为任何假定为宏大历史叙事主角的"我"在血统上的同一性,最终都将被发现是编造和虚假的。所以,尼采谱系研究中的**出身**,恰恰会"促使拆解'我',在这个空洞的统合之处,代之以大量稍纵即逝的事件和繁衍滋生"[10]。这是对拉康的那个个人主体发生的空无本体的一种支持。这也意味着,总体历史观中那些伟大族谱中一切高贵的血统,其实都是用谎言建构起来的。作为天子和主权的统治主体,永远是一个剔除杂质和遮蔽异在的伪构境物。中国历史上不少的"天子"都是草根农民造反的成功者,然后发生的伪构境则是神灵托梦、星象异常一类的意识形态故事制造。

实际上,尼采这里所批判的血统论并非仅仅是指具体历史人物在血缘上的连贯性,也同时喻指一切民族、国家、社会形态和文化思想等历史研究中存在的**宏大连续性**之逻辑伪像。谱系研究就是要打破这种连贯性构序的历史线索。所以福柯说,尼采的谱系学"并不妄称要回溯,重建一个超越了被遗忘的事物的散布状态的宏大的连续性(grande continuité)",这种宏大连续性正是建筑在无数被故意遗忘的真实事件的尸体堆上的! 尼采眼中的谱系与某个"物种的演化(l'évolution)、一个民族的命运(destin)都毫不相干"!新谱系的真相恰恰是**反演化**。

与总体历史观的做法截然相反,谱系研究拒绝目的论的起源,转而深究历史事件的**来源**(*provenance*):

> 追随来源的复杂进程就是要将一切已经过去的事件都保持在它们

特有的散布状态(dispersion)上；它将标识出那些偶然事件、那些微不足
道的背离，或者，完全颠倒(retournements)过来，标识那些错误，拙劣的
评价，以及糟糕的计算，而这一切曾导致那些继续存在并对我们有价值
的事物的诞生；它要发现，真理或存在(vérité et l'être)并不位于我们所
知和我们所是的根源，而是位于诸多偶然事件(l'accident)的外部
(l'extériorité)。[11]

在谱系研究中，原先被虚构成和塑形为伟大起源和本真性开端的地方，
我们都能发现事件自身的来源，而这种来源恰恰不是本质性的真理和必然
的宿命起点，却是一些偶然和杂乱四散的事件碎片。这就像拉康在自我和
主体的本体位置上看到的那个空无。甚至，它是一个由**断层**(failles)、**裂缝**
(fissures)以及**异质层**(hétérogènes)构成的"不稳定的集合"。这三个概念是
福柯以后谱系研究中的关键词。福柯说，这种对来源的谱系学的发现，不仅
不会奠定一个稳定的基础，反而"动摇了那些先前认为是固定不变的东西，
它打碎了先前认为是统一的东西，它显示了先前想象为保持自我一致的东
西实际上是异质的"。[12]谱系研究就是要解构固定不变的总体历史观和起
源论。在这里，我们会发现福柯的谱系学的确是对他前述考古学的某种
深化。

其次，尼采的**出现**(Entstehung)概念也是别有深意的。尼采不再说一个
已经存在的事物或现象的持续性变化和发展，而是说事件出现。这个出现，
特指每一个事物或现象独特的建构性**突现**(émergence)，或者"它的涌现之点
(point de surgissement)，它是现身的独有的规律和原则(principe et la loi
singulière d'une apparition)"[13]。这是很重要的一个指证。依福柯的解读，
尼采的出现说是一种突现式的存在论或者建构性在场论。突现式的在场恰
恰是反对物性持存的。

福柯说，在过去的传统历史研究中，"人们往往在不间断的连续性
(continuité sans interruption)中寻找来源(provenance)，所以也常把突现
(émergence)错当成最终时刻(terme final)"[14]。此间之意在于，当持有连
续的历史观的人们去面对一个事物或现象的来源时，就会将这种建构式的
突然出现的东西当作现成在手的**结局**来误认。此处，我们可以看到一种重

要的历史关联性,即从胡塞尔现象学中对现成性对象与发生机制的区分到
海德格尔的在手性与上手性的区分,特别是上手的意蕴之**存在**与后来**本有**
发生(Ereignis)的内在关联。这是很深的一个思想构境层。不同在于,福柯
的解读更强调了事件发生的**突现场境特征**。

依福柯之见,

> 突现(L'émergence)总是在诸多力量(forces)构成的某种状态中产
> 生的。对 *Entstehung* 的分析必须描述各种竞赛(jeu)及其方式,包括这
> 些力量相互发动的反对他者的斗争(luttent les unes contre les autres),
> 或针对敌对形势(circonstances adverses)发动的较量(combat),或那些
> 企图通过这些力量的分裂,使之互相争斗而避免退化(dégénérescence),
> 并重新获得力量的努力。[15]

换句话说,在福柯所指认的尼采的谱系研究中,事物和现象的突现都不
是一种现成的对象实在,也不仅仅是话语事件,而是各种现实**力量角逐**的场
境存在,斗争和较量是这种**突现事件场**的支撑基础。细心一些看,我们可以
发现福柯在此已经开始使用一些政治斗争和准军事的术语,这昭示了他在
"五月风暴"之后的基本思想状态,对社会现实的革命性批判已经成为他的
主要思考对象并即将开始付诸笔墨了。并且,主观性的话语实践的位置也
在慢慢下移。所以,福柯不无兴奋地说,"突现是诸多力量登场的入口
(entrée),突现就是这些力量的共同爆发(irruption),从幕后到台前,每种力
量都充满活力",也是在这个意义上,尼采才总是将突现指认为多重力量共
同突现的**群现**(l'*Entstehungsherd*)。[16]这个群现是重要的,它表征了一种与
同样强调了发生和突现规定性的胡塞尔—海德格尔哲学的异质性,即引入
多重主体力量的冲突特征。福柯说,尼采所说的群现不仅表征了诸多力量
的共在,而且意味着"支配者与被支配者无休止反复表演的戏剧(théâtre)",
这是**主奴辩证法**的一种重写!并且,群现也是一种力量之间的分庭抗礼,在
这个意义上,它是一个物理空间意义中的**非场所**(non-lieu),因为它就是**社
会生活空间**本身。[17]我们在后来福柯关于权力角逐力量场的研究中,可以
深深地体知到这一点。非场所的社会生活空间,也是当下西方社会关系空

间研究的思考构境中轴。但后来的列斐伏尔和哈维似乎都忽略了社会空间存在中的力量关系突现和群现的特征。

三、作为实际历史出现的谱系研究

在福柯看来,尼采经常将谱系研究区别于传统的历史学,其中最重要的差异就在于谱系研究更多地着眼于历史本身的**实际史**(*wirkliche Historie*)。Wirkliche 一词在德文中有实际的、有效的之意。依福柯之见,这是一种真正的"历史感"(sens historique)。

福柯说,尼采发现了传统历史学研究通常无意识假定的一种"超历史的视点"(point de vue supra-historique)。因为,历史学家总是"在时间之外寻找一个支点(point d'appui)"(比如绝对理念、启蒙、人的解放),并由此建构一个终极的前进目标,进而假定历史中存在着某种不变的"永恒真理(vérité éternelle)、灵魂不朽以及始终自我同一(identique à soi)的意识"[18]。由此,历史不过是这些不变实体的连续进步过程。而与这种抽象的逻辑构式不同,尼采的谱系研究是**从实际出发**的历史研究。这听起来倒很像历史唯物主义的观点。

首先,实际历史的谱系研究强调**分辨式的解构**。它并不关注历史的同**一性构序逻辑**,它是一种"分辨(distingue)、分离(répartit)和分散事物的敏锐目光(regard)",正是这种独特的谱系学目光,"能够让我们看到分歧之处和处于边缘的东西,这种分解性的目光能够自我解剖,能够抹去存在统一性[人们以往假定可以通过这种存在的统一性,将人的至高无上(souveraine-ment)延伸到他的过去]"[19]。在传统历史研究总关注统一和同质性的地方,谱系学往往会看到炸碎总体性的分散、祛序和解构。其实,不久之前的那个福柯,突然说——人是一个晚近发明的事件——应当也是这个意思。

其次,实际历史的谱系研究更加突出**历史的效果**。与传统历史研究不同,谱系研究并不关注历史的某种同**一**的基础,"传统历史在面对过去时,是在历史的总体性(totalité)中去把握过去,它让我们追溯过去时把它看作一个被动的连续运动(mouvement continu)",而谱系研究恰恰要铲除这种历史的**总体性**,当谱系研究"在我们自身的存在中引入非连续性时,历史就成为'效果的'(effective)历史"[20]。

> "效果史"从未围于那种保证生命和自然的稳定性(stabilité)的自我,并且,效果史不允许自身被冥冥之中一种顽固不变的力量带向千年的终点(fin millénaire)。它掏空了人们喜欢给它设立的基础,并猛烈地攻击人们妄称的连续性。这是因为认知并非用来了解(comprendre),而是用来斩断(trancher)。[21]

历史不是走向什么伟大目标的过程,它不是什么永恒不变的人性或者文明进步的连续体,它就是独特的偶然历史事件自身发生的实际效果。相对于总体性的强制构序意识链,这种历史的实际效果往往呈现了同一性幻象的断裂。在这一点上,福柯的想法与阿多诺反对同一性和总体性的做法(《否定的辩证法》)也是一致的。

其三,注重实际的谱系研究就是要面对**独特的历史事件**。这与前述捕捉"是它自己"的历史事件的观点一致,谱系研究就是要通过斩断总体性历史的连贯性,拒绝把独特的**历史事件**(*événement*)强暴式地嵌入"目的论运动或本然连贯(mouvement téléologique ou enchaînement naturel)",使真实存在的历史事件"从最独特、最鲜明的地方"显露出来,有独特历史事件出现的历史才是实际发生的效果的历史。[22]谱系研究关注事件发生的特殊性,拒斥抽象的普适性。在谱系研究中,普世价值总是骗人的幻象。

福柯十分感叹地说,这些是**它们自己**的历史事件从来就不曾在传统的历史研究中出现过。因为在后者那里,只存在一个归根到底是简单的世界,只剩下"本质特征(traits essentiels)、最终意义(sens final)或它们初始的和最后的价值(valeur première et dernière)",在那里,特殊的历史事件都消失不见了。这也就是说,传统历史记载和研究中出现的历史存在尺度是由本质(终极意义)统摄的,而无意义的事件和存在本身将被本质逻辑的栅栏所剔除。而实际上,"这个世界是由大量错综复杂的事件构成的",其中,不乏可贵的"错误"和"幻象"。尼采式的真正的历史感(sens historique)是:"我们存在于无数遗失的事件堆中,没有里程碑(repères),也没有一个原初的坐标

(coordonnées originaires)。"[23]在真正的历史实际中,光鲜的伟大里程碑和不变的必然性根本不存在,存在的只是一些杂乱无章的事件堆。传统的历史学家喜欢将目光投向远处和高处,通过追逐"高贵的时代",崇高的理念和神圣的信仰,把自己置于历史高峰的脚下;而尼采的谱系研究则将眼睛朝下,把目光投向近处,带着怀疑的批判性,充满欢乐地看到"弥散和差异",看到在与伟大和高贵不同的"野蛮和无耻的混乱"中存在的真实事件。其实,我们可以感觉到,尼采—福柯的历史观不仅是在反对一种历史观,也是在反省全部形而上学的历史,因为一切概念和理念都是从感性的具体存在和特性而抽象成为一般(本质)的,这是人类文化的实质,而"概念是实在的不在场"(黑格尔),"语言是存在之尸"(拉康),都已经是这种反思的先声了。这也是尼采真正打动海德格尔的地方。

其四,实际的谱系研究承认自己的**独特视角性**(*perspectif*)。在海德格尔那里,叫"视位"(Blickstand)。他同时还更复杂地区分视向(Blickrichtung),视域(Blickweite),以及在对象性关联与境(der gegenständliche Zusammenhang)中的**视轨**(*Blickbahn*)。[24]福柯说,传统的历史学家总是"千方百计想在他们的作品中抹去某些因素,因为这些因素暴露了他们在观察时的地点(lieu)、时间(moment)和立场,以及他们不可抗拒的激情(passion)"[25]。的确如此,人们乐于将自己有限的主观认识伪饰成无偏见的**神目观**。而尼采的谱系研究中的历史感则恰恰会"有它的视角,而且承认历史感并非不偏不倚的体系"。这是真诚与平实的态度。

> 它从一定的角度(certain angle)出发观察,带着特有的偏好加以褒贬,去追寻毒药的痕迹,找寻最佳的解药。在被观察的东西面前,历史感并不刻意隐藏自己的视角,它也不寻找规律,把所有运动归结为这种规律:这种眼光既知道它从哪里来,也知道它观察的是什么。这种历史感使认知(savoir)在知识(connaissance)活动中从事谱系学研究。[26]

福柯认为,与传统的历史学不同,谱系学恰恰是以暴露自己观察的特殊视角性和承认自己的偏好来说明一种新的**客观性**,它不会将自己的有限观察结果指认为普遍的真理或者客观规律。这也就意味着,谱系观察恰恰是反神目观的。

"历史来自何处? 来自平民。历史向谁说话? 向着平民。"历史恰恰不属于自命不凡的历史学家。福柯的这种历史观直接影响了后来的朗西埃。

注释

[1] Michel Foucault, Nietzsche, la généalogie, l'histoire, *Hommage à Jean Hyppelite*, Paris, P.U.F., coll. Épiméthée, 1971, pp.145—172.

[2]［法］福柯:《尼采·谱系学·历史学》,载《尼采的幽灵》,汪民安、陈永国编,社会科学文献出版社 2001 年版,第 114 页。中译文有改动。Michel Foucault, *Dits et écrits*, *1954—1975*, Paris, Gallimard, 1994, p.1004.

[3] 同上书,第 115 页。中译文有改动。Ibid., pp.1004—1005.

[4] 同上书,第 118 页。中译文有改动。Ibid., p.1007.

[5] 同上书,第 119 页。

[6] 同上书,第 117 页。中译文有改动。Ibid., p.1006.

[7] 同上书,第 118 页。中译文有改动。Ibid.

[8] 同上书,第 119—120 页。

[9] 在英译本中,provenance 被转译作 descent(血统)。

[10]［法］福柯:《尼采·谱系学·历史学》,《尼采的幽灵》,汪民安、陈永国编,第 121 页。

[11] 同上。

[12] 同上书,第 122 页。

[13] 同上书,第 123 页。中译文有改动。Michel Foucault, *Dits et écrits*, *1954—1975*, Paris, Gallimard, 1994, p.1011.

[14] 同上。中译文有改动。Ibid.

[15] 同上书,第 124 页。中译文有改动。Ibid.

[16] 同上。中译文有改动。Ibid.

[17] 同上书,第 125 页。

[18] 同上书,第 127 页。

[19] 同上。

[20] 同上书,第 128 页。

[21] 同上书,第 128—129 页。

[22] 同上书,第 129 页。

[23] 同上书,第 130 页。

[24] 参见拙著:《回到海德格尔——本有与构境》(第一卷,走向存在之途),商务印书馆 2014 年版,第 301—304 页。Heidegger, *Gesamtausgabe*, Band 62, Vittorio Kloster-

mann, Frankfurt am Main, 2005, S.345.

　　[25] [法]福柯:《尼采·谱系学·历史学》,载《尼采的幽灵》,汪民安、陈永国编,第 131 页。

　　[26] 同上。中译文有改动。Michel Foucault, *Dits et écrits*, *1954—1975*, Paris, Gallimard, 1994, p.1018.

第三编

自拘性的规训社会

——《规训与惩罚》中的权力哲学话语

我的工作就是剥去那些习以为常的事情和看起来公认的正确概念上的鳞片。

——福柯

《规训与惩罚》(Surveiller et Punir)是福柯1975年出版的重要论著。[1]此时,他已经在法兰西学院任职五年。除去现实斗争的需要[2],以福柯自己的标识,这也是他的"第一部著作",或者说,是年近半百的他不再以青年福柯的思想样态出现,而是焕然一新再度出场的思想构境文本。依我的判断,此书是福柯真正从认知—话语构序研究转换到政治权力布展研究,从而进入自己最辉煌的政治哲学研究域的奠基之作。[3]同时,这也是福柯学术思想构境从深层发生的根本哲学立场的转变,即从唯心史观向社会唯物主义的转变。这可能是传统福柯研究没有注意辨识的方面。德勒兹明确指认《规训与惩罚》一书带有"从认知过渡到权力"的明显转变印记。[4]也有学者认为,正是1968年五月风暴的失败,"让福柯从对话语的片面执迷中猛醒过来",从而创造了一种新的知识(认知)与权力相关联的讨论域。[5]这是有一定道理的。比岱[6]更加直接地指出:"如果将目光集中在福柯1968年后10年间的作品,通过1971年至1976年的课程以及他发表的著作,人们不难发现,他的话题已经发生了变化,他更多地谈论'社会阶级'、'资产阶级'和'无产阶级'。"[7]波斯特的判断似乎更准确一些:"可以把《规训与惩罚》和《性史》视为福柯对法国1968年的'五月风暴'所做的回应。"或者更大范围地看,"福柯的近作就是针对西方马克思主义面对20世纪60年代的反抗运动及随后出现的新社会构型时所遭遇到的困难而做出的理论回应"。* 在这一点上,波斯特是颇具透视感的。在这本书中,福柯主要梳理了近代资本主义社会统治形式的深刻变化,即规训社会在工业—科学进程中悄然生成:区别于传统专制社会中的直接暴政,随着一种新型的**无形的匿名权力**在肉体驯服中的布展,新的**微观权力物理学**成为社会政治控制的本体,由此建构出**全景敞视主义**的资本主义新的铁笼。沃林反讽地将其指认为一种"柔软的

---

* [美]波斯特:《福柯、马克思主义与历史》,张金鹏等译,南京大学出版社2015年版,第1页。——本书作者第二版注

专制主义"（soft totalitarianism）。[8] 这里的 soft 也可以解读为无形的、不见血的。依我的看法，这是一种比阿伦特"专制主义的起源"更深得多的挖掘。应该说，福柯的这一断言在 21 世纪资本世界历史的全球电眼网和万维网络构架中得到了更充分的全面实现。本编，我们就重点来讨论福柯在颠覆全部传统的政治哲学逻辑后实现的这一重要学术进展。

注释

　　[1] Michel Foucault, *Surveiller et Punir*, Paris, Gallimard, 1975. surveiller 一词在法文中有监视、监督、守护和检点之意，但从福柯此书中的构境意义来看，它特指一种在对资本主义社会的工厂、学校和社会生存中的"纪律"（法规）的自我认同基础上产生的对自我的约束。中文通常译作规训。本文从之。该词是福柯此书中重要的核心关键词，共计 172 次被使用或被以相关不同词性的变形变位词的形式使用。此时，福柯的书已经成为学术时尚了，出一本就火一本，在出版的当年（1975），《规训与惩罚》就卖出了 8 000 册，到 1987 年共计销售 70 000 册。

　　[2]《规训与惩罚》写于 1971—1974 年。在这个时期，已经荣入法兰西学院的福柯并没有仅仅埋头于书本，而是积极投身到火热的现实社会斗争中。1971 年，他与历史学家维达尔-纳盖（Pierre Vidal-quet）和神学杂志编辑多梅纳克（Jean-Marie Domenach）共同创立了"监狱情况协会"，要求改善监狱的生存条件，根除将"犯人当作狗"的现象。

　　[3] 依布朗肖的判断，"《规训与惩罚》标志着福柯从对相互孤立的话语实践的研究，转向了对话语实践的基础即社会实践的研究。这是政治初次在福柯的作品和人生中的萌动"。我原则上同意布朗肖的论点。参见［法］布朗肖：《我想像中的米歇尔·福柯》，载《福柯的面孔》，汪民安等主编，肖莎译，文化艺术出版社 2001 年版，第 22 页。

　　[4]［法］德勒兹：《哲学与权力的谈判》，刘汉全译，商务印书馆 2000 年版，第 119 页。

　　[5] 参见［美］哈金：《福柯的考古学》，载《福柯的面孔》，汪民安等主编，迟庆立译，第 113 页。当然，福柯的这种转变开始于 1968 年他在突尼斯亲身经历的政治斗争。1968 年 3 月，突尼斯大学爆发了大规模的反政府学潮，福柯坚定地站到了学生一边。他自己承认，这是他全新政治哲学思想形成的重要"经历"。1968 年 10 月回国后，福柯选择了新成立的万森纳（Vincennes）大学并直接投身到火热的革命实践中去。也是在这种现实的政治实践中，福柯开始重新阅读和思考马克思的文献。这可能是他在理论上"回到马克思"的现实基础。后来福柯自己说："能肯定的是，没有 1968 年的'五月事件'，我不可能完成我今天正在从事的研究，即那些关于监狱、性等主题的研究。" Michel Foucault, *Remarks on Marx-Coversations with Duccio Trombadori*, 1991, New York：Semiotext(e), p.140.

［6］比岱(Jacques Bidet 1935—)，当代法国马克思主义学者。巴黎十大教授，国际马克思主义大会主席，法国国家科学研究中心《今日马克思》杂志负责人。

［7］［法］比岱:《福柯和自由主义:理性，革命和反抗》，吴猛译，《求是学刊》2007 年第 6 期。

［8］Richard Wolin, *Foucault the Neohumanist? Chronicle of Higher Education*. 9/1/2006，Vol.53 Issue 2，p.106.

第九章 政治肉体控制:作为认知—权力存在的效应机制出场的灵魂

《规训与惩罚》一书,标志着福柯关于现代资本主义社会政治控制研究的正式发端。与《词与物》中宏观存在上词对物的暴力性主观构序线索不同,福柯在该书中要呈现的是一种聚焦于资产阶级新型政治权力对"肉体"(人)的现实统治关系,即在认知(工具理性)布展中实现对政治肉体的隐性规训支配。在这一文本中,福柯没有依从西方传统政治学研究的基本路径,不是去抽象地讨论诸如民主、公正和法权一类的概念,而是从西方民主社会所标榜的一般法理型社会运行模式背后,透视出一种并不直接存在于传统政治领域中的看不见的新型塑形奴役,尤其重要的是,这种奴役化塑形恰恰是作为对传统专制暴政的替代物"民主"与"科学"而出场的。福柯断言:正是在以认知为控制和支配力量的隐性权力线之下,资本主义民主政治建构了有史以来最精巧存在构式中的微观权力物理学,由此生成人类文明中第一座现代灵魂的监狱(韦伯所说的"铁笼")。并且,如果今天的布尔乔亚世界存在暴力,那么更多的也将是"自愿拥护的成分"(布朗肖语)。[1]福柯的这一发现,与葛兰西多年以前关于文化霸权(hegemony)的思考有异曲同工之妙。

一、从作为公开表演的六马裂身到隐蔽的无形惩罚

有趣的是,这部书的开篇不再是《词与物》里的《宫娥》那样的美作,而是一幅血腥的杀人场景——一大段关于 1757 年法国公开处决因行刺国王

而判死刑的达敏斯（Damiens）在巴黎教堂前被六马裂身的惨烈酷刑的描述。[2]这个写法倒是直接承袭了《疯狂史》一书中的实证方法。在福柯看来，这是传统专制可见暴政中作为"公共景观"存在的一种杀戮话语表演，它通过对残酷惩罚进行像舞台剧那样的公开渲染和示众来警示世人。然而，到了18世纪末，整个西方社会都逐步消除了这种酷刑。在社会惩罚方式上，直接的残忍和痛苦开始减少，表现出资产阶级式的"更多的仁爱，更多的尊重，更多的'人道'"。从专制到**"博爱"**，这是政治话语实践的改变。在新的民主社会运行中，惩罚的**仪式**因素逐渐式微，"惩罚不再是一种舞台艺术的存在（La punition a cessé peu à peu d'être une scène）"[3]，而可见的暴力投影点开始转入一种看不见的隐蔽状态。我以为，福柯整本书的思考构境转换正是从这种**从公开到隐匿**的惩罚构式方式的转变开始的。我们还应该注意到的文本构境方法转换是，在福柯的这一文本中，**考古学**（archéologie）不再是主要研究方法，他甚至没有使用过 archéologie 一词，也不再玩弄诸如"断裂"、"非连续性"之类刻意标榜的字句。他竟然注意到了资本主义社会新时期中，隐藏在某种特殊社会法制实施形式中的塑形方式的转变。这是我指认他唯心史观解构的话语运作证据之一。

福柯具体分析说，从19世纪初开始，欧洲各国都先后废除了公开处决的酷刑，"肉体惩罚（punition physique）的大场面消失了，对肉体的酷刑也停止使用了，处罚（châtiment）不再有戏剧性的（scène）痛苦表现"[4]。Punition 是福柯此书的关键词之一，他在此书中382次使用此词及相关不同词性的词。可是，如果处罚不再直接施加于肉体，那么它又去了哪里？回答是：**灵魂**（le cœur）。但请注意，这个灵魂并不是与肉体对立的精神存在。

> 这是一个重要的历史时刻。惩罚景观的旧伙伴——肉体和鲜血——隐退了。一个新角色戴着面具（masqué）登上舞台。一种悲剧结束了，一种喜剧开演了。这是一种阴暗处的影子（silhouettes d'ombre），只有声音，没有面孔（visage），各种实体都是不可触及的（impalpables）。因此，惩罚司法的机制必须刺透这种没有肉身的现实（réalité sans corps）。[5]

这个 impalpables(不可触及)是至关重要的。以鲜血淋淋的杀戮为构序内核的传统专制悲剧谢幕了,君王杀人的朱红圣旨与面目狰狞的刽子手不再出场;而幸福自由的民主司法喜剧拉开了演出的大幕,登台的角色已经换成戴着仁慈面具的笑面虎,资产阶级社会中形式上合法的惩罚有公正的声音,却遮蔽着自身阴暗处 impalpables 的影子。这是一个十分复杂的分层构境:**可见的合法面具与不可见政治实在**的悖反。福柯在此书中 4 次使用 masqué 一词。这个 masqué 显然具有意识形态的意味。这个**面具**即是资产阶级所鼓吹的"人性的胜利",在这具光亮的自由、民主、博爱的面具底下,资产阶级精妙的社会惩罚开始从司法机制上转向一种无形的**"没有肉身的"**实在中,即人的灵魂存在。福柯说,在新的资产阶级的法制实践中,"这是一个司法保持克制的乌托邦:夺走犯人的生命,但不让他有所感觉;剥夺囚犯的全部权利,但不造成痛苦;施加刑罚,但没有任何肉体痛苦"[6]。乌托邦,通常被用来指某种不现实的幻想,可这里却表现为在资本主义社会中已经发生的政治现实。在资产阶级新型的处罚中,**没有痛苦、没有感觉的暴力**成为统治和支配的构式核心,然而这却是一个在现实中发生的掩盖了某种真相的带有乌托邦性质的物性幻象。用马克思的拜物教话语来说,这是一种新型的民主政治拜物教。

首先,过去令人恐怖的犯罪今天成为了**科学**的对象。"通过庄重地把犯罪纳入科学认知的对象领域,它们就给合法惩罚机制提供了一种正当控制权力:不仅控制犯罪,而且控制个人,不仅控制他们的行为,而且控制他们现在的、将来的、可能的状况。"[7]当犯罪成为科学认知对象时,惩罚则是合法正当的,手段是具有科学程序和克制的,控制是超前预估和可防范的。请一定注意,福柯此处刻意所作的思想构境转换:他独具匠心地将政治法律领域的事情直接插入到科学认知领域,这种挪移式情境转换的结果将是爆炸性的——传统政治学研究的**非政治化**,科学认知否定性地进入到政治研究中。这一路向也是直接反对马克思的,即不是科学**被资本所驱使**,而科学本身就是新时期资本主义奴役中的主要凶手。下文中,我们还将反复回到这个颠覆性的**异质构境**主题中来。

其次,惩罚的执行者发生了**软性**改变。过去刑场上那种挥舞砍头刀的刽子手之类的肉身痛苦和毁灭的直接制造者,开始被一支身着科学知识长袍的"技术人员大军所取代","他们包括监狱看守、医生、牧师、精神病专家、心理学家、教育学家等。他们接近犯人,高唱法律所需要的赞歌。他们反复断言,肉体和痛苦不是法律惩罚行动的最终目标"[8]。这是资产阶级惩罚塑形实现过程的**人性化装饰**。与上述那个科学政治化主题一致,现在,参与政治谋杀的主体已经不仅仅是政客了,更多的是用种种知识武装起来的专家。这些"技术人员大军"才是资产阶级社会控制的大师,譬如今时今日常常身着白大褂在电视里出场的专家们。视觉意图和暗示中的"白大褂",则标识着科学权威和不可抗拒性的新型意识形态。

其实,这里福柯的构境层中还应该有一个第三点,也是我对福柯文本症候性阅读中发现的**空白**之处,即惩罚对象从罪犯泛化到**不是犯人**的所有人。福柯解读资产阶级政治权力最核心的构境层,正是从监狱中的有罪之人的有形惩罚向整个存在的**无形规训**深入的。不理解这一点,我们根本无法打开福柯政治哲学的全新思想构境。

福柯宣称,在 19 世纪以来的西方社会的司法制度中,全新的"一整套认知(savoir)、技术和'科学'话语已经形成,并且与惩罚权力的实践(la pratique du pouvoir de punir)愈益纠缠在一起"[9]。请注意,这是权力(pouvoir)概念比较早的一次出场,并且是与认知(savoir)一同登场的。pouvoir 一词是福柯此书的核心关键词和高频词,他共计 530 次使用此词。pouvoir 与 savoir 二词构词中的后缀都是 voir,voir 在法文中是"看到"、"目睹"之意,这为福柯此后将培根那种以观察实验为基础的"知识就是力量(knowledge is power)"重新构境为"认知就是权力"打下了重要的伏笔。福柯在此书中 110 次使用 savoir 一词。

请一定注意,这里发生了三个重要的新的构境意向:一是认知(原先是词和话语)从对自然存在的构序**转向**了对社会存在塑形、构序和构式中的更深支配和统治,这标志着福柯自己思想构境的兴奋点的迁移。这让我们想起青年马克思最早从费尔巴哈式的自然哲学走向社会生活的根本转向。二是认知与权力的同体耦合,这种全新的构境支点和意向破坏了福柯原先的唯心主义的**话语决定论**,认知与话语现在都与资产阶级政治现实实践结合起来了。这也是福柯思想真正成熟的表现,它当然显现出一种认知话语研究到现实存在构式内省的断裂。三是这里的 pratique(实践)已经不再仅仅是指话语运作,而是比话语实践更接地气的现实存在基础——现实政治权力运作的**客观社会实践**。这也是福柯思想构境走向唯物主义立场的一个极为重要的改变。

我们看到,福柯颇有几分诡秘地宣称:

> 本书旨在论述关于现代灵魂与一种新的审判权力之间相互关系的历史,论述现行的科学—法律综合体的谱系(généalogie)。在这种综合体中,惩罚权力获得了自身的基础、证明和规则,扩大了自己的效应,并且用这种综合体掩饰自己超常的独特性。[10]

这是点题。福柯用他引自尼采但已加以重新构境(1974)的所谓的谱系学,聚焦西方近代司法制度中的惩罚方式的转换,进而探讨整个西方政治权力运作的秘密**策略**(tactique)。福柯在此书中 8 次使用 généalogie 一词。较之正在弱化的考古学,这也是他对自己新补充的研究方法的明确指认。他说,这将是一种全新的研究惩罚方式的变化的"权力技术学"(la technologie du pouvoir),从中,我们可以"解读出权力关系与客体关系(des rapports de pouvoir et des relations d'objet)的一部共同历史"[11]。我们能感觉到,福柯开始故意使用科学技术话语,反讽式地改造传统政治学。以后,我们还会不断看到这种全新的政治技术话语塑形方式。福柯的这种谱系研究是一箭双雕的:既采用了更加精准的科学术语,也更深地说明了被遮蔽起来的科学技术与政治统治的内在谱系关系。至此,**词与物**的构序关系正式转换为**权力与客体**(含被对象化的政治肉体)的支配和统治关系。青年福柯那种对**看不见**的认知构序关系的关注开始转向同样**看不见且不可触及**(impalpables)的资产阶级现代权力支配。这是我们前面已经指认的那种构式领域的"断裂"。

这里还存在一个十分重要的理论新质点,即在资产阶级社会的政治策略中,权力不再是一种可占有的所有物,而是一种突现的**力量博弈关系**。一方面,原来福柯关注的主观话语事件场突现被客观社会现实中的支配权力布展的复杂力量博弈突现所代替;另一个更深的哲学构境层方面,这是**关系本体论**的一种升级版,如果在马克思、海德格尔那里,存在的本质即是关系或关涉，而福柯则将这种关涉演变为**斗争态势**。如果说，在马克思和海德格尔那里是社会实践场和意蕴场，而福柯这里则将其激化为一种没有硝烟的**战场**。这是我们要尤其关注的理论塑形突变点。

在福柯看来，资产阶级新型的规训权力的质性不再是可以占有的所有物，而是一种看不见的**效应性的支配关系**。这一点，与马克思解读资本的质性不是物而是**功能性的支配关系**的观点是相近的。对此，德勒兹解读道，福柯的"权力没有本质，权力是操作的；它也不是一种属性，而是关系；权力力量关系的整体，它通过被统治力量并不比统治力量少。这两者都构成特异性"[12]。可感的自由的本质，注重可见形式化法理型社会构架的属性，这是资产阶级政治卫道士们热衷说明民主政治的法宝，可是，福柯对布尔乔亚权力的透视却是在不可见的操作性关系构境层中开始的。在德勒兹看来，福柯提出的这种新权力观代表了一种重要的政治学转换，它打破了资产阶级自由主义政治学的全部观念基础——压迫与反抗，新的权力构式本质恰恰不是可见的权力压迫。

> 福柯关于权力的伟大论题会在三个标题下开展：权力本质上不是镇压的（因为它"煽动、激起、生产"）；它被运用先于被拥有[因为只有在可决定的形式（阶级）与被决定的形式（国家）下，权力才被拥有]；它经由被统治者不亚于统治者（因为它通过所有结成关系之力量）。[13]

"伟大论题"有些夸张了，这有吹捧的嫌疑。意思是对的，福柯眼中的资产阶级的权力不是可见的压迫和奴役，它恰恰反向实现于**非压迫性的幸福生活和创造性生产**；这种新型权力是在被成功运用于微观生活的塑形之后，才被资本所牢牢拥有；资产阶级的权力恰恰不是从政治机构中实施的，它的政治机构往往表现为反权力的民主**表演**，这种社会中的隐性权力恰恰是由被统治者的存在从下往上塑形和构式的。

实际上，关于这种转换的深刻构境层，早在多年之前福柯就做过清晰的说明。在1971年与乔姆斯基的一次对话中，福柯明确承认自己对政治的关心，但是他告诉我们，这种关心的重点思考对象恰恰是被遮蔽起来的"目前控制和抑制我们社会肌体（corps social）的政治权力的所有联系（toutes les relations)"。他认为,过去在欧洲社会里,由于传统政治学的影响,"人们习惯地认为权力仅限于掌握在政府手中,并由于某些特殊机构诸如政府行政部门、警察局、军队和国家机器而得以行使权力"[14],即从上而下的权力实施,权力实施的对象是有罪的犯人。而现在,福柯却要引导我们去发现那些"表面上与政治权力无任何干系,似乎独立于政治权力之外"的事件和现象。因为,今天资产阶级最大的政治恰恰在政治之外。后面我们还会看到,福柯认为,工业生产和商品——市场经济本身就是资产阶级最重要的政治运行,因为它每时每刻都在**从政治之外的日常生活肌体的细部上塑形存在**。阿甘本认为,福柯"果断地放弃了以诸种司法性—制度性模型(主权的定义、国家的理论)为基础的研究权力问题的传统进路,转而支持下述问题去进行一种无偏见的分析:权力是如何具体地穿透到主体们的身体中? 以及穿透到生命的诸种形态中?"* 福柯宣称,在资本主义新的社会现实中,资产阶级"政治的影响要比人们想象的大得多,它有许多隐蔽的中心和几乎不被人知的支撑点(des centres et des points d'appui invisibles)",这些不可见的支撑点根本不再出现在过去专制政治权力暴政的表演中心——监狱、刑场,也不在资产阶级所标榜公开公正的场所——警察局和法院,依他的看法,今天社会生活中真正发挥权力控制作用的恰恰是那些"表面上看起来中立或独立的机构"——没有犯人的家庭、工厂和学校。可是,看起来非政治化和中立的它们却在这种表面的平和里不断生成着某种"暗中作祟的政治暴力(la violence politique qui s'exerçait obscurément)"。例如,"学校体制从外表上看是分配知识的,而实际上是为某个阶级掌握政权而将其他所有阶级排斥出权力机构而服务的"[15]。学校是生产社会未来精英的,它实际上扮演了通过知识塑形主体区隔社会存在等级和预设未来社会权力的有序结构。在另一次访谈中,福柯说:"如五月风暴令人信服地表明的,课堂发挥一种双重压抑的功能:一方面,它把一些人排除在课堂之外,另一方面,又对接受知识之人强加规范和标准。"[16]福柯的这一批判性思想构境,后来被布尔迪厄所光大和重构。

---

* [意]阿甘本:《神圣人:至高权力与赤裸生命》,吴冠军译,中央编译出版社 2016 年版,第 8 页。——本书作者第二版注

二、认知与肉体驯服：权力的微观物理学

福柯告诉我们，西方资产阶级惩罚制度改变的真正现实基础是资本主义现代工业。我以为，这是一个极其深刻的理论和现实定位。这也是福柯走向社会唯物主义的另一个重要构境支点。细心些看，你会发现原先在《词与物》中人为设定的多种观念认识型差异消失了，作为认识型话语构件的斯密—李嘉图一类的抽象理论也被弱化了，现在福柯开始关注的已经是现实中的资本主义工业生产过程。这是与马克思历史唯物主义相近的理路。因为，资本主义的"工业系统（système industriel）需要的是一个自由劳动市场"，这显然也是马克思的政治经济学研究中的历史判断。我们不难发现，与前面的《词与物》中福柯对马克思的直接反感不同，在整个《规训与惩罚》一书的写作中，福柯竟然十分紧密地依靠着马克思的政治经济学思想构境，特别是他对《资本论》中的大量论述的互文性引用。据我的观察，这种变化是在《认知考古学》一书的最后论述中逐步出现的。在福柯笔下，不仅原先在刑场上高高举起的断头刀已经不复存在，从 19 世纪开始，惩罚制度中的强制性劳动也逐渐式微。当下，西方资产阶级制造的新的惩罚制度已经呈现为一种关于普通百姓肉体的"政治经济学"（économie politique du corps）。我们会看到，在这一文本的写作中，福柯尽量不使用"人"的概念，而多用肉体（corps，人体）。此书的另一个特点是福柯对马克思政治经济学话语的直接征用。

与我们前面看到的那种直接施之于肉体的残暴杀戮不同，资产阶级新型的肉体政治经济学不再去简单地消灭罪犯的肉体，而是**经济地驯服、开发和利用一切人**。在经济地利用一切存在中去支配世界，这是资产阶级意识形态的本质。福柯说，这也是一种新的**政治场**（champ politique）。福柯在此书中 42 次使用 champ 一词，以突出社会生活的**建构性群现场境属性**。

> 这种政治场（champ politique）对肉体的浸入（plongé），按照一种复杂的交互联系（relations complexes et réciproques），与对肉体的经济使用

紧密相联；肉体基本上是作为一种生产力（force de production）而受到权力和支配关系（rapports de pouvoir et de domination）的干预；但是，另一方面，只有在它被某种征服体系（système d'assujettissement）所控制时，它才可能形成为一种劳动力（force de travail，在这种体系中，需求也是一种被精心培养、计算和使用的政治工具）；只有在肉体既具有生产能力又被驯服时，它才能变成一种有用的力量。[17]

这真是令人吃惊的表述。依福柯新的政治批判构境域，资产阶级新型政治的核心质性是**生产力**的概念。我们都知道，生产力的概念是马克思基于斯密的劳动生产力、赫斯的共同活动和李斯特的国民生产力而总体综合创造的科学概念[18]，它反映了资本主义现代工业的构序存在论本质。福柯在说明现代政治的本质时，首先启用的就是生产力的概念，这是非常深刻的思考点。其实，在 1973 年的《惩罚的社会》的演讲课程中，福柯就已经指认说：资产阶级新的"惩罚整体是在资本主义生产方式的发展运动中形成的，而并不是从国家本身的发展运动中形成的，在惩罚整体中，生产模式为政治权力提供了工具，同时提供了道德权力工具"。*或者说，"规训—惩罚这对组合是作为权力关系而建立起来的，对于把个人固定在生产机制上、生产力的组成和所谓的规训的神佑都是不可或缺的"。**将惩罚对象从被残酷消灭的肉身塑形成可以发挥经济功用的工具性力量，即"对肉体的经济使用"，这是一种全新的征服构序体系。这种征服是比通常的外部政治统治要彻底和根本得多！我觉得，这就是福柯对政治哲学的最重要的思想贡献。福柯在这里突破的理论边界还包括了马克思对生产过程与政治支配之间的隔离，即**生产无罪论**——资本主义生产方式真正败坏的东西只是生产力基础之上的生产关系！而福柯则明确指认出，使资本逻辑得以真正支配世界的东西恰恰是生产本身中发生的对象性支配和控制原理，支配自然物质对象的劳动塑形是资产阶级社会构序存在的现实基础，**生产力即是最大的政治**！这种观点也是鲍德里亚批判马克思历史唯物主义的原由之一。当然，

---

* ［法］福柯：《惩罚的社会》，陈雪杰译，上海人民出版社 2016 年版，第 100 页。——本书作者第二版注
** 同上书，第 175 页。——本书作者第二版注

我不完全赞成福柯的观点，因为他这里的批判张力缘起于一种非历史的浪漫主义狂想，而人类绝不可能有一天不从事这种作为社会存在现实基础的物质生产劳动。但是，我也认为，福柯的确提出了值得我们今天在以社会主义的名义发展生产力时应该认真思考的更深一层的问题——**生产构序对存在本身的病变机制**。

福柯说，这个新的征服构序体系不再依靠传统政治统治中的"暴力或意识形态的工具"（instruments soit de la violence soit de l'idéologie），它面对肉体，"既不使用武器，也不借助恐怖"，不再是消灭肉体，也不再让肉体痛苦不堪，而是通过一种对肉体力量的控制和"关于肉体的'认知'（savoirdu corps）"来解放和规制肉体。通过上面的讨论，我们已经知道，认知即是资本主义世界中通过构序控制和支配自然存在（物），进而奴役和强暴肉体（人）的重要工具。资产阶级的"这种认知和这种控制（maîtrise）构成了可以称为肉体的政治技术学（la technologie politique du corps）"[19]。这是一个新的命名。肉体的"政治经济学"（马克思的话语）开始过渡到肉体的**政治技术学**，这种政治技术学是具体针对肉体控制的，相对于传统的可见的直接肉体强制，它的肉体塑形方式反而是**看不见和发散式的**。福柯宣称，在更大的宏观层面上，相似的改变也在发生，譬如当今的国家机器和各种社会机构所运用的也都是一种权力的**微观物理学**（microphysique du pouvoir）。福柯在此书中 6 次使用 microphysique 这一特殊表述。我们已经在先前遭遇过这种科学话语的全面入侵。在 1973 年的《惩罚的社会》演讲课程中，福柯首次提出所谓的"微惩罚（micro-punition）体系"的问题。他认为，这是资产阶级新发明出来的"一种渐进的、连续的、累计的体系：一切微小的警告、微小的惩罚最终都会累积起来"。*这就是福柯在这本书所建构的政治哲学构境中所提出的最著名的论断了。

首先，资产阶级政治权力的微观物理学是一种**策略**（stratégie）。福柯在此书中 24 次使用 stratégie 一词。我们在上述《认知考古学》中已经看到了福柯对资产阶级策略学的讨论。这种策略是无形的话语计谋，是在实体性

---

　*　［法］福柯：《惩罚的社会》，陈雪杰译，上海人民出版社 2016 年版，第 173 页。——本书作者第二版注

社会历史观中**无主体的**看不见的暴力。[20] 福柯说,现在,施加于肉体的权力不再像过去奴隶主对自己所有物实施占有权利那样去实现自己,而是经由一张无形的**策略关联网**。在这一点上,霍奈特的理解是正确的,他发现福柯是在"尝试以策略性的行动模式为基础来理解复杂的权力结构的形成和再生产"。霍奈特认为,福柯的权力关系可以被理解成这样一个过程:"在这个过程中,在不同的形势和不同的场所获得的权力地位像一张网一样被连接成一个无中心的系统。横向上,也就是从那种永不停息的斗争的事件发生流(Ereignisstrom)的同步剪辑的虚构的视角来考察,在不同的社会战线上获得的战果总在充实为一个共同的目标的总体,因此,社会秩序在每一个瞬间都在形成;在某种程度上,一个权力首先不外乎是社会生活情境的不同场所的同样的行动成就在瞬间的一种衔接。"[21] 霍奈特此处的分析是深刻的。

福柯认为,对于资产阶级这种新型权力的策略关联网,

> 它的支配效应(effets de domination)不应被归因于"占有"(appropriation),而应归因于调度、计谋(manœuvres)、战术(tactiques)、技术、运作;人们应该从中破译出一个永远处于紧张状态和活动之中的联系网络(réseau de relations),而不是读解出人们可能拥有的特权;它的模式应该是永恒的战斗,而不是进行某种交易的契约或对一块领土的征服。总之,这是一种被行使的而不是被占有的权力。[22]

策略,是福柯在《认知考古学》中重点讨论过的新观点。在那里,福柯指认了出现在现代资本主义社会政治运作中新的社会统治形式,即**话语实践中的策略塑形**(*formation des stratégies*)。我注意到,福柯在此文本中 42 次使用了这个重要的塑形(formation)概念,比如"认知塑形"、"关系塑形"和"传统塑形"等。[23] 可是,中译者将此词的原意基本上抹去了。这是一个文本转译中留下的文本思想构境中的极大缺憾。在《认知考古学》一书中,福柯也对话语塑形进行了深入的讨论。在他看来,话语塑形不是要造成一个凝固化的刚性结构,而是要实现在话语实践中的"布展的系统"(systèmes de dispersion)中当下建构和解构的动态功能情境。[24] 而在这里,在政治哲学

构境中的策略学主要不是面对思想史中的话语实践，而是面对今天资本主义社会现实中正在发生的政治统治实践和权力运行机制。具体到这里，福柯的意思恰恰是：在权力的微观物理学中已经看不到外显的暴力和强制了，取而代之的是无形的话语塑形策略；新的权力不再是**点状打击**，而是**发散式的网状布展**：它不是对象性的占有，而是行使中的策略和计谋。譬如今天市场经济中发生的商品消费策略，它不再强卖，而是先制造虚幻的欲望，令你自愿发疯一般地去追逐（LV包、Nikon800、Iphone6……）。这也是福柯所指认的看不见的微观权力物理学中的支配典范。也由此，德勒兹才说，福柯"对权力策略关系的研究始于《规训与惩罚》，并吊诡地在《认知意志》中达到顶峰"[25]。

其次，资产阶级政治权力的微观物理学恰恰是**在拒斥的反抗中**布展。我觉得，这是一个令人激动的政治哲学发现。资产阶级新型权力的实施，不仅是对被支配者强加某种禁锢和压制，相反，"它在干预他们时也通过他们得到传播；正是在他们反抗它的控制时，它对他们施加压力"[26]。这是福柯极为深刻的一种权力分析，也是他在权力批判中的一个奇异性思想构境中的深刻观点。对此，德勒兹评论说，福柯发现了"权力包围（被统治者），通过并穿透他们，权力靠他们支撑，就如同当他们要反抗权力时，也轮到他们要透过权力对他们的运作点来发动一样"[27]。权力不是权力拥有者（布尔乔亚）的单方面的事情，而恰恰是由被权力控制者即**新型民主奴隶**自愿来维持和建构起来的。在福柯看来，传统政治控制中经常出现的禁锢与反抗关系在新的权力运作中发生了逆转，现在的资产阶级权力关系开始"深入到社会深层"，在日常生活的细节中生成了一系列复杂的传播机制，在肉体的微观存在中复制权力机制本身，并且，权力支配恰恰**通过禁锢和反抗而传播和布展**。相似的事件，比如对色情的禁锢：不让知道越想知道，不让看越想看。这正是它得到放大传播的布展方式。当下，我们在西方社会中看到的在街上划定的一个范围中发生的游行示威，在白宫和白金汉宫前张起的抗议帐篷，可以在报纸、电视和网络等媒体上公开骂政府，都是证明民主社会的权力合法性标识。一定的意义上，**让你反抗正是支配你的一种隐秘方式**。真是无比精彩。

其三，资产阶级政治权力的微观物理学的**非单义性**发散机制。新型的资产阶级权力不再是一对一、点对点的直接压迫和强制,而是无形的发散和空气般弥漫渗透。"它们不是单义的(univoques);它们确定了无数冲撞点(des points innombrables d'affrontement)、不稳定中心,每一点都有可能发生冲突、斗争,甚至发生暂时的力量关系(rapports de forces)的颠倒。"[28] 相对于传统政治统治中的可见的宏观权力支配,福柯将这种资本主义社会中生成的发散式的新型权力指认为无形的"微观权力"(micropouvoirs),恰恰是在资产阶级所鼓吹的自由的市民社会的原子式生存中,这种"权力应该分布在能够在任何地方运作的性质相同的电路中,以连贯的方式,直至作用于社会体的最小粒子"[29]。依马舍雷的考证,福柯的这个打上引号的"微观权力"缘起于斯宾诺莎《伦理学》的第三部分。[30] 所以,它不是一种可感知的禁锢或一道明确的不让逾越的边界,它的布展恰恰是通过无数的接触和碰撞点建构了一张浸入网络。这种微观权力的真正作用对象,是人们习以为常的日常生活小事情塑形。以看不见的权力微细粒子的形式,**弥漫在生活中,使你像需要空气一样离不开它**——此即为资产阶级新型社会控制的真谛。当然,布尔迪厄认为:"福柯的权力分析关注统治的微小结构和权力斗争的策略,导致排斥普遍性,尤其排斥对一切被普遍接受的首先形式的寻求。"[31] 这也是我们需要注意的地方。

三、认知就是权力:堂皇的知识负载看不见的微观权力

基于上述这种全新的政治哲学思考构境,我们需要进一步追问的问题有:资本主义社会中这种新型的微观权力为什么、凭什么能捕捉到所有人的肉体和灵魂? 它与过去掌握在奴隶主手中的高悬的皮鞭到底有什么根本性的不同? 权力究竟如何具体转换成一种无形的策略? 对此,福柯给出的答案是令人吃惊的。他宣称,新型的微观权力的布展,最大的帮凶就是我们一直在追随和拥戴的(科学)认知。这是青年福柯关注的认知范畴与权力概念的一次重要链接。当然也是前述《认知考古学》思想构境中没有达及的更深层面。或许,这也是自霍克海默和阿多诺的《启蒙辩证法》指认工具理性奴役自然和社会之后,又一个将震惊所有人的断言。也是从此时开始,自培根

以来一直作为启蒙与科学旗帜的口号——knowledge is power 被重新构境为**认知就是权力**！这印证了青年福柯早先的一种忧伤的预感:"当我们以为被知识带领进永恒的光明的时候,它却插进黑暗。"[32]

福柯说,我们不要相信康德所宣称的那种理性知识是人获得自主意识的启蒙前提,似乎"弃绝权力是获得知识的条件"[33]。福柯的批判矛头显然是直接针对资产阶级启蒙思想的,这与霍克海默和阿多诺在《启蒙辩证法》一书中的攻击方向是一致的。为此,福柯晚年还专门反讽式地重写过一篇《什么是启蒙?》的文章。后文中,我们将专门讨论。福柯告诉我们,在资本主义全新的政治统治中,往往事情的真相与表象正好是颠倒的。这又是马克思的历史现象学批判构式方式。一方面,认知离不开权力。福柯曾经谈到,"认知的形成离不开一个交流、注册、积累和替换的体系,这个体系本身就是一个权力形式,其存在和运转都与其他权力形式相联系"。*另一方面,资产阶级的权力的运用也离不开认知的"抽取、占有和限定"。福柯认为,在新型的资产阶级世界中,

> 权力制造认知(le pouvoir produit du savoir,而且,不仅仅是因为认知为权力服务,权力才鼓励认知,也不仅仅是因为认知有用,权力才使用认知);权力和认知是直接相互连带的(s'impliquent directement);不相应地建构一种认知场(champ de savoir)就不可能有权力关系,不同时预设和建构(ne suppose et ne constitue)权力关系就不会有任何认知。[34]

这正是我前面已经指出的重要转变:在《词与物》一书中,福柯讨论了词(认知)对物(自然存在)的暴力烙印,在《认知考古学》中,福柯已经讨论了认知在历史方法论层面有可能生成的隐性暴力,而在这里,福柯更多地关注了认知对社会存在本身的权力支配。

福柯的言中之意:在今天的资本主义社会中摆脱了外部专制性的新型

---

* [法]福柯:《福柯文选Ⅱ:什么是批判》,汪民安编,北京大学出版社 2016 年版,第 117 页。——本书作者第二版注

的权力恰恰是认知的共生物,二者是相互依存的。与马克思的观点不同,科学认知并非只是作为一种价值中立的工具被资本所利用,它与资产阶级的政治统治权力在根基上是**共生共谋**的,准确地说,它正是资产阶级制造出来的一种新的**认知—权力关系**。由"拷问自然"(培根)而来的科学认知所建构起来的认知场是资产阶级社会存在中新型权力(支配一切的力量)布展的基地,同时,这种隐性的权力也是认知生产的必要前提。二者相互依存,缺一不可。由此福柯才说,对这种新型的"权力—认知"(pouvoir-savoir)关系的分析,不应建立在"知识主体(sujet de connaissance)相对于权力系统是否自由"这一资产阶级政治学的**伪问题**的基础上;相反,"知识主体及其对象和模态(modalités)应该被视为权力—认知的这些基本连带关系及其历史转变(transformations historiques)的众多效应"[35]。我已经说过,connaissance 一词是福柯区别于 savoir(认知)的专有名词,通常更偏向于静态的知识,我更愿意将其意译为**知识**。福柯在此书中 36 次使用了 connaissance 一词。在福柯看来,资产阶级所要确证的人本主义主体性(个人),不过只是认知—权力关系的一种场境建构物,认知对象和用以座架存在的塑形和构序范式也都是这种关系场实现出来的效应。这也是对福柯在《词与物》一书中所指认的"人是一个晚近的发明"的具体指证。在传统的资产阶级政治观念中,正因为推倒了上帝,自由的人类主体才得以实现,正是有理性、有知识的人在反抗权力的过程中创造了反封建的认知体系,在祛魅中生成了启蒙的现代科学构架;可是福柯却要告诉我们,"不是知识主体的活动(l'activité)产生某种有助于权力或反抗权力的认知,相反,权力—认知,贯穿权力—认知和构成权力—认知的发展变化和矛盾斗争,决定了认知的形式及其可能的领域(domaines possibles)"[36]。这是一种稳准狠的迎头棒杀。

与此相关,与科学认知最接近的知识分子的地位自然也会发生根本性的改变。在 1972 年与德勒兹的一次对话中,福柯这样谈及权力与知识分子:

> 权力不仅存在于上层机构(instances supérieures)的审查中,而且深深地、巧妙地渗透在整个社会网络(réseau de la société)中。知识分子本身是权力系统(système de pouvoir)的一部分,那种关于知识分子是

"意识"和言论代理人(agents)的观念也是这种系统的一部分。[37]

　　依福柯的看法,在当代资本主义社会生活中,历来被赋予批判现实之使命的知识分子,也成了资产阶级权力布展本身的一种隐性塑形方式。这也是一种可怕的逆行话语运作。所以,福柯特别反感于知识分子对工人指手画脚,他显然不喜欢萨特等人将自己视作被压迫民众的代言人的那种高高在上的做派。对此,他曾经说,"工人不需要知识分子告诉他们应该做什么",因为,"知识分子进入的是信息系统而不是生产体系"。[38]我以为,福柯的这个断言对错之处均在。在反对封建专制的历史情境中,科学认知当然是反对专制权力的有力武器,认知也真的开辟出了一个新的解放的世界,否认这一点即是非历史的观点;但福柯的深刻之处在于,他敏锐地发现正是在这种新的政治解放中,认知却悄然孕育了新的非外部强制的权力,即控制与支配全部存在的权力,这种权力也为认知对存在本身的本质性占有提供了可能性空间。然而,如果说知识分子作为资产阶级权力的同谋,也只是指在资产阶级学术体制内**操持非批判话语**的知识分子。否则,福柯自己又身在何处呢? 在另一个非资产阶级的星球上吗? 他为什么又要与萨特一起站在1968年以后的法国学生运动的前列呢?

　　基于这样的判断,福柯提出要进一步分析资本主义社会"对肉体的政治干预(l'investissement politique du corps)和权力微观物理学"。Investissement一词在法语中有投资和包围之意。他要求我们"在权力问题上,我们必须抛弃暴力—意识形态(violence-idéologie)对立、所有权观念、契约和征服模式;在认知问题上,我们必须抛弃'有利害关系'和'无利害关系'的对立、知识的模式(modèle de la connaissance)和主体的优先性(primat du sujet)"的对立。[39]总之,福柯要求我们抛弃所有的政治学传统中关于权力(可见暴力)与认知(价值中立)的看法,以接受一种全新的政治"解剖学"(anatomie politique)(配第语)。仔细去看,这个政治解剖学的内容确实是全新的:

　　　　我们关注的是"政治肉体"(body politic),把它看作一组物质因素(éléments matériels)和技术,它们作为武器、中继器(relais)、传达路径和支持手段为权力和认知联系(relations)服务,而那种权力和认知联系则通过把人的肉体变成认知对象(objets de savoir)来干预和征服人的肉体。[40]

我们看到,福柯前文已经说过,19世纪开始的资本主义社会惩罚已经从肉体酷刑转向对肉体的"经济的使用",但在具体的讨论中,我们却不难看到他在思考今天的惩罚"是以人们的灵魂为对象——置于政治肉体的历史中"[41]。这个作为灵魂出场的**政治肉体**是很难理解的。依我的看法,所谓政治肉体,即不是生物学意义上的肉体,而是从政治场存在中重新建构起来的**关系生命体**。它很深地关联到后来阿甘本所说的那个"赤裸生命"。我注意到,霍奈特就无法理解这个作为政治肉体出场的特殊"灵魂",他还在"人的心理阅历质(Erlebnisqualität)"和"人类观念世界的映像"的主观构境层中指证福柯的灵魂说的"粗糙"和"没有说服力"。[42]

福柯宣称,资本主义现代社会中的政治权力已经是一种从暴力性的惩罚权力转向现代"灵魂"(政治肉体)隐性塑形支配的微观物理学。首先,之所以指认它是**物理学**,恰恰因为这种权力不仅仅是**主观**的话语运作,而且"它确实存在着,它有某种现实性(réalité),由于一种权力的运作(fonctionnement),它不断地在肉体的周围和内部产生出来"[43]。虽然资产阶级新型的权力是看不见的,但它却是场境建构意义上的**客观实在**。依我的判断,这是福柯对自己原有的认识型观念决定论的内省和改正,也是他确立唯物主义哲学立场的基本原则。其次,这种权力的作用对象是一种特殊的**灵魂**,这个灵魂与过去那种在宗教神学语境中所说的精神性的灵魂不同,它不再是一种"生而有罪并应该受到惩罚的"、被给予的灵魂,"这种现实的非肉体的灵魂不是一种实体(substance),而是一种因素(l'élément)。它体现了某种权力的效应,某种认知的指涉(référence),某种机制",这种灵魂就是**场境突现中的关系性存在**。甚至可以说,这种灵魂就诞生(naît)于"各种惩罚、监视和强制"中的**场境突现**。[44]这是一个极有意思的说法。与上述专制式的宏观支配转换一致,资产阶级微观权力物理学所面对的这种灵魂不是一种独立存在的实体,而就是某种由认知指涉所**建构起来**的关系性构境对象,它的现实存在就是权力施加其某种看不见的惩罚、监视和强制的**效应结果和场境存在**。可能,这也就是福柯所说的那个作为资本主义社会存在中现代主体性的政治肉体，它就是新型权力存在的依存方式。应该说，这是非常不容易理解的一个新的思想构境层面。我觉得，这是福柯对他的老师阿尔都塞写于1969年那篇《意识形态与国家意识形态机器》中**主体建构说**的改造和深化。在那篇著名的文章中，阿尔都塞指认了意识形态对主体的质询式建构，主体不是实体，而是意识形态国家机器通过家庭、学校和日常生活而每时每刻建构起来的场境存在。[45]福柯直接摈弃了意识形态的说法，将其穿透为资产阶级的微观政治权力布展，个人主体正是作为这种微观权力作用的效应结果。它同样是一种建构，但却是由权力布展（还有下面要谈到的规训）凸显的。在1984年去世前的一次访谈中，福柯这样谈及主体："我不相信存在自主、无处不在的普遍形式的主体（forme universelle de sujet）。我对那样一种主体观持怀疑甚至敌对的态度。正相反，我认为主体是在被奴役的实践中建构起来的（constitue à travers des pratiques d'assujettissement）。"[46]

在福柯笔下，资本主义社会中的新型权力支配所转向的所谓"灵魂"显然是一种全新的东西，它已不是我们常识中那个与肉体对立的精神存在，而是与现代社会权力布展相对应的场境存在载体。更重要的是，福柯指认的这个新的灵魂——在过去的思想史研究中——正是被我们称为"人"或是**主体性**的东西。在那里，它恰恰是资产阶级的**个人主体存在**。可是，福柯却将之透视为另一种**关系性存在**事体。福柯说，这个主体性的灵魂只不过是现代权力的一套布展机制（engrenage）而已，"借助这种机制，权力联系（relations de pouvoir）造就了一种认知的潜能（savoir possible），认知则扩大和强化了这种权力的效应"[47]。依康德的启蒙定义，主体性是与认知（理性）共同发生和相互依存的，福柯的观点在反讽的构境层中与此倒是一致的。具体表现为：围绕着这种认知的空间的"现实—指涉（réalité-référence）"，人们在建构起各种理性概念的同时，还划分出各种主体性关系存在的分析领域：心理主体、主观世界、人格结构、意识层面等等。尤有甚者，围绕着这个主体性的人，还形成了"具有科学性的技术和话语（des techniques et des discours scientifiques）以及人本主义的道德主张（morales de l'humanisme）"。此即为在资本主义世界中被吹上了天的**科学与民主**，即我们称之为"德先生"和"赛先生"的资产阶级精神中的那两个最重要的关键词。

人们向我们描述的人(L'homme),让我们去解放(libérer)的人,其本身已经体现了远比他本人所感觉到的更深远的征服效应(l'effet d'un as-sujettissemen)。有一种"灵魂"占据了他,使他得以存在(l'existence)——它本身就是权力驾驭肉体的一个因素。这个灵魂是一种权力解剖学的效应和工具;这个灵魂是肉体的监狱(prison du corps)。[48]

这是福柯对整个资产阶级启蒙意识形态的宣战。人从神的阴影下摆脱出来,人从现实的专制土地上挣脱出来——在原先的政治预设中,这被视为是启蒙中的人的政治解放。福柯在此书中 26 次使用 homme 一词,而 359 次使用了 corps 一词。显然他更倾向于使用**肉体**概念,而不是人的概念。可是,在福柯新的透视镜中,这种启蒙和解放本身却隐含着"更深远的征服"!对此,布朗肖以赞许的口吻评论说:

我们比以往更加屈从。只是,这屈从不再是粗鲁野蛮的,相反,它变得奥妙起来。从这种屈从中,我们得出了光荣的结论:我们是主体,是自由的主体,可以将欺骗性权力显现出的纷繁多样的模式转化为知识。[49]

人作为启蒙了的理性认知建构起来的主体性,其真实本质却是对政治肉体的深层支配,这种支配是通过披着启蒙外衣的内在**自拘性**来实现的。也是在这个意义上,福柯指认它是"肉体的监狱"。我们不难发现,在政治哲学上,福柯远比马克思激进。

注释

[1][法]布朗肖:《我想像中的米歇尔·福柯》,载《福柯的面孔》,汪民安等主编,肖莎译,文化艺术出版社 2001 年版,第 26 页。

[2][法]福柯:《规训与惩罚》,刘北成等译,生活·读书·新知三联书店 1999 年版,第 3—5 页。

[3]同上书,第 9 页。中译文有改动。Michel Foucault, *Surveiller et Punir*, Paris, Gallimard, 1975, p.14.

［4］［法］福柯：《规训与惩罚》，刘北成等译，第1—5页。

［5］同上书，第17页。中译文有改动。Michel Foucault, *Surveiller et Punir*, Paris, Gallimard, 1975, p.22.

［6］［法］福柯：《规训与惩罚》，刘北成等译，第17页。

［7］同上书，第20页。

［8］同上书，第12页。

［9］同上书，第24页。

［10］同上。

［11］同上书，第25页。

［12］［法］德勒兹：《德勒兹论福柯》，杨凯麟译，江苏教育出版社2006年版，第28页。

［13］同上书，第74页。

［14］［法］福柯：《人的本性：公正与权力的对立》，载《福柯集》，从莉译，上海远东出版社1998年版，第238页。

［15］同上。

［16］转引自《福柯的面孔》，汪民安等主编，文化艺术出版社2001年版，第152页。

［17］［法］福柯：《规训与惩罚》，刘北成等译，第27页。中译文有改动。其中，福柯差别性地使用了"rapport"和"relation"二词，二者都是关系、联系之意，从上下文语境中，能体会到福柯常常在大尺度相互关联（网络）中使用"relation"一词，所以，我将"rapport"译为关系，而将"relation"译作关联。参见 Michel Foucault, *Surveiller et Punir*, Paris, Gallimard, 1975, pp.30—31.福柯在此书中153次使用 rapport 一词，而59处使用 relation 一词。这有一定的判别性。

［18］参见杨乔喻：《探寻马克思物质生产力概念的历史形成》，载《哲学研究》2013年第5期。

［19］［法］福柯：《规训与惩罚》，刘北成等译，第27页。中译文有改动。Michel Foucault, *Surveiller et Punir*, Paris, Gallimard, 1975, pp.30—31.

［20］［法］福柯：《知识考古学》，谢强等译，第79页。

［21］［德］霍奈特：《权力的批判》，童建挺译，上海人民出版社2012年版，第234页。

［22］［法］福柯：《规训与惩罚》，刘北成等译，第28页。中译文有改动。Michel Foucault, *Surveiller et Punir*, Paris, Gallimard, 1975, p.31.

［23］Michel Foucault, *Surveiller et Punir*, Paris, Gallimard, 1975, p.128, p.139, p.161.

［24］［法］福柯：《知识考古学》，谢强等译，第47页。

［25］［法］德勒兹：《德勒兹论福柯》，杨凯麟译，江苏教育出版社2006年版，第77页。

［26］［法］福柯：《规训与惩罚》，刘北成等译，第29页。

［27］［法］德勒兹：《德勒兹论福柯》，杨凯麟译，第 28 页。

［28］［法］福柯：《规训与惩罚》，刘北成等译，第 29 页。

［29］同上书，第 89 页。

［30］Pierre Macherey, *De Canguilhem à Foucauly la force des normes*, La Fbrique éditions, 2009, p.94. 中译文参见刘冰菁的译稿。

［31］［法］布尔迪厄：《帕斯卡式的沉思》，刘晖译，生活·读书·新知三联书店 2009 年版，第 121 页。

［32］［法］福柯：《精神疾病与心理学》，王杨译，上海译文出版社 2014 年版，第 75 页。

［33］［法］福柯：《规训与惩罚》，刘北成等译，第 29 页。中译文有改动。Michel Foucault, *Surveiller et Punir*, Paris, Gallimard, 1975, p.32.

［34］同上。中译文有改动。Ibid.

［35］同上书，第 30 页。中译文有改动。Ibid.

［36］同上。中译文有改动。Ibid.

［37］［法］福柯：《知识分子与权力》，载《福柯集》，谢静珍译，上海远东出版社 1998 年版，第 206 页。中译文有改动。Michel Foucault, *Dits et écrits, 1954—1975*, Paris, Gallimard, 1994, p.1176.

［38］转引自刘北成：《福柯思想肖像》，北京师范大学出版社 1995 年版，第 213 页。

［39］［法］福柯：《规训与惩罚》，刘北成等译，第 30 页。中译文有改动。Michel Foucault, *Surveiller et Punir*, Paris, Gallimard, 1975, p.32.

［40］同上。中译文有改动。Ibid., p.33.

［41］同上。

［42］［德］霍奈特：《权力的批判》，童建挺译，第 185 页。

［43］［法］福柯：《规训与惩罚》，刘北成等译，第 31 页。中译文有改动。Michel Foucault, *Surveiller et Punir*, Paris, Gallimard, 1975, p.33.

［44］同上书，第 32 页。

［45］参见拙著：《问题式、症候阅读和意识形态——一种关于阿尔都塞的文本学解读》，中央编译出版社 2004 年版，第 4 章。

［46］［法］福柯：《存在的美学》，载《权力的眼睛——福柯访谈录》，严锋译，上海人民出版社 1997 年版，第 19 页。中译文有改动。Michel Foucault, *Dits et écrits, 1976—1988*, Paris, Gallimard, 1994, p.1552.

［47］［法］福柯：《规训与惩罚》，刘北成等译，第 32 页。中译文有改动。Michel Foucault, *Surveiller et Punir*, Paris, Gallimard, 1975, p.34.

［48］同上。中译文有改动。Ibid.

［49］［法］布朗肖：《我想像中的米歇尔·福柯》，载《福柯的面孔》，汪民安等主编，肖莎译，第 25 页。

第十章　遵守纪律：资本主义自拘性规训社会的建构秘密

福柯认为，不同于专制权力的外部强制，资产阶级将现代社会控制方式演化成为一种支配的艺术，这种隐性奴役的本质就是**规训**，即形成以一种自觉被遵守的纪律为生存原则的**自拘性**。在他看来，资产阶级走向光明的"'启蒙运动'既发现了自由权利，也发明了纪律"[1]。福柯在《规训与惩罚》一书第三部分第一章中重点讨论了这种规训的本质：在资本主义社会新的肉体控制方式中，人成为一尊自动运转的装置，这种自动运转的核心机制竟是某种自我驯服。自我驯服的基础在于对纪律的自我认同——在持续不断的训练和操作中，外部的纪律内化为自我遵循的身体化规训，社会对肉体从根本上的塑形操纵和根本支配由此实现。与前述认识型主观地强暴全部存在的唯心主义绘本根本不同，这里的福柯简直就是一位马克思阵营中的战士。本章将讨论福柯这一重要的政治哲学观念。

一、匿名的惩罚艺术和自动驯服机器

福柯深刻地看到，较于封建专制时代，资本主义社会中"人"的存在状况的确发生了重大转变。在资本主义社会中，人从土地上解放出来，工业生产和商品—市场经济中"出现了新的资本积累方式（nouvelles formes d'accumulation du capital），新的生产关系（rapports de production）和新的合法财产状况"。这都是在肯定性地复述马克思关于资本主义社会质性描述的观点。这种做法与他《词与物》和《认知考古学》中的态度是完全不同的，也许正是从这个时候开始，福柯开始成为没有"引号的马克思主义"的赞同者。当然,这会是一种双重姿态:一方面福柯开始在一些重要的思考构境支撑点上遵循历史唯物主义的从现实出发的客观逻辑;另一方面,他也在不断突破马克思原有研究构式的边界。这是需要我们认真加以辨识的。因而,在社会控制的层面上"越来越有必要确定一种惩罚策略(stratégie)及其方法,用一种有连续性和持久性的(la continuité et de la permanence)机制取代临时应付和毫无节制的机制"[2]。通过上面的讨论,我们已经知道福柯这里所说的资产阶级社会统治新策略的无面孔和微观布展机制。福柯是在说:随着资本主义工业生产方式对世界的深刻改变,在以原子化的个人为基础的"市民社会"中,社会构序、控制的对象和塑形范围也都发生了深刻变化,传统专制社会里没有节制的暴力处罚方式对新的社会生活已不再适用,这就迫使资产阶级需要确定新的策略以对付变得更微妙而且在社会中散布得更广泛的目标。反专制的结果是从外部塑形上根本祛除直接暴力,所以,**不可见的软性支配**成为资产阶级政治统治场的出发点。福柯宣称,这种新的策略必须使"惩罚技术更规范,更精巧,更具有普遍性"。或者说,这就是新型的资产阶级的社会支配艺术构境。**统治成为艺术**,这是政治哲学中最重要的质变。

在福柯看来,资本主义社会中社会控制形式的这种改变依循了**主观层面**上的"人道化"和物性操控层面的"精于计算"的两个原则,由此在具体权力运演中已逐渐生成了"一种精心计算的惩罚权力经济学(économie calculée du pouvoir de punir)"。不难发现,福柯反复在将马克思的政治经济学研究的批判话语移植到政治学领域中来。

第一个层面,**人道化**是资产阶级意识形态所标榜的光亮面具。启蒙的资产阶级意识形态的核心是自由、平等和博爱,这是以人道主义的民主方式反对专制统治下的直接暴力,可是,在现代资本主义社会中仍然要控制和奴役人们,但人道主义的旗帜必然迫使资产阶级的社会支配方式变得更加温和和富有人情味。

以福柯之见,正是这种改变,使得政治权力的**作用点**发生了重要的改变:作为新的统治者,资产阶级

不再是通过公开处决中制造过度痛苦和公开羞辱的仪式游戏运用

于肉体,而是运用于精神(esprit),更确切地说,运用于在一切人脑海中谨慎地但也是必然地和明显地传播着的表象和符号的(de représentations et de signes)游戏。[3]

这个所谓表象和符号的游戏也就是福柯已经指认过的,新的权力不再直接作用于肉身,而将作用于政治灵魂。何以实现?福柯的回答是:资产阶级所借以控制人的灵魂的东西,正是"'启蒙思想家(Idéologues)'已经建构的话语",即在人道主义旗号下的**民主与科学的话语**。这是令我们震撼的断言!福柯指认道:

这种话语实际上借助关于利益、表象和符号的理论,借助该理论所重构的系列(séries)和发生过程,为统治权力的行使提供了一种通用的处方:权力以符号学(sémiologie)为工具,把"精神"(头脑)当作可供铭写的表面(surface d'inscription);通过控制思想来征服肉体;把表象分析确定为肉体政治学(politique des corps)的一个原则,这种政治学比酷刑和处决的仪式解剖学要有效得多。[4]

我们约略能回忆得起来,所谓利益、表象和符号的理论,看起来都十分接近于福柯自己在《词与物》一书中有关所谓西方资本主义古典时期中认识型构架的描述。在那里,表象与符号同时被视为词对物的烙印,用以表征一种暴力性构序和支配关系。然而到了此处,福柯却将表象指认为资产阶级在社会生活中通过"控制思想来征服肉体"的工具,表象成了肉体政治学的原则,也由此,福柯才会断言"这种政治学比酷刑和处决的仪式解剖学要有效得多"。这期间,话语与存在关系的构境层显然已经发生了一次不小的唯物主义式的话语内涵重构。

首先,人道化的统治表现为认同性的自我奴役。为了说明这一观点,福柯援引了法国政治家塞尔万[5]的一段表述,其中有这样一句话:"愚蠢的暴君用铁链束缚他的奴隶,而真正的政治家则用奴隶自己的思想锁链更有力地约束他们。"[6]这是极深刻的隐喻。在福柯眼中,资本主义社会发明的新的统治形式,正是与之前的外部强制(高悬的皮鞭)截然不同,"奴隶自己的思想锁链"即通过控制人们的内在思想中的构境式认同使其**自我奴役**！接着，福柯进一步将之深化为资本主义社会控制中独特的自我规训下的自拘性。这种让人们去自觉认同和追逐的思想锁链就是启蒙的解放旗帜！人们不再为上帝而活，不再奉君主之命而战，现在人们在自由、平等、博爱的新世界中只为自己的幸福而存在。而这种幸福的根源基于金钱，所以，**时间就是金钱**，人的一切存在都由自己追逐的金钱化时间所塑形，人们是自愿认同这一走向幸福的理想的。其中所发生的资本权力对存在的支配与控制，无形之中转换为人们**心甘情愿的自我奴役**。况且，这一切又都是在科学认知的符号技术和科学管理的塑形方式下进行的。福柯认为，这是一种新型的资产阶级权力关系。

其次，福柯将这种新型的人道化的"符号技术(sémiotechnique)"统治术界定为"意识形态权力"(pouvoir idéologique)[7]。这倒是意识形态理论中一个新的发明。在福柯看来，这种意识形态权力与传统的外部专制权力之间最大的不同，就在于后者所具备的某种场境式的**无形性和匿名性**(anonymes)。在传统的权力模式中，权力总是高高在上，"它统治，它俯视，它威胁，它摧毁；一个巨大的建筑的金字塔，上和下；命令从高处吠叫着传来，落到底下。"* 而在今天，那种垂直性的权力结构被废除了，这种新型的资产阶级

> 权力关系不是在人群的上方，而是在其结构之中恰当地与这些人群的其他功能衔接，而且是以尽可能节省的方式起作用。与之相适应的是匿名的权力工具(instruments de pouvoir anonymes)。这些手段涵盖整个人群。它们作为等级监视手段，严密地进行不断的登记、评估和分类。总之，用一种秘密地把自己的客体化(objective)的权力取代那种表现在权力行使者的显赫之中的权力；形成一套关于这些个人的认知体系，而不是调动展示君权的炫耀符号(signes fastueux)。[8]

---

* ［法］福柯：《福柯文选 I ：声名狼藉者的生活》，汪民安编，北京大学出版社 2016 年版，第 227 页。——本书作者第二版注

与传统社会中君王那种高高在上的表演性显赫威严以及直接强施于人们肉体上的可见暴力相区别，资产阶级制造的社会控制方式恰恰不是国家总统或首相那种有面孔的权威（在这里，虽然他们占有了原来"天子"的空位，但这些**有面孔的权威只是一种表演性的摆设**），在此，权力已**不被占有**，而转化为渗透到老百姓日常生活之中的**无脸的匿名权力**。权力，就在日复一日的寻常生活场境中，以看不见的、温和的**身体化**方式，自动地像机器一般运转其隐性塑形机制。

其三，这种以表象和符号控制为核心的权力技术学是一种表面上**更加温和的惩罚方式**，在一定的意义上，它甚至可以被称为是一种让人感到温馨的人道化的**惩罚艺术**（*L'art de punir*）。艺术是美和享受，**在美和享乐中开心地被支配和奴役**，这是资产阶级统治的新构境层。所以，现代美学是资产阶级意识形态场建构的重要表象属性之一。

> 这是一种操纵相互冲突的能量（énergies qui se combattent）的艺术，一种用联想把意象组合（associent）起来的艺术，是锻造经久不变的稳定联系的艺术。这就需要确立对立价值的表象，确立对立力量之间的数量差异，确立一套能够使这些力量的运动服从权力关系的障碍—符号（signes-obstacles）体系。[9]

在今天资产阶级的社会生活中，政治权力控制和社会支配都已经不再表现为暴力强制，反而呈现为仿佛是艺术享受般的自主拥戴，这是资本主义新型社会控制在形式上的一个显著特点。或者用鲍德里亚的话来表述，叫"镇压通过后退的迂回在生效（La répression opère par le détour de la régression）"[10]。这种被鼓励去认同的控制的艺术，通过资产阶级鼓噪的所谓自由、平等、博爱等各种意象的组合，建构起一幅现代"人"的外部更加**文明**的人道化的呈现形象，以操纵实质中存在着的由社会不平等造成的能量冲突，使其屈从于某种看不见的权力关系网。于是，权力不再表现为直接的压迫，不再是被具象主体拥有的外部强制，甚至成为了人们**自觉追逐**的他性镜像（对解放、自由、民主的向往）。福柯犀利地说道，资产阶级的"惩罚应该成为一个学校而不是一个节日，成为一本永远打开的书而不是一种仪式"[11]。用日下时兴的话来讲,这就叫自觉的**法制**观念。如今,"它作为景观、符号和话语而无处不在。它像一本打开的书,随时可以阅读。它通过不断地对公民头脑反复灌输符码而运作"[12]。公民意识镜像,即是将臣服性**身体化**的教化结果。在这个意义上,哈贝马斯将福柯这里的无主体的"惩罚艺术"解读为资产阶级意识形态中基于理性主体目光的新的"监管理性"[13]——是完全错误的。

第二个层面,**精于计算**中的"人是机器",人成为资产阶级权力摆布下**自动驯服的政治玩偶**。资产阶级的新型权力是经过精心设计和谋算出来的,在呈现方式上它不仅表现为某种**不是统治**的艺术,而且还显现为非人为的工具性科学技术。在这一点上,韦伯奠定了资产阶级官僚制的可计算、可操作性的逻辑。福柯指出,从资本主义社会"古典时期"(17—18 世纪)开始,人的肉体就被发现为"权力的对象和目标(objet et cible de pouvoir)"。当然,这一次,肉体已不再是专制暴力下被酷刑折磨和杀戮的对象,而是一种新型的资产阶级权力模式中的"被操纵(qu'on manipule)、被加工(qu'on façonne)、被训练的(qu'on dresse)对象。它服从,配合,变得灵巧、强壮"[14];被统治者不再是皮鞭和屠刀下"会说话的工具",而是训练有素的**独立法人主体**,被启蒙和发动为一台台新型的法理型的政治装置和自动运行的劳作机器。后来,斯洛特戴克曾经将这种资产阶级的新型**奴隶式主体性**建构描述为:"让发号施令者似乎进入了听从命令者的身体内部,这样一来,听从命令者的服从和让步看起来就像听从了某种内心声音一样。"[15]这个观点是深刻的。

福柯声称,拉美特利[16]的《人是机器》(Homme-machine)正是有关这种"精于计算"的社会控制方式转变的深刻写照。他说,这本书

> 既是对灵魂的唯物主义还原(Réduction matérialiste),又是一般的训练理论(théorie générale du dressage)。其中心观念是"驯服性"(docilité)。该书将可解剖的肉体与可操纵的肉体结合起来。肉体是驯服的,可以被驾驭、使用、改造和改善。但是,这种著名的自动装置(automates)不仅仅是对一种有机体的比喻,他们也是政治玩偶(poupées politiques),是权力所能摆布的微缩模型(modèles réduits)。[17]

这里的 Réduction matérialiste 可以视作一种哲学立场的公开宣示。我们可以再回顾一下福柯思想构境的三重断裂:一是《词与物》中认识型(词)对物性存在(自然和社会生活)的唯心主义构序;二是在《认知考古学》中认识型回缩到话语塑形和文本档案的重构;三是这里直接面对资本主义社会现实中资本对全部社会生活的控制和支配——机器般运转的唯物主义观察。每一步都是一种新的异质性构境突现。

福柯这里的解读是否切中拉美特利的原意,我们不得而知,但这段过度诠释的文字的确揭示出今天资产阶级民主政治的真实本质。在福柯看来,"人是机器"这句话的深意就在于人已在新的肉体控制方式中成为某种**自动运转**的装置,实现其自动运转的核心机制就是作为政治玩偶本质的**自我驯服**。在此书中,福柯 10 次使用这个 automate,13 次使用 docilité 一词。据马舍雷的判断,福柯的自动装置一说也与斯宾诺莎相关,"在斯宾诺莎最负盛名 的 论 述 中,即 他 把 理 解 能 力 看 作 是'精 神 的 自 动 装 置'(automate spirituel)。通过这个自动思考的机器的比喻,就把认知的起源和一种特殊的'技术'联系了起来,即同时关于认知和权力的技术"[18]。然而,这种自我驯服是如何生成的呢? 这正是福柯此书要思考的关键问题。

福柯告诉我们,在 18 世纪的资本主义社会中,"人体成为如此专横干预的对象,史无前例"。这个"史无前例"指的并不是通过外部暴力方式加诸肉体的强制,而是指权力施加于肉体的内部深层控制。我们不难发现,这里福柯实际讨论的控制对象再一次成为真实的肉体,而非他前面强调的政治肉体("灵魂")。这是他论述中前后悖反的一个小失误。福柯提醒我们关注这一新的精于计算的人体控制方式中存在的诸多"新颖之处":

首先是**控制的范围**(échelle du contrôle)发生了变化。在新的控制方式中,人体不再是一个不可分割的整体,"而是'零敲碎打'地分别处理,对它施加精确到细部的捏揉(le travailler dans le détail),从机制上——运动、姿势、态度、速度——来掌握它。这是一种支配活动人体的无穷细小的微分权力(pouvoir infinitésimal)"[19]。真是太精辟了,福柯这里的"精确到细部的捏揉"和"支配活动人体的无穷细小的微分权力",入木三分地揭示了资产阶级社会控制范围和层面的根本改变。资本主义制度之下,对肉体的压迫形式已不再是先前封建专制时将之关进地牢或施加酷刑那样简单粗暴的方式,而是加诸每一个肉体细部的看不见的控制和奴役之中。我觉得,这恰恰是韦伯、法约尔[20]在泰勒制流水线生产机制下生成的肯定性科学管理的一种**批判政治学翻转**。这恐怕也是列宁在肯定性描述泰勒运作分节计算时没有想到的反转构境事件。[21]

其次,是控制对象(*objet du contrôle*)的不同。资产阶级新的社会控制对象"不再是行为的能指因素(éléments signifiants)或人体语言,而是机制、运动效能、运动的内在组织(organisation interne)。强制的不是符号,而是各种力量"[22]。在这里,控制的对象不再是指向肉体存在状态的看得见、听得见的直接命令(圣旨、宣判书和禁令),而是看不见的各种力量活动和斗争的具体存在机制构序和做事情的内在行为塑形结构。控制,不再发生于人们**可察觉**的意识层面,它转入了无意识的肉体存在内部运转机制,在这里,权力已经悄然转化成了肉体本身生存的**支配性力量线**。福柯还说,令上述内在机制得以日常运转的"唯一真正重要的仪式是操练(exercice)"。操练(或训练)的目的,就是要让控制的微细权力运转机制成为一种**身体化的存在**。福柯随后还会专门讨论这个训练。

其三是控制模式(*La modalité*)的改变。与传统刑罚那种在瞬间抽打皮肤的鞭子和突然落下铡刀的断头台不同,而今的控制方式是一种持续的不间断的、没有明显痛楚的隐性强制。"它监督着活动过程而不是其结果,它是根据尽可能严密地划分时间、空间和活动的编码来进行的。"[23] 新的控制模式是在对时间、空间和活动本身的某种构序和重新编码中,实现对生命过程的总体控制。生活本身就是控制,活着就是支配。后来福柯专门讨论过对活人的支配问题。

在这种讨论中,我们看不到原先那个满口"认识型"、"话语塑形"和"非连续性"的思辨哲学家福柯了,我们面前站着的是充满激情和斗志的无产阶级革命批判家福柯。这真是令人激动的改变。

二、纪律:身体化规训的自拘性生成

福柯指认,这种由资本主义社会发明的对"人体的运作加以精心的控制,不断地征服人体的各种力量,并强加给这些力量以一种驯服—功利关系(rapport de docilité-utilité)"的方法,就是资产阶级所谓法理型的"**纪律**"(*disciplines*)。[24]Discipline 在法文中也有惩戒的意思,它是本书的重要关键词,福柯在此书中共计 130 次使用此词。在我看来,这个法理型的纪律应该是福柯在此书中最重要的政治哲学发现之一!

我们知道,纪律是人们在日常生活中的说法,它出现在现代工厂生产、军事管理和学校教育中。通常在现代社会生活中,纪律是一个无反思地被正面肯定的有效管理和社会教化措施。"遵守纪律",是我们今天从幼儿园开始老师反复训导孩子的口头禅。福柯谈及过 19 世纪开始的这种对个体的"幼儿园—学校—工厂"的纪律规训。*在福柯这里,纪律则被历史地指认为代表了一种资产阶级全新的**社会控制论**核心,它的缘起是资本力量让劳动者通过对工厂中与生产运转机制相一致的纪律(技术规范要求)的自觉认同,通过持续不断的训练和操作,使外部的纪律(法规)内化为自我遵循的**身体化规训**,以实现对肉体的根本操纵和支配。"工人的身体像是被链条锁在了生产机制上。"**这恰恰是资产阶级所谓民主社会中普遍发生的自我奴役的**自拘性(法治人)**的真实基础。我觉得,这是福柯思想**依从历史唯物主义**的重要开始。还应该指出,福柯自己从来没有提及的马克斯·韦伯和青年卢卡奇,正是他的政治哲学中一个根本性的思想史渊源。韦伯在界划现代性法理社会的过程中,悬置了实质合理性的社会本质,通过形式合理性(即工具理性)将社会生活锚定在看得见的事实层面,并且由认知—技术建构生产(流水线)和社会存在的标准化、可计算性和可操作性过程。而青年卢卡奇则将韦伯的合理化结构颠倒过来,直接引出针对现代资本主义流水线生产程序中工艺技术对劳动者肉体和观念的新型物化现象的批判,由此进入马克思并未关注的控制—支配层面:**生产有罪论**。福柯此间的讨论,显然承袭了青年卢卡奇的思考线索,只是将后者进一步引申到社会政治控制的构

---

　　*　[法]福柯:《惩罚的社会》,陈雪杰译,上海人民出版社 2016 年版,第 183 页。——本书作者第二版注

　　**　在 1973 年的演讲课程中,福柯例举了法国安省瑞瑞里厄(Jujurieux)的一家丝织厂的管理机制,他认为,这是"工厂—兵营—修道院(usine-caserne-couven)的制度化"。福柯:《惩罚的社会》,陈雪杰译,上海人民出版社 2016 年版,第 181 页。——本书作者第二版注

境域中罢了。

福柯宣称,17—18 世纪,由现代工业生产发明的"纪律"在西方资本主义社会存在中"变成了一般的支配方式(formules générales de domination)",这是一种与传统社会控制完全不同的东西,它不再是可以被明确抗拒的外部强制。纪律控制的**第一个构境层级**,不是传统强权之下的认命和臣服,而是从内心里对法规的自觉认同和遵守。这是对上述相近观点的一个具体化论证。在福柯看来,资产阶级发明纪律控制(法治),开创了支配艺术的新纪元,从根本上改变了社会控制的**外部压迫质性**。也是在这个意义上,福柯极为深刻地宣告启蒙运动既发现了自由,也发明了规训。福柯可能并没有看到过本雅明关于现代文明是进步同时也是野蛮的论断,但他的深刻见解与本雅明却是异曲同工的。对福柯的这个说法,布朗肖提出了异议,后者认为福柯夸大其辞,因为"规训史可以上溯到史前时代,比如说,通过某种成功的训练方法,一头熊被驯化,变成看门狗,或勇敢的警察"[25]。在这一点上,我愿意为福柯辩护,因为在工业生产中生成和凸显的纪律式的自拘性与基于肉体生理反应的反复驯化是根本不同的——这样的分歧只能说明布朗肖并没有真正理解福柯笔下资产阶级工业化中规训的本质。

也是为了进一步厘清资本主义社会中的纪律与传统社会中的外部压迫之间的异质性,福柯还细致地界划出四种差异性边界:

首先,这种新型的统治方式与过去的**奴隶制**(esclavage)不同,因为它们"不是基于对人身的占有关系(rapport d'appropriation)",与之相比,纪律仿佛更"高雅",因为它无需通过粗暴的直接奴役关系就能获得显著的实际效果。纪律不是那种基于占有关系之上的野蛮奴役,反之,它与支配对象的关系恰恰是非暴力和非强制的,在一定的意义上,进入纪律(遵纪守法的自律)甚至会表现为具有某种**文明化**和**有教养**的特征。所以,人们并不排斥纪律的自律构序,反而积极努力地入序和臣服其中。土地上的农民在融入工业的进程中,去除主体性自觉遵守与机器体制同质的客观性的纪律是一个重要的前提。其次,纪律也不同于通常的**仆役**(domesticité)关系。黑格尔的主奴辩证法在此失效了,仆人的存在是在主人的个人意志"为所欲为"情境中确立的,而纪律则是"一种全面持久、不可分解的、无限制的支配关系"。纪律不是主仆关系中的单向性主人意志,而恰恰呈现为执行的**自主性**特征,遵守纪律者是主人，但他听从于纪律所指向的客观支配机制，所以，无悔和自愿地遵守纪律是长久有效的支配。其三，纪律也不同于附庸（vassalité）关系。"后者是一种高度符号化的但又保持一定距离的依附关系，更多地涉及劳动产品和效忠仪式标志，而较少地涉及人体的运作"，而纪律性支配则是建立在内在臣服基础上人体本身的**自动驯服**和**自动运转**。在这种认同性臣服构境中，被支配者反倒自以为是自主性的民主和自由的实现。在现代法制社会中，能够遵纪守法会是一种令人自豪的事情。其四，纪律也不同于**禁欲主义**（ascétisme）以及修行式"戒律"。宗教式的禁欲是看破红尘的出世主义，它的目的是"弃绝功利"，而纪律的"主要宗旨是增强每个人对自身肉体的控制"，恰恰意在增加入世的**功利性**。[26]如果，发财成了神性的天职，那么，规训和自制则是走向成功的通道。在一定的意义上，韦伯对新教的形而上学解读也内嵌了这一层构境意蕴。

也是基于上述意义场，福柯指认资产阶级发明的"纪律"代表着在新的社会控制中"一种支配人体的技术，其目标不是增加人体的技能，也不是强化对人体的征服，而是要建立一种关系，要通过这种机制本身来使人体在变得更有用时也变得更顺从，或者因更顺从而变得更有用"[27]。**有用中的支配**，这是资产阶级规训支配构序结构的**第二个构境层级**。传统奴役形式中皮鞭下的顺从未必就能实现最好的利用，反而是资产阶级通过"纪律"支配的肉体将达及**更加有用中的顺从**，因为，新的顺从是从调动肉体存在自主性基础之上的内部有效功能中发生的。此即为福柯笔下这个规训（surveiller）的本质。在他看来，正是这种规训——对纪律的认同和训练，

正在形成一种强制人体的政策，一种对人体的各种因素、姿势和行为的精心操纵（manipulation calculée）。人体正在进入一种探究它、打碎它和重新编排它的权力机制。一种"政治解剖学"（anatomie politique），也是一种"权力力学"（mécanique du pouvoir）正在诞生。它规定了人们如何控制其他人的肉体，通过所选择的技术，按照预定的速度和效果，使后者不仅在"做什么"方面，而且在"怎么做"方面都符合前者的愿望。这样，纪律就制造出驯服的、训练有素的肉体，"驯服的"肉体（des corps dociles）。[28]

　　这是说,不同于皮鞭的纪律制造出了资本主义生产方式需要的特殊肉体,它把体能变成了一种所谓正常人的"才能"、"能力"和"创造性",令其能自主性地发展,不断增强它,使之**有用**(成功),从而进入**主动入序和自动驯服**的状态。以怀特的概括:资产阶级主张"驯服、努力工作、能够创造经济价值、自制、恪守良心,总之一句话,就是方方面面都是一个'正常人'"[29]。这是对的,**正常人**正是康吉莱姆和福柯批判性构境的起点。福柯辨识道:"如果说经济剥削使劳动力与劳动产品分离,那么我们也可以说,规训的强制在肉体中建立了能力增强与支配加剧之间的聚敛联系。"[30]前一句显然是马克思的话语——福柯在这里想要强调,与马克思关注的经济剥削的层面不同——他自己认为,资产阶级的纪律规训正是在生产劳作训练中,通过让人变得更具有能力和工作效率,在走向财富和成功中使其无意识地被支配。在一定的构境意义上,**成功**是资产阶级意识形态话语中的一个重要引导概念,所谓"成功人士"则是资产阶级自指的一种别称。巴里巴尔意识到了福柯对马克思话语的自觉运用。他说:"在《规训与惩罚》中,他吸取了马克思在《资本论》中关于生产中劳动力的划分方法,来说明规训手段是如何通过抵消工人的对抗性来增加工人身体的效用的。"[31]但他却没有留意到福柯语中夹带的恶意的差异性标注。

　　福柯追溯道,这种新的"政治解剖学"的发明并不是一个简单出场的东西,它"由许多往往不那么明显重要的进程(processus souvent mineurs)汇合而成的"[32]。在此书中,福柯 9 次使用这个他挪用自配第的 anatomie politique(政治解剖学)。必须强调,此处这个往往不那么明显重要的进程很关键,资产阶级的规训政治通常都不呈现为激烈的显性政治变化,而恰恰是通过不显著的发散性的微细质点偏移来逐渐实现的。这些不起眼的"小过程"可能起源各异、领域分散,但却深刻地生成了支配构序层面上的"相互重叠、重复或模拟,相互支持",最终"它们逐渐汇聚在一起并产生了一种一般方法的蓝图"。这种貌似平静的表面特征,也是福柯所认定的资产阶级政治运作的重要隐性机制,政治运转恰恰发生于传统政治学讨论语境下不是政治活动的巨大灰色盲区构境中。在福柯这里,**不是政治就是资产阶级最大的政治**!这恐怕是马克思、恩格斯并没有关注到的事情。

　　福柯判断,这种规训最初是在西方的中学里萌生的,随后进入初等教育。谢里登注意到，在英国最古老的"初级"学校中的班级就被称为"标准"（standards），而福柯所读的法国著名巴黎高等师范学校就是"规训学校"（ecoles normales）。[33] 很快，规训就蔓延到医院领域，再经过几十年工夫，它们就彻底改造了军队组织；并且，"自 17 世纪起它们就不断地向更广的领域扩展，似乎要涵盖整个社会"[34]。从而成为整个资本主义制度社会控制的基本模式。其实，规训生成的真正基始之处是现代工厂，或者说，它就是现代工业生产的基本工艺结构中对主体的要求。福柯在下面这一段描述中正确地提及了这一历史质点。福柯发现，

> 它们从一个地方到另一个地方的传播有时很快（如在军队和技术学校或中学之间），有时则很慢、很谨慎（如大工厂的隐秘的军事化，militarisation insidieuse）。几乎在所有的情况下，人们采纳它们都是为了适应特殊的需要，如工业革新，某种传染病的再度流行，来复枪的发明或普鲁士的军事胜利。但这并不妨碍它们完全被铭刻（inscrivent）在一般的和本质的社会转变（transformations générales et essentielles）中。[35]

我以为，此间最关键的是在大工厂中发生的"隐秘的军事化"规训，恰恰是因这种生产构序和关系构式中的机制铭刻在人的劳作存在中，继而才在其他社会活动中次生为一种全面的存在塑形和构序场境。这也就是说，对社会转变的**铭刻**，是从最根本的劳动生产**构序**中开始的。全社会的自我规训是客观存在于资本主义工业生产中被构序（组织化）的顺应结果。哈维直接指认说，马克思在福柯之前最先说明了资本主义规训中"特殊的监视空间的建构"，并且还专门从《资本论》第一卷中援引了两段长长的表述，即 18 世纪工厂"习艺所"和按照军队模式建立起来的"现代工厂的自然规律"[36]。这似乎意味着，福柯的思想构境与马克思是完全同向的。我基本赞同哈维的观点。

福柯指认，资本主义社会生成规训的"纪律是一种有关细节的政治解剖学（anatomie politique du détail）"。在已经述及的部分中我们看到，福柯对配第这个政治解剖学的挪用主要是喻指资产阶级对社会权力关系的**细节化分解和重构**。过去格言中所说的"细节决定成败"在资产阶级的规训政治中

被深刻地具象化了。福柯说,虽然在中世纪时,"细节"已是神学和禁欲主义的一个范畴(神性与上帝存在于节欲向善的生活细节之中),但只是到了资本主义的现实生活中,细节(détail)才成为决定一切的东西。资产阶级政治的**细节本体论**异质于传统权力运行的宏观对象化,后者譬如看得见的枷锁、屠刀和地牢,而资产阶级在明处收起了看得见的利剑,却从暗处举起了隐性的权力射线刀;在看得见的政治行为中已看不见政治的身影,它转而作用于规训之下全部生命存在塑形与构序的细部。福柯说,资产阶级的权力策略往往是"表面上光明正大而实际上居心叵测的微妙安排",这是精辟的判断。人们要**遵守**的纪律,通过不断的训练不是生成看得见的权力控制,而是将权力分解为看不见的细小权力支配技术,"这些技术都是很精细的(minu-tieuses),往往是些细枝末节(infimes),但是它们都很重要,因为它们规定了某种对人体进行具体的政治干预的模式,一种新的权力'微观物理学'"[37]。所以,面对资产阶级的社会控制权力,"要想描述它们,就必须注意各种细节"。这是福柯不断唠叨,一再提醒人们注意的细节政治本体论。

> 为了控制和使用人,经过古典时代,对细节的仔细观察和对小事物(petites choses)的政治敏感同时出现了,与之伴随的是一整套技术,一整套方法、认知、描述、方案和数据。而且,毫无疑问,正是从这些小事情(vétilles)中产生了现代人本主义意义上的人(l'homme de l'humanisme moderne)。[38]

这里所谓的"小事物"、"小事情",不由让人想到列斐伏尔[39]在关于现代资本主义日常生活的批判中述及的"小事情异化"。列斐伏尔的这一观点大约是在1958年《日常生活批判》第一卷第二版序言中提出的。这正是福柯在《词与物》一书中宣告的那个作为晚近发明的"人"。现代人本主义意义上的人即是主体性的个人,在福柯看来,这个主体性的现代人诞生于理性的启蒙,一整套的认知、方法、立场和观点规训式地建构了主体**关系存在**中的所有小事情和生存细节存在场境,甚至整个人就是资产阶级权力关系布展的建构结果。我想指出,福柯此处的主体建构论显然比他的老师阿尔都塞在1969年提出的意识形态质询建构说要深刻,因为前者的主体建构论是在存在论构境之中的。

在《词与物》一书中，福柯曾回音袅袅地布告道，这个人会像海滩上画出的面孔一样被抹去，现在我们可以理解，他更深的喻义是整个资产阶级主体性的**历史有死性**。

三、小事情和细节支配：规训的微观控制论

可是，资产阶级权力布展的细节本体论究竟是如何通过纪律的规训建构起主体性的人的呢？在福柯端出的有趣的透镜之中，这个过程至少可以表现为以下几个方面。

首先，微观权力对**空间的分区等级化治理**。福柯认为，资本主义的微观权力统治——"纪律是从对个人的空间分配（la répartition des individus dans l'espace）入手"的。[40]他发现，在17—18世纪工厂、学校、医院和军队开始兴起的纪律（规训）中，都有一个对个人"自我封闭场所"的要求。福柯指认，这种自我封闭的空间缘起于中世纪的修道院模式，而今已经成为普遍的社会空间控制方式。[41]鲍德里亚肯定性地指认："制造业的封闭（renfermement manufacturier），便是福柯所描写的17世纪封闭状况的神奇扩展，'工业'劳动（非手工业的、集体的、没有生产资料的、受监视的劳动）是否就最早出现于（naissance dans les premiers）大型综合医院（hôpitaux généraux）中？"[42]在福柯看来，这种封闭空间中实行"单元定位"的**分区控制**（quadrillage）原则，给进入其间的每个人划定了一个特定的位置。相对于传统社会的交往和劳作中"含糊不清"的空间分配，资本主义社会中每个个人的空间**定位**使原先农业土地上那种无益而有害的人们不受控制而四处流动，时而人员扎堆、时而门可罗雀的情况不再出现。空间与资本主义的关系，是列斐伏尔在20世纪60年代就已经开始关注的问题，我们不知道福柯是否受过他的影响。但是应该看到，福柯此处所讨论的空间问题仍然是人体所处的物理空间区隔，而不是列斐伏尔的那种**非物理的社会关系构境空间**。福柯说，

这是一种制止开小差、制止流浪、消除冗集的策略。其目的是确定在场者和缺席者(les présences et les absences),了解在何处和如何安置人员,建立有用的交往(les communications utiles),打断其他的交往,以便每时每刻监督每个人的表现,给予评估和裁决,统计其性质和功过。因此,这是一种旨在了解、驾驭和使用的程序。纪律能够组织一个可解析的空间(espace analytique)。[43]

在福柯指认的这种空间区隔中,人被固定在一种**可以解析的功能性空间位置**上,目的是为了让肉体的存在和活动更便于监控和控制——并且,资产阶级的现代建筑学也开始与这种空间中的**功能性位置**(emplacements fonctionnels)相结合了。也就是说,生命活动空间在物性结构中被锚定出来了。福柯说,现代医院、工厂的建筑都已经依据这种特定的空间分配原则被搭建起来。笔锋及此,福柯列举了法国东部城市茹伊一个叫奥伯凯姆普夫的工厂中发生的一切。[44]此外,福柯还指认,在这种封闭的控制空间中,规训的"各种因素都是可以互换的",因为各个因素都是不同定位中的不同等级中的因素。由此,"纪律创造了既是建筑学上的,又具有实用功能的等级(fonctionnels et hiérarchiques)空间体系"[45]。资产阶级的建筑空间是其功用化定位的物性实现。

福柯敏锐地注意到,在这些现代大工业生产中建造起来的新型建筑空间里,"既可以看到全局,又可以监督每一个人",并且还能监督活动过程的各个阶段。一个固定的惩戒栅格(grille)从而形成:

一方面根据生产的阶段或基本运作(opérations élémentaires),另一方面根据各个进行生产的人员,将生产过程分割开,使劳动过程显示出来。劳动力(force de travail)的各种变量——体力、敏捷性、熟练性、持久性——都能被观察到,从而受到评估、计算,并且与每一个工人联系起来。这样,由于劳动力以一种完全可见的方式分散在一系列个人身上,所以它可以被分解为独立单位。[46]

规训是从现代大工业生产的基本运作中发生的,劳动力本身的劳作场境即是由生产过程的分割和组合精密建构起来的,这使得规训的发生从一开始就是**存在论情境**中的事情。这种存在中的生产构序机制同时也构式了整个新世界。如果我们比较一下福柯这里的分析与《词与物》中的构序论分析,就不难体会到他的思想构境从唯心主义观念制约论向唯物主义跨出了多大一步!他现在完全是从现实社会生产—劳动的构序—构式来观察全部存在的质性改变的。我觉得,这是福柯关于规训发生的基始性的十分重要的一段描述。因为,当他将资产阶级的权力控制很深地与生产基本运作过程相链接的时候,就彻底地越出了马克思的**社会关系质性批判**。新型的奴役基于生产力构序中的控制属性,这是霍克海默和阿多诺依循青年卢卡奇在《启蒙辩证法》中的重要发现。

我注意到,福柯的学术知己德勒兹充分意识到了这一观点的重要性。他说,福柯的"大规模惩罚体系与生产体系之间是可能有对应的:规训机制与 18 世纪的人口增长,也与力图提高产量、凝聚力量、榨取人体可用力量的生产成长不可分离"[47]。德勒兹宣称,福柯的这种观点,与传统马克思主义历史图景中的"金字塔意象"——即生产力决定生产关系,经济基础决定上层建筑的构序金字塔,权力只是政治上层建筑中的强力现象——绝对是不同的,福柯的权力功能论打破了那种虚假的上下层结构有序性,在福柯这里,**规训权力直接生成于底层的生产**!并且,规训也是现代资产阶级**经济学**的内在对象。

> 一切都是经济学,都是诸如已预设这些权力机制的作坊或工厂,其权力机制由内部作用于身体及灵魂上,也由经济场域内部作用于生产力及生产关系上。……相对于马克思主义仍停留的金字塔意象,功能论的微观分析体现出一种严格的内在性,权力聚合点与规训技术在此形成互相接合的环节,群体的个体(身体与灵魂)则由这些环节中经过和驻留(如家庭、学校、军营、工厂;必要时,监狱)。[48]

我认为,德勒兹此处的评论是深刻的。虽然德勒兹所指认的"马克思主义的金字塔意象"只是斯大林教科书的伪像,但福柯关于规训权力统治的思考构境层已经突破了马克思原来设定的**经济的社会构形**中的较为简单的上下层社会结构,这一点是值得我们认真关注和自省的。

福柯说,也是在这里,资本主义的"纪律的第一个重大运作就是制定'活物表'(tableaux vivants),把无益或有害的乌合之众变成有序的多元体(multiplicités ordonnées)"[49]。我们久违了的那个 tableau 和 ordre 又出场了。在本书中,福柯 18 次使用 tableau 一词;126 次使用 ordre(构序)和 désordre(祛序或无序)两词。在此时的福柯看来,**表格**是资本主义古典时期在"科学的、政治的和经济的技术所面临的重大问题",甚至可以说,

> 在 18 世纪,表格既是一种权力技术(technique de pouvoir),又是一种认知程序(procédure de savoir)。它关系到如何组织复杂性(multiple)、获得一种涵盖和控制这种复杂性的工具的问题,关系到如何给复杂性一种"有序性"(ordre)的问题。[50]

关于 tableau 和 ordre 这两个概念,福柯在《词与物》一书中作了相对集中的分析和讨论,但在那里,福柯指的主要是**词对物的烙印**;在此处,所不同的构境域挪移是,tableau 和 ordre 不再仅仅是资产阶级文化认识型的话语构件,而是现实资本主义工业生产—市场经济构序和塑形的客观机制。它更意味着权力对生命肉体的支配和控制。通过构序和表格,权力**在生命肉体和政治灵魂上烙印**。这是一个全新的思考构境层。

其次,是规训对生命活动的**持续性微观控制**。相对于上述的空间定位,这也就是资产阶级微观权力对**生命时间的支配**。在福柯看来,规训对生命时间的这种控制通过三个主要手段铺展:"规定节奏、强制确定日常事务、调节重复周期(établir des scansions, contraindre à des occupations déterminées, régler les cycles de répétition)"[51]。与农耕社会中的周而复始的循环时间不同,由工业生产生成的现代社会存在中的时间是有节奏的,并且这个节奏不再是自然周期,而是工业和经济周期规制下的日常生活节奏。用马克思的话语来表述,即生活是劳动力再生产的必要条件。生命劳动力再生产的时间是创造剩余价值的条件。福柯的这一思考将直接通向之后的生命政治批判。

继而,福柯再告诉我们,17—19 世纪资本主义的工厂生活就是将过去

发生在教会控制下的修道院中的由精细时间控制的生活方式移植到工厂管理中来罢了,所谓"工厂—修道院的构架"就这么生成了。[52] 我以为,福柯的这个说法是欠妥当的,资本主义现代社会存在的时间节奏一定不是对修道院时间控制的挪移,而是工业生产构序和塑形所需要的内在节奏。其实,这也就是新型的**持续规训**生活。福柯形容道,处在资产阶级规训之下的时间,被十分细致地划分和规划,呈现出运动的节奏和规律,肉体以高度的"精确、专注以及有条不紊"投入其间,生成一种适应高效率和高速度的特殊的**姿势**(geste)。有如《城市之光》艺术夸张构境中离开流水线仍然抽风的卓别林。在福柯看来,功效性的姿势是肉体被资产阶级规训**工具符码化**(codage instrumental)的重要环节,一个被规训的肉体是一种有效率的姿势的前提条件。在不断从眼前流动的生产流水线上,如果劳动者不在规定时间和节奏中操作,则立刻会遭到机器的伤害。在此,福柯还十分详细地描写了现代化的军事训练过程中士兵肉体的经验与枪械的操练步骤和程序,以说明"对肉体进行工具符码化"程序。[53] 福柯认为,随着资产阶级规训"时间渗透进肉体之中,各种精心的权力控制(les contrôles minutieux du pouvoir)也随之渗透进去"[54]。由此,肉体被资产阶级规训彻底改造:

> 权力造就了一种肉体—武器(corps-arme)、肉体—工具(corps-instrument)、肉体—机器(corps-machine)复合。这是要求肉体仅仅提供符号或产品、表达形式(formes d'expression)或劳动成果的各种支配方式中走得最远的一种。权力所推行的规则同时也是制定运作结构(construction de l'opération)的准则。因此,惩戒权力(pouvoir disciplinaire)的功能看上去与其说是简化不如说是综合,与其说是剥削产品不如说是与生产机构建立一种强制联系。[55]

请注意,上述这一段讨论其实正体现出福柯之思与马克思政治经济学批判逻辑的一种很深的构式论差异对比:与马克思看到资本通过无偿占有劳动者在生产过程中创造的剩余价值而实现的经济剥削不同,福柯看到的是在生产机制中发生的某种改变,即劳动者在自身的生产过程中被劳作的"动作结构"塑形化的权力支配,在他看来,在肉体—机器的塑形过程中发生的奴役似乎比马克思看到的那种外部经济关系控制更深层、更不可抗拒。在这一点上,法国当代马克思主义学者比岱的一个评论值得我们深思:"福柯比那些在他之前、在韦伯之后的思想家更深刻的是,他显明了现代政治理性不仅系由'市场形式'发展出来,而且由'组织形式'发展出来。他在医院、监狱、学校、军营、生活方式以及科学活动等领域中探讨了那些含糊不清的理性,不断以新的方式提出,彼此关联的各种'知识权力'的问题(它同时也和其他领域如性和疯癫有关系,人们通常认为这些领域和市民社会、生产方式和国家的概念是不同的)。这不能被简单地视为对于马克思的'补充',因为,通过知识—权利的方式研究治理问题,福柯开启了一个新的研究对象、一个新的研究领域。"[56] 这个分析中的基本要点是有一定道理的,但这还需要我们更深入地去思考福柯提出的问题。

也是在这个意义上,福柯指认,经由上述的支配技术,肉体就被塑形为一种新的客体(objet nouveau)——**规训客体**,它甚至在逐渐取代机械物体。

> 这种新的客体是自然的肉体,力的载体,时间的载体。这种肉体可以接纳特定的、具有特殊的构序(ordre)、步骤、内在状况和结构因素的操作。在成为新的权力机制(mécanismes du pouvoir)的目标时,肉体也被呈献给新的认知形式(formes de savoir)。这是一种操练的肉体,而不是思辨的(spéculative)物理学的肉体,是一种被权威操纵(manipulé par l'autorité)的肉体,而不是洋溢着动物精神的肉体,是一种受到有益训练的肉体,而不是理性机器的肉体。[57]

我们能感觉到,在这一复杂的构境层中,福柯在做一种很深的反驳:即资产阶级所宣称的那种从专制土地上解放出来的物理学的肉体、洋溢着动物精神的肉体,以及作为理性机器的肉体背后,被忽略的真相是,资本主义生产及其经济活动塑形和特殊构序出来的规训客体是作为认知和权力目标指向的对象存在的,通过生产本身的时间步骤、内在操作状况和塑形结构因素,成为一种被权威操纵、训练有素的肉体——规训客体。毫无疑问,福柯笔下这种规训客体更容易被构序和结构化的现代生产所操演。对福柯的这一观点,霍奈特有如下评论:"现代权力技术的特色在于它不仅能压制或直接控制人类的肉体行为,而且能系统地生产这种行为,但于他而言,人类肉体行为的制造和生产意味着借助不断的规训来赋予原来不稳定和肉体运动机能以那种僵硬的、千篇一律的行为模式,也就是使人类肉体的运动过于'标准化'。"[58]我觉得,霍奈特的评论过于狭窄了,韦伯的标准化操演只是资本主义生产流水线构序的条件之一。福柯这里的批判思考的构境层远比"标准化"要深要丰厚。

在福柯看来,规训通过一种新的**认知和权力形式**在生产和工作中塑形了肉体,它建造一种机制,应能通过其各基本构成因素的协调组合而达到最大效果,把分散在肉体中的"单个力量组织起来,以期获得一种高效率的装置(appareil efficace)"[59]。这个**装置**也是福柯此书中使用的高频词,共计128次出场。不难发现,在关于资产阶级政治权力的研究中,福柯较多地引入了一些科学技术方面的术语,譬如机制、操作、装置。他就是想打破传统政治学领域固有的话语体系。据阿甘本考证,他在阅读伊波利特的一本名为《黑格尔历史哲学史导论》(*Introduction à la philosophie de l'histoire de Hegel*)的著作的时候发现,伊波利特在研究黑格尔伯尔尼和法兰克福时期的思想中,关注到了其中的一个关键词,即**操作践行中的实证性**(*Positivität*)。黑格尔所指认的这个实证性,就是宗教神学在日常生活中"从外部强加给个体的信条,法则和仪式"。阿甘本指认,在伊波利特那里,"青年黑格尔给予实证性以历史要素的名字(像某种外在力量强加给个体的法则,意识和制度那样为人所承载,但这些东西,可以说,又在信仰和情感的系统中实现了内化),那么福柯则借用了这个术语(后来这个术语变成了'装置')"[60]。

其三,规训的**进步—创世组织**(*L'organisation des Geneses*)。福柯说,规训不仅仅是一种支配和控制,还是一种全新的**创造性**技术。这与前述那个纪律中发生的功效性相关联。他以法国17世纪创立的戈布兰(Gobelins)[61]工场学校为例,从其中的六年学徒、四年服务和一次资格考试的培训全过程说起,勾勒出这种创造性的规训新技术。福柯发现,"这种新技术用于控制每个人的时间,调节时间、肉体和精力的关系,保证时段的积累,致力于利润的持续增长(profit ou en utilité toujours accrus)或最大限度地使用稍纵即逝的时间"[62]。资产阶级规训权力成功控制肉体的奥妙,就在于它本身是一种随着资本无限追逐财富过程而生成的**生产性**的向前创生运动。即前文曾经提到的纪律认同中有用的驯服。霍奈特注意到了这一点，他指出，福柯眼中的资产阶级社会权力的发挥"不是压制性的作用，而是生产性的作用，它们因此生产社会的行动能量，而不是压制这些能量"[63]。这是对的。由此，规训生成了"一种被连续整合的线性时间（temps linéaire dont les moments s'intègrent）"，亦是一种"'进化的'时间"（temps évolutif）。在福柯看来，资本主义"行政的和经济的控制技术揭示了一种系列的、有定向的、累积的社会时间，发现了一种'进步'（progrès）意义上的进化。规训技术揭示了个人系列，发现了一种'创生'（genèse）意义上的进化"[64]。财富的积累和肉体的技术化塑形都生成了一种增长和发展的向度，由此，资本主义社会进步和走向现代化的进程才出现。这是**大写的人的创世记**，也是西方资产阶级现代性的**文明进化论**和**进步史观**真正的缘起之处。

> 18 世纪的两大发现——社会的进步和个人的创生——或许是与新的权力技术相关联的，更具体地说是与一种通过分割、序列化（sériation）、综合和整合而管理和有效地使用时间的新方式相关联的。一种宏观权力学和一种微观权力物理学（macro-et une microphysique de pouvoir）所造成的不是对历史的干预（l'invention de l'histoire，历史很长时间已不需要这种干预），而是对控制活动和支配实践中的一种时间性的、单一性的、连续性的和累积性的向度的整合。[65]

社会的进步和个人的创生都只是资产阶级在 18 世纪发明出来的东西。有趣的是，福柯的老师康吉莱姆晚年发表的文章《进步观念的衰落》（"La décadence de l'idée de progrès"）就叙述了 18 世纪下半叶西方进步观念是如何被历史塑形的。[66]福柯说，今时今日对许多人来说不言而喻的**历史进步观念**，其实是与一种现代"权力作用模式联系在一起的"。无疑，这也是对《认知考古学》中反对线性进步史观的一个深入确证。他认为，因为规训的"操练变成了有关肉体和时间的政治技术中的一个因素。它不是以某种超度为终点，而是追求永无止境的征服（assujettissement qui n'a jamais fini de s'achever）"[67]。正是这种发生于科学技术、生产过程、社会改造和文化变迁中的**无穷尽的征服**,建构了资本主义所特有的进步的历史和进化创生的人。

其四,规训还表现为某种对力量的编排(*La composition des forces*)。编排是 ordre(构序)的另一种表述。这一点是与上述创生性相关的规训机制,它表现为在对肉体力量进行整合时生发出来的场境突现中"建构一种其成效必须高于其基本构成力量的总和(somme des forces)的生产力(force productive)"[68]。为此,福柯再一次引述了马克思在《资本论》中关于劳动分工和协作所产生的巨大社会生产力和军事战术中的合作协力的两大段表述。事实上,"生产力的总和"也是马克思的话语。我注意到,自作聪明的波斯特特意声称,福柯"《规训与惩罚》的伟大成就就在于对现代社会的主导结构进行了历史的理论化和分析,这一点走出了传统马克思主义的生产方式观点所开辟的研究范围"[69]。我以为,波斯特正好说反了,恰恰是在《规训与惩罚》一书中,福柯第一次隐秘地回到马克思所开辟的历史唯物主义的生产方式分析中来。在福柯看来,这种对力量的编排入序表现为将单个肉体变成了一种可以被安置、移动及与其他肉体结合的因素,建构不同的年龄系列的复合,以及通过一个精确的命令系统将肉体编排入序进一套规训活动中。[70]规训,现在成了马克思所指认的资本主义社会生产力的一个重要发生机制。此时的福柯恰似与马克思并肩作战。

最后,福柯总结道,

> 规训从它所控制的肉体中创造出四种类型的特性(individualité),更确切地说是一种具有四种特点(caractères)的特性:蜂窝状单元性(cellulaire,由空间分配方法所造成),有机性(organique,通过对活动的编码),创生性(génétique,通过时间的积累),组合性(combinatoire,通过力量的组合)。而且,它还使用四种技术:制定图表;规定活动;实施操练;为了达到力量的组合而布展"策略"(aménage des tactiques)。[71]

这是对上述规训塑形肉体的四个方面的简单概括。福柯专门指认,由规训所生成的权力控制与传统政治学领域里那种可见的社会统治和奴役完全不同,规训是全新的资产阶级政治支配的无形**策略**(*tactiques*)。换句话说,新的规训权力不再是传统社会中握在统治者手里的所有物。依德勒兹的解释,福柯这里的“权力发展如下:它是一种策略而非所有物,其效果并不能被分派占有”[72]。德勒兹将之指认为一种新的权力功能论,它建构了“一种不再指定任何地点作为权力来源与不再接受点状定位的现代拓扑学”[73]。拓扑学,是拉康以后法国激进话语真心喜欢的领域。在福柯眼里,这种无形无影的规训“策略是一种建构艺术(art de construire)。它借助被定位的(localisés)肉体,被编码的(codées)活动和训练有素的能力,建构各种机制。在这些机制中,各种力量因精心组合而产生更大的效果。策略,无疑是规训实践(pratique disciplinaire)的最高形式”[74]。之所以说它是策略,系因为这种规训权力支配是通过传统社会控制中那些看不见的权力着力细节点实现的,如上述肉体的空间定位、活动的结构化和被驱动的创造能力,诸如此类的这一切,都通过日常运转的规训实践,成为一种**身体化的场境**存在。与传统的政治压迫相比,这种令人习以为常的规训存在反倒呈现为一个现代人得到文明教化和走向成熟的方向。由此,就如同战争格局中的战略和战术运用一样,资产阶级全新的政治策略成为他们“维持市民社会(société civile)无战争(l'absence de guerre)状态的要素”。表面上的**无战争**,即是资产阶级所发动的最大的政治战争。在这场没有硝烟的战争中,被真正消灭了的是**规训下自拘性存在**中的人自己。

福柯深刻地指出,资产阶级的鼓吹手们常常标榜资本主义创造了一个归属于**自然法则**中的“完美社会和理想”,而事实上,这种规训权力塑形下的生存根本不是什么天然状态(l'état de nature),“而是一部机器中精心附设的机关(rouages);不是原初的社会契约,而是不断的强制(coercitions);不是基本的权利,而是不断改进的训练方式;不是普遍意志,而是自动的驯顺(la docilité automatique)”[75]。三是三不是,界限清楚,入木三分。也是在这里,福柯再一次援引马克思致恩格斯的关于军队与资产阶级社会形式关系的信,以佐证自己的观点。[76]

我要说,这个无处不在的**自动的驯顺**将是全部资本主义政治统治的真正秘密。传统西方政治学中它的不在场即是明证。

注释

［1］［法］福柯:《规训与惩罚》,刘北成等译,生活·读书·新知三联书店1999年版,第249页。

［2］同上书,第96—97页。

［3］同上书,第111页。

［4］同上书,第113页。

［5］塞尔万(Joseph Michel Antoine Servan, 1737—1807),法国政治家。

［6］J.M.Servan, *Discourt sur l'administration de la justice criminelle*, 1767, p.35.转引自［法］福柯:《规训与惩罚》,刘北成等译,第113页。

［7］［法］福柯:《规训与惩罚》,刘北成等译,第113页。

［8］同上书,第246—247页。中译文有改动。Michel Foucault, *Surveiller et Punir*, Paris, Gallimard, 1975, p.222.

［9］同上书,第117页。

［10］Jean Baudrillard, *Le ludique et le policler & autres écrits parus dan Utopie*(*1967—1978*), Sens & Tonka, Paris, 2001, p.21.［法］鲍德里亚:《警察与游戏》,张新木等译,南京大学出版社2013年版,第28页。

［11］［法］福柯:《规训与惩罚》,刘北成等译,第125页。

［12］同上书,第145页。

［13］［德］哈贝马斯:《现代性的哲学话语》,曹卫东等译,译林出版社2004年版,第289页。

［14］［法］福柯:《规训与惩罚》,刘北成等译,第154页。

［15］［德］斯洛特戴克:《资本的内部》,常晅译,社会科学文献出版社2013年版,第87—88页。

［16］拉美特利(Julien Offroy De La Mettrie, 1709—1751),法国启蒙思想家、哲学家。代表作为:《人是机器》(1747)等。

［17］［法］福柯:《规训与惩罚》,刘北成等译,第154页。中译文有改动。Michel Foucault, *Surveiller et Punir*, Paris, Gallimard, 1975, p.138.

［18］Pierre Macherey, *De Canguilhem à Foucauly la force des normes*, La Fbrique éditions, 2009, p.77.中译文参见刘冰菁的译稿。

［19］［法］福柯:《规训与惩罚》,刘北成等译,第155页。中译文有改动。Michel Foucault, *Surveiller et Punir*, Paris, Gallimard, 1975, p.139.

［20］法约尔(Henri Fayol, 1841—1925),法国现代科学管理学创始人之一。主要著作:《工业管理与一般管理》(1916)等。

［21］列宁曾经多次评论泰勒制。1918年4月,列宁在《苏维埃政权的当前任务》一文中说:"资本主义在这方面的最新成就泰罗制(即泰勒制——笔者注),同资本主义其他一切进步的东西一样,既是资产阶级剥削的最巧妙的残酷手段,又包含一系列的最丰富的科学成就,它分析劳动中的机械动作,省去多余的笨拙的动作,制定最适当的工作

方法,实行最完善的计算和监督方法等等。……应该在俄国组织对泰罗制的研究和传授,有系统地试行这种制度并使之适用。"此文中译本收入《列宁全集》(第二版)第三十四卷,人民出版社 1985 年版。

[22] [法]福柯:《规训与惩罚》,刘北成等译,第 155 页。

[23] 同上。

[24] 同上。

[25] [法]布朗肖:《我想像中的米歇尔·福柯》,载《福柯的面孔》,汪民安等主编,肖莎译,文化艺术出版社 2001 年版,第 34 页。

[26] [法]福柯:《规训与惩罚》,刘北成等译,第 155—156 页。

[27] 同上书,第 156 页。

[28] 同上。

[29] [美]怀特:《福柯》,载 [英]约翰·斯特罗克:《结构主义以来》,渠东等译,辽宁教育出版社 1998 年版,第 117 页。

[30] [法]福柯:《规训与惩罚》,刘北成等译,第 156 页。

[31] [法]巴里巴尔:《福柯与马克思:唯名论的问题》,载《福柯的面孔》,汪民安等主编,李增译,第 457 页。

[32] [法]福柯:《规训与惩罚》,刘北成等译,第 156 页。

[33] 参见[英]谢里登:《求真意志——米歇尔·福柯的心路历程》,尚志英等译,上海人民出版社 1997 年版,第 199 页。

[34] [法]福柯:《规训与惩罚》,刘北成等译,第 157 页。

[35] 同上。

[36] [美]哈维:《正义、自然和差异地理学》,胡大平译,上海人民出版社 2010 年版,第 256—257 页。哈维的引文参见《资本论》第 1 卷,人民出版社 1975 年版,第 306—317、313 页。

[37] [法]福柯:《规训与惩罚》,刘北成等译,第 157 页。

[38] 同上书,第 160 页。中译文有改动。Michel Foucault, *Surveiller et Punir*, Paris, Gallimard, 1975, p.143.

[39] 列斐伏尔(Henri Lefebvre, 1901—1990),法国著名哲学家。出生在加斯科尼的一个官僚家庭。1920 年毕业于巴黎大学(索邦大学),获得哲学博士学位。1928 年创办首家法国马克思主义哲学刊物《马克思主义哲学杂志》,1929 年加入法国共产党,1930 年起任大学教授,第二次世界大战法国被德国占领期间被解除教授职务。1944 年以后,列斐伏尔历任杜卢斯法国广播电台主任、国立科学研究院研究员、巴黎大学农泰尔学院和斯特拉斯堡大学社会学教授,1973 年退休。其主要著作有:《辩证唯物主义》(1939)、《日常生活批判》(三卷,1947—1981)、《马克思主义中的现实问题》(1958)、《现代性导论》(1962)、《语言与社会》(1966)、《现代世界的日常生活》(1968)、《马克思主义与都市》(1972)、《空间的生产》(1973)、《资本主义的幸存》(1973)、《论国家》(1976)等。

[40] [法]福柯:《规训与惩罚》,刘北成等译,第 160 页。中译文有改动。Michel

Foucault, *Surveiller et Punir*, Paris, Gallimard, 1975, p.143.

〔41〕同上书,第 161 页。

〔42〕Jean Baudrillard, *Le ludique et le policler & autres écrits parus dan Utopie*(*1967—1978*), Sens & Tonka, Paris, 2001, p.253.[法]鲍德里亚:《警察与游戏》,张新木等译,南京大学出版社 2013 年版,第 271 页。

〔43〕[法]福柯:《规训与惩罚》,刘北成等译,第 162 页。中译文有改动。Michel Foucault, *Surveiller et Punir*, Paris, Gallimard, 1975, p.143.

〔44〕[法]福柯:《规训与惩罚》,刘北成等译,第 164 页。

〔45〕同上书,第 167 页。

〔46〕同上书,第 165 页。

〔47〕[法]德勒兹:《德勒兹论福柯》,杨凯麟译,江苏教育出版社 2006 年版,第 28 页。

〔48〕同上。

〔49〕[法]福柯:《规训与惩罚》,刘北成等译,第 167 页。

〔50〕同上书,第 168 页。中译文有改动。Michel Foucault, *Surveiller et Punir*, Paris, Gallimard, 1975, p.150.

〔51〕同上书,第 169 页。中译文有改动。Ibid., p.151.

〔52〕同上书,第 169 页。

〔53〕同上书,第 173 页。

〔54〕同上书,第 172 页。中译文有改动。Michel Foucault, *Surveiller et Punir*, Paris, Gallimard, 1975, p.154.

〔55〕同上书,第 173 页。中译文有改动。Ibid.

〔56〕[法]比岱:《福柯和自由主义:理性,革命和反抗》,吴猛译,《求是学刊》2007 年第 6 期。

〔57〕[法]福柯:《规训与惩罚》,刘北成等译,第 173 页。中译文有改动。Michel Foucault, *Surveiller et Punir*, Paris, Gallimard, 1975, p.157.

〔58〕[德]霍奈特:《权力的批判》,童建挺译,上海人民出版社 2012 年版,第 162 页。

〔59〕[法]福柯:《规训与惩罚》,刘北成等译,第 184 页。

〔60〕Giorgio Agamben, "*What Is the Apparus?*", in *WHAT IS APPARATUS? And Other Essays*, trans. David Kishik and Stefan Pedatella, Stanford, California: Stanford University Press, 2009, p.6.中译文参见王立秋译稿。

〔61〕戈布兰家族是法国染织业世家,1667 年创立戈布兰工场学校。

〔62〕[法]福柯:《规训与惩罚》,刘北成等译,第 180 页。

〔63〕[德]霍奈特:《权力的批判》,童建挺译,第 161 页。

〔64〕[法]福柯:《规训与惩罚》,刘北成等译,第 180 页。

〔65〕同上书,第 180—181 页。中译文有改动。Michel Foucault, *Surveiller et Punir*,

Paris，Gallimard，1975，p.162.

　[66]［法］康吉莱姆:《进步观念的衰落》,载《形而上学和道德》1987 年第 4 期。

　[67]［法］福柯:《规训与惩罚》,刘北成等译,第 18—19 页。

　[68] 同上书,第 182 页。

　[69]［美］波斯特:《福柯:当代与历史》,载《福柯的面孔》,汪民安等主编,吴琼译,
第 44 页。

　[70]［法］福柯:《规训与惩罚》,刘北成等译,第 184—188 页。

　[71] 同上书,第 188 页。中译文有改动。Michel Foucault，*Surveiller et Punir*，Paris，
Gallimard，1975，p.169.

　[72]［法］德勒兹:《德勒兹论福柯》,杨凯麟译,第 26 页。

　[73] 同上书,第 27 页。

　[74]［法］福柯:《规训与惩罚》,刘北成等译,第 188 页。

　[75] 同上。

　[76] 同上。

第十一章　全景敞视主义的
治安—规训社会

在福柯新的政治哲学中,资产阶级的规训权力与先前封建专制背景下的**帝王君权**(*pouvoir de souveraineté*)[1]不同,它已不再呈现为威武雄壮的暴力渲染和庞大的国家机器的外部压迫,表面看来,自动的和匿名的规训—治理权力的存在模式和力量实施的程序都微不足道,然而它们却以自己独特的看不见的微细布展逐渐侵蚀了资本主义体制下社会生活中那些最本质的无形场境存在层面,从而深刻改变了生命存在的根本机制:这就是在所谓全景敞视主义的规训—治安权力布展中出现的资本主义社会控制的全新形态——规训社会。在这部著作第三部分的2、3两章中,福柯就主要讨论了资产阶级规训—权力的隐性布展方式。

一、规训权力:自动驯顺的隐性策略

如前所述,福柯指认资产阶级政治支配的全新策略与传统政治学领域里所聚焦的那种可见的社会统治和奴役截然不同,它是一种由规训所生成的微观权力控制,是在全新的匿名治理权力控制下所产生的一种**自动驯服场境**中的隐性奴役。具体而言,规训权力支配的手段主要如下:

首先,福柯指出,与传统权力下强制性的征用不同,资产阶级政治支配的规训权力用以控制和塑形肉体的方式是作为现代化大生产内在要求出现的**训练**(*dresser*)。生产的构序制约政治权力的机制转换,这是马克思历史唯物主义的逻辑。从个体经验式的农业生产跨越到社会化的工业生产,后者工业生产构式机制所需要的肉体和技能训练是劳动者必须首先接受的规训,事实上,这也是军队、学校,甚至包括全部现代社会职业开始的前提。在过去我们通常的看法中,训练似乎只是我们日常用以训导、教化和教育中的中性工具,谁都不会想要去追问,今天这种被普遍接受的训练的**本质**究竟为何?我们无法想象,资产阶级的训练恰恰是替代原来霸主皮鞭的权力位置!训练并不直接表现为压迫和控制,训练生成属于肉体的有用技能,与皮鞭象征疼痛不同,训练往往象征了机会和前途。**培训班是资产阶级主体的出场学**!这就是训练出场的狡计。

福柯犀利地指出,这种现代性的训练并非亘古有之,它是近代以来在西方资本主义社会中才得以**历史性发生**的,它是资产阶级规训权力布展的重要手段。这并非说,在传统社会中不存在一般意义上的训练,如练兵、手工艺技能训练等,但福柯指认的资本主义社会中发生的训练是直接与新型的工业劳作塑形和构序相关联的。因为,由资产阶级规训权力所实施的训练是"一种把个人既视为操练对象又视为操练工具的权力的特殊技术"。今时今日,训练的本质已成为"把大量混杂、无用、盲目流动的肉体和力量变成多样性的个别因素——小的独立细胞、有机的自治体(autonomies organiques)、原生的连续同一体(identités et continuités)、组合性环节(segments combina-toires)"[2]。从资本主义生产条件的宏观角度看,这也就是马克思所说的自由劳动力,正是这种自由劳动力才构成了工业生产所需要训练的对象和主体。从哲学的意义上看,福柯则明确指称训练的"规训'造就'个人"[3]。也就是说,正是资产阶级的**持续不断的训练式规训**"造就"了新人本主义所强调的个人或现代性的**主体性**个人。是的,这同样也是福柯先前主张过的那个直至晚近才发明出来的"人"的真实历史内涵。在前文的讨论中,我们看到福柯曾经指认过认知话语建构主体性的策略,即主体性(个人)其实只不过是认知—权力关系的一种场境建构物;而到了这里,他又进一步指认出认知主体场境存在背后由现代性生产构式训练生成的主体(肉体)塑形。这是颠倒了唯心主义构式图景后的现实资本主义历史进程。

其次,福柯认为,规训权力的实施"必须有一种借助监视而实行强制的**部署**(*dispositif*)"[4]。部署(dispositif)一词是在福柯后来关于资产阶级社会治理机制的研究中逐渐变得重要起来的一个概念,但在此处他并没有具体解释部署一词。福柯在此书中 43 次使用 dispositif 一词。依德勒兹的说明,部署一词应该是福柯受到德勒兹和费利克斯所使用"装配概念(concept d'agencement)"的影响。[5]布洛塞指认,福柯正是在这时(1975)开始使用部署这一重要范式,并"一直沿用到最后",在后期的主题中它继续以某种较为缓和的方式出现。[6]从我所作的文献词频统计中可以看出,布洛塞这个判断非常精准,因为在《词与物》和《认知考古学》两个文本中,dispositif一词的使用率都是零。在整个法兰西学院演讲中,除去1978年的《安全、领土与人口》(67次)以外,这个词均保持在10次以下的低频使用中。当然,这里的关键词是监视,也被福柯称为**层级监视**(surveillances hiérarchisées)系统。在福柯看来,与上述的训练一样,这也是资产阶级创造的一种全新的"征服技术和剥削方法",它通过"一种关于光线和可见物的模糊艺术便悄悄地酝酿了一种关于人的新认知(savoir nouveau)"[7]。我们会感觉到,福柯这里关于人的看法不是抽象的、非历史的人的本性或本质的规定,而是资本主义社会现实中人的存在关系建构出来的具体的、历史的、现实的认知。这些认知的发生往往与权力的布展同体同构。此处的新认知即指由规训机构发明的"既能观察而又不被发现"的监视技术。对比之下,原来抽在奴隶身上的皮鞭现在成了一种对工人无处不在的监视目光和无形压力。在福柯笔下,监视是资产阶级规训权力布展中的一个重要的技术环节。他形容道,完美的规训—监视机构应能对规训对象的一切存在状态一目了然:监视的中心点应该既是照亮一切的光源,又是所有需要被了解的事情的汇聚点;应该既是洞察一切的眼睛,又是全部目光聚焦的中心。也是在这个构境意义上,他指认资本主义的规训机构"暗含着一种类似用于观察行为的显微镜(microscope)的控制机制:这些机构所创造的分工精细的部门围绕着人形成了一个观察、记录和训练的机构"[8]。在这里,肉体的一切言行和存在都处在一种高度**显微观察**的监视射线环绕之中,无处不在的监视场境存在是规训权力实现其控制的重要前提。

福柯一针见血地看到,规训的监视机制缘起于资本主义**大生产的工厂**。这是非常精准的判断。在资本主义的现代性生产中,"由于生产机制日益扩大和日益复杂,工人数量增多,劳动分工细密,监视就变得更加必要,也更加困难。它变成了一项专门职能,成为生产过程的一部分,与整个生产过程并行"[9]。这几乎就是经济学的专业描述了。也是在这里,福柯再一次援引马克思关于监督成为资本的职能之一的论述。[10] 福柯说,这种持续的贯穿整个劳动生产过程的监视,变成一个决定性的经济构序活动因素,它既是生产机构中的一个重要的技术组成部分,又是此后整个资本主义社会"规训权力的一个特殊机制"。我觉得,这个属于生产过程的监视是打破生产无罪论的重要内容之一,也是今天所谓的科学管理的机制之一。

　　福柯认为,正是在此基础上,资产阶级造就了布展于全社会的**层级监视体系**,层级监视开始体现在城市发展中,体现在工人阶级居住区、医院、收容所、监狱和学校的建设中。他是在告诉我们,这种军营式的监控模式已经**嵌入**(encastrement)到资本主义全部社会生活之中。阿甘本在对今天资本主义的全景监视系统研究中深化了这里福柯的观点。[11] 持相近观点的学者还有维利里奥*,尤其是可参考他关于远程电子监控的看法**。对于资本主义来说,"规训权力变成一种'内在'体系,与它在其中发挥作用的那种机制的经济目标有了内在联系。它也被安排成一种复杂的、自动的和匿名的(anonyme)权力"[12]。福柯在此书中 7 次使用 anonyme 一词。在他对当代资本主义政治统治的分析中,**匿名性**是规训权力的本质特征之一。并且,在资产阶级对社会实行层层监督时,这种匿名的权力并不是一个"被占有的物"或一个可转让的财产,它恰恰是"作为机制的一部分起作用"。在资本主义社会中,时时刻刻监视着我们的规训权力**既看不见、也摸不到**,所以它不可能被直接占有,但是,

---

　　* 维利里奥 (Paul Virilio, 1932—):法国当代著名文化理论家和哲学家。曾在索邦大学参加弗拉基米尔·扬科列维奇(Vladimir Jankélévitch)、雷蒙·阿隆的课程,还有梅洛·庞蒂的现象学讲座。在法国艺术学院(École des métiers d'art)学习过绘制彩色玻璃的技术。之后曾与法国著名画家亨利·马蒂斯在巴黎的教堂中一起工作,为教堂绘制彩色玻璃。此外,也与法国立体派画家乔治·布拉克一起工作。1968 年五月风暴运动之后,在巴黎建筑专业学院(École spéciale d'architecture,ESA)授课,并于 1973 年成为该院的研究主任。逐步从艺术转向了都市主义、建筑和速度研究。1989 年,参与了德里达领导下的巴黎国际哲学研究院(College International de Philosophie de Paris)研究项目中。代表作有:《地堡考古学:关于第二次世界大战欧洲军事空间的研究》(1975)、《政治与速度:论速度术》(1977)、《消失的美学:关于电影艺术》(1980)、《维度的危机:空间的再现和维度的观念》(1983)、《视觉机器:再现的新技术》(1988)、《战争与电影 1:知觉的逻辑》(1991)、《解放的速度》(1995)、《信息炸弹:关于信息发展的后果》(1998)、《巨大的加速器》(2010)等。——本书作者第二版注

　　** 维利里奥认为,"遥控,也就是所谓的'远距离触觉'将会使远远地站在我们的影响范围之外的人原有的远程监控变得完善"。参见[法]维利里奥:《解放的速度》,陆元昶译,江苏人民出版社2004 年版,第 120 页。——本书作者第二版注

它无所不在,无时不警醒着,因为它没有留下任何晦暗不明之处,而且它无时不监视着负有监督任务的人员。说它"审慎"则是因为它始终基本上是在沉默(silence)中发挥作用。纪律使一种关联性的权力(Pouvoir relationnel)得以运作。这种关联性的权力是自我维系的。它用不间断的精心策划的监视游戏取代了公共事件的展示。由于有了这种监督技术,权力"物理学"对肉体的控制遵循着光学和力学法则而运作,即玩弄一整套空间、线条、格网、波段、程度的游戏,绝不或在原则上不诉诸滥施淫威和暴力(violence)。[13]

在传统社会统治中,**看得见的外部暴力和压迫**并不可怕,因为我们可以有针对性地作出反抗,在现在资产阶级制作的"民主"政治统治中,最恐怖的恰恰是这种**在沉默的不知不觉中**实施奴役和支配的无处不在的权力。悲剧在于,今天被奴役和被压迫的你不知道自己该反抗什么? 更不知道如何反抗? 一个不直接在场的匿名权力,使所有的社会反抗深陷无望的绝境。

福柯指认说,与这种无脸的新技术相一致,甚至连资本主义古典时期中的建筑物都已经不再仅仅为了居住和使用而建造,"一个建筑物应该能改造人:对居住者发生作用,有助于控制他们的行为,便于对他们恰当地发挥权力的影响,有助于了解他们,改变他们"[14]。此时,福柯形象描述了现代医院和学校建筑中的层级监视功能。[15]这种作为监视机构的建筑将是通向以后那个著名的环形全景敞视主义的开端。其实,建筑对人的存在的塑形作用并不是在资产阶级世界才发生的,我们都知道欧洲教堂在中世纪日常信仰教化实践中的直接构式作用。

其三,把层级监视的技术与规范化裁决的技术结合起来实施的**检查**(L'examen)。既然有监视,规训之中也就一定会有作为监视结果的**规范性裁决**和惩罚体系。所谓规范性裁决是标示出被监督者之间的差距,区划工作的品质、技巧和能力的等级。再就是依裁决而发生的**惩罚**和奖励。惩罚,也是此书书名中的另一个关键词。福柯强调,在规训权力的体制中,惩罚成为一种艺术,"惩罚艺术的目的既不是将功补过,也不是仅仅为了压制",惩戒具有比较、区分、排列、同化、排斥的功能,具有规范和矫正的功能。[16]实际上,艺术一语在福柯此处的批判性构境中恰恰是具有意识形态功能的。

这里的"艺术"还有一个重要的构境论改变,即规训权力不再是传统权力强加于人所发生的屈辱和痛苦,而恰恰会生成励志和成功的享受。也是在这里,福柯告诉我们,规训中存在着"一种追求规范化的目光,一种能够导致定性、分类和惩罚的监视",亦即**检查**。在福柯笔下,传统日常生活中的所有看似正常的概念都获得了一种新的批判性的构境意义。训练、部署和检查,无不如此。这也是福柯对正常与不正常的标准进行颠覆的具体操作之一。

> 检查把权力的仪式、试验的形式、力量的部署(déploiement de la force)、真理的确立都融为一体。在规训程序的核心,检查显示了被视为客体(objets)的人的被征服和被征服者的对象化(l'objectivation)。权力关系和认知关联(relations de savoir)的强行介入在检查中异常醒目。[17]

福柯告诉我们,在这个看起来微不足道的、人人可做的检查技术之中,"可以发现一个完整的认知领域、一种完整的权力类型",一种细微的隐性权力操作模式。随之,福柯非常详细地勾勒了在 18 世纪末西方国家的医院和学校中逐步发展起来的种种检查机构。[18]他说,传统的权力是"可见、可展示之物(montre)",昔日的王权是"一种权势的炫耀(expression somptuaire de puissance)、一种夸大的和符号化的'消费'",而今天资产阶级的规训权力则是"通过自己的不可见性(invisible)来施展的",也是在这种情境之中,工具性的手段转化为精妙的艺术。比如检查,

> 检查是这样一种技术,权力借助于它不是发出表示自己权势的符号,不是把自己的标志强加于对象,而是在一种使其客体化的机制(mécanisme d'objectivation)中控制他们。在这种支配空间中,规训权力主要是通过对象(aménageant des objets)来显示自己的权势。[19]

无疑,这是一种反差鲜明的对比。与传统专制王权的外部显赫不同,资产阶级规训中的检查不是某种可以感觉到的外部压迫力量,而恰恰是在控制对象丝毫未曾察觉的状态下,由不可见的非暴力的**治理**(aménageant)机

制来布展自身权力的。阿甘本曾经对这个"治理"概念在中世纪文献中的原初语境做了考证，即"治理将自身界定为一种特殊的活动形式，这种活动必然不是暴力的并通过被统治事物的自然本性来阐明自身"[20]。福柯的这个特殊的治理概念在以后的生命政治哲学中影响深远。此书中，aménager一词被 39 次使用。事实上，法文中 gouvernement 一词也表征治理。[21]然而，这个词在这时候还不是福柯用来标示治理的高频词，在此书中 gouvernement 只获得了 7 次使用，但后来却成为福柯指认治理机制的主要范式。福柯继续剖析道，通过同质化的编码，规训机制统摄下由检查所确定的个人特征，把每一个人当作"可描述、可分析的对象"，将之置入**书写的网络**之中，从而生成一种"书写权力"的规训机制。在这种技术化书写权力的编码中，人变成一个个可操作的"个案"，即"可描述、判断、度量及与他人比较的具有个性的人。而且，它也是那个必须加以训练、教养、分类、规范化、排斥等等的个人"[22]。人的个性转换成**可计量的**对象物，这正是韦伯所指认的资本主义精神特征之一。对此，福柯另有神来之论：

> 当个性形成的历史—仪式机制转变为科学—规训机制、规范取代了血统，度量取代了身份，从而用可计量的（calculable）人的个性取代了值得纪念的人的个性时，也正是一种新的权力技巧（technologie du pou-voir）和一种新的肉体政治解剖学（anatomie politique du corps）被应用的时候。[23]

相对于马克思所说的资产阶级的冰冷的金钱关系代替了脉脉含情的血亲关系，福柯所表述的似乎更复杂一些。他的着眼点不再是一般的社会关系而是人的个性的具体塑形和历史生成：当历史的仪式机制转变为科学的规训机制时，发生了三个取代：无情的可操作的规范取代了动物式的亲疏血统、无等级的度量取代了有高贵低贱之分的身份、可计量的常人个性取代了值得纪念的人的个性。我觉得，福柯这里的观点显然是**反韦伯的**，因为在韦伯那里被视为资本主义法理型体制进步的地方，都被福柯看成是资产阶级社会规训控制的隐性机制。显然，我会赞成福柯的批判立场。在福柯这里，人的肉体的可计量化是新型的规训权力支配的必要条件，也是资产阶级政治解剖学中特有的规训技术。这是对上述政治解剖学一语的进一步深入思考。也是在这个意义上,福柯指认资本主义社会中的个人成为"'规训'的特殊权力技术所制作的一种实体"——虽然它的确生成了资产阶级所需要的独立法人主体,但它却"无疑是一种社会的'意识形态'表象中的虚构原子"[24]。显而易见,福柯看待资本主义计量化进程的立场与韦伯是完全对立的。

最后,规训权力能够积极地创造和**生产**。这是上面已经涉及的论题。在福柯看来,与传统的外部强制权力不同,资产阶级的规训权力已不再是对肉体能力的简单榨取,而反倒呈现为创造和提高劳作和工作生产性效率的具体措施。甚至,规训权力就是马克思先前所指认的**现代社会生产力**的构成因素之一! 这是一个非常重要的指认。因为,规训权力往往"被整合进出自内部的机构的生产效率中,这种效率的增长及它的产物的效用中。各种纪律用'温和—生产—利润'原则取代了支配权力经济学的'征用—暴力'原则"[25]。也是在这个意义上,福柯不无夸张地宣称,规训权力生产了整个资本主义的社会现实,"生产对象的领域和真理的仪式。个人及从他身上获得的认知都属于这种生产"[26]。于是,规训权力就成了维系资本主义社会存在的**基始性本体和内驱力**。不过我还是觉得,福柯这样的强调和判断显然是言过其实了。因为,规训不过是资本主义生产机制的一个方面而已。

二、自动权力机器:全景敞视的环形监狱

在福柯关于资本主义规训权力的讨论中,最重要的内容之一就是所谓**全景敞视主义**。这是此书第三部分第三章讨论的主要内容。在 1973 年的《惩罚的社会》演讲课程中,福柯在 2 月 7 日(第六讲)讲稿的最后没有编号的五页手稿上写下了"全景敞视主义:全景敞视建筑的不同用法。全景敞视建筑犹如乌托邦。全景敞视主义犹如权力形式,又犹如知识类型、审查"。*

---

* [法]福柯:《惩罚的社会》,陈雪杰译,上海人民出版社 2016 年版,第 103 页。——本书作者第二版注

有趣的是,福柯针对全景敞视主义所作的分析却并不再基于我们已经逐渐熟悉了的资本主义特有的工业生产构序的流水线,而是突然转换到诸如疾病防控方式和监狱建筑等这样一些新的历史事件的分析中去了。这倒是大跨度的跳跃式异轨思维。

福柯先是仔细解析了 17 世纪末西方社会中有关瘟疫期间执行隔离和监控的法令。他觉得,如果说西方近代以来"麻风病人引起了驱逐风俗,在某种程度上提供了'大禁闭'的原型和一般形式,那么可以说,瘟疫引出了种种规训方案"[27]。你看,规训方式在福柯笔下突然就成了瘟疫防控的结果。这是一个完全不同的构境意向,从现代性生产机制构式而成规训权力到疾病防治方式中的规训塑形,这之间没有任何情境过渡,而是简单的断开和另起构境突现层。这是一种随意的视位转换上的任性。福柯不无得意地继续发挥,正是在处置瘟疫的这种临时性的隔离和监视中,悄然生成了一种新的规训方式的微缩模型:在特殊的封闭、隔离病人的物理空间中,"每个人都被镶嵌在一个固定的位置,任何微小的活动都受到监视,任何情况都被记录下来,权力根据一种连续的等级体制统一地运作着",并且,此处的瘟疫隔离中生成的**规训构序**借助一种"无所不在、无所不知的权力",确定了每个人的位置、肉体、病情、死亡和幸福,从而"确保权力毛细渗透功能(fonctionnement capillaire)的完整等级网络,管理控制甚至深入到日常生存的细枝末节(fins détails de l'existence)"中。[28]福柯的意思似乎是说,正是在这种瘟疫隔离中,规训的权力第一次在日常生活中像为人体供应血液的毛细血管般发挥作用。这个遍布社会机体全身的**毛细血管**式的权力比喻,后来成为福柯对资本主义社会治理分析的一个重要特征。福柯将上述现象指认为一种十分"精细的分割策略",并预言它将突变成一种全新的社会规训权力模式——**全景敞视**。现在我们可以理解,这只是一个故事性的导引,福柯要让我们顺着这种感性的历史线索进入到他想着力标识的**全景敞视监狱建筑**。

最重要的分析是从边沁[29]的**全景敞视建筑**(panopticon)[30]开始的。这又与前述瘟疫防治方式没有直接的关联,它更像一个新的规训例证。当然,这是一个极为深刻的历史例证。

古巴模范监狱——现存的全景敞视建筑的圆形监狱内景图[31]

这是一座环形监狱,监视塔坐落在监狱中心:

> 四周是一个环形建筑,中心是一座瞭望塔。瞭望塔有一圈大窗户,
> 对着环形建筑。环形建筑被分成许多小囚室,每个囚室都贯穿建筑物
> 的横切面。各囚室都有两个窗户,一个对着里面,与塔的窗户相对,另
> 一个对着外面,能使光亮从囚室的一端照到另一端。然后,所需要做的
> 就是在中心瞭望塔安排一名监督者,在每个囚室里关进一个疯人或一
> 个病人、一个罪犯、一个工人、一个学生。通过逆光效果,人们可以从瞭
> 望塔的与光源恰好相反的角度,观察四周囚室里被囚禁者的小
> 人影。[32]

这是福柯关于边沁那个环形监狱的一段非常著名的描述。福柯认为,
边沁的这一设计可能受到了勒沃[33]那个凡尔赛八角亭动物园的影响。[34]
在福柯看来,边沁发明的这种新型监狱推翻了传统专制惩治体系中黑暗牢
狱的基本原则,即完全解构了传统监禁的“封闭、剥夺光线和隐藏”的三个功
能。在新型的全景敞视的环形监狱中,“充分的光线和监督者的注视比黑暗

更能有效地捕捉囚禁者"。**开放、光亮和展示的全新构式代表了资产阶级推崇的一种新的监禁功能**,而环形全景敞视既是建筑的空间结构,也是全新的监视空间场。具体说,环形全景敞视监狱的重要机能如下:

首先,在这种环形监狱中,囚犯可以**被观看**,但他自己却**不能观看**。与传统那种由外部无法直接看见内部的黑暗牢房不同,在这个监狱里,监控对象需要被不可逆的单向的目光直接看到,这是监视和规训能够无处不在的前提。福柯最早是在《临床医学的诞生》一书中提出"注视"(gaze),在此,它开始生成无处不在的单向全景监视。福柯说:"全景敞视建筑是一种分解观看/被观看(voir-être)二元统一体的机制。在环形边缘,人彻底被观看,但不能观看;在中心瞭望塔,人能观看一切,但不会被观看到。"[35] 这个**单向的权力目光**是至关重要的,在资产阶级新型政治控制中,统治者可以随时随地看到你,你却看不到他在哪里,这是你无法反抗的秘密之一。在工厂的车间,在公司的隔断办公室里,无不如此。福柯猜测,边沁自己已经意识到的一个问题是——新型的权力"应该是可见的但又是无法确知的"。这也是福柯之前已经指认的那种规训权力匿名性的生成基础之一。全景敞视的环形监狱在被囚禁者身上造成一种有意识的和持续的可见状态,从而确保权力自动地(automatique)发挥作用,这里,"被囚禁者应该被一种权力情境(situation de pouvoir)所制约,而他们本身就是这种权力情境的载体"[36]。福柯比较少用 situation 一词,在此书中只用了 6 次。**权力情境**,是指规训权力的场境存在状态;它与传统权力的可见压迫是异质的,它不再是**点对点**的直接暴力,而是在现实权力关系中建构起来的**弥散式**的支配情境,所以它才会形成无处不在的毛细血管式分布和突现的权力场境。在其中,所有被支配、被控制的人恰恰是无法确知权力的发射源的。因为,规训权力根本就没有外在的实体性的原动(刽子手)和物性实施(铁镣),它就是由被支配者自身存在建构起来的一种场境关系存在。福柯联想到,这种场境式的通透监视对疯子、学生和工人都会发生有效的监控作用。这也是它在资本主义社会中得以广泛蔓延的必要前提。对此,马舍雷评论道:"纪律践行透明化的原则而内在于惩罚机制之中,并且透露出整个社会应该如何发展的景象,最典型的就是福柯所说的全景敞视(Panoptique)装置。"[37]

其次,在福柯看来,全景敞视建筑是一架神奇的**自动化权力支配机器**。

在这里,不再有牢固的铁栅,不再有沉重的铁镣,不再有紧扣的大锁,现在只需要"实行鲜明的隔离和妥善地安排门窗开口",权力的实施无须再通过直接的暴力,新的机制"使权力自动化和非个性化(désindividualise),权力不再体现在某个人身上,而是体现在对于肉体、表面、光线、目光的某种统一分配上",这种治理自动地产生出一种"真实的征服(assujettissement réel)"。[38]在福柯看来,这是资产阶级制造出来的一整套"新的光学"、"新的力学"和"新的生理学"。*环形全景敞视中的监禁主要不是通过黑暗的牢房和沉重的铁镣来实施的,相反,恰恰是开放性的隔离和可见性、规训式的征服在肉体本身的存在中悄然生根,生成为被支配者自己的惯性生存机制。与传统暴力性强制下的外部征服不同,规训权力下的真实的征服是被征服者心甘情愿拥戴和自觉**身体化**的,它甚至表现为从野蛮向文明的实质性迈进。于是,**人是机器**——这句话在这里体现为人是在规训权力自动支配下运行着的肉体机器。我以为,这是福柯对资产阶级新的规训权力发出的一个极为深刻的批判性隐喻。

其三,除了监视功能,全景敞视建筑还是一个**实验室**(laboratoire)。这显然已经是福柯的扩展性理论联想了。福柯认为,全景敞视建筑是一个对人进行支配性实验和可能性改造的极佳场所。在这个实验室中,探索的并不是监狱本身的功能,而是资产阶级政治家们实施规训权力的全新机制。所以,福柯说,它可以被当作一个"进行试验、改造行为、规训人的机构"。现下,这座环形监狱只是改造犯人,可是,有朝一日它将泛化为社会结构(全景敞视的规训社会),那时它即足以规训我们所有人。在这里,

> 全景敞视建筑像某种权力实验室(laboratoire de pouvoir)一样运作。由于它的观察机制,它获得了深入人们行为的效能。随着权力取得的进展,认知也取得进展。在权力得以施展的事物表面,认知发现了新的认识对象。[39]

---

* [法]福柯:《福柯文选 II:什么是批判》,汪民安编,北京大学出版社 2016 年版,第 141 页。——本书作者第二版注

这个所谓的认知指的是什么？福柯并没有明示，而我的答案是新型的资产阶级政治**治理**知识，所谓的新的认识对象则是全景敞视中的认知—权力规训对象。依我的理解，这已经预示着福柯今后在生命政治批判的学术构境的引导性前境了。

福柯宣告，边沁的全景敞视监狱喻示着一个新的资产阶级权力模型的出现。与前述"瘟疫袭扰的城市"不同，全景敞视建筑可以用于改造犯人，也可以用于医治病人、教育学生、禁闭疯人、监督工人、强制乞丐和懒惰者劳动，它可以成为一种**普遍规训社会存在**的功能运作模式，一种从人们**日常生活的角度**确定权力关系的方式。是的，这才是福柯讨论边沁这个全景敞视监狱的真正目的。其实，在整个20世纪的资本主义现代企业和公司运作中，办公空间的大通间的构架正是从这个全景敞视建筑中获得的基本理念：经理可以在通透的玻璃隔门中直接看到每一个员工的工作情境。在今天的全方位电眼监控系统中，这一全景敞视构式获得了它真正意义上的彻底实现。在福柯眼里，整个资本主义现代社会控制的本质正是这种全景敞视规训。所以，福柯狡黠而悲哀地告诉人们，"全景敞视建筑展示了一种残酷而精巧的铁笼(cage cruelle et savante)"。这让我们想起韦伯那个著名的铁笼之喻。从内在机制上说，"它是一种在空间中安置(implantation)肉体、根据相互关系分布人员、按等级体系组织人员、安排权力的中心点和渠道、确定权力干预的手段与方式的样板"[40]。德勒兹则将之描述为一种"将任意任务或教条强加于任意个体多样性的纯粹功能"[41]。甚而，它的权力干预就表现在它从**不干预**(jamais intervenir)，"它是自动施展的，毫不喧哗，它形成一种能产生连锁效果的机制"。这也意味着，**从不干预**才是资产阶级民主政治最本质的无形干预，**表面上不压迫**正是资产阶级成功地实施更深奴役的法宝。在这个构境中，我倒觉得全景敞视规训场境更像一个令人沉浸于被奴役和支配情境中的美丽的八音盒，而不是直观的铁笼。或者说，是幻化成八音盒的规训铁笼。

在这种机制中，权力关系(和认知关系)能够被精细入微地调整，以适应需要监督的各种过程。它能在"过剩的权力"与"过剩的生产"之间建立一种正比关系。总之，它是以这样一种方式来安排一切，即权力的施展(l'exercice du pouvoir)不是像一种僵硬沉重的压制因素从外面加之于它所介入的职能上,而是巧妙地在场(subtilement présent)于它们之中,通过增加自己的接触点来增加它们的效能。[42]

此处这个"巧妙地在场"是值得我们关注的,规训权力的在场往往表现为那种看得见的暴力的不在场,虽不在场却在生活存在的无形、细微的权力着落角点中比任何时候都更深地支配我们。也是在这个意义上,福柯指控全景敞视"实际上是一种能够和应该独立于任何具体用途的政治技术的象征"[43]。这就是全景敞视主义了!

三、全景敞视主义与规训社会

在福柯看来,全景敞视模式注定要传遍资本主义社会的整个机体,生成一种全景敞视主义(panoptisme)。panoptisme 是福柯自造的一个重新构境的新词。在此书中,他十余次使用此词。福柯说,在"一种无限普遍化(indéfiniment généralisable)的'全景敞视主义'机制的运动"中,出现了一个全新的资本主义社会形态——规训社会。[44]这是福柯此书中最著名的政治断言。这也成为后来西方政治学和社会学关注的现代社会模型之一。

福柯宣称,在边沁那里,这种"具备一座有权力的和洞察一切的高塔的、著名的透明环形铁笼",也许就已经在喻示一个"完美的"更大的资产阶级规训机构的设计方案。这显然是福柯自己的推断。福柯硬要说,边沁一定梦想着

> 把它们变成一种部署网络(réseau de dispositifs),无所不在,时刻警醒,毫无时空的中断而遍布整个社会。全景敞视结构提供了这种普遍化的样式(formule de cette généralisation)。它编制了一个被规训机制彻底渗透的社会在一种易于转换的基础机制层次上的基本运作程序。[45]

　　这种遍及整个社会的**没有时空中断**的无所不在的全景敞视样式,就是作为近代资本主义社会政治构序和运作过程的全景敞视主义。福柯说:"全景敞视主义是一种新的'**政治解剖学**(anatomie politique)'的基本原则。其对象和目标不是君权的各种关系,而是规训(纪律)的各种关系。"[46]一路谈来,我们不难看到那个政治解剖学的概念在福柯思想构境层中步步深入和具体化。当不是外部君权强制而是被认同的纪律(规训法制)成为社会存在的内在塑形和构序机制时,也就生成了所谓资产阶级的**规训社会**(la société disciplinaire)。似乎,全景敞视主义是资产阶级规训社会借以总体构式的内里基础。事实上,我也觉得,这个以全景敞视主义为本质的规训社会是黑格尔—马克思之后关于资产阶级**市民社会**内部机制的最好诠释之一。

　　福柯具体指认道:"在 17 和 18 世纪,规训机制逐渐扩展,遍布了整个社会机体,所谓的规训社会(姑且名之)形成了。"[47]这也是一个新的历史定位,换到前面他的唯心主义认识型范式中,那应该是古典认识型的时期,而在这里,则是全新的现实的资本主义规训社会。其具体表现为:

　　首先,资本主义的规训起初扎根于整个社会生活中"最重要,最核心和最有生产性的部分"中,继而逐渐渗透进某些重大的社会职能中:"工厂生产、知识传授、技能传播、战争机器。"我觉得,这是一个正确的构序递进——规训起初发生于现代性的大机器生产对存在本身的客观构序编排,然后蔓延至社会的全部生活塑形和存在构式。其次,进入社会控制层面之后,规训逐步分解成"可转换、可调节的、灵活的控制方法",就像原先只在环形监狱中发挥作用的观察中心,现在开始在整个社会中散布开来。资产阶级的规训社会本身就是一座无形的巨大**环形监狱**,其中的每一个人都受到无所不在的监控和规训。今天,在遍布每一个角落的电子摄像系统网的监控下,整个世界已经不再有隐私的暗处。其三,**国家**开始自觉地控制规训机制。国家是那个看到一切、监视一切和规训一切的**无脸大写主人**。不过,这也并不是说国家就占有了规训权力,因为,

　　　　"规训"既不会等同于一种体制也不会等同于一种机构。它是一种权力类型(type de pouvoir),一种行使权力的模态(modalité)。它包括一系列手段、技术、程序、应用层次、目标。它是一种权力"物理学"或权

力"解剖学",一种技术学(technologie)。[48]

　　福柯反复强调,规训权力不再以执法者手中的皮鞭或者刀枪这样狰狞的面目示人,反之,它恰恰是一种以看似价值中立(韦伯)的科学知识(行政管理科学)为工具建构而起的技术话语系统,一种通过无面孔的专家权威("没有灵魂的工程师")生成的法理型的认同体系。于是,放大到国家层面上的认同性纪律就成为**法律**,法制社会的本质就是技术化的自动认同和自动驯服的规训存在。于是,社会控制已不再是统治,而是科学的治理下的**法理自拘**。由此,资产阶级构式的全新的**社会治理—治安技术**已然呼之欲出。

　　福柯指认道,而今,接管社会规训机制的**治安装置**(*l'appareil de police*)已从原先的粗暴武力压迫开始转换为"遍及一切事物"(sur tout)的"治安权力"(Le pouvoir policier)。请一定注意,这个 police 指的已经不是可见的警察,而是一种新的**治理—自拘性**。又是一个被重新构境过的概念;并且,它在这一文本中的亮相是突然的,在我所作的词频统计中,police 在《词与物》和《认知考古学》两个文本中都是零,而在此文本则被 65 次使用。在 1973年的《惩罚的社会》的演讲课程中,他明确指认是考尔克洪*第一次提出了这一概念。**1976 年,福柯在《18 世纪的健康政治》一文中,再一次下面定义了这个重构过的治安概念,他说,资产阶级在 18 世纪已经发明了一种全新的管控方式,即集"构序、致富和健康"为一体的多重管控制度,"这些管控和制度在 18 世纪有了一个总名称即'治安'"。这个治安已经不是指机构,"'治安'是确保着秩序、财富的合理渠道的增长和'一般'保健重要条件的机制的总和"。***正是这个被福柯完全重新构境的 police(治安)后来成为朗西埃、阿甘本等人生命政治讨论中的核心关键词。我注意到,福柯是在早期的《古典时代疯狂史》一书中较早提及所谓的治安问题的,在那里,治安指与

---

　　* 考尔克洪(Patrick Colquhoun, 1745—1820):英国政治学家。——本书作者第二版注
　　** 福柯说,考尔克洪在 1797 年发表的《论城市的治安组织》(*A Treatise on the Police of the Metropolis*, Londres, H. Fry, 1797)一文中,已经明确将治安列为"政治经济里面的全新的学科",并且,治安"更加日常,关忽生存方式并试图对个人实施一定的矫正"。参见[法]福柯:《惩罚的社会》,陈雪杰译,上海人民出版社 2016 年版,第 99 页。——本书作者第二版注
　　*** [法]福柯:《福柯文选Ⅱ:什么是批判》,汪民安编,北京大学出版社 2016 年版,第 151页。——本书作者第二版注

"城市中的个人秩序"相关的一整套措施。[49]现在的资本主义社会中,不同于规训权力的**治安权力**关注社会生活中"细如尘埃般的事件(la poussière des événements)、活动、行为、言论——'所发生的一切'"[50]。与传统权力关注宏观反抗和巨型矛盾不同,也与**内化强制性**的规训权力相区别,软性的治安权力的布展恰恰是微观事件场境建构,这就是所谓的"政治权力微分"(l'infiniment petit du pouvoir politique)。传统社会中诸如政治(阶级)斗争之类的大事件,现在被微分化为治安的**细节化触点**,生活场境在最细微处被规训地建构起来。

正是在这里,福柯构境式地发明了一个全新的政治概念:**社会治安权力**。作为资产阶级规训权力的政治部署实施,治安权力将是一种与传统社会控制权力完全不同的东西。

> 为了行使这种权力,必须使它具备一种持久的、洞察一切的、无所不在的监视手段。这种手段能使一切隐而不现的事物(invisible)变得昭然若揭。它必须像一种无面孔的(sans visage)目光,把整个社会机体变成一个感知场(champ de perception);有上千只眼睛分布在各处,流动的注意力总是保持着警觉,有一个庞大的等级网络(réseau hiérarchisé)。[51]

无面孔的治安权力,是资产阶级政治部署中最重要的布展方式之一。这是一个令人感到万分恐怖的千眼治安怪兽。它没有面孔,却能感知一切,因为社会生活中的全部活动都已成了治安权力的感知场和无形支配的等级网络。福柯在此书中3次使用sans visage这一重要词组。在《词与物》和《认知考古学》两部书中,这一词组都没有出现。福柯说:"在整个18世纪,一个庞大的治安本文(texte policier)借助于一种复杂的记录组织愈益覆盖了整个社会。"[52]

当然,福柯始终在澄清,治安权力并不是对其他权力的简单取代,而是深深地渗透到其他权力的运行方式中,有时它破坏其他权力,有时却成为诸多其他权力之间的中介,"把它们联系起来,扩展了它们,尤其是使权力的效应能够抵达最细小、最偏僻的因素。它确保了权力关系细致入微的散布"[53]。这是一个重要的说明,资产阶级的治安权力并非其社会政治控制的唯一形式,并且,治安权力发挥作用有时是**寄居性**的。

福柯总结说,现在,"个人被按照一种完整的关于力量与肉体的技术而小心地编织在社会构序(ordre social)中"[54]。治安,是规训的外部表现形式,它是实现资产阶级自我规训——**自拘性主体**的身体化通道,它保证了资**本主义社会存在构序**的微观基础。请一定记住这个**自拘性**,它是整个资本主义现代政治学的核心之秘。

马克思说过,面对历史,我们既是演员,又是观众。资本主义中全景敞视下的规训社会的建构也不例外:"这是我们自己造成的,因为我们是其机制的一部分。"[55]以福柯的早期话语来表述,"个人既是认识的主体又是自己认识的对象,这种可能性就意味着这种有限物的游戏在知识中的颠倒"[56]。我们面对的东西,恰好是我们自己造成的那个我们隶属于它的统治机器。我们以为可以认识它,可它却在我们之外。甚至,**我们对它的认识也是其发生作用的一个构成部分**。这才是资产阶级规训社会真正令人恐怖的地方。

注释

[1] 福柯在后来的《精神病的权力》讲座中曾经专门又回到这两种权力的关系性研究中来。在 1973 年 11 月 21 日的报告中,福柯说明了这样几个差异性:一是君权表现为征收(prélevement)和花费(dépense),其支撑则是掳掠和战争,而规训权力则是要求人的身体好;二是君权必须从一个圣性零点(登基、神授仪式)开始,而规训权力则是日常的训练和自行运作;三是君权的对象是等级身份和家族,而规训权力的对象则是个体化肉体的训练生成的详细观察和监视。Foucault, Michel. *Le Pouvoir psychiatrique*: *Cours au Collège de France*, *1973—1974*. Paris: Gallimard. 2003, pp.44—56.

[2] [法]福柯:《规训与惩罚》,刘北成等译,生活·读书·新知三联书店 1999 年版,第 193 页。中译文有改动。Michel Foucault, *Surveiller et Punir*, Paris, Gallimard, 1975, p.172.

[3] 同上。中译文有改动。Ibid.

[4] 同上书,第 194 页。

[5] Gilles Deleuze, *Pourparlers*, *1972—1990*, Les Editions de Minuit. Paris, 1990, p.123.

[6] [法]布洛塞:《福柯:一个危险的哲学家》,罗惠珍译,麦田出版社 2012 年版,第 52 页。

［7］［法］福柯:《规训与惩罚》,刘北成等译,第 194 页。

［8］同上书,第 197 页。

［9］同上书,第 198 页。

［10］同上书,第 199 页。

［11］阿甘本说,在今天的资本主义社会中,通过电子设备——比如信用卡或手机——对人进行的控制已经达到了先前不可想象的程度,指纹和视网膜的电子档案化,皮肤上的印记,"这些登记、识别赤裸生命的技术设备,与控制、操纵公共言论的媒体设备是一致的:这两个极端——无言的身体与无身体的言语——之间,是我们一度称之为政治的那个空间,它变得更加浓缩而狭小"。今天资本主义社会中的人,就是**当代的牲人**(*homines sacri*)!我们所有的人都已经在一种新的生命—政治关系中逐步落入动物化的赤裸生命的境地。参见［意］阿甘本:《对生命—政治文身说不》,载《世界报》2004 年1 月 10 日。中译文参见王立秋译稿。

［12］［法］福柯:《规训与惩罚》,刘北成等译,第 200 页。

［13］同上。

［14］同上书,第 195 页。

［15］同上书,第 195—196 页。

［16］同上书,第 206 页。

［17］同上书,第 208 页。中译文有改动。Michel Foucault, *Surveiller et Punir*, Paris, Gallimard, 1975, p.187.

［18］［法］福柯:《规训与惩罚》,刘北成等译,第 209—210 页。

［19］同上书,第 211 页。中译文有改动。Michel Foucault, *Surveiller et Punir*, Paris, Gallimard, 1975, p.189.

［20］Giorgio Agamben, *The Kingdom and the Glory*, Translated by Lorenzo Chiesa, Stanford, California: Stanford University Press, 2011, p.132.

［21］gouvernement 一词在法文中同时有"管理"、"政府"、"控制"和"治理"之意,此处我们选择相对平和的治理一义。几乎是在同样的质性上,霍克海默和阿多诺在否定性的转喻构境中直接将资本主义社会控制的结构指认为"被管理的世界"(die verwaltete Welt)。Theodor W. Adorno, *Negative Dialektik*, Gesammelte Schriften, Band 6, Suhrkamp Verlag Frankfurt am Main 2003. Vorrede. S.31.据阿甘本的考证,治理(gubernatio) 一词——肇始于萨尔维亚(Salvia)的《论神的治理》(*De gubernatio Dei*)一书——是神恩一词的同义词。Giorgio Agamben, *The Kingdom and the Glory*, Translated by Lorenzo Chiesa, Stanford, California: Stanford University Press, 2011, p.111.

［22］［法］福柯:《规训与惩罚》,刘北成等译,第 215 页。

［23］同上书,第 211 页。中译文有改动。Michel Foucault, *Surveiller et Punir*, Paris, Gallimard, 1975, p.189.

［24］同上书,第 218 页。

［25］同上书,第 245 页。

[26] 同上书,第 218 页。

[27] 同上书,第 222 页。

[28] 同上书,第 221—222 页。

[29] 边沁(Jeremy Bentham, 1748—1832),英国的法理学家、功利主义哲学家、经济学家和社会改革者。主要代表作有:《政府论断片》(1776)、《道德和立法原则概述》(1789)、《赏罚原理》(1811)等。

[30] 全景敞视建筑(panopticon)又称圆形监狱,由边沁于 1785 年提出。据说,边沁从一所巴黎的军事学校中得到启发,这所学校被设计得易于管理,而边沁的弟弟塞缪尔(Samuel)想出了这个方案的原型。边沁的全景敞视建筑的设计使得一个监视者可以监视所有的犯人,而犯人却无法确定他们是否受到监视。边沁自己把全景敞视建筑描述为"一种新形式的通用力量"(a new mode of obtaining power of mind over mind, in a quantity hitherto without example)。按照边沁的说法和设计:作为全景敞视建筑的圆形监狱由一个中央塔楼和四周环形的囚室组成,环形监狱的中心,是一个瞭望塔,所有囚室对着中央监视塔,每一个囚室有一前一后两扇窗户,一扇朝着中央塔楼,一扇背对着中央塔楼,作为通光之用。这样的设计使得处在中央塔楼的监视者可以便利地观察到囚室里的罪犯的一举一动,对犯人了如指掌。同时监视塔有百叶窗,囚徒不知是否被监视以及何时被监视,因此囚徒不敢轻举妄动,从心理上感觉到自己始终处在被监视的状态,时时刻刻迫使自己循规蹈矩。这就实现了"自我监禁"——监禁无所不在地潜藏进了他们的内心。在这样结构的监狱中,就是狱卒不在,由于始终感觉有一双监视的眼睛,犯人们也不会任意胡闹,他们会变得相当地守纪律,相当地自觉。

[31] 古巴模范监狱(Presidio Modelo),1926—1928 年为古巴独裁者格拉多·马查多(Gerardo Machado)所建,位于古巴松树岛(Isla de Pinos, 1978 年因世界各地及古巴各地青年到该岛学习劳动,该岛改名为 Isla de la Juventud,意为"青年岛")。该监狱完全依边沁全景监狱的构想和模型建造。监狱由五大圆形建筑组成,每一圆形建筑的中间建有观察塔,牢房以轮胎状围绕中心塔建造,整个监狱正常情况下可容纳 2 500 名犯人。1953—1955 年,卡斯特罗兄弟(Fidel Catro、Raul Castro)在领导古巴独立战争尚未成功时,曾遭囚禁于该圆形监狱。1967 年,古巴政府决定将其永久性关闭。现在,该监狱成为一座博物馆和国家级纪念遗迹。

[32] [法]福柯:《规训与惩罚》,刘北成等译,第 224 页。

[33] 勒沃(Louis Le Vaux, 1612—1670),17 世纪法国建筑家。

[34] [法]福柯:《规训与惩罚》,刘北成等译,第 228 页。

[35] 同上书,第 226 页。

[36] 同上。

[37] Pierre Macherey, *De Canguilhem à Foucauly la force des normes*, La Fbrique éditions, 2009, p.72.中译文参见刘冰菁的译稿。

[38] [法]福柯:《规训与惩罚》,刘北成等译,第 226—227 页。

[39] 同上书,第 230 页。

［40］同上书,第231页。

［41］［法］德勒兹:《德勒兹论福柯》,杨凯麟译,江苏教育出版社2006年版,第75页。

［42］［法］福柯:《规训与惩罚》,刘北成等译,第232页。

［43］同上书,第231页。

［44］同上书,第242页。

［45］同上书,第234页。

［46］同上。

［47］同上书,第235页。

［48］同上。中译文有改动。Michel Foucault, *Surveiller et Punir*, Paris, Gallimard, 1975, p.217.

［49］［法］福柯:《古典时代疯狂史》,林志明译,生活·读书·新知三联书店2005年版,第98页。

［50］［法］福柯:《规训与惩罚》,刘北成等译,第239—240页。

［51］同上书,第240页。

［52］同上。

［53］同上书,第242页。

［54］同上书,第243页。

［55］同上。

［56］［法］福柯:《古典时代疯狂史》,林志明译,第220页。

附文五　批判与启蒙的辩证法:从不被统治到奴役的同谋

——福柯《什么是批判?》与《何为启蒙?》的解读

我们可以看到,从《规训与惩罚》一书开始,福柯在理论上的思考已经从抽象的深层学术爆破直接转向了针对资本主义现实与历史的批判,这是福柯之思在 1968 年以后现实革命斗争实践中朝激进左翼批判话语的转向。然而,众所周知,资产阶级意识形态正是在从神学教条和封建专制的统治中摆脱出来的解放过程中生成的,批判与启蒙是全部资产阶级政治话语的基础。为此,福柯不得不追问一个更深的问题,那就是:在今天,批判与启蒙的意义究竟为何? 出人意表的是,福柯的回答竟然与法兰克福学派同声气:在资本主义新的社会治理中,资产阶级激进的批判话语与进步的启蒙思想已经从解放的话语反转为支撑自身新型奴役和统治的技艺。在这样一个全新的批判性思考支点之下,福柯将展开他新的生命政治学批判构境。本附文中,我们来看他晚期在 1978 年和 1984 年分别写下的《什么是批判?》(*Qu'est-ce que la critique?*)[1] 与《何为启蒙?》(*Qu'est-ce que les Lumières?*)[2] 两文中的相近思考。

一、批判:不被那样统治的艺术

福柯说,资产阶级从反专制生长起来的批判思想的基础,历来是一种在**同一性**中**与他者的关系**。布尔乔亚的"批判只存在于与他者的关系之中"(la critique n'existe qu'en rapport avec autre chose qu'elle-même)[3]。这里的他者即是打破同一性的异质性。并且在西方近代思想史中,批判的新构境似乎总是与康德的名字联系在一起。我发现,直到 1980 年,福柯还自称继承了康德的批判线索,"从归属于(inscrit)哲学传统的来说,福柯可以被视作康德的**批判**传统(la tradition *critique*),而他的研究计划,则可以被称作一种**思想的批判史**(*Histoire critique de la pensée*)"[4]。可其中批判的构境意义却已经是颠覆性的了。福柯主张,在康德那里,批判似乎是一个知识论(延伸到伦理和美)的问题,而福柯自己对批判的解读则是从明确将其置放在**政治领域**中开始的。这是一个重要的差异性指认。

在福柯看来,批判态度发生的历史总是与**反思统治**或**支配**相关联的。反思统治与支配,这就已经是超出康德知识论领域的政治话语了,福柯总是试图解蔽康德认识论革命的政治隐喻。在这里,福柯先是以西方基督教会的统治理念的分析为异质性思想构境牵引。在他看来,基督教所发明的**牧师引导内心**的支配理念与古代传统开始不同,这种理念主张,人是在教义、个体化认知和反思技巧三种真理话语的**内在引导**下走向被拯救的。关于牧领范式的讨论,福柯后来还有进一步的构境层展开,我们在下面还会更具体地分析。福柯说,几个世纪以来,那个被希腊教会称为"techné technôn"、拉丁罗马教会称为"ars artium"的东西,就是"良心的指引,是治理人的艺术"[5]。福柯指认说,与传统理解中对神学统治和封建专制的外部强制的指认不同,他发现的这种**治理艺术**恰恰是源自内心的东西,也是神学信仰基础中更根本的基础。这显然是一个对**支配**本身的谱系学的深化反思。福柯认为,15 世纪之后,这种基督教中隐匿存在的治理技艺开始在西方资本主义的历史进程中"扩展到公民社会",换句话说,资产阶级在政治兴起中完全利用和继承了这种**看不见暴力的治理术**,并进一步将其渗透到所有关于人的生存领域。这是一个极为重要的历史事件指认。福柯甚至宣称,资产阶级统治的全部秘密就在于形式上非暴力统治的**治理化**。在我看来,福柯这里的深刻之处在于,康德开端的批判思想并非一种对外部强制的简单拒斥,而恰恰可以再深一步导致对**资产阶级新型的治理方式和程序**的内部反思。这可能是福柯对康德认识论批判构架进行政治学透视的起点。

福柯透视道:康德的批判范式除去在认识论上的革命意义,其政治实质是"如何才能**不那样**(*comme cela*)被治理"。这个"那样"可以是指传统认识论构式中的无限主体,也可以暗喻中世纪政治生活中的专制统治。也是在这个重新构境的意义上,福柯专门指认康德的批判是"不被治理到如此程度的艺术(l'art de n'être pas tellement gouverné)"[6]。显然,与关于康德批判思想的传统理解相较,福柯的这种思路将是一个十分奇怪的重构式的定义。我们简直可以将之喻为一种学术上的"脑筋急转弯"。如果具体转换到康德著名的"认识论革命"的批判构境中,这就意味着,康德的批判不是简单的否定,而是**表面否定中的实质性肯定**,即不是对理性(认知)的否定,而是对理性主体能力和认知构架(先天综合判断)**如何治理**世界的方式的反思:不那样被认知所治理。我们已经知道,在福柯这里,这个认知已经在政治学的意义上与资产阶级的权力共存共生("知识就是力量")了,也是康德那个我们"向自然立法"的政治本质。这也是在说,在资产阶级的政治语境中,康德的批判实质上是巧妙地**跪着的**!你自以为在批判中站立着,实际上却是心甘情愿地双膝落地。福柯认为,康德并没有意识到认知(工具理性——"先天综合判断")统治和支配自然与社会过程中内含的非法性,而是力图使这种过去盲目的主体理性统治转变为一种受限制的"纯粹理性"状态,故而,康德的批判之根本还是"如何才能不那样被治理"。从根本上说,这还是一种更加精巧的**臣服技术和艺术**。这正是资产阶级以全新方式统治世界的最大需要——不是暴力的知性征服和支配。

　　福柯恐怕也知道,他关于批判的这种解释会令大多数处于传统思想史语境中的人感到茫然,所以,他还提供了可供参照的历史上建构批判态度的"一些精准的锚定点(points d'ancrage précis)"。第一个参照性锚定点是"圣经(biblique)批判",即在传统神性统治中通过批判对圣经的传统解读,**回到本真性**的上帝真言,从而提供一种不想那样(教会力量)被支配的新路径。福柯认为,这里这个批判态度的实质是仍然承认神治论的合法性:我们还是**更精准地跪倒在上帝面前的**。福柯举过一个例子,即欧洲的宗教改革[7],他说:宗教改革是"第一场不被那样治理的艺术的批判运动"[8]。因为路德和加尔文并不想打倒上帝,而是要非中介地直接面对神灵。第二个参照锚定点的确是一个政治断裂,即资产阶级真心地对封建专制的"不想被治理(Ne pas vouloir être gouverné)"!资产阶级的批判(启蒙)意味着对传统封建等级政治统治合法性的根本怀疑,并且出现了在政治上对专制体制和法律体系的坚决拒斥。由此，批判在现实中成为一个直接的政治—法律问题。福柯说，资产阶级发明的**自然法**(*droit naturel*)就是对以往封建"治理权力的界限(limites du droit de gouverner)"的反思。[9]但是，在福柯看来，资产阶级反对专制的自然法批判，并不是真正**消除了统治和支配**，而是仍然坚持了一种以认知—真理话语为核心的新的治理化原则。治理，即看不见的奴役，由无脸的认知和真理进行统治，这将使被统治者从根本上无从反抗。故而，自然法同样只是一种跪得**更精巧的统治治理术**。这是一个颠覆性的重新构境。

在提供这两个历史参照锚定点之后，福柯再一次回到对康德批判理论的反思中。在福柯看来，康德批判范式里被隐匿得更深一层的**他性境像**中真正发生的事件，其实是资产阶级治理化与批判之间的**假面游戏**(*jeu*)——一种互为**他者**的关系(rapport à l'*autre*)。[10]福柯宣称，康德无意识标识的资产阶级的批判话语的核心本质是由**权力、真理和主体**(le *pouvoir*, la *vérité* et le *sujet*)"相互牵连(或另外两个)的关系构成的"。这必须将批判理论与资产阶级现实的政治治理统合起来看：

> 如果治理化(gouvernementalisation)的确就是这样的运动，即凭借依附于真理的权力机制(mécanismes de pouvoir)在社会实践的现实中对个体进行压制，那么，我要说，批判也是一场运动：主体自己有权质疑真理的权力效果(effets de pouvoir)和权力的真理话语。这样，批判将是自愿的反抗的艺术，是充满倔强的反思艺术。批判本质上将确保在我们可以用一个称之为"真理的政治学(la politique de la vérité)"的语境中解除主体的屈从状态(désassujettissement)。[11]

这是一段很难理解的表述，因为它极为深刻地进入了康德批判思想构境的翻转意向中。资产阶级发明的社会**治理**(*gouvernement*)不是外部的强制，而是依从**真理**(过去是上帝真言，今天则是资产阶级的认知理性)向自然立法，并进而使生活中的个体屈从于权力。批判的确可以质疑真理(权威)的合法性、真理的实际治理效果，所以批判表面上呈现为反抗的艺术，但这个反抗恰恰是治理本身的实现，即资产阶级的**真理的政治学**。

也是在这个意义上,福柯认为,他这个关于批判的说明十分接近康德关于启蒙(Aufklärung)的定义。

康德在1784年写下的《何为启蒙?》一文中,将资产阶级的启蒙定义为人从某种权威下所处的"未成年状态(état de minorité)"下解放出来的过程。在康德那里,"他所说的'未成年'是指我们的意愿的某种状态,这种状态使我们接受某个他人的权威(accepter l'autorité de quelqu'un)",康德为此还引用过一句俗话:"唯命是从,毋需推理。"[12]这也就是说,所谓未成年,指的是人在一种无法使用理性(raison)的愚昧状态下屈从于他人的权威。并且,康德恰恰将宗教、法律和知识的缺失作为使人处于未成年状态的例证,因此,启蒙也必须在这些地方消除人的未成年状态。当然,只有人自身发生改变,才可能摆脱这种盲目屈从的未成年状态,而这种改变只有通过人对理性的自觉使用,正是理性使人在自己的意愿里从对权威的盲从中走出来。所以,康德的"启蒙"是由意愿、权威、理性之使用这三者的原有关系的新变化中重新构序的。对此,福柯指认在康德的启蒙中,

> 当人只是为使用理性而推理时,当人作为具有理性的(raisonnable)人(不是作为机器上的零件,pièce d'une machine)而推理时,当人作为有理性的人类中的成员而推理时,理性的使用是自由的和公共的。"启蒙"因此不仅是用来保证个人自己的思想自由(liberté personnelle de pensée)的过程。当对理性的普遍使用、自由使用和公共使用相互重叠时,便有"启蒙"。[13]

由此福柯说,在康德那里,"启蒙"作为通过直接关系的纽带而把真理的发展同自由的历史联系起来的事业,构成了一个至今仍摆在我们面前的哲学问题。启蒙的核心是使用理性,理性启智是让人摆脱封建专制机器上的零件状态,进入到自由和解放之中成年状态的唯一法宝。福柯让我们注意,这个未经反思的理性也就是资产阶级的科学认知和真理性认识。

所以,康德要我们"敢于认识",甚至,"批判的基本责任是对知识(connaissnnce)的认识,以此作为整个现在与未来之启蒙的序曲"[14]。在福柯看来,康德的纯粹理性批判就是要知道我们"能认识到什么程度","一旦我

们充分了解了自己的认识及其局限，那么就可以发现自主（autonomie）原则。这样，我们将无须再听到服从（*obéissez*），更确切地说，服从将以自主本身为基础”[15]。请注意，福柯此段文本解读中的最后一句话是十分阴毒的，因为它指认了康德的批判并不会真正消除服从，而是让服从以更自觉的**自主方式**发生，即“如何才能不那样被治理”的一个成熟了的**自治**方案。由此，资产阶级启蒙的表面解放意向必然会走向自己的真实构境本质：**自觉自愿地被统治与被奴役**。

二、作为思想战友的法兰克福学派与对启蒙的批判

启蒙从解放走向奴役——这种反转式的诘问立刻让我们想到德国的法兰克福学派。1944 年，身在美国的霍克海默和阿多诺写下了批判资产阶级合理性（治理）的《启蒙辩证法》（*Dialektik der Aufklärung*，*Philosophische Fragmente*，1947），其核心证伪指向，就是以认知体系为基础的**工具理性对世界的支配**。在那里，工业文明最重要的工具理性基础（自帕斯卡的神学质疑和青年卢卡奇的批判性颠倒之后）第一次受到系统的哲学批判。进而，作为全部启蒙进程现实基础的科学技术进步也直接受到敲打：培根以来那种似乎以公理面目出现的对**自然的拷问后的支配与控制**真的是合理的吗？在生产力发展中对自然的技术性成功奴役难道不会延伸出对人的存在的深层控制，并进一步导致对社会的成功统治（科学管理）？启蒙从解放的道口出发，却内在地驶进了奴役的轨道，这就是所谓**启蒙辩证法**。不难发现，法兰克福学派对启蒙的批判很深地同构于这里的福柯。

关于这一点，福柯同样是高度自觉的。他看到了德国激进思潮中已关注到“理性本身中有某种东西对剩余的权力（l'excès de povuoir）负有责任”。福柯甚至认为，

> 从黑格尔左派到法兰克福学派，存在着对实证主义、客观主义、合理化（rationalisation），对**技术**与技术化的彻底批判，对科学的基本筹划（projet fondamental）与技术之间的关系的全面批判。[16]

并且,他公开将法兰克福学派的批判努力视为与某种自己同向的斗争,因为,在法国今天的时代中,"启蒙问题被重新加以探讨,其方式意味深长地接近法兰克福学派的工程(les travaux de l'École de Francfort)"[17]。这个意味深长即异曲同工。所以,福柯干脆亲切地指认出"我们与法兰克福学派兄弟般的关系(fraternels par rapport à l'École de Francfort)"[18]。作为法兰克福学派的叛逆者霍奈特,必定会直接批评福柯与《启蒙辩证法》的合流,他并没有直接谈及福柯的这两篇重要文章,倒是从《规训与惩罚》[19]就可以看出"阿多诺的历史哲学与福柯的社会理论之间甚至在措辞上都表现出来的一致之处"[20]。而自以为是的波斯特则看错了福柯此处的思想倾向,他竟然自称发现了福柯对法兰克福学派立场的局限性的"超越",并且是在"回到康德"[21]。这些都是极其可笑的理论偏视和逻辑误认。

福柯告诉我们,对启蒙问题的反思,在现代欧洲思想界是"通过现象学及其提出的问题回到我们的身边的"。何出此言?在福柯看来,胡塞尔的现象学最先提出了这样的问题:意义是如何从**无意义**(*non sens*)中产生的?意义是怎样发生的?这种追问的结果为,"意义仅仅是由意指机器(machinerie signifiante)特有的强制系统(systèmes de contraintes)构成的"[22]。还原到福柯这里讨论的语境就是说,启蒙的意义恰恰是由看起来无政治指向意义的真理性认知机器建构起来的,由此,理性与**权力**("强制系统")之间的问题会通过一条奇特的捷径被重新发现。如果胡塞尔听到福柯这种解释,恐怕一定会疯掉。福柯进一步引申道,这也就意味着,"这里我们遭遇了与启蒙互逆的反问题:合理化如何导致了权力的狂热(fureur du pouvoir)"?这当然是在反讽构境层中对韦伯推崇的整个资本主义精神存在中"价值中立"的合理性逻辑的否定,并且我们也不难发现,与之相近的另一个断言是阿多诺那句理性同一性和"总体性必然走向奥斯维辛"。福柯的追问是令人深省的:走向启蒙的民主、自由、博爱的合理性为什么会逆反式地导致权力的狂热?换句话说,"合理化的伟大运动是如何把我们引向如此的喧嚣、如此的狂热、如此的沉默和如此糟糕的机制"?[23]依福柯之见,在这一点上,德国现象学的深刻提问与法国学界的激进反思是一致的,从时间上看,不仅胡塞尔的《欧洲科学的危机》与萨特的《恶心》几乎同时出现,而且在构境逻辑线索上,现象学通过卡瓦耶、巴什拉、康吉莱姆对**科学史问题式化**

(*problématisation de l'histoire des sciences*)的反思也深刻地质疑了科学权力话语的合法性地位。[24]当然，最深刻的还是福柯自己。福柯曾经的青年同事布洛塞为此专门写过一篇文章，标题就是"福柯的问题式化过程"。其中，布洛塞将这个问题式化辨识为通过"辨认脆弱的诸多踪迹"，"对一个现实世界的构序或可疑的思维构序进行还原"的技术。[25]

福柯说，他的想法与法兰克福学派的观点在批判启蒙话语更深的奴役本质上，生成着一种与传统历史哲学或哲学史迥异的全新的"历史—哲学实践（pratique historico-philosophique）"[26]。由于这种哲学实践直接证伪了启蒙话语，所以它也会直接颠覆全部传统资产阶级历史研究的基本意向，因为它提出了表达"真实话语"（discours vrai）的理性结构与之相关的"奴役机制"（mécanismes d'assujettissement）的问题，这就意味着，这已经"将历史学家熟悉的历史对象（objets historiques），转换为他们并不常关注的主体与真理的问题"，或者是资产阶级刻意遮蔽起来的"权力、真理与主体的关系"[27]。我们会体知到，原来福柯标识出的认知考古学的新史学方法在这里被大大地政治化了，它通过资产阶级主体颠覆性的谱系研究，将认知（真理）与权力（控制）深刻地联结起来。

于是，我们在历史研究中重新追问的问题将变成："如果我属于这个人类，也许属于它的一部分，那么，在这一时刻，在人类屈从于普遍真理和特殊真理的权力（pouvoir de la vérité en général et des vérités en particulier）的时刻，'我是什么'？"[28]这个"普遍真理和特殊真理的权力"就是资产阶级用以建构整个新世界的真理性认知，福柯想说的意思是：我们屈从于真理话语的实质，正是臣服于资产阶级的统治。福柯的质疑是：当我们好不容易通过启蒙从封建专制中摆脱出来时，结局却是再一次屈从于披着科学知识外衣的资产阶级工具理性权力，在这种状况下，作为人的我真的被解放了吗？不是，我，仍然是没有站起来的奴隶！与封建专制时代相比，只是我跪得更好看一些、更舒服一些罢了。由此，启蒙，只是资产阶级和资本主义体制全面征服和支配世界的战斗号角。福柯明确断言：

> 即便启蒙运动时期比较模糊，但它仍然毫无疑问地被视为现代人性的塑形（formation de l'humanité moderne）阶段。这就是康德、韦伯等

人所说的广义上的"启蒙",这个没有固定日期的时期有多个切入点,因为我们可以把它界定为资本主义的塑形(formation du capitalisme)、资产阶级世界的建构(constitution du monde bourgeois)、国家体系的建立、现代科学以及所有与之相关的技术的奠基、对被治理(gouverné)的艺术与不如此治理的艺术之间的对抗的组织。[29]

这是福柯深刻透视资产阶级启蒙思想的本质的一段最重要的分析,它直接剥去了资产阶级在启蒙话语上装点的所有光鲜伪饰。在他看来,启蒙话语的背后,就是资本主义工业现代性对全部存在的**塑形**,也是资产阶级**有用的价值世界**的建构。其中,资产阶级用以征服和支配自然存在的工具就是现代科学和技术,就是认知与真理话语;在社会生活的控制上,则生成了新型的**无人统治**的政治治理术,这种治理方式本质上是更加合理的对人的治理和使人积极地自主屈从理性化规训权力的方式。对此,沃林的一个评论是正确的:"福柯大胆地颠倒了我们已经习惯于当作平民自由不断增加证据的'社会进步'的现代概念。也就是说,用福柯的视角来观察,以权利为基础的自由主义的胜利实际上产生了社会控制的更有效机制。福柯大胆的观点,正面挑战了关于洞察力和思想解放关系的标准的启蒙思想。"[30]这是十分重要的准确判断。

三、启蒙之痛:知识滥用下的权力统治

福柯指出,从康德在启蒙与批判之间制造的差异中,有一个真正的问题被透泄出来,即知识与统治的关系。福柯将其深化为功能性的**认知与权力**的关系。依福柯所见,在康德那里,"启蒙这个问题基本上是从知识的角度(termes de connaissance)提出来的,就是说,是从现代科学的建构时代知识的历史命运(destinée historique de la connaissance)这个角度,才开始提出这个问题"[31]。而福柯却认为,这里的问题的实质恰恰是在知识的命运中寻找"权力的不确定的效用(effets de pouvoir indéfinis)",它会将这种知识与所有可能的知识的建构状况(conditions de constitution)和合法性(légitimité)联系起来，必然生成一种"'认知的历史模式（modes historiques du connaître）之合法性研究'的分析程序"。在此处文本的话语运作中，我们可以看到福柯对 connaissance 概念的小心使用，因为在康德那里，知识是一种先验概念构架系统。依福柯判断，这正是 18 世纪以来狄尔泰和后来哈贝马斯等人的理解方式。在这种理解方式中，一个关键性的追问发生了："知识对自己的错误观念，它受到怎样的滥用（usage excessif），因而它与什么样的统治（domination）相关？"具体说，我们凭什么自以为是地"向自然立法"？什么东西使我们可以将碎片般的感性经验现象整合为世界景象？我们依据什么合法性去统治和征服整个世界？在福柯眼中，这才是真正的批判性思考。

也由此，一个新的问题应运而生：在启蒙中帮助人从愚昧和未成年的状态中解放出来的知识（理性），与权力究竟是一种什么样的关系？福柯特别指出，他所指认的**认知**（*savoir*，不是康德作为概念体系的 connaissance——知识）和**权力**都不是实体（entités）或超验性（transcendentaux）的**物**。依福柯的界定：

> **认知**（*savoir*）这个词指的是在一个特定时期和一个特定的领域被接受的知识（connaissance）的所有程序和所有结果；其次，**权力**（*pouvoir*）这个词仅仅涵盖所有似乎可能引起行为和话语的特殊机制（mécanismes particuliers），不管是可确定的还是不可确定的。[32]

这又是一个重要的界划。在福柯看来，认知与权力不是两个实体性的东西，似乎"存在着**一种**（*un*）认知或**一种**（*un*）权力，或更不应该认为存在着会自行运作的**这个**（*le*）认知和**那个**（*le*）权力"，认知和权力在功能性运作和场境突现中其实"只具有方法论的（méthodologique）功能"，或者说，它们"只是一种分析格栅（grille d'analyse）"[33]。显而易见，福柯此处在方法论功能和分析格栅意义上谈论的认知和权力，都是在指认两种在资本主义社会治**理中凸显出实际效用的交合发生的群现性力量存在**。

> 问题不是描述认知是什么和权力是什么，以及这一个会如何压制（réprimerait）另一个或另一个如何滥用这一个，而必须描述为一个认

知—权力网络(nexus de savoir-pouvoir),以便我们能够理解是什么构成了一个系统的可接受性(acceptabilité),无论它是心理健康系统、惩罚系统、青少年犯罪、性经验等等。[34]

认知与权力的存在,是一种场境存在中的建构起来的看不见的力量交合网络。正是这一场境式认知—权力网络生成着支撑启蒙之后的全部资本主义日常发生的**正常社会生活**,它无时无刻不在剔除和无形打压着一切对这一**真理标准网**的背离和反叛。

在《何为启蒙?》一文中,福柯进一步指认这个认知—权力网络呈现为一个在资本主义现实社会生活中活生生发生功效的治理的实践整体(ensembles pratiques)。他所列举的被治理的历史事件实例基本都是他先前研究过的疯狂史、规训系统和性。

> 这些实践的整体隶属于三个大的领域:对物的控制关系(rapports de maîtrise sur les choses)领域,对他人的行为关系领域,对自身关系的领域。这并不意味着这三个领域完全互不相干。我们知道,对物的控制是通过与他人的关系进行的;而同他人的关系总包含着同自身的关系:反之亦然。这里说的是三条轴线(trois axes),必须对它们的特性和相互关系作分析。这三条轴线就是认知轴线、权力轴线和伦理轴线(l'axe du savoir, l'axe du pouvoir, l'axe de l'éthique)。[35]

认知轴线的基础是对自然的征服;这种对自然的拷问转移到对人的控制上则生成社会治理,即**权力的轴线**;最后,是人对自己的奴役,这就是自拘性的**伦理轴线("心中的道德律令")**。显然,这已经是他晚年对自己全部思想构境线索的重新概括。也是在这里,福柯说,传统资产阶级的启蒙与批判视域中的历史学和哲学方法显然都无法进入这一研究,而只能依靠一种不同于康德(启蒙思想)意义上的批判逻辑的真正的批判来完成它。这个批判显然已不再是先前康德意义上的那种"如何才能不那样(comme cela)被治理"。在福柯看来,这种全新构境意义上的"批判不是以寻求具有普遍价值的形式(formelles qui ont valeur universelle)来进行的,而是通过使我们建构我们自身并承认我们自己是我们所做、所想、所说的主体的各种事件而成为一种历史性的调查(enquête historique)"[36]。这是福柯在晚年再一次回到自己的历史研究方法论的讨论。这就是他所谓的**考古学**(*archéologie*)和**谱系学**(*généalogie*)的全新批判研究。

> 所谓考古学的,意指:这种批判并不设法得出整个认识的或整个可能的道德行为的普遍结构(structures universelles),而是设法得出使我们所思、所说、所做都作为历史事件(d'événements historiques)来得到陈述的那些话语。而这种批判之所以是谱系学的,是从这个意义上说的:它并不会从我们所是的形式(forme)中推断出我们不可能做或不可能认识的东西,而是从使我们成为我们之所是的那种偶然性(contingence)中得出不再是、不再做或不再思我们之所是、我们之所做或我们之所思的那种可能性(possibilité)。[37]

与资产阶级的启蒙和批判逻辑不同,福柯的考古学和谱系研究不再从任何抽象的**普世价值悬设**(民主、平等、自由和博爱)出发,不再讨论某种先天性认知和道德律令中的"应该",而是要真正面对作为我们所做、所说而出现的历史事件本身,恰恰要从事件的偶然建构中找出新的可能性。福柯强调说,只有在新的历史批判中,特别是在后一种谱系研究中,我们才可能穿透资产阶级表面公开标榜的"人类普遍利益"的美丽谎言,真正复构资本主义社会中认知和权力发生的"某种独特性出现的条件,这种独特性从众多的决定性因素中产生,但它不是它们的产物,而宁可说是它们的效果"[38]。这里发生的全新构境线索是:不是有 A 就一定有 D,而是 D 不过是 A、B、C等因素构成的独特性的场境效果。由此,一种捕捉资产阶级认知和权力实际功能性布展状况和效用的**策略**(*stratégiques*)的总体分析由此生成。福柯专门说:

> 在谈及考古学、策略和谱系学时,我想到的不是可以从一个引申出另一个的三个连续的层面(niveaux successifs),而是描述在同一个分析中必然同时出现的三个维度(trois dimensions)。正是由于它们的同时

性,这三个维度会让我们重新把握所存在的肯定性,即那些使某种独特性可以被接受的条件。[39]

福柯宣称,他这里的考古学、策略和谱系学共同建构起三个思考维度,亦即所谓**事件化**(*événementialisation*)分析。现在,我们真是难得看到福柯这些早先的方法论话语和范式。具体到资产阶级社会权力的研究中,也就是"不应把权力理解为支配、控制、基本的设定、唯一的原则、解释或不可约的法律。相反,必须始终从与互动场(champ d'interactions)的关系上来看待它,从与种种认知形式(formes de savoir)不可分的关系的角度考量它"[40]。简言之,即不能将资产阶级发明的新的社会权力看作一种简单的外部强制,而是要重新发现那种在资产阶级认知体系中逐步布展开来的治理权力,一种看不见的强制机制,与知识要素之间存在着某种可以"相互接替和支持的游戏"。这里,只存在隐性的权力效应,而不存在看得见的皮鞭。

带着些许忧伤,福柯喃喃自语:"我不知道我们有朝一日是否会变得'成年'。我们所经历的许多事情使我们确信,'启蒙'这一历史事件并没有使我们成年,而且,我们现在仍未成年。"[41]福柯的这一断言后来为阿甘本所反向构境和发挥,他专门写下了《幼年与历史:经验的毁灭》(*Infanzia e storia*, Guilio Einaudi, 1978)[42]一书。

注释

[1]《什么是批判?》系福柯1978年5月23日在索邦大学举行的法国哲学年会上的演讲,公开发表于《法国哲学协会公报》1990年4—6月号。Michel Foucault, *Qu'est-ce que la critique? Bulletin Société française de Philosophie*, Avril- Juin, 1990, Paris, pp.36—63.此文并没有收入福柯的文集。福柯自己表示,他个人倾向于将题目改为《什么是启蒙?》。

[2] "What is Enlightenment?" ("Qu'est-ce que les Lumières?"), in Rabinow(P.), éd., *The Foucault Reader*, New York, Pantheon Books, 1984, pp.32—50. 1984年6月发表的《何为启蒙?》一文成为福柯最后留给世界的思想遗产。

[3] [法]福柯:《什么是批判?》,载《福柯读本》,严泽胜译,北京大学出版社2010年版,第135页。

[4] Michel Foucault, *Foucault*, *Dits et écrits*, *1976—1988*, Paris, Gallimard, 1994, p.1450.

〔5〕〔法〕福柯:《什么是批判?》,载《福柯读本》,严泽胜译,第 136 页。

〔6〕同上书,第 137 页。中译文有改动。Michel Foucault, *Qu'est-ce que la critique? Bulletin Société française de Philosophie*, Avril- Juin, 1990, Paris, p.38.

〔7〕宗教改革(Religious reform)是指开始于欧洲 16 世纪基督教自上而下的宗教改革运动。它奠定了西方新教的基础,同时也瓦解了罗马帝国颁布基督教为国家宗教以后由天主教会所主导的政教体系,为后来西方国家从基督教统治下的封建社会过渡到多元化的现代社会奠定基础。代表人物包括马丁·路德(Martin Luther, 1483—1546)、约翰·加尔文(John Calvin, 1509—1564)等。而狭义上的新教及宗教改革,通常限定在从 1517 年马丁·路德提出《九十五条论纲》,到 1648 年《威斯特法伦和约》的出台为止。

〔8〕〔法〕福柯:《什么是批判?》,载《福柯读本》,严泽胜译,第 141 页。

〔9〕同上书,第 138 页。

〔10〕同上。中译文有改动。Michel Foucault, *Qu'est-ce que la critique? Bulletin Société française de Philosophie*, Avril-Juin, 1990, Paris, p.39.

〔11〕〔法〕福柯:《什么是批判?》,载《福柯读本》,严泽胜译,第 138 页。

〔12〕〔法〕福柯:《何为启蒙?》,载《福柯集》,顾嘉琛译,上海远东出版社 1998 年版,第 531 页。

〔13〕同上书,第 532 页。

〔14〕〔法〕福柯:《什么是批判?》,载《福柯读本》,严泽胜译,第 139 页。中译文有改动。Michel Foucault, *Qu'est-ce que la critique? Bulletin Société française de Philosophie*, Avril-Juin, 1990, Paris, p.41.

〔15〕同上。

〔16〕同上书,第 140 页。

〔17〕同上书,第 141 页。中译文有改动。Michel Foucault, *Qu'est-ce que la critique? Bulletin Société française de Philosophie*, Avril-Juin, 1990, Paris, p.44.

〔18〕同上书,第 142 页。

〔19〕霍奈特这里直接引述的是福柯在《规训与惩罚》中的这样一句表述:"'启蒙运动'既发现了自由,也发明了纪律。"参见〔法〕福柯:《规训与惩罚》,刘北成等译,第 249 页。

〔20〕〔德〕霍奈特:《权力的批判》,童建挺译,上海人民出版社 2012 年版,第 193 页。也可参见〔德〕霍奈特:《分裂的社会世界》,王晓升译,社会科学文献出版社 2011 年版,第 69 页。

〔21〕〔美〕波斯特:《福柯:当代与历史》,载《福柯的面孔》,汪民安等主编,吴琼译,文化艺术出版社 2001 年版,第 46 页。

〔22〕〔法〕福柯:《什么是批判?》,载《福柯读本》,严泽胜译,第 141 页。

〔23〕同上。

〔24〕同上。中译文有改动。Michel Foucault, *Qu'est-ce que la critique? Bulletin Société française de Philosophie*, Avril-Juin, 1990, Paris, p.44.

［25］［法］布洛塞：《福柯：一个危险的哲学家》，罗惠珍译，麦田出版社 2012 年版，第 39—40 页。

［26］［法］福柯：《什么是批判?》，载《福柯读本》，严泽胜译，第 142 页。

［27］同上书，第 142—143 页。中译文有改动。Michel Foucault, *Qu'est-ce que la critique? Bulletin Société française de Philosophie*, Avril-Juin, 1990, Paris, p.45.

［28］同上书，第 143 页。

［29］同上。

［30］Richard Wolin, *Foucault the Neohumanist? Chronicle of Higher Education*. 9/1/2006, Vol.53 Issue 2, p.106.中译文参见吴万伟译稿。

［31］［法］福柯：《什么是批判?》，载《福柯读本》，严泽胜译，第 144 页。中译文有改动。Michel Foucault, *Qu'est-ce que la critique? Bulletin Société française de Philosophie*, Avril-Juin, 1990, Paris, p.47.

［32］同上书，第 145 页。中译文有改动。此处，福柯严格区分了 savoir 与 connaissance 两个概念。Michel Foucault, *Qu'est-ce que la critique? Bulletin Société française de Philosophie*, Avril-Juin, 1990, Paris, p.48.

［33］［法］福柯：《什么是批判?》，载《福柯读本》，严泽胜译，第 145 页。中译文有改动。Michel Foucault, *Qu'est-ce que la critique? Bulletin Société française de Philosophie*, Avril-Juin, 1990, Paris, p.49.

［34］同上。

［35］［法］福柯：《何为启蒙?》，载《福柯集》，顾嘉琛译，上海远东出版社 1998 年版，第 541 页。中译文有改动。Michel Foucault, *Dits et écrits*, *1976—1988*, Paris, Gallimard, 1994, p.1395.

［36］［法］福柯：《何为启蒙?》，载《福柯集》，顾嘉琛译，第 539 页。

［37］同上书，第 539—540 页。

［38］［法］福柯：《什么是批判?》，载《福柯读本》，严泽胜译，第 147 页。

［39］同上。

［40］同上。

［41］［法］福柯：《何为启蒙?》，载《福柯集》，顾嘉琛译，第 542 页。

［42］［意］阿甘本：《幼年与历史：经验的毁灭》，尹星译，河南大学出版社 2011 年版。阿甘本在《幼年与历史：经验的毁灭》一书中将当代资本主义生存中的人类比作成年期的生命体，而回溯式地反举了一种所谓天真的怀抱期冀的幼一年（*in-fancy*）期，并由此反观我们今天的生活中缺失的某种内在方面。这里幼一年并非直接指一个人的个体在其生命进程中真实发生的幼年时期，而是对人类现代主体性的一个倒序式的内省，即没有进入到成年理性主体的人类原初存在状态，即借喻意境中的仍然还存有想象的幼年。

第四编

部署生命:从外部强制到
微观权力在身体中布展的转换

——福柯的生命政治话语

政治在向我靠拢。

——福柯

福柯总是扬起战斗的烟尘或声响,而思维本身在他看来如同一部
战争机器。

——德勒兹

不难看到,在近期关于欧洲后马克思思潮的讨论中,**生命政治**似乎已成
为焦点性的话题,譬如朗西埃、巴迪欧、齐泽克和阿甘本,都津津乐道于当代
资本主义社会存在中隐匿的身体化的微观权力控制。然而,我发现这一被
炒作和新潮式构境为显性批判话语的真正源头却是我们并不曾认真关注的
晚期福柯。[1] 1974—1979 年之间,福柯在法兰西学院所作的系列演讲中的
一个重要主题就是生命政治在当代资本主义社会治理中的**历史性诞生**。除
去 1977 年休假以外,短短五年中,他分别讨论了资本主义社会控制新形
式——社会治理中存在的杀人不见血的真理刀(《不正常的人》)、资产阶级
权力部署和认知谱系学(《必须保卫社会》)、生命权利问题(《安全、领土与
人口》)、资本主义市场与生命政治学(《生命政治的诞生》)等重要政治哲学
专题。本编将集中讨论晚期福柯这一重要的思想构境线索。

其实,我们也能明显感觉到,从《规训与惩罚》到生命政治论之间,福柯
关于资产阶级社会统治的批判性反思中存在一个新的断裂,福柯自己也并
不回避这个问题。第一个断裂是从唯心史观的认识型决定论到**从现实出发**
的资本主义规训支配。在 1976 年写下的《性史》第一卷中,福柯曾经直接说
明过这一改变。他指认,资产阶级在 17 世纪之后统治生命的方式其实有两
种:**规训与治理**。第一种即我们上面已经讨论过的**规训**(*disciplines*),它是
"以作为机器的肉体为中心而形成的:如对肉体的矫正、它的能力的提高、它
的各种力量的榨取、它的功用和温驯的平行增长、它有效的经济控制系统之
中,这些都得到了显示出'规训'特征的权力程序的保证"[2]。这也是前述
福柯所谓的"**人的肉体的解剖—政治**(*anatomo-politique du corps humain*)"。
而福柯在新的断裂中的发现是资产阶级的第二种权力类型——生命政治学
中的**治安**(*police*),它是在 18 世纪中叶才开始形成,"它以物种的肉体,渗透

着生命力学并且作为生命过程的载体的肉体为中心,如繁殖、出生和死亡、健康水平、寿命和长寿,以及一切能够使得这些要素发生变化的条件,它们是通过一连串的介入和**调节控制**(*contrôles régulateurs*)来完成的。这就是**一种人口的生命政治**(*une bio-politique de la population*)"[3]。依拉姆克的说法,最早使用生命政治概念的是在 20 世纪 20 年代德国国家社会主义者关于种族调节和管理的著作中。[4] 我个人以为这只是一种外在的形似,福柯的生命政治论与前者讨论的完全不是同一个构境意义场。

生命政治是福柯对当代资本主义社会控制形式最重要的发现。他认为,肉体的规训和人口的调节构成了资产阶级精妙的生命权力组织展开(*déployée l'organisation*)的两极。在资本主义古典时代中形成的双面技术表明了"权力的最高功能从此不再是杀戮,而是从头到尾地控制生命"[5]。依我的判断,福柯的这次思想转变并不仅仅是一种学术上的质变,更多的也是与这一时期他直接参与现实社会政治斗争实践相关的。[6] 对此,阿甘本曾写下过一段小结性的表述,他说:

> 米歇尔·福柯在 1977—1978 年的法兰西学院的讲座,题为《安全、领土与人口》,旨在梳理出现代"治理"的谱系。福柯区分了权力关系史上的三种不同的模式:法律体系对应于领土主权国家的制度模式,而这个体系通过一个界定了什么允许,什么禁止的标准码来进行自我定义,最终这种体系建立起惩罚体系;规训设置对应于规训性的现代社会,其按照法律要求,将一系列的监控、医学和监狱技术付诸实践,其旨在规制、纠正和塑造主体的身体;最后,安全机制对应于当代的人口国家及其新型实践,这种实践,福柯称之为"人的治理"。福柯小心翼翼地强调说,三种模式并不是在年代上的承接关系,或者在一个时代中彼此相互排斥,而是共存的,它们以某种方式彼此铰接在一起,不过,在每一个阶段上,其中一个构成在该阶段上的支配性政治技术。[7]

相对福柯先前的表述,阿甘本增加了规训社会之前的司法—主权之下的惩罚式的权力形态,这使得福柯此处政治哲学构境的历史轮廓更加清晰了一些。

注释

[1] 其实,这个晚期福柯中的"晚期"只是象征性的,因为他的早逝(1984年,年仅58岁),我们不得不将他正值中壮年的最后十年勉强地指认为福柯的学术晚期。

[2] [法]福柯:《性经验史》(增订版),佘碧平译,上海人民出版社2005年版,第90页。

[3] 同上。中译文有改动。Michel Foucault, *Histoire de la sexualité, La volonté de savoir*, Paris, Gallimard, 1976, p.183.

[4] [美]拉姆克:《生命政治及其他》,载《生产》,汪民安等编,第七辑,江苏人民出版社2014年版,第56页。

[5] [法]福柯:《性经验史》(增订版),佘碧平译,第90页。

[6] 1968年红色五月风暴之后,福柯以极大的热情参加了发生在法国的各种反抗压迫的斗争。1969年1月,福柯参加万塞纳大学声援巴黎圣路易斯中学的占领学校运动,他第一次被警察逮捕。1971年11月,他与萨特、德勒兹等人参加反对种族主义的会议和游行。1972年1月,福柯再与萨特、德勒兹等人参加支持改善监狱犯人条件的游行。福柯还在反对美国侵略越南和声援巴基斯坦人民斗争等公开信和声明上签字。也由此,历史学家拉迪里戏称道:"当时有两个福柯。一个上街游行,一个出席学院的会议。"转引自刘北成:《福柯思想肖像》,北京师范大学出版社1995年版,第218页。

[7] Giorgio Agamben, *The Kingdom and the Glory*, Translated by Lorenzo Chiesa, Stanford, California: Stanford University Press, 2011, p.109.中译文参见蓝江译稿。

第十二章 布尔乔亚公民社会
的新型权力部署

在福柯看来,17 世纪以来,资产阶级通过制造以科学真理为构式本质的规范性权力话语,建构了正常与不正常生存的界线。这个新型权力就是我们今天称为科学"管理学"的东西,在这里,福柯把它命名为"治理的艺术"或治理技艺。而从 19 世纪开始,以认知为权力部署的规训就开始在西方资本主义整个社会布展开来。权力的规训——治理技术,在最微细的层面上开始控制资产阶级世界中人的肉体和灵魂。本章,我们来看福柯的这一重要思想。

一、规训—规范部署:切割"正常"与"不正常"的真理刀

如前所述,1970 年,福柯正式入选法兰西学院教席教授。从 1970 年 12 月开始,除去 1977 年的休假,一直到 1984 年他去世,福柯分 13 个专题,开设了"思想系统的历史"(Histoire des systèmes de pensée) 的系列讲座。[1]福柯事先按照学院候选程序向教授委员会提交了题为"应当进行思想系统的研究"(Il faudrait entreprendre l'histoire des systèmes de pensée) 的报告。[2] 1970 年 12 月 2 日,福柯讲授第一堂课。因为前来听讲者并不是大学生,而是进出自由的社会听众,所以福柯的演讲并没有完全以学术文本话语进行,而是采用了较为通俗的课堂语言。这会让人感到福柯学术构境中的某种话语实践上的"断裂"。他原先曾经使用的一大批学术术语在这里似乎通通隐遁了,只是偶尔出现。例如在《不正常的人》演讲中,épistémè 是零,archéologie 出现了 4 次,stratégies 只出现了 1 次,discontinuité 出现了 2

次,généalogie 相对多些,也只出现了 20 次,等等。这种从学术文本到公众演讲的特定调适状况在后来的讲座中有所改变。当然,如前所述,这种词频变化也较深入地反映了福柯思想构境中的一些重要改变。关于这一点,我们会在下面的讨论中逐步分析。

我们先来看福柯在 1975 年的法兰西学院演讲《不正常的人》(Les anor-maux, 1974—1975)。这个 anormaux 在法文中也有反常、例外,以及疯子和精神病人的意思。当然,这个主题与他早年从事的疯狂史研究有一定的内在关联。通俗地说,福柯指认了疯子**不是天生**的、不是生理固化的,而是一**种社会建构**的产物这一事实。这与波伏娃所说的女人不是天生的,而是被建构出来的观点相近。萨义德曾经说:"自一开始,福柯似乎就把欧洲的社会生活理解成边缘人、罪犯、另类与可接受者、正常人、一般的社会人或同类之间的斗争。"[3]这是对的。谁能裁定一个人的存在是**正常**的或**不正常**的?谁有权将这种社会存在中出现的**反常**判定为疾病?这种切割正常与不正常生存的**权力**就成了福柯这一演讲的核心追问之焦点。

在 1975 年 1 月 8 日的演讲中,福柯直接指控,能够判定人的生存之正常和不正常的质性是一种"可以杀人的话语"(discours qui peuvent tuer)。话语与**杀人**的直接链接是从这里开始的。相对于《词与物》中面对自然物的**构序烙印者**和《认知考古学》中作为历史陈述档案被激活后的**构式历史**的话语实践,这个第三种面对人的生命状态的**杀戮话语**已经在政治哲学的构境中走出去很远了。之所以这么说,是由于这种话语关系着人们的自由与监禁、生存与死亡的裁决,如果某人被它认定为是在**不正常地活着**,那就如同在存在论上的死去。就是在此构境意义场中,福柯将这种**真假二值逻辑构境**中的裁决指认为一种可以杀人的**真理话语**(discours de vérité)之刀。这是资产阶级新型政治塑形方式的真正缘起。这一点,与法兰克福学派关于资产阶级科技意识形态的批判构境是相通的。所谓真理话语,即身披科学资格外衣以之言说的**权力话语**,或者叫"专门由具有资格的人在科学制度内部系统阐述的话语"[4]。在今天的中国,这种权力话语正大行其道。福柯认为,这个可以杀人的真理话语刀正是支撑整个西方社会司法制度的政治构序的核心。在他看来,这是一种不同于传统司法权力和医学权力的新型权力,此时他将其命名为"规范化权力"(pouvoir de normalisation)。normalisation 在法文中也有**正常化**的意思。正常化与福柯这里的思考焦点是相关的,它指打造正常人生活存在的构序过程。处在规范化之外,即是**不正常的人**。这正是他此讲座的标题。福柯在本讲座 32 次使用 normalisation 一词。规范化概念,应该是福柯由老师康吉莱姆所著的《正常与病态》处挪用过来的一个相近医学观念。[5]正是这种以科学话语为构式本质的真理话语,建构了正常与不正常生存的界线。作为同性恋者的福柯,深恶痛绝地列举了他自己身受其害的西方社会自 17 世纪以来对性的规范化技术过程。在他看来,所谓正常的异性恋,亦不过是社会规范化建构出来的,因为它只不过是科学(真理)的文明样态与被划定的人的"自然"属性。这可能有些说过了,因为在整个人类社会历史发展的进程中,大概多数民族的异性恋都是生发于科学技术出现之前,讲得再尖刻一些,异性生殖是发生在生物界生存之中的。福柯说,这种规范化权力所处的位置是**超结构的**(*supra-structurel*),往往属于"上层建筑的构序"(l'ordre de la superstructure)。[6]这是福柯对马克思的基础与上层建筑之喻的引用,此处的上层建筑标注了规范化科学话语的**政治性本质**。

在 1975 年 1 月 15 日的演讲中,福柯通过比较西方社会历史中对两种疾病——**麻风病**(*lépreux*)与**鼠疫病**(*pestiféré*)——的处置方式的不同,来说明这种规范化权力布展的独特质性。在同期《规训与惩罚》关于监视的相关讨论中,福柯也涉及这两种疾病的处置。在中世纪的西方,存在着一种对麻风病人的特定处置方式,即对麻风病的**排斥**(*l'exclusion*)。排斥,指的是将麻风病人与社会正常生活隔离开来,患者被驱逐到人群之外的无法接触的黑暗之中。被排斥和驱逐——实际上就被剥夺了正常生存的权利——麻风病人甚至可能被宣告为在正常生活中已死亡和消失。通常,已经"死亡"的他们的财产可以被转让。福柯指认,对待麻风病的方式是一种**消极的隔绝方式**。其次,在中世纪结束之后,特别是在 17—18 世纪的资本主义社会之中,对待同样是流行病的鼠疫的控制方式就发生了根本性的改变,即出现了与排斥相反的**容纳的**(*inclusion*)方式。与麻风病人的被排斥和遗弃的方式不同,鼠疫病人成了"细致详尽的分析和精细的分区管理的对象"——这一次,鼠疫病人不再被简单地驱逐和排斥于社会之外,而是以一种检疫隔离分区的精细化治理被监控起来,病人不再处于边缘化的黑暗之中,而就在**可见的**

光亮之中。"他不是要被驱逐,相反是建立、固定、给定他一个位置,指定场所、被分区控制的在场(présences quadrillées)。不是抛弃(rejet),而是容纳。"[7]福柯想说的是,对同类的传染疾病的处置方式中悄然发生的深刻变化,其实也是整个社会政治权力运行方式转换的一个真实写照。

首先,资产阶级政治权力的**毛细血管化**。在福柯看来,与传统封建专制社会中的外部宏观强制不同,资产阶级新型的政治"权力的个人化(individualisation)、分化和细分化(subdivision)最终走到与细小的个体连接起来",可见的外部暴力转换成不可见的微观权力,"政治权力的毛细血管(capillaire)不断地作用于个人自身,作用于他们的时间、他们的居所(habitat)、他们的定位(localisation)、他们的身体"。[8]在前面的讨论中,我们已经看到过福柯这个非常重要的隐喻——资产阶级政治权力的**毛细血管化**。与一个人身体中遍布全身的毛细血管相似,资产阶级新型政治权力的毛细血管遍及社会的全部细部存在——生活的所有时间节点、人们居栖的住所和一切可能的行动空间,甚至他们的肉身存在。在同期进行的一次关于监狱的对话中,福柯将这种"毛细血管式的微型权力(pouvoir microscopique)"形象地比喻为"神经突触式的权力体制":"它的存在形式像毛细血管一样,它与每个人的切身相接的那一点:它进入人们的肌理,嵌入他们的举动、态度、话语,融入他们最初的学习和每日的生活。"[9]依弗雷泽的说法,正是这些"各式各样的'微型技术'被无名的医生、典狱官、教师,运用于无名的医院、监狱和学校中而得以完善,它们远离古典政体的强权中心"[10]。在我看来,这其实仍然是福柯在《规训与惩罚》一书中向我们呈现的那个重要的社会权力质变过程:从高调渲染的、戏剧化的可见酷刑向认知对肉体和灵魂看不见的支配的转换——从专制到开明统治,从意志到真理,从否定到肯定,从消极到积极的转换,这里更加突出强调的是其布展方式从宏观强制向生命细微存在构境的无形支配,毛细血管和神经突触形象地呈现了规范化权力的物性结构和精神传导构式。我们可以清楚地看到,福柯在这些演讲中依循的主要思考线索与他同期写作的《规训与惩罚》是一致的。

其次,资产阶级政治权力的**积极技术**。这也是福柯讨论过的问题。福柯指认说,这里还有一个十分重要的历史进程,即资本主义古典时代中"权力的积极技术(technologies positives de pouvoir)的发明"。福柯在此讨论中近 500 次使用 pouvoir 一词,说明权力问题是他在法兰西系列演讲开端就凸显的中心思考点。在他看来,与传统中习惯于打压、奴役人民的消极权力不同,

> 我们从一种驱逐、排斥、放逐、使边缘化和镇压(réprime)的权力技术,过渡到一种总之是积极的权力(pouvoir positif),一种进行制造(fabrique)的权力,一种进行观察的权力,一种获得认知的权力和从其自身的效果出发自我增殖的权力。[11]

此间的积极的权力有两重构境意思:一是指这种权力"不是与无知相联系的,而是相反,与保证认知之构成、投资、积累和增长的整个一系列机制联系在一起"[12]。新型权力的支撑点不再是无知的暴力,而是资产阶级启蒙之后的科学认知。这是一个十分深刻的思想注释。并且,这种科学认知将是布尔乔亚世界中财富投资、积累和增长的内部机制。科学致富,知识就是赚钱的力量! 二是强调积极的权力是一种借由获得知识进而得以实施**生产和制造的权力**,或者叫"生产和生产的最大化(maximalisation)"过程。现代资本主义生产构序的内驱力已经是科学知识:**科学就是生产力!** 所以今天会有"知识经济学"之说。福柯这个积极的权力令人联想到他同期在《规训与惩罚》一书中关于规训权力的生产性的讨论。对此,弗雷泽做了一个有趣的比喻,他说,如果"借用马克思的术语,我们也许可以说,前—现代权力的功能是进行简单再生产的系统配置,而现代权力定位在扩大再生产"[13]。这个比喻虽然有趣,可是在福柯那里,传统权力强迫生产,但它本身是**非生产**的。

其实,福柯笔下这个资产阶级的新型权力就是今天被我们叫做"管理学"的东西,而福柯在这一演讲中称其为"治理的艺术"(art de gouverner)。art de gouverner 也可以译成治理技艺。此处是福柯这个讲座中对 art de gouverner 这个词组的唯一一次使用,但它在之后的讲座中将变得愈发重要。不过,福柯在此讲座中已经 30 多次使用 gouverner 和 gouvernement 等词。请一定注意,这个区别于社会强制的**治理**是福柯关于资产阶级新型权力理论中一个关键性的范畴。概言之,所谓治理,就是资产阶级所发明的以毛细血

管和神经突触方式布展的新型积极权力。

福柯告诉我们,这个资产阶级的治理范式在广义上有三层意思:一是18世纪或古典时期资产阶级发明出来的"权力的法律—政治理论"(théorie juridico-politique du pouvoir),这是指法制的规训本质。二是整个国家机关和各种相关的制度及其衍生物,制度化是规训操作的保证。这前两者是人们比较熟悉的方面。三是"调整了权力操持的一般技术"(technique générale d'exercice du pouvoir)。[14]这是不被关注的方面。福柯在此讲座中93次使用 technique 一词,显然是一个准高频词,可以看出它在该时期福柯思想中的重要性正在上升。这是一种对人进行治理的一般技术,相对于传统的权力意志,它甚至可以被看作是一种"异化(aliénation)"[15]。福柯在此讲座中28次使用 aliénation,但都不是在传统人本主义逻辑话语中出现,而是对一个具体的颠倒性现象的指认,并且大多数都是在 aliénation mentale(心理异化)的构境层中使用的。

> 这种技术构成了表象(représentation)背后的(envers)法律和政治结构(structures juridiques et politiques),以及这些机关进行运转和产生效力的条件。这个对人进行治理的一般技术有一个部署类型(dispositif type),即我去年给你们讲的规训化组织(l'organisation disciplinaire)。这个部署的目的是什么?我认为人们可以把这个目的称为"规范化"。[16]

正是这个不可见的技术却构成了可见的法律和政治结构及其运转体制的条件。字里行间,福柯特意旁及的几个理论镜像的链接点:一是在《词与物》一书中,他将在17—18世纪的资本主义社会中居支配地位的"认识型"指认为**表象**符号系统,而这里只是强调了表象背后的政治—法律结构;二是这个所谓的治理技术就是他自己不久前刚刚讨论过的规训组织,此处的进展只是在于,福柯开始将这种治理技术组织的内部机制指认为客观的**部署**(*dispositif*)。在法文中,dispositif 也有装置的意思,但从福柯此处具体的思想构境来看,这个 dispositif 指的显然不是可见的具象式的机械装置。在本讲座中,福柯10次使用 dispositif 一词。必须指出,法文中其实另有**装置**

（*appareil*）一词。正是这个看不见的权力部署和布展系统，建构出让整个社会处于更深一层的支配之中的**正常—不正常的规范化效果**（*effets de normalisation*）。

不难注意到，福柯在此并没有详细解释显然很重要的部署（dispositifs）一词。我留心到，在不久之后的 1977 年法国 *Ornicar?* 杂志[17]的一次访谈[18]中，福柯通过三段表述具体标识了 dispositif 的基本构境意义域。他说，

其一，部署的要素包括了"话语，制度，建筑形式（aménagements architecturaux），调控决策（décisions réglementaires），法律，行政方式，科学陈述，哲学，道德和慈善事业"[19]，显然，这当中既有社会生活中主观的话语、科学陈述和哲学，也有客观的制度、建筑形式、决策和行政方式等操作性构架，几乎涵盖了全部社会生活。当然，这并非就是笼而统之地指认上述那些东西全都是部署，而只是强调这些看似完全不同的东西在资产阶级新的社会控制战略中，都可以通过部署的构式方式实现看不见的社会治理。所以福柯才说，部署是"一种彻底异质的集合（ensemble résolument hétérogène）"，或者说，"部署自身就是能够在这些要素之间建立起来的网络（réseau）"[20]。集合与网络二词都在于表征部署的**场境存在**特征。

其二，部署之网是通过一种"具有支配性的策略功能"的看不见的**塑形**（*formation*）发挥作用的——这仍然是隐性的微细控制和奴役。那些表面看来是话语、是建筑物、是慈善事件的事体，恰恰都在部署着资产阶级对每一个生活细节的塑形和改造，人们就如此这般地在不知不觉中接受了教化中的治理。人的**成人、成熟和成功**，都是资产阶级治理权力部署的阶段性成果！今天，我们周遭那些被捧上了天的**成功人士**，实则就是资产阶级治理部署中最重要的意识形态幻象建构物。

其三，部署"代表了在特定历史阶段形成的结构"[21]。之所以说部署的本性在本质上是"策略性的"，因为它是"对力量关系中一种理性而具体的干涉的操控"，并且，福柯还认为这种权力操控的目的是"特定的认识型（épistémè）所支持的力量关系之策略的集合"[22]。也是在这里，福柯承认自己在《词与物》中所使用的认识型概念过于狭窄，以至于令自己进了死胡同，而这里的部署才是比"认识型更普遍的情况"，或者说，认识型只是"特

定的言谈的部署(dispositif spécifiquement discursif)"。[23]这倒是对原有的认识型范式的一个重要的历史性关系说明。其中更重要的改变,是从狭窄的**主观话语作用**深入到社会权力部署的**客观场境制约**作用。我注意到,布洛塞也提及了福柯思想中"从认识型过渡到部署"的转换。[24]布洛塞的判断对错参半。正确之处在于,布洛塞看到了部署范式的出现,在其表征的意义上十分接近于原先福柯用以描述认识型文化中的规制作用;错误的是,认识型与部署并非对同一描述方式的线性替代。我以为,福柯有关资产阶级现代性权力部署的表述令人惊叹,眼光精准、入木三分。当然,相比之传统的政治学概念,这个哲学化的 dispositif 也会令政治学家很难理解。

我还注意到,福柯的知己德勒兹对部署这个概念也作了细致解读,依他的解释,部署是

> 一个交织缠绕、线索复杂的组合体。它由线构成,每条线各异。社会部署中的这些线并未勾勒出或环绕着那些权力、对象、主体、语言等都是同质性的体制,而是遵循着某些方向、追溯着一些总是不平衡的平衡。这些线现在正集结起来而后它们又自此分开。每条线都是断裂的,并服从于方向的变化。[25]

这是一个德勒兹式的复杂构境空间。继而,德勒兹进一步将部署细分为不同的构成因素,如"可见性线、发音线、力线、主体化之线、分离线、劈开线、断裂线",还有"层级线或沉积线"等等。[26]坦白说,德勒兹的解释究竟是让福柯的部署概念更清楚了,还是更混乱了——不得而知。我大体是倾向于后者。

有趣的是,似乎德勒兹特别喜爱福柯的这个部署范式,在 1994 年写下的《欲望与快感》一文中,他又专门讨论了福柯的这个权力部署问题。德勒兹指认:"《规训与惩罚》的一个基本论题是权力部署(dispositifs de pouvoir)",这是一个准确的历史定位。他认为,这表明福柯已经开始"超越《知识考古学》中仍然具有的话语塑形(formations discursives)与非话语塑形(formations non discursives)二重性"[27]。这是很高的评价,因为部署的出场是**范式革命**了。依德勒兹所见,这种重要的范式革命表现为如下几个方

面:第一,"就其自身和'左派主张'而论,这是关于权力概念的深刻的政治革新,与全部国家理论(théorie de l'État)相对立"[28]。这是说,如果说福柯的权力观在当时表征了一种"五月风暴"之后的激进话语,它的深刻变革意义在于意识到了当代资本主义政治统治策略的断裂,即从传统的国家机器直接暴力论(马克思—列宁话语)转向全新的**无形微观部署机制**。第二,福柯的部署概念甚至又僭越了弗洛伊德和阿尔都塞在支配问题上的深刻构境层,"权力部署既不通过压抑(répression)也不通过意识形态(idéologie)发生作用","《规训与惩罚》所建构的不是压抑和意识形态概念,而是规范化和规训(de normalisation, et de disciplines)概念"。[29]我们知道,压抑是弗洛伊德在精神分析学中从外部控制转向人的内部心理自我支配的重要一步,马尔库塞和弗罗姆已经将其成功地运用到资本主义社会批判中去了;而马克思揭露的资产阶级意识形态论,经过曼海姆和阿尔都塞,已经在解释当代资产阶级社会观念奴役方面取得了长足的进展,可是,这两方面都是**心理和观念层面的自拘现象**,德勒兹指认福柯的权力部署既不是压抑也不是意识形态,而是一种全新的微观权力**物理学**,它恰恰是从生产和实践的客观层面发生的自我微观规训(*micro-dispositifs*)和自我惩罚机制。这不是主观界面上的东西,而是客观层面上的**身体化的存在**。第三,权力部署是一种物理学,但它绝"不可还原为国家机器(appareil d'État)",在一定的意义上,"它们求助于一种图表、一种内在于整个社会场(champ social)中的抽象机器(machine abstraite,诸如全景敞视主义,它由看见而不被看见的全部功能所规定,可用于任何一种多样性)"[30]。或者说,"《规训与惩罚》的两个方向:一是微观部署分成小部分和扩散的特征,而另一方向也是遍布整个社会场的曲线图(diagramme)或者抽象机器"[31]。显然,德勒兹的观察是细致而深刻的。不过,"曲线场"和"抽象机器"一类塞进来的私货恐怕不会让福柯的思想变得更加清晰,而是相反。第四,权力部署无处不在,它通过不可见的"种种力量关系(rapports de force)"得以布展。这个无处不在的力量关系是福柯很快就要谈及的新概念。第五,到了《认知的意志》一书中,福柯则进一步提出"权力部署是真理的构成要素"。但是,德勒兹直接批评了福柯的权力批判中缺少了"反权力"的激进力量。

我发现,也是在此处,福柯第一次明确自述自己的规范化思想缘起于老师康吉莱姆。他坦承，康吉莱姆在《正常与病态》（*Le Normal et le Pathologique*）一书中已经从历史上和方法论上讨论了**建构正常性**的规范问题，并初步生成了一批观念。首先，康吉莱姆已经界定了"规范是权力意图（prétention de pouvoir）的载体"，也就是说，康吉莱姆指认规范（"正常"）在本质上是一个**政治性**的概念，相对于过去资产阶级所标榜的价值中立论，这是一个极重要的逻辑引导；其次，规训所具有的**定性**和矫正功能表现出，它"不是排斥和抛弃，相反，它总是与介入和改造的积极技术、与某种规范计划相联系"[32]。因而，福柯觉得，自己正是在老师思想的启发下，才得以从规训进入到更隐秘的规范化权力部署的思考中。**规训与规范化**，由此被内在地联结在一起了。这倒是一个诚实的他性镜像指认。

同样也是在这里，福柯明确反对了马克思将政治—法律一类的政治权力简单地切割到"上层结构层次（niveau superstructurel）"的观点。可是，福柯的具体批评似乎又恰是建立在一种马克思式的比较性**历史分析**之上的：把权力视为肉体暴力式的外部强制的观点，只是取自奴隶社会的模式；而权力的功能主要是禁止、阻止和独立的观念，则是种姓社会的模式；封建社会的权力模式在于强迫实施财富转移，剥夺劳动；而到了资产阶级式的行政君主政体中，行政权力的控制已经开始"叠加到给定的经济水平上建立起来的生产方式、生产力和生产关系之上"了。[33]这是一个非常有趣的说明。显然，福柯在这里的思想构序中突然使用了马克思历史唯物主义的话语群。后面我们将看到，这种对马克思**不加注释的援引**会愈加频繁。

首先我觉得，如果放到一个更深的思想构境层中去看，福柯此处这个历史性说明是一种**双重反讽**：一是直接针对马克思将社会结构界划为基础与上层建筑的做法，因为这可能只是一定历史条件之下发生的**特定历史现象**，将这一社会结构**普适化**本身就是反历史的。对这一点，我必须为马克思辩护。马克思在 1859 年的《政治经济学批判》序言中有关社会结构的那个著名的"基础与上层建筑"的比喻，其实只是对经济的社会形态的**特设性**说明，将"基础与上层建筑"之喻转换成人类社会发展的基本矛盾和一般规律本身只是斯大林教科书体系过度诠释后产生的严重错误。二是福柯自己思想构境中存在**悖结**。前文中我们已看到，他在《认知考古学》一书中口口声声反对历史研究中的连续性总体观，特别是反对将社会历史划分为奴隶社会—

封建社会—资本主义社会—社会主义(共产主义)社会的线性模式,可是到了这里,他自己却又沿这种**线性历史逻辑**来说明社会权力的历史性生成。在我的感觉中,此时的福柯之思正在发生一种逐渐的改变:他越是接近历史现实,就越会无意识地重返真实的马克思。当然,他准确地抛弃了前苏东斯大林教条主义解释框架中的虚假马克思,回到历史的马克思的语境。这一点,在此后的多次演讲中,我们可以越来越强烈地感知到。

其实,福柯想指认的是,从奴隶社会到资产阶级的行政君主制,我们可以看到行政权力支配点的历史性转移,即从社会结构的上层向**生存根基**的**下移**。能感觉得到,福柯这个思路针对的正是传统解释语境里的历史唯物主义教科书上那种经济基础和上层建筑的二分法,甚至福柯也觉得自己是在批评马克思,因为后者没能看到在资本主义社会发展中这种政治权力支配落点的质性改变。根据福柯此时的看法,自 18 世纪之后,资本主义社会政治权力的统治方式中就已经出现了全新的东西,

> 这种东西发生在 18 世纪和古典时期,也就是说,建立了某种权力,它相对于生产力,相对于生产关系,相对于事先存在的社会系统,它所扮演的不是控制和再生产(de contrôle et de reproduction)的角色,而是相反,它在此扮演的是一个积极的角色。通过"以规范化为目的的规训"系统,通过"规训—规范化(discipline-normalisation)"系统,18 世纪所建立起来的,我觉得是这样一种权力,它实际上不是镇压的而是生产性的(n'est pas répressif, mais productif)。[34]

"生产力"、"生产关系"和"再生产",这几乎都是历史唯物主义中的重要概念,这是福柯回到马克思的外部话语标识。应该注意,此处的"不是镇压的而是生产性的"是一个重要的质性切割。因为这里的**生产性**指的不是具象的塑形和制作,而是一种权力在积极的**存在肯定和创造性**中发挥的异样布展。依福柯的观点,资产阶级革命的意义不仅在于它打倒了封建专制,还在于它对整个社会制度的重新组织和构序,其中,规训—规范化就是其新的权力技术发明的主要构成部分。福柯宣称,从 18 世纪开始逐渐发明出来的新权力技术也是一种权力机制的**新经济学**(*nouvelle économie* des mécanismes de pouvoir）：这是"一套程序，同时也是一整套分析，使人们可以增加权力的效果，降低权力运转的成本并把权力的运用整合到生产机制之中"[35]。在此讲座中，福柯共计 50 余次使用 économie 一词，足以说明他正再一次靠近政治经济学。我们已经说过，阿甘本对这一范式的经济—安济的多义解读。[36]

在后来那场题为"领土、安全与人口"的演讲中，福柯曾再度回归到规训—规范化的主题上来。在那里，福柯明确指认了规训的四个特点：一是"分析和分解个人、地点、时间、举止、行动和操作"，通过分解为可构序的要素，对对象进行观察和修正；二是在要素的分类之上寻求最有效的行为塑形方式；三是建立最优化的顺序和相互协调的构式方式；四是建构长期训练和控制的程序。[37]这四点，都是我们在《规训与惩罚》中遭遇过的思境。福柯进一步说，规训的规范化进程，就是要划分出正常的人（normal）和不正常的人（anormal）。

> 规训的规范化（normalisation disciplinaire）就是要首先提出一个模式，一个根据某一目标而确立的最优模式（modèle optimal），规训的规范化操作就是要让人和人的举止都符合这个模式，正常的人就是可以与这个模式相符合的人，而不正常的人就是无法做到这一点的人。[38]

这仍然是对《疯狂史》以来的**边缘性生存**的谱系研究的理论概括：以认知为工具的规训—规范化，其实质就是资产阶级为整个社会提供了划分存在状态的正常—不正常的真理刀。这把真理之刀不直接沾血，但却是最锋利的新型杀戮工具。疯子、不正常的性倒错和社会边缘上出现的异类都是这种真理规范化的刀下鬼。

二、作为一种部署的权力之"怎样"

1976 年，福柯在法兰西学院开设了题为"必须保卫社会"（Il faut défendre la société, 1975—1976）的演讲。也是在这一年，福柯出版了前文已经讨论过的《规训与惩罚》一书。在这一演讲中,我们看到他关于资本主义社会中全新政治权力的进一步的研讨。

不难看出,福柯在此完全是在运用海德格尔式的现象学发出追问,即追问从"什么"向"怎样"的转换。[39] 在 1976 年 1 月 7 日的演讲中,他说,在"权力是什么(qu'est-ce que le pouvoir)?"这个问题上,千万不要将权力视为一种可以直接占有的东西,像"拥有财产一样"占有它,这是因为,资产阶级的政治权力可能只是一种在其怎样(comment)发生作用的具体"机制、效力和关系"中存在的部署(dispositifs)。[40] 我们不难看出其中所蕴含着的"现象学还原"方法构境中对现成"在手"对象的拒斥,福柯让我们关注事物的"上手"具体发生。也就是说,所谓部署,就是资产阶级权力怎样实施的具体机制。福柯在此讲座中 7 次使用 dispositifs 一词,频次略有下降。福柯自己得意地声称,他早在 1970—1971 年就开始讲述"权力的怎样(comment du pouvoir)"了。[41] 但我觉得,这可能是读懂海德格尔方法论之后的一种事后标注。当然,我也确实觉得,福柯这里是将海德格尔的这种现象学追问深深地植入到资本主义社会政治生活的某种历史性转换中。

故而,福柯要求我们摆脱在权力理论上的所谓"经济主义"(économisme)。这种观点与上面我们已经看到的福柯反对权力属于政治上层建筑的讨论是一致的。福柯明确说,在传统马克思主义关于权力的观点中,权力属于政治上层建筑,即"既维持生产关系,又再生产阶级的统治"。在这种权力观中,权力较之经济力量似乎总是处于"第二位"的,并且权力也像感性的商品一样,可以被占有、转让。福柯明确反对这种权力观。

首先,福柯强调,基于今天资本主义社会的政治统治,关于权力的分析势必要摆脱上述经济主义或者经济首要性的观点,因为与传统的外部强制不同,资产阶级所发明的新型权力恰恰就不再是与经济基础相对立的"上层建筑现象",资产阶级的控制社会的"权力的主要职能"直接就是经济功能(fonctionnalité économique),这与前述规训权力的生产性和积极能动性相关。资产阶级权力的真正布展是依存在创造性的经济功能中的,由此,传统的上层建筑与基础的对立就被彻底打破。其次,这种新型的权力也不再是可以赠予、转让和赋予的可见皮鞭、杀戮工具一类的东西,因为它只是"在行动中存在(n'existe qu'en acte)"的场境突现,这是一种看不见的"力量关系"

(rapport de force)。[42]比如,当人们发疯般地追逐财富和成功时,无形中就被资本牢牢锚定在市场控制的游戏之中,这种权力控制的力量关系是无法直观的。我觉得,这个**力量关系**概念是福柯政治哲学中的重要发明。与上述部署概念的质性一致,力量关系同样也是一种非**实体的**功能性规定。福柯在此讲座中共计 60 次使用 rapport de force 这一词组。根据我的词频统计,这也是此时在福柯的思想构境中凸显的全新词组,因为这一词组在《词与物》和《认知考古学》中的使用频次都是零,而在同时写作的《规训与惩罚》一书中,它有 1 次使用的记录。

那么,出现在资产阶级社会存在中的这种新型权力是怎样生成自己的力量关系的呢?在 1976 年 1 月 14 日的演讲中,福柯指认当代资本主义社会统治中正生成着一种"真理话语(discours de vérité)—法律规则(règles de droit)—权力关联(relations de pouvoir)"的三角(triangle)关系场境。依他的看法,资产阶级这种复杂的多重权力关系穿过和建构着社会实体,并且,这种建构的根本依托正是**真理话语**。这一观点与上述用以裁决正常/不正常生存的真理刀是同构的。今天的权力关系"不能在没有真理话语的生产、积累、流通和运转的情况下建立和运转",当然,权力关系的实施又靠法律规则来承载,由此就形成一种相互依存的**建构性**三角力量关系场境。[43]

福柯认为,要准确捕捉资产阶级这种新型的权力关系,还必须在方法论上注意以下几个方面:

首先,不要试图在社会政治结构中**看得见的中心区域**去寻找宏观的权力,而是要在权力"变成毛细血管(capillaire)的状态,也就是说,在资产阶级权力关系最地区性(régionales)的、最局部(locales)的形式和制度中,抓住它并对它进行研究"[44]。这又是谱系研究方法的运用。与传统西方政治学所关注的权力运行的宏观政治斗争场域完全不同,福柯让我们将目光从宏观阶级斗争转向最不起眼的局部和微观,才有可能真正捕捉到像毛细血管一样发生作用的资产阶级权力关系。我们在《规训与惩罚》一书中,已经看到过这一观点的详尽讨论。在另一个地方,福柯具体解释道:"当我说到权力机器的时候,指的是它的像毛细血管一样的存在形式,它与每个人切身相接的那一点:它进入人们的肌理,嵌入他们的举动、态度、话语,融入他们最初的学习和每日的生活。"[45]显然,这是上述有关福柯反对将权力界划到

"上层建筑"的观点的具体化分析——今天的权力恰恰不是在传统政治学关注的阶级对抗、法规设立和司法强制一类可见的外部压迫中部署的,资产阶级已经悄然将权力支配消融为日常生活中所有小事情的毛细血管。在传统政治学关注的民主政治和言行自由等形式政治游戏背后,福柯让我们关注接近劳作和生活的微观社会建构过程,因为他认为,越是微观的区域和生活细节中,资产阶级的权力关系的渗透就越具有深入性和根基性。对此,弗雷泽说,福柯所指认的资产阶级权力"无处不在,权力与每个人息息相关,权力存在于日常生活的多数明显的细小环节和关系中,同样,它也存在于社团成员中,工业流水线中,议会中和军事设施中"[46]。所以,福柯的权力研究也可以被看作是"日常生活的政治学"。这是有道理的。

其次,不要在主观意图(intention)的层面分析资产阶级的权力关系。换句话说,不是去关注那些掌握权力的人(肉身),琢磨他们脑子里在想些什么,追求怎样的政治模式;而是应设法关注权力运行的实际场境效果,或者说,"在奴役程序的层面上,在奴役的时刻,这些事情是怎样发生的"? 重要的已经不是诸如资产阶级政党的方针政策、三权分立和选举的形式等等这样可见的政治主张和具象的政体形式,而是要追问,在现实的社会存在中,资产阶级对被奴役者的支配和控制"是怎样从肉体、力量、能量、物质、欲望、思想等等多样性出发一步步地、逐步现实地建立起来的"。不是理念式的口号,而是塑形人们存在本身的微观权力部署。一句话,福柯要求我们在资本主义社会生活的客观现实中"抓住作为建构臣民的奴役的具体机关"[47]。

其三,不要把资产阶级的权力关系当作一种凝固化了的单质的统治力量,或者说,权力的力量关系从来就不曾是"单数的"(德勒兹语)。资产阶级的新型权力是流动的环节,或者只是"作为在链条上才能运转的东西"。福柯说,资产阶级新的"权力从未确定位置,它从不在某人手中,从不像财产或财富那样被据为己有"。新的权力是运转着的网络和动态场境,它在不断轮班(relais)的人手中流动。资产阶级的总统和首相都是一种暂时的象征,"权力通过个人运行,但不归他们所有"[48]。这一点并不是什么新东西,韦伯在多本论著中都已经说明过资产阶级政治结构中这种不依存于个人的权力特征。

其四,资产阶级的权力关系不在"上面",而就潜化在位于社会底层的每个人的手中。正因为资产阶级新的权力不是"上层建筑",所以我们必须真正从社会底层着手,分析"权力现象、技术和变形",捕捉资产阶级怎样在人们每一天的日常生活中"对权力机制进行投资、殖民、利用、转向、改变、移位、展开"等等这些微观的专门技术。过去,权力是他性的外部强制;今天,资产阶级的权力关系正是通过人们自己的生活细节发生作用的。也是在这个意义上,福柯才指认资产阶级的权力是通过所谓公民社会中的不起眼的市民阶级的统治(domination de la classe bourgeoise)得以实现的。现在,"权力的微观机制(micromécanique)从某个时刻起体现和构成了资产阶级(bourgeoisie)的利益,这才是资产阶级所感兴趣的"[49]。福柯在此讲座中10 次使用 bourgeois 一词。

其五,资产阶级政治权力打破了传统权力与**意识形态**的表面同谋,新型权力网的布展基础不再是直接反映统治阶级意志的意识形态,而更多的是自我标榜出**中性的认知塑形和积累**(formation et de cumul du savoir)的实际工具。福柯在此讲座中共计 400 余次使用 savoir 一词,显然,此词仍然是福柯此时思想中仅次于 pouvoir 一词的高频词。没有认知的形成、组织和进入社会交往与生活,资产阶级权力根本就无从生成自己微细的底层社会控制网络和无形的运行机制。这是福柯非常重要的观点之一,资产阶级权力的部署在表面上恰恰是**反意识形态**的,资本主义社会的最大权力(真理刀)就是看起来**非意识形态**的科学真理和认知。关于福柯的这一观点,我们已经有所了解。

总之,福柯要求我们把研究资产阶级权力的着力方向从国家机器、法律和意识形态转向统治本身在社会存在建构与生活中的**微观发生和实际操作层面**,转向没有面容的"奴役的形态(formes d'assujettissement)方面、这种奴役的局部系统的兼并和使用方面以及最终认知的部署(dispositifs de savoir)方面"[50]。在当代资本主义社会中,认知关系的部署就已经是权力关系的部署。事实上,我们不难想象,福柯的这种新权力观构境一定令所有处在传统政治史和政治学中的学者感到陌生,因为后者实在无法理解一种具体掌持者缺席的**权力场**。在 1980 年出版的《不可能的监狱》(L'Impossible prison)一书[51]中,法国历史学家莱昂纳尔(J.Léonard)就写下了一篇激烈批评福柯的文章《历史学家与哲学家》("L'Historien et le philosophe"),其中就激愤地谈到福柯在关于权力的研究中,大量使用了一些代名词动词(verbes pro-nominaux)和"任何人"这个人称代词(pronom personnel)。问题的关键在于福柯提到了这些权力、策略、技术和战术,"但我们是否知道那些行动者是谁? 谁的权力? 谁的策略?"[52]是的,福柯让全体在传统政治学和历史学中曾经游刃有余的人们不知所措。进入福柯所构式的这种"无主体"的资产阶级认知—权力场境部署,是需要一种深刻的穿透力和构境理解力的。

三、"没有统治者"的市民社会权力机器

福柯宣称,与封建专制的外部统治权相区别,资产阶级在 17—18 世纪发明(invention)了社会统治和支配的全新权力机器(nouvelle *mécanique de pouvoir*)。福柯在这次讲座中共计 816 次使用 pouvoir 一词,可见它是福柯此时最重要的高频词。这种新的权力机器"有着很特殊的程序(procédures bien particulières),全新的工具,完全不同的设备(appareillage)"[53]。乍看起来,福柯这种满嘴机械名词的讨论是无法对应我们所熟悉的政治学领域的,可是,仔细去捉摸,又会体知到这种机器的隐喻是精深无比的。福柯说,

> 这种新的权力机器首先作用于人的肉体及其行动,超过其作用于土地(terre)及其产品。这种权力机器更是源自肉体、时间和工作,而不是财物(richesse)。此类权力通过监视不间断地运转,而不是通过不连贯的佃租(redevances)和持久的债务(d'obligations chroniques)来运转。此类权力以质点强制(coercitions matérielles)严密地分区控制(quadril-lage)而不以统治者的物理存在(l'existence physique)为前提,它决定了一种新的权力经济学(économie de pouvoir),其原则是既增加受奴役者的力量,又提高奴役者的力量和效率。[54]

这是一段极其重要的理论概括。在这里,福柯详细指认了资产阶级新的权力机器相对于封建专制的多重异质性:一是权力**支配的对象**的异质,相对于从封建专制控制之下的土地上生长出来的看得见的财物而言,资产阶

级的控制对象是活人的身体,特别是人的肉体在一定的时间中的劳作和生活本身;二是权力**支配和控制的方式**的异质,相对于农耕方式中的地租和长期的债务而言,新的权力布展方式是一种不间断的微观监控和规训;三是权力**存在的状态**的异质,不同于封建统治者周身散发出的那种显赫的可见权威,新的权力存在转换成不可见的细微分区支配的质点控制;四是统治者与被统治者的**关系**的异质,它不再表现为统治者单向度地压榨被奴役者,而是建立在被奴役者的能力和效率提高与统治者更大获利的"双赢"基础上。由此,福柯将其标识为**权力经济学**!

更重要的是,福柯告示我们,资本主义治理社会的权力运作在根本上异质于资产阶级表面宣称的那种反对专制的**主权**(*souveraineté*)理论。中译文将福柯这里特意使用的反对专制性的资产阶级的主权 souveraineté 一词译作一般的统治权,这样的翻译无形之中就将其中特定的异质构境意义遮蔽了。福柯在此讲座中共计 200 次使用这个 souveraineté,这说明主权问题也是此讲座的关注焦点之一。这是由于,资产阶级所发明的这种新的权力机器完全不能用通常他们所公开标榜的"主权的理论(théorie de la souveraineté)"来表征。

> 这种新的,完全不能用主权的术语加以描述的权力,我认为是资产阶级社会(société bourgeoise)的一项伟大发明。它曾是建立工业资本主义(capitalisme industriel)及其相联系的社会的基本工具之一。这个无统治者的(non souverain)权力与主权形式不相符合,这是"规训"(disciplinaire)的权力。它是用主权理论的术语完全不能描述和辩护的权力。其根本上的异质(radicalement hétérogène),似乎理所当然地应该带来主权理论的法律大厦的消亡(disparition)。[55]

在我看来,这是福柯在此文本中最重要的理论指认之一,它表征了福柯极其重要的**后马克思思潮**的政治立场。福柯指出,在工业资本主义的社会建构情境下,被资产阶级标榜成自由、平等和博爱的**市民社会**的民主政治机制,口口声声自诩已经给予了每一个人天赋的平等权利,即神圣不可侵犯的**主权**。此处是福柯在这个讲座中唯一一次使用 société bourgeoise,也可译作资产阶级社会。在后来的讲座中,他多用**公民社会**(société civile)。然而,与这种表面的主权理论不相符合的现实是:乍看起来,这里的确没有了传统外部专制权力中高悬皮鞭的**主人**(maître),"既没有权力也没有主人,更没有像上帝一样的权力和主人"[56],可是,资产阶级却在科学管理的口号之下瞒天过海式地实施了一整套的规训——治理,建构起更深更牢不可破的支配和奴役——尤有甚者,这种支配和奴役正是在表面没有统治者的民主状态中发生的。福柯得意地宣告,这个真相已足以让整个资产阶级政治主权论的法律大厦彻底坍塌。我觉得,这也是福柯当代资本主义政治哲学研究中最重要的理论贡献之一。对此,阿甘本的评点是,资产阶级权力的"空王位"是更具支配力的,资产阶级**"政治的核心秘密不是主权,而是治理……不是法律,而是治安(police)——也就是说,它们形成和支撑的治理机制"**[57]。这是精准的。

福柯深刻地指出,作为资产阶级政治主要意识形态(idéologie)的主权论曾经是反对封建君主专制的有力武器,可是它在资本主义社会中却恰恰是通过规训——治理权力,掩盖起自身的新型奴役本质,"抹去规训中的统治和统治技术的因素,并最终向每一个人保证,通过国家至高无上的权利,他能运用自己至高无上的权利"[58]。言下之意,资产阶级主权论的**民主化承诺**实质上就是一个彻头彻尾的政治骗局。因为,这种"民主与集体主权铰接在一起的公共权利的实现",也正是将隐性的规训强制的机制很深地嵌入社会结构的过程。福柯说,在资本主义社会的民主化运作中,

> 人们一方面有了公共权利的合法化(législation)、话语和组织,它们紧紧围绕着社会身体(corps)至高无上的原则,每个人的最高权利通过国家的代表来实现;同时另一方面,人们有了规训强制严格的分区控制,它事实上保证这同一个社会身体的内聚力(cohésion de ce même corps social)。然而,这种分区控制在这种法律里却不会被记录下来,而它又是法律必不可少的附属物。[59]

规训强制的权力并不直接存留在资产阶级光鲜的法律规定之中,但它却在资本主义社会每一个人的日常生活中真实地运行和布展着。福柯发

现,除去与主权直接相关的法律,规训还有它自己的话语,即由"认知创造的装置(appareils),以及认知和知识的复杂的场(savoirs et de champs multiples de connaissance)"[60]。福柯总是十分精细地区分 savoir(认知)与 connaissance(知识),以及与 dispositifs(部署)不同的 appareils(装置)。并且,福柯在此讲座中共计 49 次使用 appareil 一词,70 次使用 champ 一词。这是福柯政治哲学构境中十分重要的两个属性范畴。福柯说,这恰恰是人们通常不会特别关注的方面,因为这种规训的装置和认知场并不是以法律的明示形式发生作用的,而是依托着令人亲近的认知创造力和**天然规则**(自然法,*règle naturelle*)发生规范化运转。规训的规范化所参照的理论视野不是资产阶级每天挂在嘴边的主权论的法律体制,"而是人文科学(sciences humaines)"这种高尚的思想情境。[61]对此,哈贝马斯的如下概括倒是精准的:

> 规训力量无所不在,并发挥着规范化的作用,它通过驯服肉体而渗透到日常行为之中,并形成了一种不同的道德立场。无论如何都促使人们遵守劳动纪律,服从生活秩序。……各种肉体惩罚技术在工厂和车间、军营和学校、医院和监狱中同时得到贯彻。随后,人文科学用高雅的方式把这些肉体规训的规范化效果延伸到个人和集体的内心深处。[62]

在福柯这里,当代西方**人文科学**正是资产阶级权力部署的重要帮凶和同谋。

在 1976 年 1 月 21 日的演讲中,福柯提出,资产阶级所鼓吹的主权论根本无法适用于分析它自己创造出来的复杂权力关系,因为在资本主义社会现实中,真正发生作用的权力根本就不是传统政治学意义上的**强权**,而恰恰是种种看不见的**场境状态中**的"能力、可能性和力量"。与之对照鲜明的是,资产阶级政治学的主权论所预设的民众、权力统一体和合法性三要素,根本无法用来分析和说明资本主义社会现实中生成的那种**看不见的奴役**的本质。

也正因为福柯将认知和知识揭露为规训权力运转的主要依托,所以他必定要选择以保存、传递和创造认知为业的学校和各种学习教育机构作例子。福柯认为,不能孤立地去分析学校在社会中的一般教化作用,而要将之置于整个统治装置系统的场境存在中去观察。所以,

> 除非试图从奴役的多样性出发(从儿童到成人,从后代到家长,从无知的人到学者,从学徒到师傅,从家庭到行政机关,等等)观察它们如何运转,如何相互支撑,这个机构如何确定一些整体策略。所有这些统治的机制和操作者都是由学校机构组成的整体机构的实际基石。因此,如果你们同意,应该把权力结构(structures de pouvoir)理解为穿越和利用统治的局部战术(tactiques locales)的整体策略(stratégies globales)。[63]

福柯的言下之意是,看起来与政治统治权力无关的学校,其实正是资产阶级规训权力关系最初始的规范化训练,或者说,教育恰恰是资产阶级统治整体策略的局部战场。福柯在此讲座中8次使用stratégies一词。当我们强迫孩子每天学习奥数、学习各种乐器和技能时,正是在实施规训布展的权力关系。其间,在"从儿童到成人,从后代到家长,从无知的人到学者,从学徒到师傅,从家庭到行政机关"等等的社会教化进程中,的确看不见强权统治者的面容,但却发生着最深层的资产阶级建构世界中的支配和控制。这是阿尔都塞在1969年认真讨论过的问题,并且,由布尔迪厄等人系统阐发。

四、认知谱系学:辨认资产阶级法典上已干的血迹

如果认知装置和知识场是资产阶级规训权力运转的依托,那么,在封建专制巨大身影倒下的地方,就并非真的洋溢着宁静的和平。福柯要做的,就是在布尔乔亚世界表面自由和民主的宁静中,重新辨识出一场意义深远的历史战争。他十分肯定地说,资产阶级的法律根本不是在牧羊人常去的清泉边上绽开的,而是在血腥的"屠杀和掠夺"中诞生的,所以我们必须重新"确定和发现过去可能已经掩盖起来但仍然被深深记录下来的被遗忘的真

实斗争,实际的胜利和失败。它要辨认出在法典中已干的血迹"[64]。福柯这里的观点很像马克思当年指认西方殖民主义者在原始积累时犯下的杀戮罪行和资本每一个毛孔都沾满着血迹的断言。当然,这种辨认首先必须通过对历史研究的批判性反省来完成。依我的看法,这也是福柯继《认知考古学》之后,再一次回到历史方法论这个重要的主题。

在 1976 年 1 月 28 日的演讲中,福柯指出,先前的历史研究话语,其本质大都是**权力话语**(*discours du pouvoir*),因为后者从来都是与现实中**真实发生的权力**联姻的。这是一个新的概括。过去福柯只是指认出历史方法论中的总体性、连续性和目的论,而在这里,他直接指认传统总体性历史研究中存在的君王权力话语。一部传统历史的记载不过是每一个时代中现实君王权力**允许**人们记录的东西。首先,通常我们听到的那些历史故事无外乎总是在编织王国的古老、伟大祖先的复活和帝王将相的丰功伟绩,由此增强权力的神圣性,使统治及其延续获得不朽的合法性。所以,"历史,就是权力的话语(discours du pouvoir),义务的话语,通过它,权力使人服从;它还是光辉的话语(discours de l'éclat),通过它,权力蛊惑人,使人恐惧和固化"[65]。或者说,在过去,历史话语就是通过辉煌的故事蛊惑和束缚现实中的民众,从而使权力永远固化成统治**有序性**(*ordre*)的保证。在原先批判总体性、目的论历史观的地方,福柯直接指认了权力对历史构序的强暴。福柯在此讲座中共计 100 次使用 ordre 一词,说明此词此时仍然处于较高使用频次中。其次,福柯告诉我们,资本主义发展起来之后,资产阶级带来了新的**启蒙的历史话语**,也是资产阶级"权力的著名炫目之物(fameux éblouissement du pouvoir)"。之所以说它是炫目和耀眼的,因为正是它,第一次分解了专制强权的同一性,"打碎了光荣的连贯性(continuité de la gloire)",也打破了社会存在的固化和停滞不前。这一切的实现,恰恰由于启蒙的话语就是**理性认知和科学的话语**。此前,启蒙总是被视为**解放**的话语,可是福柯却要用一种新的谱系学研究重新批判性地考察启蒙——也是**一种新的权力话语**——这就是被他称为**认知谱系学**(*généalogie des savoirs*)的研究。福柯在此演讲中 42 次使用 généalogie 一词。这显然是对此前他自己的**认知考古学**的超越和重构。

在 1976 年 2 月 25 日的演讲中,福柯指出,通常关于认知形成和发展的科学史研究中,存在一个"知识—真理(connaissance-vérité)"的轴线,而认知谱系学的思考轴线则是透视性的"话语—权力(discours-pouvoir)"。福柯在此讲座中,36 次使用了相对于 savoirs(认知)的 connaissance 一词。并且,他用权力替代了真理。福柯说,自己的认知谱系学就是要挫败布尔乔亚在17—18 世纪假造出来的**走向光明**的"启蒙的问题式(problématique des Lumières)",

> 它必须挫败在那时(再加上 19 世纪和 20 世纪)被描述成启蒙、进步的东西:知识对无知(connaissance contre ignorance)的斗争,理性对幻想的斗争,经验对偏见的斗争,推理对乖谬的斗争,等等。这一切被描述和象征化(symbolisé)为阳光(jour)驱散黑暗(nuit)的步伐,我认为这是必须摆脱的:不是把 18 世纪的进程理解为阳光与黑夜、知识和无知的关系,而是某种非常不同的东西。[66]

在通常看到启蒙就是光明之路的地方,福柯在谱系构境中却看到了另一种东西。福柯深刻地指出,自己的认知谱系学就是要反对资产阶级启蒙的**进步话语**:相对于传统的专制,资产阶级看起来美好的认知话语发生的历史不是阳光与黑夜的关系,不是从野蛮走向文明的进步历程,而是一部新型的资产阶级**认知—权力关系**布展的历史。福柯这里的观点很深地同向于本雅明。福柯揭示道,在 18 世纪,西方资本主义社会中已经出现了某种生产性的认知技术(savoir technique),所有追逐剩余价值的资本家是最早洞悉**知识=财富、知识就是权力**奥秘的人,所以,通常独占的认知(技术)会被资本家们策略性地投入使用和机会主义地秘密隐藏起来,谁手中握有新的认知,谁就会在生产、经济、政治和文化存在中真正握有**决定新世界主导地位的权力**。这是福柯发现的资产阶级新世界中的秘密。在认知的谱系研究轴线中,福柯极为深刻地看到了真实发生着的认知话语—权力斗争:"围绕认知,关于认知,关于它们的散布和混乱的重大的经济—政治斗争;围绕经济的感应现象和与独占某种认知及其布展和秘密(dispersion et à son secret)联系的权力后果(effets de pouvoir)的重大斗争。"[67]我以为,这是十分深刻的思考。福柯想告诉我们,围绕认知所发生的这场可耻的资产阶级利益之争,显然不是光明对黑暗的前进步伐。

当然，这场"组织技术认知"的斗争肯定是以资产阶级的大获全胜为终局的。福柯发现，走向现代性的资产阶级发动了一系列活动、事业和制度建构，来响应这一场认知—权力的斗争。此处，福柯举出的第一个例子竟然又是著名的法国"**百科全书运动**"（*Encyclopédie*）！在先前人们的印象中，百科全书运动是西方启蒙运动的一次重要践行，可在福柯的认知谱系学构境中，它却成了资产阶级以认知（权力）构序世界和规制社会生活以谋取私利的工具。福柯明确厘清，在一般的思想史研究中，百科全书运动总被认为是**哲学唯物主义**的一次胜利，是从政治层面上以民主自由反对封建专制、从思想上以科学反对基督教文化的，可事实上，它的本质却"地地道道是（既是政治的又是经济的）技术认知的同质化（d'homogénéisation des savoirs techn-ologiques）"运动。[68]对此，他曾经分析过，"《百科全书》的任务是驱逐非认知、获得认知和光明"[69]。这是说，百科全书运动在用科学认知打破神学禁锢的同时，却用一种新的认知同**质化**塑形和**构序**了世界，而这种同一性的构式恰恰是资产阶级支配和征服整个存在的前提。在这一同质性认知构序中，福柯发现了四种重要的操作："挑选、规范化、等级化和集中化（sélection，normalisation，hiérarchisation，et centralisation）"[70]。**挑选**是指取消和贬低那些无用、不可通约和经济上昂贵的认知；**规范化**是指打破认知之间隔离的障碍，使相互交换得以实现；**等级化**则生成认知体系等级，令一些低等认知得以入序另一些认知；**集中化**使对认知的控制成为可能。这一切，都不是科学认识自身的进步和发展，而是资本主义政治经济的现实构序和社会支配的内在同**一**性需要。福柯这里对于百科全书学派的分析是令人深省的。

在认知谱系学构境中，福柯列举的第二个例子是**现代大学**。他指认，大学在资本主义社会中的角色是**垄断和挑选知识**，进而培养资产阶级的精英接班人。在大学之中，认知成为**学科**，业余学者消失，

　　　　根据认知的质和量分为不同的级别，教育的角色包括隔离大学机构中的不同级别；通过某种有权威的科学团体的建构使认知同质化的作用；取得一致的组织；最终是间接地或直接地形成国家机构的

集中。[71]

现代资产阶级的大学是专业化等级的最初界划,科学组织和训练是以后资本主义社会规训的基础,并且为将来的组织化构序提供观念前提。我们看到,布尔迪厄的《再生产》(1970)等重要论著具体研究了这一主题。

福柯宣称,更重要的事件是:从 19 世纪开始,以认知为装置的规训开始在全社会布展开来。从此,权力的规训技术从最微细的层面上生发,开始控制人的肉体和灵魂。并且,与规训权力布展有所差异的事件还包括了福柯新发现的**生命权力**的生成。

注释

[1] 按法兰西学院的要求,每位教授一年之中至少要开设 26 个小时的公开课程。这些公开课程必须是原创性的研究成果,其中有 50% 可以是研讨。所以,福柯必须在一年中公开演讲 13 课时。从 1971 年到 1984 年,福柯共计开设 13 个专题讲座。具体课程如下:1.认知意志(*La Volonté de savoir*, 1970—1971);2.刑事理论与制度(*Théories et Institutions pénales*, 1971—1972);3.惩罚的社会(*La Société punitive*, 1972—1973);4.精神病学和权力(*Le Pouvoir psychiatrique*, 1973—1974);5. 不正常的人(*Les anormaux*, 1974—1975);6.“必须保卫社会”(“*Il faut défendre la société*”, 1975—1976);7.安全、领土与人口(*Sécurité*, *Territoire*, *Population*, 1977—1978);8.生命政治的诞生(*Naissance de la biopolitique*, 1978—1979);9.对活人的治理(*Du gouvernement des vivants*, 1979—1980);10.主体性与真理(*Subjectivité et Vérité*, 1980—1981);11.主体解释学(*L'Herméneutique du sujet*, 1981—1982);12.对自己与他人的治理(*Le Gouvernement de soi et des autres*, 1982—1983);13.对自己与他人的治理:说真话的勇气(*Le Courage de la véritéLe Gouvernement de soi et des autres II*, 1983—1984)。1997 年开始,法国的瑟依和伽利玛出版社根据录音和其他文献整理出版福柯在法兰西学院的全部演讲集。目前,上海人民出版社已经陆续翻译出版这一系列演讲集。

[2] Michel Foucault, *Il faudrait entreprendre l'histoire des systèmes de pensée*, in *Dits et Écrits*, *1954—1988*, éd. par D. Defert & F. Ewald, collab. J. Lagrange, Paris, Gallimard, 1994, vol.I, p.846.

[3] [美]萨义德:《米歇尔·福柯,1926—1984》,载《福柯的面孔》,汪民安等主编,吴琼译,文化艺术出版社 2001 年版,第 4 页。

[4] [法]福柯:《不正常的人》,钱翰译,上海人民出版社 2010 年版,第 4 页。

[5] Georges Canguilhem, *le normal et le pathologique*, PUF, Paris, 1966, pp.132—133.

　　［6］［法］福柯:《不正常的人》,钱翰译,第 4 页。中译者在此漏译关键性的 ordre 一词。Michel Foucault, *Les anormaux*, *Cours au Collège de France*, 1974—1975, Paris, Gallimard, 1997, p.40.

　　［7］［法］福柯:《不正常的人》,钱翰译,第 35 页。

　　［8］同上书,第 35—36 页。中译文有改动。Michel Michel Foucault, *Les anormaux*, *Cours au Collège de France*, 1974—1975, Paris, Gallimard, 1997, p.44.

　　［9］［法］福柯:《关于监狱的对话》,载《福柯集》,谢静珍译,上海远东出版社 1998 年版,第 269 页。

　　［10］［美］弗雷泽:《福柯论现代权力》,载《福柯的面孔》,汪民安等主编,李静韬译,文化艺术出版社 2001 年版,第 128 页。

　　［11］［法］福柯:《不正常的人》,钱翰译,第 36 页。

　　［12］同上书,第 37 页。

　　［13］［美］弗雷泽:《福柯论现代权力》,载《福柯的面孔》,汪民安等主编,李静韬译,文化艺术出版社 2001 年版,第 131 页。

　　［14］［法］福柯:《不正常的人》,钱翰译,第 37 页。

　　［15］Michel Foucault, *Les anormaux*, *Cours au Collège de France*, 1974—1975, Paris, Gallimard, 1997, p.45.

　　［16］［法］福柯:《不正常的人》,钱翰译,第 37 页。中译文有改动。Michel Foucault, *Les anormaux*, *Cours au Collège de France*, 1974—1975, Paris, Gallimard, 1997, p.45.

　　［17］*Ornicar?*杂志由法国巴黎第八大学(Université de Paris 8 Vincennes Saint-Denis)心理学系主办,其基本学术背景是拉康的精神分析。拉康的女婿米勒也参加了这次访谈。

　　［18］［法］福柯:《游戏的赌注》,原载法国 *Ornicar?*杂志,1977 年 7 月。中译文由严锋译,载《权力的眼睛——福柯访谈录》,上海人民出版社 1997 年版,第 181—198 页。

　　［19］［法］福柯:《游戏的赌注》,严锋译,载《权力的眼睛——福柯访谈录》,第 181 页。中译文有改动。Michel Foucault, *Dits et écrits*, *1976—1988*, Paris, Gallimard, 1994, p.299.

　　［20］同上。中译文有改动。Ibid.

　　［21］同上书,第 182 页。

　　［22］同上书,第 183 页。

　　［23］同上。

　　［24］［法］布洛塞:《福柯:一个哲学家》,罗惠珍译,麦田出版社 2012 年版,第 49 页。

　　［25］［法］德勒兹:《什么是部署?》,载《福柯的面孔》,汪民安等主编,汪民安译,第 197 页。

　　［26］同上书,第 200, 204 页。

［27］［法］德勒兹：《欲望与快感》，于奇智译，载《哲学译丛》2005 年第 1 期，第 22—23 页。此文为《认知意志》出版之后，1977 年德勒兹写给福柯的一封信，1994 年发表在《文学杂志》上。中译文有改动。Gilles Deleuze, *Désir et Plaisir, lettre de Deleuze à Michel Foucault, Magazine littéraire*, n°325, octobre 1994.

［28］［法］德勒兹：《欲望与快感》，于奇智译，《哲学译丛》2005 年第 1 期，第 22 页。

［29］同上，第 23 页。中译文有改动。Gilles Deleuze, *Désir et Plaisir, lettre de Deleuze à Michel Foucault, Magazine littéraire*, n°325, octobre 1994.

［30］［法］德勒兹：《欲望与快感》，于奇智译，《哲学译丛》2005 年第 1 期，第 27 页。

［31］同上。

［32］［法］福柯：《不正常的人》，钱翰译，第 38 页。

［33］同上书，第 39 页。Michel Foucault, *Les anormaux, Cours au Collège de France*, 1974—1975, Paris, Gallimard, 1997, p.46.

［34］同上。

［35］同上书，第 69 页。

［36］Giorgio Agamben, *Il Regno e fa Gloria. Per una genealogia teologica dell'economia e del governo. (Homo Sacer IL 2), 2007. The Kingdom and the Glory, For a Theological Genealogy of Economy and Government(Homo Sacer II, 2)*, Translated by Lorenzo Chiesa, Stanford, California：Stanford University Press, 2011.

［37］［法］福柯：《安全、领土与人口》，钱翰等译，上海人民出版社 2010 年版，第 46 页。

［38］同上。

［39］关于海德格尔的现象学追问法，可参见拙著：《回到海德格尔——本有与构境》（第一卷），商务印书馆 2014 年版，导论。

［40］［法］福柯：《必须保卫社会》，钱翰译，第 12 页。

［41］同上书，第 22 页。

［42］同上书，第 13 页。

［43］同上书，第 23 页。

［44］同上书，第 26 页。

［45］［法］福柯：《关于监狱的对话》，载《福柯集》，王简等译，上海远东出版社 1998 年版，第 269 页。

［46］［美］弗雷泽：《福柯论现代权力》，载《福柯的面孔》，汪民安等主编，李静韬译，文化艺术出版社 2001 年版，第 133 页。

［47］［法］福柯：《必须保卫社会》，钱翰译，第 26 页。

［48］同上书，第 28 页。

［49］同上书，第 30 页。中译文有改动。Michel Foucault, *« II faut défendre la société », Cours au Collège de France, 1975—1976*, Paris, Gallimard, 1997, p.29.

［50］同上书，第 31 页。

［51］Michel Perrot, *L'Impossible prison*, Le Seuil, Paris, 1980.这是由佩罗主编的一个文集,文集收录了1978年5月20日在巴黎召开的一次以历史学家为主体的学术研讨会的论文。会上共有13位主讲人,其中有福柯,也有医学历史学家莱昂纳尔,历史学家高塞(M.Agulhon. Gossez),以及亲福柯的一些历史学家,如佩罗(M.Perrot)等,以及福柯在法兰西学院研究班的成员。

［52］［法］莱昂纳尔:《历史学家与哲学家》,转引自［法］多斯:《从结构到解构——法国20世纪思想主潮》(下卷),季广茂译,中央编译出版社2004年版,第340页。

［53］［法］福柯:《必须保卫社会》,钱翰译,第33页。中译文有改动。Michel Foucault, *«II faut défendre la société»*, *Cours au Collège de France*, *1975—1976*, Paris, Gallimard, 1997, p.32.

［54］同上。中译文有改动。Ibid.

［55］同上书,第33—34页。中译文有改动。Ibid., pp.32—33.

［56］［法］福柯:《安全、领土与人口》,钱翰等译,第45页。

［57］Giorgio Agamben, *The Kingdom and the Glory*, Translated by Lorenzo Chiesa, Stanford, California: Stanford University Press, 2011, p.276.

［58］［法］福柯:《必须保卫社会》,钱翰译,第34页。

［59］同上。中译文有改动。Michel Foucault, *«II faut défendre la société»*, *Cours au Collège de France*, *1975—1976*, Paris, Gallimard, 1997, pp.33—34.

［60］同上书,第35页。中译文有改动。Ibid., p.34.

［61］同上。

［62］［德］哈贝马斯:《现代性的哲学话语》,曹卫东等译,译林出版社2004年版,第320页。

［63］［法］福柯:《必须保卫社会》,钱翰译,第40页。中译文有改动。Michel Foucault, *«II faut défendre la société»*, *Cours au Collège de France*, *1975—1976*, Paris, Gallimard, 1997, p.39.

［64］同上书,第49页。

［65］同上书,第62页。

［66］同上书,第168页。中译文有改动。Michel Foucault, *«II faut défendre la société»*, *Cours au Collège de France*, *1975—1976*, Paris, Gallimard, 1997, p.159.

［67］同上书,第170页。

［68］同上书,第171页。

［69］［法］福柯:《人死了吗?》,载《福柯集》,王简等译,上海远东出版社1998年版,第81页。

［70］［法］福柯:《必须保卫社会》,钱翰译,第171页。

［71］同上书,第173页。

第十三章　生命政治学与现代权力治理术

福柯的思想构境总有创见。1976 年的讲座中他突然提出,自 18 世纪下半叶以来,资产阶级在社会控制中发明了一种不是规训权力的权力新技术,亦即直接干预生存的**生命权力**。与更多地作用于人的**肉体**的规训权力不同,这种新的生命权力技术运用的对象是人的**总体性**生物学活体存在,也是作为生命权力的关联物和认知对象的人口(population)。正是在对人口的治理中,诞生了当代资本主义社会统治下全新的治理术——**治安**,这是资产阶级将政治经济学的法则引入政治权力操作场域的结果。治安,亦即社会治理中的经济学——它同样不是通过人为的强制实现的,而是驱使社会生活在自然性上自行运转和自发调节。现代资产阶级社会治理术的本质正是作用于复杂情境中的微观生命权力支配。

一、“怎样”活着:面对生命权利的权力技术

到了“必须保卫社会”演讲接近尾声的时候,也就是 1976 年 3 月 17 日的讲座开始之后不久,福柯突然宣布了一个惊人的断言:他有一个新发现,自 18 世纪下半叶以来,资产阶级发明了一种不同于规训权力的权力新技术,这就是直接干预生存的**生命权力**(*Bio-pouvoir*)。他所自造的 Bio-pouvoir 一词,根据我所作的词频统计,这一概念正是在此突现的,因为在此前的《词与物》、《认知考古学》、《规训与惩罚》和《不正常的人》中,Bio-pouvoir 一词的使用频次均为零。

首先,依福柯的理解,资产阶级的生命权力并不排斥规训权力,而是**包**

容原先的规训权力技术的,这两种权力技术处于支配生命存在的不同的等级层次中。这两种权力之间的关系不是断裂的,在一定的意义上,它们重叠发生作用。其次,与原来的规训权力不同,生命权力技术运用的对象是人的生命整体,不再只是"针对肉体,而是针对活着的人"[1]。肉体,是人的现成的实体存在;**活着的人**则是指人**怎样存在**的生命活动和具体场境生活。可以感觉得到,福柯自认为这是一个新的重大发现。

> 规训试图支配人的群体,以使这个人群可以而且分解为个体,被监视、被训练、被利用,并且可能被惩罚的个体。而这个新建立起来的技术也针对人的群体,但不是使他们归结为肉体,而是相反,使人群组成整体的大众(masse globale),这个大众受到生命特有的整体过程,如出生、死亡、生产、疾病等等的影响。[2]

规训权力将人分解成可直接监控的对象,从肉体上塑形和监控,而生命权力则是在更大的尺度上支配整体的生命(人口),由此,在资本主义社会中诞生了不同于规训"肉体的政治解剖学"的全新的"人类的'生命政治学'"(biopolitique)。[3]福柯在此讲座中 18 次使用 biopolitique 一词。此词同样是在此突现的,以前的所有文本中它的使用频次皆为零。应该说,资产阶级的现代**生命政治学**是福柯极为重要的政治学断言,或者说,生命政治学是福柯发现的当代资产阶级社会统治的全新构式方式。在《性史》第一卷(1976年 12 月出版)的最后一章里,福柯首次在文本中提出了**生命政治学**(*biopolitique*)的观点。[4]我们可以看到,当代西方左翼激进批判中的政治哲学话语(巴迪欧、朗西埃、齐泽克和阿甘本等)多半都是从这里出发的。就此,阿甘本这样提及福柯:"在他生命的最后几年里,米歇尔·福柯致力于研究性的历史并揭示在其中起作用的权力的布展,他开始日益坚决地把自己的探索转向他所谓的生命政治——逐渐地把人的自然生命纳入权力的机制和算计之中。"[5]

福柯说,正是在资产阶级新建构的生命政治学中,才第一次出现了一种被重新建构起来的新的社会实体,即不是个人—肉体的人口(*population*)。"生命政治学与人口相关,人口作为政治问题"正是从这个时刻开始的。对此,埃斯波西多[6]曾经解释道:"生命权力的特点在于整个政治、法律、经济领域都为人口的数量增长、重量提高而运作,故只关注其生物性:生命成为治理要务,治理全部的意义就是管理生命。"[7]当然,此处这个人口概念显然不是传统社会学或经济学中那种简单的人在统计学上的数量范畴,而是一个全新的被重新构境的政治学概念,即在人类生命整体**存在**意义上的**政治治理对象**。福柯说,新的权力控制不再是肉体之规训,而是"对生命,对作为类的人的生理过程承担责任,并在他们身上保证一种调节(régularisation),而不是规训"[8]。福柯在此讲座中 22 次使用 régularité 及其相关词。依我的理解,这个 régularité 只是一个过渡性的概念,以后,福柯用重新构境过的 gouvernement(治理)取代了它。依福柯的界划,规训与调节,是资产阶级手中两种不同的权力运作模式。这二者,异质于专制统治中的显性暴力支配,它们的存在方式是隐性寄居于劳作结构和生命延续的细节之中,其发挥作用的方式是不可见的软暴力,而这一切恰恰都是资产阶级政治学在民主、自由和博爱背后故意遮蔽起来的东西。

在福柯看来,与传统封建专制中的阴暗的,总是要置人于死地的强暴权力不同,与资产阶级塑形肉体的规训权力也有差异,作为资产阶级新发明的

> 针对人口、针对活着的人的生命权力,由于这个权力的新技术,出现了一种连贯的、有学问的权力,它是"制定活着"(faire vivre)的权力。君主专制制定死亡,让活着(laissait vivre),而现在出现了我所说的调节的权力,它相反,要制定活着,却让死亡(laisser mourir)。[9]

显然,福柯这个思想构境层是比较难进入和理解的。依我的入境估判,福柯通过这段颇为绕口的表述是想指认,与传统专制权力中那种面向死亡的消极而悲惨的生存情境不同,也与机器般运转的规训构序不同,现代资本主义社会的统治权力支配方式中的确发生了某种重要的深层改变,即生命权力不再直接面对死亡(甚至很多国家直接取消死刑)和肉体塑形,转而关注让人"**怎样**"(*comment*)活着。用资产阶级的话语,就是摆脱专制的黑暗生活,在启蒙的阳光下民主、自由和博爱地活着。可是,人们没有想到的事情是,资产阶级的生命权力就在这个"开心地活着"的场境层面上对人的生

命存在进行干预和控制,表面看起来,这种干预和控制是为了提高生命的意义和价值,实则却是让生命在更深的存在构境层中**生不如死**。这就是福柯所指认的资产阶级实际操作的**生命政治**。

福柯说,这样,资产阶级政治统治中就出现了相互重叠的两个权力系列:"肉体系列—人体—规训—机关;人口系列—生物学过程—调节机制(mécanismes régularisateurs)—国家"[10]。规训对象是人的肉体,依托的构序方式往往是生产过程和劳作机关;而生命权力的对象是广义的生命人口,它支配活着的生命过程的构序方式是生物学的调节。依福柯的看法,也是从 19 世纪开始,资产阶级的生命政治权力才真正完全占有了人类生命本身:通过规训技术和调节技术两方面的**双重游戏**(double jeu),"它终于覆盖了从有机体到生物学,从肉体到人口的全部",并且,

> 这个剩余的生命权力(excès du bio-pouvoir)在技术上和政治上给予人这样的可能性以后:不仅仅是安排生命,而是使生命繁殖(proliférer),制造生命,制造怪物(fabriquer du monstre),制造(至少)无法控制和具有普遍毁灭性的病毒。[11]

如果放在 20 世纪 70 年代,福柯的这种观点听起来就仿佛是一个巫师的黑色预言,可悲的是,这则预言在 21 世纪的今天却已然成为现实,克隆和基因技术已经在挫败人类伦理底线的各种实验和发明中**制造生命,制造怪物,制造毁灭人类自己的病毒**。资产阶级生命政治权力的恶果已经直接显现。我不能不说,福柯的生命政治学是异常深刻的。在一定的意义上,这也超出了马克思对资本主义的政治批判域,这是我们需要认真省察和深思的。

1978 年,福柯开始了题为"安全、领土与人口"(Sécurité, Territoire, Population, 1977—1978)的演讲。上文已经论及的生命权力和生命政治学的思想在此讲座中得到了进一步的具体深化。在 1978 年 1 月 11 日的演讲中,他说:"生命权力在人类中构成了基本的生物特征(traits biologiques fondamentaux),这些机制的整体将能够进入一种政治、政治策略(stratégie politique)和权力的一般策略(stratégie générale)的内部。"[12]福柯在此讲座中 17 次使用 stratégie 一词。与传统权力实施的方式不同,资产阶级全新的

生命权力和生命政治的部署方式都是**策略性**的,它甚至已经不是规训权力中那种时间与空间中的微观肉体操持,转而进入了生命存在本身的无形构序和支配。这里的策略性即是指生命权力的非物性操作、不可见和非直接作用方式,它往往在生命存在的日常微细发生和惯性运转中融化为**构式方式本身**。所以,生命权力往往是不可反抗的,因为它就是资产阶级世界中的生命存在样式。**抗拒它,即是不活**。依埃斯波西多的看法,"一旦生命成为政治行为的直接关切,政治就完全进入了免疫(immunitas)模式"[13]。资产阶级构序方式就是生命存在的天然模式,这是资产阶级意识形态确证资本主义生存方式另一个天然性的重要现实基础。生命政治就是资产阶级政治的**免疫**模式。由此,它将是无病可入、不可战胜的。这是一种深刻的指认。

福柯精心地界划道,要想进入他所讨论的这种新型生命权力的思想构境,首先就得在方法论上厘清,他所指认的权力"并非一种实体(substance)、一种流体(fluide),也不是什么出自某物(quelque chose)的东西,而仅仅是一系列机制和程序的集合(ensemble de mécanismes et de procédures)"[14]。这里的机制和程序的集合,就是在构序和构式**场境存在中**的权力布展。这是很难进入的一种新的理解构境层,它首先要从传统哲学理解中的实体本体论走向**关系存在论**,再从关系建构中发现生命存在的**突现和场境建构性**,最后再从新的生命政治构境层捕捉资产阶级生命权力的**无形场境布展**。福柯不断发明出来的权力力量线、牧领权力和治安等概念都是在这一新的构境层中建构和生成的。这一点,与我的构序—构式—构境思路倒是同向的。福柯专此明示,自己研究生命权力的方法与以往所有权力研究的不同点在于——并非基于可见的感性实体和外部强制,而是权力运作中不可见的**功能性的力量场境及其活动机制**。他说过,与封建专制条件下的强权相较,资产阶级的政治权力的异质之处就在于已经转换成不能直接占有的东西了,是一种看不见的**构序力量和关系线**。

其次,这些作为复杂权力关系出现的东西,不是独立实在的,不能"**自动生成**"(autogénétiques)和"**自我持存**"(autosubsistantes)。具体而言,资产阶级新型的生命权力关系不同于封建专制——它不再以独立的政治特权或刚性法规出现,而只是**依存于**不同的社会关系,如在生产关系、家庭关系和性关系之中具体**寄居性**地布展。

权力机制内在于所有这些关系(relations)之中,它们之间互为循环的因果(circulairement l'effet et la cause),而且,很明显,就在人们可以在生产关系(relations de production)、家庭关系和性关系之中发现的权力机制之间,有可能发现单边的协调(coordinations latérales)、等级化的依附(subordinations hiérarchiques)、同构现象(isomorphismes)、同化或技艺上的类似和连锁效应,它们使我们可以用一种逻辑的、协调的和有效的方式考察整体的权力机制。[15]

显然,福柯这里的 relations de production 就是马克思的生产关系(Produktionsverhältnis)。此时此处马克思历史唯物主义的哲学话语的在场,再一次令我感觉到,一旦真的接近社会存在,福柯就会自觉或不自觉地接近马克思。接下来,我们还会越来越强烈地感觉到这一点。在福柯看来,资产阶级的生命政治权力的独特之处恰恰在于它并不简单表现为独立的可见的政治强制和压迫。它们往往**寄居于**其他重要社会关系之中,作为这些关系的关键性构成质性潜在地发生**场境支配作用**:它们可能是单方面地发生调节作用,也可能是依附于生产关系、家庭生活或者性关系之中隐秘地产生影响,甚至表现为生活现象和政治事件之间的同构性和更深一层技艺构序中共振化的连锁反应。

其三,资产阶级的生命权力运行仍然是一种**真理政治学**(*la politique de la vérité*)。福柯在此讲座中使用 vérité 一词近 100 次。这已经不是什么新观点了。不同于传统的具象权力研究,福柯对现实中实际存在的生命权力的分析往往是哲学式的,在他的脑海里,"权力机制的分析的作用就是揭示认知的效果,它们通过在我们社会中的斗争、对抗和战斗,以及作为斗争要素的权力策略生产出来"[16]。其实,我们已经知道,通过认知—真理塑形存在的权力策略,是福柯透视当代资产阶级政治的重要武器。不过,他在这里是强调生命权力对真理性话语的借力。

福柯十分得意地自诩,如果说他对资产阶级生命权力的研究是在哲学高度上开展的话,那么这将是一种**实践哲学**(*pratique philosophique*)。[17]福柯在此讲座中 155 次使用 pratique 一词。并且,他也不是在传统政治学理论域中讨论学术,而是直接基于当下资本主义社会控制的真实运转进而从中

"深入到真实力量的战场内部"——亦由此,人们才能跟随他真正洞悉资产阶级生命政治权力的真实运行机制。这倒真不是一种空洞的大话。对此,阿甘本的评论是,"如果没有那种新的生命权力所实现的规训性控制,资本主义从这个角度来看,就根本不可能得到发展并高唱凯歌。通过一系列适当的技艺,新的生命权力可以说创造了资本主义所需要的各种'驯顺的身体'"。*阿甘本的肯定是对的,但能看出,他此处并没有精细地区分规训权力与生命权力的不同质性。

二、似自然的人口:生命权力安全治理的对象

基于上述的方法论构境重设,福柯开始转向自己真正的演讲主题,即"安全、领土与人口"上来。我们能发现,这与福柯先前已涉的讨论域并非是连续的。除去上面已经讨论过的人口,**安全和领土**都算是此时在福柯之思中突现的奇怪概念。其间究竟发生了什么? 我们来看福柯具体讨论中的学术构境。

福柯声称,在今天的资本主义社会中,"权力的一般经营(l'économie générale de pouvoir)正在成为一个有关安全的构序(l'ordre de la sécurité)",或者说,资本主义正在进入某种由**安全技术统治**(*dominée par la technologie de sécurité*)所支配的"安全社会(société de sécurité)"状态。[18] 福柯在讲座中 353 次使用 sécurité 一词,说明它是福柯这个话语文本中凸显的高频词。**安全**,在此无疑是一个很突兀的说法。福柯越来越在概念的使用上模仿海德格尔,即将日常概念重新构境和深化为一个让人感到完全陌生的新词。此处,还必须指认一个非常重要的思想构境面,即福柯所体认到的资产阶级世界在社会控制上出现的**日常化倾向**。资本主义社会中的统治已不再是权贵们居高临下发号施令,而是悄悄地转化为遍布日常生活本身之中的隐性支配。生活存在本身就是统治的实现,因此,日常生活的概念将取代传统政治概念。这是福柯政治哲学中的一个秘密构境意向。显然,这个"安全"并

---

* [意]阿甘本:《神圣人:至高权力与赤裸生命》,吴冠军译,中央编译出版社 2016 年版,第 6 页。——本书作者第二版注

非我们常识中的平安,而是特指一种新近在资本主义社会中生成的权力指向,它既不同于传统的法典规制,也异质于我们早前不久刚刚熟知的规训塑形,而是一种无声的"安全部署"(dispositifs sécurité)。这个安全部署与福柯后面将重点讨论的治安(police)概念有内在的相关性。尤其应当指出,司法—法律机制、规训机制与安全机制,固然发生于资本主义不同的时期,但它们之间并非相互替代的关系,而是相互交融,只是在不同时期内**主导性**的方面各异而已。福柯判定,现今居资产阶级政治生活主导地位的正是与生命权力相关的**安全部署**。

与这个安全部署相关,福柯在**空间**上也给予了一个比较性的参数。在空间上,与安全相对的是主权与规训,"主权(souveraineté)在领土(territoire)边界内实施,规训在个体的身体上实施,安全在整个人口上实施"[19]。此处我们再次遭遇 souveraineté 这个概念,但与上述讨论中涉及的主权理论不同——这一次,souveraineté 指的不仅仅是个人的神圣天赋权利,而是转指**国家主权**。现在我们知道,主权的空间对应物是**领土**,由此,福柯才会明确指出,此处的国家主权主要与领土、城市,特别是首都的中心化相关联。显然,领土概念的出场是一个历史性的辨识。故而,如果把上述三者的活动空间和具体作用再作一个相关的对比,自然得出如下结论:

> 主权将领土首都化(capitalise),提出了政府位置(siège du gouvernement)的主要问题,规训架构起一个空间并且提出要素的等级和功能分配的关键问题,安全则试图整治环境(d'aménager un milieu),根据一些事件(événements)或一系列事件,或者可能的要素,这些系列都需要在一个多价的和可变的框架中来调节。[20]

主权基于领土上的政府首脑所在,规训针对肉体的空间区隔和监督,安全弥散于环境中的事件。当然,福柯在此想重点讨论的问题,显然是被他指认为根据一系列事件"整治环境"的安全机制。福柯在此讲座中 50 次使用了 événement 一词。前面我们遭遇这个概念,还是基于认知考古学中的话语事件场。而在此处,événement 是指**非实体的社会生活建构场境**,这个词也是后来巴迪欧哲学的核心关键概念。首先,此处作为整治对象的"环境"并不是拉马克提出的那个自然环境,而是一种在关系性社会存在(事件)中建构起来的似自然性的(*quasi naturel*)"人为的环境(milieu artificiel)",或者叫"历史—自然的环境(milieu historico-naturel)"。[21]竟然在福柯的讨论中直接看到这个我自己也使用过的"似自然性(*quasi naturel*)",这令我十分吃惊。[22]虽然他在此讲座中仅两次使用 quasi naturel 这个词组。[23]此外,福柯显然对黑格尔并不熟悉,所以他并不像青年卢卡奇和阿多诺那么了解"第二自然"构境中似自然性的更深含义。这个似自然性的社会存在环境正是**生命权力要干预的真实目标**,其中最核心的部分就是福柯向我们强调的**人口—自然**,即"由社会关系和政治关系(rapports sociaux et politiques)编织而成(tramée)的人口"——这种**关系性的似自然存在**在此恰作为另一种"人的类(espèce)"[24]。这有些像列斐伏尔改造传统的空间概念,在那里,空间已不再是物理的广延性,而是社会关系的再生产。在福柯这里,人口也不再是个人肉身的数量总和,而是社会关系建构的另一种似自然性的**类存在**。

三、资本主义经济运行中自然—自由:安全治理的现实基础

我们知道,福柯学术思想构境中最出彩的方面往往是对历史的关注,这一次他依然是直接回到 17—18 世纪欧洲资本主义发生史中去寻找事实作为生命权力存在的例证。不过,历史证明这一回是在经济学(économie)学说史的角度上,从重商主义(mercantilisme)向重农论(physiocrates)的转换开始的。福柯在此讲座中,147 次使用 économie 一词。这说明福柯已开始关注和直接利用学术语境中的古典经济学。上一次福柯集中讨论经济学还是在《词与物》一书中。显然,这里福柯的思想构境中不存在后来阿甘本重构过的économie——安济观。而且,依我的看法,福柯此处关于经济学学说史的思考也意味着他对马克思的一种**无意识回归**("回到马克思")的开始。我注意到,巴里巴尔正确地看到了发生在福柯思想进程中的这种对马克思的"从决裂到战略联盟"的转变,正是在福柯晚年的生命政治研究中,他"从马克思那里获得的分析的方法和概念也用得越来越突出"[25]。应该说,这是精准的入境。

在 1978 年 1 月 18 日的演讲中,福柯站在一个比较性的视角上指认:基于对实体贵金属的追逐,17 世纪重商主义的社会支配形式总是以人为的**禁止和控制**为前提的,比如当食物短缺时,政府采取的政策就是禁止出口、禁止囤积——总之,社会控制始终处于一种可见的消极的限制和监控之中;而到了 18 世纪的重农论时期,自由贸易和流通开始真正发生作用,可就在这个人们一般看到经济政策和经济学思想变化的地方,福柯辨识到的却是资产阶级治理技术(techniques de gouvernement)的重大变化,即在**自由放任**之下"**安全部署**(dispositifs de sécurité)**的建立**"[26]。在此讲座中,福柯 88 次使用 techniques 一词,9 次使用 techniques de gouvernement 词组。依福柯自己的判断,此时他已经不再处于认知考古学的研究语境之内,而是在"权力技术谱系学(généalogie des technologies de pouvoir)的线索之中"了。在此讲座中,福柯 12 次使用 généalogie。这是前述认知谱系学向现实政治实践的进一步推进。福柯发现,同样是处理食物短缺,重农论没有提出限制和监控,反倒主张了一种与重商主义完全相反的非人为的**自由放任**的自发性构序态度,"通过'让其做'(laisser-faire),'让其过'(laisser-passer),放任他们,'任其自然'(laisser les choses aller)"[27]。这种**自由—自然**的处理方式的结果是市场**自发调节**粮食价格,最终使食物短缺得到非人为的治理。这里发生的重要构序—构式方式的转换在于:**人为构序向市场自发调节生成(一种"看不见的手"的自组织构序)的转换**。这就是从资产阶级经济运行模式中生成的所谓安全治理模式,这也是资产阶级新型生命政治权力治理——安全部署的真正基础和核心运行机制。在我看来,福柯此处对经济学学说史的分析是准确和深刻的,由此得出的关于资产阶级社会政治统治术的质变——**安全治理**的观点也值得我们深思。这也是后来福柯所强调的资产阶级社会**治安**的初始现实基础和运转机制。

福柯指出,为了差异性地看到安全治理的独特性,可以把这种新出现的资产阶级生命权力在自由放任中"让你活着"的安全治理(调节)方式与规训权力的作用机制作一对比:其一,规训权力总是向心式的,它习惯于通过对人的包围和封闭来进行社会控制;而新生的安全部署则是离心式(centrifuges)的,总是向外扩张,惯常通过生命存在**开放式地引入新的因素来扩大自己**。其二,规训权力不放过任何事体,习惯于通过微观到毛细血管的"不准"来建构人为的细微监控,并以此支配一切;而聪明的安全部署则是放任的,积极地让被控对象自由发挥自己的本性,**没有绳索的放任**即是新的更深的自愿臣服。其三,规训权力借助法律系统,通过禁止和允许生成特定的有序性,是一种否定性的思维模式;而具有战略眼光的安全部署则从原先以禁止和阻挡为核心的否定性的思维转向**肯定性**!这种肯定性建立在对人的本性(自然,nature)的**自由主义**(*libéralisme*)的认同之上。福柯在此讲座中174次使用 nature 一词。这就走到了资产阶级自由主义的核心政治意识形态构境中来了。自由主义也是当代意识形态争论的核心构式区域,它牵动着全部资产阶级经济、政治和文化存在的稳定质性。

在福柯眼中,18 世纪之后,资产阶级所主张的"自由的意识形态"(idéologie de liberté)真的成了现代资本主义发展的重要条件。这也是一个历史发生事件。事实上,福柯关于自由问题的思考缘起于其早期写作的《古典时代疯狂史》,在那本书里,他已明确讨论了资产阶级政治学语境中的这种**自由**。那里他已经意识到,资产阶级所鼓吹的"这种自由和自然中的真正自由距离遥远:它处处受到限制和压迫,和个人最合法的欲望正对立:这是利益、合纵连横、金融组合上的自由,而不是人、精神、心灵上的自由"[28]。资产阶级的自由本质上是**资本的自由**,而不是人的真正自由。由此,福柯明确指认出,资产阶级的自由首先是在经济交往中获得利益、商品交换和资本重组上的自由,所有人在商品—市场经济交往中有平等的经商、劳作的自由,可是人与人的实质上的不同必然导致这种自由的结果是极少数人获利、多数人受盘剥,这是一种被资本掌控的经济关系绑架起来的自由。由此福柯才会指认,这种所谓的在市场交往中生成的自由,"不但不能使人重新拥有自我,还不断地把人和其本质及其世界相隔离;它使人迷失于他人和金钱的外在性之中"[29]。我认为,福柯对资产阶级自由观的认识是深刻和具有穿透力的。当然,那时的福柯在关于自由的认识上,还未曾上升到资本主义的整体社会治理和控制的构式层面。

而到了此时,福柯关于资产阶级自由的看法则更加深刻和成熟。他认为,资产阶级的自由确实不只是一种抽象的观念,而是一整套在现实的经济—政治中发生着社会控制作用的虽公开化然却无法透视的隐性安全机制。他说,资产阶级"政府的意识形态和技术是自由,实际上,这个自由应当纳入权力技术的更替和转换(mutations et transformations des technologies de pouvoir)中来理解。以一种更精确和更个别的方式来理解,自由并非别的什么东西,而是与安全部署的建立相关的东西"[30]。在这个意义上,**自由**即为福柯此处所指认的充分反映资产阶级安全部署的本质! 福柯在此讲座中60余次使用liberté一词。这是一个新观念。

> 新的观念是:对人的治理(gouvernement des hommes)本质上首先应该考虑事情的本性(nature des choses)而不是人的恶习,对事物的整治(administration des choses)首先要考虑人的自由(liberté des hommes),考虑他们想做什么,考虑他们的利益是什么,考虑他们之所想,所有这些都是相互关联的要素。权力的物理学(physique du pouvoir)或者说把自己理解为在自然的要素(l'élément de la nature)中的物理运动的权力。权力把自己理解为一种调节(régulation),它只有通过人的自由才能运转。[31]

在福柯笔下,自由并不仅仅是一种纯粹的意识形态,而首先是一种新型的资产阶级精妙的生命**政治权力技术**。它是资产阶级治理活人和整治物最重要的安全部署:它不再着眼于人为性地禁止或阻挡人的恶习、犯罪,而是让人的本性(自然)、让过去被压抑的"肮脏"欲望和私利自由地释放出来,任其自由角逐,最终由市场的自发性调节来达到根本性的**社会—政治安全之序**。由此,市民社会中充分原子化的个人在这种资产阶级安全部署之下的自由生存将是无怨无悔的,这是生命政治最核心的本质。也是在这个构境意义上,福柯在转喻的构境中,将安全部署中的权力指认为**物理权力**——言下之意,相对于传统政治权力的人为主体性,资产阶级的这种新型权力不再是简单的可见的禁止,而恰恰是让权力在人们所说的天然的、"实在的要素(éléments de réalité)"上发生**不可见的客观物理作用**,

> 这些机制的目标是消灭一些现象,但完全不采用禁止的方式"你不能这么做",也不是"这是不能发生的",而是通过现象本身(phénomènes eux-mêmes)来逐渐消除这些现象。把这些现象限制在一个可以接受的

界限之内,而不是以强制的法律对它们说不。[32]

我觉得,福柯这里对"物理"的使用是很深刻的——资产阶级新型的生命权力已不再是主体强制,而是让**资本主义生存方式**成为生命和事物自身存在的**天然客观机制**。通过现象本身消除现象,**通过人的"本性"的自由释放来治理人**——此即为当代资本主义社会统治的科学秘密。我以为,这是福柯有关资产阶级政治权力的研究中最深刻的内容之一。

四、第二自然性:基于人口的安全治理

1978 年 1 月 25 日,当演讲过半,福柯突然提到,在西方 18 世纪初叶,出现了一个"从来没有出现过的新人物,他是全新的,以前没有人看到,他也没有得到过承认和认识,这个新人物在 18 世纪开始的时候闪亮登场,他就是人口(population)"[33]。从前文的讨论中,我们已经知道这里的人口并非一般人口学意义上的规定,而是"作为权力的关联物和认知的对象(corrélatif de pouvoir et comme objet de savoir)"[34]。相对于传统人口学的语境,这当然是一个颠覆性的重新构境。

福柯再次指认道,从 17 世纪的重商主义之中,也就是从多数人们看到经济学进展的地方,他却在政治学意义上发现了政府治理方式的转变。在那里,人口已经从传统的被统治的对象转变为资产阶级汲取统治力量的来源——人口提供了农业和手工业的劳动力,成为国家力量的原动力。所以,在重商主义那里,"人口是财富的来源,是生产力(force productive),也是规训的框架(encadrement)"。同时,重商主义也将人口视作法律主体的集合,这主要是在"统治者与臣民的轴线(l'axe du souverain et des sujets)上思考人口问题"[35]。而与此相反,后来的重农主义的人口策略则有较大的调整,他们不再将人口简单地视作主体性的法律—政治概念,而是开始将人口"看作集合(ensemble)的过程,对这些过程的处置(gérer)应该置于它们所具有的自然(naturel)之中,并从它们所具有的自然性出发"[36]。这是正确的判断,重农主义开始将资本主义社会的经济生活纳入到非人为的**自然性运转**

上来。在上述讨论中,我们已经遭遇过福柯此处论及的自然场境,它实际上是黑格尔意义上的**第二自然**,即在社会生活中生成的人的**似自然性**(*quasi naturel*)。不难看出,福柯思考重农主义的角度同样是在经济学之外的——并且,这一次,他的着眼点是社会权力的支配方式改变。从经济学语境中体悟出哲学方法的变革,从经济学研究中探寻政治统治的基础,这是马克思的科学思路。

那么,福柯所看到的人口的自然性是什么呢?缘何人口不再是可见的法律主体的集合,而变成了不可见的生命权力"治理和政府治理的技术—政治对象(d'objet technico-politique)"? 这的确是很难进入的思考构境层。为此,福柯指出了两条破解性路径:

首先,安全治理中对人口自然状态的**曲线控制**。曲线控制,是福柯关于资产阶级社会治理构式特性的一个重要发现,相比之传统权力作用的直接性,资产阶级将自己的权力动作通通削除了直接显现和直接作用的特征,转而采取了曲线式的隐蔽作用和控制机制。杀人不见血、打人不见拳,且永远不在犯罪现场,资产阶级的安全治理是一次对人的**完美的谋杀**(鲍德里亚语)。福柯说,18 世纪开始,资本主义社会中的人口已经不再是"简单地指居住在领土上的个人的总和",也不是一个给定的不变要素,即作为统治者的直接支配对象,而是处于"一系列可变要素的相互制约之下",形成一个不透明的动态关系,并由此生成为一种"自然现象(phénomène de nature)"。福柯在此讲座中 190 次使用 nature 一词,说明 nature 概念正在成为此时福柯思想构境中比较重要的关键词。福柯指认道,这个**自然现象**与传统的统治者法律意志论(volontarisme légaliste)相比而言是"更有深度的东西"。[37]显然,这个自然性的人口指的还不是生物学意义上的对象,而是指让人口处于自身本然的状态中,只通过改变相关的其他因子和要素来对其发生间接的影响,这就是曲线控制。譬如,改变现金流或者出口比例来调整就业率,进而对人口发生影响和作用。比之资产阶级法律意志中的直接控制来说,这是一个不易发现的间接发生作用的、很复杂的**曲线控制**。以至于,福柯故作神秘地将其称为一种新的生命权力技术:

> 不再是使臣民对统治者意志的服从,而是控制一些看起来与人口

不相干的事物,通过计算、分析和观察思考,人们知道控制这些事物可以实际上对人口施加影响。我认为,人口的这个可以渗透的自然性(naturalité pénétrable),使得权力的合理性组织的方法(l'organisation et la rationalisation des méthodes)发生了重大转变。[38]

让人口在一种间接控制的变数关系中发生**自发性**的自然改变,而不再是通过外部强制来直接控制,这是一种新的基于非人为的**自然性**的生命政治权力运作方式。我们知道,这正是资本主义商品—市场经济运行的基本法则。

其次,安全治理中人口作为自然现象的第二种实现方式,是让其本性中的**欲望**(désir)自由释放出来。与传统社会视欲望为人生大敌不同,在资产阶级的世界观中,欲望是人基于自然本性的正当的行为动机,而不是神学构境中的魔鬼。我们在卢梭的《忏悔录》中,可以看到这种自利式的欲望的公开在场。在由不同的个人构成的人口中,"欲望,所有个人都因它而动"。并且,整个资产阶级的消费世界都是由欲望的制造而驱动的。故而,"拉动消费"都会成为所有现代性政府的统一口号。资产阶级正是要利用欲望的自然性特点,使其直接进入"权力和统治技术的内部"[39]。与传统的封建专制不同,资产阶级不再压抑人对金钱、权力、名望和性的欲望,反而刺激和鼓励它们的充分释放,而在其自然存在的状态中实现自发调节,从而布展安全权力对人口的治理。福柯指认,这正是整个资产阶级**功利主义**(utilitariste)哲学的建构基础。在福柯的同页手稿上还有这样一句话:这种"功利主义哲学对于人口治理的作用,如同意识形态对于规训的作用"[40]。这是一个有趣的比较。如果说,意识形态仍然是规训权力的帮凶,而去意识形态化的功利主义则是安全治理的构序支撑。

由此,人口就作为一种自然(本性)现象入序进资产阶级生命政治的技术权力领域,"第一次,不再把人称为'人类'(le genre humain),而是'人种'(l'espèce humaine)"[41]。福柯的言下之意,过去,人将自己与一般动物进行差异性类别化以实现区分,而在资本主义全新的人口要素中,人却再一次回到自在状态中的物种的**生物圈**(biologique première)。即马克思所说的**经济动物**。福柯深刻地指出,与生物学意义上的自然(自在)人口相一致的,还包括全新的社会上层存在中的由**自然化分布活动和放任发声**自发建构起来的"公众"（public）：即由"舆论、行为方式、习惯、恐惧、偏见和要求"建构起来的社会实在。公众不是**主体性概念**，而是一个在自发建构意义上的**自然场境存在**——这正是全部资产阶级民主政治的秘密。福柯认为，这提供了一个"从物种的生物学本源到通过公众概念所提供的可控制的外形（surface）"，这是一个**自在性的全新实在场**（champ de réalités nouvelles）。这个自在的实在场正是资产阶级新的权力技术布展中的另一个对象。福柯在此讲座中仍然 84 次使用 champ 一词。

五、治安：面对人口的治理术

福柯指出，他越多提及作为自然的人口，也就越少涉及君王式的可见统治者（souverain）。因为，面对人口这样一个新的**自在实在场**，资产阶级的策略正是非人为的**治理**（gouvernement）。福柯在此讲座中 568 次使用 gouvernement 一词。这显然是他此时高度关注的问题。福柯说：

> "国王统治（règne），但不治理（gouverne）"，治理与统治之间的关系翻转过来，相比主权（souveraineté），相比统治，相比**帝权**（imperium）而言，治理更为基本，我认为，现代政治问题是完全与人口紧密相连的。其系列是：安全机制（mécanismes de sécurité）—人口—治理和人们所说的"政治"这个领域的开放，所有这些，我认为都构成了应该加以分析的系列（série）。[42]

据阿甘本的考证，"国王统治，但不治理"一语出自神学家厄里希·彼得森[43]关于神圣一主制形象的评点："主上统治，但并不治理"（Le roi règne, mais il ne gouverne pas）[44]。福柯宣称，在资产阶级现代生命政治建构的这个全新治理场中，传统的**有面孔的统治者**（奴隶主和国王）固然消失了，但无**面孔的治理**这种基于生命本身的控制却"更为基本"。这里的"无面孔的统治"并非说今天的总统和首相都是无脸的怪物，而是揭露这种民主政治中领导人肉身的假面性。福柯甚至认为，从魁奈开始的政治经济学的本质，就是在"处理人口问题的治理"。这个新的人口,才是当代资产阶级政治中**治理艺术**(*l'art de gouverner*)的真正对象。[45]福柯在此讲座中 120 余次使用 art de gouverner,这一词组也可以被译作治理技艺。更有甚者,就连整个西方人文科学的出现,也"必须从人口的诞生出发来加以理解"。换句话说,西方人文科学中后来出现的那些社会科学(现代经济学、管理学、社会学、心理学和政治学等)大致上都与对这种重新构境中的资产阶级人口治理相关。

在 1978 年 2 月 1 日的演讲中,福柯明确指认道,治理在西方最早出现于 16 世纪,在打破封建专制和宗教改革的两个维度上生成了一般意义上治理的**问题式**(*problématique*)。[46]依福柯的看法,正是在社会治理的原则"传递到个人的行为和家庭的治理中"时,才出现了所谓的面对日常生活的**治安**(*police*)问题。[47]如前所述,这个 police 是一个颠覆性构境论意义上的概念重写。福柯在此讨论中 329 次使用 police 一词,而在上一个讲座中,他只使用了 6 次。这说明 police 一词在此讲座中是比较性词频统计中明显的突现现象。福柯认为,这种资产阶级新型治安的内在机理正是将政治经济学的非人为的**自然法则**"引入到政治操持内部中(*l'intérieur de l'exercice politique*)"来的结果。[48]在上文的讨论中,我们已经看到古典经济学所关注的资本主义经济运行的法则就是放任自由的自然性! 福柯指认治安的本质就是"对事物的正确处理(*a droite disposition des choses*)",而按照经济学的原则,所谓正确处理就是**让其自然发生、自我调节**。在这个构境层中,**治安就是社会治理中的经济学**(*économie*),它同样不是人为的强制,而是让社会生活在**自然性上自行运转和自发调节**。如前所述,阿甘本将福柯此处的 *économie* 回溯式地诠释为神性的**安济**(*oikonomia*)。这是有一定道理的。福柯在此讲座中 147 次使用 économie 一词。资产阶级现代治理术的本质正是作用于复杂情境中的微观权力支配,在这个意义上,"治理的工具不再是法,而是多种多样的**策略**(*tactiques diverses*)"[49]。是的,对福柯政治哲学构境中的这个无形的权力布展策略,我们已经很熟悉了。

也是在这个意义上,福柯指认道,

在 18 世纪,治理的技艺转向了政治科学(science politique),统治权结构(structures de souveraineté)支配的政体(régime)转向了治理技术

的政体,这个转向是围绕着人口而发生的,因此也是围绕政治经济学的
诞生而发生的。[50]

这是一个十分重要的指认。福柯认为,这种转向并不意味着统治权消
失了,恰恰相反,"统治权问题从来没有像这个时候如此尖锐"!今天的统治
权更根本地作用于人口的生物学基质,相对于有脸的帝王,它只是变得越来
越难以辨认了。福柯专门交待,之所以提出治理问题,并不是说"规训社会
代替了君权社会(société de souveraineté),然后治理社会代替了规训社会。
绝非如此。实际上有一个统治权—规训—治理的三角,其首要目标是人口,
其核心机制是安全部署(dispositifs de sécurité)"[51]。这不是一个线性的替
代过程,而是多重权力作用叠加生成的一种复杂的权力力量线建构起来的
治安场。

在福柯看来,资产阶级针对人口治理而发明的新的生命权力技术或者
安全部署就是他要研究的**治理术**(gouvernementalité)。[52]福柯甚至宣称,倘
若让他给这一演讲重新命名的话,他肯定不会使用"安全、领土与人口",而
会使用"'治理术'的历史(histoire de la gouvernementalité)"[53]。福柯在此
讲座中105次使用gouvernementalité一词。福柯指认,资产阶级的这种基于
生命政治的新型"治理术"在现实权力操控中有三个运演层:

一是"由制度、程序、分析、计算(calculs)和策略所构成的总体,使得这
种特殊然而复杂的权力形式得以实施,这种权力形式的目标是人口,其主要
知识形式是政治经济学,其根本的技术工具是安全部署"[54]。这是一个非
常重要的说明:治理术由多种不可直观的复杂计算、分析等技术和策略构
成,其知识形式主要是政治经济学——这里的政治经济学应该主要指重农
主义—斯密—李嘉图式的商品生产和市场法则——其主要功用恰恰**不是经**
济活动而是生命政治,其权力治理的目标是人口,其技术手段就是不可见的
治安或安全部署。二是这种权力技术形成了"一系列治理特有的装置(ap-
pareils)"和"一整套认知(savoirs)"构成的趋势,并日益占据了与王权和规
训权力对峙中的主导地位。换而言之,在与传统王权和规训权力的共存中,
治理权力已经居于**主导性的**地位。三是传统的司法国家(État de justice)转
变为"治理化"的**行政国家**(État administratif)。[55]这是政体结构中的功能

性改变。

福柯指出,自 18 世纪开始,西方资本主义就进入到一个生命政治的**治理术的时代**(*l'ère de la gouvernementalité*)。在这种治理术的运作中,通过对身体的"投入、殖民化、利用、卷入、改变、转移、扩展",资产阶级的生命政治权力运行更加微观化,细小化,先前宏大的权力暴力逐步转化成通过看不见的"微细管道"和"网状组织"对生命直接发生作用的治理权力。[56] 由此,新的资产阶级特有的生命政治治理化的国家,在平和的自然式治安生存中生成一个庞大的冷血权力巨兽。尼采在《查拉图斯特拉如是说》中说,"国家是冷血巨兽中最冷血的",可是,资产阶级生命政治场境中塑形出来的治理化国家更冷血。

注释

[1][法]福柯:《必须保卫社会》,钱翰译,上海人民出版社 1999 年版,第 229 页。

[2]同上。

[3]同上。

[4]福柯指认说,从 18 世纪开始,西方国家进入了一个新的权力政治时期,"生命进入历史,人类生命特有的现象进入了认知和权力构序,进入了政治技艺的领域"。参见[法]福柯:《性史》,张廷琛等译,上海科学技术出版社 1989 年版,第 136 页。

[5][意]阿甘本:《生命的政治化》,严泽胜译,载汪民安编,《生产》第二辑,广西师范大学出版社 2005 年版,第 217 页。

[6]埃斯波西多(Roberto Esposito, 1950——   ),意大利当代哲学家。毕业于那不勒斯大学,现为意大利高等师范学院教授。代表作有:《一致性:起源和命运共同体》(1998)、《生命政治学和哲学》(2004)、《人和事:从身体的角度》(2015)等。

[7][意]埃斯波西多:《生命政治》,载汪民安等编,《生产》第九辑,江苏人民出版社 2014 年版,第 459 页。

[8][法]福柯:《必须保卫社会》,钱翰译,第 232 页。

[9]同上书,第 233 页。中译文有改动。Michel Foucault, *« Il faut défendre la société »*, *Cours au Collège de France*, *1975—1976*, Paris, Gallimard, 1997, p.220.

[10]同上书,第 235 页。

[11]同上书,第 238 页。中译文有改动。Michel Foucault, *« Il faut défendre la société »*, *Cours au Collège de France*, *1975—1976*, Paris, Gallimard, 1997, p.226.

[12][法]福柯:《安全、领土与人口》,钱翰等译,上海人民出版社 2010 年版,第 1 页。中译文有改动。Michel Foucault, *Sécurité*, *Territoire*, *Population*, *Cours au Collège de*

France, *1977—1978*, Paris, Gallimard, 2004, p.3.

　　[13]［意］埃斯波西多:《生命政治》,载汪民安等编,《生产》第九辑,江苏人民出版社 2014 年版,第 41 页。

　　[14]［法］福柯:《安全、领土与人口》,钱翰等译,第 1 页。中译文有改动。Michel Foucault, *Sécurité*, *Territoire*, *Population*, *Cours au Collège de France*, *1977—1978*, Paris, Gallimard, 2004, p.4.

　　[15] 同上书,第 2 页。中译文有改动。Ibid.

　　[16] 同上书,第 2—3 页。

　　[17] Ibid., p.4.

　　[18] 同上书,第 8 页。中译文有改动。Ibid., p.12.

　　[19] 同上书,第 9 页。

　　[20] 同上书,第 15—16 页。

　　[21] 同上书,第 16—17 页。

　　[22] 马克思认为,在人类社会发展的特定的历史时期内,由人类主体创造出来的物化的经济力量颠倒地表现为社会历史的统治者(“物役性”),人类主体自身不能成为自己活动的主人,而畸变为经济关系的人格化,历史的发展仿佛是独立于人之外发生和运转的,呈现出一种类似自然界盲目运动的状态(“似自然性”)。因而,人类主体的社会历史就不正常地异化为自然历史过程,人类自己所构成的主体活动总体也畸变成一种不以人的意志为转移的客体运动,人的历史却往往呈现出反人的性质。关于马克思的似自然性概念的具体讨论,可参见拙著:《马克思历史辩证法的主体向度》,武汉大学出版社 2010 年版,第 3 章。

　　[23] Michel Foucault, *Sécurité*, *Territoire*, *Population*, *Cours au Collège de France*, *1977—1978*, Paris, Gallimard, 2004, p.23, p.297.

　　[24]［法］福柯:《安全、领土与人口》,钱翰等译,第 17 页。中译文有改动。Michel Foucault, *Sécurité*, *Territoire*, *Population*, *Cours au Collège de France*, *1977—1978*, Paris, Gallimard, 2004, p.24.

　　[25]［法］巴里巴尔:《福柯与马克思:唯名论的问题》,载《福柯的面孔》,汪民安等主编,李增译,文化艺术出版社 2001 年版,第 459 页。

　　[26]［法］福柯:《安全、领土与人口》,钱翰等译,第 27 页。

　　[27] 同上书,第 32 页。中译文有改动。Michel Foucault, *Sécurité*, *Territoire*, *Population*, *Cours au Collège de France*, *1977—1978*, Paris, Gallimard, 2004, p.50.

　　[28]［法］福柯:《古典时代疯狂史》,林志明译,生活·读书·新知三联书店 2005 年版,第 519 页。

　　[29] 同上。

　　[30]［法］福柯:《安全、领土与人口》,钱翰等译,第 38 页。

　　[31] 同上。中译文有改动。Michel Foucault, *Sécurité*, *Territoire*, *Population*, *Cours au Collège de France*, *1977—1978*, Paris, Gallimard, 2004, p.43.

［32］［法］福柯:《安全、领土与人口》,钱翰等译,第 53 页。

［33］同上书,第 54 页。

［34］同上书,第 65 页。

［35］同上书,第 56 页。

［36］同上。

［37］同上书,第 57 页。

［38］同上书,第 58 页。

［39］同上。

［40］同上书,第 59 页,注 2。

［41］同上书,第 61 页。

［42］同上。中译文有改动。Michel Foucault, *Sécurité*, *Territoire*, *Population*, *Cours au Collège de France*, *1977—1978*, Paris, Gallimard, 2004, p.78.

［43］彼得森(Erik Peterson, 1890—1960),德国基督教神学家。1930 年皈依罗马天主教教会。代表作为:《什么是神学?》(1925)、《神学论文》(1951)等。

［44］Erik Peterson, *Ausgewählte Schriften*, *Vol. 1 Theologische Trakate*. Würzburg: Echter, 1994, p.25.转引自 Giorgio Agamben, *The Kingdom and the Glory*, Translated by Lorenzo Chiesa, Stanford, California: Stanford University Press, 2011, p.9。

［45］［法］福柯:《安全、领土与人口》,钱翰等译,第 64 页。

［46］同上书,第 79 页。

［47］同上书,第 80 页。

［48］同上。

［49］同上书,第 84 页。

［50］同上书,第 90 页。中译文有改动。Michel Foucault, *Sécurité*, *Territoire*, *Population*, *Cours au Collège de France*, *1977—1978*, Paris, Gallimard, 2004, p.109.

［51］同上书,第 91 页。中译文有改动。Ibid., p.111.

［52］同上。

［53］同上。

［54］同上书,第 143 页。

［55］同上。

［56］［法］福柯:《两个讲座》,严锋译,载《权力的眼睛——福柯访谈录》,上海人民出版社 1997 年版,第 230—235 页。

第十四章 从牧领到治安:现代资产阶级政治权力的微观治理机制

以福柯之见,在 18 世纪以后的资本主义社会发展中,传统政治里那种自上而下的统治权和服从已经被新的自下而上的生命政治微观支配和压制取代,新的生命权力机制更加依赖身体的**自我治理**(*se gouverner soi-même*)。在《安全、领土与人口》的演讲中,福柯进一步回溯道,这种自我治理正是从天主教和新教的**牧领**学说发展而来的。牧领学说发端于"神是人的牧羊人"的观念,牧领不是外在的暴力,而是基于内心的引领和看护的"指导、指引、带领、率领、控制和操纵人的艺术"。所以,与传统的外部强制不同,"让生活更美好"的现代资产阶级生命政治的治安权力得以彻底支配日常生活和人的内心的真正秘密就在于此。此外福柯还指认,治安权力的真正现实基础正是资本主义市场经济的运行。这是他更接近马克思的地方。

一、牧领权力:从内心里引导人向前的臣服

在 1978 年 2 月 8 日开始的演讲中,福柯开始具体讨论他新发现的资产阶级生命政治治理术。如前所述,**治理**不是传统的统治,也不同于规训,它是一种更加隐密的内在支配策略。他说,在今天的境况下,理解治理的重要性在于只是"从对人进行治理的新的整体技术(nouvelle technologie générale)开始,国家才具备了我们今天所认识的国家的形式"[1]。换句话说,倘若不理解治理,根本就无法理解现时资产阶级的国家统治方式。并

且,这个治理的构境真相正好与资产阶级行政管理科学所宣称的东西完全相反!

依福柯建构新的思境的惯例,他总会先作一个历史性的考古分析,以奠定新的构境合法性的基础。福柯解释道,在西方,治理概念并非今天刚刚出现的新事物,在13—15世纪,治理(gouverner,动词原型)一词的日常意思比较宽泛,但主要有两个构境层:一是意味着在客观发生意义上的使人向前推进,也有提供物资支持的维系之意;二是精神层面上构序的意思(significations d'ordre moral),即基于"对心灵的指导"而带领某人。福柯说,gouverner的初始构境意义就是对人的治理。不过,从历史上看,对人进行治理的思想更深地缘起于**基督教神学中的牧领说**。这又是一个新发现。这其中包括两种形式:"第一种是牧领类型的权力(pouvoir de type pastoral)的观念和组织的形式,第二种是良心指导、灵魂指导(direction des âmes)的形式。"[2]福柯在此讲座中210次使用pastoral一词,其中60次使用pouvoir pastoral这一词组。福柯最早提及牧领权力,是在《古典时代疯狂史》一书的"大禁闭"一章中。[3]请注意,这个从内心引导人们向前的**牧领权力**是福柯这里希图重点思考的方面,也是我们准确剖解现代资产阶级治理概念的极为深刻的构境入口。依我的判断,牧领权力是福柯解读资产阶级生命权力布展的又一个重要构件。

在1978年2月15日的演讲中,福柯明确指认说:"牧领的真正的历史,牧领作为对人们施加影响的权力的特殊类型,牧领作为治理人的模型,在西方世界只是在基督教以后才开始的。"[4]在基督教神学中,神不是人的主人,而是人的牧羊人(pasteur,也可译带路人),"牧领是一种神与人之间的基本关系"[5]。在牧领关系之中,恰恰是通过主动的内心赎罪忏悔,隐喻中的地狱反向"灌溉"了神性权力。福柯特别提醒我们:第一,所谓牧领,正好与作用于领土上固定的统治主权不同,它是要作用于**移动中**的羊群,"牧羊人的权力(pouvoir du berger)主要作用于复杂的和运动中的情况"[6]。我觉得,这已经是福柯有他性意向的发挥。因为,在整个中世纪,神权恰恰是与土地上凝固的王权合一的。福柯从这里体悟和引申出来的道理是:牧领权力与锁定在土地上的奴隶控制不同,前者恰可以作用于游荡在资本主义"动产"市场配置之中的**动态的**人群。或者说,牧领权力正是原子化个人在交换关系中自发建构的市民社会统治的秘密支配机制。第二,牧领权力是一种**至善的**(*bienfaisant*)权力。至少在表面上,牧领权力并不表现为贵族式的拥有权力的优越感和咄咄逼人,反倒呈现出满面堆笑的诚意(zèle)和无穷尽的勤勉,牧羊人的职责就是悉心的看护(veille)。福柯希望我们懂得,与专制统治的暴政不同,牧领的本质是随人心愿——让你发财(成功)! 以后在资本主义世界中,人们自愿进入市场、进入股市,哪怕结果是身无分文、落入地狱,那也是自愿之后的**活该**。这个**活该性**是韦伯之后资产阶级刻意培育的普遍意识形态认同核心。第三,牧领权力是**个人化**(*individualisant*)的权力。[7]它不是某种宏观的强制,而恰恰是对每一只羊的细心看护中的隐性心魔种植。福柯的隐喻构境为,牧领是直指每一个人内心基根的。第四,正因为这种缘起于基督教的牧领权力的着力点是人的**日常生活**,所以它恰恰是要求"治理人们的日常生活(vie quotidienne),甚至他们的生存中的细节和资料(le détail même et dans la matérialité qui fait leur existence)"[8]。牧领是在日常生活的小事情中见证神迹的,它就是生活。以后,资产阶级的安全治理就是我们的生活! 总之,基督教的牧领制度创建了"引导、指引、带领、率领、控制和操纵人的艺术",这种牧领制度的本质是治理人的艺术。福柯说,这些重要的特征都将是我们认真体会现代资产阶级生命政治中治理权力艺术的潜在质性内容。

在1978年2月22日的演讲中,福柯明确指认说,

> 只有在这个方面才能找到治理术的源头(origine)、塑形(formation)和结晶(cristallisation)之处,找到它的胚胎点(point embryonnaire)。在17—18世纪,治理术进入政治领域标志着现代国家的开端。我认为,就在治理术成为一种深思熟虑和精打细算的政治实践的时候,现代国家诞生了。[9]

牧领引导出现代资产阶级国家,而不是相反。资产阶级现代国家的胚胎点生成于每一个刚刚从专制土地上解放出来的自由个人的内心牧领,它是资产阶级建构人的存在和塑形生活细节的缘起,它的微观权力技术的结晶则生成全部资产阶级"深思熟虑和精打细算的政治实践"——**非暴力甚至**

是反对暴力的引领内心认同和积极生存的治理术。我倒觉得,在这一点,福柯才深刻剖解了葛兰西霸权概念的真正发生基础。故而,福柯断言,在17—18世纪,资产阶级用以取代传统哲学的东西是一种现代意义上的**政治牧领**,而不是另一种哲学。他颇有几分得意地认为,这是资产阶级对基督教文化的一种深层承袭。依比岱的解读,福柯此处提出的东西是一种全新的观点,"政治上的'牧领'不再借助上帝的形象进行统治了,因为上帝自己也不再统治了:他只通过普遍的法对人进行主宰,正是经由这些普遍的法,理性有可能出现,统治也正是从这里开始的。统治成为一件与人类责任和社会理性相关的事情"[10]。我觉得,比岱的解释从基根上就错了,因为法仍然是外部的强制,牧领比刚性的司法体制要柔软得多,并且,它发生于个人的内心精神构境之中,牧领的本质是引导中的真正认同,这种**大他者的存在**占位将是生命权力部署的前提。在前述生命权力的讨论中,我们可以直接看到福柯对司法权力、规训权力和生命权力的明确界划。

在1978年3月8日的演讲中,福柯开始从对基督教神性牧领的历史性思考过渡到有关今天的资产阶级政治治理术的讨论。首先,这种新的资产阶级政治治理术的本质是"像牧师那样治理世界"——这就要求现代资产阶级的政治活动得像令人的内在灵魂获得拯救那样,通过走向上帝和真理,令人心悦诚服。其实,这也就是资产阶级启蒙幻境的真正意图,只不过,令人激动不已的自由、民主和博爱取代了上帝的位置,解放即是得救,资产阶级就是要使今天的所有人都心甘情愿地跟随他们走向民主的天堂。其次,在资产阶级的现代国家中,牧领政治表现为**市民社会**的自然性与**国家理性**的权力关系的巧妙交织。与原先传统封建国家用铁甲武装起来的在场性耀武扬威相比,资产阶级国家理性的出场方式恰恰是**不在场**,它只是通过市民社会中自发的人与人之间的互动关系得以布展,在这里,从内心引导的牧领政治就显得更加重要。在福柯看来,现代国家理性的本质就是引导性的牧领**调节**(régulatrice)。[11]这也是一种全新的治理艺术。在1979年的一次演讲[12]中,福柯说:"如果说国家是一种集权的政治形式,也是一种集中权力的政治形式(forme politique d'un pouvoir centralisé),我们则把'牧领'(pastoral)称为个体化权力(pouvoir individualisant)。"[13]并且,新的"牧领是一项复杂的技术(technique compliquée),它要求一定的文化水平,不仅要求'牧羊人'

具有,还要求其羊群也具有"[14]。这个羊群是散养的原子化的市民,这个羊群要有文化,才可能在康德所说的依凭理性启智之后生发出新的主体性内心臣服,在这个构境层中,启蒙即是听懂资产阶级理性引导的牧领口哨。这里,我们可以更深地体会福柯对康德启蒙观念的批判之深意。

在1978年3月29日的演讲中,福柯将这种国家的理性调节解释为"操纵、维持、分配、重建一些力量关系(rapports de force),一些处在竞争空间的力量关系,而竞争空间则暗含了竞赛性的增长(croissances compétitives)"[15]。这是福柯第一次将政治领域的活动标注为**力量关系**,也是第一次使用了功能性的**力量联系场**(champ relationnel de forces)的说法。其实,这里的力量关系的现实基础是资本主义市民社会中那种非人为的自然性社会活动之间的关系,譬如市场中的价格竞争和股市中的力量博弈,譬如社会生活层面**无脸、无主体**的合力公众。面对这个全新的资本主义社会存在,政治权力不可能再表现为宏观的统治,而是转型为微观调节中的**治安**(police)。[16]

二、治安:"生活得更好"中的隐性支配

在福柯看来,面对这种资本主义市民社会存在中全新的力量竞争场(champ concurrentiel de forces),只有一个相应的治理技术——**治安**(police)能起作用。通过前文的讨论,我们已经初步了解了这个特定的治安概念的基本意思。在这里,福柯进一步将治安指认为新的治理技艺的一个"宏大技术整体(grand ensemble technologique)"[17]。这个技术整体即是渗透到复杂力量关系和竞技场中的看不见的支配艺术——治安。理解这一点,也是将来我们进入到当代阿甘本、朗西埃等人生命政治批判中的治安思想构境层。

福柯说,一直到17世纪,police一词大都用来指公共权力机构或者公共事物;到了17世纪,情况发生了改变。

从17世纪开始,人们就把一套既能增加国家力量,又能维持国家良好有序性(bon ordre)的方法称为治安。换句话说,治安将成为计算

和技术存在(être le calcul et la technique),依靠这种计算和技术,能够在国家内部构序(l'ordre intérieur)和国家力量增长之间,建立一种动态的(mobile),但仍然是稳定和可控制的关联(relation)。[18]

　　福柯说,在社会控制的宏观层面上,治安是一种面对"羊群式"的动态市民互动的关系场,由国家通过精心计算和治理的方式维系自身有序性的方法,它是资产阶级政治权力在新的似自然性社会存在状态中构序的特定产物。福柯在此讲座中145次使用ordre或désordres。同时,由于治安也是一种公共权力,所以它也表现为一种光亮性的荣耀(splendeur)。因为它充满爱心地照亮了专制统治的原有的黑暗。

　　福柯厘清道,作为一种社会治理的整体技艺,资产阶级的治安包括三个重要的层面:一是"维系不同的、多样性的力量之间的平衡";二是对上述各种力量关系的调节;三是通过与统计学的结合,"设置了一整套增长、合并、发展力量的程序"[19]。是的,不是直接的力量和作用,而是寻求不同力量之间的平衡和调节,并由此生成特定社会构序和治理程序。慢慢地,也就生成了后来资产阶级特有的政治科学(Polizeiwissenschaft)。请一定注意,这个政治科学并非传统意义上的政治学,它不是"民主"、"自由"、"正义"、"司法独立"和"三权分立"等资产阶级政治理论体系,而是作为生命政治之下技术科学实际运作中的治理技术整体。

　　当然,治安权力运作的根本方面主要是在面向人口的微观生存层面上。与传统的政治权力控制不同,资产阶级生存治安的本质并非压制或者禁止,反倒是一种着眼于正能量释放的牧领式的关心。也是在这一点上,福柯宣布了资产阶级自由主义政治学的非法性。弗雷泽正确地看到了这一点,他说,当"福柯表明现代权力是'生活性的',而不是否定性的。这就足以将自由主义的政治学排除在外,因为它假定权力本质上是压制性的"[20]。这是不奇怪的,因为资产阶级的看不见的匿名权力恰恰是非压制的。福柯说,正是资产阶级的治安权力"让人成为真正的主体(l'homme pour vrai sujet)"——理性启蒙之后的个人主体,并且尽力将人从内心里引导到"潜心于某物(à quelque chose qu'il s'adonne)"的存在的状态中,也就是说,让人人有其业务(activité),或者职业(occupation)。[21]所以,就业问题将是所有资产阶级政府关心的首要问题。同时,这个职业还是让人"达到自我完善的途径"——走向成功,也由此,国家真正获得稳定的社会基础是资产阶级隐秘的**政治牧领**。在这一构境层中,我们可以发现福柯这里提出的**治安建构主体**与阿尔都塞的**意识形态询唤建构主体论**的差异,在这二者之中,我会更倾向于前者。

福柯宣称,政治牧领是资产阶级治安中"最富特征性和根本性的元素(des éléments fondamentaux et les plus caractéristique)",因为,牧领性的"治安的目的在于,控制和负责人们的职业,而这个职业可以构成国家力量发展中的区别性特征"[22]。

> 治安应该赋予自己必要的和足够的工具,以让人们的活动真正融入国家、国家力量及其发展中来;治安应该让国家反过来,能够刺激、引导和决定人的职业,让后者真的为国家所用。简言之,要立足于通过人们的职业,来创造国家效用(l'utilité étatique)。立足于人们的职业、活动、所做的事情,来创造公众效用(l'utilité publique)。我认为立足这一点,就抓住了治安这个如此现代的观点的核心(le cœur de cette idée si moderne de la police)。[23]

我们能看到,在福柯眼中,这个资产阶级治安工具的着力点已从传统的政治法律领域转换到了人们的**具体劳作和生活层面**,这种最基始的让人有幸福安康生活的治安活动已成为国家效用的基础。我们不难发现,从宏观的可见政治法律领域向不可见的微观生活层面的转移,是福柯不断深化的一个思考构境域,先前是规训权力对劳作和生活小事情的渗透,这里开始是治安对日常生活的控制。所以,与传统的政治权力控制不同,治安掌管的内容发生了逆转,或者干脆反讽地说,治安根本不再处于所谓的"上层建筑"之中,而是**向下**走进了老百姓的日常感性生活。把统治立足于人们热爱的职业、创造性的活动、所做的所有小事情的治理,由此来创造积极向上的"公众效用",以确保资本主义制度长久的合法性和稳定性。显然,**市民社会中生活的安定和平安是整个资产阶级王国政治安全的基根!**

具体而言,向下治安所掌管的内容如下:一是对人口的**数量**(nombre)治理;二是人们的**生活必需品**(*les nécessités de la vie*);三是**健康**(*santé*)与一整套都市空间政策(*politique de l'espace urbain*);四是对工作的**监护**(*veiller à leur activité*)或者说对职业的治理;五是对**流通**(*circulation*)的保证。我们不难看出,治安是**生活化的治理**,资产阶级生命政治中**最大的政治**,恰恰是这些在传统政治学中最不被视为权力统治的东西。也是在这个意义上,福柯曾经将治安定义为"确保着有序(*ordre*)、财富(*richesses*)的合理渠道的增长和'一般'保健条件的机制的总和(*ensemble*)"[24]。

> 一般说来,治安应该是治理的,也是即将成为治安的基本客体的(*objet fondamental*),会是人们相互共存(*coexistence*)的一切形式。治安应该负责的,正是这样的事实:人们生活在一起(*vivent ensemble*)、繁衍生息,每个人都需要食物和空气来呼吸和维持生存,人们一起工作并从事不同或相似的职业,人们处于一个流通的空间。这就是(用一个不符合当时的时代思辨的词来说)整个这种社会性(*socialité*)。[25]

资产阶级新的生命政治技术就是要治理人们聚合在一起的生活和交往的微观层面。治安的本质就是力图让人们感到**生活在变得更好**(*mieux que vivre*)。福柯说,**发展生产力是第一要务**,这是资产阶级所标榜的社会进步的根本。对此,布朗肖曾经评论道:"不让病人倒毙街头,避免穷人变成罪犯,防止酒色之徒诱使虔诚者坠落,这些都不应该受到指摘。相反,它们是进步的标志。"[26]依福柯之见,"治安就是一整套干预和设施(*interventions et des moyens*),保证生活、生活得更好、共存、能够真正地有益于构成、增加国家的力量"[27]。现在,每个人的幸福与资产阶级国家的荣耀已系在一起,个人的富足与社会安定相关联。于是,治安的真正基础必然是资本主义市场经济的良好运行和人口生存的健康发展。

三、治安与市场逻辑的隐秘关联

在 1978 年 4 月 5 日的演讲中,福柯明确提及,资产阶级的治安"关乎好的生活、维持生活、生活的便利之处和乐趣"[28]，不过这个改变的真实社会基础并不是政治法律层面上的简单的权力模式转换，而是整个资本主义制度下社会**经济生产方式**的变革。这是一个非常深刻的指认。也是在这里，我们再一次看到福柯与马克思有意无意的相遇。

福柯认为，真正与治安权力一起出现的是资本主义的**城市、商业和市场**。这是他再一次直接讨论与马克思接近的政治经济学。我判断，福柯有关资产阶级政治统治的研究在这里已经返回到马克思的思想方法中来。这是一个很大的逻辑重返。一种奇怪的理论构境状态也由此出现：**没有马克思在场的马克思话语**。我注意到，弗雷泽也正确地看到了这一点——他认为，此时福柯"默默地接受了马克思主义经济学的相关解释（至少是其中的某些因素）"[29]。福柯说，

> 我认为，治安和商业（commerce）、治安和都市发展（développement urbain）、治安和所有广义的市场活动（activités de marché），所有这些都会构成一个统一体，在 17 世纪直到 18 世纪初时的重要统一体。似乎从 16 世纪开始，市场经济（l'économie de marché）的发展、交换（échanges）的扩大和增加，以及货币流通（la circulation monétaire）的活跃，所有这些都让人类存在进入了一个抽象的、纯粹再现式的（purement représentatif）世界（monde）——商品和交换价值的（la marchandise et de la valeur d'échange）世界。[30]

这个表述中几乎完全是马克思的政治经济学术语，也是按照马克思所开辟的经济—政治构序观念言说的，但福柯就是不提马克思，更没有直接的引文。福柯明确指认，17 世纪资产阶级治安权力诞生中最根本性的事件，恰恰是资本主义的"城市—市场（ville-marché）成为了一种国家干预人们生活的模式（modèle de l'intervention étatique sur la vie des hommes）"[31]。福柯在此讲座中 73 次使用 marché 及其相关词。此处提及的国家干预生活的模式，指的并不是国家通过某种直接的力量去操控人们的生活，而是指国家发展经济并鼓励人们追逐财富以改善生活，城市的发展，市场的繁荣和人民的安居乐业，由此，来促进社会的**根本安定**。换而言之，**发展经济成为最大**

的政治！这是一个极为深刻的指认。从政治统治转向经济发展间接支配生活，这是资产阶级生命政治生活中最重要的转变。

福柯进一步分析道，只有资产阶级国家，才会真正对经济生活发生兴趣。资产阶级心知肚明，要想让人们的生活更好一些、令人的生存更舒适一些，那就只有发展经济、积累财富一途，所以，"治安与商品至上（police et primat de la marchandise）之间存在着一种根本性的联系（lien fondamental）"[32]。只有当人们不再关注政治而"潜心于某物（à quelque chose qu'il s'adonne）"以维系自己的生命存在，社会才能治安！这就是资产阶级的高明所在：不谈政治的生命政治。

> 如果国家治理术（gouvernementalité de l'État）第一次对人类存在和共同存在（l'existence et de la coexistence humaine）的纯粹物质性（matérialité）感兴趣，对交换和流通的纯粹物质性感兴趣；如果国家治理术第一次将生存和舒适—生存（mieux-être）考虑在内，通过城市以及健康、街道、市场、人物、道路等问题来考虑生存和舒适—生存的话，那是因为此时商业（commerce）被思考为增强国家力量的一种主要工具，因此也是旨在增强国家的治安的优先内容。[33]

与传统的政治权力控制完全不同，以经济活动为中心是资产阶级新的治理术所真正关注的现实落脚点，作为资产阶级的国家第一次从社会控制的政治情境中走出来，转而对交换与流通的市场机制发生兴趣，国家治安的理想也不再直接是外部政治安定，而是由生活更美好曲线实现的政治治安。恰在人们开始一心追逐自身更舒适的生活与梦想之时，也就是自然性治安得以实现的时刻。这种深嵌入人的生命存在中的治安是现代资产阶级所细心塑形和构序的根本性的生命政治安定。

福柯历史性地指认，率先将这种思考引入到政治权力治理中来的是重农主义。我们能感觉到，福柯总是给予重农主义很高的历史地位。在他笔下，似乎是重农主义第一次开启了资产阶级的政治世界。福柯的这种态度与通常的经济学学说史视角当然是迥异的。首先，当重农主义把农业生产、农业丰收和农民生活得更好当作头等大事的时候，新型的资产阶级生命政治构境中的社会治安就开始了。这是福柯的历史定位。其次,"治安体系的主要工具"是自发性的**调节**(*réglementation*),当然也是基于自然性的调节,是"根据事物本身轨迹进行的调节"。[34]福柯在此讲座中近 39 次使用 réglementation 一词。我们已经非常熟悉此词的使用语境。其三,人口不再是财富本身,而只是提供了可变劳动力的**数量**,人也由此成为纳入到治安机器的"**自然数据**"(donnée naturelle)。其四,也是最重要的一条,重农主义发动了人与人之间的**自由贸易**,由此诞生了在听任每个人以生存得更舒适为目标而进行的商业和生产活动中的自发调节,一种基于资本主义商品—市场经济活动而自发生成的**社会治安调节器**。此后,我们还会看到福柯在同一构境线索中对斯密的"**看不见的手**"的高度关注。

福柯专门指认道,重农主义的社会治理术将我们引入了一个不同于传统社会管治的新的方向上去,即"当代的现代性治理术的一些根本性路线"(des lignes fondamentales de la gouvernementalité moderne et contemporaine)[35]。在福柯眼中,资产阶级这个**现代性治理术**是至关重要的。如果说,在重商主义之前的早期资本主义社会统治都还处于"非自然性、绝对的人为性"(Non-naturalité, artificialité absolue)的管治模式之中,或者叫"国家理性的人为主义"(artificialisme de cette raison d'État)的话,那么,重农主义则凸显了一种非人为的**自然性**,或者说"另一种自然性(autre naturalité)"[36]。也可译作**他性**自然。具体而言也就是依循资本主义市场经济中发生的非人为的自发现象、自然事件,"当价格上涨时,如果放任价格上涨,价格就会自己停止上涨的那套机制的自然性。这种自然性让人口被高工资所吸引,直到某一时刻工资停止上涨,于是突然人口就不增长了"[37]。此亦即福柯特别指认的那个**另一种自然性**——这个他者式的自然性不同于通常的外部自然世界,而是真实发生在社会生活之中的**似自然性**。福柯辨识说,

> 这不是自然世界意义上自然本身的程序(des processus de la nature elle-même),而是人们之间关系的特殊自然性(naturalité spécifique aux rapports des hommes entre eux),人们共同居住、在一起、交换、工作、生产……的时候,他们之间自发地(spontanément)会发生什么。也就是说,是某种东西的自然性,其实这种东西彼时还不存在,可能没有被命

名,但至少开始被当作一样东西来思考和分析,这就是社会的自然性(la naturalité de la société)。[38]

福柯在这里提出了一些十分重要的关键词,首先是完全异质于自然界的**社会的自然性**。我们已经看到,在先前的讨论中,福柯将其直接标识为**似自然性**(quasi naturel)。福柯在此讨论中 40 余次使用 naturalité 一词。应该说,福柯的这一认识与马克思是接近的。马克思发现,作为支配经济运行过程主要规律的"价值规律",在资本主义生产过程的"当事人个人面前,还是当作盲目的自然规律来发生作用,并且要在生产的各种偶然变动中,维持着生产的社会平衡"[39]。依马克思所见,"在私人劳动产品偶然的不断变动的交换关系中,生产这些产品的社会必要劳动时间作为起作用的自然规律强制地为自己开辟道路,就像房屋倒在人的头上时重力定律强制地为自己开辟道路一样"[40]。福柯说,这个特殊的自然性并不是一般自然物质存在的自然属性,而是人与人在商品—市场经济中的活动关系建构起来的,同时是自发生成的类似**自然存在状态**的自然性,就如同上述的市场中的价格关系、人口增长与工资的关系、失业与劳动力需求自动调节的关系,以及资本自发流向经济结构中利益最大化的方面等等。福柯界划,重农主义正是以这种社会自然性来直接反对原先在社会治理存在的外部干预的"人为性"。在这种构境层中,似乎福柯在指认资本主义的存在方式正是在重农主义那里才第一次被真正建构起来。我们看到,福柯没有按照西方政治思想史的传统路径,而是依古典经济学的发生学来定义资产阶级政治生成轨迹。

福柯认为,资产阶级政治经济学所呈现的这种新的社会的自然性就是资本主义全新的社会治理的真正基础。这可以由三个重要的场境存在来支撑:其一是**公民社会**(la société civile)的出现,

> 经济学家(économistes)正在呈现的基础领域、客体场(champ d'objets)、可能的分析域、干预和认知的场域(domaine de savoir et d'intervention),正是社会和存在(société comme étant)中人们的共同存在的一种特殊自然性。社会作为人们自己特有的自然场(champ

spécifique de naturalité propre à l'homme)，将会导致一种被称为公民社会(la société civile)的东西，出现在国家面前。[41]

此处所指的经济学家，当然是在重农主义出现之后活跃的古典经济学家。**客体场**或说对象场，是指在社会生活中出现的似乎是人之外的客观存在——这种由认知干预来支撑的自然运转的客观过程，则建构了社会存在中的特殊自然性和**自然场**。所谓自然场，即是在经济运行中自发调节的价值规律和人与物、人与人之间各种力量和活动关系**自发构序**的场境。在此，我们可以强烈地感受到福柯思想构境中的场境意识。其实，这也就是黑格尔—马克思思想构境中在社会层面上的由商品生产—市场交换等经济活动建构起来的**市民社会**或者政治生活层面上建立起来的**公民社会**(la *société civile*)。福柯在此讲座中 15 次使用 société civile 这一词组。重要的是，这个**作为自然场的公民社会**在福柯眼里就是由经济机制生成的社会权力治理方式。

其二，建构社会自然性的最重要的工具是**认知和科学**。显然，福柯有一阵子没有谈及这个与生命权力同构的认知和科学话语了。其实，福柯在先前已经指认过，新的社会治理(干预)的实施方式是认知，真正治理社会的已不再是君主，而是掌握着科学话语的专家("穿白大褂的家伙")。"科学知识(connaissance scientifique)对于好的治理(bon gouvernement)来说，是**必不可少的**。"[42]依福柯的看法，在资本主义社会生活中，真正的统治者并不是那些作为总统、首相之类的工具性面孔，而恰恰是资本操纵的知识人——专家。

其三，人口因素作为**自发调节的自然现象**出现。这一点，福柯在前面的讨论中其实已经涉及。它是指人口与经济活动一样，在资本主义生产方式中"服从于自然程序(obéissent à des processus naturels)"[43]。

非人为建构起来的市民社会(公民社会)，价值中立的科学与认知，自然调节的人口，这三个重要的场境存在凸显出资产阶级新的社会的自然性，并生成资本主义制度全新的社会治理的真正基础。

注释

〔1〕〔法〕福柯:《安全、领土与人口》,钱翰等译,上海人民出版社 2010 年版,第 104 页,注 2。

〔2〕同上书,第 106 页。

〔3〕〔法〕福柯:《古典时代疯狂史》,林志明译,生活·读书·新知三联书店 2005 年版,第 109 页。

〔4〕〔法〕福柯:《安全、领土与人口》,钱翰等译,第 128 页。

〔5〕同上书,第 107 页。

〔6〕同上书,第 108 页。

〔7〕同上书,第 110 页。

〔8〕同上书,第 129 页。中译文有改动。Michel Foucault, *Sécurité*, *Territoire*, *Population*, *Cours au Collège de France*, *1977—1978*, Paris, Gallimard, 2004, p.152.

〔9〕同上书,第 143—144 页。中译文有改动。Ibid.

〔10〕〔法〕比岱:《福柯和自由主义:理性,革命和反抗》,吴猛译,《求是学刊》2007 年第 6 期。

〔11〕〔法〕福柯:《安全、领土与人口》,钱翰等译,第 255 页。

〔12〕1979 年 10 月 10 日和 16 日,福柯应邀至斯坦福大学 Tanner 人类价值讲座发表演讲:《整全与单一:对政治理性的批判》(*Omnes et singulatim*:*vers une critique de la raison politique*)。

〔13〕Michel Foucault, *Omnes et singulatim*:*vers une critique de la raison politique*, *Dits et écrits*, *1976—1988*, Paris, Gallimard, 1994, p.955.中译文参见〔法〕福柯:《福柯读本》,严泽胜等译,北京大学出版社 2010 年版,第 205 页。

〔14〕Ibid., p.967.同上书,第 214 页。

〔15〕〔法〕福柯:《安全、领土与人口》,钱翰等译,第 278 页。

〔16〕同上书,第 279 页。

〔17〕同上。

〔18〕同上书,第 279—280 页。中译文有改动。Michel Foucault, *Sécurité*, *Territoire*, *Population*, *Cours au Collège de France*, *1977—1978*, Paris, Gallimard, 2004, p.321.

〔19〕同上书,第 280—281 页。

〔20〕〔美〕弗雷泽:载《福柯论现代权力》,载《福柯的面孔》,汪民安等主编,李静韬译,文化艺术出版社 2001 年版,第 122 页。

〔21〕〔法〕福柯:《安全、领土与人口》,钱翰等译,第 287 页。

〔22〕同上。

〔23〕同上书,第 279—280 页。中译文有改动。Michel Foucault, *Sécurité*, *Territoire*, *Population*, *Cours au Collège de France*, *1977—1978*, Paris, Gallimard, 2004, p.321.

〔24〕〔法〕福柯:《18 世纪的健康政治》,载《福柯读本》,刘耀辉译,北京大学出版社 2010 年版,第 91 页。

［25］［法］福柯：《安全、领土与人口》，钱翰等译，第 290 页。中译文有改动。Michel Foucault, *Sécurité, Territoire, Population, Cours au Collège de France, 1977—1978*, Paris, Gallimard, 2004, p.333.

［26］［法］布朗肖：《我想像中的米歇尔·福柯》，载《福柯的面孔》，汪民安等主编，肖莎译，文化艺术出版社 2001 年版，第 4 页。

［27］［法］福柯：《安全、领土与人口》，钱翰等译，第 291 页。

［28］同上书，第 300 页。

［29］［美］弗雷泽：《福柯论现代权力》，载《福柯的面孔》，汪民安等主编，李静韬译，文化艺术出版社 2001 年版，第 137 页。

［30］［法］福柯：《安全、领土与人口》，钱翰等译，第 303 页。中译文有改动。Michel Foucault, *Sécurité, Territoire, Population, Cours au Collège de France, 1977—1978*, Paris, Gallimard, 2004, pp.345—346.

［31］同上。

［32］同上。

［33］同上。中译文有改动。Michel Foucault, *Sécurité, Territoire, Population, Cours au Collège de France, 1977—1978*, Paris, Gallimard, 2004, p.346.

［34］同上书，第 308 页。

［35］同上书，第 311 页。

［36］同上书，第 312 页。

［37］同上。

［38］同上。中译文有改动。Michel Foucault, *Sécurité, Territoire, Population, Cours au Collège de France, 1977—1978*, Paris, Gallimard, 2004, p.357.

［39］马克思：《资本论》第 3 卷，人民出版社 1966 年版，第 1034 页。

［40］马克思：《资本论》第 1 卷，第 51 页。

［41］［法］福柯：《安全、领土与人口》，钱翰等译，第 312 页。中译文有改动。Michel Foucault, *Sécurité, Territoire, Population, Cours au Collège de France, 1977—1978*, Paris, Gallimard, 2004, p.357.

［42］同上书，第 313 页。

［43］同上书，第 315 页。

第十五章 自由主义的幻象:市场与 公民社会的治理技艺

在 1978—1979 年所作的《生命政治的诞生》的演讲中,福柯指认了资本主义社会治理实践的现实基础是 18 世纪以来生成的政治经济学,而后者的真正对象是在经济自发活动中生成的治理实践里建构起来的自然性。自然性,其实就是指商品—市场经济中的生产—流通中的自发性调节。资本主义市场经济中那种无人的自发活动无意间生成了一种新的客观的真实性,它所自发建构的真言化场所是资产阶级社会生命政治治理的现实基础。福柯宣称,正是在经济人和无主体的公民社会的双重假定中,产生出资产阶级自由主义的社会治理技艺。以我的推断,这是晚期福柯重新回到马克思的一次极为重要的思想观念转变。

一、回到马克思:作为社会治理实践映像的政治经济学

1979 年 1 月 10 日,福柯开始了题为"生命政治的诞生"的演讲。[1] 开篇之际,他首先突出地阐释了自己的政治哲学研究的独特方法。福柯说,被他指认为资产阶级生命政治"治理艺术"(Art de gouverner)的事体,其实并不属于传统政治学中的理论概念体系,也不是某种被自觉实施的理想化科学管理方式,而是在资本主义社会存在中真实发生的现实**治理实践**(*la pratique gouvernementale*)。福柯在此演讲中近 180 次使用 pratique(实践)一词。此词成为晚期福柯十分重要的哲学话语关键词——这也反映了福柯彻底走向现实的一种理论倾向。

要很鲜明地排除把一些概念作为第一位的、原初的、完全既定的对象（objet premier, primitif, tout donné），比如统治者（souverain）、君权（souveraineté）、人民、臣民（sujets）、国家、公民社会（société civile）；而所有社会学分析以及历史分析和政治哲学分析正是利用这些共相（universaux）来实际地考察治理实践。我恰恰将反其道而行之，也就是说，从实践所呈现的样式出发，同时从它的自我反思和自身合理化出发，来考察国家和社会、统治者与臣民等这些东西如何实际地被建立起来（effectivement se constituer），并探寻它们所处的位置。[2]

显然，这是一段十分重要的方法论表述。也是福柯向马克思**实践唯物主义**方法的公开致意。不是从抽象的政治学、社会学和历史学概念出发，也不是先去设定统治者、臣民和公民社会，而是从资产阶级 17—18 世纪之后的政治治理实践出发，从治理与治理对象本身的具体建构和实际位置出发，直接面对现实中的治理——这是**没有马克思的马克思**的思考逻辑。以福柯自己的话说，即"隐性的马克思主义"。用库兹韦尔的话来表述，则是"福柯暗中采用了马克思的思想"[3]。但是对此要再做一个边界限定，也即这是晚期福柯重新回到马克思，也是他自己对前期《词与物》等文本中唯心主义方法论之自省。在这个意义上，当谢里登指认福柯"从未怀疑过'历史唯物主义'对于分析 20 世纪社会、经济和政治诸形态的用处"[4] 时，显然是不精准的。因为他无视福柯从对马克思的表面拒斥到重返历史唯物主义思想构境内部的历史事件。我们可以再看他一段更深更自觉的方法论概括：

不是从普遍概念（universaux）出发推导出具体现象（phénomènes concrets），更不是从作为某些具体实践必须遵守的可知性栅栏（grille d'intelligibilité）的共相出发，我想要从这些具体实践出发并且某种程度上在这些具体实践活动的栅栏（grille de ces pratiques）中检验普遍概念。[5]

是的，这与马克思 1845 年之后的历史唯物主义话语简直如出一辙。实在不难感觉到，每当福柯深入到社会现实和历史深处，他就会自觉或不自觉地靠近历史唯物主义。这也是晚期福柯思想构境方法的真正本质。我猜测,这里的"可知性栅栏的共相"正是多年以前福柯从康吉莱姆和阿尔都塞处改造所得的那个认识型,现在,观念文化中认识型不再是制约("必须遵守")具体社会实践的前提,而是倒过来的构式关联——实践的栅栏决定普遍观念! **实践的栅栏**(*grille de ces pratiques*)是一个极为重要的概念,它恰恰表明了福柯在自己的研究中已经达及马克思—列宁发现的实践构序结构—逻辑构境层,再回溯一下看,这恐怕也是先前他在认知文化领域所发现的认识型制约作用的真正现实基础。"实践的栅栏"不仅说明了福柯的实践唯物主义观念,而且也呈现了他所达到的对实践活动当下建构和解构的功能性结构的自觉认识:由实践活动结构所建构起来的有序性栅栏是整个社会认知栅栏的现实基础。所以,福柯此时在面对历史的时候,恰恰是从"普遍概念不存在(l'inexistence des universaux)"[6]这个重要论断出发的——他这是在拒绝一切历史唯心主义的前提,那么,如果一切假设性的普适性的概念都被否定了,人们就必须自己去亲眼看一看那些被指认为"疯狂"、"不正常的人"和"性"是不是一种**永远存在**的东西,看一看西方社会中曾经存在于中世纪的政治统治是否今天仍然在持续,才能判断今天在资本主义现实社会存在中究竟在发生什么样的政治。从事历史研究,就不能让先验概念和抽象的非历史性的共相优先,而是**现实历史—社会实践优先**。这是福柯给予我们的方法论上的重要警示! 有趣的是,福柯在这里也没有标注什么"考古学"和"谱系学"的标签。在过去很长一段时间内,我们的历史研究恰恰就是表面虽打着历史唯物主义的旗号,却将马克思的一些历史性的话语普适化,造成了实质上反马克思主义的历史座架观。这是值得我们深思和认真内省的。这也是福柯为什么能够说明疯狂的社会历史—文化建构性,辨识出性别及其支配的统治本质,以及他为什么能排除资产阶级启蒙以来的全部政治学话语,直接从资本主义社会控制的现实中捕捉到在"普遍概念"和美丽口号(谎言)遮蔽之下的以社会治理——治安——为本质的资产阶级生命政治构序的根本缘由。在这一点上,福柯的确十分了不起。

也是依循了上述的历史研究方法,福柯再一次告诫我们,不能从资产阶级政治学传统中的那些诸如民主、自由、正义之类的虚假的普遍概念出发,而要真正深入到活生生的社会实践中去,才能掌握资本主义社会运转的秘密机制。在他这里，上述这个实践就是由资产阶级古典经济学所指认的全新的社会经济活动。福柯说，一切，都是从 18 世纪以来资本主义的现实经济实践中开始的。这又是在回到马克思特有的批判思想构境层中。

我们看到，福柯的分析首先从对**政治经济学**（*économie politique*）这一词组的历史性生成出发。他发现，政治经济学一语在资产阶级意识形态中开始出现的时候，既是指"生产和财富流通的一种严格和有限的分析"，也有广义上的"能够确保一个民族繁荣的所有治理方法（méthode de gouvernement）"的意思。[7]福柯说，在当时《百科全书》（*Encyclopédie*）关于政治经济学的词条中，它就是指"对于一个社会中诸多权力的组织、配置（distribution）和限制的一种一般性思考"，所以，福柯判定，"政治经济学从根本上就是能够确保治理理性（raison gouvernementale）作出自我限制的东西"[8]。福柯在此讲座中 627 次使用 gouvernement 一词，显然是此时福柯思想中重要的高频词。显而易见，福柯的意图是让政治经济学这一专门的经济学范畴跳出专业的界划，进入到一个更宽泛的理解领域，而后再将其植入自己的政治哲学构境之中。其间，显然有他故意的过度诠释因素。我觉得，只是在这一构境支点上，阿甘本对 économie 的重新构境恐怕才具有一定的合法性。依阿甘本后来的解读，économie 源自古希腊亚里士多德的 oikonomia（家政学），到了中世纪，oikonomia 一词在神学领域仍然被较为广泛地使用，但它的意义构境已经不再是家政学，而是上帝不在场或空王位构境中的**神恩安济**。[9]以阿甘本后来在《王国与荣耀》（2007）一书中的解释，福柯此处使用的 économie 一词不能解释为通常现代性中的经济，而是一种特设性的神学**安济**。[10]它表征了资产阶级生命政治中的一种全新治安权力布展。这有一定的道理。

当然，福柯也会为自己辩护，因为他的这种做法恰恰是以现实中的资本主义社会政治实践为基础的。首先，他指出，从 18 世纪中期开始生成的政治经济学不同于在国家外部发展起来的法律思想，至少在最初的意愿上，前者并非只是为了反对和限制国家理性，而恰恰是"形成于国家理性为治理技艺所规定的各种目标框架之内"，是以"国家的富有"、"人口和生计之同时的、相应的和适当一致的增长"为目标。[11]与传统的政治统治不同，资产阶级国家的治理重心从一开始就转向了**财富的积累和物的增长**，民主式的政治—法律只是这种"国富论"的跟屁虫。这倒是一个新的断言。按福柯这里的逻辑,写下《国富论》的斯密倒成了资产阶级政治学的真正鼻祖。按这种构境思路,《国富论》就是《道德情操论》,或者前者是后者的内里。

其次,作为政治经济学中出现的第一种理论主体——重农主义,在经济活动的自然性上提出了对专制权力的直接限定:资产阶级全新的政治权力应该是一种无外部限制的权力,无外部抑制力的权力,它除了来自自身的界限外,"没有来自他物的界限"。你看,又是福柯偏爱的重农主义。这个作为外部强力的"他物"就是人为的可见专制权力。福柯认定,这是一种在经济活动中提出的重要政治断言,甚至可以说,正是这种新型的自然性的政治权力,才真正终结了"总体的专制"(despotisme total)[12]。专制,不是在政治领域被送终的,而是**在新的布尔乔亚经济活动中**被抽去了结构性基石。政治经济学才是国王贵族的真正断头台!这是极为深刻的判断。

其三,政治经济学的历史性确立,攸关的并不是通常人们认为的什么基于"人类本性(nature humaine)"之中的**天赋权利**(*droits antérieurs*)的问题,而是资本主义社会生命政治治理实践的特定产物。福柯提出,政治经济学的逻辑是基于"治理术(gouvemementalité)经过运行所产生的真实效果(effets réels)"的,决不是所谓的天然存在的人性的超历史的"原初权利"(droits originaires)。[13]资产阶级所谓的天赋权利说,其实是在将自己的私利硬说成每一个人的普遍利益和**普适性价值**。这是对的。

其四,政治经济学不是一种纯粹的学术理论,而是对 18 世纪资本主义社会治理中客观"发生的现象、过程和规律性(régularités)"的逻辑映像。[14]这几乎又是马克思的话语。那么,**社会治理中的规律性**是什么呢?福柯详细地分析道,

> 政治经济学发现的,不是一些先在于(antérieurs)治理术运转的自然权利,而是治理实践本身所特有的特定的自然性(certaine naturalité)。治理行为的对象具有一种其独有的自然,并且这种自然才是政治经济学所要研究的。[15]

作为资产阶级社会治理基础的自然性决不是天然性,而是特定经济运行中发生的似自然性或**伪自然性**。

我们看到，福柯这里的观点几乎每一条都直接针对资产阶级辩护者所鼓吹的先在的自然秩序和天赋权利。在他看来，政治经济学的真正对象是在治理实践中建构起来的自然性，这个自然性不是人之本性、不是一种"原初的和预留的区域"（région réservée et originaire），而是"在治理术运行的底部，穿越它，进入它之中来运转的某种东西"。譬如，经济学家说，"人口向薪水高的地方移动是一种自然法则"——这个自然法则，指的是在社会生活中发生的非人为的自然规律，一种资本无形建构起来的**他性**的自然规律。

二、市场：从管治的公正到自洽之真的效用

在1979年1月17日的演讲中，福柯公开厘清，只是在18世纪的西方资本主义社会中，才"开始形成、思考和描绘出新的治理技艺"，这是资本主义"国家理性展开曲线中的一个拐点（point d'inflexion）"[16]。何出此言？因为，资产阶级生命政治的治理技艺在机制上、效果上和原理上都是新式的，其本质表现为"节度的治理"（gouvernement frugal）[17]。在上文的讨论中，我们已知这种对治理权力的构序缘起于政治经济学所反映的资本主义经济运行法则，即拒斥人为性干预的似自然性。然而，此处的福柯又想让我们进一步认知到，资产阶级这种新的治理技艺的另一个重要特质是**真理**（vérité），或者是"真理的塑形机制（mécanisme de formation de vérité）"。请注意，这个真理概念不是传统认识论中的范畴，而是资产阶级生命政治学中的新范式。而且，这个建构和塑形经济生活存在的真理场域（lieu de vérité）并不生成于经济学家的头脑（la tête des économistes），而是由客观的经济交往建构起来的**市场**（marché）。[18] 这还是马克思那种从现实出发的逻辑。这也是福柯的场境思想从话语事件场、权力关系场向资本主义特有的经济互动关系场境——市场——的过渡。一切的一切都是从这里缘起的。在中文中，**市**，指做买卖或做买卖的地方。**场**字从土从易，易亦声。"易"意为"播散"、"散开"。"土"与"易"联合起来表示"一块平地，用于摊晒谷子"。在中国古代，市场起源于古时人类对固定时段或地点进行交易的场所的称呼，指买卖双方进行交易的场所。而在西方资本主义商品经济发展起来

之后,市场主要不是指一个交易空间或场地,而特指商品交换行为建构起来的自组织构序、自洽经济构式过程,斯密和马克思分别用"看不见的手"和价值规律来说明这一过程的客观自洽机制。

从政治哲学的角度看,福柯的这种言说路径似乎令人费解。既然是对国家治理技艺的思考,为何先是突然提出真理问题,而后又再跳跃到现实中的市场? 他想说的到底是什么? 我们看到,福柯此处对国家治理技艺的说明,采取了完全超越传统政治学讨论的框架。他确实是像马克思那样,从资本主义经济活动的内部运行中来说明社会治理的结构性转换的。更彻底一些说,不同于认识型的断裂,这是社会实践构序结构的断裂式转换。福柯告诉人们,市场在西方社会中出现得很早,从中世纪一直到 17 世纪都有,但传统的市场被标定为"公正的场所(lieu de justice)",从公正的价格到公正的分配——一直以来,都是**人为的管治**保证了"欺诈的缺席(absence de fraude)",从而维系了**市场运行的公正化**(juridiction)。[19] 然而,到 18 世纪中叶,资本主义的市场却已不再是人为管治之下的公正化场所,一个重要的转折在此时出现:资本主义商品—市场经济中的

> 市场服从并且应该服从"自然的"机制(mécanismes naturels),即自发的机制(mécanismes spontanés),即使人们无法掌握其复杂性(complexité),但是由于它们是自发的,它们是如此自发以至于人们若想改变它们,就只能损害它们和改变其性质。[20]

此处,福柯对这种转折的背景并未作详细说明。从上文的讨论中我们可以知道,这正是重农主义后开始的经济学主张,此处带引号的"自然性"指的其实就是商品—市场经济中的生产—流通中的**自发性调节**。这个自发性的实质即斯密所指认的隐匿在市场活动中的那只"看不见的手"和马克思笔下那个价值规律。可是,福柯还是不愿意直接承认马克思的在场。福柯特别指认道,也是在这里,一种不同于人们**主观认定**的真理形式宣告生成了,即经济活动中客观发生的仿佛在人之外的**自然真理**(vérité naturelle)。这也就再一次证明,上述那个十分突兀的"真理的塑形和机制"并不是认识论意义上的真理,而是市场经济运行中的自然真理。福柯想昭示,正是这个自然

真理,揭示了借以理解全部资产阶级生命政治世界的真正秘密。

福柯形容,在市场经济活动中,人们已不再像在有形管治下的"公正化市场"中那样,人为地制定"没有欺诈"的价格,而是根本就拒绝任何人为性的干预,完全任市场自行运转,由经济活动**自发地生成**某种价格(阿吉尔贝尔称为"自然价格")。这是没有人参与的"一种自然的、低廉的、正常的价格",它自发地、客观地突现式地建构出"生产成本和需要范围之间的恰当关系(rapport adéquat)"。这个非人为且由市场自身建构成的自发的客观的**恰当性真实**即是自然真理!关键在于,这个恰当性之真不是被命名和指认的公正,而是在市场经济主体行为博弈互动过程中自发的、自然形成的**自治之真**。福柯指认说,"市场应该是真理的提示者(révélateur)",这是一种全新的"真理标准(étalon de vérité)","可能使人们识别出正确的和错误的治理实践"。[21] 读到此处,我们立即就会想起马克思《关于费尔巴哈的提纲》中有关真理标准的说法,福柯只不过将其具体化在市场经济实践中了。但是,福柯这里的资产阶级市场经济实践是科西克逻辑构境中的**伪实践**。[22] 由这种实践识别出来的"正确与错误"恰恰是以资产阶级利益为证实—证伪轴心的。这正是福柯关于自洽真理构境的最深刻之处。

> 就市场通过交换可使人们把生产、必需品、供应、需求、价值、价格等联系起来而言,市场在此意义上建立了一个真言化场所(lieu de véridiction),一个对治理实践来说的证实—证伪之场所(lieu de vérification-falsification)。因此,正是市场将使得一个好的(bon)治理不再简单的是一个按照公正来运作的治理。如今是市场使得治理为了成为一个好的治理应该按真理(vérité)来运作。[23]

依福柯的说明,资产阶级生命政治治理实践中的正确与错误不再是人为制定的公正标准(接近韦伯的价值合理性),而恰恰是基于市场的自治之真,是一种没有人的直接干预的证实和证伪的标准(接近韦伯的价值中立的形式合理性)。**市场中无人的自发活动**每时每刻都在无意识地建构着一种新的客观的"真实性",这种自发建构的**真言化场所**是资产阶级社会治理的现实基础。在市场之上,还有政治权力博弈和公共舆论场(今天的网络舆论

场)中的客观自洽构式。这将是一种全新的政治基础。也是在这个新的构境意义域中,福柯说,

> 市场应该说出真实的东西(vrai),应该说出与治理实践相关的真实。正是市场的真言化这个角色在此以简单的方式(façon simplement),命令、支配和规定了裁决机制(mécanismes juridictionnels)或裁决机制的缺失,市场必须与这些机制衔接起来。[24]

这是一段十分重要的表述。福柯主张,在资产阶级的社会治理中,实践之真理不再被先验的理论概念和人为的主体所指认,而就是市场**自然**说出的真话,它是**自然之真**。正是这种自然之真,生成了社会治理中的正确与错误、证实和证伪的裁决机制。**交给市场**,这是全部资产阶级社会控制的真谛。对此,比岱的评论是深刻的,其实"市场不是一件'自然的事情',而是一个需要实现和加以普遍化的'目标'。也就是说,这是一个'社会工程':将社会转变为市场。国家不追求具体目标,也不进行评判和矫正,而只是确定游戏规则,任由经济活动参与者游戏"[25]。游戏博弈中的胜败是客观生成的,而胜者在效用场境中总是对的。

由此,福柯无意中也说明了整个资产阶级真理观的异质性本质。在一定的意义上,这也是整个认识论上的一次重要革命。他认为,资产阶级提供了一种全新的真理标准,进而生成了一种新的**真言化政体**。如果我们认真思考这种真理的历史或者谱系,就能发现:它从来都不是通过**消除谬误**来重构真实的,不是建构某种先后相继的连续的合理性、不是造成意识形态的断裂来获得科学——这个真言化政体的真正基础,只能是与市场治理实践的客观对接——**能发财就是真理,有用即是真理**。

当然,福柯还指认,除去市场,资产阶级新的治理理性的现实基点还有第二个关键点(point d'ancrage),"就是以国家公共权力的设计以及效用原则(principe d'utilité)为参照指数来衡量它的干预"[26]。有用即真,实用主义一定会是当代资产阶级意识形态的核心。福柯这里所指认的与市场相对应的**效用原则**,其实是通过市场对多重利益(intérêts)所作的自发操控和调节,因为,资产阶级的社会治理"不再是直接干预,不再是对物和人直接控

制"，"治理只关注利益"的自发调节，只是"通过多种利益操控它所需要的一切"[27]。当然，福柯并非不知道凯恩斯革命及其之后出现的国家垄断资本主义的深刻变化，但他在此仍然坚持资产阶级社会治理中的这种来自市场和效用的本质。

> 新体制下的治理，从根本上看，它不再实施于臣民以及通过这些臣民而被征服的东西。现在，治理将实施于我们所称的利益之现象共同体（république phénoménale des intérêts）。自由主义（libéralisme）的根本问题是：在一个由交换决定了物品的真实价值的社会中，治理及其所有治理行为，它们的效用价值是什么？[28]

这就引出了一个新的思想构境层，即作为资产阶级意识形态核心的**自由主义**之本质，并非他们所鼓吹的"自由"、"平等"和"博爱"理想的实现，而是现实社会治理中的**效用**。为什么这么说？我们来看福柯的分析。

三、自由主义：资产阶级社会治理技艺的本质

在 1979 年 1 月 24 日的演讲中，福柯再一次直接讨论了资产阶级所标榜的**自由主义**。在他看来，自由主义不是一种理论观点或漂亮的口号，它直接就是资产阶级生命政治中新的治理技艺的本质。这是一个很惊人的思想断言和发现。那么，它是什么意义上的发现呢？福柯说，自己在这里谈论作为一种治理技艺的自由主义，显然不是在单纯的经济学或政治学学说的严格意义上来说的，而是着眼于资本主义社会治理的现实。从现实出发，倒真成了福柯此时始终坚持的某种思考逻辑的底线。他认为，被自己指认为自由主义治理技艺的特征更多是**自然主义**（naturalisme）。[29] 自由是一个主体性的概念，而自然则是非人为性，这是一个翻转性构境。

福柯判断，从重农主义开始，资本主义的社会治理就是基于一种全新的自由（自然）主义的方式展开的。还是重农主义，这已是我们十分熟悉的历史分析套路了。在这里，真实发生在资产阶级世界中的社会治理并不是从

抽象的自由概念出发的,也不是以尊重个人的天赋的自由权利为前提的。在经济现实中,资本家心知肚明的是:"治理应该认识到经济机制自然的复杂性(nature intime et complexe ces mécanismes économiques)!"一旦认识了上述经济运行机制,就必须严格遵守这些**看不见**的经济自然法则。在这个意义上,实际发生的治理恰恰不是保障法人主体抽象的自由的权利,它本身就是自由的**消耗者**。"因为它只能在实际存在某些自由的情况下运转:市场自由、买卖双方的自由、行使所有权的自由、讨论的自由、必要时的言论自由,等等。"[30]但是,福柯强调自由不是抽象概念,在具体的社会生活中,自由只是"治理者与被治理者之间的现实关系(rapport actuel entre gouvernants et gouvernés)":一方面,社会经济现实本身"产生出自由",另一方面,"这种行为在产生自由时又具有限制和摧毁自由的危险",所以,资产阶级的自由主义的核心处暗含着不断生成"自由的产生/毁灭关系(rapport de production/destruction)"[31]。福柯在这里列举的事实是贸易自由问题。他说,18世纪,资产阶级经济学家鼓吹贸易自由,可是其时法国和德国的资产阶级在现实中却遭遇了英国在生产和经济交往中建立的霸权。我们知道,德国的李斯特就提出了限制贸易自由的保护性关税,这一对贸易自由的限制成了德国等后发资产阶级反抗英国商业霸权的重要武器。这是现实中发生的自由的产生/毁灭关系。

当然,这种"自由的产生/毁灭关系"并不仅仅出现在经济生活中,也实际发生于资本主义社会生活的每一个领域中。在我们上面提到的1979年那次演讲中,福柯很具体地讨论过资产阶级生命政治中的治安权力与自由的特殊关系:治安

> 权力的特殊之处是,一些人多少可以全面地决定其他人的行为,但是从来不会彻底地或强制性地进行。把一个人绑起来鞭打,他承受的只是施加给他的暴力,不是权力。但是如果他被诱使说话,而他宁死也不说,这样他就是被迫以一种特定的方式行为,他的自由就受制于权力,他就被治理了。如果一个人能保持自由,不论他的自由多小,权力仍能使他受制于治理(gouvernement)。没有潜在的拒斥和反抗(révolte),就没有权力。[32]

真是太深刻了。在这里,资产阶级民主社会中故意留给人们的自由(拒斥与反抗)正是治安权力部署的机制。

福柯宣称,作为资产阶级社会治理的重要技艺,"自由主义每时每刻制造自由、激起自由并生产自由,当然还伴随着(一整套)约束和制造成本问题(problèmes de coût que pose cette fabrication)"[33]。那么,自由制造的成本是什么呢?福柯的答案是:**风险**(danger)、**控制和干预**。

首先,在旧的专制体制下,当遭遇外部和内部敌人的时候,臣民可以向君主寻求保护,而在民主社会的自由主义治理中,这种保护不复存在,"自由主义在一个机制中运作,这个机制每时每刻都要围绕风险这个概念(notion de danger)来评判个人的自由和安全"[34]。如果说自由主义是一种操纵利益的治理技艺,那么它就必然同时成为"风险的管理者和安全、自由机制、自由/安全游戏的管理者"。资产阶级自由主义的信条就"危险地活着"(Vivre dangereusement)。[35]关于这一点,我们可以在所有证券公司大厅的入口看到:"股市有风险,入市需谨慎!"并且,在预知风险后的一切经济、政治和生活投入,其后果都只有自己负责。失败了,跳楼或上吊随便,人们至多投以怜悯的目光:一个活该倒霉的家伙。**风险**,这是自由主义治理的第一个必然后果!

自由主义治理技艺的第二个后果,是福柯已经充分讨论过的资产阶级规训技术(techniques disciplinaires)中的"控制、约束、强制性手段的惊人扩张",这些微观权力手段对人的**控制**"将成为自由的对等物和抵消力(la contrepartie et le contrepoids des libertés)"[36]。福柯特别指认,这些规训技术"逐渐地重新掌控个人行为直到其最微小的细节之处,它们的发展和激增以及在社会中的扩散恰恰是与自由时代(l'âge des libertés)同时期的",甚至说,经济自由与"规训技术意义上的自由主义"这两种东西是"完全联系在一起的"。[37]这两种自由合谋产生的控制力量是惊人的。

其三,自由主义治理技艺所带来的第三个后果是恰恰只有**更多的干预**,才能引入更多的自由。福柯明确指认,当代资本主义治理已经在20世纪30年代遭遇了自身的危机,所以,以罗斯福强调国家干预的"新政"为标志的福利政策,"就是在失业的危险情况下来保障生产劳动自由、消费自由、政治自由等更多自由的一种方式"。进而,凯恩斯主义就是以牺牲自由为代价的,因为它本身就是"通过一系列干预(intervention),对市场的、人为的、唯意志的、经济的直接干预"来保证自由主义的危险存在。[38] 在这里,作为自由主义生成的否定性前提的人为性、干预式的控制,反倒成了"自由的原动力"了。我们前面说过,福柯熟知当代资产阶级经济学的最新发展,但他对凯恩斯革命的理解却是独特的。

福柯入木三分地作出判断——这正是 20 世纪资产阶级自由主义的根本性危机,也是资产阶级所标榜的那个由自由原子的经济人建构起来的"公民社会"的真正危机。

我注意到,比岱曾经有一个有趣的分析,他比较了马克思与福柯对资产阶级自由主义的研究。在比岱看来,马克思在自己的"政治经济学批判"中同样关注了重农主义者和英国的自由主义者,不过与福柯这里的讨论正好相反,马克思聚焦的是自由主义的"经济理论",而福柯感兴趣的则是资产阶级的"政治治理"。马克思想要指出资本主义生产的目的是抽象的财富、剩余价值;而福柯则想揭示出:"自由主义政治经济学指向的目标是生命、人口、财富和社会权力。"这是对的。因为在福柯看来,

> 他们超越了文艺复兴时期的"最高权力"和古典时代的"国家理性",引入了一种较为温和的"统治"的形象,这种"统治"将自己限制在推进(商品)经济的"自然过程"和"人口管理"的范围内,并通过"某些特定的自由形式"将自己理解为自然现象。自由主义发展出一种以国家财富为目标的知识,这种知识所关注的,不再只是臣民,也不是统治者,而是"人口"——自由主义试图以此照顾生命本身。[39]

资产阶级的自由主义的主要治理目标是"照顾生命本身",这恰恰是福柯此处讨论自由主义的构境意向。所以,我基本赞同比岱的分析。

四、经济人与公民社会:自由主义治理术的技术学集合体

在 1979 年 3 月 28 日的演讲中,福柯重点讨论了**经济人**(*l'homo oeco-*

nomicus）问题。福柯这里的思考，主要针对当时在社会治理中已经出现的反对凯恩斯主义的新自由主义思潮。比岱敏锐地注意到了这一点。他说："从1979年1月24日起，福柯就开始研究那种与自由主义的古典形式相对，一出现就引起轰动，更加片面地强调商品的自由主义的新形式：'新自由主义'。他将后者理解为对凯恩斯主义的一种回应，认为它存在于某种'自由主义危机'中。"[40]这是精准的判断。福柯指出，**经济人假设是贯穿于自18世纪始的自由主义思潮中的主题**。在这种假设中，"经济人服从于自己的利益，其利益自发地（spontanément）趋同于（converger）其他人的利益"[41]。这是原先神学中那个"人人为自己，上帝为大家"在市场经济中的另一种说法。经济人就意味着"放任自由"（laisse faire），可是在现实市场经济中，经济人并不是一个绝对的自由原子（atome de liberté）——因为在经济活动的结果上，他通常都会被作为可操控者重新引回经济环境中，成为从根子上并不自由的可操控的**被治理者**。以福柯之见，这是一个在自由经济人假设与现实市场经济活动的客观法则之间出现的悖论。

为此，福柯引述了孔多塞[42]的《人类精神进步》（Les Progrès de l'esprit humain）。他说，在此书第9个时代的分析中，孔多塞讨论过这种被称为经济人的个人主体。其实，自由的经济人的个人利益取决于**市场和社会生活中发生的无数无法预见的东西**，其中，"每个个人从属于一个整体，后者是一个无法控制、无法规定的，它是物的进程和世界的进程（cours de choses et le cours du monde）"，个人利益的实现，恰恰与"大量个人之外的要素有关"，于是，经济人只能处于某种**不自由的**"不定的内在场（champ d'immanence indéfini）"之中。[43]在福柯看来，在市场活动中被资产阶级假设为自由、自主的经济人，实际上处于"双重不自主（double involontaire）、双重不确定（double indéfini）和双重无法总计（double non-totalisable）"的可笑处境之中。所谓双重不自主，指的是大量偶然因素作用于经济人的**活动结果上的不自主和他不自主地为他人利益做事**；双重不确定和双重无法总计，指的是经济人的利益"所依赖的那些偶然属于一个我们既不能贯穿也不能总计的领域，另一方面，通过产出自己的利益而给他人带来的收益，对他来说也是一种未明确，一种无法总计和不确定"[44]。福柯将这个看起来是独立主体的自由经济人勾勒为一个被市场中生成的**看不见的手**（main invisible）支配的可怜木偶。福柯在此讲座中 20 余次使用 main invisible 这一词组。于是，在福柯此处的思考深境之中，我们再一次回到了政治经济学中的斯密。

福柯认为，斯密那只"看不见的手"有些类似于马勒布朗士[45]的无脸上帝。或者依阿甘本的解读，斯密的"看不见的手"之喻源自神学中的上帝的无形之手。[46]福柯看到的是，传统中人们通常会关注斯密所说的那只有力量的手，"即某种好像有神意的东西把所有分散的线条编织在一起"，但人们往往忽视的恰恰是斯密这里强调的"不可见性"（invisible）[47]。这个不可见性的直接构境意义是**政治权力的不可见**，是君主和所有**主体性干预的不可见**，在市场经济中，"看不见的手自发地组合各种利益，同时它禁止所有形式的干预，甚至所有形式的、总体化经济进程的高瞻远瞩"[48]。阿甘本曾经引述迪迪耶·德鲁勒（Didier Deleule）的话说，"在现代思想中，从休谟到亚当·斯密，一个可以与神恩理论进行完美类比的概念出现了，它打破了第一原因的优先性，并用一种在内在性后果的纯偶然博弈所产生的构序取而代之"[49]。阿甘本这个"纯偶然博弈所产生的构序"是极为深刻的。也是在这个意义上，福柯指认资本主义市场经济的合理性（rationalité）恰恰是由经济进程的**总体的不可知性**（inconnaissabilitéde la totalité）所奠基的，所以，资产阶级的"经济学是一门无神论的学科，经济学是一门无上帝（sans Dieu）的学科，经济学是一门无总体性（sans totalité）的学科"[50]。这种性质当然也就是全部资产阶级**公民社会**（société civile）的本质。福柯在此讲座中 140 余次使用 société civile 这一词组。

1979 年 4 月 4 日，在年度讲座的最后一次演讲中，福柯集中讨论了公民社会的问题。在他看来，经济人与公民社会是资本主义体制中两个不可分割的要素，自由的经济人的假设点"填满了公民社会之深厚的、完整的、复杂的实在性"，或者说，

> 公民社会是一种具体的集合体（ensemble），在其内部中，这些理想的点，这些经济人应该重新归位以便对其管理。因此，经济人与公民社会属于同一个集合体，即自由治理术的技术学集合体（l'ensemble de la technologie de la gouvernementalité libérale）。[51]

在福柯看来,资本主义市场经济建构了一个无主体的**经济场**(*champ économique*),在这个自发运转的经济模式中,全新的自然主义治理技艺产生了,当这种治理引入到整个社会的控制中时,也就生成了所谓公民社会这一新的参照场(champ de référence nouveau)。[52]福柯说,

> 公民社会不是一个哲学概念,我认为,公民社会是一个治理技术学的概念(concept de technologie gouvernementale),确切地说它是治理技术学的相关项,而治理技术学的合理措施应该以法律的方式与一种生产和交换过程意义上的经济相挂钩(indexée)。治理术的法学结构与经济学结构相挂钩:这就是公民社会的问题。[53]

这还是马克思的理路:经济实践结构裁决法学结构。福柯宣称,公民社会不是一个政治哲学理念,而是与资本主义市场经济结构相对应的**社会治理技术学**。这是一个十分激进的判断。在福柯这里,资产阶级的公民社会就是一种新型社会治理的实现,此间出现了"一种无所不在的治理,一种无所不包的治理,一种既服从权利法规又尊重经济特殊性(spécificité de l'économie)的治理,它将是一种管理公民社会、管理国民、管理社会、管理社会事务的治理"[54]。

在分析了弗格森[55]《公民社会史论》(*Essai sur l'histoire de la société civile*)一书中对公民社会的定义之后,福柯做出小结:资产阶级的公民社会的确建构了一种与传统君主权力完全不同的新型治理合理性——自由主义合理性,这种合理性的实质是"如何治理,如何治理技艺的合理化原则奠基于被治理者的合理行为之上"[56]。

于是,资产阶级的**政治**由此诞生!

注释

[1] Michel Foucault, *Naissance de la biopolitique*, *Cours au Collège de France*, 1978—1979, Paris, Gallimard, 2004.[法]福柯:《生命政治的诞生》,莫伟民等译,上海人民出版社 2010 年版。

[2] 同上书,第 2 页。中译文有改动。Michel Foucault, *Naissance de la biopolitique*,

Cours au Collège de France, *1978—1979*, Paris, Gallimard, 2004, p.4.

　　[3]［美］库兹韦尔:《结构主义时代》,尹大贻译,上海译文出版社 1988 年版,第 192 页。

　　[4]［英］谢里登:《求真意志——米歇尔·福柯的心路历程》,尚志英等译,上海人民出版社 1997 年版,第 151 页。

　　[5]［法］福柯:《生命政治的诞生》,莫伟民等译,第 2 页。中译文有改动。Michel Foucault, *Naissance de la biopolitique*, *1978—1979*, Paris, Gallimard, 2004, p.4.

　　[6]同上书,第 3 页。

　　[7]同上书,第 11 页。

　　[8]同上。中译文有改动。Michel Foucault, *Naissance de la biopolitique*, *Cours au Collège de France*, *1978—1979*, Paris, Gallimard, 2004, p.15.

　　[9] Giorgio Agamben, *The Kingdom and the Glory*, Translated by Lorenzo Chiesa, Stanford, California: Stanford University Press, 2011, pp.91—111.

　　[10] Giorgio Agamben, *Il Regno e fa Gloria. Per una genealogia teologica dell'economia e del governo. (Homo Sacer IL 2), 2007. The Kingdom and the Glory, For a Theological Genealogy of Economy and Government(Homo Sacer II, 2)*, Translated by Lorenzo Chiesa, Stanford, California: Stanford University Press, 2011.

　　[11]［法］福柯:《生命政治的诞生》,莫伟民等译,第 11 页。

　　[12]同上书,第 12 页。

　　[13]同上。

　　[14]同上书,第 13 页。

　　[15]同上。

　　[16]同上书,第 24 页。

　　[17]同上书,第 25 页。

　　[18]同上书,第 26 页。

　　[19]同上书,第 26—27 页。

　　[20]同上书,第 27 页。

　　[21]同上。

　　[22]参见拙著:《文本的深度耕犁——西方马克思主义经典文本解读》(第一卷),中国人民大学出版社 2004 年版,第 4 章。

　　[23]［法］福柯:《生命政治的诞生》,莫伟民等译,第 28 页。中译文有改动。Michel Foucault, *Naissance de la biopolitique*, *Cours au Collège de France*, *1978—1979*, Paris, Gallimard, 2004, pp.33—34.

　　[24]同上。

　　[25]［法］比岱:《福柯和自由主义:理性,革命和反抗》,吴猛译,《求是学刊》2007 年第 6 期。

　　[26]［法］福柯:《生命政治的诞生》,莫伟民等译,第 36 页。

［27］同上书,第38页。

［28］同上书,第39页。

［29］同上书,第51页。

［30］同上书,第53页。

［31］同上。

［32］Michel Foucault, *Omnes et singulatim：vers une critique de la raison politique*, *Dits et écrits*, *1976—1988*, Paris, Gallimard, 1994, p.979.中译文参见［法］福柯:《福柯读本》,严泽胜等译,北京大学出版社2010年版,第223页。

［33］［法］福柯:《生命政治的诞生》,莫伟民等译,第54页。

［34］同上书,第55页。

［35］同上书,第54页。

［36］同上。

［37］同上。

［38］同上书,第56页。

［39］［法］比岱:《福柯和自由主义:理性,革命和反抗》,吴猛译,《求是学刊》2007年第6期。

［40］同上。

［41］［法］福柯:《生命政治的诞生》,莫伟民等译,第240页。

［42］孔多塞(Condorcet, Marie-Jean-Antoine-Nicolas-Caritat, Marquis de, 1743—1794),18世纪法国启蒙运动的最杰出代表人物,1782年当选法兰西科学院院士。代表作有:《人类精神进步》(1795)等。

［43］［法］福柯:《生命政治的诞生》,莫伟民等译,第244页。

［44］同上书,第246页。

［45］马勒布朗士(Nicolas Malebranche, 1638—1715),法国天主教奥拉多利修会的神甫,著名神学家和哲学家,17世纪笛卡尔学派的代表人物,曾任法兰西科学院院士。主要代表作:《真理的探索》(1675)、《论自然和恩赐》(1680)、《论道德》(1684)、《关于宗教和形而上学的探讨》(1688),以及《论对上帝的爱》(1697)等。

［46］Giorgio Agamben, *The Kingdom and the Glory*, Translated by Lorenzo Chiesa, Stanford, California: Stanford University Press, 2011, p.284.

［47］［法］福柯:《生命政治的诞生》,莫伟民等译,第247页。

［48］同上。

［49］Giorgio Agamben, *The Kingdom and the Glory*, Translated by Lorenzo Chiesa, Stanford, California: Stanford University Press, 2011, p.122.

［50］［法］福柯:《生命政治的诞生》,莫伟民等译,第247页。

［51］同上书,第261页。

［52］同上。

［53］同上书,第262页。中译文有改动。Michel Foucault, *Naissance de la biopoli-*

tique, *Cours au Collège de France*, *1978—1979*, Paris, Gallimard, 2004, pp.299—300.

［54］［法］福柯:《生命政治的诞生》,莫伟民等译,第 262 页。

［55］亚当·弗格森(Adam Ferguson, 1723—1816),18 世纪苏格兰启蒙运动的主要思想家之一。1759 年起,任爱丁堡大学哲学教授。代表作为:《文明社会史论》(1767)、《论历史的进步和罗马共和国的终结》(1783)等。

［56］［法］福柯:《生命政治的诞生》,莫伟民等译,第 262 页。

参 考 文 献

一、外文文献

Michel Foucault, *Maladie mentale et personnalité*, Paris, Presses Universitaires de France, 1954.

——, *Histoire de la folie à l'âge classique*, Paris, Gallimard, 1972.

——, *Naissance de la clinique. Une archéologie du regard médical*, Presses Universitaires de France, Paris, 1963.

——, *Les mots et les choses*, *Une archéologie des sciences humaines*, Paris, Gallimard, 1966.

——, *L'Archéologie du Savoir*, Paris, Gallimard, 1969.

——, *L'ordre du discours*, Paris, Gallimard, 1971.

——, *Surveiller et Punir*, Paris, Gallimard, 1975.

——, *Les anormaux*, 1974—1975, *Cours au Collège de France*, Paris, Gallimard, 1997.

——, *«II faut défendre la société»*, *Cours au Collège de France*, 1975—1976, Paris, Gallimard, 1997.

——, *Sécurité, Territoire, Population*, *Cours au Collège de France*, *1977—1978*, Paris, Gallimard, 2004.

——, *Naissance de la biopolitique*, Cours au Collège de France, 1978—1979, Paris, Gallimard, 2004.

——, *Histoire de la sexualité*, *La volonté de savoir*, Paris, Gallimard, 1976.

——, *Dits et écrits*, 1954—1975, Paris, Gallimard, 1994.

——, *Dits et écrits*, 1976—1988, Paris, Gallimard, 1994.

——, *Qu'est-ce que la critique? Bulletin Société française de Philosophie*, Avril-Juin, 1990, Paris.

Gilles Deleuze, *Pourparlers*, *1972—1990*, Les Editions de Minuit, Paris, 1990.

Jean Baudrillard, *Le ludique et le policler & autres écrits parus dan Utopie* (*1967—1978*), Sens & Tonka, Paris, 2001.

Pierre Bourdieu, *Esquisse pour une auto-analyse*, Editions RAISONS D'AGIR, Paris, 2004.

Giorgio Agamben, *The Signature of All Things On Method*, trans. Luca D'Isanto with Kevin Attell, Zone Books, New York, 2009.

Giorgio Agamben, *What Is Apparatus? And Other Essays*, trans. David Kishik and Stefan Pedatella, Stanford, California, Stanford University Press, 2009.

Giorgio Agamben, *The Kingdom and the Glory*, Translated by Lorenzo Chiesa, Stanford, California, Stanford University Press, 2011.

Pierre Macherey, *De Canguilhem à Foucauly la force des normes*, La Fbrique éditions, 2009.

Richard Wolin, *Foucault the Neohumanist? Chronicle of Higher Education*. 9/1/2006, Vol.53 Issue 2.

二、中文文献

[法]福柯:《古典时代疯狂史》,林志明译,生活·读书·新知三联书店 2005 年版。

——:《临床医学的诞生》,刘北成译,译林出版社 2011 年版。

——:《词与物——人文科学考古学》,莫伟民译,上海三联书店 2001 年版。

——:《知识考古学》,谢强等译,生活·读书·新知三联书店 1998 年版。

——:《规训与惩罚》,刘北成等译,生活·读书·新知三联书店 1999 年版。

——:《权力的眼睛——福柯访谈录》,上海人民出版社 1997 年版。

——:《必须保卫社会》,钱翰译,上海人民出版社 1999 年版。

——:《安全、领土与人口》,钱翰等译,上海人民出版社 2010 年版。

——:《生命政治的诞生》,莫伟民等译,上海人民出版社 2010 年版。

——:《主体解释学》,佘碧平译,上海人民出版社 2005 年版。

——:《性经验史》(增订版),佘碧平译,上海人民出版社 2005 年版。

——:《说真话的勇气》,钱翰等译,上海人民出版社 2016 年版。

——:《惩罚的社会》,陈雪杰译,上海人民出版社 2016 年版。

——:《福柯读本》,严泽胜等译,北京大学出版社 2010 年版。

——:《福柯集》,王简等译,上海远东出版社 1998 年版。

——:《福柯文选Ⅰ:声名狼藉者的生活》,汪民安编,北京大学出版社 2016 年版。

——:《福柯文选Ⅱ:什么是批判》,汪民安编,北京大学出版社 2016 年版。

——:《福柯文选Ⅲ:自我技术》,汪民安编,北京大学出版社 2016 年版。

——:《马奈的绘画》,谢强等译,湖南教育出版社 2009 年版。

——:《这不是一只烟斗》,邢克超译,漓江出版社 2012 年版。

——:《精神疾病与心理学》,王杨译,上海译文出版社 2014 年版。

——:《福柯/布朗肖》,肖莎等译,河南大学出版社 2014 年版。

——:《福柯答复萨特》,莫伟民译,载《世界哲学》,2002 年第 5 期。

——:《反俄狄浦斯序言》,麦永雄译,载《国外理论动态》,2003 年第 7 期。

——:《反法西斯主义的生活艺术》,李猛译,载《天涯》,2000 年第 1 期。

——:《另类空间》,《世界哲学》,2006 年第 6 期。

——:《宽忍的灰色黎明》,王昶译,《世界电影》,1998 年第 5 期。

[荷]厄尔德斯编:《乔姆斯基、福柯论辩录》,刘玉红译,漓江出版社

2012 年版。

　　[德]康德:《纯粹理性批判》,韦卓民译,华中师范大学出版社 1991
年版。

　　——:《实践理性批判》,韩水法译,商务印书馆 1999 年版。

　　——:《历史理性批判文集》,何兆武译,商务印书馆 1990 年版。

　　[德]海德格尔:《存在与时间》,王庆节、熊伟译,生活·读书·新知三
联书店 2000 年版。

　　——:《面向思的事情》,陈小文、孙周兴译,商务印书馆 1996 年版。

　　——:《尼采》,孙周兴译,商务印书馆 2003 年版。

　　——:《对亚里士多德的现象学解释》,赵卫国译,华夏出版社 2012
年版。

　　[德]霍克海默、阿多诺:《启蒙辩证法》,渠敬东、曹卫东译,上海人民出
版社 2006 年版。

　　[德]阿多诺:《否定的辩证法》,张峰译,重庆出版社 1993 年版。

　　[法]康吉莱姆:《正常与病态》,李春译,西北大学出版社 2015 年版。

　　[法]阿尔都塞:《保卫马克思》,顾良译,商务印书馆 1984 年版。

　　——:《来日方长——阿尔都塞自传》,上海人民出版社 2013 年版。

　　[法]巴塔耶:《色情、耗费与普遍经济》,吉林人民出版社 2003 年版。

　　——:《色情史》,商务印书馆 2003 年版。

　　[日]汤浅博雄:《巴塔耶:消尽》,河北教育出版社 2001 年版。

　　[法]鲍德里亚:《物体系》,上海人民出版社 2001 年版。

　　——:《消费社会》,南京大学出版社 2000 年版。

　　——:《完美的谋杀》,商务印书馆 2000 年版。

　　——:《生产之镜》,中央编译出版社 2005 年版。

　　——:《警察与游戏》,张新木等译,南京大学出版社 2013 年版。

　　[法]布尔迪厄:《自我分析纲要》,刘晖译,中国人民大学出版社 2012
年版。

　　——:《实践与反思》,李猛、李康译,中央编译出版社 1998 年版。

　　——:《帕斯卡式的沉思》,刘晖译,生活·读书·新知三联书店 2009
年版。

［法］德勒兹：《德勒兹论福柯》，杨凯麟译，江苏教育出版社 2006 年版。

——：《哲学与权力的谈判》，刘汉全译，商务印书馆 2000 年版。

——：《欲望与快感》，于奇智译，载《哲学译丛》，2005 年第 1 期。

［法］拉康：《拉康文集》，褚孝泉译，上海译文出版社 2000 年版。

［法］利奥塔：《后现代状况》，岛子译，湖南美术出版社 1996 年版。

［法］巴特：《符号帝国》，孙乃修译，商务印书馆 1994 年版。

——：《恋人絮语》，汪耀进、武佩荣译，上海人民出版社 1988 年版。

——：《文之悦》，屠友祥译，上海人民出版社 2002 年版。

［法］德里达：《书写与差异》，张宁译，生活·读书·新知三联书店 2001 年版。

——：《马克思的幽灵》，何一译，中国人民大学出版社 1999 年版。

［法］克里斯蒂娃：《恐怖的权力：论卑贱》，张新木译，生活·读书·新知三联书店 2001 年版。

［法］戈德曼：《隐蔽的上帝》，百花文艺出版社 1998 年版。

——：《文学社会学方法论》，段毅、牛宏宝译，工人出版社 1989 年版。

——：《马克思主义和人文科学》，罗国祥译，安徽文艺出版社 1989 年版。

［法］巴迪欧：《小万神殿》，蓝江译，南京大学出版社 2014 年版。

——：《元政治学概述》，蓝江译，复旦大学出版社 2015 年版。

［意］阿甘本：《例外状态》，薛熙平译，青田出版社 2010 年版。

——：《剩余的时间——解读〈罗马书〉》，钱立卿译，吉林出版集团 2011 年版。

——：《幼年与历史：经验的毁灭》，尹星译，河南大学出版社 2011 年版。

——：《潜能》，王立秋等译，漓江出版社 2014 年版。

——：《神圣人：至高权力与赤裸生命》，吴冠军译，中央编译出版社 2016 年版。

——：《万物的签名》，尉光吉译，中央编译出版社 2017 年版。

［英］沃尔芙：《艺术的社会生产》，董学文、王葵译，华夏出版社 1990 年版。

［英］伊格尔顿：《马克思主义与文学批评》，文宝译，人民文学出版社

1980 年版。

——:《二十世纪西方文学理论》,伍晓明译,陕西师范大学出版社 1986 年版。

——:《美学意识形态》,王杰译,广西师范大学出版社 1997 年版。

[美]杰姆逊:《后现代主义与文化理论》,唐小兵译,陕西师范大学出版社 1986 年版。

——:《马克思主义与形式》,周爻译,百花洲文艺出版社 1996 年版。

——:《语言的牢笼》,钱佼汝译,百花洲文艺出版社 1996 年版。

[法]列维-斯特劳斯:《野性的思维》,李幼蒸译,商务印书馆 1987 年版。

[德]哈贝马斯:《现代性的哲学话语》,曹卫东等译,译林出版社 2004 年版。

[德]斯洛特戴克:《资本的内部》,常晅译,社会科学文献出版社 2013 年版。

[美]哈维:《希望的空间》,胡大平译,南京大学出版社 2006 年版。

——:《正义、自然和差异地理学》,胡大平译,上海人民出版社 2010 年版。

[英]谢里登:《求真意志——米歇尔·福柯的心路历程》,尚志英等译,上海人民出版社 1997 年版。

[法]埃里蓬:《权力与反抗:米歇尔·福柯传》,谢强、马月译,北京大学出版社 1997 年版。

[英]路易丝·麦克尼:《福柯》,贾提译,黑龙江人民出版社 1999 年版。

[瑞]菲利普·萨拉森:《福柯》,李红艳译,中国人民大学出版社 2010 年版。

[美]理查德·沃林:《文化批评的观念——法兰克福学派、存在主义和后结构主义》,张国清译,商务印书馆 2007 年版。

[英]罗伊·博伊恩:《福柯与德里达:理性的另一面》,贾辰阳译,北京大学出版社 2010 年版。

[德]马文·克拉达、格尔德·登博夫斯基:《福柯的迷宫》,朱毅译,商务印书馆 2005 年版。

[英]约翰·斯特罗克:《结构主义以来》,渠东等译,辽宁教育出版社

1998 年版。

[英]莱姆克等:《福柯与马克思》,陈元等译,华东师范大学出版社 2007 年版。

[美]波斯特:《福柯、马克思主义与历史》,张金鹏等译,南京大学出版社 2015 年版。

[日]樱井哲夫:《福柯:知识与权力》,姜忠莲译,河北教育出版社 2001 年版。

[澳]丹纳赫等:《理解福柯》,刘瑾译,百花文艺出版社 2002 年版。

[美]布朗:《福柯》,聂保平译,中华书局 2002 年版。

[美]米勒:《福柯的生死爱欲》,高毅译,上海人民出版社 2003 年版。

[法]多斯:《从结构到解构——法国 20 世纪思想主潮》,季广茂译,中央编译出版社 2004 年版。

[法]布洛塞:《福柯:一个危险的哲学家》,罗惠珍译,麦田出版社 2012 年版。

[美]库兹韦尔:《结构主义时代》,尹大贻译,上海译文出版社 1988 年版。

[法]德赖弗斯等:《超越结构主义与解释学》,张建超等译,光明日报出版社 1992 年版。

[德]霍奈特:《分裂的世界》,王晓升译,社会科学文献出版社 2011 年版。

——:《权力的批判》,童建挺译,上海人民出版社 2012 年版。

[英]罗伯特·杨:《白色神话——书写历史与西方》,赵稀方译,北京大学出版社 2014 年版。

[法]比岱:《福柯和自由主义:理性,革命和反抗》,吴猛译,载《求是学刊》,2007 年第 6 期。

[英]柯伊:《米歇尔·福柯——一位深受学子赞美又备受同侪憎恨的社会学家》,崔君衍译,载《东南学术》,2005 年第 6 期。

汪民安、陈永国编:《尼采的幽灵》,社会科学文献出版社 2001 年版。

汪民安等主编:《福柯的面孔》,文化艺术出版社 2001 年版。

汪民安等编:《生产》,第二辑,广西师范大学出版社 2005 年版。

汪民安等编:《生产》,第七辑,江苏人民出版社 2011 年版。

汪民安等编:《生产》,第九辑,江苏人民出版社2014年版。

许宝强等选编:《语言与翻译中的政治》,中央编译出版社2001年版。

刘北成:《福柯思想肖像》,北京师范大学出版社1995年版。

汪民安:《福柯的界限》,中国社会科学出版社2002年版。

莫伟民:《主体的命运——福柯哲学思想研究》,上海三联书店1996年版。

杨凯麟:《分裂分析福柯》,南京大学出版社2011年版。

高宣扬:《福柯的生存美学》,中国人民大学出版社2010年版。

王治河:《福柯》,湖南教育出版社1999年版。

吴猛:《福柯话语理论探要》,九州出版社2010年版。

黄瑞琪:《再见福柯》,浙江大学出版社2008年版。

刘永谋:《福柯的主体解构之旅》,江苏人民出版社2008年版。

赵一凡:《福柯的话语理论》,载《读书》,1994年第5期。

莫伟民:《福柯的反人类学主体主义和哲学的出路》,载《哲学研究》,2002年第1期。

——:《福柯与理性批判哲学》,载《中国社会科学》,1994年第4期。

汪民安:《福柯与哈贝马斯之争》,载《外国文学》,2002年第4期。

——:《疯癫与结构:福柯与德里达之争》,载《外国文学研究》,2002年第3期。

——:《论福柯的人之死》,载《天津社会科学》,2003年第5期。

张一兵:《问题式、症候阅读和意识形态——一种对阿尔都塞的文本学解读》,中央编译出版社2003年版。

——:《文本的深度耕犁——西方马克思主义经典文本解读》,第一卷,中国人民大学出版社2004年版;第二卷,2008年版。

——:《不可能的存在之真——拉康哲学映像》,商务印书馆2006年版。

——:《回到海德格尔——本有与构境》(第一卷),商务印书馆2014年版。

附录一:福柯主要学术文本词频统计

关键词 \ 文本	《词与物》	《认知考古学》	《规训与惩罚》	《不正常的人》	《必须保卫社会》	《安全、领土与人口》	《生命政治的诞生》
aménager	1	0	39	0	4	4	1
anatomie politique	0	0	9	2	0	0	0
anonyme	4	11	7	3	2	4	2
appareil	3	2	128	55	49	35	20
archéologie	8	80	0	4	2	2	1
archive	3	42	31	1	3	0	0
art de gouverner	0	0	0	1	0	120	70
Bio-pouvoir	0	0	0	0	38	10	0
biopolitique	0	0	0	0	18	17	4
bourgeois	5	9	18	18	10	2	10
champ	53	160	42	99	77	84	40
chose	363	57	81	146	216	455	295
comment	114	130	58	115	165	207	182
configuration	36	13	1	5	1	2	4
connaissance	129	37	36	22	36	60	18
corps	72	29	359	397	157	77	22
détermination	8	28	4	6	2	3	3
différence	56	30	29	23	49	44	40
discipline	7	48	130	16	69	100	8
discontinuité	9	30	3	3	4	9	1

续表

关键词＼文本	《词与物》	《认知考古学》	《规训与惩罚》	《不正常的人》	《必须保卫社会》	《安全、领土与人口》	《生命政治的诞生》
discours	161	427	80	178	450	43	38
dispersion	13	45	2	0	4	3	0
dispositif	0	0	43	10	7	67	9
docilité	0	0	13	1	1	1	0
économie	63	47	75	50	10	147	502
énoncé	41	110	2	24	10	3	4
épistémè	6	14	1	0	0	1+3	0
épistémologie	21	2	0	0	1	0	0
événement	40	99	10	7	29	50	11
événements discursifs	0	6	0	0	0	0	0
formation	16	181	42	34	10	20	58
généalogie	2	3	8	20	42	12	8
genèse	19	19	5	4	7	13	7
gouvernement	0	3	7	23	49	568	627
gouvernementalité	0	0	0	0	0	105	114
gouverner	0	0	1	5	3	245	148
grille	11	3	4	12	25	6	21
hétérotopie	1	0	0	0	0	0	0
Histoire	44	56	2	44	25	0	0
histoire	228	321	67	166	596	155	209
homme	439	43	26	90	0	367	108
idéologie	22	10	4	6	12	9	9
invisible	30	4	3	2	1	3	20
liberté	8	10	58	12	91	60	200
linéaire	11	14	4	1	1	0	0
main invisible	0	0	0	0	0	0	20

文本 关键词	《词与物》	《认知考古学》	《规训与惩罚》	《不正常的人》	《必须保卫社会》	《安全、领土与人口》	《生命政治的诞生》
marchandise	36	1	10	0	1	21	16
marché	32	5	22	13	5	73	375
marqué	107	27	86	62	31	81	14
Marx	8	8	0	2	8	3	24
Marxisme(iste)	3	0	0	0	23	0	14
nature	461	99	100	225	111	190	193
normalisation	0	0	11	32	30	26	2
ontologie	15	1	0	0	0	4	0
ordre	322(de-)	76	126	90	100	145	88
origine	93	56	21	48	57	12	36
pastoral	0	0	0	18	1	210	1
police	0	0	65	10	6	329	57
population	11	9	33	34	59	420	37
pouvoir	111	37	531	500	816	500	210
pratique	27	161	99	133	70	155	178
priori historique	5	9	0	0	0	0	0
problématique	3	7	2	22	9	38	34
quasi naturel	0	0	1	0	0	2	0
rappor	338	129	153	242	353	439	200
rapport de force	0	0	1	0	60	6	0
réactivation	0	10	8	11	36	2	7
reconstituter	0	1	2	5	4	0	4
régularité	5	92	17	37	22	5	2
régulatrice	0	0	0	0	1	4	11
relation	9	24	59	63	73	107	40

关键词＼文本	《词与物》	《认知考古学》	《规训与惩罚》	《不正常的人》	《必须保卫社会》	《安全、领土与人口》	《生命政治的诞生》
représentation	317	23	43	10	19	19	0
réseau	36	18	28	9	8	16	
rupture	15	31	7	8	18	14	8
sans visage	0	0	3	1	0	0	0
savoir	224	87	110	175	400	178	100
schéma	5	12	41	18	38	13	30
sciences humaines	38	3	9	1	9	2	0
sécurité	0	1	2	1	8	353	56
situation	16	14	6	10	13	17	31
société civile	0	0	3	0	6	18	140
souveraineté	10	6	19	17	200	137	23
stratégies	0	19	24	1	8	7	2
structure	51	61	10	9	11	46	51
tableau	176	16	18	8	3	1	7
technique	18	28	161	93	59	88	52
téléologie	0	12	0	0	0	0	0
totalité	10	21	2	11	12	12	18
vérité	51	40	102	43	85	100	70

附录二：福柯生平与主要著述

1926 年 10 月 15 日　福柯出生于法国中西部的文化古城维艾纳省省会普瓦捷(Poitiers)。父亲保尔·米歇尔·福柯(Paul Michel Foucault)和祖父保尔·安德列·福柯(Paul André Foucault)都是医生,其父是当地享有盛誉的外科大夫。母亲安–玛丽·马拉贝(Anne-Marie Malapert)也是医学世家出身,她的父亲是外科医生兼布阿济耶医学院医学教授。这个家族传统可能也是后来福柯熟悉医学领域的原因。福柯是家中的长子,有一个大他一岁多的姐姐(Francine)和小他五岁的弟弟(Denys)。自幼,福柯的家庭生活十分富有。他们住在一个带花园的独立住宅里,其中一个保姆照看孩子,一个厨师照料家务,还有专门的秘书和司机。家庭生活传统,教育保守,礼拜天去天主教教堂做弥撒是雷打不动的家庭仪式。依福柯自己的说法,他是生活在"法国的一个小资产阶级的外省环境中"。这一生存情境一直持续到福柯 19 岁离开家乡普瓦捷。福柯的父亲于 1959 年去世。福柯后来很少见到他的姐姐和当上了外科医生的弟弟,但他同母亲仍保持着密切的联系。一直到最后,福柯还经常到普瓦捷郊外的庄园去看她,同时在那里对自己的手稿作最后的润色。

1934 年 7 月 26 日　奥地利首相多尔弗斯遭法西斯分子枪杀,年仅 8 岁的福柯,生平第一次感到了某种巨大的存在性恐慌,那是他体验到的"对死亡的第一次强烈恐惧"。

1937 年　福柯性格孤僻冷漠,但极有天赋。他明确向父亲表示,自己长大后不愿意遵从父亲的意志继承家业当医生,而想选择当历史学教授,首次表现出他的叛逆性格和志向。后来他当了哲学家,却真的研究了历史。

1940 年　进入由天主教修士所创建的斯旦尼斯拉夫书院学习。这一年,法国被德国军队占领。作为一种大众集体暴力的法西斯主义,成为福柯终生思考的问题。

1942 年　进入斯旦尼斯拉夫书院的"哲学班"学习。

1943 年　福柯获高中毕业文凭。

1945 年　初考巴黎高等师范学校不第后,青年福柯离开家乡进入巴黎布阿济耶的路易四世大学预备班。初遇哲学启蒙老师让·莫罗-雷贝尔(Jean Moreau-Reibel)。也是这一年,他遇见著名哲学家伊波利特,从此师从伊波利特,在哲学及人文社会科学方面奠定了坚实的基础。在福柯的眼里,伊波利特是引导整个法国思想界"逃离黑格尔"、逃离逻各斯中心论的引路人。

1946 年 5—7 月　福柯再次冲击巴黎高师,口试官之一是后来对他影响巨大的康吉莱姆。这一次,福柯以第四名的优异成绩成功考入巴黎高等师范学校,并在让·波弗莱(Jean Beaufret)指导下研究康德。在学期间,他的身心健康开始出现问题,特别是在性生活方面遇到了"麻烦",因同性恋的性取向陷入深深的苦恼。福柯自己后来讲,他从很早的时候就喜欢同性伙伴。他从小孤僻自傲,并且对父亲的形象难以认同,加之在男生学校读书等,都可能是导致同性恋的重要因素。

1947 年　梅洛-庞蒂开始在巴黎高等师范学校教授心理学,使福柯能够以新的观点准备他的心理学论文。

1948 年　以《黑格尔〈精神现象学〉中历史先验性构造》一文,获哲学学士学位。福柯患上严重的心理疾病。在高师竞争激烈的环境中,精神抑郁症不是个别现象,但是福柯的精神病情况比较严重。他经常酗酒,1948 年和 1950 年,福柯两度企图自杀。福柯后来的男友丹尼尔·德费尔(Daniel

Defert）说，福柯长期以来的痛苦不是源于同性恋的压抑，而是另有原因。他分析可能有两个因素：一是福柯为自己不够漂亮而苦恼，二是福柯早年可能吸过毒，毒瘾可能很深。此时，路易·阿尔都塞成为新任哲学辅导教师。他被学生们戏称为"哲学眼睛鳄"（caiman）。

1949 年　获心理学学士学位。梅洛－庞蒂升任巴黎大学心理学教授，并开讲"人的科学与现象学"的课程，给予福柯深刻的印象。福柯在伊波利特指导下开始准备他的关于黑格尔的博士论文。

1950 年　从巴黎高等师范学校毕业，之后，福柯首先以健康状况不佳为由逃避了服兵役，并获得了梯也尔基金会（Fondation Thiers）的三年研究资格。后来，他实际上只为基金会工作了一年。同年，在阿尔都塞的影响下，福柯加入法国共产党（Parti Communiste Français，简称 PCF）。他第一次参加中学教师资格考试，在顺利通过笔试之后，出人意料地未通过口试。多次考试的失败，使福柯产生了深深的焦虑，他再次出现自杀念头，并到医院接受戒毒治疗。

1951 年　退出法共，但仍然与阿尔都塞保持着友好的关系。福柯第二次参加中学哲学教师资格考试，在顺利通过笔试之后，此次口试的主考官是伊波利特、他日后重要的思想导师康吉莱姆以及乔治·达维（Georges Davy），这一回，福柯终于取得法国大学和中学的哲学教师资格文凭。同样，福柯几乎同所有的人都不能和睦相处。认识青年作曲家皮耶尔·布雷兹（Pierre Boulez），并开始亲密关系。开始系统地研究心理学和精神病的历史，养成了每日必去国家图书馆的习惯，了解各式各样的精神病理论，从巴甫洛夫（Ivan Pavlov）、皮亚杰（Jean Piaget）到雅斯贝尔斯（Karl Jaspers）、弗洛伊德，无所不读。还应阿尔都塞的邀请，于 1951—1955 年间做过巴黎高等师范学校的一名心理学辅导教师。获得巴黎心理学研究院的心理—病理学证书，在法国最大最现代的治疗精神病的机构之一——圣安娜心理医院工作。作为一名非正式的实习医生，他在脑电图描记实验室帮忙做实验，学习如何通过分析脑电波活动的各种反常状态，来诊断脑损伤、癫痫和各种神经疾病。同时准备考取心理学和精神分析学医生资格。同时,在康吉莱姆的指导下,准备哲学国家博士论文。

1952 年　开始在里尔大学哲学系担任助教,教授心理学课程。认识青年作曲家让·巴拉盖(Jean Barraque),认为他可与布雷兹比肩。在前往瑞典之前,福柯一直与巴拉盖保持亲密的关系。福柯自己说,这些音乐家,连同贝克特一道,体现了"我所生活过的那个辩证宇宙中的第一道'裂缝'"。

1953 年　接替阿尔都塞的巴黎高师哲学助教的职位,主要讲授心理学,兼授哲学。他的学生中就有德里达。其间,福柯继续心理学的学习,先后获巴黎心理学院心理病理学和实验心理学的结业文凭。参加贝克特《等待戈多》(*Waiting for Godot*)新书发表会,由此促使福柯的思想发生根本性转折,从此对布朗肖、克罗索维斯基、巴塔耶和尼采深感兴趣。他说:"就我而言,是贝克特《等待戈多》的首次演出使我实现了突破——那真是一场特别激动人心的演出。"在圣安娜心理医院工作时期,参加过雅克·拉康的最初几次讨论班,并研究德国精神病治疗学、神学和人类学。集中研究和参与翻译德国精神病学家宾斯万格(Ludwig Binswanger)的存在主义精神治疗学著作《梦与存在》,对其中的"疯狂只是生平现象"之论深感兴趣。福柯接触到宾斯万格的著作是由于雅克利娜·维尔多(Jacqueline Verdeaux)的缘故。维尔多是雅克·拉康的一位青年门徒,她当时正在圣安娜医院学习。1952年,她第一个着手将宾斯万格的著作译成法文。由于福柯是一个认真的海德格尔研究者,可以解释宾斯万格的哲学术语,所以她在翻译过程中经常向他求助。在随后的几个月里,在维尔多的邀请下,福柯经常到圣安娜医院协助工作,他俩共同参加了瑞士精神病治疗学家罗兰·库恩在医院中举办的精神病人嘉年华晚会。不仅一起去找过宾斯万格本人,直接同他讨论了他的书,而且一起去找加斯东·巴什拉征求意见。在维尔多的介绍下,与出版商首次签订了两本书的出版合同:《死亡史》与《精神病学史》。这是两份没有完成的合同,但很可能是福柯想讨论"疯子与医生"关系的那本《疯狂史》的缘起。

8 月,福柯离开巴黎去意大利度假,被尼采的《不合时宜的思考》深深吸引。

1954 年　福柯把自己的名字中的父名去除,Paul Michel Foucault 从此变成简单的 Michel Foucault。发表《精神病与人格》(*Maladie mentale et Personnalité*),收在法兰西大学出版社的"哲学启蒙"丛书之中。在该书的最后一节的结论中,福柯说:"真正的心理学,如同其他关于人的科学一样,应以帮助人从异化状态中解除出来作为其宗旨。"为雅克利娜·维尔多翻译的宾斯万格的《梦与存在》一书作序。宾斯万格深受现象学和海德格尔思想的影响,是精神分析理论中"此在分析"(Daseinanalyse)派的创始人。同年,福柯在巴黎高等师范学校讲授"现象学与心理学"。上述两个文本都是福柯的早期作品,或者说,福柯还不是福柯自己("伟大的尼采式的写作")时的作品。《精神病与人格》一书 1962 年再版,但福柯完全重写了最后一节。之后拒绝重版和译成英文。

1955 年 8 月,在杜梅泽尔的大力推荐下,福柯被瑞典乌普萨拉(Uppsala)大学聘为法语教师,并任法国文化中心主任。发表《法国戏剧史》等演讲。福柯对于这次离开法国的解释是:"我生活得很痛苦,对于法国社会和文化的许多方面感到难以忍受……个人自由在法国受到极大限制。而当时瑞典被认为是自由得多的国家。"他发现这个大学的图书馆藏有大量有关精神病学史的文献。他养成了一个习惯:每天从上午十点起,直到下午三四点,都把自己深深地埋在档案堆里,苦苦搜寻创作的灵感。

年底,结识罗兰·巴特,并与其保持了长期的友好关系。

1956 年春天,在乌普萨拉大学校园中第一次见到杜梅泽尔,一见如故,成为忘年挚友。也是在杜梅泽尔的鼓励和支持下,福柯开始写作"疯狂史",开始了成为他自己的征程。他的想法是写一部"精神病发展的社会、道德与意象背景的历史"。他最初拟定的书名为《作为大他者的疯狂》(*L'Autre Tour de folie*)。这带有明显的拉康色彩。

1957 年 7 月　返回巴黎度假,在克尔狄出版社发现雷蒙·鲁塞尔的文学著作,觉得其作品通过将词语变成陷阱,"打开了一个无限的不确定的空间",从此很重视鲁塞尔作品中的语言风格。年底,在乌普萨拉会见前往瑞典接受诺贝尔文学奖的加缪。

年底,完成《癫狂与文明:古典时代的癫狂史》的草稿,伊波利特审阅后,并建议作为国家博士论文交给康吉莱姆审核。

1958年夏 离开瑞典前往华沙,担任华沙大学法国文化中心主任,密切注视当时发生在波兰的政治事件。10月,前往德国汉堡担任汉堡大学法国文化中心主任。

1960年 完成《癫狂与文明:古典时代的癫狂史》一书。因遭到布里斯·帕罕的拒绝,此书未能在伽利玛出版社出版,后来由莫利浦·阿里耶拿到普隆出版社发表(收在"文明与精神"丛书中)。作为博士论文副论文,写成《康德〈人类学〉导论》("Introduction á l'anthropologie de Kant")一文,它是康德《实用人类学》一书的法译本的导言(此书1964年由让·弗罕出版社出版)。秋天,福柯回到法国,在克莱蒙—弗尔兰德大学(University of Clermont Ferrond)任心理学教师。认识该校哲学系系主任朱勒·维叶明(Jules Vuillemin)和米歇尔·塞尔(Michel Serres)。前者后来力荐福柯进入法兰西学院。认识巴黎高等师范学校的学生丹尼尔·德费尔(Daniel Defert),与他保持了终身的"感情"(福柯语)。

1961年 在索邦大学答辩国家博士论文《癫狂与文明:古典时代的癫狂史》与《康德〈人类学〉导论》;前一篇由康吉莱姆和丹尼尔·拉加斯(Daniel Lagache, 1903—1972)指导,后一篇由伊波利特指导。评审团由亨利·古耶(Henri Gouhier,索邦大学历史学家)主席、乔治·康吉莱姆、让·伊波利特、拉加斯和莫里斯·德·康梯拉克组成。5月,《癫狂与文明:古典时代的癫狂史》出版,立即受到历史学家曼德鲁、费弗尔、哲学家巴特以及作家布朗肖的高度肯定。福柯被任命为巴黎高等师范学校入学考试审查委员会委员。在法兰西文化广播电台主持《癫狂史和文学》的系列节目。《古典时代的癫狂史》获得"国家科学研究中心"铜奖。年底,《临床医学的诞生》

完稿,并起草《雷蒙·鲁塞尔》。

1962 年　在克莱蒙·弗尔兰德大学接替朱勒·维叶明的哲学系主任之职,维叶明接替梅洛-庞蒂的法兰西学院教授之职。认识吉尔·德勒兹,从此成为他的至交。修改《精神病与人格》,该书改名为《精神病与心理学》,并在法兰西大学出版社出版。阅读法国著名医学家和解剖学家毕萨(Francois Marie Xavier Bichat, 1771—1802)和作家萨德的著作时,对"死亡"概念进行精辟的知识论分析。发表论文《一种如此残酷的认知》(*Un si cruel savoir*)。

1963 年　加入了巴塔耶的《批判》杂志编委会(担任编委到 1977 年),与新创办的文学季刊《泰凯尔》(*Tel quel*)的编辑们打得火热,并发表了一系列令人炫目的评论文章,其中有巴塔耶、布朗肖、荷尔德林、鲁塞尔,皮埃尔·克罗索夫斯基(Pierre Klossowski),还有"新小说"的首倡者阿兰·罗伯-格里耶。这一时期被人们习惯地称为"福柯的文学时期"。发表《临床医学的诞生:一种医学目光的考古学》(*Naissance de la clinique: Une Archeologie du regard medical*,法兰西大学出版社)和《雷蒙·鲁塞尔》(伽利玛出版社)。开始与巴西的民主反对派达成一种长远关系。外交部任命福柯为东京法国文化中心主任,但由于福柯舍不得离开丹尼尔·德斐特,放弃了这个职务。也是在这个时候,福柯开始重读海德格尔的著作。

1963 年 3 月 4 日　索邦大学举行讨论会,雅克·德里达在会上发表尖锐批评《癫狂史》的讲话,题为"自我思想与癫狂史"。

1964 年　在突尼斯。发表《癫狂史》的缩写本(普隆出版社)。与德勒兹、克罗索夫斯基、约翰·波弗雷特(Jean Beaufret)、亨利·毕洛(Henri Birault)、瓦狄默(Gianni Vattimo)、约翰·瓦尔(Jean Wahl)、卡尔·勒维兹(Karl Lowith)、科利(Colli)及蒙狄纳里(Montinari)等人筹划新版《尼采全集》。

7 月,福柯在巴黎以北的罗瓦尤蒙(Royaumon)召开的尼采学术研讨会上宣读了《尼采、弗洛伊德、马克思》一文。

1965 年　与巴迪欧、伊波利特、康吉莱姆和保罗·利科（Paul Ricoeur）参加法国台的电视访谈。在戴高乐的教育部长克利斯蒂安·富歇（Christian Fouchet）建立的一个委员会短暂任职,该委员会的任务是改革法国的高等教育。

1966 年　发表《词与物》（Les mots et les choses, Une archéologie des sciences humaines）,收在伽利玛出版社布耶尔·诺哈主编的"人文科学丛书"之中。该书提出"人是一个晚近的发明"等著名论点,成为法国学界关于结构主义论争的中心。此书在一个半月之内就已经销光。5 月 29 日出版的《快报》（Le Express）刊登关于《词与物》的评论文章,标题为"存在主义以来最伟大的革命!"标题上方,一幅大照片占去了四分之三的版面:《词与物》的作者身穿军用雨衣,站在"新艺术地铁站"的站牌下。图片的说明是:"米歇尔·福柯:人是一件新发明。"与德里达和阿尔都塞频繁来往,并宣布"我们的任务是坚决地超越人本主义"。9 月,福柯决定移居突尼斯,在一个叫做西迪·布·萨伊德（Sidi Bou Said）的小村里住了两年。9 月,福柯担任突尼斯大学哲学教授,经历了突尼斯学生的反帝运动,并且保护学生免遭当局的迫害。10 月,萨特及其《现代》杂志的同仁,批评福柯是资产阶级技术统治的最后一位辩护者,莫里斯·克拉维勒则称在福柯学说中发现现代康德的影子。年底,《拱门》（Le Arc）杂志出了一期特刊,刊名就叫"萨特回应",其中刊载了一篇萨特的答记者问,萨特批评福柯"用幻灯取代了电影,用一连串静止的图像取代了动态的画面"。

1967 年 3 月　福柯返回法国应邀在法国建筑研究会上作了题为"他性空间"（Des espaces autres）的演讲。也是在这一演讲报告中,福柯第一次系统说明了自己的"异托邦"概念。

1967 年 6 月　被选为南特里大学哲学教授,当教育部长迟迟没有批准任命时,福柯又回到了突尼斯。邀请伊波利特到突尼斯大学讲学,课程题目为:"黑格尔与现代哲学"。福柯对发生在中国的"文化大革命"深感兴趣。年底访问米兰,结识安伯托·艾柯(Umberto Eco)。在与雷蒙·贝鲁尔(Raymond Bellour)访谈中称《词与物》一书纯属"虚构","它是本小说,但创作者并不是我"。

1968 年　发表《科学的考古学:答认识论小组》(Sur l'archéologie des sciences. Réponse au Cercle d'épistémologie)。5 月,巴黎爆发学生运动和全国罢工,但在"五月风暴"期间,福柯却在突尼斯,他全力支持当地的学生运动。不过,他曾参加了夏尔莱蒂会议和 6 月在巴黎的最后一次大游行。受"五月风暴"的影响,福柯开始重新阅读马克思的著作,重读贝克特、罗莎·卢森堡,甚至托洛茨基的著作。10 月 27 日,福柯的导师伊波利特逝世。年初被任命为南特里大学心理学教授,他未就任,而是受命组建文森大学(Vincennes,巴黎第八大学)的哲学系,他所聘任的教师中包括朗西埃、巴里巴尔和拉康的女儿米勒等。然而,他在此担任哲学教授仅一年。

1969 年　开讲《性与个人》等课程。福柯积极参与巴黎八大的学生运动,支持学生造反。1 月,在声援圣路易公立中学的学生运动中,福柯第一次被捕。2 月 23 日,应法国哲学会邀请做题为"作者是什么?"(Qu'est-ce qu'un auteur?)的演讲,强调他同德里达和罗兰·巴特之间的差异。3 月,发表《认知考古学》(L'Archéologie du Savoir,伽利玛出版社)。11 月 30 日,法兰西学院(College de France)决定将伊波利特原设的"哲学思想史"讲座改名为"思想体系史"。同年,翻译出版列奥·斯皮第尔的《风格研究》一书。

1970 年　被纽约大学邀请前往美国,发表论萨德的论文,并在耶鲁大学进行学术演讲,访问福克纳的故乡。4 月,福柯被正式选为法兰西学院"思想体系史"讲座教授(取代其师让·伊波利特的教席)。5 月为新版《巴塔耶全集》写序。福柯的法兰西学院教授身份促使该版《巴塔耶全集》避免许多政府出版禁令。在该书的发布会上,福柯乘机为居约达(Pierre Guyotat)的禁书《伊甸,伊甸,伊甸》(Eden, Eden, Eden)翻案,使该书得以正式出版。9 月前往日本访问并发表演讲,发表"论马奈"(Manet)、"精神病与社会"及"返回历史"(*Revenir a l'histoire*)等学术演讲。11 月访问意大利弗洛伦斯,发表《论马奈》的论文。12 月 2 日发表了法兰西学院的就职演讲"话语的构序"(L'Ordre du discours)。宣布辞去《批判》(*Critique*)杂志的编委,但在此刊发表评论德勒兹《重复与差异》和《观念的逻辑》两本书的书评文章——《哲学的戏剧》。福柯进入法兰西学院的时候,德勒兹接任了他在巴黎八大的工作。此时,巴黎八大哲学系的朱迪斯·米勒(Judith Miller,拉康的女儿),她自称是毛泽东主义者,并在公共汽车上,向一些完全不认识的人胡乱分发哲学学分证书。后来她在《快报》上解释说,她这样做是因为她觉得"大学是资产阶级社会的一种虚构物"。为此,教育部长解雇了朱迪斯,并迅速发出通报:巴黎八大哲学学位的持有者不再具备在法国教育体系中任教的资格,并取消了整个哲学系授学位的权力。

1971 年 福柯在法兰西学院的课程中开始对"知识意志"作一系列分析(*La Volonté de savoir*, 1970—1971)。在纪念伊波利特的文集中,发表了一篇非常重要的学术论文——《尼采·谱系学·历史学》(*Nietzsche, la généalogie, l'histoire*),2 月,为了支持举行绝食抗议的政治犯,福柯决定成立"监狱情报团体"(Groupe d'information sur les prisons,简称 G.I.P.),该组织总部就设在福柯的寓所,而他的伴侣丹尼尔·德费尔成为该组织负责人。与此同时,福柯还支持并参与由萨特等人所组织的"人民法庭"(Tribunal populaire),但在斗争策略方面与萨特等人略有不同。以福柯在法兰西学院的就职演说为蓝本,《话语的构序》(*L'Ordre du discours*)正式发表。4 月,"监狱情报团体"在法国各监狱散发调查表。到加拿大魁北克地区的麦克吉尔大学访问,同当地反政府的独立分子接触,并在监狱中会见受监禁的《美洲白色黑奴》的作者瓦里耶(Pierre Vallières)。5 月,福柯等人在监狱门口以"煽动者"的罪名被警察逮捕。"监狱情报团体"所作的《对 20 所监狱所作的调查报告》公开发表。福柯还同热内一起,支持受迫害的美国黑人领袖乔治·杰克森(George Jackson)。7 月,法国监狱允许犯人看报纸及听广播电台的广播,这是由福柯领导的"监狱情报团体"所作的斗争的第一次胜利。9月,福柯多次表示反对死刑。年底,在法兰西学院开讲"刑事理论与制度"(Théories et Institutions pénales, 1971—1972)。在巴黎"互助之家"举办电影晚会,放演描述监狱状况的影片,福柯同萨特和热内表示对当代监狱制度的抗议。"监狱情报团体"发表第二篇监狱调查报告《对一个典型监狱的调查》。11月,接受电视协会的邀请前往荷兰,在荷兰电视台录制的一个节目中同美国语言学家诺姆·乔姆斯基(Noam Chomsky)就人的本性问题进行了辩论。

1972年 在法兰西学院,福柯的讲演开始分析作为19世纪法国的特征和社会控制的惩罚体系。修订出版《癫狂史》(删去第一版序言),收在伽利玛出版社的"历史丛书"之中。1月,福柯同萨特、德勒兹、莫里亚克(Claude Mauriac)等,静坐在法国法务部庭院,抗议不合理的监狱制度。福柯再次被捕。释放后第二天,福柯亲自驾车陪同萨特前往造反中的雷诺汽车工厂,支持造反中的工人。德勒兹与加达里合著的《资本主义与精神分裂症》第一卷《反俄狄浦斯》出版,福柯向德勒兹祝贺时说:"应该从弗洛伊德式的马克思主义中摆脱出来。"德勒兹回答说:"我负责弗洛伊德,你研究马克思,好吗?"法国《拱门》杂志发表福柯与德勒兹的讨论集,两位哲学家都集中地谈论权力问题。4月,福柯再次访问美国,分别在纽约、明尼阿波利斯等地,发表"古希腊时期真理的意愿"(La volonté de vérité dans la Grèce ancienne)和"17世纪的礼仪、戏剧及政治"(Cérémonie, théâtre et politique au XVII siècle)等演讲,并访问纽约州的阿狄卡监狱,表示:"监狱并不只是具有镇压的功能,而且还有规训权力的生产功能。"10月,受到美国康奈尔大学邀请,发表"文学与罪行"、"惩治的社会"等演讲。年底,在法兰西学院开讲《皮埃尔·里维耶及其作品》。"监狱情报团体"解散。福柯与萨特等人参与筹划创立《解放报》(Libération)。

1973年 "监狱情报团体"的第四篇监狱调查报告《监狱中的自杀事件》,在德勒兹的主持下正式出版。福柯在法兰西学院开讲"规训的社会"(La société disciplinaire,1972—1973),这一课程后来改名为"惩罚的社会"(La société punitive)。5月,前往蒙特利尔、纽约和里约热内卢等地进行学术访问。9月,出版《我,皮埃尔·里维耶》(Moi, Pierre Rivière...)(伽利玛出版社),这是一部有关残杀父母的皮埃尔·里维耶的回忆的研究报告,后来被勒内·阿里奥于1975年搬上银幕,深受欢迎。10月,出版《这不是一只烟斗》(*Ceci n'est pas une pipe*)。福柯在法兰西学院的课程检验了导致监狱诞生的种种发展。与萨特、克拉维勒一起创办《解放报》(*Liberation*)。在纽约作讲演。

1974年　在法兰西学院开讲"精神病学的权力"(Le pouvoir psychiatrique,1973—1974),并主持有关18世纪医院结构以及自1830年以来精神病治疗学法医学科状况的研讨会。4月,由于《研究》杂志曾经发表《同性恋百科全书》,受到法律追究。福柯为此发表谈话,指出:"到底要等到什么时候,同性恋才能获得发言和进行正常性活动的权利?"7月,对德国导演斯洛德(Schroeter)、希尔伯贝格(Sylberberg)及法斯宾德(Fassbinder)等人的影片深感兴趣,并会见瑞士导演丹涅尔·施米特(Daniel Schmidt),对影片中的性与身体的表现方法等问题发表意见。福柯等人还发表《公开讨论监禁制度》的备忘录,呼吁政府改善并维护犯人的基本人权。年底,在里约热内卢主持有关"城市化与公共卫生"及"19世纪精神病治疗学中的精神分析学系谱学"的研讨会。

1975年　福柯在法兰西学院主持有关《精神治疗学的法医》研讨会,开讲"不正常的人"(Les anormaux,1975—1976)的系列课程,并研究了变态集团的构成。2月,继续研究画家马奈等人的作品,深入研究绘画与摄影的相互关系。《规训与惩罚:监狱的诞生》(*Surveiller et Punir*)正式出版(伽利玛出版社),引起巨大反响。《观察家》杂志发表专刊《法国大学的偶像:拉康、巴特、利奥塔和福柯》,描述福柯在法兰西学院讲课时的那种庄重、严肃及倍受尊敬的、几乎接近于偶像崇拜的神秘气氛。春天,访问美国加利福尼亚,在加州大学伯克利分校发表"论述与镇压"和"弗洛伊德以前的儿童性欲研究"等演讲,引起美国大学生的广泛兴趣。同时,还对当地同性恋、吸毒、禅宗、女性主义等社会小团体的活动深感兴趣,大加赞扬。9月,参加支持西班牙反弗朗哥独裁政权的被囚政治犯的游行,要求西班牙政府给予无条件释放。

1976 年 "必须保卫社会"(II faut défendre la société, 1975—1976)在法兰西学院开讲。福柯宣布他将结束五年来对于权力的镇压模式的研究，并试图将权力关系的运作过程描述成战争模式。福柯说："已经耗用五年的时间研究规训问题，今后五年将集中研究战争和斗争。……我们只能通过真理的生产来行使权力。"5 月，在柏格莱和斯坦福进行学术演讲。8 月，《认知的意志》手稿完成。12 月，《认知的意志》作为《性经验史》第一卷(*Histoire de la sexualité, La volonté de savoir*)正式发表。这是《性经验史》的导论。福柯原先打算撰写六卷本的《性经验史》：第一卷《认知的意志》(*La volonté de savoir*)，第二卷《肉与身》(*La Chair et le Corps*)、第三卷《儿童十字军》(*La Croisade des enfants*)、第四卷《女人、母亲与歇斯底里者》(*La Femme, la mère et l'hystérique*)、第五卷《性变态》(*Les Pervers*)、第六卷《人口与种族》(*Populations et Races*)。主张在现代社会中，"性"不仅被压抑，而且还被生产和激发出来；反对性解放的流行思想，认为政治斗争的目的不在于解放某些遭禁锢的东西，而是一种自我的生产(une production de soi)。福柯对"秩序"有自己独特的理解，政治问题就是在主体欲望的真实中摆脱禁锢主体的枷锁。因而必须根据快乐不断增长和强化的路线来"非性化"。正式出版研讨班的两个成果：一是福柯主编的文献集《我，皮埃尔·里维耶，残杀了我的母亲、弟弟和妹妹：19 世纪的一桩弑亲案》(*Moi, Pierre Rivière, ayant égorgé ma mère, ma sœur et mon frère…: Un cas de parricide au XIXe siècle*)；二是 1973—1974 年研讨班的论文集《治疗机器》。

1977 年 3 月，鲍德里亚发表《忘掉福柯》。事先福柯已经看到此文，并与鲍德里亚讨论，本来福柯准备写出答辩文章，同时发表，可是后来福柯没有完成自己的答辩论文。

《认知的意志》在读者中受到欢迎，特别是受到女性主义者和同性恋者的喝彩。由于《规训与惩罚》英文版的出版，福柯受到美国知识界和学术界的广泛注意。在勒加米歇剧院组织示威大会，抗议法国总统德斯坦接待苏联领导人勃列日涅夫，有许多苏联的异议人士参加。福柯公开强调政治避难的重要性。年底，访问东、西柏林，讨论监狱问题，被联邦警察逮捕。

1978 年　在法兰西学院开讲"安全、领土与人口"(Sécurité, Territoire, Population, 1977—1978)的课程,重点从原来的权力问题转向治理(la gouvernementalité)问题。福柯的课程论及了政治知识的发生,重点关注人口的观念和保证人口控制的机制。开始起草《性经验史》第二卷。4 月,访问日本,连续发表"性与力"、"权力的基督教教士模式"、"关于马克思与黑格尔"等演讲。5 月,出席法国哲学会,发表"什么是批判?"(Qu'est-ce la critique?)的学术演讲,但福柯表示:他个人倾向于将题目改为"什么是启蒙?"8 月,福柯因车祸脑震荡而入医院。后来,当萨特在 1980 年逝世时,福柯曾对莫里亚克说:"从那以后,我的生活发生了改变。车祸时,汽车震撼了我,我被抛到车盖上面。我利用那一点时间想过:完了,我将死去;这很好。我当时没有意见。"9 月,匆匆访问伊朗,试图支持当时反抗独裁统治的伊朗民主人士。11 月,同萨特等人积极支持越南难民。12 月,与杜齐奥·特萨巴多里(Duccio Trombadori)访谈,后者向福柯建议,开展同意大利马克思主义者的学术讨论。福柯为意大利报纸《罗马晚报》(Coriere dela Sera)报道了伊朗革命。

1979 年　课程"生命政治的诞生"(Naissance de la biopolitique, 1978—1979)开讲。此课程所批判的主要对象是现代自由主义社会。凭着对西方自由主义的特殊考察,福柯的教学论述了生命权力问题。福柯宣称:"国家没有本质,国家不是一种普遍性的概念,本身并非权力的自律源泉。国家无非就是无止境的国家化过程。"在法兰西学院就接纳越南船民一事组织一次新闻发布会,与会者有萨特和阿隆。福柯对一家日本报纸说:"移民问题日后将成为重大政治问题之一。"从年初开始研究古基督教教父哲学文献,主要探讨基督教关于"忏悔"的历史,以便探索基督教采取何种方式,对基督教徒个人进行思想控制。在此基础上,确定了《性经验史》第二卷的基本内容,并将基督教的这种特殊的思想控制方式称为"牧领权力的基督教教士模式"。4 月,福柯为法国第一本同性恋杂志《同性恋脚》(Le Gai Pied)的创刊号撰写一篇支持自杀的文章。为此,福柯遭到法国各大报刊的批判。10 月前往斯坦福大学,为坦纳尔讲座作"牧领权力"的讲演。

1980 年 在法兰西学院开讲"对活人的统治"(Du gouvernement des vi-vants, 1979—1980)。2 月,福柯接受《世界报》访问,要求该报不发表他的名字,《世界报》为此称之为"戴假面具的哲学家"。3 月 26 日,罗兰·巴特因车祸去世。4 月 19 日,福柯参加萨特的葬礼,同成千上万的群众护送萨特的灵柩前往墓地。8 月,阿兰·施里旦(Alain Sheridan)发表论福柯的英文著作《求真意志》(The Will to Truth)。9 月,英国记者柯林·哥尔顿(Colin Gordon)发表英文版的福柯文集《权力与知识:福柯访问及著作选集》(Power/Knowledge:Selected Interview and Other Writings, 1972—1977)。10 月,作为加州大学伯克利分校的访问教授,在伯克利发表"真理与主体性"(Truth and Subjectivity)演讲,并参与"从古代晚期到基督教诞生时期的性伦理"的研讨会。11 月,在纽约大学发表"性与孤独"演讲。在达尔姆斯学院发表"主体性与真理"及"基督教与忏悔"演讲。在普林斯顿大学发表"生命权力的诞生"的演讲。

1981 年年初,在法兰西学院开讲"主体性与真理"(Subjectivité et Vérité, 1980—1981),探讨"自身的技术"(technique de soi),作为管辖自身的方式(comme modalités du gouvernement de soi),究竟如何运作。5 月,在鲁汶大学法学院发表"做坏事,说好话:论法律程序中的招认和见证的功能"的演讲。福柯认为,资产阶级现代法律中的某些重要程序,是延续和继承基督教"忏悔"的手段,玩弄权术游戏。10 月,受马克·波斯特(Mark Poster)邀请,前往洛杉矶,参加"知识、权力与历史:对于福柯的著作的多学科研究取向"的研讨会。会见法兰克福学派的成员洛文塔尔(Leo Lowenthal)和美国学者马丁·杰(Martin Jay)等。美国《时代周刊》发表《法国的权力哲学家》一文。福柯说:"我更加感兴趣的,并不是权力,而是主体性的历史。"在加州大学伯克利分校,准备建立"福柯—哈贝马斯研讨会",哈贝马斯希望他的主要论题是"现代性"。福柯开始与波兰团结工会合作。

1982 年 在法兰西学院开讲"主体解释学"(L'Herméneutique du sujet, 1981—1982)。4 月,福柯抗议捷克当局逮捕在布拉格访问中的德里达。5 月,前往多伦多参加"符号论及结构主义方法"研讨会,会见席尔勒(John

Searle)、艾柯(Umberto Eco)等人。发表"古代文化中对于自身的关怀"的演讲。从此,福柯研究重点转向斯多葛学派哲学。6月,打算辞去法兰西学院的讲座教授职务,以便移居加州大学伯克利分校。7月,患慢性鼻腔炎。8月,巴黎犹太餐厅遭恐怖分子炸弹威胁,福柯决定经常前往进餐,以示抗议。10月,在维尔蒙大学发表"自身的技术"(Technologies of the Self)的演讲。

1983年 福柯的教学把目光集中在自我的控制和真理讲述(作为政治德性)的论题上。在加州大学伯克利分校作有关自由主义和统治艺术、真理讲述和自我关切的讲演。在法兰西学院开讲"对自己与他人的治理"(Le Gouvernement de soi et des autres,1982—1983)的课程。3月,完成《性经验史》第二卷的绝大部分草稿,书名为《快感的享用》(L'Usage des plaisirs)。哈贝马斯在法兰西学院演讲,与福柯会见。英文版《福柯作品评注》(Michel Foucault: An Annotated Bibliography),由米歇尔·克拉克(Michael Clark)主编,正式出版。4月,前往加州大学伯克利分校发表"关于自身的艺术与自身的书写"的演讲。10月,再次访问伯克利,连续作六次学术演讲,并在布尔德和圣德·克鲁兹作两次学术演讲,致使他极度疲劳,决定不再在法兰西学院授课,并从此回避在公众场合露面。准备翻译埃利亚斯的《死者的一次性》。12月,卧病不起。

1984年年初,接受抗菌素治疗,身体稍有好转。福柯在一封致莫里斯·炳格的信中说:"我得了艾滋病。"2月,身体再度感到疲倦,但坚持恢复在法兰西学院的课程:"对自己与他人的治理:说真话的勇气"(Le Courage de la vérité Le Gouvernement de soi et des autres II,1983—1984),并修改《性经验史》第二卷草稿。3月,美国加州大学伯克利分校与福柯合作研究的师生,针对20世纪30年代后西方国家政府统治心态的变迁,寄来一份研究计划,其中提到:自第一次世界大战以来,西方社会在社会生活、经济计划及政治组织三大方面进行了重建。他们为此主张对新产生的政治合理性(nouvelle rationalité politique)问题进行深入研究,提出了五项研究计划:(一)美国的福利国家与进步主义(Le Welfare State et le progressisme aux

Etats Unis）；（二）意大利的法西斯与休闲组织（Le Fascisme et l'organisation des loisirs en Italie）；（三）法国的社会救济国家及其在殖民地的城建实验；（四）在苏联的社会主义建设；（五）包豪斯（Bauhaus）的建筑与魏玛共和国。这时，福柯经常到医院就医。但他并不要求医生给予治疗，唯一关心的问题，就是"我到底还留有多少时间?"早在1978年，福柯曾经就死亡问题，与法国著名死亡问题研究专家阿里耶斯进行讨论。他当时说："为了成为自己同自身的死亡的秘密关系的主人，病人所能忍受的，就是认知与寂静的游戏。"3月10日，福柯在继续修改草稿的同时，会见被警察驱逐的马里和塞内加尔移民，并要求政府当局合理解决他们的问题。5月，《文学杂志》发表福柯专号，庆贺《性经验史》第二卷《快感的享用》（Le usage des plaisirs）和第三卷《自我的关怀》（Le souci de soi）的出版。6月，福柯身体健康状况恶化，发表最后一篇重要论文《何为启蒙?》（Qu'est-ce que les Lumières?）。

1984年6月25日下午1时15分　福柯逝世于巴黎的萨尔佩特里埃医院。《世界报》（Le Monde）、《解放报》（Libération）和《费加罗报》（Le Figaro）均在头版发布了他逝世的消息。

1984年6月28日至7月5日，《新闻周报》（Les Nouvelles）发表福柯最后一次访谈"道义的回归"（Le retour de la morale）。

1994年，福柯生前发表的大量论文和访谈被辑为四卷《言与文》（Dits et écrits, 1954—1988, I—IV），在伽利玛出版社出版。

1997年开始，法国的瑟依和伽利玛出版社根据录音和其他文献整理出版福柯在法兰西学院的全部演讲集。当年首先出版的是《必须保卫社会》（Il faut défendre la société, 1975—1976）和《不正常的人》（Les anormaux, 1974—1975）。

2001年，福柯的法兰西学院讲座集《主体解释学》（L'Herméneutique du sujet, 1981—1982）在瑟依和伽利玛出版社出版。

2003年，福柯的法兰西学院讲座集《精神病的权力》（Le Pouvoir psychiatrique, 1973—1974）由伽利玛出版社出版。

2004年，福柯的法兰西学院讲座集《生命政治的诞生》（Naissance de la biopolitique, 1978—1979）和《安全、领土与人口》（Sécurité, Territoire, Population, 1977—1978）出版。

2009 年,福柯的法兰西学院讲座集《对自己与他人的治理:说真话的勇气》(*Le Courage de la vérité Le Gouvernement de soi et des autres II*, *1983—1984*)出版。

2012 年 11 月,福柯的法兰西学院讲座集《对活人的治理》(*Du gouvernement des vivants*, *1979—1980*)出版。

2013 年 12 月,福柯的法兰西学院讲座集《惩罚的社会》(*La société punitive*, *1972—1973*)出版。

2014 年 5 月,福柯的《主体性与真理》(*Subjectivité et vérité*: *1980—1981*)出版。到目前为止,福柯讲座集没有出版的还有《刑事理论与制度》(*Théories et institutions pénales*: *1971—1972*)。

张一兵编

后　记

这本书的写作同样是规划写作中的意外副产品。在完成《回到海德格尔》第一卷之后，我必须得让自己从海德格尔那种压迫人的呼吸困难情境中逃走，这是避免自己思想迷乱的唯一办法。所以，我重新回到了相对比较轻松的当代后马克思思潮的研究。

按照2007年开始的新的译介计划，我们准备在南京大学出版社推出关于朗西埃、巴迪欧、维利里奥、阿甘本、齐泽克、斯蒂格勒和斯洛特戴克等人的欧洲激进思想家系列丛书，因为蓝江博士已经在重点研究巴迪欧的思想，所以我先选择了朗西埃和阿甘本。可是，在思考和写作的过程中，我在这两个人的思想构境和演变进程中都感到了福柯无所不在的影响。特别是阿甘本，他干脆就直接将福柯的整个方法论和后期生命政治思想作为自己的思想构境前提。为此，我不得不重新阅读十几年前曾经自认为是认真看过的福柯。这一看，结果是又掉进了"危险的福柯"的话语事件之中。

十多年前我阅读的福柯，主要是他的《词与物》和《认知考古学》的汉译本。作为一种新的思考方法，我赞同过他提出的思想史中的非连续性观念，这正好又与我熟悉的阿尔都塞的"断裂说"相关。这一特殊的方法论构式直接影响了我"回到马克思"的重新解读。这一次再读福柯，预期的思考重点是他"晚期"的生命政治哲学。为此，我不得不认真将他的东西从头至尾再精读和重新思考一遍。好在，在我离开福柯的这段时间里，又有一大批他的重要文献从法文译成了中文，并且，在关于福柯思想史研究方面，除去原来我就很喜欢并受益良多的刘北成教授的《福柯思想肖像》以外，又多了一本多斯的《结构与解构》。更重要的是，汪民安教授在这些年中，先后出版了多部福柯的评论文集和研究专著，必须承认，他算是国内关注福柯和法国当代激进思潮的专情如一的重要学者。正是在我第二次阅读福柯的时候，有机会在北京与汪民安教授一起讨论阿甘本的译著问题,他向我建议,应该认真思考福柯对整个当代欧洲哲学的影响问题。在他看来,福柯是当代西方最伟大的思想家,而我作为国内哲学研究中的"重要人物"应该"做福柯"。应该说,他的真诚多少打动了我。当然,更多是基于我自己当下朗西埃和阿甘本学术研究的内驱力,于是我下决心认真做一下福柯。加之,在我们已经初步建成的大型经典学术著作原文文献数据库中,福柯的法文文献已经全部做完,这使我有可能在阅读中文译本时,努力将所有福柯法文文本的关键词全部认真对着字典一个个重查重思一遍。感谢汪民安教授。

福柯研究,在国内学术界已经不是什么新的东西。但认真按照时间线索,将他的主要学术文本认真细读和重构似乎还是有意思的。有趣的是,在我开始写作和发表海德格尔的论文之后,有人就做作地惊呼"谁的海德格尔?"其实在当代学术研究中,这早已经不是一个疑问,当然是我所理解和重新构境的海德格尔。我不蠢的地方,恰恰是不会将自己的诠释假想为等于海德格尔的原初思想构境。这是信徒式诠释者和哲学家的区别。福柯解读也是如此,本书中的福柯是被我重新构境的全新话语事件,福柯的文本作为历史档案只不过是我们自己生活构境重新激活并有可能复构那些曾经鲜活的认知—权力批判话语的谱系研究对象。真相是:**话总是在想说我,可我却在话语事件中显现自己**。文本与我的关系不是我—它关系,而是我—我关系,我即是佛。这恐怕是那些故作有思想的文化商人们永远无法进入的构境层。

因为杨乔喻正写作阿尔都塞和朗西埃的博士论文,所以我们会讨论一些重要的共同学术背景,在一些文献收集和提要的英译方面,她也帮了我不少忙。谢谢杨乔喻。刘冰菁在法文文献方面也参与了一些收集和翻译工作,一并致谢。

我将此书献给自己最小的姐姐张沙沙。因为年龄只相差一岁,所以,在我孩童的时代,甚至到中学,我们的心会更近一些。总是调皮捣蛋的我,会经常让她替我在老师那里受过,包括写不真的请假条来掩盖我逃学之类的事情。回想起来,心里还真有些内疚。谢谢小沙姐,没有过去那些美好的自由时光,哪有今天的我呢?绝大多数从小熟悉我的人都会想这样一个想不通的问题:这个人真是原来那个在人家家门口扔鞭炮、把泥巴涂在别人窗户上的家伙？可事实是，就是我呀！

　　谢谢上海人民出版社的于力平老师，没有他的辛勤劳作，本书也不可能以如此精美的显现方式问世。

张一兵

2013 年 7 月 29 日于日本 JR 大阪站 DELI CAFE

2014 年 6 月 12 日第二稿于南京大学仙林校区哲学楼

2015 年春节三稿于武汉茶岗

2015 年 4 月 15 日四稿完于北京回南京的 G17 次高铁列车上

2016 年 3 月最后校定于南京龙江

图书在版编目(CIP)数据

回到福柯：暴力性构序与生命治安的话语构境/张
一兵著.—2版.—上海：上海人民出版社，2024
ISBN 978 - 7 - 208 - 18465 - 7

Ⅰ.①回…　Ⅱ.①张…　Ⅲ.①福柯(Foucault,
Michel 1926 - 1984)-哲学思想-研究　Ⅳ.①B565.59

中国国家版本馆 CIP 数据核字(2023)第 152002 号

责任编辑　陈依婷　于力平
封面设计　周伟伟

回到福柯(第二版)
——暴力性构序与生命治安的话语构境
张一兵 著

出　　　版　上海人民出版社
　　　　　　　(201101　上海市闵行区号景路 159 弄 C 座)
发　　　行　上海人民出版社发行中心
印　　　刷　苏州工业园区美柯乐制版印务有限责任公司
开　　　本　720×1000　1/16
印　　　张　37.5
插　　　页　4
字　　　数　554,000
版　　　次　2024 年 1 月第 2 版
印　　　次　2024 年 1 月第 1 次印刷
ISBN 978 - 7 - 208 - 18465 - 7/B · 1706
定　　　价　148.00 元